Novo **CPC**

CÓDIGO *de* PROCESSO CIVIL

LEI 13.105/2015

• Inovações • Alterações
• Supressões

Comentadas

Daniel Amorim Assumpção Neves

Novo CPC
CÓDIGO *de* PROCESSO CIVIL

LEI 13.105/2015

• Inovações • Alterações • Supressões

Comentadas

3ª edição

revista, ampliada e atualizada com a
Lei 13.256, de 04.02.2016 (alteradora do NCPC)

gen

EDITORA MÉTODO

Impresso no Brasil – *Printed in Brazil*

■ Direitos exclusivos para o Brasil na língua portuguesa
Copyright © 2016 by
EDITORA FORENSE LTDA.
Uma editora integrante do GEN | Grupo Editorial Nacional
Rua Conselheiro Nébias, 1384 – Campos Elísios – 01203-904 – São Paulo – SP
Tel.: (11) 5080-0770 / (21) 3543-0770
faleconosco@grupogen.com.br / www.grupogen.com.br

■ Capa: Danilo Oliveira

■ Fechamento desta edição: 26.02.2016

■ CIP – Brasil. Catalogação-na-fonte.
Sindicato Nacional dos Editores de Livros, RJ.

N422p

Neves, Daniel Amorim Assumpção

Novo Código de Processo Civil – Leis 13.105/2015 e 13.256/2016 / Daniel Amorim Assumpção Neves. – 3. ed. rev., atual. e ampl., – Rio de Janeiro: Forense; São Paulo: MÉTODO, 2016.

Inclui bibliografia
ISBN 978-85-309-6933-2

1. Processo civil – Brasil. 2. Direito processual – Brasil. I. Título.

14-18508 CDU: 347.91./95(81)

3ª ed., *1.ª tir.:* mar./2016; *2.ª tir.:* maio/2016.

Ao Fernando, meu pequeno guerreiro lusitano.
Há situações que só podem ser superadas com o amor.
Embora você seja muito novo para compreender,
garanto-lhe que em nossa família sobra amor e que esse
é o único remédio necessário para curar todos os males.
Papai te ama, ama a mamãe e o seu irmão "Dodô".
Nem todas as dedicatórias do mundo
seriam suficientes para demonstrar que vocês
são minha razão de viver feliz e realizado.
Obrigado por tudo.

Ao meu querido pai, que nos deixou.
Um homem que viveu bem.
Pode ir tranquilo, papai, que nós não vamos
mais brigar para decidir quem vai no meio.
Vá e fique em paz que um dia nos vemos novamente
e colocaremos a conversa em dia
tomando uma cerveja bem gelada.

Nota da Editora: o Acordo Ortográfico foi aplicado integralmente nesta obra.

NOTA DO AUTOR

Depois de uma longa espera, o Senado Federal aprovou, em dezembro de 2014, um Novo Código de Processo Civil, que foi sancionado pela Presidente em 16 de março de 2015.

Diante disso, chegou a hora de comentar as principais inovações, desde já deixando meus sinceros cumprimentos a todos os processualistas, de diferentes escolas, que contribuíram com o novo texto. Peço também desculpas antecipadamente por alguma crítica mais incisiva, sabendo que serei perdoado, porque todas elas são feitas no exclusivo ambiente acadêmico.

O presente livro traz as minhas primeiras impressões a respeito das inovações mais importantes desse diploma legal e, por tal razão, rogo a compreensão do leitor para eventuais imprecisões e incorretas percepções. Afinal, o trabalho intelectual, como o vinho, se aperfeiçoa com o tempo.

Vale destacar que foram poucos e apenas remissivos os comentários no que se refere aos textos do CPC de 1973 inalterados ou que tiveram apenas mudança redacional pelo Código de 2015.

Trato das principais supressões, que atingiram diferentes institutos processuais, como os recursos, com a supressão do sistema do agravo retido e dos embargos infringentes e as cautelares nominadas, que deixaram de existir, ainda que as cautelares probatórias tenham sido mantidas, mas com natureza exclusivamente processual. Também a nomeação à autoria, que deixou de ser intervenção de terceiro e passou a ser apenas espécie de resposta do réu, e a oposição, que virou procedimento especial. O procedimento sumário deixa de existir, e o ordinário passa, finalmente, a ser o único procedimento comum. Alguns procedimentos especiais, como a ação de depósito, a ação de anulação e substituição de títulos ao portador, a ação de usucapião, a ação de nunciação de obra nova e a ação de vendas a crédito com reserva de domínio deixam de constar do rol dos procedimentos especiais de jurisdição contenciosa.

Muitos institutos tradicionais foram modificados, com variação de abrangência. Assim ocorreu com a maioria dos princípios processuais: a competência, o litisconsórcio, a intervenção de terceiros, o procedimento comum, a teoria geral dos recursos, os recursos em espécie, o cumprimento de sentença, o processo de execução, as execuções especiais, as defesas do executado, a tutela provisória (de urgência – antecipada e cautelar – e da evidência), os honorários advocatícios, os auxiliares do juízo, os atos processuais, a coisa julgada, as execuções especiais, a ação de consignação em pagamento, a ação de prestação de contas (agora chamada "ação de exigir contas"), as ações possessórias, a ação de inventário e partilha, os embargos de terceiro e, por fim, a ação monitória.

O Novo Código de Processo Civil traz diversos institutos processuais novos, tais como a ordem cronológica nos julgamentos, a mediação e conciliação, a cooperação jurídica internacional, o incidente de desconsideração da personalidade jurídica, o acordo procedimental, o saneamento compartilhado, a ação de dissolução parcial de sociedade, as ações de família, a eficácia vinculante dos pronunciamentos dos tribunais superiores, a prevenção recursal, o incidente de assunção de competência, a homologação de decisão estrangeira e concessão de *exequatur* à carta rogatória, a reclamação constitucional, o incidente de resolução de demandas repetitivas e a técnica diferenciada de julgamento colegiado em substituição aos embargos infringentes.

Trato, ainda, de algumas "quase novidades", ou seja, inovações constantes do projeto de lei aprovado e que foram suprimidas do texto final do Novo Código de Processo Civil pelo Senado, sendo que, nesses casos, sempre que possível, indico as justificativas presentes nas Emendas apresentadas naquela Casa para tais supressões, podendo ser citados institutos como o dos precedentes judiciais, do assessor judicial e da convenção de arbitragem.

Também comento a conversão da ação individual em ação coletiva vetada pela Presidente da República. Os vetos e suas razões, inclusive, constam do presente livro, com os devidos comentários quando cabíveis.

Com a *vacatio legis* de um ano consagrada no art. 1.045 do Novo Código de Processo Civil, o ano de 2015 e os primeiros meses de 2016 serão de preparação aos operadores do Direito, estudiosos e concursandos. Mesmo que ainda esteja em vigor o Código de Processo Civil de 1973, deixar para conhecer o Novo Código de Processo Civil apenas na iminência de sua vigência não parece ser a conduta mais inteligente e previdente a ser tomada.

Boa leitura!

SUMÁRIO

1

PRINCÍPIOS PROCESSUAIS

1.1 CONTRADITÓRIO

1.1.1 Conceito

O princípio do contraditório é formado por três elementos: informação, reação e poder de influência. O juiz deve informar as partes dos atos praticados no processo, enquanto as partes podem reagir. Significa que a informação é um dever judicial e a reação é um ônus processual das partes.

Diante do exposto, não é feliz a redação do art. 9.º, *caput*, do Novo CPC, ao prever que o juiz não proferirá decisão contra uma das partes sem que ela seja previamente ouvida. Na realidade, não há qualquer ofensa em decidir-se sem que a outra parte tenha sido ouvida, já que a manifestação dela é um ônus processual. A única compreensão possível do dispositivo legal é de que a decisão não será proferida antes de intimada a parte contrária e concedida a ela uma oportunidade de manifestação. Afinal, a circunstância de poder ser ouvida, que não se confunde com efetivamente ser ouvida, já é o suficiente para se respeitar o princípio do contraditório.

Já no tocante ao poder de influência, apesar de não ser expresso o Novo Código de Processo Civil no sentido de estar contido no conceito de contraditório, o art. 7.º pode conduzir a essa interpretação ao exigir que o juiz zele pelo efetivo contraditório, que somente será realmente efetivo se, além da informação e da possibilidade de reação, essa for concretamente apta a influenciar a formação do convencimento do juiz.

1.1.2 Contraditório e matérias conhecíveis de ofício

É notória a confusão, especialmente nos órgãos jurisdicionais, entre decidir de ofício e decidir sem a oitiva das partes[1]. Determinadas matérias e questões devem ser conhecidas de ofício, significando que, independentemente de serem levadas ao conhecimento do juiz pelas partes, elas devem ser conhecidas, enfrentadas e decididas no processo. Mas o que isso tem a ver com a ausência de oitiva das partes? Continua a ser providência de ofício o juiz levar a matéria ao processo, ouvir as partes e decidir a respeito dela. Como a surpresa das partes deve ser evitada em homenagem ao princípio do contraditório, parece que mesmo nas matérias e questões que deva conhecer de ofício o juiz deve intimar as partes para manifestação prévia antes de proferir sua decisão, conforme inclusive consagrado na legislação francesa e portuguesa.

O entendimento resta consagrado pelo art. 10 do Novo CPC e em outros dispositivos legais. Segundo o dispositivo mencionado, nenhum juiz, em qualquer órgão jurisdicional, poderá julgar com base em fundamento que não tenha sido objeto de discussão prévia entre as partes, ainda que as matérias devam ser conhecidas de ofício pelo juiz.

1.1.3 Contraditório diferido

A melhor interpretação – senão a única – do art. 9.º, *caput*, do Novo CPC é no sentido de ser criada uma proibição de decisão judicial antes de o juiz dar oportunidade de manifestação à parte contrária. O parágrafo único do dispositivo prevê as exceções a essa regra, consagrando dessa forma as hipóteses de admissão do contraditório diferido.

Apesar de no primeiro inciso estar prevista a tutela provisória de urgência, é importante ficar registrado que, exatamente como ocorre no sistema atual, continuará a existir tutela de urgência concedida após a oitiva da parte contrária a que elaborou o pedido. Pela forma como restou redigido o dispositivo legal, fica a falsa impressão de que qualquer tutela de urgência legitima o contraditório diferido, em interpretação que não deve ser prestigiada. Significa que não basta ser tutela provisória de urgência, mas que nesta haja risco de perecimento do direito e/ou ineficácia da tutela pretendida para se excepcionar regra consagrada no *caput* do art. 9.º do Novo CPC.

---

[1] Didier Jr., *Curso*, v. 1, p. 48-50.

No inciso II o Novo CPC sanou injustificável omissão contida no projeto de lei originariamente aprovado no Senado ao incluir entre as hipóteses de tutela concedida mediante contraditório diferido a tutela da evidência nas hipóteses previstas no art. 311, II e III. A regra é repetida no art. 311, parágrafo único, do Novo CPC, que permite a concessão liminar da tutela da evidência nessas duas hipóteses.

Como se pode notar, o legislador exclui as hipóteses previstas no art. 311, I e IV, sendo interessante nesse momento a análise dessa opção legislativa quanto à primeira hipótese legal. O texto legal não deixa margem a dúvidas de que a concessão de tutela da evidência, quando ficar caracterizado o abuso do direito de defesa ou o manifesto propósito protelatório da parte, só poderá ser concedida por meio do contraditório tradicional.

Enquanto os atos de abuso de direito de defesa são atos processuais praticados durante o processo, os atos com manifesto propósito protelatório são praticados fora do processo, evidentemente gerando consequências processuais. A redação do dispositivo legal ora comentado segue o equívoco do artigo do CPC/1973 porque o mero propósito não é suficiente para ensejar a antecipação de tutela, sendo necessário que o ato praticado efetivamente tenha protelado a entrega da prestação jurisdicional. Ainda que o objetivo do réu tenha sido tornar mais moroso o trâmite processual, se não conseguiu no caso concreto atingir efetivamente tal propósito, não haverá nenhum prejuízo ao andamento do processo. Poderá até mesmo ser punido por ato de *litigância de má-fé* (art. 17 do CPC/1973 e art. 80 do Novo CPC), *atentatório à dignidade da jurisdição* (art. 14, V, do CPC e art. 77, IV, do Novo CPC) ou *atentatório à dignidade da justiça* (art. 600 do CPC e art. 774 do Novo CPC), mas não haverá razão para antecipar a tutela como forma de sancionar o réu[2].

De qualquer modo, por serem os atos com manifesto propósito protelatório praticados fora do processo, surge uma interessante questão: poderiam ser praticados antes do início da demanda judicial ou somente poderão existir a partir do momento em que o processo está proposto? É interessante notar que o dispositivo legal já menciona o termo "réu", figura jurídica que evidentemente só passará a existir quando houver demanda judicial em trâmite. Isso, entretanto, não será suficiente para se chegar a qualquer conclusão, considerando-se a dispensabilidade do termo para a compreensão do fenômeno.

---

[2] Zavascki, *Antecipação*, p. 154; Bedaque, *Tutela*, p. 330.

Ainda que possa ser de difícil comprovação no caso concreto a existência desses atos anteriormente à propositura da demanda judicial, a melhor doutrina que já se manifestou sobre o tema defende a possibilidade da concessão liminar também dessa espécie de tutela antecipada por atos praticados pelo réu antes mesmo da propositura da demanda[3].

Há inclusive na doutrina um interessante exemplo: existência de um contrato preliminar de compra e venda de imóvel com cláusula de prazo para entrega de bem, sendo outorgada a escritura e pago integralmente o valor, e, não havendo a entrega do imóvel, seria cabível o pedido de antecipação de tutela na ação de imissão de posse, ainda que fosse possível ao autor aguardar o final do processo sem qualquer perigo de dano.[4] Como não se vislumbra qualquer possibilidade de resistência processual séria da parte, o ato de não sair do imóvel, mesmo antes da existência do processo, já é suficiente para configurar o manifesto propósito protelatório.

Com a redação dos arts. 9.º, parágrafo único, II, e 311, parágrafo único, do Novo CPC, a questão parece resolvida em sentido contrário, condicionando-se o ato tipificado em tais dispositivos à existência de um processo em trâmite.

No inciso III do parágrafo único do art. 9.º do Novo CPC permite-se o contraditório diferido para a concessão do mandado monitório, nos termos do art. 701. Trata-se de consagração de tradicional hipótese de contraditório diferido, considerando-se que o juiz, diante da formação de cognição sumária derivada da análise de prova documental produzida pelo autor em sua petição inicial, defere o mandado monitório antes da citação do réu.

1.1.4 Contraditório inútil

Como o dispositivo é claro em prever que o contraditório só deve ser respeitado para a prolação de decisões que prejudicam a parte que não teve oportunidade de ser ouvida, entendo estar consagrada no Novo CPC a tese de dispensa do contraditório inútil.

O contraditório é moldado essencialmente para a proteção das partes durante a demanda judicial, não tendo nenhum sentido que o seu desrespeito, se não gerar prejuízo à parte que seria protegida pela sua observação, gere nulidade de atos e até mesmo do processo como um todo. E nesses

---

3 Theodoro Jr., *Curso*, p. 567. Contra: Didier Jr.-Braga-Oliveira, *Curso*, p. 636.

4 Nery Jr., *Atualidades*, p. 70.

termos não estão incluídas no art. 9.º do NCPC hipóteses procedimentais consagradas no texto legal em que o contraditório é afastado, mas a decisão beneficia a parte que não teve oportunidade de se manifestar, tal como ocorre no julgamento liminar de improcedência consagrado no art. 332 e o indeferimento da petição inicial previsto no art. 330, ambos do Novo Código de Processo Civil.

1.2 MOTIVAÇÃO DAS DECISÕES JUDICIAIS

1.2.1 Motivação e fundamentação

Inicialmente, ressalto que não compartilho de lição doutrinária que busca distinguir motivação de fundamentação, com a alegação de que na motivação bastaria ao juiz explicar o que pessoalmente acha sobre o Direito, enquanto na fundamentação caberá ao julgador explicar por que razões aceita ou rejeita determinada interpretação e compreensão do Direito estabelecida pelo cidadão[5]. Motivar e fundamentar significam exteriorizar as razões do decidir, e nessa tarefa obviamente as opiniões pessoais do juiz são irrelevantes, devendo o magistrado aplicar ao caso concreto o Direito, e não concretizar suas aspirações pessoais.

Ocorre, entretanto, que, por mais exigências que se criem para modelar a fundamentação – ou motivação – do juiz em suas decisões, nunca se afastará o caráter pessoal de sua decisão, salvo na aplicação dos julgamentos dos tribunais com eficácia vinculante. E mesmo aqui se não for caso de superação do entendimento ou distinção do caso. Por mais requisitos que a lei crie para condicionar o juiz à vontade do Direito ao fundamentar sua decisão e não à sua vontade pessoal, o elemento humano na interpretação do Direito nunca poderá ser afastado das decisões judiciais.

Quero com isso dizer que, diferente do que entende parcela da doutrina[6], o art. 489 do Novo CPC não retira da decisão judicial sua característica de ato de criação solitário pelo magistrado. O juiz pode até estar mais controlado e sua atuação mais supervisionada pela lei, mas no final do dia é sempre o juiz, no isolamento de seu gabinete ou casa, quem profere a decisão. E é ali que ele faz interpretações a respeito do Direito que obviamente são influenciadas por suas opiniões pessoais. Afinal, adotar um dentre vários entendimentos doutrinários plausíveis não é

5 Ommati, *A fundamentação*, p. 109.

6 Theodoro Jr., Nunes, Bahia, Pedron, *Novo CPC*, p. 267.

um ato humano que expressa uma opinião pessoal? Uma opinião pessoal fundada em argumentos sólidos, mas, ainda assim, uma opinião pessoal.

Fico intrigado com a expectativa criada em torno do art. 489 do Novo CPC, como se ele fosse capaz de retirar do juiz qualquer possibilidade de decidir conforme seu entendimento pessoal. Estaria tão condicionado o juiz em sua fundamentação pelas novas regras que sua opinião pessoal seria sufocada por elas e finalmente teríamos atingido um patamar de perfeição da atividade jurisdicional: retirar qualquer traço pessoal das decisões judiciais. Algo como tornar o Direito uma ciência exata...

Ainda assim, é notória a relevância do art. 489 do Novo CPC no tocante à motivação – ou fundamentação – das decisões judiciais. E por tal razão é dispositivo legal que merece extrema atenção.

1.2.2 Exigências da motivação das decisões judiciais

Apesar da suficiente previsão constitucional contida no art. 93, IX, da CF, o Novo Código de Processo Civil também consagra expressamente o princípio da motivação das decisões judiciais ao prever em seu art. 11 que todos os julgamentos dos órgãos do Poder Judiciário serão públicos e fundamentadas todas as decisões, sob pena de nulidade.

O Novo Código de Processo Civil, entretanto, foi muito além, ao prever expressamente hipóteses em que a decisão judicial não pode ser considerada como fundamentada. Lamenta-se que o art. 489, § 1.º, tenha pretendido elencar as espécies de decisão e não tenha cumprido totalmente a missão. Afinal, do dispositivo constam a interlocutória, a sentença e o acórdão, tendo ficado de fora a decisão monocrática final do relator que substitui o acórdão quando possível a decisão unipessoal. Na realidade, bastava ter previsto "qualquer decisão", sem a necessidade de indicar rol de espécies de decisão.

De qualquer forma, o mais interessante do dispositivo fica por conta de seus incisos, que tendem a exigir do órgão jurisdicional um maior cuidado e capricho na fundamentação de suas decisões. E o Enunciado 303 do Fórum Permanente de Processualistas Civis (FPPC) ainda indica que o rol das hipóteses descritas no dispositivo legal ora analisado é meramente exemplificativo.

Segundo o inciso I do § 1.º do art. 489 do Novo CPC, não pode o juiz em sua fundamentação se limitar à indicação, à reprodução ou à paráfrase de ato normativo, sem explicar sua relação com a causa ou a questão decidida. Acredito que nesse caso tenta-se evitar a chamada pseudomotivação.

Também não será fundamentada a decisão que empregar conceitos jurídicos indeterminados (tais como preço vil, dignidade da pessoa humana, manifestamente protelatório, perigo de dano), sem explicar o motivo concreto de sua incidência no caso (inciso II). Acredito que nesse inciso o legislador deveria ter ido um pouco além, porque, para uma devida fundamentação, o órgão jurisdicional deve explicar o motivo de incidência do conceito jurídico indeterminado e demonstrar quais razões motivaram a sua interpretação no caso concreto.

No inciso III do § 1.º do art. 489 do Novo CPC, há vedação à simples invocação de motivos que se prestariam a justificar qualquer outra decisão, o que busca evitar a utilização de fundamentação-padrão, que pode ser utilizada nas mais variadas situações. Não poderá o órgão, portanto, fazer uma decisão-padrão para indeferir a tutela de urgência com base no não preenchimento dos requisitos legais sem a demonstração de como isso se deu no caso concreto. Naturalmente, deve ser aceita a decisão que tem parte padronizada e parte dirigida a situação julgada.

Entendo que a hipótese prevista no inciso IV já é realidade diante do CPC/1973, porque sempre que o órgão deixar de enfrentar todos os argumentos deduzidos no processo capazes de, em tese, infirmar a conclusão adotada pelo julgador, acarretará nulidade do julgamento. É possível, entretanto, retirar do dispositivo uma consequência prática de suma relevância: a mudança de um sistema de motivação de decisões judiciais da fundamentação suficiente para um sistema de fundamentação exauriente.

Há duas técnicas distintas de fundamentação das decisões judiciais: exauriente (ou completa) e suficiente. Na fundamentação exauriente, o juiz é obrigado a enfrentar todas as alegações das partes, enquanto na fundamentação suficiente basta que enfrente e decida todas as causas de pedir do autor e todos os fundamentos de defesa do réu. Como cada causa de pedir e cada fundamento de defesa podem ser baseados em várias alegações, na fundamentação suficiente o juiz não é obrigado a enfrentar todas elas, desde que justifique o acolhimento ou a rejeição da causa de pedir ou do fundamento de defesa.

O direito brasileiro adota a técnica da fundamentação suficiente, sendo nesse sentido a tranquila jurisprudência do Superior Tribunal de Justiça ao afirmar que não é obrigação do juiz enfrentar todas as alegações das partes, bastando ter um motivo suficiente para fundamentar a decisão[7].

---

7 STJ, 2.ª Turma, AgRg no AREsp 549.852/RJ, rel. Min. Humberto Martins, j. 07.10.2014, *DJe* 14.10.2014; STJ, 3.ª Turma, AgRg nos EDcl no REsp 1.353.405/

Nos termos do dispositivo, é possível concluir que a partir do advento do Novo CPC não bastará ao juiz enfrentar as causas de pedir e fundamentos de defesa, mas todos os argumentos que os embasam. O dispositivo legal, entretanto, deixou uma brecha ao juiz quando prever que a exigência de enfrentamento se limita aos argumentos em tese aptos a infirmar o convencimento judicial.

Entendo que a previsão legal tem como objetivo afastar da exigência de enfrentamento os argumentos irrelevantes e impertinentes ao objeto da demanda, liberando o juiz de atividade valorativa inútil. Temo, entretanto, que a previsão seja desvirtuada, levando o magistrado a manter o sistema atual de fundamentação suficiente, com a afirmação, de forma padronizada, de que os demais argumentos não eram capazes de influenciar, nem mesmo em tese, sua decisão.

Esse risco já foi detectado por autorizada doutrina, no sentido de que "aparentemente se considera que o juiz teria de decidir quais seriam os argumentos relevantes que mereceriam ser enfrentados em sua decisão contrária à parte que os invoca, o que gera a situação absurda de o advogado (e a parte) ter(em) de esperar sensibilizar os julgadores do Tribunal *ad quem*, a quem terão de direcionar o recurso contra a decisão, acerca da importância de tal argumento"[8].

No inciso V há exigência no sentido de o órgão jurisdicional, ao fundamentar sua decisão em precedente ou enunciado de súmula, identificar seus fundamentos determinantes e demonstrar que o caso sob julgamento se ajusta àqueles fundamentos. Nessa situação, não bastará ao órgão jurisdicional mencionar o precedente ou enunciado de súmula, devendo justificar sua aplicabilidade ao caso concreto, por meio de demonstração da correlação entre os fundamentos do entendimento consagrado e as circunstâncias do caso concreto.

Por fim, no inciso VI do mesmo dispositivo, considera-se não fundamentada a decisão que deixar de seguir enunciado de súmula, jurisprudência ou precedente invocado pela parte, sem demonstrar a existência de distinção no caso em julgamento ou de superação do entendimento. Aqui nota-se a eficácia vinculante que o Novo Código de Processo Civil pretende dar aos entendimentos consolidados dos tribunais, e por isso estranha-se que o texto final aprovado pelo Senado tenha suprimido os artigos cons-

---

SP, rel. Min. Paulo de Tarso Sanseverino, j. 02.04.2013, *DJe* 05.04.2013.

[8] Theodoro Jr., Nunes, Bahia, Pedron, *O novo CPC*, p. 280-281.

tantes do projeto de lei aprovado pela Câmara com a regulamentação dos precedentes judiciais, em especial regulando as hipóteses de sua superação (*overruling*) ou inadequação ao caso concreto (*distinguishing*).

De qualquer forma, com a manutenção do termo "precedente" no dispositivo ora analisado, entendo que deve ser interpretado como qualquer julgamento ou enunciado sumular com eficácia vinculante proferido pelos tribunais superiores. Em minha percepção, "precedente", nos termos do NCPC, são todos os julgados ou súmulas com eficácia vinculante assim expressamente previstos em lei.

Diante do previsto no art. 927 do NCPC, têm eficácia vinculante: (a) decisões do STF em controle concentrado de constitucionalidade: (b) súmulas vinculantes; (c) incidente de assunção de competência; resolução de demandas repetitivas; julgamento de recursos especiais e extraordinários repetitivos; (d) enunciados das súmulas do STF em matéria constitucional e do STJ em matéria infraconstitucional; (e) orientação do Plenário e do Órgão Especial do STJ e do STF.

Nos termos do Enunciado 306 do Fórum Permanente de Processualistas Civis (FPPC), "O precedente vinculante não será seguido quando o juiz ou tribunal distinguir o caso sob julgamento, demonstrando, fundamentadamente, tratar-se de situação particularizada por hipótese fática distinta, a impor solução jurídica diversa". Na realidade, não há no Novo CPC "precedente vinculante", mas o entendimento é aplicável às sumulas emitidas pelos tribunais superiores, estas com eficácia vinculante no novo diploma legal.

Pelo que se compreende do dispositivo legal, se o juiz considerar que o processo apresenta crise jurídica apta a ser resolvida pelo enunciado de súmula ou jurisprudência, e que não esteja superado o entendimento consagrado, e ainda assim decidir pela não aplicação por não concordar com tal entendimento, a decisão será nula por falta de fundamentação.

Nesse caso, estar-se-á diante de verdadeira ficção jurídica, porque, se o órgão justificar seu entendimento contrário àquele consagrado no tribunal, naturalmente estará fundamentando sua decisão, ainda que tal espécie de fundamentação não seja aceita pelo dispositivo ora comentado.

O mais relevante e problemático, entretanto, é considerar que o órgão jurisdicional não pode mais se opor ao entendimento consagrado em súmula ou jurisprudência porque, o fazendo, sua decisão será nula. Trata-se de tornar todos os entendimentos sumulados vinculantes em ampliação infraconstitucional da regra constitucional da súmula vinculante. Compreende-se a preocupação do legislador reformista com a segurança jurídica, só se questiona se o Código de Processo Civil é o diploma legal mais adequado para criar a vinculação ora analisada.

Além de regular as hipóteses em que a decisão não será considerada fundamentada, o art. 489, § 2.º, prevê a forma de fundamentação quando houver colisão entre normas. Segundo o dispositivo, o órgão jurisdicional nesse caso deve justificar o objeto e os critérios gerais da ponderação efetuada, enunciando as razões que autorizam a interferência na norma afastada e as premissas fáticas que fundamentam a conclusão.

Entendo que as exigências de fundamentação ora analisadas são mais do que suficientes para impedir no caso concreto a utilização da técnica da fundamentação *per relationem*, atualmente admitida pelo Superior Tribunal de Justiça[9]. Trata-se de técnica de fundamentação referencial pela qual se faz expressa alusão à decisão anterior ou parecer do Ministério Público, incorporando, formalmente, tais manifestações ao ato jurisdicional. Muito comum em julgamento de agravos internos e regimentais, nos quais o relator se limita a repetir os fundamentos da decisão monocrática e afirmar que as razões recursais não foram suficientes a derrubá-los[10].

Ocorre, entretanto, que nem mesmo o próprio legislador parece ter colocado muita fé em tal conclusão, o que se pode notar pela previsão expressa de proibição dessa técnica de fundamentação no julgamento de agravo interno interposto contra decisão monocrática do relator. Segundo o art. 1.021, § 3.º, do Novo CPC, é vedado ao relator limitar-se à reprodução dos fundamentos da decisão agravada para julgar improcedente o agravo interno. Questiona-se: se as novas exigências de fundamentação fossem suficientes para evitar praticamente a fundamentação *per relationem* de forma genérica, qual teria sido a razão para a preocupação do legislador em prever expressamente sua vedação para uma hipótese específica?

Uma última análise deve ser feita. Nota-se na doutrina uma crescente aceitação da ideia de que as novas exigências de fundamentação ora analisadas teriam afastado do sistema processual pátrio o livre convencimento motivado do juiz. A análise busca confundir o inconfundível porque "livre

---

9 STJ, 5.ª Turma, HC 286.080/SP, rel. Min. Felix Fischer, j. 02.10.2014; *DJe* 13.10.2014; STJ, 4.ª Turma, REsp 660.413/SP, rel. Min. Raul Araujo, j. 18.09.2014, *DJe* 01.10.2014; STJ, 2.ª Turma, EDcl no AgRg no AREsp 94.942/MG, rel. Min. Mauro Campbell Marques, j. 05.02.2013, *DJe* 14.02.2013.

10 *Informativo* 517/STJ, 2.ª Turma, EDcl no AgRg no AREsp 94.942-MG, rel. Min. Mauro Campbell Marques, j. 05.02.2013.

convencimento motivado" ou "persuasão racional do juiz" são expressões utilizadas para a valoração das provas e, consequentemente, para a decisão da parte fática da demanda. Não para a aplicação do direito.

Por outro lado, é ilusório imaginar que o juiz, na aplicação do direito, mesmo no CPC/1973, teria liberdade ilimitada, bastando que justificasse suas opções. É claro que tais opções só são – e me parece que assim sempre será – legítimas se conforme o Direito. Essa realidade não é modificada pelo dispositivo ora analisado que, inclusive, é incapaz de evitar decisões ilegítimas e/ou ilegais.

É certo que a eficácia vinculante de determinadas espécies de julgamentos dos tribunais superiores e de suas súmulas impede que o juiz justifique sua decisão em não aplicá-los apenas por discordar do entendimento consagrado no Superior Tribunal de Justiça e no Supremo Tribunal Federal. Haverá nesse caso um convencimento vinculado, e nessa hipótese poder-se-ia dizer que ele não é mais livre, mesmo que motivado, salvo se o juiz demonstrar a distinção do caso ou a superação do entendimento. Exatamente, aliás, como o que atualmente ocorre quanto à aplicação das súmulas vinculantes.

Muito pouco, portanto, para se vaticinar a mudança radical que parcela da doutrina vem defendendo.

1.3 ISONOMIA

Apesar de concordar com o tratamento diferenciado dispensado às partes também diferentes, que consagra o ideal de isonomia real, entendia temerária a regra constante no art. 7.º do projeto de lei original do Novo CPC. Segundo o dispositivo legal, o juiz asseguraria às partes a paridade de tratamento no processo, devendo velar pelo efetivo contraditório em casos de hipossuficiência técnica.

Ao ler o projeto aprovado originariamente no Senado me perguntei: seria possível ao juiz dar prazos distintos às partes para se manifestarem sobre um mesmo ato, sem previsão legal expressa de prazo diferenciado? Seria possível ao juiz determinar o recolhimento de preparo por uma parte para evitar a deserção de recurso e recusá-lo à outra, em razão da hipossuficiência técnica? Seria possível afastar a preclusão consumativa para uma parte e mantê-la para a outra, justificando o juiz tal postura na diferença técnica entre elas? O número máximo de testemunhas poderia ser diferente, considerando que a parte tecnicamente hipossuficiente poderia ter maior dificuldade na inquirição?

Todas as perguntas elaboradas deveriam ser respondidas negativamente, pois não se obtém a isonomia real por meio da discricionariedade judicial. Seria mais adequado aos princípios da segurança jurídica, e mesmo da isonomia, se o dispositivo legal apenas mencionasse que a paridade de tratamento dependeria de tratamento diferenciado, quando necessário, nos termos da lei.

E foi exatamente o que ocorreu, sendo essa a atual redação do dispositivo: "É assegurada às partes paridade de tratamento em relação ao exercício de direitos e faculdades processuais, aos meios de defesa, aos ônus, aos deveres e à aplicação de sanções processuais, competindo ao juiz zelar pelo efetivo contraditório".

A paridade de tratamento assegurado pelo dispositivo legal naturalmente deve ser interpretada à luz do princípio da isonomia real, com tratamento diferenciado para partes distintas, desde que na medida de suas desigualdades. O tratamento desigual se dá pela criação de prerrogativas processuais, que sendo injustificáveis passam a ser verdadeiros privilégios processuais. E nesse tocante me parece que o dispositivo ora analisado não permite que o juiz crie prerrogativas processuais não previstas expressamente em lei, devendo apenas aplicar aquelas previamente criadas pelo legislador. Significa que a "paridade de armas" entre as partes se cumpre com a paridade de tratamento entre os iguais e a aplicação de tratamento diferenciado para os desiguais na medida das previsões legais.

Diante da premissa ora defendida, concorda-se com o teor do Enunciado 107 do Fórum Permanente de Processualistas Civis aprovado no encontro realizado no Rio de Janeiro de 25 a 27 de abril de 2014: "O juiz pode, de ofício, dilatar o prazo para a parte se manifestar sobre a prova documental produzida". Afinal, o art. 139, VI, do Novo CPC permite expressamente ao juiz a dilação de prazos para adequação as exigências do caso concreto.

1.4 PUBLICIDADE

Ainda que sem consequências práticas significativas, o art. 11, *caput*, do Novo CPC prevê regra muito tímida a respeito da publicidade dos atos processuais, que nem de longe traduz toda a dimensão da exigência constitucional. Consta do dispositivo legal que todos os julgamentos dos órgãos jurisdicionais serão públicos, sob pena de nulidade. E os outros atos processuais que não constituem em julgamento, não serão, ao menos em regra, públicos? O acesso aos autos não deve ser regido pelo princípio da publicidade? E as audiências nas quais não se proferem julgamentos?

Seria mais correto o dispositivo legal ora analisado referir-se a "atos processuais" no lugar de "julgamentos".

O tema da publicidade mitigada é previsto no art. 189 do Novo CPC. Infelizmente, já no *caput* do dispositivo legal encontra-se a equivocada expressão "segredo de justiça", repetida no art. 11, parágrafo único. Ainda que se trate de expressão consagrada, não existe justiça em segredo, perdendo o legislador uma excelente oportunidade de extirpar a incorreta expressão do Código de Processo Civil. As hipóteses de "segredo de justiça" são na realidade hipóteses de publicidade mitigada e assim deveriam ser chamadas pela legislação que versa sobre o tema.

No primeiro inciso do art. 189 estão previstos o interesse público ou social como causas da mitigação da publicidade. Sempre entendi que o interesse social previsto no art. 5.º, LX, da CF é, na realidade, interesse público, mas o legislador, em vez de substituir um termo por outro, quem sabe pensando numa compatibilidade com o texto constitucional, incluiu essas duas formas de interesses como motivo para restringir a publicidade dos atos processuais.

No inciso II vem o rol meramente exemplificativo de ações que seguem com publicidade mitigada, inclusive com a reinclusão da separação, que havia sido retirada nos textos originários do projeto. Assim, permanecem em "segredo de justiça" as ações que versarem sobre casamento, separação de corpos, divórcio, separação, união estável, filiação, alimentos e guarda de crianças e adolescentes.

O art. 189 do Novo CPC prevê mais duas hipóteses de "segredo de justiça": em seu inciso III, a de processos nos quais constem dados protegidos pelo direito constitucional à intimidade, consagrando no CPC a regra constitucional; e no inciso IV, a de processos que dizem respeito ao cumprimento de carta arbitral, desde que a confidencialidade estipulada na arbitragem seja comprovada perante o juízo.

Segundo o parágrafo único do art. 11 do Novo CPC, nos casos de segredo de justiça, pode ser autorizada, nos julgamentos, a presença somente das partes, de seus advogados ou defensores públicos, ou ainda, quando for o caso, do Ministério Público.

O parágrafo único do dispositivo ora analisado é vítima do equívoco de seu *caput*, que indevidamente limita aos julgamentos o princípio da publicidade. Na realidade, mesmo tramitando em "segredo de justiça", as partes, seus advogados ou defensores públicos e, quando for o caso, o Ministério Público terão acesso a todos os atos do processo, e não só aos julgamentos.

1.5 INSTRUMENTALIDADE DAS FORMAS

Sempre que o ato processual tenha uma forma prevista em lei, deve ser praticado segundo a formalidade legal, sob pena de nulidade. Todo ato processual tem uma finalidade jurídico-processual, um resultado a ser atingido e, alcançada essa finalidade, serão gerados os efeitos jurídicos programados pela lei, desde que o ato tenha sido praticado em respeito à forma legal. Nesse sentido, a forma legal do ato proporciona segurança jurídica às partes, que sabem de antemão que, praticando o ato na forma que determina a lei, conseguirão os efeitos legais programados para aquele ato processual.

Sempre que a forma legal não é respeitada, há uma consequência processual: o efeito jurídico programado pela lei não é gerado. Essa consequência processual – que para parcela doutrinária é uma sanção – representa a nulidade. Ato viciado é aquele praticado em desrespeito às formas legais, enquanto a **nulidade** é a sua **consequência sancionatória**, que não permite ao ato gerar os efeitos programados em lei. O princípio da instrumentalidade das formas busca aproveitar o ato viciado, permitindo-se a geração de seus efeitos, ainda que se reconheça a existência do desrespeito à forma legal.

Pelo princípio da instrumentalidade das formas, ainda que a formalidade para a prática de ato processual seja importante em termos de segurança jurídica, visto que garante à parte que respeita a geração dos efeitos programados por lei, não é conveniente considerar o ato nulo somente porque praticado em desconformidade com a forma legal. O essencial é verificar se o desrespeito à forma legal para a prática do ato afastou-o de sua **finalidade**, além de verificar se o descompasso entre o ato como foi praticado e como deveria ser praticado segundo a forma legal causou algum **prejuízo**. Não havendo prejuízo para a parte contrária, tampouco ao próprio processo, e percebendo-se que o ato atingiu sua finalidade, é excessivo e indesejável apego ao formalismo declarar o ato nulo, impedindo a geração dos efeitos jurídico-processuais programados pela lei[11]. Fundamentalmente, esse **aproveitamento do ato viciado**, com as exigências descritas, representa o princípio da instrumentalidade das formas, que naturalmente tem ligação estreita com o princípio da economia processual.

---

[11] Bedaque, *Efetividade*, p. 419 e 422; Dinamarco, *Instituições*, v. 2, n. 714, p. 597; STJ, 4.ª Turma, REsp 873.043/RS, rel. Min. Arnaldo Esteves Lima, j. 27.09.2007, *DJ* 22.10.2007; STJ, 1.ª Turma, REsp 790.090/PR, rel. Min. Denise Arruda, j. 02.08.2007, *DJ* 10.09.2007; STJ, 3.ª Turma, REsp 687.115/GO, rel. Min. Nancy Andrighi, j. 28.06.2007, *DJ* 1.º.08.2007.

Há pelo menos três dispositivos legais no Novo Código de Processo Civil que tratam genericamente do princípio da instrumentalidade das formas. Os arts. 188 e 277 contêm a mesma regra, prevendo que serão considerados válidos os atos que, realizados de outro modo que não a forma determinada em lei, lhe preencham a finalidade essencial. Tenho dúvidas a respeito da qualidade técnica do dispositivo legal, porque, como já tive a oportunidade de defender, no princípio da instrumentalidade das formas não se convalida o vício, apenas admite-se que o ato viciado gere normalmente os efeitos previstos em lei, como se válido fosse. Nos termos dos dispositivos mencionados, o ato viciado tornar-se-ia válido apenas para se permitir a geração de seus efeitos, o que parece tecnicamente inadequado e praticamente desnecessário. Bastaria ao legislador reconhecer que, não havendo prejuízo e atingindo sua finalidade, o ato, mesmo que viciado, geraria normalmente seus efeitos. A ausência de prejuízo, inclusive, vem disposta no art. 283, parágrafo único, do Novo Código de Processo Civil, que prevê o aproveitamento de ato viciado desde que não resulte em prejuízo à defesa de qualquer parte. Teria ficado mais completo o dispositivo legal se tivesse também mencionado a inexistência de prejuízo ao processo.

Ainda que represente uma omissão sem repercussão prática, entendo que, a partir do momento em que o legislador consagra uma série de princípios processuais nos artigos iniciais do Novo Código de Processo Civil, poderia ter reservado um dispositivo para o princípio ora analisado. Algo como "atos viciados que cumpram seu objetivo e não prejudiquem a parte contrária nem o processo geram normalmente os efeitos programados por lei".

1.6 DURAÇÃO RAZOÁVEL DO PROCESSO

O princípio da duração razoável do processo, consagrado no art. 5.º, LXXVIII, da CF, encontra-se previsto no art. 4.º do Novo CPC. Segundo o dispositivo legal, as partes têm direito de obter em prazo razoável a solução integral do processo, incluída a atividade satisfativa. A novidade concernente ao dispositivo constitucional é a inclusão expressa da atividade executiva dentre aquelas a merecerem a duração razoável. Diz o ditado popular que aquilo que abunda não prejudica, mas é extremamente duvidoso que mesmo diante da omissão legal a execução não fosse incluída no ideal de duração razoável do processo.

E, embora tenham sido propaganda constante na aprovação do Novo Código de Processo Civil a celeridade processual e a diminuição dos processos, não há nada que concretamente confirme tal desejo. E provavelmente esse seja o pior perigo do Novo Código de Processo Civil: vender uma mercadoria que não poderá entregar. De qualquer forma, certamente não é a repetição da regra constitucional da duração razoável do processo que trará a tão almejada celeridade processual.

1.7 COOPERAÇÃO

No art. 6.º do Novo CPC consagra-se o princípio da cooperação, passando a exigir expressa previsão legal para que todos os sujeitos do processo cooperem entre si para que se obtenha a solução do processo com efetividade e em tempo razoável. Como o dispositivo prevê a cooperação como dever, é natural que o desrespeito gere alguma espécie de sanção, mas não há qualquer previsão nesse sentido no dispositivo ora analisado.

Aspecto interessante é a indicação expressa de que a cooperação entre as partes é voltada para a obtenção de uma decisão de mérito justa, efetiva e proferida em tempo razoável. Positivamente, tem-se a consagração legal de que a decisão de mérito – decisão típica do processo – deve ser o objetivo das partes e do juízo. Negativamente, a inexplicável ausência de tal princípio para a atividade executiva, pois no cumprimento de sentença a execução ocorre depois da sentença de mérito, e no processo de execução não existe sentença de mérito, salvo em situações excepcionais de acolhimento de defesas incidentais de mérito.

Seja como for, tratando-se de princípio que independe de expressa previsão legal, a redação aparentemente limitadora do dispositivo ora analisado não é suficiente para afastar o princípio da cooperação de toda atividade jurisdicional, inclusive a executiva.

Superada a incongruência do texto legal em excluir – ou apenas tentar – a execução do alcance do princípio da cooperação, o seu conteúdo não merece elogios. Sempre entendi que o princípio da cooperação seja voltado muito mais ao juiz do que às partes, criando aquele que conduz o processo os deveres de esclarecimento, prevenção, consulta e auxílio, já que as partes estarão no processo naturalmente em posições antagônicas, sendo difícil crer que uma colabore com a outra tendo como resultado a contrariedade de seus interesses.

Nesse sentido crítico, Lênio Luiz Streck, Lúcio Delfino, Rafael Giorgio Dalla Barba e Ziel Ferreira Lopes: "Então agora as partes deverão cooperar entre si? Parte e contraparte de mãos dadas a fim de alcançarem a pacificação social... Sem ironias, mas parece que Hobbes foi expungido da 'natureza humana'. Freud também. O novo CPC aposta em Rousseau. No homem bom. Ou seja, com um canetaço, num passe de mágica, desaparece o hiato que as separa justamente em razão do litígio. Nem é preciso dizer que o legislador pecou ao tentar desnudar a cooperação aventurando-se em setor cuja atuação merece ficar a cargo exclusivo da doutrina. E o fez mal porque referido texto legislativo está desacoplado da realidade, espelha visão idealista e irrefletida daquilo que se dá na arena processual, onde as partes ali se encontram sobretudo para lograr êxito em suas pretensões. Isso é, digamos assim, natural, pois não? Disputar coisas é uma coisa normal. Não fosse assim não haveria 'direito'. Direito é interdição. É opção entre civilização e barbárie"[12].

Ainda conforme o texto, é benéfico ao sistema processual que exista uma comunidade de trabalho com a finalidade de regulamentar o diálogo entre as partes e o juiz, mas estes, por terem interesses diversos no processo, não podem ser colocados num mesmo patamar. E arremata: "É um modelo que não deve ser pensado a distância da realidade, sem considerar que no processo há verdadeiro embate (luta, confronto, enfrentamento), razão pela qual as partes e seus advogados valem-se – e assim deve ser – de todos os meios legais a seu alcance para atingirem um fim parcial. Não é crível (nem constitucional), enfim, atribuir aos contraditores o dever de colaborarem entre si a fim de perseguirem uma 'verdade superior', mesmo que contrária àquilo que acreditam e postulam em juízo, sob pena de privá-los da sua necessária liberdade para litigar, transformando-os, eles mesmos e seus advogados, em meros instrumentos a serviço do juiz na busca da tão almejada 'justiça'. Inexiste um tal espírito filantrópico que enlace as partes no âmbito processual, pois o que cada uma delas ambiciona é resolver a questão da melhor forma possível, desde que isso signifique favorecimento em prejuízo do adversário. Aliás, quando contrato um advogado, é para que ele lute por mim, por minha causa. Não quero que ele abra mão de nada. Os direitos são meus e meu advogado deles não dispõe. Se meu advogado for obrigado a cooperar com a outra ou com o juiz, meu direito constitucional de acesso à justiça estará sendo violado".

Seguir a tendência de legislações estrangeiras, em especial a alemã, na propositura de um sistema comparticipativo/cooperativo é benéfico ao processo porque, centrando-se em deveres do juiz, permite uma participa-

---

12 Disponível em: <http://www.conjur.com.br/2014-dez-23/cooperacao-processual-cpc-incompativel-constituicao?utm_source=dlvr.it&utm_medium=twitter>. Acesso em: 23 dez. 2014, às 10:11.

ção mais ativa das partes na condução do processo e aumenta as chances de influenciarem de maneira efetiva na formação do convencimento judicial. Sob esse ponto de vista, é salutar falar em princípio cooperativo e o art. 6.º do Novo CPC deve ser saudado.

Por outro lado, interpretar o dispositivo legal como previsão que exige das partes uma cooperação entre si, outorgando-lhes um dever que contraria seus próprios interesses defendidos em juízo, é utopia e tornará o dispositivo morto.

Nas palavras da melhor doutrina, "não se trata da aplicação da cooperação/colaboração das partes entre si e com o juiz, proposta há muito defendida por correntes doutrinárias estrangeiras, que ainda partem da premissa estatalista (socializadora) de subserviência das partes em relação a um juiz visto como figura prevalecente. Nem mesmo de uma visão romântica que induziria a crença de que as pessoas no processo querem, por vínculos de solidariedade, chegar ao resultado mais correto para o ordenamento jurídico. Essa utópica solidariedade processual não existe (nem nunca existiu): as partes querem ganhar e o juiz dar vazão à sua pesada carga de trabalho"[13].

Por mais forte que seja a afirmação, entendo equivocada a frase estampada tempos atrás em adesivo distribuído pela Ordem de Advogados do Brasil aos advogados paulistas: "Sem advogado não se faz justiça". Entendo que os advogados não devem procurar justiça, mas defender os interesses de seu cliente, parte no processo. Respeitando os princípios da boa-fé e da lealdade processual, cabe ao juiz fazer justiça e ao advogado, buscar convencê-lo que suas razões são as mais justas.

O art. 6.º do Novo CPC deve ser lido levando-se essa realidade em vista. Se já não é hoje mais politicamente correto afirmar que o processo é uma guerra – donde se fala em "paridade de armas" –, não se pode descartar o caráter litigioso do processo, tampouco o fato de que os interesses das partes são contrários e não tem qualquer sentido lógico, moral ou jurídico, exigir que uma delas sacrifique seus interesses em prol da parte contrária, contribuindo conscientemente para sua derrota.

Significa que será extremamente positiva a novidade consagrada no dispositivo ora comentado se sua interpretação for feita à luz de antiga e acertada lição de Piero Calamandrei: "O advogado que pretendesse exercer seu ministério com imparcialidade não só constituiria uma in-

[13] Theodoro Jr., Nunes, Bahia, Pedron, *Novo CPC*, p. 60.

cômoda duplicata do juiz, mas seria deste o pior inimigo; porque, não preenchendo sua função de contrapor ao partidarismo do contraditor a reação equilibradora de um partidarismo em sentido inverso, favoreceria, acreditando ajudar a justiça, o triunfo da injustiça adversária"[14].

1.8 BOA-FÉ E LEALDADE PROCESSUAL

O art. 5º do Novo CPC consagrou de forma expressa entre nós o princípio da boa fé objetiva, de forma que todos os sujeitos processuais devem adotar uma conduta no processo em respeito à lealdade e à boa-fé processual. Sendo objetiva, a exigência de conduta de boa-fé independe da existência de boas ou más intenções. Conforme já decidiu o Superior Tribunal de Justiça, a boa-fé objetiva se apresenta como uma exigência de lealdade, modelo objetivo de conduta, arquétipo social pelo qual impõe o poder-dever de que cada pessoa ajuste a própria conduta a esse modelo, agindo como agiria uma pessoa honesta, escorreita e leal[15].

No plano do direito material contratual, o estudo da boa-fé objetiva está em estágio bastante evoluído, em especial quanto aos conceitos parcelares da boa-fé objetiva. Cumpre analisar como a realidade contratual da boa-fé objetiva aplica-se ao processo.

A *supressio* (*Verwirkung*) significa a supressão, por renúncia tácita, de um direito ou de uma posição jurídica, pelo seu não exercício com o passar dos tempos. Esse fenômeno é aplicável ao processo quando se perde um poder processual em razão de seu não exercício por tempo suficiente para incutir na parte contrária a confiança legítima de que esse poder não mais será exercido. Segundo o Superior Tribunal de Justiça, não se admite a chamada "nulidade de algibeira ou de bolso"[16], ou seja, a parte, embora tenha o direito de alegar a nulidade, mantém-se inerte durante longo período, deixando para exercer seu direito somente no momento em que melhor lhe convir. Nesse caso, entende-se que a parte renunciou tacitamente ao seu direito de alegar a nulidade, inclusive a absoluta[17]. A *surrectio* é a outra fase da moeda, significando o surgimento de um direito em razão de comportamento negligente da outra parte.

---

[14] Cfr. *Eles, os juízes*, p. 123.

[15] STJ, 3ª Turma, REsp 803.481/GO, rel. Min. Nancy Andrighi, j. 28.06.2007, *DJ* 01.08.2007 p. 462.

[16] STJ, 3ª Turma, EDcl no REsp 1.424.304/SP, rel. Min. Nancy Andrighi, j. 12.08.2014, *DJe* 26.08.2014.

[17] STJ, 4ª Turma, AgRg na PET no AREsp 204.145/SP, rel. Min. Luis Felipe Salomão, j. 23.06.2015, *DJe* 29.06.2015.

O termo *tu quoque* designa a situação de abuso que se verifica quando um sujeito viola uma norma jurídica e, posteriormente, tenta tirar proveito da situação em benefício próprio. Trata-se de postulado ético que obsta que alguém faça com outrem o que não quer que seja feito consigo mesmo, sendo derivado da expressão de Júlio Cesar ao notar que seu filho adotivo, Brutus, estava entre os que atentavam contra sua vida: "*To quoque, filli?*" ou "*Tu quoque, Brute, fili mi*"?

Não pode a parte criar dolosamente situações de vícios processuais para posteriormente tentar tirar proveito de tal situação. Por essa razão, prevê o art. 276 do Novo CPC que a parte responsável pela criação do vício processual não tem legitimidade para alegá-lo em juízo. Acredito que essa vedação não alcance as matérias de ordem pública, podendo, por exemplo, o autor alegar a incompetência absoluta do juízo mesmo que tenha sido o responsável pelo vício. Nesse caso, o máximo que o sistema permite é a condenação do autor por ato de litigância de má-fé.

A *exceptio doli* é conceituada como sendo a defesa da parte contra ações dolosas da parte contrária, sendo a boa-fé, nesse caso, utilizada como defesa. No processo, vem sendo entendida como a exceção que a parte tem para paralisar o comportamento de quem age dolosamente contra si.

A máxima *venire contra factum proprium* impede que determinada pessoa exerça direito do qual é titular, contrariando um comportamento anterior, já que tal conduta despreza a confiança e o dever de lealdade. Segundo a melhor doutrina, há quatro pressupostos para aplicação da proibição do comportamento contraditório: (a) uma conduta inicial; (b) a legítima confiança de outrem na conservação do sentido objetivo dessa conduta; (c) um comportamento contraditório com este sentido objetivo e (d) um dano ou um potencial de dano decorrente da contradição. No processo, é máxima amplamente consagrada, inclusive pelo legislador, como ocorre na aquiescência prevista no art. 1.000 do Novo CPC, pela jurisprudência, que não admite o comportamento contraditório das partes[18].

A proibição de comportamento contraditório também é aplicável ao juiz, conforme acertadamente aponta o Enunciado 376 do FPPC: "*A vedação de comportamento contraditório aplica-se ao órgão jurisdicional*". Assim, não pode o juiz indeferir um pedido de produção da prova entendendo não ser necessária a dilação probatória para, posteriormente,

[18] STJ, 4ª Turma, AgRg no AREsp 646.158/SC, rel. Min. Luis Felipe Salomão, j. 04/08/2015, *DJe* 13/08/2015.

sentenciar o processo com base na regra do ônus da prova, porque faltou prova para a formação de seu convencimento. O Superior Tribunal de Justiça, inclusive, entende nula decisão proferida em tal circunstância, mas se vale do fundamento do cerceamento do direito de defesa (STJ, 3ª Turma, REsp 1.502.989/RJ, rel. Min. Ricardo Villas Bôas Cueva, j. 13.10.2015, *DJe* 19.10.2015).

Até mesmo em diferentes processos pode se falar na aplicação da proibição de comportamentos contraditórios do juiz. Não pode o juiz, sem justificativa expressa e plausível, adotar diferentes entendimentos para a mesma questão processual em diferentes processos. Como se explicar a luz da boa-fé objetiva a conduta de juiz que em processos que versam sobre a mesma situação fático-jurídica a decide de forma diversa?

No plano do direito material, o *duty to mitigate the loss* (dever imposto ao credor de mitigar suas perdas), também vem sendo entendido como conceito parcelar da boa-fé objetiva, como se pode notar do Enunciado 169 CJF/STJ: "*O princípio da boa-fé objetiva deve levar o credor a evitar o agravamento do próprio prejuízo*". Esse dever é amplamente aplicável ao processo, sendo exemplo clássico a conduta da parte que, abandonando a busca pelo direito material, permanece inerte durante longo período de tempo para depois pleitear multa milionária a título de astreintes.

Também o abuso do direito configura violação ao princípio da boa-fé objetiva, consagrado no art. 5º do Novo CPC. O agravo interno manifestamente inadmissível ou julgado de improcedente em votação unânime gera as sanções previstas no art. 1.021, § 4º, do Novo CPC e os embargos de declaração manifestamente protelatórios geram as sanções previstas pelo art. 1.026, §§ 2º e 3º, do Novo CPC. É considerado ato atentatório à dignidade da justiça a produção de prova desnecessária à defesa do interesse (art. 77, III, do Novo CPC). É considerado ato de litigância de má-fé, a dedução de pretensão ou defesa contra texto expresso de lei ou fato incontroverso (art. 80, I, do Novo CPC) e a provocação de incidente ou interposição de recurso com o intuito manifestamente protelatório (art. 80, VII, do Novo CPC). A perempção extingue o direito de ação em razão do abuso em seu exercício.

O tema do ato atentatório à dignidade da jurisdição é tratado pelo art. 77 do Novo CPC. O dispositivo legal conta com um rol de deveres das partes, de seus procuradores e de todos aqueles que de qualquer forma participem do processo, destacando-se para o tema ora enfrentado os incisos IV (cumprir com exatidão as decisões jurisdicionais, de natureza provisória ou final, e não criar embaraços à sua efetivação) e VI (não praticar inovação ilegal no estado de fato de bem ou direito litigioso).

Sem qualquer benefício aparente, bem ao contrário, o Novo Código de Processo Civil passa a chamar os atos de descumprimento dos deveres previstos no art. 77, IV e VI, como atentatórios à dignidade da justiça. Trata-se, à evidência, de um desserviço, considerando-se que a expressão continua a ser utilizada pelo art. 774 para tipificar atos praticados pelo executado. O problema maior é o credor do valor da multa a ser aplicada nesses casos: a Fazenda Pública (União ou Estado) na hipótese do art. 77, 3.º, e a parte contrária (exequente) na hipótese do art. 774, parágrafo único. Certamente teria sido mais prudente manter a distinção de nomenclatura entre ato atentatório à dignidade da jurisdição e da justiça.

O inciso IV do art. 77 do Novo CPC traz a realidade já consagrada no art. 14, V, do CPC/1973, apenas substituindo "provimentos mandamentais" por "decisões jurisdicionais, de natureza provisória ou final", o que certamente ampliará a abrangência de aplicação da norma ao se deixar de existir uma ordem do juiz.

Nos termos do inciso V do artigo ora comentado, passa a ser dever das partes declinar, no primeiro momento que lhes couber falar nos autos, o endereço residencial ou profissional onde receberão intimações, atualizando essa informação sempre que ocorrer qualquer modificação temporária ou definitiva.

A regra consagrada no inciso VI do art. 77 do Novo CPC não estava prevista no CPC/1973, buscando o legislador sancionar a parte que pratica atos de inovações ilegais sobre o bem ou direito litigioso. E essa atual hipótese de ato atentatório à dignidade da justiça traz outra novidade no § 7.º, que permite ao juiz, além de aplicar a multa, proibir a parte de falar nos autos até a purgação do atentado. Regras sancionatórias que impedem a manifestação das partes são sempre delicadas à luz do direito das partes à ampla defesa, sendo duvidoso que tal sanção venha a vencer tal barreira.

Não deve ser comemorada a regra do § 1.º do artigo ora analisado prevendo que o juiz advertirá o sujeito – processual ou não – de que sua conduta (descrita nos incisos IV e VI do art. 77 do Novo CPC) poderá ser punida como ato atentatório à dignidade da justiça. Ao que parece, seguindo a tradição mantida dos atos atentatórios à dignidade da justiça na execução (art. 599, II, do CPC/1973 e art. 772, II, do Novo CPC), o legislador cria uma condição prévia para a aplicação da multa, o que poderá levar à sua nulidade se aplicada sem o aviso prévio.

Tratando-se de um ato continuado, até parece ter sentido a previsão como forma de premiar a parte que parar com a prática do ato diante do aviso do juiz. Por outro lado, em atos instantâneos a exigência não faz qualquer sentido, porque nesse caso será uma condição da aplicação da multa a repetição da conduta, o que viria a contrariar até mesmo o ideal do dispositivo de prestigiar a boa-fé e a lealdade processual.

A multa pelo descumprimento de tais deveres continua sendo de até 20% do valor da causa, de acordo com a gravidade da conduta (art. 77, § 2.º, do Novo CPC). A novidade fica por conta do § 5.º ao prever que, sendo o valor da causa irrisório ou inestimável, a multa prevista no § 2.º poderá ser fixada em até dez vezes o valor do salário mínimo.

Também foi modificado, pelo § 3.º do art. 77 do Novo CPC, o termo inicial de inscrição da multa não paga como dívida ativa. No art. 14, parágrafo único, do CPC/1973, era necessário aguardar o trânsito em julgado da decisão final da causa, enquanto o novel dispositivo exige a espera do trânsito em julgado da decisão que fixou a multa. A mudança trará diferença quando a multa for fixada em decisão interlocutória, que tem seu trânsito em julgado independente do trânsito em julgado da causa, que toma em conta a decisão final. Na execução, que seguira o procedimento da execução fiscal, os valores obtidos serão revertidos para os fundos de modernização do Poder Judiciário previstos no art. 97 do Novo CPC.

Nos termos do art. 14, parágrafo único, do CPC/1973, os advogados públicos e privados não poderiam sofrer a multa ora analisada, tendo sido tal rol ampliado pelo art. 77, § 6.º, do Novo CPC, que incluiu os membros da Defensoria Pública e do Ministério Público, esclarecendo que, nesse caso, eventual responsabilidade disciplinar será apurada pelo respectivo órgão de classe ou corregedoria, ao qual o juiz oficiará.

É de duvidosa utilidade a regra consagrada no art. 77, § 4.º, do Novo CPC porque, ao prever a possibilidade de cumulação da multa disposta no § 2.º com aquelas estabelecidas nos arts. 523, § 1.º, e 536, o dispositivo se limita a dizer o óbvio: multas sancionatórias não se confundem com multas executivas, e, diante da evidente diferença de sua natureza, podem ser cumuladas. Mais um dispositivo para "o que abunda não prejudica".

E o último parágrafo do art. 77 (§ 8.º) prevê que o representante judicial da parte não pode ser compelido a cumprir decisão em seu lugar. Acredito que o dispositivo tenha como objeto obrigações personalíssimas das partes, que não poderiam de fato ser cobradas de seu representante e muito menos a ele ser aplicada a multa na hipótese de descumprimento da decisão.

Os atos tipificados como de litigância de má-fé estão previstos no art. 80 do Novo CPC, sendo eles dispostos nos incisos do art. 17 do CPC/1973.

A sanção prevista para a prática de ato de litigância de má-fé é a multa, tendo a parte contrária como credora. Há mudança e uma novidade no Novo Código de Processo Civil a respeito do valor dessa multa que devem ser efusivamente elogiadas. Enquanto o art. 18, *caput*, do CPC/1973 previa uma multa em valor não excedente a um por cento do valor da causa, o art. 81, *caput*, prevê um percentual entre um e dez por cento do valor da causa.

Como não é infrequente um valor da causa irrisório, o § 2.º do mesmo dispositivo prevê que nesse caso a multa poderá ser fixada em até dez vezes o salário mínimo. Só não compreendi a previsão de "valor inestimável", algo que tomo como inexistente: inestimável é o valor econômico do bem da vida pretendido, que levará a um valor da causa irrisório.

2

ORDEM CRONOLÓGICA NO JULGAMENTO

2.1 INTRODUÇÃO

O art. 12 do Novo CPC cria uma ordem cronológica de julgamento para os processos em primeiro grau e nos tribunais. Nos termos do *caput* do dispositivo legal, uma vez sendo os autos conclusos para a prolação de sentença ou acórdão, o órgão jurisdicional atenderá preferencialmente à ordem de conclusão para a prolação de referidas decisões.

Segundo o art. 1.046, § 5.º, do Novo CPC, a primeira lista de processos para julgamento em ordem cronológica observará a antiguidade da distribuição entre os já conclusos na data da entrada em vigor do Novo Código de Processo Civil.

Como é notório, sob a égide do CPC/1973, o órgão jurisdicional não tinha vinculação a qualquer ordem cronológica de julgamento, proferindo sentenças e acórdãos na ordem que bem desejasse. É natural que, assim sendo, os órgãos jurisdicionais prefiram julgar processos mais simples, que deem menos trabalho para serem decididos. Ainda mais se considerarmos a imposição pelo CNJ e pelos próprios tribunais de metas de julgamento que têm como critério a quantidade de julgados proferidos pelo órgão jurisdicional.

A nova realidade criada pelo art. 12 do Novo CPC impõe uma regra interessante porque condiciona, ao menos em regra, os juízes e tribunais a uma ordem de antiguidade no julgamento, pouco importando a complexidade da causa. Por outro lado, cria uma expectativa temporal de julgamento às partes, que, tendo seu processo concluso para julgamento, já poderão projetar o tempo que ele levará para ocorrer, prestigiando assim a transparência[1].

Entendo que referida norma legal atende ao princípio da isonomia[2], evitando-se assim que o órgão jurisdicional escolha os processos a julgar, invariavelmente preferindo os mais simples aos mais complexos. Afinal, há metas de julgamentos a bater impostas pelo Conselho Nacional de Justiça ou pelos próprios Tribunais. A prevalência pelo mais simples em detrimento do mais complexo faz com que esses processos, que já demandam um tempo maior de tramitação, demorem ainda mais para serem decididos.

É claro que processos mais simples e mais complexos são diferentes, e nesses termos poder-se-á alegar que tratá-los de forma idêntica, numa mesma lista cronológica para julgamento, violaria o princípio da isonomia real, que corretamente prega um tratamento desigual para desiguais, sob pena de que, tratando-os de forma igual, se consolide a desigualdade. O problema é que só teremos isonomia real quando o tratamento desigual aos desiguais se der nos limites de suas desigualdades. E nesses termos não vejo como a diferença de complexidade da matéria a ser decidida justifique um tratamento diferenciado entre os processos quanto ao momento de seu julgamento[3].

Conforme será visto, a ordem não é inflexível porque conta com inúmeras exceções. Grande parte delas fundadas na simplicidade da causa e/ou do julgamento, tais como as sentenças homologatórias, proferidas em audiência, decisões terminativas e as decisões unipessoais em grau recursal. Compreendo que a *ratio* para essas exceções tenha sido a simplicidade, não parecendo legítimo e/ou racional ao legislador fazer tais decisões esperar sua vez de serem proferidas na lista cronológica de julgamento.

---

1 Teresa Arruda Alvim Wambier, Ordem cronológica no julgamento deve aumentar transparência no Judiciário. Disponível em: <http://www.migalhas.com.br/Quentes/17,MI183181,11049-Ordem+cronologica+de+julgamento+deve+aumentar+transparencia+no>. Acesso em: 12 fev. 2015, às 08:10.

2 Theodoro Jr., Nunes, Bahia, Pedron, *Novo CPC*, p. 146.

3 Em sentido contrário Gajardoni, *Novo CPC*. Disponível em: <http://www.migalhas.com.br/Quentes/17,MI214627,61044-Fernando+Gajardoni+Novo+CPC+trabalha+com+utopia+de+ser+capaz+de>. Acesso em: 13 fev. 2015, às 15:14.

Na redação originariamente aprovada, não restava muita dúvida de que o art. 12 do Novo CPC criava um dever judicial, ainda que seu descumprimento não levasse à decretação de nulidade da decisão que julgasse processo fora da ordem. Realmente, não teria qualquer sentido tal providência à luz dos princípios da duração razoável do processo (art. 4º do Novo CPC) e da prometida eficiência da tutela jurisdicional (art. 8º do Novo CPC). Contudo, tratando-se de um dever judicial, alguma sanção deveria ser imposta ao juiz que ilegalmente descumprisse a ordem cronológica, ainda que de natureza administrativa.

O dispositivo não caiu no gosto da magistratura, muito pelo contrário: existe corrente doutrinária que inclusive o apontava como inconstitucional. Havia, na realidade, um grande receio por parte da magistratura de que o dever de julgar dentro de uma ordem cronológica de conclusão inviabilizasse a gestão cartorial. Diante de tal receio, o Enunciado 32 da ENFAM, em "interpretação" à redação originária do art. 12, § 2º, do Novo CPC, conclui que o rol lá exposto é meramente exemplificativo, sendo possível ao juiz descumprir a ordem cronológica fora das hipóteses legais. O termo interpretação vem entre aspas porque naturalmente não há qualquer técnica de hermenêutica jurídica que corrobore a conclusão do Enunciado 32 da ENFAM.

A exótica interpretação, entretanto, não precisa ser levada a cabo em razão da Lei 13.256/2016, que, modificando a redação originária do art. 12, *caput*, do Novo CPC, passa a prever que a ordem cronológica de julgamento deve ser preferencialmente atendida. Numa leitura apressada da mudança legislativa, pode parecer que o respeito à ordem cronológica simplesmente deixou de existir, tendo sido o art. 12 do Novo CPC tacitamente revogado. Não concordo com esse entendimento. O artigo ora comentado certamente levou um golpe considerável diante da novidade, mas está longe de estar revogado.

Sendo o dispositivo uma regra fortemente inspirada no princípio da isonomia, para evitar que o "amigo do rei" tenha seu processo julgado antes dos demais, sempre que o juiz justificar a quebra da ordem para melhor ajustar o trabalho cartorial, sem que com isso privilegie de forma pontual e direcionada determinado advogado e/ou parte, terá legítima justificativa para inverter a ordem cronológica de julgamento.

Na realidade, continua a existir uma ordem e suas exceções legais, de forma que o juiz, sempre que decidir em descompasso com essas regras, deverá fundamentar sua postura. E para os juízes que já planejam fazer uma decisão padrão para todas as hipóteses de inversão da ordem cronológica, é interessante recomendar a leitura do art. 489, § 1º, III, do Novo CPC.

2.2 ASPECTOS PROCEDIMENTAIS

Ainda que o artigo ora comentado mencione a formação de uma lista de processos para serem julgados em ordem cronológica, depreende-se do dispositivo que na realidade existirão duas listas cronológicas, pois o § 3.º do art. 12 do Novo CPC prevê que os processos sob o rito da preferência legal terão uma lista própria, cabendo ao juízo respeitar a ordem específica no julgamento dessa espécie de processo.

Para fins de publicidade, o § 1.º prevê que a lista de processos aptos a julgamento deverá estar permanentemente à disposição para consulta pública em cartório e na rede mundial de computadores. Essa publicação da ordem de julgamento garante às partes um controle em seu cumprimento, atendendo de forma clara e positiva o princípio da publicidade dos atos processuais.

Os §§ 4.º e 5.º tratam de eventual requerimento formulado pelas partes em processo já incluído na ordem de julgamento. Nos termos do § 4.º, após a inclusão do processo na lista, o requerimento formulado pela parte não altera a ordem cronológica para a decisão, exceto quando implicar a reabertura da instrução ou a conversão do julgamento em diligência. E o § 5.º prevê que, decidido o requerimento previsto no § 4.º, o processo retornará à mesma posição em que anteriormente se encontrava na lista.

Os dispositivos são importantes porque não criam uma inibição às partes de formularem requerimentos em processos já incluídos na ordem de julgamento. É natural imaginar que, se qualquer requerimento fosse capaz de retirar o processo de tal ordem, recolocando-o em último na lista, as partes poderiam preferir se omitir em sua pretensão a atrasar o julgamento do processo. Por outro lado, evita que a parte que pretende postergar o julgamento se valha de requerimentos meramente protelatórios para tirar o processo da ordem do julgamento. A exceção a essa regra também deve ser saudada, porque, sendo necessária a reabertura da instrução probatória ou a conversão do julgamento em diligência, a manutenção do processo na ordem poderia travar os julgamentos subsequentes.

O § 6.º elenca duas hipóteses de processos que "furam a fila" na ordem de julgamento, sendo sempre alocados em primeiro lugar para julgamento independentemente do caráter cronológico de conclusão.

No inciso I do § 6.º do art. 12 do Novo CPC está prevista a situação de anulação de sentença ou de acórdão, salvo quando houver necessidade de realização de diligência ou de complementação da instrução, quando o processo seguirá a regra geral da ordem cronológica de conclusão. Já no inciso II está previsto o reexame da causa pelo tribunal, quando em julgamento repetitivo de recurso especial ou extraordinário o tribunal superior tiver fixado entendimento contrário ao do tribunal de segundo grau.

O Novo Código de Processo Civil compreendeu que a criação de uma ordem cronológica de conclusão condicionando o órgão julgador na prolação de sentenças e acórdãos poderia engessar a atuação jurisdicional e trazer mais prejuízos que benefícios. Com esse risco em mente, o § 2.º do art. 12 tem extensa lista de exceções à regra criada pelo *caput* do dispositivo ora analisado.

No inciso I, aparentemente para processos em primeiro grau, excluem-se da regra as sentenças proferidas em audiência, homologatórias de acordo ou de improcedência liminar do pedido. Fica claro que decisão proferida em audiência só pode ser sentença, e não haveria mesmo sentido impedir sua prolação em razão de uma ordem cronológica de julgamento. Por outro lado, decisões homologatórias de acordo podem ser proferidas também no tribunal, bem como as de improcedência liminar do pedido em ações de competência originária. Se tais decisões forem monocráticas, já estarão excepcionadas pelo inciso IV, mas, sendo colegiadas, aplica-se a exceção do inciso I.

O inciso II cria exceção aplicável em qualquer grau de jurisdição ao retirar da ordem cronológica de julgamento os processos julgados em bloco para aplicação de tese jurídica firmada em julgamento de casos repetitivos.

A eficácia *ultra partes* dos julgamentos de recursos repetitivos e de incidente de resolução de demandas repetitivas motivou a criação do inciso III do dispositivo ora analisado, priorizando-se julgamentos que interessam e por vezes vinculam outros processos.

As decisões terminativas proferidas com base no art. 485 do Novo CPC também não seguem a ordem cronológica de julgamento (inciso IV), em exceção aplicável em qualquer grau de jurisdição.

Especificamente nos tribunais são excluídos da ordem estabelecida pelo art. 12, *caput*, do Novo CPC as decisões monocráticas proferidas pelo relator de recurso, de remessa necessária e de causas de competência originária (inciso IV), assim como o julgamento do agravo interno cabível contra tais decisões (inciso VI).

Em mais uma exceção aplicável em qualquer grau de jurisdição o inciso V prevê que o julgamento do recurso de embargos de declaração não seguirá a ordem cronológica ora analisada.

O inciso VII prevê como exceções à ordem cronológica de julgamento as preferências legais e as metas estabelecidas pelo Conselho Nacional de Justiça. É certamente a exceção de mais difícil compreensão, em especial quanto ao julgamento das preferências legais, afinal, no § 3.º do dispositivo ora analisado, há uma expressa menção a uma lista própria para tal hipótese. A única interpretação possível é que as preferências legais seguem ordem própria se não estiverem condicionadas à ordem geral.

A exceção prevista no inciso VIII num primeiro momento causa certa estranheza por versar sobre processos criminais, mas tem lógica em juízos que reúnem a competência cível e criminal. Segundo o dispositivo legal, nesses órgãos jurisdicionais os processos criminais não estão vinculados à ordem legal de julgamento. Na realidade, parece natural que uma ordem criada pelo CPC não pode mesmo vincular processos criminais, mas, no melhor espírito "o que abunda não prejudica", o legislador preferiu deixar expressa tal exceção.

E finalmente o inciso IX excepciona a regra a qualquer causa que exija urgência no julgamento, assim reconhecida por decisão fundamentada. A norma não parece tratar da tutela de urgência, seja porque não se valeu de referida expressão, limitando-se a prever causa que exija urgência no julgamento, seja porque a ordem cronológica de julgamento aplica-se à sentença e acórdão, sendo a tutela de urgência frequentemente concedida por meio de decisão interlocutória[4]. Caberá aos órgãos jurisdicionais se valer da referida exceção com a devida prudência, sob pena de ela tornar letra morta a regra consagrada pelo dispositivo legal.

---

4 Medina, No novo CPC, a ordem cronológica de julgamento não é inflexível. Disponível em: <http://www.conjur.com.br/2015-fev-09/processo-cpc-ordem-cronologica-julgamentos-nao-inflexivel>. Acesso em: 12 fev. 2015, às 07:50.

3

EQUIVALENTES JURISDICIONAIS

3.1 INTRODUÇÃO

O Novo Código de Processo Civil mostra sua grande preocupação com os equivalentes jurisdicionais já em seu art. 3.º. No *caput* do dispositivo, repete-se a promessa constitucional consagrada no art. 5.º, XXXV, da CF, de que não se excluirá da apreciação jurisdicional ameaça ou lesão a direito. O princípio da inafastabilidade da jurisdição deve ser analisado à luz do acesso à ordem jurídica justa, o que certamente não será afetado pelo Novo Código de Processo Civil, bem ao contrário.

Nos três primeiros parágrafos há previsão dos chamados "meios alternativos" de solução dos conflitos. Registro que não concordo com a parcela doutrinária que prefere renomear a autocomposição e a mediação como "meios adequados" de solução dos conflitos, porque adequado é resolver o conflito, não se devendo afirmar *a priori* ser um meio mais adequado do que outro. Se esses são os meios adequados, o que seria a jurisdição? O meio inadequado de solução de conflitos? Compreendo que atualmente não seja mais apropriado falar em meios alternativos, o que daria uma ideia de subsidiariedade a tais meios de solução de conflitos, mas, certamente, chamá-los de "meios adequados" não parece ser o mais conveniente. Por isso é preferível denominá-los simplesmente de "equivalentes jurisdicionais".

De qualquer modo, no § 1.º está prevista a permissão da arbitragem, na forma da lei. No § 2.º tem-se a recomendação de que o Estado promova, sempre que possível, a solução consensual dos conflitos, enquanto o § 3.º prevê que a conciliação, a mediação e outros métodos de solução consensual de conflitos deverão ser estimulados por magistrados, advogados, defensores públicos e membros do Ministério Público, inclusive no curso do processo judicial.

3.2 MEDIAÇÃO E CONCILIAÇÃO

3.2.1 Introdução

Além de variadas passagens que consagram e/ou incentivam as formas consensuais de solução dos conflitos, o CPC/2015 destinou à mediação e à conciliação uma seção inteira de um capítulo, em verdadeira tomada de atitude concreta no sentido de otimizar essas formas de solução de conflitos. Ainda que por razões óbvias tal seção se limite a regulamentar a mediação ou conciliação quando já instaurado o processo, quando o ideal seria que elas justamente evitassem sua existência, o CPC/2015 é inovador e sai da abstração do "conciliar é legal" para a criação de uma estrutura e de um procedimento que realmente possam incrementar a conciliação e a mediação como forma de solução do conflito e por consequência a extinção do processo por sentença homologatória da autocomposição.

Entendo extremamente positiva a iniciativa do legislador, até porque, se existem essas formas consensuais de solução dos conflitos, é melhor que haja uma estrutura organizada e um procedimento definido e inteligente para viabilizar sua realização da forma mais ampla possível.

Registro, entretanto e uma vez mais, que não vejo a priorização da mediação e, em especial, da conciliação como a panaceia a todos os problemas no campo dos conflitos de interesses. Admito a relevância indiscutível dessas formas de solução de conflitos em determinadas espécies de crises jurídicas, em especial no direito de família e de vizinhança. Admito também que a pacificação social (solução da lide sociológica) pode ser mais facilmente obtida por uma solução do conflito derivada da vontade das partes do que pela imposição de uma decisão judicial (ou arbitral). Admito até que quanto mais conflitos forem resolvidos fora da jurisdição, haverá menos processos e por consequência o Poder Judiciário poderá funcionar de maneira mais célere e adequada às aspirações do acesso à ordem jurídica justa.

O que me causa extremo desconforto é notar que a valorização da conciliação (a mediação é ainda embrionária entre nós) nos leva a ver com naturalidade o famoso ditado de que vale mais um acordo ruim do que um processo bom. Ao se concretizar tal estado de coisas, estaremos definitivamente renunciando ao respeito do direito material e decretando a falência do Poder Judiciário.

Por outro lado, em especial em determinadas áreas do direito material, como o direito consumerista, a distância econômica entre o litigante contumaz (fornecedor) e o litigante eventual (consumidor) gera transações – ou conciliações a depender do sentido emprestado ao termo – absolutamente injustas e que passam longe da tão propalada pacificação social. Se parece interessante por variadas razões para o fornecedor, para o consumidor a transação é muitas vezes um ato de necessidade, e não de vontade, de forma que esperar que ele fique satisfeito pela solução do conflito é de uma ingenuidade e, pior, de uma ausência de análise empírica preocupantes.

E há mais porque, a se consolidar a política da conciliação em substituição à jurisdição, o desrespeito às normas de direito material poderá se mostrar vantajoso economicamente para sujeitos que têm dinheiro e estrutura para aguentar as agruras do processo e sabem que do outro lado há alguém lesado que aceitará um acordo, ainda que desvantajoso, somente para se livrar dos tormentos de variadas naturezas que o processo atualmente gera. O desrespeito ao direito material passará a ser o resultado de um cálculo de risco-benefício realizado pelos detentores do poder econômico, em desprestígio evidente do Estado Democrático do Direito.

3.2.2 Centros judiciários de solução consensual de conflitos

Segundo o art. 165, *caput*, do CPC/2015, deverão os tribunais criar centros judiciários de solução consensual de conflitos, que ficarão responsáveis pela realização de sessões e audiências de conciliação e mediação, bem como pelo desenvolvimento de programas destinados a auxiliar, orientar e estimular a autocomposição.

A iniciativa é interessante por duas razões.

Sob a perspectiva microscópica, retira do juiz do processo a tarefa de tentar junto às partes a conciliação e a mediação, ainda que residualmente possa continuar a exercer tal atividade, no curso do processo, caso seja frustrada a tentativa realizada no início do procedimento pelo centro judiciário de solução consensual de conflitos. Vejo como medida positiva porque o juiz nem sempre é a pessoa mais indicada para exercer tal atividade, primeiro porque pode não ter a técnica necessária e, em segundo, porque pode ser acusado de prejulgamento na hipótese de uma participação mais ativa na tentativa de obter a conciliação ou a mediação. Ao criar um órgão que não pode prejulgar porque não tem competência para julgar e formado por pessoas devidamente capacitadas, tais problemas são superados.

Sob a perspectiva macroscópica a novidade é interessante porque, além da atuação pontual nos processos, o centro judiciário de solução consensual de conflitos ficará responsável pelo desenvolvimento, publicação e adoção de políticas voltadas à conciliação e à mediação, em atividade essencial para a mudança da mentalidade litigiosa das partes e de seus patronos.

Os centros previstos pelo dispositivo ora comentado serão vinculados a tribunais de segundo grau na Justiça Estadual e Federal, cabendo a eles a definição de sua composição e organização, nos termos do § 1.º do art. 165 do CPC/2015. Para evitar que as regionalidades tornem tais centros excessivamente heterogêneos, o mesmo dispositivo condiciona a atuação dos tribunais locais às normas do Conselho Nacional de Justiça, que deve regulamentar as diretrizes fundamentais de composição e organização, deixando alguma margem para os tribunais locais atenderem as especialidades regionais. Já há, inclusive, normas nesse sentido na Resolução 125/2010 do CNJ, que dispõe sobre a Política Judiciária Nacional de tratamento adequado dos conflitos de interesses no âmbito do Poder Judiciário.

3.2.3 Local físico da conciliação e mediação

Com a criação dos centros judiciários de solução consensual de conflitos, o ideal é que exista espaço físico exclusivo para o desempenho das atividades dos conciliadores e mediadores, o que certamente otimizará a realização do trabalho. Além disso, ao não serem as sessões realizadas na sede do juízo, diminuem-se os aspectos de litigiosidade e formalidade associados ao Poder Judiciário, o que poderá psicologicamente desarmar as partes e facilitar a solução consensual.

Acredito que a curto ou médio prazo essa possa a vir a ser a realidade nas comarcas e seções judiciárias que são sede do Tribunal, e até mesmo em foros mais movimentados que não sejam sede do Tribunal. No entanto, acreditar que essa será a realidade, mesmo a longo prazo, para todas as comarcas, seções e subseções judiciárias do Brasil é irrazoável e discrepante da vida como ela é. Se muitas vezes até mesmo a sede do juízo é de uma precariedade indesejável, custa crer que sejam criados espaços físicos com o propósito exclusivo de abrigar os centros judiciários de solução consensual de conflitos.

Nesse sentido, deveria ser interpretada a regra consagrada no projeto de lei aprovado na Câmara, ao prever que excepcionalmente as audiências ou sessões de conciliação e mediação poderiam realizar-se nos próprios juízos, exceção, inclusive, já consagrada no art. 8.º, § 1.º, da Resolução

125/2010 do CNJ. A interpretação, entretanto, não era a única possível e não excluía a possibilidade de que, mesmo existindo no foro um local específico para a atuação dos centros ora analisado, a sessão ocorresse na sede do juízo sempre que tal local se mostrasse o mais adequado para a realização do ato.

Seja qual for a razão, mesmo realizando-se na sede do juízo a sessão ou audiência de conciliação ou mediação, seria conduzida pelos conciliadores e mediadores, com o que se manteria o afastamento do juiz dessa atividade, pelo menos no momento inicial do procedimento. Segundo o art. 8.º, § 1.º, da Resolução 125/2010 do CNJ, nesse caso caberá a supervisão dos trabalhos dos mediadores e conciliadores ao Juiz Coordenador do Centro Judiciário de Solução de Conflitos e Cidadania.

Influenciado por notas técnicas da AGU e da AJUFE, o Senado assim fundamentou a exclusão da regra do texto final do Novo CPC na Emenda constante do tópico 2.3.2.644 do Parecer Final 956 do Senado: "O § 2.º do art. 166 do SCD estabelece uma regra desnecessária e inserta na alçada administrativa do juízo de conveniência e oportunidade do próprio Poder Judiciário, ao fixar que, excepcionalmente, as audiências e as sessões de conciliação poderão realizar-se nos próprios juízos sob a condução de conciliadores e mediadores. Além disso, esse dispositivo termina por inutilizar o espaço dedicado à autocomposição, que são os centros judiciários, ao recomendarem indiretamente a usurpação do local de atuação típica do juiz, o juízo".

São insuficientes as razões apresentadas, e a supressão dessa regra no texto final do Novo CPC aprovado pelo Senado tende a ser ineficaz diante do já previsto no art. 8.º, § 1.º, da Resolução 125/2010 do CNJ. Naturalmente seria melhor ter essa regra consagrada em lei, e por isso criticável a postura do Senado a respeito do tema.

3.2.4 Conciliador e mediador

Reconhecendo a diferença, nem sempre pacífica na doutrina que versa sobre o tema, os §§ 2.º e 3.º do art. 165 do CPC/2015 distinguem as características, a forma de atuação dos conciliadores e dos mediadores e os resultados da conciliação e mediação. E ao fazê-lo trazem ao menos um indicativo de qual forma de tentativa de solução consensual do conflito deve será aplicada a cada processo que chegar aos centros ora analisados.

O conciliador deve atuar preferencialmente nos casos em que não houver vínculo anterior entre as partes. Significa que a conciliação é mais adequada para conflitos de interesses que não envolvam relação continuada entre as partes envolvidas, que passaram a manter um vínculo justamente em razão da lide instaurada, como ocorre numa colisão de veículos. Ou ainda para aquelas partes que têm um vínculo anterior pontual, tendo a lide surgido justamente desse vínculo, como ocorre num contrato celebrado para a compra de um produto ou para a prestação de um serviço.

Já o mediador deve atuar preferencialmente nos casos em que houver vínculo anterior entre as partes. São casos em que as partes já mantinham alguma espécie de vínculo continuado antes do surgimento da lide, o que caracteriza uma relação continuada e não apenas instantânea entre elas, como ocorre no direito de família, de vizinhança e societário.

Na conciliação o conciliador pode sugerir às partes soluções para o litígio, sendo expressa a vedação à utilização de qualquer tipo de constrangimento ou intimidação para que as partes se conciliem, o que se justifica porque, sendo a conciliação forma consensual de resolução de conflitos, não se pode admitir um vício de vontade gerado por pressão indevida ou constrangimento impostos à parte pelo conciliador. Na realidade, é regra que apenas consagra legislativamente algo até mesmo intuitivo, aferível por bom senso.

Na mediação o mediador auxiliará aos interessados a compreender as questões e os interesses em conflito, de modo que eles possam, pelo restabelecimento da comunicação, identificar, por si próprios, soluções consensuais. Como se pode notar, o mediador não propõe soluções, apenas intermedeia o diálogo entre as partes induzindo-as a encontrar a solução do conflito por elas mesmas. Conforme ensina a melhor doutrina, o mediador deve escutar com atenção, interrogar para saber mais e resumir o que entendeu para esclarecer pontos importantes do conflito[1].

A técnica é interessante porque não só valoriza a capacidade de as partes chegarem à solução do conflito, como também passa a elas essa percepção de capacidade, o que contribui significativamente com a obtenção da pacificação social. Por outro lado, e essa é a grande vantagem da mediação, e por isso ela é indicada para casos em que já exista vínculo anterior entre as partes: a solução do conflito permite a continuidade da relação entre as partes visando sua convivência futura.

---

1 Fernanda Tartuce, *Mediação*, p. 208.

Enquanto o § 3.º do artigo ora comentado expressamente prevê que na mediação a solução dos conflitos deve gerar benefícios mútuos, ou seja, satisfazer ambas as partes de forma que nenhum interesse seja sacrificado, o § 2.º nada indica quanto à forma de solução obtida pela conciliação. Não obstante o silêncio do legislador, é clássica a lição de que na conciliação – transação – a solução do conflito gera sacrifícios recíprocos, com resultante renúncia e submissão parcial das partes envolvidas no conflito.

Nos termos do § 1.º do art. 167 do CPC/2015, é requisito mínimo para a capacitação dos mediadores e conciliadores a aprovação em curso a ser realizado por entidade credenciada, cujo parâmetro curricular será definido pelo Conselho Nacional de Justiça com o Ministério da Justiça. Entendo que, mesmo havendo convênio formal do Poder Judiciário com entidades privadas, esse requisito deve ser mantido, de modo que, mesmo aqueles que não estejam vinculados diretamente às câmaras de conciliação e mediação, tenham certificado do curso supracitado para poderem atuar nas mediações e conciliações judiciais.

Não há necessidade de os conciliadores e mediadores serem advogados, o que deve ser saudado. As técnicas de conciliação e mediação não dependem de conhecimento jurídico, sendo imprescindível que, além de operadores do Direito, outros profissionais, em especial aqueles acostumados a lidar com pessoas e conflitos entre elas, possam atuar como mediadores e conciliadores.

Sendo advogado, estará impedido de exercer a advocacia nos juízos em que desempenha suas funções. O impedimento poderá diminuir o interesse dos advogados naquelas comarcas menores onde o advogado teria que optar entre as atividades: advocacia ou mediação e conciliação, sendo difícil crer que o advogado abrirá mão da advocacia para se limitar à atividade de solução consensual de conflitos. Nesse caso, os profissionais de outras áreas serão imprescindíveis. E o art. 172 do CPC/2015 prevê que o conciliador e o mediador ficam impedidos, pelo prazo de um ano, contado do término da última audiência em que atuaram, de assessorar, representar ou patrocinar qualquer das partes, o que é importante para evitar o aliciamento de clientes.

Também existe a possibilidade de o tribunal optar pela criação de quadro próprio de conciliadores e mediadores, a ser preenchido mediante concurso público de provas e títulos. Acredito que nesse caso a condição formal para a inscrição no concurso seja ser possuidor de certificado emitido por entidade responsável por ministrar o curso de capacitação.

3.2.5 Princípios da conciliação e mediação

3.2.5.1 Introdução

Ainda que notoriamente sejam formas consensuais de solução de conflitos diferentes, a mediação e a conciliação são informadas pelos mesmos princípios, concentrados no art. 166 do CPC/2015. O dispositivo é bastante próximo do art. 1.º do anexo III da Resolução 125/2010 do CNJ, ainda que não traga entre os princípios o da competência, respeito à ordem pública e às leis vigentes, empoderamento e validação.

3.2.5.2 Independência

Os conciliadores e mediadores devem atuar de forma independente, sem sofrerem qualquer espécie de pressão interna ou externa. Nos termos do art. 1.º, V, do Anexo III da Resolução 125/2010 do CNJ, a independência também permite ao conciliador e ao mediador deixar de redigir solução ilegal ou inexequível, em nítida prevalência da ordem jurídica e da eficácia da solução do conflito em detrimento da vontade das partes. Trata-se do princípio do respeito à ordem pública e às leis vigentes, constante expressamente da norma administrativa, mas não presente no art. 166, *caput*, do CPC/2015.

3.2.5.3 Imparcialidade

O mediador deve ser imparcial, ou seja, não pode com sua atuação deliberadamente pender para uma das partes e com isso induzir a parte contrária a uma solução que não atenda às finalidades do conflito. Também o conciliador deve ser imparcial porque, quando apresenta propostas de solução dos conflitos, deve ter como propósito a forma mais adequada à solução do conflito, e não a vantagem indevida de uma parte sobre a outra.

Ao tratar do tema da imparcialidade na conciliação e mediação, o inciso IV do art. 1.º do Anexo III da Resolução 125/2010 do CNJ prevê o dever de agirem com ausência de favoritismo, preferência ou preconceito, assegurando que valores e conceitos pessoais não interfiram no resultado do trabalho, compreendendo a realidade dos envolvidos no conflito e jamais aceitando qualquer espécie de favor ou presente.

O § 3.º do artigo 166 do CPC/2015 consagra a importante distinção entre inércia e imparcialidade ao apontar que o emprego de técnicas negociais com o objetivo de proporcionar ambiente favorável à autocomposição não ofende o dever de imparcialidade do conciliador e do mediador.

Significa que cabe ao terceiro imparcial atuar de forma intensa e presente, valendo-se de todas as técnicas para as quais deve estar capacitado, sem que se possa falar em perda da imparcialidade em sua atuação.

3.2.5.4 Normalização do conflito

Curiosamente, esse princípio foi suprimido, pelo Senado, do texto final do art. 166, *caput*, do Novo CPC. Mais uma opção incompreensível de corte ao texto aprovado pela Câmara, mas nesse caso ineficaz, já que os princípios que norteiam a conciliação e a mediação não dependem da vontade do legislador.

A normalização do conflito juridicamente decorre de sua solução, mas sociologicamente o conflito só será "normalizado" se as partes ficarem concretamente satisfeitas com a solução consensual do conflito a que chegaram. O apaziguamento dos ânimos normaliza o conflito no plano fático, resolvendo a chamada lide sociológica. Já demonstrei minha preocupação com a falsa impressão de que o simples fato de a solução resultar da vontade das partes é garantia de pacificação social, quando a situação entre as partes praticamente impõe a vontade de uma sobre a outra, em especial quando uma delas apresenta hipossuficiência técnica e/ou econômica.

Apesar de não estarem expressamente previstos como princípios no *caput* do art. 166 do CPC/2015, entendo que os princípios do empoderamento e da validação podem ser considerados inseridos no princípio da normalização do conflito. Nos termos dos incisos VII e VIII do art. 1.º do Anexo III da Resolução 125/2010 do CNJ, os conciliadores e mediadores têm o dever de estimular os interessados a aprenderem a melhor resolver seus conflitos futuros em função da experiência de justiça vivenciada na autocomposição (empoderamento) e o dever de estimular os interessados a perceberem-se reciprocamente como seres humanos merecedores de atenção e respeito (validação).

3.2.5.5 Autonomia da vontade

Não há como falar em solução consensual do conflito sem autonomia de vontade das partes. Se houve um consenso entre elas, ele só pode ter decorrido de um acordo de vontades. E a vontade não pode ser viciada, sob pena de tornar a solução do conflito nula.

A autonomia da vontade não se limita ao conteúdo da solução consensual do conflito, valendo também para o procedimento da conciliação e mediação, sendo justamente nesse sentido o § 4.º do art. 166 do CPC/2015. Esse poder das partes também é chamado de princípio da liberdade ou da autodeterminação, abrangendo a forma e o conteúdo da solução consensual.

3.2.5.6 Confidencialidade

O princípio da confidencialidade se justifica como forma de otimizar a participação das partes e com isso aumentar as chances de obtenção da solução consensual. Muitas vezes as partes ficam inibidas durante a conciliação ou mediação de fornecer dados ou informações que possam posteriormente lhes prejudicar numa eventual decisão impositiva do conflito. Retraídas em suas manifestações e desconfiadas de que aquilo que falarem poderá ser usado contra elas, preferem atuar de forma tímida em prejuízo da solução consensual.

Nos termos do § 1.º do artigo ora comentado, a confidencialidade estende-se a todas as informações produzidas no curso do procedimento, cujo teor não poderá ser utilizado para fim diverso daquele previsto por expressa deliberação das partes. O dispositivo consagra a confidencialidade plena, atinente a tudo o que ocorreu e foi dito na sessão ou audiência de conciliação e mediação. As partes podem deliberar, entretanto, que o teor da audiência ou sessão seja utilizado para quaisquer fins, em prestígio ao princípio da autonomia da vontade.

Em regra, portanto, o conciliador e o mediador, assim como os membros de suas equipes, não poderão divulgar ou depor acerca de fatos ou elementos oriundos da conciliação ou da mediação, o que cria uma singular hipótese de impedimento para funcionar como testemunha no processo em que foi frustrada a conciliação ou mediação ou mesmo em outros que envolvam os fatos tratados na tentativa frustrada de solução consensual do conflito.

Além de deliberação expressa das partes nesse sentido, a confidencialidade deve ser excepcionada, nos termos art. 1.º, I, Anexo III da Resolução 125/2010 do CNJ, na hipótese de violação à ordem pública ou às leis vigentes.

3.2.5.7 Oralidade

Ao consagrar como princípio da conciliação e da mediação a oralidade, o art. 166, *caput*, do CPC/2015 permite a conclusão de que as tratativas entre as partes e o terceiro imparcial serão orais, de forma que o essencial do conversado entre as partes e o conciliador ou mediador não constarão do termo de audiência ou da sessão realizada. Nada impede, naturalmente, que o conciliador e, em especial, o mediador se valham durante a sessão ou audiência de escritos resumidos das posições adotadas pelas partes e dos avanços obtidos na negociação, mas esses servirão apenas durante as tratativas, devendo ser descartados após a conciliação e a mediação.

Naturalmente, a oralidade se limita às tratativas e conversas prévias envolvendo as partes e o terceiro imparcial, porque a solução em si do conflito deve ser sempre reduzida a termo, sendo indispensável a forma documental escrita da solução consensual do conflito. Registre-se corrente doutrinária que defende a dispensa de tal acordo escrito na mediação porque sua necessidade poderia restaurar a desconfiança entre as partes e prejudicar sua relação futura[2]. Acredito que a dispensa do ato escrito se justifica e pode ocorrer na mediação extrajudicial, mas já havendo processo em trâmite será preciso algum termo demonstrar terem as partes chegado ao acordo para que o juiz possa extinguir o processo por sentença homologatória da autocomposição. O espírito de não restaurar desconfianças entre as partes pode levar a um simples termo de acordo, sem precisar as obrigações das partes, mas nesse caso a sentença homologatória será inexequível diante do inadimplemento em razão da incerteza da obrigação.

3.2.5.8 *Informalidade*

A informalidade incentiva o relaxamento, e ele leva a uma descontração e tranquilidade natural das partes. Todos aqueles rituais processuais assustam as partes e geram natural apreensão, sendo nítida a tensão dos não habituados a entrar numa sala de audiência na presença de um juiz. Se ele estiver de toga, então, tudo piora sensivelmente. Esse efeito pode ser confirmado com a experiência dos Juizados Especiais, nos quais a informalidade é um dos traços mais elogiados pelos jurisdicionados.

Sendo o objetivo da conciliação ou mediação uma solução que depende da vontade das partes, nada mais natural que elas se sintam tanto quanto o possível mais relaxadas e tranquilas, sentimentos que colaboram no desarmamento dos espíritos e por consequência otimizam as chances de uma solução consensual do conflito.

---

2. Fernanda Tartuce, *Mediação*, p. 216.

Por outro lado, diante das variedades de situações a que são colocados os conciliadores e mediadores a cada sessão ou audiência, a necessidade de uma flexibilização procedimental é a única forma de otimizar os resultados dessas formas de solução de conflitos. Um procedimento rígido engessaria o conciliador e o mediador, prejudicando sensivelmente sua atuação e com isso diminuindo as chances de sucesso. Mesmo no processo, com a adoção da tutela diferenciada, reconhece-se que o juiz deve adequar o procedimento às exigências do caso concreto para efetivamente tutelar o direito material. Na conciliação ou mediação, com maior razão – a decisão é consensual – os conciliadores e mediadores devem adaptar o procedimento às exigências do caso concreto.

3.2.5.9 Decisão informada

Segundo o art. 1.º, II, do Anexo III da Resolução 125/2010 do CNJ, o princípio da decisão informada cria o dever ao conciliador e ao mediador de manter o jurisdicionado plenamente informado quanto aos seus direitos e ao contexto fático no qual está inserido. Ainda que as formas consensuais independam do direito material real ou imaginado de cada parte envolvida, devem elas ter a exata dimensão a respeito dos aspectos fáticos e jurídicos do conflito em que estão envolvidas. Esse dever do conciliador e mediador não se confunde com sua parcialidade, porque, ao prestar tais esclarecimentos fáticos e jurídicos às partes, deve atuar com isenção e sem favorecimentos ou preconceitos.

A adoção desse princípio no art. 166, *caput*, do Novo CPC, entretanto, sugere uma intrigante questão. Não há exigência de que o conciliador e o mediador tenham formação jurídica, de forma que profissionais de qualquer área poderão se capacitar para o exercício da função. E essa capacitação, naturalmente, não envolve conhecimentos jurídicos amplos, mas apenas aqueles associados à sua atividade, além das técnicas necessárias para se chegar à solução consensual dos conflitos. Como exatamente exigir dessas pessoas, sem qualificação jurídica, que mantenham o jurisdicionado plenamente informado quanto aos seus direitos?

Consagrado também no art. 1.º, II, do Anexo III da Resolução 125/2010 do CNJ, o princípio da decisão informada não passava por tal problema, já que o art. 7.º da referida resolução apontava apenas magistrados da ativa ou aposentados e servidores do Poder Judiciário como aptos a compor os Núcleos Permanentes de Métodos Consensuais de Solução de Conflitos.

3.2.6 Cadastros

Os habilitados a realizar a mediação e conciliação constarão de dois diferentes cadastros: um nacional e outro regional a cargo dos tribunais de justiça e dos tribunais regionais federais. Ainda que não haja expressa previsão nesse sentido, tudo leva a crer que o cadastro nacional ficará sob a responsabilidade do Conselho Nacional de Justiça.

Uma vez realizado o registro dos conciliadores e mediadores, o tribunal remeterá ao diretor do foro da comarca, seção ou subseção judiciária onde ele atuará os dados necessários para que seu nome passe a constar da respectiva lista, a ser observada na distribuição alternada e aleatória, observado o princípio da igualdade dentro da mesma área de atuação profissional.

Essa exigência de distribuição aleatória e alternada de trabalho entre os mediadores e conciliadores prestigia a imparcialidade, evitando-se assim a escolha do mediador e conciliador com objetivos escusos. Havendo acordo das partes a respeito do responsável pela mediação ou conciliação, ainda que recaindo sobre alguém não cadastrado, a vontade das partes deve se sobrepor à regra legal ora analisada, nos termos do § 1.º do art. 168 do CPC/2015.

Além de prever os habilitados para o exercício da mediação e da conciliação, os cadastros conterão outras importantes informações. Nos termos do § 3.º do art. 167 do CPC/2015 do credenciamento das câmaras e do cadastro de conciliadores e mediadores constarão todos os dados relevantes para a sua atuação, tais como o número de processos de que participou, o sucesso ou insucesso da atividade, a matéria sobre a qual versou a controvérsia, bem como outros dados que o tribunal julgar relevantes.

Nos termos do § 4.º do art. 167 do CPC/2015, todos os dados referentes à participação dos mediadores e conciliadores, sua taxa de sucesso, as matérias objeto da tentativa de autocomposição e outras que o tribunal entender relevantes serão tornados públicos, ao menos uma vez por ano. A compilação desses dados e sua divulgação têm dois propósitos: dar conhecimento do andamento dos trabalhos à população em geral e permitir uma análise estatística do trabalho individual e coletivamente conduzido. Tal forma de controle tem como mérito a avaliação das formas alternativas de solução consensual de conflitos, dos mediadores e conciliadores e das câmaras que prestarão tal serviço.

3.2.7 Escolha do mediador e do conciliador

Tratando-se de formas consensuais de solução de conflitos, é natural que a vontade das partes já seja prestigiada desde o momento da escolha do terceiro responsável pela intermediação entre elas. Feliz nesse sentido o art. 168 do CPC/2015 ao indicar que cabe às partes escolher o conciliador ou o mediador, inclusive sujeitos não cadastrados junto ao tribunal ou câmara privada.

O disposto no art. 168, § 3.º, do CPC/2015 deve ser aplicado com ressalvas. Segundo o dispositivo legal, sempre que recomendável, haverá a designação de mais de um mediador ou conciliador. Essa pluralidade de intermediários deve ser reservada para situações excepcionais, nas quais realmente seja imprescindível a presença de diferentes sujeitos com formações distintas. Além do encarecimento gerado pela presença de mais de um mediador ou conciliador, essa multiplicidade pode tornar a mediação ou conciliação mais complexa do que seria necessário, demandando mais tempo para chegar a um resultado positivo.

3.2.8 Remuneração do conciliador e mediador

A atividade de conciliação e mediação será em regra remunerada, com pagamento de valores previstos em tabela fixada pelo tribunal, conforme parâmetros estabelecidos pelo Conselho Nacional de Justiça. Tal remuneração não será devida se os tribunais criarem quadros próprios mediante concurso público e também não será devida se o mediador ou conciliador aceitar realizar o trabalho de forma voluntária, observadas a legislação pertinente e a regulamentação do tribunal.

O Novo CPC não deixa claro quem deve arcar com os valores a serem despendidos com o conciliador e mediador. E não é tema de fácil solução. É possível afirmar que, sendo um desejo estatal consagrado no novo diploma legal a solução consensual de conflitos, ao Estado caberia arcar com tais custos. É difícil acreditar, entretanto, que um Poder Judiciário que vive em seu limite orçamentário possa bancar tais custos. E isso num Estado que também não está esbanjando dinheiro.

É mais provável que a responsabilidade pelo pagamento seja das partes. Mas pergunta-se: qual delas? Deve o valor ser rateado? Deve a parte que não se posicionou contra a realização da audiência bancar sua realização? Trata-se de adiantamento para ser cobrado da parte sucumbente ao final do processo ou o ato de conciliação e mediação não diz respeito à sucumbência, de forma que o pagamento realizado não entraria nas chamadas verbas sucumbenciais? E se a parte que não tem o ônus de pagar não o faz, a audiência simplesmente não se realiza?

Como se pode notar, são inúmeras perguntas de difíceis respostas. Provavelmente demorará algum tempo para que todas sejam respondidas com o mínimo de estabilidade e segurança jurídica. Entendo que o ônus de adiantar é da parte que não se posiciona contra a realização da audiência de conciliação e mediação. E que o valor deve fazer parte das verbas sucumbenciais, de forma que pagará a parte derrotada na ação judicial. E, caso o valor devido não seja adiantado no caso concreto, o juiz deve dar continuidade ao processo sem a realização da audiência de conciliação e mediação.

Como o pagamento será realizado pelas partes, surge interessante questão a respeito de tal pagamento quando a parte for beneficiária da assistência judiciária. Tratando-se de serviço prestado pelo Poder Judiciário, o próprio Estado deverá arcar com o pagamento, mas tal solução não pode ser aplicada na hipótese de o serviço ser prestado por câmara privada de conciliação e mediação. Nesse caso, como forma de contrapartida a seu credenciamento, os tribunais determinarão o percentual de audiências não remuneradas que deverão ser suportadas por tais entidades privadas. Na hipótese de serem necessárias mais audiências do que aquelas previstas originariamente, entendo que o Estado deve pagar as entidades privadas pela realização da atividade.

3.2.9 Impedimento do conciliador e mediador

Não há previsão expressa a respeito das causas que levam ao impedimento e à suspeição do conciliador e mediador, devendo nesse caso ser aplicadas por analogia as causas de parcialidade previstas para o juiz. Apesar de o art. 170 do CPC/2015 mencionar apenas o impedimento do mediador ou conciliador, entendo o dispositivo aplicável também para a hipótese de sua suspeição. Havendo causa de parcialidade por impedimento ou suspeição, o mediador ou conciliador comunicará imediatamente sua parcialidade, de preferência por meio eletrônico, e devolverá os autos ao juiz do processo ou ao coordenador do centro judiciário de solução consensual de conflitos, quando caberá uma nova distribuição. O mesmo procedimento deverá ser adotado quando a causa da parcialidade for apurada durante a conciliação e mediação, e nesse caso será lavrada uma ata com relatório do ocorrido e solicitação para a nova distribuição.

O art. 172 do CPC/2015 consagra uma hipótese específica de impedimento do conciliador e mediador: contado do término da última audiência em que aturaram, ficam impedidos de assessorar, representar ou patrocinar qualquer das partes pelo prazo de um ano. Essa causa de impedimento é interessante porque impede que o conciliador ou mediador se valha de seu posto para prospectar clientes e com isso ser levado a beneficiar uma das partes em detrimento da outra.

Havendo qualquer causa de impossibilidade temporária do exercício da função, cabe ao mediador ou conciliador informar tal situação ao centro, de preferência por meio eletrônico, solicitando a retirada de seu nome da distribuição enquanto perdurar a impossibilidade.

3.2.10 Causas de exclusão

A exclusão do cadastro de conciliadores e mediadores depende de processo administrativo, sendo duas as causas que a justificam: agir com dolo ou culpa na condução da conciliação ou da mediação sob sua responsabilidade, ou violar qualquer dos deveres decorrentes do art. 166, §§ 1.º e 2.º, do CPC/2015, e atuar em procedimento de mediação ou conciliação apesar de impedido ou suspeito.

Apesar da necessidade de processo administrativo para a exclusão de mediador ou conciliador do cadastro, pelas condutas previstas nos dois incisos do art. 173 do CPC/2015, é possível que o juiz do processo ou o juiz coordenador do centro de conciliação e mediação determine a suspensão temporária do conciliador ou mediador pelo prazo máximo de cento e oitenta dias caso verifique atuação inadequada do mediador ou conciliador. O afastamento temporário das atividades depende da prolação de decisão fundamentada, que será precedida de imediata comunicação ao tribunal para a instauração do processo administrativo.

3.2.11 Solução consensual no âmbito administrativo

O art. 174 do CPC/2015 prevê a criação pela União, Estados, Distrito Federal e Municípios de câmaras de mediação e conciliação voltadas à solução consensual de conflitos no ambiente administrativo. Tal câmara poderá, entre outras atividades compatíveis com a sua finalidade, dirimir conflitos envolvendo órgãos e entidades da administração pública, avaliar a admissibilidade dos pedidos de resolução de conflitos, por meio de conciliação, no âmbito da administração pública, e promover, quando couber, a celebração de termo de ajustamento de conduta.

A possibilidade de soluções consensuais para conflitos envolvendo órgãos e entidade da administração pública é irrefutável. E por duas razões: primeiro, porque nem todo direito defendido pela Administração Pública é indisponível, devendo se diferenciar as relações jurídicas de direito material de natureza administrativa e de natureza civil das quais participa a Administração Pública. Segundo, porque mesmo no direito indisponível é possível a transação a respeito das formas e prazos de cumprimento da obrigação, exatamente como ocorre no processo coletivo. Há, inclusive, no inciso III do art. 174 do CPC/2015 a menção à possibilidade de promoção de termo de ajustamento de conduta pelas câmaras criadas para a solução de conflitos no ambiente administrativo, que necessariamente compreenderão conflitos coletivos envolvendo a Fazenda Pública.

3.2.12 Conciliação e mediação extrajudiciais

O art. 175 do CPC/2015 se preocupa em esclarecer que a seção do CPC destinada à conciliação e à mediação judiciais não exclui outras formas de conciliação e mediação extrajudiciais vinculadas a órgãos institucionais ou realizadas por intermédio de profissionais independentes. Essas formas extrajudiciais de solução dos conflitos serão reguladas por lei específica, sendo as regras consagradas no CPC a respeito do tema aplicadas apenas no que couber às câmaras privadas de conciliação e mediação.

3.3 ARBITRAGEM

Após alguma vacilação na doutrina e jurisprudência, venceu a tese mais correta de que a arbitragem não afronta o princípio da inafastabilidade da jurisdição, previsto no art. 5.º, XXXV, da CF. O Supremo Tribunal Federal corretamente entendeu que a escolha entre a arbitragem e a jurisdição é absolutamente constitucional, afirmando que a aplicação da garantia constitucional da inafastabilidade é naturalmente condicionada à vontade das partes[3]. Se o próprio direito de ação é disponível, dependendo da vontade do interessado para se concretizar por meio da propositura da demanda judicial, também o será o exercício da jurisdição na solução do conflito de interesse.

Nesse sentido, é elogiável o art. 3.º, § 1.º, do Novo CPC ao prever que não se excluirá da apreciação jurisdicional a ameaça ou lesão a direito,

---

3 Houve declaração incidental do STF no julgamento da homologação de sentença estrangeira SE 5.206-7, em 12.12.2001.

salvo os conflitos de interesses voluntariamente submetidos à solução arbitral. Ainda que seja apenas a consagração de uma realidade atualmente incontestável, é interessante o dispositivo explicitar tal realidade.

O já mencionado art. 3.º, § 1.º, do Novo CPC parece ter consagrado o entendimento de que a arbitragem não é jurisdição, porque, ao prever a inafastabilidade da jurisdição, salvo a arbitragem, fica claro que essa forma de solução de conflitos não é jurisdicional. E no mesmo sentido vai o art. 42 do Novo CPC ao prever que as causas cíveis serão processadas e decididas pelo juiz nos limites de sua competência, ressalvado às partes o direito de instituir juízo arbitral, na forma da lei.

Essa, entretanto, não foi a conclusão de dois enunciados aprovados no Fórum Permanente de Processualistas Civis (FPPC) realizado em Salvador em 8 e 9 de novembro de 2014: Enunciado 01: "*O árbitro é dotado de jurisdição para processar e julgar a controvérsia a ele apresentada, na forma da lei*"; e Enunciado 03: "*O árbitro é juiz de fato e de direito e como tal exerce jurisdição sempre que investido nessa condição, nos termos da lei*". Felizmente, os Enunciados foram cancelados no Encontro seguinte, realizado no Rio de Janeiro.

4

AÇÃO

4.1 CONDIÇÕES DA AÇÃO

A retirada do termo "condições da ação" do Novo CPC animou parcela da doutrina a levantar a questão do afastamento desse instituto processual de nosso sistema processual, de forma que o interesse de agir e a legitimidade passassem a ser tratados como pressupostos processuais ou como mérito, a depender do caso concreto[1].

Essa parcela da doutrina entende que o Novo CPC teria consagrado o binômio pressupostos processuais-mérito, e que, "ao adotar o binômio, as condições da ação não desapareceriam. É o conceito 'condição da ação' que seria eliminado. Aquilo que por meio dele se buscava identificar permaneceria existente, obviamente. O órgão jurisdicional ainda teria de examinar a legitimidade, o interesse e a possibilidade jurídica do pedido. Tais questões seriam examinadas ou como questões de mérito (possibilidade jurídica do pedido e legitimação *ad causam* ordinária) ou como pressupostos processuais (interesse de agir e legitimação extraordinária)"[2].

Corroboraria tal entendimento o fato de que diante do Novo CPC a propositura da nova ação extinta por ausência de legitimidade e/ou interesse de agir depende da correção do vício que levou à sentença sem

---

1 Medina, *Novo CPC*. Disponível em: <http://www.conjur.com.br/2014-ago-25/cpc-nao-adotar-conceito-condicoes-acao>. Acesso em: 13 fev. 2015, às 12:25.

2 Didier, As condições da ação e o Novo CPC. Disponível em: <http://portalprocessual.com/as-condicoes-da-acao-e-o-novo-cpc/>. Acesso em: 13 mar. 2015, às 10:07.

resolução do mérito (art. 486, § 1.º). Há também a previsão do § 2.º do art. 966: nas hipóteses previstas no *caput*, será rescindível a decisão transitada em julgado que, embora não seja de mérito, não permita a repropositura da demanda ou impeça o reexame do mérito.

Ao se admitir que as condições da ação não existem mais como instituto processual autônomo, cabendo agora analisar-lhes como pressupostos processuais ou mérito a depender do caso, seria ver consagrada no Novo CPC a teoria abstrata do direito de ação.

A teoria abstrata do direito de ação, também chamada de teoria do direito abstrato de ação, consequência das teorias criadas por Degenkolb e Plósz, incorpora o entendimento assimilado pela teoria concreta de que direito de ação e direito material não se confundem. Mantém a autonomia entre esses dois direitos e vai além, ao afirmar que o direito de ação é independente do direito material, podendo existir o primeiro sem que exista o segundo. O direito de ação, portanto, é o direito abstrato de obter um pronunciamento do Estado, por meio da decisão judicial. É evidente que para os defensores dessa teoria a sentença de improcedência não retira no caso concreto a existência do direito de ação do autor, o mesmo ocorrendo com a sentença de procedência da ação declaratória negativa.

Para os defensores dessa teoria, o direito de ação é abstrato, amplo, genérico e incondicionado, não existindo nenhum requisito que precise ser preenchido para sua existência. Nessa concepção, não há condições para o exercício da ação, muito menos quando tais condições só podem ser analisadas à luz do direito material, que para a teoria abstrata é absolutamente irrelevante para fins de existência do direito de ação.

Essa característica de ser o direito de ação incondicionado leva os abstrativistas puros a rejeitar a existência das condições da ação consagradas em nosso ordenamento processual. Para essa corrente de pensamento, o termo *carência de ação* não existe, porque não há nenhuma condição para o exercício do direito de ação, uma vez que as chamadas "condições da ação" são na realidade matéria de mérito ou pressupostos processuais.

Certamente é tema que ainda suscitará muitos questionamentos e dúvidas, mas em minha primeira visão sobre o assunto não creio que o Novo Código de Processo Civil tenha adotado a teoria do direito abstrato de ação[3]. Prova maior é que nas hipóteses já mencionadas de vedação à repropositura

---

3 Pela manutenção das condições da ação no Novo CPC: Câmara, Será, pp. 261-269.

da ação como do cabimento da ação rescisória o novo diploma processual deixa claro que não estará havendo julgamento de mérito. Como a legitimidade e o interesse de agir dificilmente podem ser enquadrados no conceito de pressupostos processuais, por demandarem análise da relação jurídica de direito material alegada pelo autor, concluo que continuamos a ter no sistema processual as condições de ação. E vou ainda mais longe. Apesar do respaldo doutrinário significativo e de inúmeras decisões judiciais acolhendo-a, o Novo Código de Processo Civil não consagrou a teoria da asserção, mantendo-se nesse ponto adepto da teoria eclética. Ainda que não caiba ao Código de Processo Civil adotar essa ou aquela teoria, ao prever como causa de extinção do processo sem resolução do mérito a sentença que reconhece a ausência de legitimidade e/ou interesse de agir, o Novo CPC permite a conclusão de que continua a consagrar a teoria eclética.

Tanto o CPC/1973 como o novo diploma processual consagram a distinção das condições do mérito. O criador da teoria eclética, pela qual foram explicadas as condições da ação, foi Liebman, que em seus primeiros estudos sobre o tema entendia existirem três espécies de condições da ação: possibilidade jurídica do pedido, interesse de agir e legitimidade, tendo sido essa construção consagrada pelo nosso ordenamento processual. E, com base nesse entendimento, o CPC/1973 consagrava três condições da ação. Ocorre, porém, que o próprio Liebman reformulou seu entendimento original, passando a defender que a possibilidade jurídica estaria contida no interesse de agir, de forma que ao final de seus estudos restaram somente duas condições da ação: interesse de agir e legitimidade[4].

É nesse sentido o art. 17 do Novo CPC ao prever que "para postular em juízo é necessário ter interesse e legitimidade". Ainda que se possa entender que o dispositivo consagra a doutrina de Liebman a respeito do tema, tenho a impressão de que, de alguma forma, o legislador atendeu aos críticos da teoria eclética, em especial aos defensores da teoria do direito abstrato de ação. Naturalmente, mantém-se pela proposta analisada a teoria eclética, exigindo-se no caso concreto a existência de interesse de agir e legitimidade para que o juiz possa resolver o mérito. A retirada, entretanto, da possibilidade jurídica do pedido nem sempre levará o juiz a entender as situações que hoje são analisadas sob a ótica dessa condição da ação como causas de falta de interesse de agir.

Acredito que o juiz passe, ao menos em algumas situações, a simplesmente julgar improcedente o pedido do autor. Nesse sentido, o Enunciado 36 do Fórum

---

[4] Marinoni, *Teoria*, p. 173-174; Dinamarco, *Instituições*, n. 453, p. 299.

Permanente de Processualistas Civis (FPPC): "*As hipóteses de impossibilidade jurídica do pedido ensejam a improcedência liminar do pedido*". Essa nova realidade, com a aprovação do Novo Código de Processo Civil nos termos propostos, tende a se verificar especificamente quando o pedido for juridicamente impossível. Se um Estado da Federação pede sua retirada do Brasil, o juiz afirma que o Estado não tem esse direito e julga o pedido improcedente, sendo que sob o CPC/1973 deveria julgar extinto o processo sem a resolução de mérito.

Por outro lado, nas hipóteses em que a impossibilidade jurídica não deriva do pedido, mas das partes ou da causa de pedir, entendo mais adequado que, mesmo diante da aprovação do dispositivo ora comentado, o juiz continue a extinguir o processo sem a resolução de mérito, agora com fundamento na ausência de interesse de agir, em sua modalidade adequação. Numa cobrança de dívida de jogo, por exemplo, não parece correto o julgamento de improcedência, o que significaria que o direito de crédito alegado pelo autor não existe, o que não condiz com a realidade. Afinal, a vedação no sistema jurídico para a cobrança judicial dessa espécie de dívida não quer dizer que ela não exista.

Infelizmente, o art. 18 do Novo CPC repete o equívoco atualmente constante do art. 6.º do CPC, ao continuar a prever que "ninguém poderá pleitear direito alheio em nome próprio, salvo quando autorizado pelo ordenamento jurídico". A manutenção do texto legal, entretanto, não deve afetar a construção doutrinária descrita.

Mais interessante era a redação originária do parágrafo único do dispositivo legal: havendo substituição processual, o juiz determinaria que fosse dada ciência ao substituído da pendência do processo; nele intervindo, cessaria a substituição.

O primeiro aspecto interessante era o reconhecimento de que a legitimação extraordinária é sinônimo de substituição processual, e esse é mantido na redação final aprovada pelo Senado. O segundo aspecto apontado era a necessidade de intimação do substituído processual, o que garantiria a efetivação do contraditório até mesmo com a sucessão processual. Naturalmente, tal sucessão só seria possível quando o substituído processual também fosse legitimado, o que não ocorre, por exemplo, na tutela coletiva.

Essa inovação não resistiu, e no texto final aprovado pelo Senado o parágrafo único do art. 18 do Novo CPC se limitou a prever que o substituído processual poderá intervir como assistente litisconsorcial do substituto. Sem a exigência de intimação do substituído para que tome ciência da existência de processo no qual se discute direito material de sua titularidade, o juiz pode inclusive indeferir pedido nesse sentido.

Em sentido diametralmente oposto, por não existir qualquer vedação legal ou lógica, o juiz poderá, inclusive de ofício, determinar a intimação, com o que estará realizando o princípio do contraditório real. Sem a imposição legal, entretanto, trata-se de mera faculdade do juiz, não se podendo concordar com o Enunciado 110 do Fórum Permanente de Processualistas Civis (FPPC), que aparentemente cria um dever judicial não previsto expressamente em lei: "*Havendo substituição processual, e sendo possível identificar o substituto, o juiz deve determinar a intimação deste último para, querendo, integrar o processo*".

4.2 ELEMENTOS DA AÇÃO

4.2.1 Partes

O Novo Código de Processo Civil não conceitua parte, da mesma forma que não o fazia o CPC/1973. Continuarão abertos os debates, em especial quanto à qualidade de parte do Ministério Público como fiscal da ordem jurídica e do assistente. Imagino que continua a ser aplicável a lição de Cândido Rangel Dinamarco no sentido de que as partes na demanda são os sujeitos que pedem e contra quem se pede tutela jurisdicional, enquanto partes no processo são os sujeitos titulares de situações jurídicas que, em contraditório, participam da relação jurídica processual. Mesmo que porventura somente sendo parte no processo, e não na demanda, é inegável que o terceiro, ao ingressar na relação jurídica processual, se torna parte. Na realidade, não existe uma terceira hipótese: o sujeito ou é terceiro ou é parte, se prestando à nomenclatura "intervenção de terceiro" apenas para designar um ex-terceiro que agora é parte.

Há considerável polêmica doutrinária a respeito da qualidade processual que adquire o sujeito admitido no processo como *amicus curiae*. O Novo Código de Processo Civil inova ao trazer previsão expressa desse instituto jurídico e se posiciona a respeito da polêmica.

Apesar de a origem do *amicus curiae* estar atrelada à ideia de "amigo da corte" (*friend of court* ou *freund des gerichts*), é preciso reconhecer que demandar um total desinteresse desse sujeito seria o suficiente para aniquilar completamente essa forma de participação na ação direta de inconstitucionalidade. É preciso reconhecer que o *amicus curiae* contribui com a qualidade da decisão dando sua versão a respeito da matéria discutida, de forma que ao menos o interesse para a solução da demanda no sentido de sua manifestação sempre existirá. Ainda que tenha muito a contribuir em razão de seu notório conhecimento a respeito da matéria, não é comum que as manifestações do *amicus curiae* sejam absolutamente neutras.

Por outro lado, demonstra-se a existência de um interesse institucional por parte do *amicus curiae*, que, apesar da proximidade com o interesse público, com este não se confunde. O interesse institucional é voltado à melhor solução possível do processo por meio do maior conhecimento da matéria e dos reflexos no plano prático da decisão[5]. Esse verdadeiro interesse jurídico, diferente do interesse jurídico do assistente, porque não diz respeito a qualquer interesse subjetivo, é justamente o que legitima a participação do *amicus curiae* no processo.

Essa constatação, entretanto, não é o suficiente para entender a intervenção do *amicus curiae* como hipótese de assistência, porque não há interesse jurídico por parte deste na solução da demanda, tampouco equipará-lo com a atípica intervenção prevista pelo art. 5.º da Lei 9.469/1997, fundada em mero interesse econômico. O interesse institucional que motiva a intervenção do *amicus curiae* não se confunde com interesse próprio, de natureza jurídica ou econômica, daí serem inconfundíveis as diferentes formas de intervenções ora analisadas.

No tratamento específico do terceiro ora analisado, existe corrente doutrinária que entende ser inconfundíveis a figura do *amicus curiae* e as hipóteses de intervenções de terceiro, devendo ser o primeiro considerado um mero auxiliar do juízo, em figura muito mais próxima do perito do que de um terceiro interveniente[6]. Para outros, apesar das especificidades, trata-se de um terceiro interveniente atípico, admitido no processo como parte não para defender interesse próprio ou alheio, mas para contribuir com a qualidade da prestação jurisdicional[7].

Entendo mais adequado à natureza do instituto o segundo entendimento em razão da existência do interesse institucional que justifica a participação do *amicus curiae* e que o diferencia de forma substancial do mero auxiliar do juiz, tal qual o perito, o intérprete ou o tradutor. Ainda que substancialmente diferente dos terceiros intervenientes tradicionais, prefiro o entendimento de que a intervenção ora analisada é uma espécie diferenciada de intervenção de terceiro, cuja principal consequência é a atribuição da natureza jurídica de parte após sua admissão no processo.

---

5 Bueno, Amicus curiae, p. 500-511; Barroso, *O controle*, p. 177, fala em "legítimo interesse no resultado da ação". Del Prá, "Breves", p. 64, chama de "interesse público de controle". Cunha Jr., "A intervenção", p. 157, fala em "interesse objetivo relativamente à questão jurídico-constitucional em discussão".

6 Didier Jr., *Recurso*, n. 2.2.8.2, p. 77-78; Novelino, *Direito*, n. 13.8, p. 272. Pela exclusão do rol de intervenções de terceiro, mesmo atípicas: Moraes, *Curso*, p. 206-207.

7 Nogueira, *Curso*, p. 231-232; Cabral, "Pelas asas", p. 16-17.

Não é esse, entretanto, o entendimento consolidado no Supremo Tribunal Federal, que considera o *amicus curiae* como um auxiliar eventual do juízo, de forma a não se tornar parte no processo quando admitida sua intervenção[8].

Apesar da opinião consagrada pelo Supremo Tribunal Federal, o art. 138 do Novo CPC incluiu a intervenção do *amicus curiae* no Título III do Livro I, referente às intervenções de terceiro, o que naturalmente pressupõe que, a partir da admissão do seu ingresso no processo, passe a atuar com qualidade de parte. O § 1.º do dispositivo legal, entretanto, prevê que o *amicus curiae* não tem legitimidade recursal, salvo para a interposição de embargos de declaração e na hipótese prevista no § 3.º (decisão que julgar o incidente de resolução de demandas repetitivas), o que será paradoxal se efetivamente atuar como parte no processo a partir de sua intervenção, como qualquer outro terceiro interveniente.

Não concordo com a retirada da legitimidade recursal do *amicus curiae* consagrada pelo art. 138, § 1.º, do Novo CPC, que segue o entendimento do Supremo Tribunal Federal sobre o tema. Se o próprio Novo CPC prevê o *amicus curiae* no capítulo das intervenções de terceiro, é porque considera que aquele que ingressar no processo se torna parte. Por outro lado, se o Novo CPC mantém, no art. 996, a legitimidade recursal da parte, haverá injustificável exceção a essa regra, inclusive com indevida diminuição da participação do *amicus curiae* no processo.

4.2.2 Pedido

Segundo o art. 286, *caput*, do CPC/1973, o pedido deveria ser certo ou determinado. Havia uma incorreção redacional, deveria se entender "e" no lugar de "ou", porque os requisitos da certeza e determinação são cumulativos e não alternativos, como a interpretação literal do dispositivo legal leva a crer[9].

O equívoco é corrigido pela combinação dos arts. 322, *caput*, e 324, *caput*, do Novo CPC, sendo que tais requisitos também são exigíveis no pedido da reconvenção (art. 324, § 2.º). Ainda que mantenha a certeza como exigência do pedido, o art. 322, § 2.º, do Novo CPC prevê que a interpretação do pedido considerará o conjunto da postulação e observará o princípio da boa-fé, dando a entender que a certeza poderá advir não do pedido expresso, mas de interpretação conjunta da postulação. Tento

---

8 STF, Tribunal Pleno, ADI-ED 3.615/PB, rel. Min. Cármen Lúcia, j. 17.03.2008 (*Informativo* 499/STF).

9 Theodoro Jr., *Curso*, n. 361, p. 410; Greco Filho, *Direito*, n. 24, p. 111.

ser otimista, mas tenho dificuldade em imaginar como a espécie de tutela jurisdicional e o gênero do bem da vida poderão não ser indicados expressamente pelo autor, mas descobertos a partir da tal interpretação conjunta da postulação.

As hipóteses de pedido indeterminado, que passa "oficialmente" a ser tratado como pedido genérico, estão nos três incisos do § 1.º do art. 324 do Novo CPC que repetem as previsões do art. 286 do CPC/1973.

O Superior Tribunal de Justiça admite, de forma pacífica, que por aplicação do art. 286, II, do CPC/1973 o pedido em condenação em danos morais possa ser genérico[10]. Esse entendimento é fundado na percepção desse tribunal de que o arbitramento do valor do dano moral é tarefa exclusiva do juízo, uma vez que o autor, mesmo quando indica um valor em sua petição inicial, estará levando ao processo uma mera estimativa.

Não parece a melhor solução, porque a tarefa de arbitramento do valor não é tarefa exclusiva do juízo, que, apesar de ser o responsável por dar a palavra final a respeito do valor, deverá chegar a essa conclusão com ampla participação das partes, em respeito ao princípio da cooperação. É no mínimo estranho que o autor, sujeito que pretensamente sofreu o dano, coloque em mãos de terceiro (juízo), que não participou da relação de direito material, a livre valoração dos alegados danos. Se o sujeito que suportou efetivamente os danos não tem condições de indicar o valor do dano, por que teria o juiz[11]?

No art. 292, V, do Novo CPC está previsto que o valor da causa nas ações indenizatórias, inclusive naquelas fundadas em dano moral, será o valor que o autor pretende receber. O dispositivo legal supera o equivocado entendimento do Superior Tribunal de Justiça, estendendo expressamente a exigência de pedido determinado ao pedido de indenização por violação a dano moral[12].

---

10 STJ, 3.ª Turma, REsp 1.313.643/SP, rel. Min. Sidnei Beneti, j. 22.05.2012, *DJe* 13.06.2012; STJ, 4.ª Turma, AgRg no Ag 1.066.346/SP, rel. Min. Carlos Fernando Mathias (juiz federal convocado do TRF 1.ª Região), j. 03.02.2009, *DJe* 23.03.2009.

11 Nery-Nery, *Código*, p. 556-557; Scarpinella Bueno, *Curso*, p. 79-80; Didier Jr., *Curso*, p. 401-402.

12 STJ, 3.ª Turma, REsp 1.313.643/SP, rel. Min. Sidnei Beneti, j. 22.05.2012, *DJe* 13.0.2012; STJ, 4.ª Turma, AgRg no Ag 1.066.346/SP, rel. Min. Carlos Fernando Mathias (juiz federal convocado do TRF 1.ª Região), j. 03.02.2009, *DJe* 23.03.2009.

De maneira um tanto quanto confusa, o art. 322, *caput*, do Novo CPC prevê como pedidos implícitos os juros legais, a correção monetária e as verbas de sucumbência, inclusive os respectivos honorários advocatícios. Já o art. 323 do Novo CPC repete a regra do art. 290 do CPC/1973.

O tema da cumulação de pedidos é versado no art. 327 do Novo CPC, sendo infelizmente mantido no *caput* do dispositivo o requisito, já superado pelo Superior Tribunal de Justiça, de que os pedidos cumulados devem ser dirigidos contra o mesmo réu. Acredito que da mesma forma que era ignorado tal requisito no CPC/1973, o será no Novo Código de Processo Civil. Resta mantida a dispensa de conexão entre os pedidos, bem como os requisitos de admissibilidade da cumulação, antes previstos no art. 292, § 2.º, do CPC/1973 e agora consagrados no art. 327, § 1.º, do Novo CPC.

O art. 292, § 1.º, I, do CPC/1973 previa que os pedidos não poderiam ser incompatíveis entre si, mas essa exigência só era aplicável às espécies de cumulação própria (simples e sucessiva). Na realidade, não há problema em cumular pedidos incompatíveis; o problema existe na concessão de pedidos incompatíveis, de forma que nas espécies de cumulação imprópria (subsidiária/eventual e alternativa), que se caracterizam pela possibilidade de concessão de apenas um dos pedidos cumulados, não haverá nenhum problema na incompatibilidade dos pedidos[13]. Sabendo-se de antemão que o autor, na melhor das hipóteses, receberá somente um dos pedidos formulados, a exigência legal deve ser afastada.

O Novo Código de Processo Civil foi extremamente feliz em prever em seu art. 327, § 3.º, a inaplicabilidade dessa exigência para a espécie de cumulação prevista no art. 326, que versa justamente sobre as duas espécies de cumulação imprópria (subsidiária e alternativa).

Aparentemente, o Novo Código de Processo Civil considerou a impropriedade do art. 292, § 2.º, do CPC/1973. O art. 327, § 2.º, do Novo CPC prevê que a cumulação será admitida, mesmo que os pedidos tenham diferentes procedimentos, desde que o autor opte pelo procedimento comum e for este adequado à pretensão. Tudo leva a crer que essa adequação exigida pelo dispositivo seja derivada da obrigatoriedade de alguns procedimentos especiais. E ainda permite a aplicação das técnicas processuais diferenciadas previstas nos procedimentos especiais a que se sujeitam um ou mais pedidos cumulados, desde que compatíveis com o procedimento ordinário.

---

13 Theodoro Jr., *Curso*, n. 369, p. 414; Bueno, *Curso*, p. 85-86.

O art. 326, *caput*, do Novo CPC consagra essa espécie de cumulação de pedidos ao prever ser lícito formular mais de um pedido em ordem subsidiária, a fim de que o juiz conheça do posterior, não acolhendo o anterior. E o parágrafo único do dispositivo trata da cumulação alternativa ao prever ser lícito formular mais de um pedido, alternativamente, para que o juiz acolha um deles. Exatamente porque das quatro espécies de cumulação o legislador optou por tratar expressamente no Novo Código de Processo Civil de somente duas, justamente as espécies de cumulação imprópria, é um mistério indecifrável. A omissão parcial, entretanto, não muda nada quanto à classificação apresentada.

5

COOPERAÇÃO JURÍDICA INTERNACIONAL

O Novo Código de Processo Civil cria um capítulo destinado à cooperação jurídica internacional. Segundo o art. 27, a cooperação jurídica internacional terá por objeto a citação, a intimação e a notificação judicial e extrajudicial (I); a colheita de provas e obtenção de informações (II); a homologação e cumprimento de decisão (III); a concessão de medida judicial de urgência (IV); a assistência jurídica internacional (V); e qualquer outra medida judicial ou extrajudicial não proibida pela lei brasileira (VI).

O Novo Código de Processo Civil não regulamenta a cooperação jurídica internacional, que deve ser em regra regida por tratado de que o Brasil faça parte (art. 26, *caput*), ou, não havendo tratado, com base em reciprocidade, manifestada por via diplomática (art. 26, § 1.º), que nunca será exigida para a homologação de sentença estrangeira (art. 26, § 2.º).

Apesar disso, o art. 26 do Novo CPC prevê em seus incisos algumas regras gerais que devem ser respeitadas. Assim, o inciso I exige o respeito às garantias do devido processo legal no Estado requerente; o inciso II, a igualdade de tratamento entre nacionais e estrangeiros, residentes ou não no Brasil, em relação ao acesso à justiça e à tramitação dos processos, assegurando-se assistência judiciária aos necessitados; o inciso III, a publicidade processual, exceto nas hipóteses de sigilo previstas na legislação brasileira ou na do Estado requerente; o inciso IV, a existência de autoridade central para recepção e transmissão dos pedidos de cooperação; e o inciso V, a espontaneidade na transmissão de informações a autoridades estrangeiras.

Ainda quanto aos princípios que devem reger a cooperação jurídica internacional, o art. 26 do Novo Código de Processo Civil em seu § 3.º prevê que não será admitida a prática de atos que contrariem ou que produzam resultados incompatíveis com as normas fundamentais que regem o Estado brasileiro. A ideia é reforçada no art. 39 ao prever que o pedido passivo de cooperação jurídica internacional será recusado se configurar manifesta ofensa à ordem pública.

Sendo a autoridade brasileira a responsável pelo pedido de cooperação jurídica internacional, o art. 37 do Novo CPC prevê que o pedido será encaminhado à autoridade central para posterior envio ao Estado requerido para lhe dar andamento. Segundo o § 4.º do art. 26 do Novo CPC, o Ministério da Justiça exercerá as funções de autoridade central na ausência de designação específica.

A questão das formalidades que envolvem a documentação que deve instruir o pedido de cooperação jurídica internacional depende de quem seja a autoridade requerente.

Enquanto o art. 38 do Novo CPC exige que os documentos que instruem o pedido formulado por autoridade brasileira estejam acompanhados de tradução para a língua oficial do Estado requerido, o art. 41 prevê como autêntico o documento que instruir pedido de cooperação jurídica internacional proveniente de autoridade estrangeira, inclusive tradução para a língua portuguesa, quando encaminhado ao Estado brasileiro por meio de autoridade central ou por via diplomática, dispensando-se ajuramentação, autenticação ou qualquer procedimento de legalização, sendo possível, quando necessário, a aplicação pelo Estado brasileiro do princípio da reciprocidade de tratamento (art. 41, parágrafo único).

A cooperação jurídica internacional pode ser realizada de três formas: auxílio direto, carta rogatória e homologação de sentença estrangeira, sendo que esta última já foi devidamente analisada em capítulo próprio.

Segundo o art. 40 do Novo CPC, a cooperação jurídica internacional para execução de decisão estrangeira dar-se-á por meio de carta rogatória ou de ação de homologação de sentença estrangeira, de acordo com o art. 960.

Quanto ao cabimento da carta rogatória, o art. 35 do Novo CPC previa tal forma de auxílio para a prática de ato de citação, intimação, notificação judicial, colheita de provas, obtenção de informações e cumprimento de decisão interlocutória, sempre que o ato estrangeiro constituir decisão a ser executada no Brasil.

O dispositivo foi vetado pela Presidente da República, seguindo sugestão do Ministério da Justiça e da Advocacia-Geral da União nos seguintes termos: "Consultados o Ministério Público Federal e o Superior Tribunal de Justiça, entendeu-se que o dispositivo impõe que determinados atos sejam praticados exclusivamente por meio de carta rogatória, o que afetaria a celeridade e a efetividade da cooperação jurídica internacional que, nesses casos, poderia ser processada pela via do auxílio direto".

Nos termos do art. 36 do Novo CPC, o procedimento da carta rogatória perante o Superior Tribunal de Justiça é de jurisdição contenciosa e deve assegurar às partes as garantias do devido processo legal. A defesa, entretanto, está restrita à discussão quanto ao atendimento dos requisitos para que o pronunciamento judicial estrangeiro produza efeitos no Brasil (§ 1.º), sendo vedada, em qualquer hipótese, a revisão do mérito do pronunciamento judicial estrangeiro pela autoridade judiciária brasileira (§ 2.º).

O auxílio direto será cabível quando a medida não decorrer diretamente de decisão de autoridade jurisdicional estrangeira a ser submetida a juízo de delibação no Brasil (art. 28).

Segundo o art. 30, *caput*, do Novo CPC, além dos casos previstos em tratados de que o Brasil faz parte, o auxílio direto terá os seguintes objetos: (I) obtenção e prestação de informações sobre o ordenamento jurídico e sobre processos administrativos ou jurisdicionais findos ou em curso; (II) colheita de provas, salvo se a medida for adotada em processo, em curso no estrangeiro, de competência exclusiva de autoridade judiciária brasileira; (III) qualquer outra medida judicial ou extrajudicial não proibida pela lei brasileira.

Há previsão de auxílio direto para atos a serem praticados no Brasil que dependem e que não dependem de atividade jurisdicional. No primeiro caso, o art. 34 do Novo CPC consagra a competência do juízo federal do lugar em que deva ser executada a medida para apreciar o pedido de auxílio direto. Já o art. 32 do Novo CPC prevê que, no caso de auxílio direto para a prática de atos que, segundo a lei brasileira, não precisem de prestação jurisdicional, a autoridade central adotará as providências necessárias para seu cumprimento.

Na hipótese de ser a autoridade brasileira a responsável pelo pedido de auxílio direto, o art. 29 do Novo CPC prevê que a solicitação será encaminhada pelo órgão estrangeiro interessado à autoridade central, cabendo ao Estado requerente assegurar a autenticidade e a clareza do pedido.

Sendo a autoridade estrangeira a responsável pelo pedido de auxílio direto, o art. 33 prevê que cabe à autoridade central o encaminhamento à Advocacia-Geral da União, que requererá em juízo a medida solicitada. Segundo o parágrafo único, o Ministério Público requererá em juízo a medida solicitada quando for autoridade central.

Nos termos do art. 31 a autoridade central brasileira comunicar-se-á diretamente com suas congêneres e, se necessário, com outros órgãos estrangeiros responsáveis pela tramitação e pela execução de pedidos de cooperação enviados e recebidos pelo Estado brasileiro, respeitadas as disposições específicas constantes de tratado.

6

COMPETÊNCIA

6.1 INTRODUÇÃO

Não houve nenhuma "revolução" nas regras de competência, mas há novidades relevantes que merecem uma análise crítica. É nesse sentido o presente artigo, apontando sucintamente para as manutenções de regras do Código de Processo Civil de 1973 e reforçando a análise das novidades legislativas.

6.2 FONTES NORMATIVAS

O art. 44 do Novo CPC prevê as fontes normativas das regras de competência, consagrando o entendimento doutrinário da multiplicidade. Assim, conforme previsto pelo dispositivo legal, existem regras de competência na Constituição Federal, Código de Processo Civil, legislação federal extravagante, normas de organização judiciária e Constituições dos Estados. Ainda que fosse dispensável prever, o dispositivo exige que todas as normas infraconstitucionais respeitem os limites traçados pelo Texto Maior.

Poderia ter o legislador previsto a correlação entre a espécie de fonte normativa e a espécie de competência, mas o silêncio legal deixará tal tarefa à doutrina e jurisprudência, exatamente como ocorria com o CPC/1973.

Infelizmente não caberia ao Novo Código de Processo Civil resolver a maior incongruência nessa distribuição de competência, que é a previsão de regras de competência relativa – de natureza relativa, portanto – no texto constitucional. Não existe qualquer justificativa plausível para o art. 109, §§ 1.º e 2.º, da Constituição Federal versar sobre o tema, ainda mais quando ele é tratado em nível infraconstitucional pelo Código de Processo Civil. A Constituição Federal deveria se limitar a prever regras de competência absoluta, mas essa adequação depende de emenda constitucional, nada podendo fazer o legislador no Novo Código de Processo Civil.

6.3 REGRAS DE COMPETÊNCIA TERRITORIAL

No CPC/1973 havia regras de competência territorial do art. 94 ao 100, tarefa desempenhada no Novo Código de Processo Civil do art. 42 ao 66.

O art. 46 do Novo CPC repete o art. 94 do CPC/1973, trazendo como única novidade um quinto parágrafo, que disciplina a competência do foro do domicílio do réu, de sua residência ou no lugar onde for o réu encontrado para a execução fiscal, matéria anteriormente tratada pelo art. 578 do CPC/1973.

O art. 47 do Novo CPC trata da competência territorial para as ações reais imobiliárias, mantendo a regra já existente no art. 95 do CPC/1973 de competência absoluta do foro do local do imóvel sempre que essa espécie de demanda tiver como objeto direito de propriedade, vizinhança, servidão, divisão e demarcação de terras, nunciação de obra nova e posse. Conforme se compreende do § 1.º do dispositivo legal, para ações reais imobiliárias que versem sobre outros direitos reais (p. ex., usufruto, uso, habitação), a regra a ser aplicada será outra: haverá três foros concorrentes, podendo o autor escolher entre o foro do local do imóvel, o foro do domicílio do réu ou o foro eleito por cláusula contratual.

Trata-se, à evidência, de regra de competência relativa que vem a esclarecer dúvida derivada de omissão do art. 95 do CPC/1973, que apontava como um dos foros competentes o de domicílio, sem indicar se seria do autor ou do réu. A dúvida é afastada pela redação do § 1.º do art. 47 do NCPC ao apontar como um dos foros competentes o do domicílio do réu.

Ao criar um dispositivo específico (art. 47, § 2.º) para as ações possessórias, o Novo Código de Processo Civil deu a entender que a posse não é direito real, de forma a não poder ser tratada com os demais direitos reais previstos no dispositivo legal. A opção não altera a tradicional regra de competência absoluta do foro do local do imóvel na ação possessória imobiliária.

O art. 48 do Novo CPC trata da competência do foro de domicílio do autor da herança para as ações de inventário, partilha, arrecadação, cumprimento de disposições de última vontade, impugnação ou anulação de partilha extrajudicial e para todas as ações em que o espólio for réu. Comparado com o art. 96, *caput*, do CPC/1973 há apenas a inclusão da impugnação ou anulação de partilha extrajudicial.

No parágrafo único do dispositivo legal há três regras: (a) se o autor da herança não possuía domicílio certo, a competência é do foro de situação dos bens imóveis; (b) se os imóveis estiverem em diferentes foros, é competente qualquer um deles (foros concorrentes); (c) não havendo bens imóveis, é competente o foro do local de qualquer dos bens do espólio. Essa última regra é melhor do que a anterior, que considerava competente o foro do local do óbito. Como já havia afirmado, a disposição era criticável, "porque o local do óbito pode ser diverso dos locais em que o *de cujus* tinha bens; teria sido melhor a previsão de foro concorrente entre os lugares onde houvesse bens do falecido"[1]. Nesse sentido, a modificação é extremamente positiva.

Uma omissão legislativa do CPC/1973 não foi saneada: falecimento no exterior de sujeito que possui domicílio certo no exterior e deixa bens no Brasil. Diante da omissão do CPC/1973, a solução adotada pela melhor doutrina era a aplicação da regra de *foro concorrente*, admitindo-se a competência de qualquer dos lugares onde estejam os bens[2]. Entendo que atualmente a analogia deve ser realizada com o art. 48, parágrafo único, equiparando-se o autor da herança domiciliado no exterior e lá morto com o autor da herança sem domicílio certo e morto no Brasil.

No art. 49 do Novo CPC são repetidas as regras já existentes no art. 97 do CPC/1973 no tocante à ação em que o ausente for réu. O art. 50 do Novo CPC, que prevê a competência para a ação em que o incapaz for réu, praticamente copia o art. 98 do CPC/1973, apenas incluindo o foro do domicílio do assistente como competente junto ao foro do domicílio do representante, passando o legislador a considerar a diferença entre a incapacidade relativa e absoluta para fins de capacitação para o incapaz estar em juízo.

O art. 99, *caput*, do CPC/1973, ao prever a competência territorial das causas em que a União figurava como autora ou réu, contrariava par-

---

1 Barbi, *Comentários*, p. 323; Dinamarco, *Instituições*, v. 2, p. 534.

2 Arruda Alvim, *Manual*, p. 330.

cialmente o art. 109, §§ 1.º e 2.º, da CF, de forma a ser desconsiderado na medida da contrariedade[3]. Com redação renovada, o art. 51 do Novo CPC adéqua-se às regras constitucionais de competência para tais demandas judiciais, o que torna ainda mais evidente a inadequação de se tratar de competência territorial no texto constitucional. De qualquer forma, havendo previsão constitucional, é natural que a regra infraconstitucional tenha o mesmo teor, e essa missão é cumprida pelo art. 51 do Novo CPC.

Segundo o *caput* do dispositivo legal ora comentado, nas causas em que a União figurar como autora, a competência será do foro do domicílio do réu. E no parágrafo único vem previsto que, sendo a União demanda, a ação poderá ser proposta no foro de domicílio do autor, no de ocorrência do ato ou fato que originou a demanda, no de situação da coisa ou no Distrito Federal.

Continua atual a observação de que o termo *União* contido tanto no art. 109, §§ 1.º e 2.º, da CF como no art. 51 do Novo CPC deve ser interpretado restritivamente, não se aplicando a regra prevista em tais dispositivos aos processos em que figurem como autor ou réu as autarquias, fundações ou empresas públicas federais, que seguirão outras regras de competência, em especial as previstas nos arts. 46 e 53, III, do Novo CPC (arts. 94 e 100, IV, do CPC/1973)[4].

O art. 52 do Novo CPC não encontra correspondente no CPC/1973, prevendo a competência para as causas que tenham como autor ou réu Estado ou Distrito Federal, seguindo o mesmo espírito da regra consagrada no artigo anterior. Assim, se o Estado ou Distrito Federal for autor, a competência será do foro comum, ou seja, do foro de domicílio do réu. Se figurar como réu, há competência concorrente entre o foro de domicílio do autor, de ocorrência do ato ou fato que originou a demanda, da situação da coisa ou na capital do respectivo ente federado.

O dispositivo legal permite que um Estado da Federação seja demandado perante outro Estado, dando a entender que deverá se sujeitar a decisão ao Poder Judiciário de outro Estado. E também que seja demandado fora da comarca da Capital, confirmando atual entendimento do Superior Tribunal de Justiça, para quem "o estado-membro não tem

---

3 Neves, *Manual*, n. 4.5.1.6, p. 141.

4 Mendes, *Competência*, p. 110-111; Theodoro Jr., *Curso*, p. 163. A jurisprudência é nesse sentido: STJ, 5.ª Turma, EDcl no AgRg no REsp 865.475/DF, rel. Min. Jane Silva, j. 18.09.2007; STJ, 1.ª Turma, REsp 833.347/DF, rel. Min. José Delgado, j. 03.08.2006. Em sentido contrário, Dinamarco, *Instituições*, v. 2, p. 506-507.

prerrogativa de foro e pode ser demandado em outra comarca que não a de sua capital"[5].

O art. 100, I, do CPC/1973 previa como competente o foro da residência da mulher para as ações de separação, conversão desta em divórcio e anulação de casamento. O art. 53, I, do Novo CPC trata do mesmo tema, mas de forma diferente e ampliada. Mais abrangente porque inclui entre as ações também a de reconhecimento ou dissolução de união estável. E também é diferente porque cria duas regras, a depender da existência de filho incapaz: havendo a competência será do domicílio do guardião (alínea "a"); não havendo, a competência será do foro de último domicílio do casal, caso não haja filho incapaz (alínea "b"); e, se nenhuma das partes residir em tal domicílio, a competência será do foro do domicílio do réu (alínea "c").

O legislador preferiu não prestigiar, ao menos em regra, o domicílio atual de nenhum dos cônjuges, mas o último domicílio do casal. A norma pode até ter tido um bom propósito, mas certamente afastará, ao menos em parcela dos casos, a proteção dispensada à mulher na regra atualmente em trâmite. Basta para chegar a essa conclusão imaginar a situação da mulher mudando de domicílio e o marido continuando no último domicílio do casal.

Ainda que se considere que, tradicionalmente, é o marido que deixa o lar, há muito tempo já não é mais essa uma realidade absoluta, sendo inúmeros os casos em que a mulher deixa o lar e, justamente para se afastar de forma significativa do marido, muda-se inclusive de cidade, hipótese na qual deixará de ter a proteção legal que tem atualmente.

Com isso o legislador aparentemente adéqua o dispositivo legal à previsão contida no art. 226, § 5.º, da CF, que prevê a igualdade de direito e deveres entre os cônjuges. Já tive oportunidade de defender que a hipossuficiência da mulher resultava de uma presunção relativa, de forma que seria possível ao marido, ao excepcionar o juízo, demonstrar no caso concreto a inexistência de motivo de proteção à mulher, em razão da ausência de hipossuficiência no caso concreto[6]. Essa tese, entretanto, nunca foi aceita pelos tribunais, que insistiam na presunção absoluta de hipossuficiência da mulher.

---

5 *Informativo* 517/STJ, 2.ª Turma, REsp 1.316.020/DF, rel. Min. Herman Benjamin, j. 02.04.2013.

6 Neves, *Competência*, n. 6.7, p. 117-118; Nery Jr.-Nery, *Código*, p. 499; Pizzol, *A competência*, p. 192.

A preferência do legislador foi adotar regras que se afastaram completamente da hipossuficiência da mulher, que não terá em seu favor nem mesmo a presunção relativa nesse sentido, até porque ser ou não hipossuficiente perdeu qualquer relevância para fins de fixação de competência.

Como a ação de anulação e substituição de título ao portador deixa de ser um procedimento especial no Novo Código de Processo Civil, desaparece do sistema a regra de competência dessa ação, que no CPC/1973 estava prevista no art. 100, III.

O art. 53, II, do Novo CPC repete a regra do art. 100, II, do CPC/1973, estabelecendo a regra do domicílio ou residência do alimentando para a ação em que se pedem alimentos. Também há repetição no art. 53, III, "a", e o art. 100, IV, "a", com a previsão de competência do lugar da sede na ação em que a pessoa jurídica for ré.

O art. 53, III, "b", do Novo CPC inova quando comparado com o art. 100, IV, "b", do CPC/1973. O dispositivo do CPC/1973 previa como competente o foro do lugar da agência ou sucursal quanto às obrigações que ela contraiu. A interpretação feita pela doutrina era no sentido de que o dispositivo previa uma correlação entre o local da agência ou sucursal responsável pela obrigação e o foro competente. Dessa forma, se a agência bancária na qual foi obtido o empréstimo se localizava na Comarca de João Pessoa, seria essa a comarca competente para a demanda judicial.

Ocorre que no novel dispositivo a regra de competência do lugar ou sucursal deve ser aplicada quanto às obrigações contraídas pela pessoa jurídica, sendo irrelevante a agência ou sucursal na qual se deu o negócio jurídico. Pelo que se compreende da redação do art. 53, III, "b", do Novo CPC, contraído o empréstimo junto a uma agência bancária situada na Comarca de João Pessoa, qualquer outra comarca em que a instituição financeira mantenha agência será competente para a demanda.

Prefiro a redação do CPC/1973, que, ao indicar como competente o local da agência ou sucursal responsável pelo cumprimento da obrigação assumida, aproxima o processo do local no qual provavelmente a instrução probatória será realizada de forma mais simples e rápida. Ademais, não parece ter sentido obrigar uma pessoa jurídica a demandar numa Comarca estranha à da origem do negócio jurídico e de sua sede. A crítica fica ainda mais contundente nas relações consumeristas, porque nesse caso ele poderá escolher o foro do local de seu domicílio, independentemente de a pessoa jurídica ter ou não agência ou sucursal em tal foro.

Com alterações redacionais e inclusão da associação sem personalidade jurídica, o art. 53, III, "c", do Novo CPC repete a regra do art. 100, IV, "c", do CPC/1973. O art. 53, III, "d", do Novo CPC é cópia integral do art. 100, IV, "d", do CPC/1973.

Prever o foro da residência do idoso para as causas que versarem sobre direito previsto no Estatuto do Idoso é uma interessante inovação trazida ao Código de Processo Civil pelo art. 53, III, "e", do Novo CPC.

Diante das enormes dificuldades em aplicar o art. 80 da Lei 10.741/2003, que criou uma competência absoluta do foro do domicílio do idoso no âmbito da tutela coletiva, parcela da doutrina já defendia a aplicação da regra para as ações individuais envolvendo o idoso, com natureza de competência relativa[7]. De qualquer forma, a norma deve ser saudada pela clareza na tutela do idoso nas ações em que figurar como autor, já que atuando como réu, basta aplicar a regra de foro comum consagrada no art. 46 do Novo CPC (art. 94 do CPC/1973). Se autor e réu forem idosos, deve ser aplicada a regra do foro comum, sendo competente o foro do domicílio do réu.

Também trata de novidade o art. 53, III, "f", do Novo CPC ao prever como competente o foro do lugar da sede da serventia notarial ou de registro na ação de reparação de dano por ato praticado em razão do ofício. Apesar da novidade legislativa, há decisões do Superior Tribunal de Justiça reconhecendo que a atividade notarial é regida pelo Código de Defesa do Consumidor[8], sendo competente o foro do domicílio do autor[9]. A novidade do art. 53, III, "f", do Novo CPC não pode alterar a natureza jurídica da atividade notarial, tampouco decidir qual o diploma legal aplicável a ela. A proteção à serventia notarial pretendida pela norma será ineficaz, tudo levando a crer que continuará a ser aplicado nesse caso o art. 101, I, do CDC.

O art. 53, IV, do Novo CPC é praticamente cópia do art. 100, V, do CPC/1973, prevendo a competência do local do ato ou fato para a ação de reparação de dano e na qual for réu administrador ou gestor de negócios alheios. No inciso V, ao tratar da competência para ação de reparação de dano sofrida em razão de acidente de veículos, o dispositivo inclui um

---

7 Neves, *Competência*, n. 7.4.3, p. 150-151; Didier Jr., *Curso*, p. 119.

8 STJ, 2.ª Turma, REsp 1.163.652/PE, rel. Min. Herman Benjamin, j. 01.06.2010, *DJe* 01.07.2010.

9 STJ, 3.ª Turma, REsp 625.144/SP, rel. Min. Nancy Andrighi, j. 14.03.2006, *DJ* 29.05.2006, p. 232.

inútil "inclusive aeronaves". Como já afirmava à luz do art. 100, V, do CPC/1973, "a regra deverá ser aplicada para qualquer espécie de veículo, seja terrestre (motorizado – por exemplo, carro, ônibus – ou não – por exemplo, charrete, bicicleta); aéreo (por exemplo, avião, ultraleve, balão, asa delta); marítimo ou fluvial (por exemplo, navio, lancha, balsa, caiaque, *jet ski, banana boat*) ou ferroviário (por exemplo, trens de passageiros ou carga, metrô)"[10].

6.4 PRINCÍPIO DA *PERPETUATIO JURISDICTIONIS*

Ao impedir que alterações supervenientes de fato ou de direito afetem a competência da demanda, o princípio da perpetuação da competência – e não da jurisdição – impede que o processo seja itinerante, tramitando sempre aos sabores do vento, mais precisamente aqueles gerados por mudanças de fato (por exemplo, domicílio) ou de direito (por exemplo, uma nova lei afirmando que todo torcedor da Portuguesa deve ser demandado no foro de seu domicílio). A fixação, por outro lado, serve também para evitar eventuais chicanas processuais de partes imbuídas de má-fé, que poderiam gerar constantemente mudanças de fato para postergar a entrega da prestação jurisdicional[11].

O art. 43 do Novo CPC repete o princípio previsto no art. 87 do CPC/1973, mas melhora sensivelmente sua redação quanto às exceções ao princípio. Manteve-se como exceção a supressão do órgão jurisdicional e melhorou-se a redação no tocante à segunda exceção, sendo agora claro o dispositivo legal ao prever que qualquer mudança de competência absoluta – pessoa, matéria, funcional – afeta imediatamente o processo em curso, considerando-se que não se perpetua a incompetência absoluta.

Registre-se que, apesar de elogiável a alteração proposta pelo Novo CPC, a interpretação diante da defeituosa redação do art. 87 do CPC/1973 já vinha sendo no sentido do texto do art. 43 do Novo CPC[12].

No projeto de lei aprovado na Câmara o momento previsto para a *perpetuatio jurisdictionis* era o da propositura da ação, exatamente como disposto no art. 87 do CPC/1973, mas na redação final do art. 43 do Novo CPC o momento passou a ser o registro ou distribuição da petição inicial.

---

10 Neves, *Manual*, n. 4.5.1.17, p. 149.

11 Arruda Alvim, "A *perpetuatio*", p. 18; Pizzol, *A competência*, p. 228.

12 Neves, *Manual*, n. 4.9, p. 175.

Na Emenda constante do tópico 2.3.2.17 do Parecer Final 956 do Senado, a mudança foi justificada como meramente redacional, para compatibilizar o dispositivo com o art. 59 do Novo CPC. Falhou duas vezes porque, se era para compatibilizar a redação dos artigos, melhor teria sido prever em ambos o protocolo da petição inicial, em vez de registro ou distribuição. O pior, entretanto, é ter compatibilizado a redação do art. 43 com o art. 59 (que trata da prevenção do juízo), e não com o art. 312 (que trata da propositura da ação).

A modificação, portanto, deve ser criticada tanto quanto sua explicação. No art. 312 do Novo CPC, está previsto que a propositura da ação se dá com seu protocolo, em nada se referindo ao seu registro ou distribuição. Pela redação consagrada no texto legal, certamente haverá a dúvida a respeito de mudança de fato e de direito ocorrida entre o protocolo e o registro e a distribuição. Numa comarca de vara única, por exemplo, pode-se imaginar que a petição inicial só venha a ser registrada alguns dias após seu protocolo. Nesse caso, uma mudança de domicílio do réu depois da propositura, mas antes do registro, leva à mudança de competência?

Como se pode notar, a mudança do texto do art. 43 do Novo CPC pelo Senado foi um desserviço, dando ensejo à polêmica que poderia ser evitada com a manutenção do texto aprovado pela Câmara.

6.5 INTERVENÇÃO DE ENTES FEDERAIS

O art. 45 do Novo CPC prevê o trâmite procedimental para a hipótese de ingresso de ente federal em processo que tramite em outra Justiça, consagrando entendimento já sumulado pelo Superior Tribunal de Justiça (Súmula 150) e substituindo o art. 99, parágrafo único, do CPC/1973.

Segundo o dispositivo legal, a intervenção, como parte ou terceiro interveniente, da União, empresa pública, autarquia e fundação federais e conselhos de fiscalização de atividade profissional em processo tramitando em "outro juízo" gera a remessa dos autos ao juízo federal competente. As exceções estão previstas nos dois incisos do dispositivo legal: recuperação judicial, falência, insolvência civil e acidente de trabalho, que continuam na Justiça Estadual, e nas ações que tramitarem perante a Justiça Eleitoral e do Trabalho.

O texto é tortuoso. Ao prever "outro juízo" em que tramita o processo para então prever a remessa ao juízo federal competente, o dispositivo legal não consegue prever o que aparentemente pretendia. Afinal, nos termos do dispositivo legal outro juízo é qualquer juízo que não o federal competente, podendo-se concluir que um juízo federal incompetente territorialmente possa ser esse outro juízo. Contudo, a intervenção de entes federais não modifica competência territorial, mas apenas competência absoluta em razão da pessoa. Teria sido muito mais feliz o dispositivo se tivesse previsto o juízo de origem como qualquer foro da Justiça Estadual, mantendo apenas as exceções previstas no inciso I.

E há outro aspecto negativo da redação do dispositivo. Pela literalidade entende-se que a remessa à Justiça Federal ocorre sempre que o ente federal "intervir" no processo, mas naturalmente essa intervenção dependerá de uma decisão judicial admitindo-a, que não poderá ser proferida pelo juízo estadual, já que a competência para a prolação dessa decisão é do juízo federal. Melhor teria sido prever que o mero pedido de intervenção já acarreta a remessa dos autos ao juízo federal, porque é exatamente esse ato, e não o da intervenção, que cria a incompetência absoluta do juízo estadual.

Há uma omissão no dispositivo legal: a competência por delegação consagrada no art. 109, §§ 3.º e 4.º, da Constituição Federal. Tramitando o processo na justiça estadual em razão da competência por delegação, a intervenção de ente federal não acarreta a remessa dos autos ao juízo federal, considerando que o juízo estadual nesse caso atua com competência federal delegada.

O art. 5.º, *caput*, da Lei 9.469/1997 prevê a possibilidade de intervenção da União nas causas em que figurarem como autoras ou rés, autarquias, fundações públicas, sociedades de economia mista e empresas públicas federais. O parágrafo único de tal artigo prevê a possibilidade de intervenção de pessoas de direito público (administração direta e indireta, federais, estaduais, municipais e distritais) em demandas já em trâmite com fundamento no eventual prejuízo indireto, mesmo que de natureza meramente econômica. A ausência de interesse jurídico a ser demonstrado afasta essa espécie de intervenção da assistência, tornando esta uma espécie anômala de intervenção, com fundamento em interesse econômico.

De duvidosa constitucionalidade[13], a norma legal não deixa claro qual a qualidade jurídica assumida pela pessoa de direito público, parecendo não ser correta a interpretação de que funcione como *amicus curiae*[14],

---

13 Marinoni-Arenhart, *Manual*, p. 197-198.

14 Scarpinella Bueno, *Amicus*, p. 214; Gusmão Carneiro, *Intervenção*, 71-A, p. 148-150.

como consta na Exposição de Motivos da lei. A função da União e dos entes públicos federais é esclarecer questões de fato e de direito e juntar documentos e memoriais, passando a ser considerada como parte se recorrer de decisões[15]. Como esses terceiros ao intervir no processo passam a atuar com os mesmos poderes do assistente, é comum a referência a essa espécie de intervenção como "assistência anômala", havendo decisão do Superior Tribunal de Justiça que entende tratar-se de assistência simples[16].

Apesar da omissão legislativa, entendo que essa também é hipótese que excepciona a regra de remessa do processo à Justiça Federal no caso de ente federal pedir o seu ingresso em demanda em trâmite perante a Justiça Estadual. Nesse caso, a norma específica prefere à genérica, e, havendo expressa previsão no parágrafo único do art. 5.º da Lei 9.469/1997, de que mudança de competência depende de interposição de recurso, cabe ao juízo estadual decidir sobre o ingresso do ente federal que justificar seu pedido em interesse econômico.

O juízo federal competente, ao receber os autos, decidirá sobre o pedido de intervenção do ente federal. Após essa análise, de duas uma: acolhida a intervenção, a demanda prosseguirá normalmente perante a vara federal; rejeitada a intervenção, não haverá aplicação do art. 109, I, da CF ao caso concreto, não se justificando a manutenção do processo perante a Justiça Federal, que retornará à Justiça Estadual. Registre-se que na hipótese de indeferimento do pedido não haverá propriamente a exclusão do ente federal, como sugerido pela redação do art. 45, § 3.º, do Novo CPC, porque até que seja deferido seu pedido de ingresso o ente federal não estará integrado à relação jurídica processual. Afinal, não é possível ser excluído de onde nunca se esteve. De qualquer forma, é fácil a compreensão da regra.

Os §§ 1.º e 2.º do dispositivo legal ora analisado preveem a hipótese de cumulação de pedidos, sendo o juízo estadual competente para um ou alguns deles. Nesse caso não haverá remessa ao juízo federal, mas a simples exclusão do pedido que interesse ao ente federal, por meio de decisão interlocutória terminativa com fundamento na incompetência absoluta. Excepcionalmente, portanto, a incompetência absoluta assumirá natureza peremptória, sendo nesse caso a decisão recorrível por agravo de instrumento em aplicação por analogia do art. 354, parágrafo único, do Novo CPC.

---

15 Carneiro da Cunha, *A Fazenda*, p. 151-152.

16 *Informativo* 384/STJ, 4.ª Turma, REsp 708.040-RJ, rel. Luis Felipe Salomão, j. 13.02.2009.

6.6 DA MODIFICAÇÃO DA COMPETÊNCIA

Segundo o art. 54 do Novo CPC, a competência relativa poderá modificar-se pela conexão ou pela continência. Fica claro no dispositivo legal que o Novo Código de Processo Civil manteve importante característica do diploma anterior: presta-se a regular exclusivamente à tutela do direito individual. Isso porque na tutela coletiva a competência do foro do local do dano (art. 2.º da LACP) é absoluta e pode ser modificada no caso concreto pela reunião de ações conexas e em continência. Não se pretende com essa crítica afirmar que o legislador teria que ter regulado a tutela coletiva no Código de Processo Civil – não obstante fosse possível fazê-lo. No entanto, não seria qualquer despropósito indicar expressamente que a regra do artigo em comento é aplicável exclusivamente ao processo individual.

O conceito de conexão continua o mesmo (art. 55, *caput*, do Novo CPC e art. 103 do CPC/1973), ainda que tenha sido substituído o termo "objeto" por pedido, confirmando-se dessa forma a interpretação do art. 103 do CPC/1973 feita pela melhor doutrina, no sentido de que a identidade de pedido ou causa de pedir gera conexão. Com a nova redação, fica consagrada legislativamente tal interpretação.

Também o efeito da conexão continua a ser o mesmo: reunião das ações conexas para decisão conjunta perante o juízo prevento. Registre-se apenas que o art. 105 do CPC/1973, ao tratar da reunião das ações conexas, previa que as ações seriam julgadas simultaneamente, enquanto o art. 55, § 1.º, do Novo CPC prevê "decisão conjunta" das ações. Entendo que houve tão somente uma mudança redacional, conforme se constata da redação do art. 58 do Novo CPC ao dispor que as ações reunidas em razão da conexão ou continência sejam "decididas simultaneamente".

Não é preciso muito esforço para se compreender a razão do julgamento conjunto (ou simultâneo). Ocorre, entretanto, que excepcionalmente o Superior Tribunal de Justiça vem admitindo o julgamento de ações reunidas por conexão em momentos procedimentais distintos, quando uma das ações já estiver em condições de decisão de mérito imediata e a outra ainda demandar atividade jurisdicional para atingir o mesmo patamar de desenvolvimento[17]. Tal realidade não deve se modificar.

O § 1.º do art. 55 do Novo CPC prevê que não haverá reunião de processos de ações conexas se um deles já tiver sido sentenciado, enten-

---

17 *Informativo* STJ/478, REsp 1.126.639, rel. Min. Luis Felipe Salomão, j. 21.06.2011.

dimento já consagrado em súmula do Superior Tribunal de Justiça[18]. No § 2.º do mesmo artigo mais uma consagração de entendimento jurisprudencial: a existência de conexão entre execução de título extrajudicial e ação de conhecimento relativa ao mesmo ato jurídico[19]. E no mesmo parágrafo há a consagração de conexão entre execuções fundadas no mesmo título executivo.

As hipóteses previstas nos dois incisos do § 2.º do art. 55 do Novo CPC versam sobre a conexão que envolve execução, mas, como acertadamente indicado no Enunciado 236 do Fórum Permanente de Processualistas Civis (FPPC), o rol legal é meramente exemplificativo. Há, portanto, possibilidade de conexão envolvendo processo de execução ou cumprimento de sentença, além das hipóteses consagradas em lei.

Novidade significativa quanto ao efeito da conexão é encontrada no § 3.º do artigo em comento. O dispositivo prevê a reunião de processos, mesmo não conexos, sempre que exista risco de prolação de decisões conflitantes ou contraditórias caso sejam decididos separadamente (diferentes juízos). A reunião nessas circunstâncias já vinha sendo aceita pelo Superior Tribunal de Justiça, ainda que por meio da extensão do conceito de conexão[20].

É importante lembrar o entendimento tranquilo do Superior Tribunal de Justiça no sentido de existir um verdadeiro juízo de conveniência baseado em discricionariedade na reunião de ações conexas, deixando suficientemente claro não ser obrigatória tal reunião no caso concreto[21]. E essa realidade não só deve ser mantida com o novo Código de Processo Civil, como tudo leva a crer que a reunião nos termos do § 3.º do art. 55 do Novo CPC seguirá a mesma lógica, ou seja, não será obrigatória mesmo que haja risco de decisões conflitantes e contraditórias.

Como já tive a oportunidade de afirmar, a existência de processos com ações derivadas de um mesmo acidente de trânsito, distribuídos por vítimas em diferentes foros, distantes uns dos outros, não justifica a

---

18 Súmula 235/STJ: "A conexão não determina a reunião dos processos, se um deles já foi julgado".

19 STJ, 2.ª Turma, REsp 754.941/RS, rel. Min. Eliana Calmon, j. 12.06.2007, *DJ* 29.06.2007, p. 537.

20 STJ, 1.ª Seção, CC 55.584/SC, rel. Min. Luiz Fux, j. 12.08.2009, *DJe* 05.10.2009.

21 STJ, 4.ª Turma, REsp 1.278.217/MG, Rel. Min. Luis Felipe Salomão, j. 16.02.2012, *DJe* 13.03.2012; STJ, 3.ª Turma, REsp 1.226.016/RJ, Rel. Min. Nancy Andrighi, j. 15.03.2011, *DJe* 25.03.2011.

reunião perante o juiz prevento. A reunião nesse caso poderia constituir um sério impedimento ao exercício da ampla defesa do autor que se visse obrigado a litigar distante de seu foro de domicílio[22]. Também não é recomendável a reunião de processos repetitivos que versem sobre a mesma matéria jurídica, considerando o excessivo número de processos que seriam reunidos perante o juiz prevento[23].

Conclusivamente, a reunião de ações conexas ou não conexas, mas que gerem risco de prolação de decisões conflitantes ou contraditórias caso sejam decididas por diferentes juízos, continua a não ser obrigatória, dependendo sempre de uma análise no caso concreto, naquilo que o Superior Tribunal de Justiça vê discricionariedade judicial.

Sempre entendi que o fenômeno da continência não se justificava no sistema, considerando que, estando entre seus elementos a identidade da causa de pedir, a continência sempre foi uma conexão qualificada. Como o efeito de ambos era o mesmo – a reunião dos processos perante o juízo prevento –, nunca entendi a razão de ser da continência. Na realidade, a continência só servia para ser confundida com a litispendência parcial, confusão essa infelizmente disseminada na doutrina nacional[24].

O Novo Código de Processo Civil manteve a continência no art. 56, inclusive com seu conceito previsto anteriormente no art. 104 do CPC/1973. Ao menos deu uma utilidade ao fenômeno ao prever que nem sempre a continência terá como efeito a reunião dos processos. Segundo o art. 57 do Novo CPC, quando houver continência e a ação continente tiver sido proposta anteriormente, o processo relativo à ação contida será extinto por sentença sem resolução de mérito; caso contrário, as ações serão necessariamente reunidas.

Existe uma clara lógica na definição das circunstâncias para a reunião ou extinção de ações em continência, inclusive tendo o legislador tomado o cuidado de não permitir que a extinção da ação contida pudesse permitir a "escolha" do juízo pelo autor, já que manteve a reunião das ações quando a ação contida era de competência do juízo prevento.

Mais uma vez, entretanto, fica clara a disposição do legislador para tutelar exclusivamente o processo individual. No processo coletivo a extinção não deve ser admitida, salvo se houver a identidade de autor,

---

22 Neves, *Competência*, n. 12.3.4, p. 202.

23 Neves, *Manual*, n. 9.3, p. 222.

24 Neves, *Manual*, n. 12.5, p. 285-286.

o que raramente ocorre. No mais das vezes os autores são diferentes, mas, por defenderem o mesmo titular do direito, são considerados no plano material como o mesmo sujeito[25], o que permite o fenômeno da continência. Nesse caso, em razão da diversidade de autores, a reunião é o único efeito aceitável da continência, sob pena de ofensa ao princípio da inafastabilidade da jurisdição para o autor que tiver sua ação extinta.

A reunião de ações conexas, em continência, e agora cujos julgamentos por juízos diferentes possam gerar decisões conflitantes ou contraditórias, se dá perante o juízo prevento. No CPC/1973 havia duas regras indicando o juízo prevento, uma para ações de mesma competência territorial (art. 106) e outra para ações de competência territorial diferente (art. 219, *caput*, do CPC). Não havia qualquer justificativa para o tratamento diferenciado, e nesse sentido deve ser elogiado o Novo Código de Processo Civil ao criar uma regra uniforme no art. 59: a prevenção é gerada pelo registro ou distribuição da petição inicial.

O art. 60 do Novo CPC traz regra que já existia no art. 107 do CPC/1973, ao prever a competência por prevenção do juízo quando o imóvel se achar situado em mais de um foro. O antigo dispositivo previa apenas "Estado ou comarca" e o novo inclui "seção ou subseção judiciária", o que deve ser elogiado porque o Código de Processo Civil também regulamenta o processo na Justiça Federal. Entretanto, nesse caso o dispositivo teria ficado mais limpo, sem perda de conteúdo, se tivesse se limitado a prever a extensão do imóvel por mais de um foro, considerando-se que foro, sendo sinônimo de circunscrição territorial, aplica-se a comarca, seção e subseção.

A competência do juízo da ação principal para a ação acessória era regra prevista no art. 108 do CPC/1973 e mantida no art. 61 do Novo CPC.

O art. 62 do Novo CPC prevê que a competência em razão da matéria, da pessoa ou da função é inderrogável por convenção das partes, afastando qualquer possibilidade de as partes, por meio de cláusula de eleição de foro, modificarem no caso concreto a competência estabelecida pela lei. O dispositivo melhora e complementa o art. 111, *caput*, do CPC/1973, consagrando, com o art. 54 do Novo CPC a regra de que a competência absoluta não pode ser modificada.

---

25 Neves, *Manual*, n. 12.1, p. 277-278.

O alcance da cláusula de eleição de foro está prevista no art. 63 do Novo CPC: competência em razão do valor e do território. Manteve-se aqui a redação do art. 111, *caput*, do CPC/1973, o que deve se lamentar. Atualmente a competência em virtude do valor da causa só tem aplicação nos Juizados Especiais e nos foros distritais/regionais e central. E nesses casos a competência é absoluta, não sendo possível sua modificação por acordo de vontades das partes. Já era hora de o legislador desmistificar a ultrapassada lição de que a competência fixada pelo valor da causa é relativa, mas o dispositivo ora analisado insiste em tal equívoco.

Da forma como está redigido o dispositivo, pode parecer que as partes podem escolher por cláusula de eleição de foro, por exemplo, os Juizados Especiais, ainda que a causa tenha valor que ultrapasse sua alçada ou matéria excluída expressamente por lei de sua competência. É evidente que isso não ocorrerá, até porque, se a eleição é de foro, naturalmente só pode existir na competência territorial, mas a manutenção do equívoco é sempre prejudicial.

Os parágrafos do art. 63 do Novo CPC regulamentam a cláusula de eleição de foro. No § 1.º repete-se a regra prevista no art. 111, § 1.º, do CPC/1973 ao exigir que a cláusula conste de instrumento escrito e aluda expressamente a determinado negócio jurídico. O § 2.º copia o art. 111, § 2.º, do CPC/1973, ao prever que a cláusula de eleição de foro vincula os herdeiros e sucessores das partes.

Segundo entendimento sumulado pelo Superior Tribunal de Justiça, a incompetência relativa não pode ser conhecida de ofício pelo juiz (Súmula 33/STJ). Esse entendimento vem sendo excepcionado nos Juizados Especiais, com o conhecimento de ofício da incompetência territorial e pela aplicação da regra prevista no art. 112, parágrafo único, do CPC/1973. A primeira exceção não será afetada pelo Novo Código de Processo Civil, porém a segunda altera-se significativamente.

Nos termos do art. 112, parágrafo único, do CPC/1973, na hipótese de haver no caso concreto uma nulidade em cláusula de eleição de foro em contrato de adesão, o juiz pode declarar de ofício tal nulidade, declinando de sua competência para o "juízo de domicílio do réu". O dispositivo já havia sido objeto de crítica doutrinária em razão de sua timidez, limitando a defesa do réu hipossuficiente a somente uma hipótese muito específica. Tive a oportunidade de defender que o reconhecimento de ofício da incompetência relativa deveria ser admitido sempre que o réu fosse hipossuficiente e a escolha do autor sacrificasse ou prejudicasse sensivelmente seu direito à ampla defesa[26].

O Novo Código de Processo Civil não conseguiu se desvencilhar da abusividade da cláusula de eleição de foro, agora em qualquer espécie de contrato, e não só nos de adesão. Prevê o art. 63, § 3.º, a possibilidade de reconhecimento de ofício da incompetência territorial (na realidade a única espécie de competência relativa) sempre que a cláusula se mostrar abusiva. Entendo que essa abusividade, que deverá ser analisada no caso concreto e independentemente da qualidade do réu (o dispositivo não exige que o réu seja hipossuficiente), só estará presente na hipótese de o foro indicado na cláusula de eleição de foro ser prejudicial ao exercício de ampla defesa do demandado.

O juiz, ao reconhecer a abusividade da cláusula de eleição de foro, a reputará ineficaz e enviará os autos ao juízo do foro do domicílio do réu. Entendo que essa declaração de ineficácia não vincula o réu, que no momento da prolação da decisão ainda será um terceiro no processo. Essa consideração é importante porque, sendo citado já no foro de seu domicílio em decorrência da aplicação do art. 63, § 3.º, do Novo CPC, o réu poderá excepcionar o juízo (como preliminar de contestação) pleiteando a aplicação da cláusula de eleição ao caso concreto, com o que os autos deverão ser reencaminhados ao juiz de origem.

É preciso compreender que o dispositivo ora analisado se presta a tutelar os interesses do réu, permitindo que ele se defenda desde o início do processo no foro de seu domicílio. Essa proteção, entretanto, parte de uma presunção relativa, de que o melhor local para o réu litigar é o foro de seu domicílio. No caso concreto, entretanto, é possível que o réu prefira o foro indicado pela cláusula de eleição de foro e essa vontade concreta dele deve prevalecer sobre uma proteção legal abstrata[27].

Tomo como exemplo as cidades-satélite que circundam o Distrito Federal. Essas cidades, conhecidas como "cidades dormitórios" são o domicílio da maioria das pessoas que trabalham no Distrito Federal, e que voltam às suas casas apenas para dormir e passar os finais de semana. Diante dessas condições, não é absurdo imaginar que a pessoa prefira

---

[26] Neves, *Manual*, n. 4.2.1.2, p. 124.

[27] Já tinha expressado esse entendimento à luz do art. 112, parágrafo único, do CPC/1973: *Competência*, n. 3.1.1.3, p. 52-53.

litigar no Distrito Federal, onde passa a maior parte de seu tempo, do que no foro de seu domicílio. Nesse caso, sendo declarada ineficaz a cláusula de eleição de foro que indica o Distrito Federal e enviado o processo para a cidade-satélite, é natural que o réu possa pedir o retorno do processo ao juízo de origem – que deve ser feito por meio de preliminar na contestação, considerando-se que o Novo Código de Processo Civil extinguiu a exceção de incompetência – pedindo a aplicação da cláusula de eleição de foro.

O art. 114 do CPC/1973 deixava claro que, apesar de a incompetência territorial ser reconhecida excepcionalmente de ofício, a competência continua a ser relativa, não sendo possível ao juiz reconhecê-la de ofício após o transcurso do prazo de defesa do réu. Tratava-se de interessante consagração legislativa de preclusão *pro iudicato* temporal[28].

A excepcional adoção de prazo próprio para o juiz é mantida no Novo CPC para o reconhecimento de ofício da incompetência derivada de abusividade de cláusula de eleição de foro, mas há mudança no prazo. O art. 63, § 3.º, do Novo CPC prevê que o juiz só poderá atuar de ofício antes da citação do réu, de forma que depois de realizado tal ato processual o juiz deixa de ter o poder de declarar a incompetência relativa de ofício.

6.7 DA INCOMPETÊNCIA

A incompetência, independentemente de sua natureza, será alegada pelo réu como preliminar de contestação. Na realidade, a previsão do art. 64 do Novo CPC inova apenas no tocante à incompetência relativa, que no sistema anterior era alegada por meio de exceção ritual de incompetência. O sinal mais evidente de que a exceção de incompetência estava com seus dias contados vinha do Superior Tribunal de Justiça, que, ao admitir, em aplicação do princípio da instrumentalidade, a alegação de incompetência como preliminar de contestação mesmo com a imposição legal de outra forma procedimental[29], demonstrava a inutilidade prática da exceção ritual.

---

28 Neves, *Manual*, n. 4.2.1.2, p. 124.

29 STJ, 2.ª Seção, CC 8.692/RO, rel. Min. Humberto Gomes de Barros, j. 13.02.2008, *DJ* 03.03.2008; STJ, 2.ª Turma, REsp 885.960/CE, rel. Min. Humberto Martins, j. 02.08.2007, *DJ* 15.08.2007; STJ, 2.ª Seção, REsp 169.176/DF, rel. Min. Castro Filho, j. 25.03.2003, *DJ* 12.08.2003. Na doutrina, Pizzol, *A competência*, p. 388-389.

O art. 64, § 2.º, do Novo CPC exige que o juiz, ao se deparar com a alegação de incompetência, intime a parte contrária (autor) para se manifestar sobre a matéria. O aspecto mais interessante do dispositivo é exigir o contraditório mesmo na hipótese de incompetência absoluta, matéria de ordem pública que pode ser conhecida de ofício pelo juiz (art. 64, § 1.º, do Novo CPC). Embora o dispositivo trate apenas da situação de alegação pelo réu, é possível aplicá-lo também para o conhecimento da matéria de ofício, sendo nesse caso necessária a intimação de ambas as partes para se manifestarem.

Apesar de o artigo ora comentado indicar que a incompetência absoluta será alegada como preliminar de contestação, e como essa matéria, nos termos do art. 64, § 2.º, do Novo CPC, pode ser suscitada em qualquer tempo e grau de jurisdição, após a apresentação da contestação é possível que qualquer uma das partes apresente a alegação por outro meio. Exatamente como já ocorria no CPC/1973, "a alegação pode se dar de qualquer forma, como preliminar de contestação, petição autônoma ou como parte integrante de qualquer outra 'petição nominada', como a réplica, os memoriais, os recursos etc. Poderá ainda ser alegada oralmente em audiência, fazendo o juiz constar do termo a alegação feita pela parte ou em sustentação oral no tribunal"[30].

O § 3º do art. 64 do Novo CPC se limita a consagrar a regra de que a incompetência tem natureza dilatória, de forma que o acolhimento de sua alegação não gera a extinção do processo, mas somente o aumento do tempo de duração do processo. A previsão legal, entretanto, não tem o condão de afastar as hipóteses excepcionais em que a incompetência passa a ter natureza peremptória, gerando decisão terminativa do processo.

Dessa forma, continua em vigor o art. 51, III, da Lei 9.099/1995, que prevê a extinção do processo nos Juizados Especiais em razão da incompetência territorial. Do mesmo modo, a extinção do processo com fundamento na incompetência dos Juizados Especiais em razão de sua incompetência em razão da matéria, da pessoa e do valor. Também não deve ser alterado o entendimento jurisprudencial que defende a extinção terminativa da ação rescisória em razão da incompetência do tribunal[31].

---

30 Neves, *Manual*, n. 4.2.2.2, p. 129.

31 *Informativo* 371/STJ, 1.ª Seção, EDcl nos EDcl nos EDcl na AR 3.418-DF, rel. Min. Eliana Calmon, j. 08.10.2008.

A incompetência absoluta não se prorroga, não havendo preclusão temporal para sua alegação e/ou reconhecimento. Diferente ocorre com a incompetência relativa, sendo nesse sentido a previsão do art. 65 do Novo CPC.

No projeto de lei aprovado pela Câmara havia dois momentos adequados para tal alegação: a contestação e a alegação de existência de convenção de arbitragem (arts. 345, § 3.º, e 346, § 2.º). Como o Senado na redação final afastou a possibilidade de alegação exclusiva de convenção de arbitragem, o momento passou a ser apenas o da preliminar de contestação. Na Emenda constante do tópico 2.3.2.22 do Parecer Final 956 do Senado, a supressão foi justificada em prol da celeridade processual, não se justificando a "apresentação de petição avulsa, com evidente atraso para o processo, quando tais questões cabem como preliminar de contestação".

É evidente que o juiz deve enfrentar a alegação de incompetência antes de dar andamento ao processo, até porque não teria sentido um juízo incompetente continuar a atuar no processo e só decidir essa questão ao sentenciá-lo. Haverá, portanto, uma decisão interlocutória acolhendo ou rejeitando a alegação de incompetência – absoluta ou relativa – elaborada pelo réu na contestação. No tocante à incompetência absoluta, essa decisão interlocutória poderá ser proferida de ofício, conforme já analisado.

No projeto de lei aprovado na Câmara esse pronunciamento constava do rol de decisões interlocutórias recorríveis por agravo de instrumento, mas no texto final do Novo CPC aprovado pelo Senado esse cabimento recursal foi afastado. Significa que a parte sucumbente só poderá impugnar a decisão em apelação ou contrarrazões, e, se for acolhida a alegação, a sentença será anulada. Como os atos não decisórios praticados por juízo incompetente são válidos, parece ter sentido deixar a questão da competência para ser decidida somente em sede de apelação. O problema mais sério dessa opção são as decisões interlocutórias concessivas de tutela provisória (urgência e evidência) proferidas por juízo incompetente, porque nesse caso a anulação pelo vício da incompetência só ocorrerá no julgamento da apelação, quando evidentemente a questão já tiver sido superada porque já concedida a tutela definitiva.

Com a mudança do procedimento ordinário (que passa a ser o único procedimento comum), o réu será citado para comparecer a uma audiência de mediação e conciliação, e não mais para contestar. Havendo alegação de incompetência relativa, entretanto, não teria sentido impedir a análise de sua alegação antes da realização de referida audiência, que preferencialmente dever ocorrer por juízo competente.

A única possibilidade de alegação de incompetência antes da audiência de mediação e conciliação está consagrada no art. 340, *caput*, do Novo CPC, que prevê a possibilidade de protocolo da contestação com alegação de incompetência relativa ou absoluta no foro do domicílio do réu, sendo essa peça enviada ao juízo em que tramita a demanda. A confusão que a norma cria é considerável, já que o legislador desconsiderou as diferenças entre competência absoluta e relativa.

Parece claro que a regra ora comentada buscou repetir aquela prevista no parágrafo único do art. 305 do CPC/1973, de forma a criar para a alegação da incompetência relativa um protocolo integrado nacional. Em vez de protocolar a exceção de incompetência no juízo em que tramita a ação, o réu tem a prerrogativa de fazê-lo no foro de seu próprio domicílio, evitando assim o deslocamento.

Essa realidade é confirmada pelo novo texto legal quando o art. 340, *caput*, do Novo CPC prevê que a alegação de incompetência será imediatamente comunicada ao juiz do processo, preferencialmente por meio eletrônico. E também no § 2.º do dispositivo legal, ao prever que, reconhecida a competência do foro indicado pelo réu, o juízo para o qual fora distribuída a contestação ou a carta precatória será considerado prevento. Fica claro que o dispositivo trata de incompetência territorial.

Ocorre, entretanto, que no *caput* admite-se que a alegação ora analisada possa ter como objeto a incompetência absoluta. É curiosa a opção do legislador, porque a competência funcional, por matéria e por pessoa, não se confunde com a competência territorial. Perde todo o sentido o dispositivo legal porque o réu poderá protocolar a alegação no foro de seu domicílio, mesmo que esse seja o foro em que tramita o processo, alegando a incompetência absoluta. E nesse caso não há sentido em informar o juízo do processo, porque a petição será protocola justamente no juízo em que a demanda tramita.

Por exemplo, sou domiciliado em São Paulo e é proposta na Justiça Estadual uma demanda que deveria tramitar na Justiça Federal. O réu alegará essa incompetência por meio de petição simples no próprio juízo estadual em que tramita o processo, que nessa hipótese o remeterá à Justiça Federal. E nesse caso ao menos os dois primeiros parágrafos do art. 340 do Novo CPC serão aplicáveis ao caso concreto. Não haverá distribuição da contestação tampouco carta precatória. Não haverá prevenção do juízo.

A impropriedade de o dispositivo incluir a possibilidade de alegação de incompetência absoluta pode ser demonstrada por outra situação hipotética. A demanda tramita na Justiça Estadual de São Paulo, quando deveria sê-lo na Justiça Federal, de São Paulo ou de qualquer outra seção judiciária. E o réu é domiciliado em Fortaleza. Nesse caso, ele pode peticionar na Justiça Estadual de Fortaleza a alegação de incompetência, que será encaminhada ao juízo de São Paulo. Reconhecida a incompetência, não há falar em prevenção do juízo estadual de Fortaleza, tornando-se inaplicável no caso concreto a regra consagrada no § 2.º do art. 340 do Novo CPC.

A aplicação do dispositivo, portanto, depende de a alegação feita pelo réu em preliminar de contestação ser de incompetência territorial. Sendo a alegação de incompetência absoluta, a aplicabilidade dos dispositivos que tratam do tema restará parcialmente afastada.

Para que a regra ora analisada possa ser aplicada no caso concreto, o réu deve ser domiciliado em foro distinto daquele em que tramita a ação judicial. Poderá nesse caso ser citado por carta com aviso de recebimento por meio do correio, por edital ou por meio eletrônico. Em todos esses casos a contestação com alegação de incompetência será distribuída livremente. Sendo citado o réu por carta precatória, o juízo que der cumprimento a ela se tornará prevento para o recebimento e envio da contestação para o juízo em que tramita o processo.

Nos termos do § 2.º do art. 340 do NCPC, reconhecida a competência do foro indicado pelo réu, o juízo para o qual for distribuída a contestação ou a carta precatória será considerado prevento.

Como a contestação nesse caso será apresentada antes da audiência de mediação e conciliação, o § 3.º do artigo ora analisado prevê a suspensão de tal audiência no caso de o juízo apontado como incompetente já ter a designado. E o § 4.º prevê que, definida a competência, o juízo competente designará nova data para a audiência de conciliação ou de mediação. Uma nova audiência só será designada se o juízo em que tramita o processo for reconhecido como incompetente ou, caso seja entendido como competente, se a data fixada originariamente já tiver sido superada. Afinal, o § 3.º do artigo ora comentado fala em suspensão de audiência, de forma que, se o juízo em que tramita a causa for considerado competente e a data já fixada estiver no futuro não, haverá necessidade de designar nova audiência.

Apesar de ser o art. 340 do NCPC o único dispositivo de tal diploma a regular a possibilidade de alegação de incompetência absoluta ou relativa antes da audiência de mediação e conciliação, entendo que em qualquer circunstância o réu poderá apresentar a contestação com a alegação de incompetência para evitar a realização de tal audiência por juízo incompetente. Não tem sentido permitir que o réu domiciliado em foro diverso daquele em que tramita o processo tenha esse direito, e o não o réu domiciliado no mesmo foro em que a demanda tramita.

No sistema do CPC/1973, os atos decisórios praticados pelo juízo absolutamente incompetente são nulos de pleno direito, nos termos do art. 113, § 2.º. Quanto à incompetência relativa, no silêncio da lei o Superior Tribunal de Justiça entende pela validade dos atos[32], apesar da divergência doutrinária. O art. 64, § 3.º, do Novo CPC unifica o tratamento dos atos praticados por juízo incompetente, independentemente de sua natureza (Enunciado 238 do Fórum Permanente de Processualistas Civis – FPPC). Segundo o dispositivo legal, salvo decisão judicial em sentido contrário, conservar-se-ão os efeitos da decisão até que outra seja proferida, se for o caso, pelo juízo competente.

Como o dispositivo legal menciona expressamente os efeitos da decisão judicial, é possível concluir que os atos não decisórios são válidos e eficazes, enquanto os atos decisórios são válidos, mas têm sua eficácia condicionada ao entendimento do juízo competente. Da forma como foi redigido o art. 64, § 3.º, do Novo CPC, caso o juízo competente não se manifeste expressamente sobre as decisões proferidas pelo juízo incompetente, estas continuarão normalmente a gerar seus efeitos. Somente no caso de decisão expressa em sentido contrário a decisão proferida pelo juízo incompetente se tornará ineficaz. Embora o dispositivo legal não preveja, entendo que essa nova decisão pode ser proferida de ofício ou mediante a provocação de qualquer das partes.

A opção do legislador conflita com a manutenção da incompetência absoluta entre os vícios de rescindibilidade (art. 966, II, do Novo CPC). Se a decisão proferida por juízo absolutamente é válida, como pode dar causa à ação rescisória? Ainda que não se confunda vício de nulidade com vício de rescindibilidade, a justificativa clássica para o cabimento de ação rescisória somente contra incompetência absoluta era a gravidade do vício nesse caso. Se a decisão passa a não ser mais viciada, é paradoxal que possa, após o trânsito em julgado, ser desconstituída por meio de ação rescisória.

---

32 STJ, 1.ª Turma, EDcl no REsp 355.099/PR, rel. Min. Denise Arruda, rel. p/ acórdão Min. José Delgado, j. 06.05.2008.

O art. 65, parágrafo único, do Novo CPC concede expressamente legitimidade para o Ministério Público para alegar a incompetência relativa. Nos termos da norma, a incompetência relativa pode ser alegada pelo Ministério Público nos processos em que atuar, o que pode levar à equivocada conclusão de que a legitimidade nesse caso não considera a qualidade processual do Ministério Público no processo. Se atuar como réu, o que é excepcional, poderá alegar a incompetência relativa como réu. Se atuar como autor, ao Ministério Público, exatamente como ocorre com qualquer outro autor, a alegação será impedida pela preclusão lógica[33]. A dúvida sempre existiu para a hipótese de atuar como fiscal da lei (no Novo CPC, fiscal da ordem jurídica)[34], e nessa situação o dispositivo legal resolve o impasse estabelecendo expressamente a legitimidade.

---

33 Neves, *Competência*, n. 3.1.1.1, p. 31.

34 STJ, 3.ª Turma, REsp 630.968/DF, rel. Min. Humberto Gomes de Barros, j. 14.05.2007, *DJ* 14.05.2007, p. 280; STJ, 1.ª Seção, EREsp 222.006/MG, rel. Min. Luiz Fux, j. 10.11.2004, *DJ* 13.12.2004, p. 199.

7

HONORÁRIOS ADVOCATÍCIOS E CUSTAS PROCESSUAIS

7.1 HONORÁRIOS ADVOCATÍCIOS

O art. 85 do Novo CPC substitui com inúmeras novidades o art. 20 do CPC/1973 ao versar sobre importantes aspectos dos honorários advocatícios.

O *caput* do dispositivo legal ora analisado prevê que a sentença condenará o vencido a pagar honorários ao advogado do vencedor, o que deve ser elogiado por reafirmar ser o advogado o credor do valor estabelecido em honorários sucumbenciais. Não custa lembrar que o *caput* do art. 20 do CPC/1973 previa erroneamente a condenação do vencido a pagar tais honorários ao vencedor.

Como se pode notar da redação do dispositivo, o Novo Código de Processo Civil, a exemplo do que já fazia o CPC/1973, continua a consagrar a sucumbência como critério determinante da condenação ao pagamento de honorários advocatícios. Ocorre, entretanto, que nem sempre a sucumbência é determinante para tal condenação, devendo ser também aplicado a determinadas situações o princípio da causalidade, de forma que a parte, mesmo vencedora, seja condenada ao pagamento de honorários ao advogado da parte vencida por ter sido o responsável pela existência do processo.

Um exemplo emblemático do afirmado e amplamente reconhecido pelo Superior Tribunal de Justiça é a condenação do autor vitorioso na ação cautelar de exibição de documentos quando o réu exibe o documento pretendido no prazo de contestação e não há nos autos prova de pedido extrajudicial de exibição[1]. Nesse caso, como o réu não deu causa ao processo, mesmo sendo vencido (o julgamento será de procedência), a condenação ao pagamento de honorários recairá sobre o vencedor.

Apesar de consagrar a regra da sucumbência, o Novo Código de Processo Civil não foi totalmente alheio ao princípio da causalidade, consagrando-o ao menos em uma situação. Segundo o § 10 do art. 85, nos casos de perda do objeto, os honorários serão devidos por quem deu causa ao processo. A consagração legal é inédita e por isso deve ser saudada, mas tudo leva a crer que a hipótese consagrada no § 10 seja meramente exemplificativa, continuando a ser aplicável em outras circunstâncias a regra da causalidade para a fixação de honorários advocatícios.

Nos termos do § 1.º do art. 85 do Novo CPC, são devidos honorários advocatícios na reconvenção, no cumprimento de sentença, provisório ou definitivo, na execução, resistida ou não, e nos recursos interpostos, cumulativamente.

A natureza de ação da reconvenção já vinha levando o Superior Tribunal de Justiça a entender pelo cabimento de fixação de honorários advocatícios na ação reconvencional independentemente do resultado na ação principal[2]. O Novo Código de Processo Civil apenas consagra expressamente esse entendimento.

Também já vinha sendo entendimento do Superior Tribunal de Justiça o cabimento de fixação de honorários advocatícios em sede de cumprimento de sentença, como agora vem expressamente previsto no § 1.º do art. 85 do Novo CPC. O mais importante foi a expressa inclusão realizada pelo Senado no texto final de que são devidos honorários advocatícios no cumprimento de sentença provisória, contrariando dessa forma entendimento do Superior Tribunal de Justiça a respeito da matéria[3].

Quanto ao tema, cumpre destacar a relevância do art. 523, § 1.º, do Novo CPC ao prever que a fixação de honorários de advogado será em

---

1 *Informativo* 519/STJ, 3.ª Turma, REsp 1.232.157/RS, rel. Min. Paulo de Tarso Sanseverino, j. 19.03.2013.

2 STJ, 4.ª Turma, REsp 851.893/DF, rel. Min. Raul Araújo, j. 07.08.2012, *DJe* 24.06.2013; STJ, 2.ª Turma, REsp 726.446/PE, rel. Min. Mauro Campbell Marques, j. 17.08.2010, *DJe* 29.04.2011.

3 *Informativo* 533/STJ, 2.ª Seção, REsp 1.291.736/PR, rel. Min. Luis Felipe Salomão, j. 20.11.2013.

dez por cento do valor da execução, e somente na hipótese de o executado deixar de pagar o débito no prazo de quinze dias após sua intimação. Trata-se de mais um dispositivo que consagra o entendimento do Superior Tribunal de Justiça sobre a matéria[4].

O § 1.º do art. 85 do Novo CPC ainda prevê o cabimento de honorários advocatícios em execução, resistida ou não. Na realidade, o próprio procedimento executivo já leva a esse entendimento, considerando-se que no momento em que o juiz determina a citação do executado já fixa valor de honorários advocatícios em favor do advogado do exequente. Registre-se quanto ao tema o § 7.º do artigo ora analisado, ao consagrar entendimento jurisprudencial prevendo que não serão devidos honorários no cumprimento de sentença contra a Fazenda Pública que enseje expedição de precatório, desde que não tenha sido impugnada.

Segundo o § 13, as verbas de sucumbência arbitradas em embargos à execução rejeitados ou julgados improcedentes e em fase de cumprimento de sentença serão acrescidas no valor do débito principal, para todos os efeitos legais.

Por fim, há interessante inovação no § 1.º ao prever a fixação de honorários em recursos, de forma cumulativa. Concordo plenamente com o Enunciado 242 do Fórum Permanente de Processualistas Civis (FPPC) no sentido de que tanto no julgamento monocrático como no colegiado serão devidos os "honorários recursais". Significa que o julgamento do recurso, independentemente do órgão que o faça, já gera direito aos "honorários recursais".

Segundo o § 11 do art. 85 do Novo CPC, o tribunal, ao julgar recurso, majorará os honorários fixados anteriormente levando em conta o trabalho adicional realizado em grau recursal, observando, conforme o caso, o disposto nos §§ 2.º a 6.º. É vedado ao tribunal, no cômputo geral da fixação de honorários devidos ao advogado do vencedor, ultrapassar os respectivos limites estabelecidos nos §§ 2.º e 3.º para a fase de conhecimento. É nesse sentido o Enunciado 241 do Fórum Permanente de Processualistas Civis (FPPC): "Os honorários de sucumbência recursal serão somados aos honorários pela sucumbência em primeiro grau, observados os limites legais".

---

4 *Informativo* 480: Corte Especial, REsp 1.134.186/RS, rel. Min. Luis Felipe Salomão, j. 1.º.08.2011.

Entendo que a previsão legal faz com que a readequação do valor dos honorários advocatícios passe a fazer parte da profundidade do efeito devolutivo dos recursos, de forma que, mesmo não havendo qualquer pedido das partes quanto a essa matéria, o tribunal poderá analisá-la para readequar os honorários conforme o trabalho desempenhado em grau recursal.

E como o dispositivo impõe a fixação de novos honorários em razão do trabalho desempenhado em grau recursal, eventual omissão do tribunal, mesmo quando não provocado pelas partes, tornará a decisão passível de embargos de declaração. Parece ser nesse sentido o Enunciado 243 do Fórum Permanente de Processualistas Civis (FPPC):

"No caso de provimento do recurso de apelação, o tribunal redistribuirá os honorários fixados em primeiro grau e arbitrará os honorários de sucumbência recursal".

Quando os honorários forem fixados em julgamentos de segundo grau de jurisdição, ainda será cabível o recurso especial para impugnar essa matéria, mas, quando forem fixados em julgamentos nos tribunais superiores, não haverá recurso cabível, salvo os embargos de declaração. Não deixa de ser uma constatação interessante porque a matéria não chegará a esses tribunais para revisão, e sim de forma originária, o que, inclusive, exigirá uma flexibilização do prequestionamento, o que já foi admitido pelo Superior Tribunal de Justiça em aplicação da profundidade do efeito devolutivo do recurso especial[5].

Os percentuais entre o mínimo de dez e o máximo de vinte por cento previstos no § 3.º do art. 20 do CPC/1973 são mantidos no § 2.º do artigo ora analisado. No entanto, há duas novidades importantes.

A primeira fica por conta do proveito econômico como parâmetro para a fixação dos honorários dentro dos percentuais previstos em lei quando não houver condenação no caso concreto. Podem-se imaginar nesse caso tanto as decisões meramente declaratórias como as constitutivas que tenham gerado vantagem econômica para o vencedor, bem como a sentença de improcedência em ações condenatórias, quando o proveito econômico será ter evitado a condenação no valor pretendido pelo autor. A segunda passa a regulamentar a fixação dos honorários, se não há condenação ou proveito econômico obtido, quando a fixação tomará por base o valor da causa.

---

[5] *Informativo* 490/STJ: 2.ª Seção, EREsp 595.742-SC, rel. originário Min. Massami Uyeda, rel. para o acórdão Min. Maria Isabel Gallotti, j. 14.12.2011.

Sob a égide do CPC/1973, a inexistência de condenação permitia ao juiz fixar o valor dos honorários sem qualquer parâmetro, apenas atendendo aos critérios das alíneas do art. 20, § 3.º. No Novo Código de Processo Civil, tal conduta passa a ser impossível, havendo uma gradação de parâmetro para, a partir daí, fixar os honorários entre dez e vinte por cento: (1.º) condenação; (2.º) proveito econômico obtido; (3.º) valor da causa.

Estabelecido o parâmetro de fixação dos honorários, cabe ao juiz fixar o percentual – entre dez e vinte por cento – que se adéqua ao grau de zelo do profissional, o lugar de prestação do serviço, a natureza e a importância da causa e o trabalho realizado pelo advogado e o tempo exigido para o seu serviço. Esses critérios são os mesmos já existentes no Código de 1973.

O § 4.º do art. 20 do CPC/1973 vem parcialmente repetido no § 8.º do art. 85 do Novo CPC, ao menos para os processos em que for inestimável ou irrisório o proveito econômico ou, ainda, quando o valor da causa for muito baixo, quando o juiz fixará o valor dos honorários por apreciação equitativa, observando o disposto nos incisos do § 2.º.

O § 9.º do dispositivo ora comentado reformula parcialmente a regra contida no art. 20, § 5.º, do CPC/1973 ao prever que, na ação de indenização por ato ilícito contra pessoa, o percentual de honorários incidirá sobre a soma das prestações vencidas acrescida de doze prestações vincendas.

A natureza alimentar dos honorários advocatícios já foi devidamente reconhecida pelo Superior Tribunal de Justiça, inclusive com os mesmos privilégios dos créditos oriundos da legislação do trabalho[6], sendo a previsão do art. 85, § 14, nesse sentido apenas a confirmação legislativa desse entendimento.

A maior novidade do § 14 vem em sua parte final, quando veda expressamente a compensação em caso de sucumbência parcial.

Nos termos do art. 21, *caput*, do CPC/1973, havendo sucumbência recíproca os honorários advocatícios serão proporcionalmente distribuídos e compensados entre as partes. A compensação é uma das formas de extinção da obrigação, regulada pelos arts. 368 a 380 do Código Civil, consubstanciada num desconto de um débito a outro ou numa operação de mútua quitação entre credores recíprocos[7].

---

[6] *Informativo* 540/STJ, Corte Especial, REsp 1.152.218/RS, rel. Min. Luis Felipe Salomão, j. 07.05.2014.

[7] Diniz, *Curso*, p. 301.

Existe entendimento sumulado no Superior Tribunal de Justiça no sentido de que "os honorários advocatícios devem ser compensados quando houver sucumbência recíproca, assegurado o direito autônomo do advogado à execução do saldo sem excluir a legitimidade da própria parte"[8]. E, mesmo com a previsão do art. 23 do Estatuto da Ordem dos Advogados (Lei 8.906/1994), no sentido de ser do advogado a titularidade do crédito derivado da condenação judicial ao pagamento de honorários advocatícios, o Superior Tribunal de Justiça entende que o art. 21 do CPC/1973 continua em plena vigência[9].

Sempre lamentei profundamente o entendimento consagrado por desrespeitar de forma direta e inadmissível a própria essência da compensação. Segundo o art. 368 do Código Civil, só haverá compensação se duas pessoas forem ao mesmo tempo credor e devedor uma da outra, sendo tal exigência pacificada na doutrina e jurisprudência[10]. E esse indispensável requisito só estaria preenchido se os créditos referentes aos honorários advocatícios fixados em decisão judicial fossem de titularidade das partes, o que contraria o art. 23 do Estatuto da Ordem dos Advogados do Brasil.

Os advogados que participaram do processo são os credores na hipótese de sucumbência recíproca, sendo devedores a parte contrária. Há, portanto, diferença entre credores e devedores, o que deveria ser suficiente para inviabilizar a satisfação das obrigações de pagar quantia certa na hipótese ora analisada.

Nesse sentido, a modificação introduzida pela frase final do art. 85, § 14, do Novo CPC, contrariando entendimento sumulado do Superior Tribunal de Justiça, deve ser efusivamente elogiada.

Segundo o § 16 do artigo ora analisado, quando os honorários forem fixados em quantia certa, os juros moratórios incidirão a partir da data do trânsito em julgado da decisão, em mais um dispositivo que consagra o entendimento do Superior Tribunal de Justiça sobre o tema[11].

---

8 Súmula 306/STJ.

9 STJ, Corte Especial, REsp 963.528/PR, rel. Min. Luiz Fux, j. 02.12.2009, *DJe* 04.0.2010.

10 STJ, 4.ª Turma, REsp 1.229.843/MG, rel. Min. Luis Felipe Salomão, j. 20.02.2014, *DJe* 17.03.2014.

11 STJ, 2.ª Seção, EDcl no REsp 1.119.300/RS, rel. Min. Luis Felipe Salomão, j. 13.10.2010, *DJe* 20.10.2010.

O § 15 do art. 85 do Novo CPC prevê que o advogado pode requerer que o pagamento dos honorários que lhe caibam seja efetuado em favor da sociedade de advogados que integra na qualidade de sócio, aplicando-se à hipótese o disposto no § 14.

Entendo que a atividade advocatícia é personalíssima, de forma que a condenação em honorários advocatícios deve sempre favorecer o profissional que efetivamente atuou no processo. O § 15 do artigo ora analisado não modifica essa realidade, apenas permitindo expressamente que o advogado ceda seu crédito em favor da sociedade que integra na qualidade de sócio, que passa então a ser credora do valor fixado a título de honorários advocatícios.

Apesar da natureza personalíssima dos honorários advocatícios, o direito, naturalmente patrimonial, é renunciável e transacionável, não existindo qualquer empecilho para que exista contratualmente uma previsão entre advogado e sociedade, de forma que, mesmo não a integrando como sócio, a sociedade poderá ser credora dos honorários advocatícios fixados em favor do advogado. E, nesse caso, o pedido de pagamento em nome da sociedade poderá partir dela mesma, com a prova do negócio jurídico que a torna credora.

Dizendo o óbvio, o § 17 do dispositivo ora analisado repete o art. 20, *caput*, do CPC/1973, ao prever que os honorários serão devidos quando o advogado atuar em causa própria. Afinal, ainda que seja parte no processo, o sujeito trabalha como advogado e por esse trabalho deve ser devidamente remunerado.

Em pacificada interpretação do disposto no art. 20, *caput*, do CPC/1973, a condenação ao pagamento de honorários advocatícios é incluída pela doutrina no rol dos "pedidos implícitos", de forma que, mesmo não havendo pedido do advogado da parte, nesse sentido caberá ao juiz de ofício condenar a parte vencida ao pagamento[12]. Com ou sem pedido das partes, a decisão que deixa de condenar o vencido a pagar os honorários advocatícios é *citra petita*, e essa realidade não será alterada pelo Novo Código de Processo Civil.

É possível que uma sentença omissa quanto à condenação ao pagamento de honorários advocatícios transite em julgado. Existem tradicionais "pedidos implícitos" que na realidade são mais do que isso, porque, além de representarem tutela que pode ser concedida mesmo sem pedido, são

---

12 Por todos, Nery Jr.-Nery, *Código*, p. 236.

concedidos mesmo que não haja uma expressa condenação na sentença transitada em julgado. Assim ocorre com os juros moratórios[13] e a correção monetária[14] nas condenações de pagar quantia certa. Não é, entretanto, o que ocorre com os honorários advocatícios.

Não havendo condenação ao pagamento de honorários advocatícios a parte sucumbente não estará implicitamente condenada a pagar qualquer quantia, daí por que é acertado o entendimento no sentimento de não ser possível nesse caso a execução da decisão. Na realidade, sem o capítulo acessório dos honorários advocatícios não haverá título executivo para legitimar tal execução, aplicando-se ao caso o princípio do *nulla executio sine legge*. Nesses termos, é parcialmente elogiável a primeira parte do entendimento consolidado pela Súmula 453 do Superior Tribunal de Justiça: "Os honorários sucumbenciais, quando omitidos em decisão transitada em julgado, não podem ser cobrados em execução ou em ação própria".

Há, entretanto, parte do Enunciado da Súmula que não deve ser elogiado porque, além de impedir corretamente a propositura de uma execução sem título executivo, também veda a propositura de uma ação de conhecimento para a cobrança de honorários que deixaram de ser fixados em decisão transitada em julgado. O fundamento de que a admissão de tal ação ofenderia a coisa julgada material é uma grande e equivocada inovação no instituto processual da coisa julgada material, já que matéria não decidida não pode gerar a coisa julgada, até porque para que haja coisa julgada é preciso que a coisa (matéria) seja julgada (decidida expressamente)[15].

Pelo exposto, deve ser saudada com entusiasmo a previsão contida no § 18 do art. 85 do Novo CPC: caso a decisão transitada em julgado seja omissa quanto ao direito aos honorários ou ao seu valor, é cabível ação autônoma para sua definição e cobrança.

O § 19 do artigo ora analisado prevê expressamente que os advogados públicos perceberão honorários de sucumbência, nos termos da lei. Sem entrar no mérito do dispositivo legal, custa a acreditar que a matéria deveria ser tratada no Código de Processo Civil.

---

13 Súmula 254/STF.

14 *Informativo* 445/STJ: Corte Especial, REsp 1.112.524/DF, rel. Min. Luiz Fux, j. 01.09.2010.

15 Yarshell, <http://www.cartaforense.com.br/conteudo/colunas/coisa-julgada-abrangente-de-capitulo-que-nao-foi-embora-devesse-ter-sido-decidido/5223>. Acesso em: 5 ago. 2014, às 11:07; Barbosa Moreira, "Os limites", p. 96.

Há novidades significativas no tocante à fixação de honorários advocatícios nos processos em que a Fazenda Pública for parte.

Segundo o § 3.º do art. 85 do Novo CPC, a fixação de honorários nesse caso observará os critérios estabelecidos nos incisos I a IV do § 2.º (o grau de zelo do profissional, o lugar de prestação do serviço, a natureza e a importância da causa; o trabalho realizado pelo advogado e o tempo exigido para o seu serviço). Nesses termos, o dispositivo não traz nenhuma novidade quando comparado com o art. 20, § 4.º, do CPC/1973.

A novidade fica por conta da criação de percentuais específicos para essa hipótese, o que afastará a prática rotineira de as condenações de honorários serem fixadas em valores inferiores ao mínimo legal. Será no mínimo de dez e máximo de vinte por cento sobre o valor da condenação ou do proveito econômico obtido até duzentos salários mínimos (inciso I); de no mínimo de oito e máximo de dez por cento sobre o valor da condenação ou do proveito econômico obtido acima de duzentos salários mínimos até dois mil salários mínimos (inciso II); de no mínimo de cinco e máximo de oito por cento sobre o valor da condenação ou do proveito econômico obtido acima de dois mil salários mínimos até vinte mil salários mínimos (inciso III); no mínimo de três e máximo de cinco por cento sobre o valor da condenação ou do proveito econômico obtido acima de vinte mil salários mínimos até cem mil salários mínimos (inciso IV); mínimo de um e máximo de três por cento sobre o valor da condenação ou do proveito econômico obtido acima de cem mil salários mínimos (inciso V).

E, não havendo condenação principal ou não sendo possível mensurar o proveito econômico obtido, a condenação em honorários dar-se-á sobre o valor atualizado da causa, nos termos do § 4.º, III, do art. 85 do Novo CPC.

Ainda versando sobre os parâmetros para a condenação da Fazenda Pública ao pagamento de honorários advocatícios, o § 5.º prevê que, sendo a condenação contra a Fazenda Pública ou o benefício econômico obtido pelo vencedor ou o valor da causa superior ao valor previsto no inciso I do § 3.º, a fixação do percentual de honorários deve observar a faixa inicial e, naquilo que a exceder, a faixa subsequente, e assim sucessivamente.

Trata-se de forma escalonada de fixação de honorários advocatícios. Por exemplo, numa condenação de 50.000 salários mínimos em que o juiz sempre fixe pelo menor percentual legalmente previsto – como infelizmente costuma ocorrer com indesejada frequência –, a condenação de honorários será de 1.964 salários mínimos (20 da primeira faixa; 144 da segunda faixa; 900 da terceira faixa e 900 da quarta faixa).

Como os parâmetros de condenação levam em conta salários mínimos, o § 4.º, IV, do art. 85 do Novo CPC prevê expressamente que será considerado o salário mínimo vigente quando prolatada sentença líquida ou o que estiver em vigor na data da decisão de liquidação.

Nos termos do § 6.º, os limites e critérios previstos nos §§ 2.º e 3.º aplicam-se independentemente do conteúdo da decisão, inclusive aos casos de improcedência ou de sentença sem resolução de mérito.

Segundo o § 4.º, I, do dispositivo ora comentado, em qualquer hipótese de condenação da Fazenda Pública ao pagamento de honorários advocatícios, os percentuais previstos nos incisos I a V devem ser aplicados desde logo, quando for líquida a sentença. E o inciso II prevê que, não sendo líquida a sentença, a definição do percentual, nos termos dos referidos incisos, somente ocorrerá quando liquidado o julgado, ou seja, quando fixado o valor da condenação.

7.2 CUSTAS PROCESSUAIS

O art. 87, *caput*, do Novo CPC substancialmente se limita a repetir o art. 23 do CPC/1973 ao prever que, concorrendo diversos autores ou diversos réus, os vencidos respondem proporcionalmente pelas despesas e pelos honorários. A novidade fica por conta dos parágrafos do dispositivo. O § 1.º prevê que a sentença deverá distribuir entre os litisconsortes, de forma expressa, a responsabilidade proporcional pelo pagamento das verbas previstas no *caput*. Somente na hipótese de não ser feita a distribuição, os vencidos responderão solidariamente pelas despesas e honorários, nos termos do § 2.º.

A responsabilidade pelo pagamento das despesas e honorários advocatícios prevista pelo art. 90, *caput*, do Novo CPC na hipótese de prolação de sentença com fundamento em desistência, renúncia ou reconhecimento jurídico do pedido, mantém a regra consagrada no art. 26, *caput*, do CPC/1973: cabe o pagamento à parte que praticou o ato que levou o processo à extinção, tendo o novel dispositivo apenas incluído a renúncia como causa de extinção, não prevista no artigo do CPC/1973, mas devidamente incluída pela melhor doutrina[16]. Trata-se de consagração específica do princípio da causalidade: responde o autor por ter

---

[16] Bedaque, *Código*, p. 119.

dado causa ao processo e depois desistido dele ou renunciado ao direito material; responde o réu por ter exigido do autor a propositura da ação e reconhecido seu pedido em juízo.

Não há novidades nos dois primeiros parágrafos do artigo ora comentado. No § 1.º continua a ser proporcional o pagamento de despesas e honorários na hipótese de desistência, renúncia ou reconhecimento jurídico do pedido parcial. E no § 2.º é mantida a regra que divide igualmente entre as partes as despesas na hipótese de transação.

As novidades quanto ao tema estão previstas nos dois últimos parágrafos do dispositivo ora comentado.

Nos termos do § 3.º, se a transação ocorrer antes da sentença, as partes ficam dispensadas do pagamento das custas processuais remanescentes, se houver, em mais uma medida de incentivo às formas consensuais de solução dos conflitos. Pela utilização do termo "remanescentes" entendo que o não pagamento atingirá atos já praticados e que ainda não tiverem as custas adiantadas, de forma que o sacrificado pelo incentivo à transação será o Estado, que deixará de receber o pagamento de tais custas.

Já o § 4.º prevê que, se o réu reconhecer a procedência do pedido e, simultaneamente, cumprir integralmente a prestação reconhecida, os honorários serão reduzidos pela metade. O dispositivo é uma forma de execução indireta, que busca incentivar a parte a cumprir sua obrigação mediante o oferecimento de uma melhora em sua situação. Nesse caso, o sacrificado é o advogado do autor, que perderá metade do valor que lhe seria destinado a título de honorários advocatícios.

Nos termos do art. 91, *caput*, do Novo CPC, as despesas dos atos processuais praticados a requerimento da Fazenda Pública, do Ministério Público ou da Defensoria Pública serão pagas ao final pelo vencido. A regra inclui a Defensoria Pública no rol já previsto no art. 27 do CPC/1973.

A responsabilidade de adiantamento das verbas periciais em prova técnica requerida pelos sujeitos que tem a prerrogativa de não adiantar custas processuais sempre foi tormentosa.

No CPC/1973, o art. 19, § 2.º, se limitava a prever a responsabilidade de o autor adiantar as despesas relativas a atos cuja realização o juiz determinaria de ofício ou a requerimento do Ministério Público.

Quanto ao tema, o Novo CPC inova ao prever no § 1.º do art. 91 que as perícias requeridas pela Fazenda Pública, pelo Ministério Público ou pela Defensoria Pública poderão ser realizadas por entidade pública ou, havendo previsão orçamentária, ter os valores adiantados por aquele que requerer a prova. Já antevendo a possibilidade de que, no caso concreto, não haja previsão orçamentária no exercício financeiro para adiantamento dos honorários periciais, o § 2.º do dispositivo legal determina que eles sejam pagos no exercício seguinte ou ao final, pelo vencido, caso o processo se encerre antes do adiantamento a ser feito pelo ente público.

A disposição deixa claro que não cabe atribuir à parte contrária o adiantamento da verba pericial somente porque a parte que requereu a produção da prova está isenta desse adiantamento[17]. A norma contraria decisões do Superior Tribunal de Justiça que indicavam o encargo financeiro para a realização da prova pericial como da Fazenda Pública a que o Ministério Público estiver vinculado[18].

Sob a égide do CPC/1973, e diante do silêncio legal, havia muita divergência a respeito da abrangência da norma que dispensava a Fazenda Pública e o Ministério Público do ônus de adiantar a verba pericial quando a produção da prova técnica fosse por esses sujeitos requerida. A tendência doutrinária e mesmo jurisprudencial era limitar a isenção para as hipóteses em que a Fazenda Pública e o Ministério Público não funcionassem como autor ou réu no processo, porque neste caso a eles se aplicaria a regra geral do referido ônus. Nesse sentido, a Súmula 232/STJ: "A Fazenda Pública, quando parte no processo, fica sujeita à exigência de depósito prévio dos honorários do perito".

Com a mudança na forma de adiantamento das verbas periciais levada a cabo pelos parágrafos do dispositivo ora analisado, tudo leva a crer que a discussão perderá fôlego, devendo ser aplicada independentemente da qualificação processual da Fazenda Pública, Ministério Público e Defensoria Pública.

O § 1.º do art. 95 do Novo CPC mantém a regra do parágrafo único do art. 33 do CPC/1973 no sentido de o juiz poder determinar que a parte responsável pelo pagamento dos honorários do perito deposite em juízo o valor correspondente. Perdeu-se a oportunidade de previsão mais correta, porque o juiz não pode, e, sim, deve, determinar que o responsável pelo adiantamento deposite em juízo a integralidade dos honorários periciais. Nos termos do § 2.º, a quantia recolhida em depósito bancário à ordem

---

17 STJ, 1.ª Seção, REsp 1.253.844/SC, rel. Min. Mauro Campbell Marques, j. 13.03.2013, *DJe* 17.10.2013.

18 STJ, 2.ª Turma, AgRg no REsp 1.280.441/MG, rel. Min. Castro Meira, j. 11.06.2013, *DJe* 18.06.2013.

do juízo será corrigida monetariamente e paga de acordo com o art. 465, § 4.º, do Novo CPC.

Houve modificação quanto à forma e ao momento de levantamento dos valores depositados em juízo pelo perito. Nos termos do art. 33, parágrafo único, do CPC/1973, o valor seria entregue ao perito somente após a apresentação do laudo, sendo sua liberação parcial antes desse momento admitida apenas quando o perito demonstrasse tal necessidade. O dispositivo ora analisado determina a aplicação da regra do art. 465, § 4.º, do Novo CPC, de forma que metade do valor será liberada no início dos trabalhos e o restante após a entrega do laudo e da prestação de todas as informações requeridas pelo juízo ou pelas partes.

Em interessante inovação, o art. 96 do Novo CPC deixa de prever que as sanções impostas às partes em consequência de má-fé serão contadas como custas processuais (conforme previsto no art. 35 do CPC/1973), o que retira o principal argumento do Superior Tribunal de Justiça para a isenção da Fazenda Pública a realizar o depósito de multa como condição de admissibilidade de recursos. Afinal, o entendimento é fundado na prerrogativa da Fazenda Pública de isenção de adiantamento de custas, estendido ao depósito da multa pela natureza de custas processuais de tal sanção consagrada no art. 35 do CPC/1973, e não repetida pelo art. 96 do Novo CPC.

Essa mudança, entretanto, não gerará o efeito de exigir da Fazenda Pública um tratamento isonômico quanto ao depósito de multa em juízo como condição de admissibilidade recursal porque o Novo CPC, de forma expressa, consagra essa dispensa nos arts. 1.021, § 5.º, e 1.026, § 3.º.

O art. 97 do Novo CPC traz novidade ao prever que a União e os Estados podem criar fundos de modernização do Poder Judiciário, aos quais serão revertidos os valores das sanções pecuniárias processuais destinadas à União e aos Estados, e outras verbas previstas em lei. Ou seja, sempre que a parte contrária à Fazenda Pública for condenada a pagar multa por ofensa aos princípios da boa-fé e lealdade processual, o valor não será revertido em favor da pessoa jurídica de direito público, e sim depositado nos fundos previstos no dispositivo ora analisado.

Como o próprio dispositivo não limita a entrada de valores à situação tipificada por ele, o que fica claro ao prever a possibilidade de outras verbas previstas em lei, é admissível que valores decorrentes de outras situações processuais revertam em benefício do fundo, desde que exista lei específica nesse sentido.

Promete ser tensa a criação do fundo ora analisado, porque caberá justamente àqueles que serão financeiramente prejudicados tal tarefa. Afinal, os valores da multa sem o fundo são revertidos em benefício da pessoa jurídica de direito público que é parte no processo, e com a criação do fundo ela perderá essa receita. Que o espírito republicano prevaleça.

7.3 BENEFICIÁRIO DA GRATUIDADE DA JUSTIÇA

Em previsão inovadora, o art. 95 do Novo CPC resolve um problema considerável verificado na praxe forense: a derrota da parte beneficiária da assistência judiciária, sendo que a parte vencedora adiantou as verbas periciais. Como os honorários periciais têm natureza de despesa processual, é indiscutível a isenção do beneficiário da gratuidade da justiça de seu pagamento. Sem previsão expressa que resolvesse o impasse, a jurisprudência se firmou em indicar a Fazenda Pública como responsável pelo adiantamento e pagamento dos honorários periciais porque é a ela conferida a obrigação de prestação de assistência judiciária aos necessitados[19].

Os §§ 3.º e 4.º do art. 95 do Novo CPC dão outra solução ao problema. E, com a solução dada por previsão legal, afasta-se definitivamente a possibilidade de inversão do ônus de adiantar os honorários periciais somente porque a prova técnica foi pedida por beneficiário da assistência judiciária[20].

Antes de passar propriamente à análise dos dispositivos cabe um esclarecimento. Apesar de o § 3.º do dispositivo legal ora comentado prever regra somente para o pagamento da verba pericial, portanto um dever do vencido, a regra ali prevista também se aplica para o adiantamento de tal verba quando a perícia for pedida pelo beneficiário da gratuidade da justiça, nos termos do art. 98, § 7.º, do Novo CPC.

A forma preferencial será o custeio da perícia com recursos alocados no orçamento de entidade pública e realizada por servidor do Poder Judiciário ou por órgão público conveniado. Como não é do Poder Judiciário, mas sim do Estado, o dever de prestação da assistência judiciária aos

---

19 STJ, AgRg no AREsp 260.516/MG, rel. Min. Assusete Magalhães, j. 25.03.2014; *DJe* 03.04.2014; STJ, 3.ª Turma, REsp 1.377.633/SP, rel. Min. Nancy Andrighi, j. 18.03.2014, *DJe* 26.03.2014.

20 STJ, 2.ª Turma, REsp 1.355.519/ES, rel. Min. Castro Meira, j. 02.05.2013, *DJe* 10.05.2013.

beneficiários da gratuidade da justiça, o ideal nesse caso é que a perícia seja feita pelo próprio Estado, sempre que existir órgão público que atue no ramo de especialidade que a prova técnica exigir.

Entendo, inclusive, que o Poder Judiciário poderia firmar convênios com as faculdades públicas para a prestação desse "serviço social". Em regra, não há ramo de conhecimento que escape de uma faculdade pública, que poderia se organizar para atender aos pedidos do Poder Judiciário indicando um professor responsável e alunos do último ano para elaborarem a perícia como TCC (trabalho de conclusão do curso) ou como parte de sua avaliação. Além de perícias certamente de qualidade, teríamos uma excelente experiência profissional e de vida para os alunos.

Apesar de o ideal ser produzir a prova pericial por órgão público, não se descarta sua realização por particular, sendo nesse caso o trabalho remunerado de acordo com o valor fixado conforme tabela do tribunal respectivo ou, em caso de sua omissão, do Conselho Nacional de Justiça, e pago com recursos alocados ao orçamento da União, do Estado ou do Distrito Federal.

Sendo o beneficiário da gratuidade o vencedor da demanda, cabe ao vencido ressarcir o Estado pelas despesas arcadas por ele na realização da perícia. Como não houve adiantamento de valores pelo beneficiário da assistência judiciária, ele não terá legitimidade para pedir essa condenação. Diante dessa realidade, o § 4.º do art. 95 do Novo CPC determina que, com o trânsito em julgado, o juízo oficiará a Fazenda Pública para que ela proceda à cobrança dos valores despendidos, o que será feito pela via executiva (cumprimento) em razão da existência de título executivo judicial. Trata-se de excepcional legitimidade ativa executiva da Fazenda Pública.

O § 5.º do art. 95 ora comentado é claro ao vedar a utilização de recursos do fundo de custeio da Defensoria Pública para os fins previstos no § 3.º.

8

GRATUIDADE DE JUSTIÇA

8.1 BENEFICIÁRIOS DA ASSISTÊNCIA JUDICIÁRIA

Há uma ampliação no rol dos sujeitos que podem ser beneficiados pela concessão da assistência judiciária pelo *caput* do art. 98 do Novo CPC, quando comparado com o art. 2.º, *caput*, da Lei 1.060/1950. Continuam a ser potenciais beneficiários as pessoas físicas e jurídicas, estrangeiras ou nacionais, mas não há mais a necessidade de que tenham residência no país.

Na realidade, a possibilidade de pessoa jurídica ser beneficiada pela assistência judiciária não vinha expressamente consagrada em lei – tampouco por ela era vedada expressamente –, mas já era uma realidade jurisprudencial. Conforme entendimento jurisprudencial, a pessoa jurídica faria jus à gratuidade desde que efetivamente comprovasse a impossibilidade de arcar com as custas processuais, não havendo, nesse caso, presunção nesse sentido (Súmula 481/STJ: "Faz jus ao benefício da justiça gratuita a pessoa jurídica com ou sem fins lucrativos que demonstrar sua impossibilidade de arcar com os encargos processuais"). O entendimento foi legislativamente consagrado no § 3.º do art. 99 do Novo CPC.

8.2 CAUSAS PARA A CONCESSÃO DO BENEFÍCIO

A concessão dos benefícios da gratuidade da justiça depende da insuficiência de recursos da parte para o pagamento das custas, despesas processuais e honorários advocatícios no caso concreto. A revogação expressa do art. 2.º da Lei 1.060/1950 não altera essa realidade diante do previsto no art. 98, *caput*, do Novo CPC, que prevê as mesmas causas da norma revogada para a concessão da gratuidade da justiça.

8.3 ABRANGÊNCIA DA CONCESSÃO DO BENEFÍCIO

No art. 98, § 1.º, do CPC/1973 há previsão do objeto da gratuidade, com indicação de todos os gastos que não serão exigidos do beneficiário da assistência judiciária. Trata-se de rol que amplia e por vezes especifica o rol constante do art. 3.º da Lei. 1.060/1950, que foi expressamente revogado pelo art. 1.072, III, do Novo CPC.

Os incisos I, II e III, IV, V e VIII do art. 98 do Novo CPC já constavam do rol do dispositivo revogado. A gratuidade, portanto, compreende as custas e as taxas judiciais, os selos postais, as despesas com publicação na imprensa oficial (na realidade, nesse caso não há custo, mas sim uma preterição de publicação por órgão privado), a indenização devida a testemunha (mesmo a parte que não é beneficiária está isenta do pagamento de diária em razão do múnus público da testemunha, de forma que a isenção deve ser compreendida quanto às despesas da testemunha para comparecer à audiência), e as despesas com a realização de exames considerados essenciais, inclusive, mas não somente, de código genético (DNA).

No inciso VI é incluída a remuneração do intérprete ou do tradutor nomeado para apresentação de versão em português de documento redigido em língua estrangeira, mantidos os honorários do advogado e do perito. Melhor teria sido uma previsão mais genérica que envolvesse as remunerações de todos os servidores da Justiça, fixos e eventuais. Afinal, além do perito, intérprete e tradutor, também haverá isenção de pagamento da remuneração de outros servidores, como o avaliador e o depositário.

Sem correspondência na Lei 1.060/1950 o inciso VII inclui no âmbito da gratuidade o custo com a elaboração de memória de cálculo, quando exigida para instauração da execução. O dispositivo trata da necessidade de elaboração de cálculo aritmético para a instauração de execução de pagar quantia certa. Nesse caso, o beneficiário da assistência judiciária pode propor a execução sem a apresentação do memorial e requerer ao juízo a remessa do processo ao contador judicial, o que não gerará qualquer custo ao beneficiário.

Repetindo regra já consagrada no art. 3.º, VII, da Lei 1.060/1950, o inciso VIII do artigo ora comentado prevê compreendidos na gratuidade os depósitos estabelecidos em lei para interposição de recurso, propositura de ação e para a prática de outros atos processuais inerentes ao exercício da ampla defesa e do contraditório. Essa regra é significativa, em especial para a aplicação de sanções processuais que exigem para a admissibilidade de ato processual subsequente o depósito judicial do valor da multa aplicada. O beneficiário da gratuidade nesse caso não estará isento da aplicação da multa, na conformidade com o previsto no § 4.º do dispositivo ora comentado, mas estará isento do depósito imediato do valor da multa como condição para continuar atuando no processo. Há, inclusive, previsão específica nesse sentido: arts. 1.021, § 5.º, e 1.026, § 3.º, do Novo CPC.

A isenção do pagamento de emolumentos devidos aos notários ou registradores em decorrência da prática de ato de registro, averbação, ou qualquer outro ato notarial necessário à efetivação de decisão judicial ou à continuidade de processo judicial no qual o benefício tenha sido concedido, foi a que mais chamou a atenção do legislador, que destinou dois parágrafos do dispositivo para discipliná-la.

No § 7.º do art. 98 está prevista a aplicação dos §§ 3.º a 5.º do art. 95, dispositivo já devidamente comentado, e o § 8.º prevê que, havendo dúvida fundada quanto ao preenchimento atual dos pressupostos para a concessão da gratuidade, o notário ou registrador, após praticar o ato, pode requerer ao juízo competente, para decidir questões notariais ou registrais, a revogação total ou parcial do benefício ou a sua substituição pelo parcelamento de que trata o § 6.º, sendo nesse caso o beneficiário citado para, em quinze dias, manifestar-se sobre esse requerimento.

Como se pode notar da literalidade do § 8.º, as dúvidas suscitadas pelo notário ou registrador não impedem a prática gratuita do ato, gerando uma espécie de impugnação somente após o ato já ter sido praticado. A competência para decidir o pedido pela revogação total, parcial ou pelo parcelamento do pagamento deve suscitar interessantes debates, porque o pedido deve ser dirigido ao juízo competente para decidir questões notariais ou registrais, e não ao juízo do processo no qual a gratuidade foi concedida. Dessa forma, poderemos ter juízo do mesmo grau jurisdicional em conflito, prevalecendo nesse caso a decisão do juízo provocado a decidir sobre a conveniência da concessão da gratuidade. Nesse caso, a decisão só terá efeitos para o ato cartorial ou registral, porque não se concebe que o juízo competente para decidir questões notariais ou registrais possa revogar totalmente a decisão concessiva da gratuidade de justiça proferida pelo juízo no qual o processo tramita.

A solução encontrada pelo legislador evita que a discussão atrapalhe o andamento do processo, pois ela correrá em paralelo em outro processo (o dispositivo prevê a citação do beneficiário), mas pode gerar incompatibilidade lógica entre as decisões: um juízo considere a parte apta a ser agraciada com a gratuidade e outro diz exatamente o contrário. Entendo que a melhor solução teria sido permitir o ingresso do notário ou registrador no processo em trâmite, com a criação de um incidente processual, para impugnar a concessão dos benefícios da assistência judiciária.

8.4 CONDENAÇÃO DO BENEFICIÁRIO DA GRATUIDADE DE JUSTIÇA

Mesmo tendo sido concedido o benefício da assistência judiciária, a parte continua a ser condenada a pagar as verbas de sucumbência, sendo nesse sentido o art. 98, § 2.º, do Novo CPC ao prever que a concessão de gratuidade não afasta a responsabilidade do beneficiário pelas despesas processuais e pelos honorários advocatícios decorrentes de sua sucumbência[1]. No § 3.º do artigo comentado, continua a regra de suspensão da exigibilidade pelo prazo de cinco anos do trânsito em julgado, período em que a cobrança se legitimará se o exequente demonstrar que a situação de insuficiência de recursos deixou de existir. Ao final desse prazo, a obrigação será extinta, não havendo previsão de prescrição como estava consagrada no revogado art. 12 da Lei 1.060/1950.

Não está incluída no rol do dispositivo a isenção ao pagamento de multas processuais aplicadas ao beneficiário da assistência judiciária, sendo expresso no sentido da concessão não afastar o dever de pagamento o art. 98, § 4.º, do Novo CPC. E nem poderia ser diferente porque, caso houvesse tal isenção, o beneficiário da assistência judiciária teria carta branca para barbarizar no processo, praticando todo e qualquer ato de má-fé e deslealdade processual sem o receio de ser sancionado por isso[2].

8.5 CONCESSÃO PARCIAL DE GRATUIDADE E PARCELAMENTO

A concessão de assistência judiciária pode ser parcial. No art. 98, § 5.º, do Novo CPC está prevista a possibilidade da concessão de gratuidade para ato específico ou ainda a redução do percentual de despesas processuais que o beneficiário tiver de adiantar no curso do procedimento, enquanto no § 6.º está previsto que o juízo poderá conceder o direito ao parcelamento de despesas processuais que o beneficiário tiver de adiantar no curso do procedimento. E será sempre pessoal o direito à gratuidade, não se estendendo ao litisconsorte ou a sucessor do beneficiário, salvo requerimento e deferimento expressos (art. 99, § 6.º). Há, inclusive, previsão de que, se o recurso, mesmo interposto pela parte, versar exclusivamente

---

1 STJ, 1.ª Turma, AgRg no AREsp 271.767/AP, rel. Min. Napoleão Nunes Maia Filho, j. 08.04.2014, *DJe* 08.05.2014.

2 STJ, 4.ª Turma, EDcl no AgRg no AREsp 102.360/SP, rel. Min. Marco Buzzi, j. 07.08.2012, *DJe* 03.09.2012.

sobre os honorários advocatícios, o preparo deverá ser recolhido, salvo se o advogado também demonstrar ter direito à gratuidade (art. 99, § 5.º). Nesse caso a gratuidade mirou o titular do direito material (parte material), e não o sujeito que participará da relação jurídica processual como parte (parte processual).

8.6 PROCEDIMENTO

O *caput* do art. 99 do Novo CPC prevê as formas de pedido da concessão da gratuidade, sendo bem generoso nesse sentido: na petição inicial, na contestação, na petição para ingresso de terceiro no processo, em recurso ou ainda por petição simples, nos autos do próprio processo, se o pedido for superveniente à primeira manifestação da parte na instância. Afasta-se dessa forma a vedação de que o pedido seja feito no próprio corpo do recurso[3].

O pedido de gratuidade no recurso traz alguns interessantes aspectos procedimentais. Nos termos do art. 99, § 7.º, sendo requerida a concessão de gratuidade da justiça em recurso, o recorrente estará dispensado de comprovar o recolhimento do preparo e, no caso de indeferimento do pedido pelo relator, deve ser concedido prazo para realização do recolhimento. O dispositivo deve ser elogiado porque seria claramente ofensivo ao princípio do contraditório se a decisão do relator gerasse imediatamente a deserção do recurso. Por outro lado, não teria sentido exigir o preparo do beneficiário de gratuidade para ele não correr o risco da deserção. O procedimento constante do dispositivo comentado já vem sendo adotado nos Juizados Especiais quando a parte requer a gratuidade no recurso inominado (Enunciado 115 do FONAJE) e contraria posição do Superior Tribunal de Justiça sobre o tema[4].

Ao prever expressamente a decisão unipessoal do relator quanto ao pedido de concessão de assistência judiciária elaborada em recurso, questiona-se se, impugnada a decisão pelo agravo interno (art. 1.021 do Novo CPC), o prazo para o recolhimento do preparo será suspenso ou interrompido pela interposição do recurso. O art. 995, *caput*, do Novo CPC estabelece que os recursos não impedem a eficácia da decisão,

---

3 STJ, 1.ª Turma, EDcl no AREsp 258.835/PE, rel. Min. Sérgio Kukina, j. 07.05.2013, *DJe* 13.05.2013.

4 STJ, 4.ª Turma, REsp 434.784/MG, rel. Min. Aldir Passarinho Junior, j. 18.11.2003, *DJ* 16.02.2004, p. 259.

salvo quando previsto em lei ou proferida decisão nesse sentido. E para o relator conceder efeito suspensivo não previsto em lei, cabe ao recorrente, nos termos do parágrafo único do art. 995, comprovar o perigo de grave lesão e a probabilidade de provimento do recurso. Entendo que o primeiro requisito é preenchido de forma natural, considerando que exigir o recolhimento do preparo antes da decisão colegiada do acórdão interno obviamente gera grave lesão ao recorrente que se diz merecedor da gratuidade, mas para obter a concessão do efeito suspensivo o recorrente terá que convencer o relator da probabilidade de seu direito, o que será tarefa ingrata, considerando-se ter sido o próprio relator que indeferiu monocraticamente o pedido.

Em qualquer das formas previstas o pedido não suspenderá o curso do procedimento[5].

Só não há previsão para o pedido de forma oral, o que, em tese, poderia ocorrer em audiência. Mesmo diante da omissão legislativa, acredito que em prestígio ao princípio da oralidade seja possível ao juiz aceitar o pedido oral elaborado em audiência.

Nos termos do § 2.º do art. 99 do Novo CPC, o juiz somente poderá indeferir o pedido se houver nos autos elementos que evidenciem a falta dos pressupostos legais para concessão da gratuidade, previstos no *caput* do art. 98 do Novo CPC.

A presunção de veracidade da alegação de insuficiência, apesar de limitada à pessoa natural, continua a ser a regra para a concessão do benefício da gratuidade da justiça. O juiz, entretanto, não está vinculado de forma obrigatória a essa presunção nem depende de manifestação da parte contrária para afastá-la no caso concreto, desde que existam nos autos ao menos indícios do abuso no pedido de concessão da assistência judiciária. Afastada a presunção, o juiz intimará a parte requerente para que ele comprove efetivamente a sua necessidade de contar com a prerrogativa processual[6].

Os elementos que evidenciem a falta dos pressupostos para a concessão da gratuidade dependerão sempre do caso concreto, mas o legislador tratou de afastar uma situação dessa circunstância: o § 4.º do art. 99 do

---

5 STJ, 4.ª Turma, AgRg no AREsp 100.200/PA, rel. Min. Marco Buzzi, j. 18.09.2012, *DJe* 25.09.2012.

6 STJ, 2.ª Turma, AgRg no AREsp 257.029/RS, rel. Min. Herman Benjamin, j. 05.02.2013, *DJe* 15/02/2013.

Novo CPC ora comentado prevê que a assistência do requerente por advogado particular não impede a concessão de gratuidade da justiça[7]. E mesmo o renome do advogado afasta essa realidade, até porque a contratação pode ter se dado exclusivamente *ad exitum*[8].

Conforme se deduz do previsto no art. 100 do Novo CPC, a concessão da gratuidade de justiça se dá com base no contraditório diferido, já que o dispositivo prevê as possíveis reações da parte contrária apenas após o deferimento do pedido pelo juiz. O procedimento de ofício, portanto, será deferir o pedido ou intimar a parte para que comprove o preenchimento dos requisitos legais quando o juiz entender haver nos autos elementos que indicam o contrário.

A forma procedimental de impugnação à decisão concessiva da gratuidade de justiça dependerá da forma como o pedido foi elaborado: pedido na petição inicial, impugnação na contestação; pedido na contestação, impugnação na réplica; pedido no recurso, impugnação nas contrarrazões; pedido superveniente por mera petição ou elaborado por terceiro, por petição simples no prazo de quinze dias.

Embora o momento de impugnação dependa do momento do pedido deferido, a reação da parte contrária é preclusiva, de modo que, não havendo a devida impugnação dentro do prazo legal, não caberá mais a impugnação.

Mudança significativa é a extinção do incidente de impugnação à concessão dos benefícios da assistência judiciária com a criação de autos próprios, de forma que em qualquer momento admitido em lei tanto o pedido como a impugnação serão autuados nos autos do processo e ali será decidida incidentalmente a questão.

Da mesma forma como o pedido de gratuidade não suspende o curso do procedimento, também assim ocorre com a impugnação.

Embora não haja previsão específica a esse respeito, sendo necessária a produção de prova, todos os meios serão admitidos, em respeito aos princípios do contraditório e da ampla defesa. E somente após a produção de prova, quando necessária, será decidida a impugnação.

---

7 STJ, 4.ª Turma, REsp 1.065.782/RS, rel. Min. Luis Felipe Salomão, j. 07/03/2013, *DJe* 22.03.2013.

8 STJ, 3.ª Turma, REsp 1.153.163/RS, rel. Min. Nancy Andrighi, j. 26/6/2012, *DJe* 02.08.2012.

Como já mencionado, os arts. 101, *caput*, e 1.015, V, do Novo CPC preveem o cabimento de agravo de instrumento contra decisão interlocutória que indeferir a gratuidade ou que acolher pedido de sua revogação. Não há previsão de cabimento de agravo de instrumento contra decisão que indefere a impugnação à concessão dos benefícios da assistência judiciária, mais uma vez tendo falhado o legislador ao considerar o conteúdo da decisão para determinar sua recorribilidade. De qualquer forma, a decisão que rejeita a impugnação não preclui, podendo ser impugnada na apelação ou contrarrazões.

Por outro lado, se a decisão sobre a gratuidade for capítulo de sentença, o recurso cabível será a apelação.

Havendo recurso contra a decisão que acolhe a impugnação, a parte até então beneficiária da gratuidade estará dispensada do recolhimento de custas até decisão do relator sobre a questão, preliminarmente ao julgamento do recurso (art. 101, § 1.º). Sendo confirmada a denegação ou a revogação da gratuidade, o relator ou órgão colegiado determinará ao recorrente o recolhimento das custas processuais, no prazo de cinco dias, sob pena de não conhecimento do recurso (art. 101, § 2.º). Entendo que o órgão colegiado só determinará o recolhimento do preparo se tiver sido ele o responsável pelo indeferimento do pedido, seja originariamente ou em julgamento de agravo interno interposto contra a decisão monocrática do relator.

8.7 DIREITO PESSOAL

A gratuidade de justiça é um direito pessoal, não se estendendo a litisconsortes ou sucessores do beneficiado. Caso tais sujeitos pretendam obter igual prerrogativa processual, deverão fazer o devido requerimento nesse sentido e comprovar o preenchimento dos requisitos para sua concessão. Da mesma forma, a prerrogativa não aproveitará o recorrente adesivo quando o recorrente principal for beneficiário da gratuidade de justiça[9].

---

[9] *Informativo* 485/STJ, 4.ª Turma, REsp 912.336/SC, REL. Min. Aldir Passarinho Junior, j. 02.12.2010.

8.8 REVOGAÇÃO DO BENEFÍCIO

Sendo revogado o benefício, a parte arcará com as despesas processuais que deixou de adiantar em razão da gratuidade de justiça. E, havendo a comprovação de má-fé, além do pagamento das despesas, sofrerá como sanção a aplicação de uma multa de até o décuplo do valor de tais despesas, se nesse caso a Fazenda Pública Estadual ou Federal for a credora, que poderá inscrever o valor da multa em dívida ativa e, não havendo pagamento, ingressar com a devida execução fiscal.

A revogação do benefício em primeiro grau não impede a parte de agravar de instrumento da decisão sem recolher o preparo e outras custas processuais referentes ao ato de recorrer, nos termos dos §§ 1.º e 2.º do art. 101 do Novo CPC.

As consequências da revogação da gratuidade da justiça estão previstas no art. 100, parágrafo único, do Novo CPC. O *caput* do art. 102 do Novo CPC reafirma tais consequências diante do trânsito em julgado da decisão que revoga a gratuidade, o que não deixa de ser curioso, porque em tese elas já deveriam ser geradas independentemente do trânsito em julgado.

O parágrafo único do dispositivo traz novidades porque prevê as consequências do não recolhimento das despesas de cujo adiantamento a parte foi dispensada. Haverá extinção terminativa do processo no caso de a omissão partir do autor, e no caso do réu, não será deferida a realização de nenhum ato ou diligência requerida antes de o depósito ser efetuado.

9
LITISCONSÓRCIO

9.1 HIPÓTESES DE CABIMENTO

Mantendo a redação do art. 46, *caput*, do CPC/1973, o *caput* do art. 113 do Novo CPC prevê que os sujeitos podem litigar em conjunto no polo ativo ou passivo, desde que configurada uma das hipóteses previstas nos incisos do dispositivo legal. Naturalmente, nem toda reunião de pessoas para litigar em conjunto será admitida pela lei, sob pena de permitir a criação de situações inusitadas e altamente prejudiciais ao processo.

A hipótese de cabimento de litisconsórcio prevista no art. 46, II, do CPC/1973 foi suprimida, atendendo-se dessa forma a reivindicação doutrinária que apontava a desnecessidade de expressa previsão de direitos e obrigação derivadas do mesmo fundamento de fato ou de direito. Afinal, existindo tal circunstância, haverá conexão pela causa de pedir, hipótese já expressamente contemplada.

E, confirmando a mudança já realizada no art. 55, *caput*, o Novo CPC substitui o termo "objeto" por "pedido" para se referir à conexão (art. 113, II, do Novo CPC).

9.2 LITISCONSÓRCIO MULTITUDINÁRIO

O art. 113, § 1.º, do Novo CPC consagra a possibilidade de limitação no número de litisconsortes facultativos, repetindo regra já existente no parágrafo único do art. 46 do CPC/1973. Há, inclusive, a manutenção das razões do desmembramento: comprometimento da rápida solução do litígio ou dificuldade no exercício de defesa, com a inclusão de uma nova: dificuldade no cumprimento de sentença.

Partindo da correta premissa de que as dificuldades no exercício de defesa são diferentes das dificuldades do cumprimento da sentença, o Enunciado 116 do Fórum Permanente de Processualistas Civis (FPPC) corretamente conclui pela possibilidade de o juiz ampliar os prazos (art. 139, VI, do Novo CPC) na fase de conhecimento para não prejudicar o exercício da defesa e determinar o desmembramento do litisconsórcio apenas na fase de cumprimento de sentença.

Em termos procedimentais, há lamentações pelo que deixou de ser previsto e duas novidades que merecem reflexão.

Fica expresso que a limitação pode ocorrer na fase de conhecimento, liquidação de sentença e execução. Justamente por não limitar, é possível interpretar que a execução indicada no texto legal seja tanto a desenvolvida por processo autônomo como pelo cumprimento de sentença. Dessa forma, conforme já afirmado, mesmo mantido o litisconsórcio na fase anterior, será possível limitá-lo para a fase procedimental subsequente. Haverá, portanto, três momentos, ainda que preclusivos, para o reconhecimento do litisconsórcio multitudinário nos processos sincréticos.

É possível, inclusive, que, mesmo mantendo-se o número de litisconsortes as violações aos valores protegidos pelo fenômeno processual só passem a existir numa determinada fase procedimental. É plenamente possível que o número de litisconsortes não cause qualquer embaraço na fase de conhecimento por haver uma mesma tese jurídica que atende a todos, mas, numa eventual liquidação, em que as particularidades serão inevitáveis, o número de litisconsortes passe a ser excessivo. O mesmo pode ocorrer na relação entre as fases cognitivas (conhecimento e liquidação) e a fase de cumprimento de sentença, sendo nesse caso a superveniente dificuldade reconhecida pelo texto legal.

A outra novidade fica por conta das consequências do número excessivo de litisconsortes: além da manutenção do comprometimento à rápida solução do processo e à dificuldade no exercício da defesa, é incluída a dificuldade no cumprimento da sentença como justificativa para a limitação no número de litisconsortes. Entendo que essa inclusão era desnecessária porque o próprio § 1.º do art. 113 do Novo CPC já admite expressamente a limitação na execução, o que, obviamente, inclui a fase de cumprimento de sentença.

Seguindo a correta previsão do art. 46, parágrafo único, do CPC/1973, a limitação no número de litisconsortes quando reste configurado o litisconsórcio multitudinário só pode ocorrer no litisconsórcio facultativo, quando sua formação resultou num juízo de oportunidade e conveniência do autor. Havendo a formação de um litisconsórcio necessário, naturalmente não é possível sua limitação, independentemente do número de litisconsortes e dos problemas práticos que ele pode gerar às partes e ao processo[1].

O art. 113, § 2.º, do Novo CPC, com meros retoques linguísticos, mantém a previsão de que o requerimento de limitação interrompe o prazo para manifestação ou resposta, que recomeça da intimação da decisão.

Perdeu-se a oportunidade de solucionar expressamente a divergência a respeito do prazo que o réu tem para alegar a existência do litisconsórcio multitudinário, mas a omissão legal não abala meu entendimento de que esse prazo seja o de resposta do réu[2].

Seguindo a omissão do art. 46, parágrafo único, do CPC/1973, não há no Código atual previsão a respeito do poder de o juiz, de ofício, reconhecer o litisconsórcio multitudinário e determinar sua limitação. Ainda assim, parece não restarem maiores dúvidas de que a limitação do litisconsórcio facultativo, desde que preenchidos os requisitos legais, poderá se verificar sem nenhuma manifestação das partes, tomando-se em conta a natureza dos valores que pretende preservar, nitidamente de caráter de interesse público.

O juiz, portanto, poderá de ofício determinar a limitação no número de litisconsortes[3], mas há decisão do Superior Tribunal de Justiça no sentido de que esse poder preclui temporalmente, o que naturalmente afasta a natureza de ordem pública da atuação oficiosa judicial[4].

Suprindo a omissão do art. 46, parágrafo único, do CPC/1973 quanto à consequência de ser reconhecido o litisconsórcio multitudinário, o projeto de lei aprovado na Câmara previa expressamente o desmembramento da ação, criando-se um número de processos suficientes para reunir os litisconsortes em respeito ao número máximo fixado pelo juiz. Essa regra, entretanto, foi suprimida no texto final aprovado pelo Senado, o

---

1 STJ, 1.ª Turma, MC 13.860/BA, rel. Min. Benedito Gonçalves, j. 18.11.2008, *DJe* 26.11.2008.

2 STJ, 5.ª Turma, REsp 402.447/ES, rel. Min. Laurita Vaz, j. 04.04.2006, *DJ* 08.05.2006, p. 267.

3 STJ, REsp 908.714/BA, 5.ª Turma, rel. Arnaldo Esteves Lima, j. 18.09.2008, *DJ* 24.11.2008.

4 STJ, REsp 624836/PR, 2.ª T., Franciulli Neto, j. 21.06.2005, *DJ* 08.08.2005, p. 265.

que, entretanto, não deve alterar a consequência de desmembramento, já que esse é o entendimento consolidado do Superior Tribunal de Justiça[5].

E o "corte" realizado pelo Senado no texto final quanto ao projeto de lei aprovado na Câmara não ficou só nisso, bem ao contrário. Foram suprimidas regras a respeito do procedimento do desmembramento, de forma que o procedimento continuará a ser determinado por cada juiz no caso concreto conforme seu juízo de conveniência. Difícil entender a postura do Senado nesse tocante, porque, ainda que as regras aprovadas na Câmara tivessem falhas, o suprimento total do procedimento consagra o clima de insegurança atualmente existente pela ausência de lei regulamentadora.

Como o procedimento aprovado pela Câmara não permaneceu no texto final do Novo CPC, entendo desnecessário tecer comentários a seu respeito. Entretanto, há uma supressão em especial que me chamou a atenção e deve ser elogiada: a previsão de cabimento de agravo de instrumento contra a decisão interlocutória de indeferimento do pedido de limitação de litisconsórcio. Estando essa hipótese prevista no inciso VIII do art. 1.015 do Novo CPC, de fato era totalmente desnecessária a repetição.

Por outro lado, havendo o desmembramento, concordo plenamente com o Enunciado 117 do Fórum Permanente de Processualistas Civis (FPPC) no sentido de que os efeitos da citação, mesmo nos processos desmembrados, devem ser considerados produzidos desde o protocolo originário da petição inicial. Afinal, os autores dos processos desmembrados não podem ser prejudicados por eventual atraso cartorial no procedimento do desmembramento, bastando para se confirmar a importância do entendimento consagrado no Enunciado a lembrança da interrupção da prescrição retroagir à propositura da ação (original e não desmembrada).

9.3 LITISCONSÓRCIO UNITÁRIO E SIMPLES

De forma original, o Novo Código de Processo Civil conceitua o litisconsórcio unitário como aquele em que, em razão da natureza da relação jurídica, o juiz deva decidir o mérito de maneira uniforme para todos os litisconsortes. Apesar de limitar-se à conceituação do litisconsórcio unitário, *a contrario sensu*, o art. 116 do Novo CPC também conceitua implicitamente o litisconsórcio simples como aquele em que o juiz pode decidir o mérito de forma diferente para os litisconsortes.

---

5 STJ, 5.ª Turma, REsp 758.974/BA, rel. Min. Arnaldo Esteves Lima, j. 25.10.2007, *DJ* 17.12.2007 p. 291.

9.4 LITISCONSÓRCIO UNITÁRIO NECESSÁRIO E FACULTATIVO

O art. 114 do Novo CPC prevê que será necessário o litisconsórcio por disposição de lei ou quando, pela natureza da relação jurídica controvertida, a eficácia da sentença depender da citação de todos que devam ser litisconsortes.

A redação final do dispositivo, aprovada pelo Senado, bem diferente da versão aprovada pela Câmara, consagra entendimento tranquilo no sentido de ser necessário o litisconsórcio quando assim a lei exigir e quando o objeto do processo for uma relação jurídica incindível com pluralidade de titulares.

A redação atual do art. 114 do Novo CPC teve o mérito de não confundir, nem mesmo induzir à confusão, o litisconsórcio necessário e o unitário, defeito presente no art. 46, *caput*, do CPC/1973.

Apenas para registro, o texto aprovado na Câmara consagrava expressamente a possibilidade de o litisconsórcio unitário ser necessário ou facultativo, e mesmo com a supressão dessa regra do texto legal essa possibilidade continuará a ser uma realidade.

Registre-se opinião doutrinária no sentido de que, diante da consagração no art. 190 do Novo CPC do acordo procedimental, seria legítimo às partes convencionar a respeito da formação de um litisconsórcio necessário mesmo que não presentes os requisitos previstos pelo art. 114 do Novo CPC[6]. Pessoalmente, não entendo que o advento do negócio jurídico processual seja tão amplo, tanto que o próprio art. 190 do Novo CPC prevê o acordo somente com relação às situações jurídicas das partes e ao procedimento. A formação de litisconsórcio diz respeito à formação da relação jurídica processual, não se confundindo com o objeto de acordo possível previsto no dispositivo legal.

9.5 HIPÓTESES DE FORMAÇÃO DE LITISCONSÓRCIO NECESSÁRIO

Em vez de conceituar o litisconsórcio necessário, a redação do art. 115 do projeto de lei aprovado pela Câmara aparentemente se limitava a indicar as hipóteses de sua formação. Tratava-se do famoso e pernicioso

---

6 Didier Jr., Novo CPC. Litisconsórcio. Disponível em: <http://www.frediedidier.com.br/editorial/editorial-184/>. Acesso em: 13 fev. 2015, às 12:59.

"litisconsórcio necessário é quando...". No *caput* do dispositivo vinha previsto que o litisconsórcio unitário passivo seria necessário, ressalvada disposição legal em sentido diverso. Enquanto o parágrafo único previa que também seria necessário o litisconsórcio se assim a lei dispusesse expressamente.

Já havia me manifestado no sentido da infelicidade da Câmara, até porque teria se valido de diferentes critérios de classificação de litisconsórcio para conceituar o litisconsórcio necessário. E mais, desprezou o fato de que primeiro deve-se analisar se o litisconsórcio é necessário ou facultativo para somente depois definir se é simples ou unitário. Afinal, saber se o litisconsórcio é necessário ou facultativo diz respeito à formação da relação jurídica processual, o que obviamente deve ser resolvido no limiar do procedimento, enquanto saber se o litisconsórcio é simples ou unitário diz respeito ao conteúdo da decisão do mérito, o que obviamente só passa a interessar depois de formada a relação jurídica processual.

Compreendi que, aparentemente, o que se pretendeu na Câmara foi consagrar legislativamente a opção doutrinária pela inexistência de litisconsórcio ativo necessário. Como não concordo com esse entendimento, preferindo nesse tocante o posicionamento do Superior Tribunal de Justiça[7], já teria motivo suficiente para criticar o dispositivo legal. Além disso, entendia haver outras formas de consagrar o entendimento, ainda que equivocado, sem prejudicar o conceito de litisconsórcio necessário.

O Senado também não concordou com a posição adotada pela Câmara e retirou a regra do texto final. Consta da explicação da mudança na Emenda do tópico 2.3.2.46 do Parecer Final 956 do Senado: "A redação da Câmara confunde tipos de litisconsórcio (facultativo e necessário) com regimes de litisconsórcio (comum e unitário). (...) Propõe-se manter a redação do Senado, que teve por base doutrina contida no livro do professor José Carlos Barbosa Moreira, que é absolutamente precisa quanto aos conceitos e às consequências".

9.6 AUSÊNCIA DE LITISCONSORTE NECESSÁRIO

A não formação de litisconsórcio necessário é tratada pelo art. 115, *caput*, do Novo CPC, que modifica a regra do art. 47, *caput*, do CPC/1973. Segundo o dispositivo legal, a sentença de mérito proferida

7 STJ, 3.ª Turma, REsp 1.222.822/PR, rel. Min. Ricardo Villas Bôas Cueva, j. 23.09.2014, *DJe* 30.09.2014.

sem a integração do contraditório (ou seja, a citação daquele que deve ser litisconsorte necessário, conforme constava do projeto de lei aprovado na Câmara) é nula, se a decisão deveria ser uniforme em relação a todos os que deveriam ter integrado o processo (litisconsórcio unitário). Nos demais casos, será ineficaz apenas para os que não foram citados. Como se pode notar, o vício gerado pela ausência de formação de litisconsórcio unitário sempre se opera no plano da validade do ato (decisão de mérito nula).

No caso de litisconsórcio necessário unitário, a nulidade da sentença deve ser tratada como absoluta durante o processo, podendo ser alegada a qualquer momento, considerado o entendimento dos tribunais superiores em exigir o prequestionamento de matéria de ordem pública em sede de recurso extraordinário e especial, e conhecida de ofício pelo juiz. No entanto, com o trânsito em julgado, as nulidades absolutas se convalidam, salvo aquelas de gravidade extrema, em fenômeno conhecido por "vício transrescisório", cujo objetivo claro é a possibilidade de sua alegação mesmo depois de transcorrido o prazo decadencial de dois anos da ação rescisória. Acredito que seja esse o caso, o que permitirá a alegação do vício sem qualquer restrição temporal, tanto pelos sujeitos que participaram do processo como pelos que deveriam ter participado.

Nas hipóteses de litisconsórcio necessário simples, nas quais não existe necessidade de unitariedade da decisão para todos os litisconsortes, o legislador consagra o vício da não formação do litisconsórcio no plano da validade. E, ainda assim, regulamenta uma ineficácia parcial, que só atinge os terceiros que não foram parte do processo. Significa que após o trânsito em julgado da decisão não haverá vício de rescindibilidade que justifique a propositura de uma ação rescisória, cabendo ao terceiro, a qualquer momento, propor ação judicial por não estar vinculado a decisão transitada em julgado.

É curiosa a manutenção pelo Senado do parágrafo único do art. 115 do Novo CPC, o qual prevê que, no caso de litisconsórcio passivo necessário, o juiz determinará que o autor requeira a citação de todos os que devem ser litisconsortes, dentro do prazo que assinar, sob pena de extinção do processo sem resolução de mérito. A curiosidade fica por conta da retirada do texto final do entendimento de não existir litisconsórcio ativo necessário e a manutenção no dispositivo legal mencionado de que a integração dá-se somente na hipótese de litisconsórcio passivo necessário não formado.

9.7 CONVOCAÇÃO DE POSSÍVEL LITISCONSORTE UNITÁRIO ATIVO

O tema da existência ou não de um litisconsórcio ativo necessário é dos mais polêmicos na doutrina, considerando-se que nesse caso haverá dois importantes valores em confronto: a regra de que ninguém é obrigado a propor demanda contra a sua vontade e a imprescindibilidade para a geração de efeitos da decisão de formação do litisconsórcio. Na realidade, o problema surgirá sempre que, embora imprescindível que os sujeitos que participam do mesmo polo de uma relação jurídica processual façam parte do processo, um deles não pretenda litigar, porque nesse caso haverá um conflito entre o direito de demandar de um e o direito de não demandar do outro.

Existe parcela da doutrina que afirma peremptoriamente que não existe litisconsórcio ativo necessário, sob o argumento de que ninguém pode ser obrigado a integrar o polo ativo de uma demanda contra a sua vontade[8]. Desse modo, ainda que seja formado no polo ativo o litisconsórcio imprescindível para a geração de efeitos da decisão a ser proferida no processo, esse litisconsórcio será facultativo, porque dois sujeitos somente propõem uma ação em conjunto se desejarem litigar dessa forma.

No projeto de lei aprovado na Câmara ficava bem clara a opção pela inexistência de litisconsórcio ativo necessário, enquanto no texto final aprovado pelo Senado há dúvida fundada a respeito do tema.

O ponto mais importante a respeito da questão, entretanto, não diz respeito à inexistência ou não de litisconsórcio ativo necessário. As ponderações já realizadas demonstram que, concordando os sujeitos que necessitam estar no processo em propô-lo, não haverá mais nenhum problema a ser enfrentado, considerando-se formado o litisconsórcio ativo. O mesmo não se pode dizer de um impasse que tenha como objeto a necessidade da formação do litisconsórcio e a recusa de um dos sujeitos, que precisa estar no processo, em propor a demanda. Como resolver essa intrincada questão?

Uma leitura mais apressada do projeto de lei aprovado na Câmara poderia levar à enganosa conclusão de que o tema ora versado teria sido enfrentado pelo art. 116, § 2.º, ao prever que o juiz deveria determinar a convocação de possível litisconsorte unitário ativo para, querendo, integrar

---

8 Didier, *Curso*, p. 276 e ss.

o processo. O dispositivo, entretanto, parecia tratar do litisconsórcio ativo unitário facultativo, que, tomando ciência da existência da ação judicial, poderia nela ingressar como litisconsorte ulterior.

Essa limitação do dispositivo legal ficava clara quando a previsão apontava para a mera possibilidade, dependendo da vontade do terceiro, de integrar o processo. Caso o litisconsórcio mencionado fosse necessário, o que exigiria sua integração ao processo, a "convocação" seria na realidade uma citação – típica ou atípica – com a consequente integração do terceiro ao processo independentemente de sua vontade.

Apesar de não concordar com a premissa aparentemente adotada, interpretava o dispositivo tomando-a como base de análise. O sujeito deveria ter sido autor, mas se negou a propor a ação, permanecendo como terceiro. Como não se trata de litisconsórcio ativo necessário, ele é "convocado" para, querendo, integrar o processo, o que poderia fazer tanto no polo ativo como no passivo. Poderia, por outro lado, optar por não se integrar ao processo, hipótese em que seria alcançado pelos efeitos jurídicos diretos da decisão da demanda, mesmo sendo um terceiro. Tratar-se-ia de mais uma exceção à eficácia *inter partes* da coisa julgada material.

Por outro lado, o mesmo dispositivo aprovado pela Câmara, ao impor ao juiz o dever de convocar o possível litisconsorte unitário ativo para, a depender de sua vontade, integrar o processo, parecia ressuscitar a clássica intervenção *iussu iudicis*. Havia, entretanto, uma diferença fundamental entre o art. 91 do CPC/1939 e o artigo aprovado pela Câmara no projeto de lei: no primeiro caso, a vinculação do terceiro ao processo independia de sua vontade, ocorrendo automaticamente diante sua citação, enquanto no segundo caso o terceiro seria tão somente "convocado", podendo optar por manter-se fora da relação jurídica processual.

Ainda que a questão do nome do fenômeno processual seja menos relevante que seu conteúdo, não concordava com a conclusão incidental do Enunciado 11 do Fórum Permanente de Processualistas Civis (FPPC), mas salvo a questão da nomenclatura entendia que o Enunciado deveria ser apoiado: " O litisconsorte unitário, integrado ao processo a partir da fase instrutória, tem direito de especificar, pedir e produzir provas, sem prejuízo daquelas já produzidas, sobre as quais o interveniente tem o ônus de se manifestar na primeira oportunidade em que falar no processo".

A previsão contida no art. 116, § 2.º, do projeto de lei aprovado pela Câmara, entretanto, não foi mantido no texto final do Novo CPC pelo Senado, havendo duas conclusões práticas derivadas dessa supressão.

Primeiro, continuamos a não ter qualquer regra que estabeleça o procedimento na hipótese de necessidade de formação de litisconsórcio no polo ativo quando um dos sujeitos que precisa participar do processo se nega a ser autor. Segundo, a intervenção *iussu iudicis* continua a ser defensável somente num plano acadêmico, sem qualquer embasamento legal.

Pelo exposto, não concordo com o Enunciado 118 do Fórum Permanente de Processualistas Civis (FPPC) no sentido de que, havendo litisconsorte ativo unitário, o terceiro possa, ao ser convocado, escolher entre se tornar litisconsorte do autor ou assistente do réu. Na realidade, não se trata de assistência porque o terceiro será titular do direito material discutido no processo, podendo, quando muito, ser considerado assistente litisconsorcial do réu. Nesse caso, entretanto, é preferível que sua escolha seja por litigar como parte na demanda ao lado do autor (coautor) ou do réu (corréu).

9.8 PRINCÍPIO DA AUTONOMIA NA ATUAÇÃO DOS LITISCONSORTES

O art. 48 do CPC/1973 consagrava a regra da autonomia na atuação dos litisconsortes ao prever que ao menos em regra os litisconsortes são considerados em suas relações com a parte adversa como litigantes distintos, sendo que seus atos e omissões não prejudicam nem beneficiam os outros. O dispositivo criava uma regra e indicava que suas exceções deveriam ser buscadas em lei.

No projeto de lei aprovado pela Câmara essa redação era mantida, mas, no texto final do art. 117, *caput*, do Novo CPC aprovado pelo Senado, a exceção à regra da autonomia é especificada: benefício dos litisconsortes unitários. Dessa forma, segundo o dispositivo legal, os atos e as omissões do litisconsorte simples não prejudicam ou beneficiam os demais, já os atos e as omissões do litisconsorte unitário não prejudicam os demais, mas os beneficiam.

No litisconsórcio simples será admissível decisão de diferente conteúdo para os litisconsortes, não sendo obrigatória a decisão uniforme. Significa que o destino de cada litisconsorte é independente do destino dos outros, o que evidentemente acentua a ideia de autonomia na atuação de todos eles. Essa autonomia, entretanto, mesmo no litisconsórcio simples, não é plena, sofrendo algumas atenuações, em especial no tocante aos atos que beneficiem a todos e aos atos probatórios. Na hipótese do litisconsórcio unitário, no qual o destino dos litisconsortes será sempre o mesmo, é natural não existir entre eles a autonomia plena em suas atuações.

Assim, resta evidenciado que qualquer ato de disposição de direito material por parte de somente um litisconsorte unitário, sem o consentimento do outro, será plenamente ineficaz. Não há como admitir, por exemplo, que apenas um dos litisconsortes unitário transacione com a parte contrária, porque, homologado o acordo, a decisão final será diferente para os litisconsortes. Para um, haverá uma sentença homologatória de transação, para o outro, desde que a demanda seja julgada no mérito, uma sentença de procedência ou improcedência.

Dessa maneira, para que tal ato tenha eficácia, deverá ser praticado por todos os litisconsortes.

O mesmo não ocorre com os atos de disposição de direito processual, com exceção da desistência da ação, que também não gera qualquer efeito se não for realizada por todos os litisconsortes. Outros atos, entretanto, como a desistência de produzir prova, desistir de recurso interposto, renúncia ao direito de recorrer, ainda que praticados por somente um dos litisconsortes, gera efeitos regulares, ainda que possam tais atos impedir um eventual benefício aos outros litisconsortes.

Diante do entendimento defendido, entendo que era preferível a redação presente no art. 48 do CPC/1973 e mantida no projeto de lei aprovado pela Câmara, permitindo que as exceções ao princípio da autonomia fossem definidas casuisticamente, e não de forma engessada como parece ter sido a opção do Senado expressada no texto final do art. 117 do Novo CPC.

Por outro lado, a rígida previsão do art. 117 do Novo CPC contraria regras consagradas no mesmo diploma legal. Um exemplo é suficiente para demonstrar a inadequação do dispositivo legal. Num litisconsórcio unitário, a desistência de recurso interposto apenas por um dos litisconsortes certamente prejudica os demais litisconsortes, porque o provimento recursal a todos aproveitaria. Nesses termos, só a desistência do recurso já geraria efeitos diante da anuência de todos os litisconsortes. Ocorre, entretanto, que o art. 998, *caput*, prevê expressamente que a desistência do recurso não depende de anuência dos litisconsortes.

10

INTERVENÇÃO DE TERCEIROS

10.1 ASSISTÊNCIA

A assistência é a única espécie de intervenção de terceiros típica admitida em qualquer espécie de processo, inclusive no de execução, como bem demonstra o art. 834 do CC. Certamente é característica que a distingue das demais espécies de intervenção de terceiros típicas, cujo cabimento é restrito ao processo/fase de conhecimento.

Apesar de o parágrafo único do art. 119 do Novo CPC ter mantido a previsão do parágrafo único do art. 50 do CPC/1973, no sentido de ser a assistência cabível em qualquer espécie de procedimento, essa é apenas a regra, existindo exceções. Ainda que realmente haja uma amplitude em tal cabimento (procedimento comum, especial, de jurisdição voluntária), existem três exceções dignas de nota: (a) procedimento sumaríssimo dos Juizados Especiais Cíveis (art. 10 da Lei 9.099/1995); (b) processo objetivo (art. 7.º da Lei 9.868/1999); e (c) mandado de segurança[1].

Mantendo a tradição do direito anterior, a assistência continua a ser admitida em qualquer grau de jurisdição, portanto a qualquer momento procedimental (desde a petição inicial até o trânsito em julgado). Diferentemente das outras espécies de intervenção de terceiros típicas, não se aplica à assistência o fenômeno da preclusão temporal.

---

1 STF, Tribunal Pleno, MS 27.939 AgR/DF, rel. Min. Ricardo Lewandowski, j. 13.08.2014, *DJe* 01.09.2014; STJ, AgRg no REsp 1.071.151/RJ, 2.ª Turma, rel. Min. Humberto Martins, j. 18.12.2008, *DJe* 16.02.2009.

O Superior Tribunal de Justiça já teve a oportunidade de indeferir pedido de assistência em sede de embargos de divergência em razão da especial natureza de tal recurso[2], e o Supremo Tribunal Federal já admitiu o pedido em sede de recurso extraordinário[3].

O juiz pode indeferir o pedido de assistência liminarmente na hipótese de manifesta inadmissibilidade ou improcedência da pretensão. É o caso, por exemplo, de um pedido fundado em interesse meramente econômico ou ainda em procedimento que não admite tal espécie de intervenção, como o procedimento sumaríssimo dos Juizados Especiais.

Caso não indefira liminarmente o pedido de assistência, o juiz intimará as partes que terão um prazo comum de quinze dias para se manifestar, dez dias a mais do que tinham sob a égide do CPC/1973.

O *caput* do art. 120 do Novo CPC inova ao deixar de prever a necessidade de criação de autos em apenso na hipótese de haver impugnação de uma ou de ambas as partes. Prestigiam-se, dessa forma, a simplicidade e a celeridade, decidindo-se o pedido incidentalmente nos próprios autos principais. Apesar da omissão legal, havendo manifestação favorável ao ingresso do terceiro no processo, o procedimento será o mesmo.

No inciso II do art. 51 do CPC/1973, havia previsão expressa de autorização para a produção de provas, regra não repetida no artigo ora comentado. Trata-se de supressão indevida. Ainda que se reconheça que a necessidade de produção de provas nesse caso é de extrema raridade, sendo necessária, e mesmo sem previsão legal a respeito, ela deve ser admitida em respeito ao princípio do contraditório.

Ao prever que, não havendo manifestação das partes, o juiz deferirá o pedido de intervenção, caso não seja hipótese de rejeição liminar, o dispositivo ora comentado afasta dúvida gerada pela redação do art. 51, *caput*, do CPC/1973, que dava a entender que o mero silêncio das partes gerava automaticamente a intervenção do terceiro. Atendendo a crítica doutrinária, o *caput* do art. 120 do Novo CPC não deixa dúvida de que mesmo diante do silêncio das partes o juiz pode indeferir o pedido de assistência se entender não preenchidos os requisitos legais de tal espécie de intervenção.

---

2 STJ, 1.ª Seção, AgRg nos EREsp 938.607/SP, rel. Min. Herman Benjamin, j. 14.04.2010, *DJe* 06.03.2012.

3 STF, Tribunal Pleno, RE 550.769 QO/RJ, rel. Min. Joaquim Barbosa, j. 28.02.2008, *DJe* 26.02.2013.

Mantendo tradição do direito anterior, o art. 120, parágrafo único, do Novo CPC prevê que o pedido de assistência e o procedimento para sua decisão não suspendem o processo, que continuará a tramitar normalmente.

Da decisão que admite ou não a intervenção do terceiro como assistente cabe o recurso de agravo de instrumento, nos termos do art. 1.015, IX, do Novo CPC.

O assistente simples não defende direito próprio na demanda, apenas auxiliando o assistido na defesa de seu direito, de forma que a sua atuação no processo está condicionada à vontade do assistido, não se admitindo que a sua atuação contrarie interesses deste. Essa subordinação da atuação do assistente simples, apesar de não estar prevista expressamente em lei, é decorrência natural das razões que fundamentam a participação do assistente no processo, não sendo crível que um sujeito que ingressa no processo com a função de auxiliar da parte atue contrariamente aos seus interesses.

Essa necessária condição de subordinação na atuação do assistente simples não significa que ele só possa praticar atos que o assistido já tenha praticado, porque nesse caso será muito limitada a atuação auxiliar desse assistente. A única postura vedada ao assistente simples é contrariar a vontade expressa do assistido, praticando ato processual contrário a ato processual praticado pelo assistido em sentido diverso do pretendido pelo assistente. Não há, entretanto, nenhum obstáculo para praticar atos diante da mera omissão do assistido, entendimento, inclusive, que otimiza a atuação do assistente simples, considerando-se que somente repetir o que já foi realizado pelo assistido seria delimitar demasiadamente a importância do auxílio prestado pelo assistente.

Infelizmente, entretanto, o Superior Tribunal de Justiça vinha entendendo pela inadmissibilidade do recurso do assistente diante da inércia recursal do assistido, com fundamento ora na falta de legitimidade, ora pela falta de interesse do assistente, dando a entender que a omissão do assistido não permitiria a atuação do assistente[4].

Em razão desse entendimento jurisprudencial, deve ser saudada a redação do parágrafo único do art. 121 do Novo CPC no sentido de que mesmo diante de omissão do assistido o assistente será considerado seu

---

4 *Informativo* 385/STJ, 3.ª Turma, REsp 585.395-MT, rel. Nancy Andrighi, j. 03.03.2009.

substituto processual, de forma que poderá livremente praticar o ato processual. O ato, entretanto, poderá se tornar ineficaz se posteriormente o assistido se manifestar expressamente contra sua prática. Afinal, a subordinação do assistente à vontade do assistido continuará a ser a regra mesmo em face de ato praticado por aquele diante da omissão deste.

Por outro lado, sendo possível no acordo de procedimento previsto no art. 190 do Novo CPC a convenção sobre ônus processuais, é importante afastar a atuação do assistente diante da omissão do assistido quando ela for decorrência de tal ajustamento prévio. Dessa forma, caso as partes convencionem que não será cabível o recurso de agravo de instrumento no processo, a omissão do assistido diante de uma decisão interlocutória não decorrerá de vontade espontânea ou de desídia, mas de compromisso previamente firmado. E nesse caso o assistente não poderá ser considerado substituto legal do assistido, e qualquer ato por ele praticado será ineficaz.

Havia uma interessante especialidade no tocante à atuação do assistente simples prevista pelo art. 52, parágrafo único, do CPC/1973, que previa a hipótese de revelia do assistido, e nesse caso considerava o assistente seu gestor de negócios. A doutrina era uníssona em criticar o dispositivo legal porque a qualidade processual do assistente diante da revelia do assistido não era propriamente de gestor de negócios, instituto de direito material, e com características muito distintas da atuação do assistente. Sempre se defendeu que, em vez de gestor de negócios, o assistente deveria se tornar substituto processual do assistido revel.

O parágrafo único do art. 121 do Novo CPC prestigiou a doutrina e consagrou a qualidade de substituto processual do assistente não só na hipótese de revelia do assistido, mas pontualmente diante de qualquer omissão sua. Cumpre consignar, entretanto, que se trata de uma espécie *sui generis* de substituição processual, considerando-se que o "substituído" faz parte da relação jurídica processual, sendo somente uma parte relapsa em se defender.

Certamente causa estranheza num primeiro momento a verificação de que para que exista a assistência litisconsorcial seja necessário que o titular do direito não faça parte do processo que tenha como objeto justamente o seu direito. Em regra, tal situação não poderia ocorrer, mas excepcionalmente admitir-se-á que terceiro titular do direito não participe do processo em que o seu direito é discutido. Trata-se das hipóteses de legitimação extraordinária, pela qual é possível que seja parte processual um sujeito que não é titular do direito (substituição processual) ou de sujeito que é titular com outros sujeitos (cotitulares) que não precisam participar do processo para que este seja válido e eficaz[5].

Era justamente nesse sentido a novidade da previsão do parágrafo único do art. 124 do Novo CPC no projeto de lei aprovado na Câmara ao consagrar expressamente que o colegitimado intervirá no processo na qualidade de assistente litisconsorcial. No texto final aprovado pelo Senado essa norma foi suprimida, o que, entretanto, não deve alterar o entendimento jurisprudencial a respeito do tema.

10.2 OPOSIÇÃO

A oposição não consta do rol de intervenção de terceiros do Novo Código de Processo Civil, mas foi incluída no rol dos procedimentos especiais, e fundamentalmente com as mesmas previsões. Mudou-se a natureza jurídica, mas procedimentalmente pouco há de novo. Os arts. 682, 684 e 686 do Novo CPC são cópias dos arts. 56, 58 e 61 do CPC/1973.

O art. 683 do Novo CPC é cópia do art. 57, *caput*, do CPC/1973. Apenas a lamentar a supressão da regra consagrada no art. 57, parágrafo único, do CPC/1973, que previa corretamente – apesar de fazê-lo de forma incompleta – a citação pessoal do réu revel da ação principal. Apesar da omissão legislativa, não há outra forma de se realizar a citação na oposição de réu revel na ação principal que tenha advogado constituído.

Já o parágrafo único do art. 685 do Novo CPC deve ser saudado ao afastar o prazo de 90 dias de sobrestamento do processo principal na hipótese de a oposição ser apresentada após o início da audiência de instrução e julgamento. O dispositivo prevê que o órgão jurisdicional suspenderá o curso do processo ao fim da produção das provas, salvo se concluir que a unidade da instrução mais bem atende ao princípio da duração razoável do processo.

10.3 NOMEAÇÃO À AUTORIA

Não consta do rol de intervenção de terceiros do Novo Código de Processo Civil a nomeação à autoria, mas não seria correto afirmar que seu propósito tenha desaparecido em razão da previsão contida no art. 338. Segundo o dispositivo legal, alegada pelo réu em preliminar a ilegi-

---

5 STJ, REsp 802.342/PR, 4.ª Turma, rel. Min. Fernando Gonçalves, j. 09.12.2008, *DJe* 02.02.2009.

timidade passiva ou não ter sido o responsável pelo prejuízo invocado, o autor poderá modificar, no prazo de quinze dias, o sujeito que compõe o polo passivo, em emenda da petição inicial.

O prazo para que o autor concorde com a alegação de ilegitimidade passiva feita pelo réu não consta do dispositivo legal, sendo razoável a conclusão do Enunciado 152 do Fórum Permanente de Processualistas Civis (FPPC): "*Nas hipóteses dos §§ 1.º e 2.º do art. 336 [atual art. 339], a aceitação do autor deve ser feita no prazo de 15 dias destinado à sua manifestação sobre a contestação ou sobre essa alegação de ilegitimidade do réu*".

Como se pode notar, o espírito da atual nomeação à autoria é encontrado no art. 338, qual seja, a correção do polo passivo. Na realidade, até mesmo ampliaram-se os casos de correção; considerava-se que a extromissão de parte estava limitada às hipóteses legais dos arts. 62 e 63 do CPC/1973, enquanto no art. 338 do Novo CPC a correção é admitida para qualquer hipótese de ilegitimidade passiva. Por outro lado, nesse aspecto o Código atual deve ser elogiado, pois desaparece a exigência de dupla concordância, sendo a vontade do autor de mudar o réu o suficiente para a ação ser redirecionada a um novo sujeito. Segundo o parágrafo único do dispositivo, concordando o autor com a sucessão processual (e não a substituição conforme consta do artigo de lei), deve reembolsar as despesas e pagar honorários ao procurador do réu excluído, que serão fixados entre três e cinco por cento do valor da causa ou, sendo este irrisório, nos termos do art. 85, § 8.º.

O art. 339, *caput*, do Novo CPC mantém como dever do réu a indicação da parte legítima, exatamente como faz o art. 69 do CPC/1973. Nesse sentido, prevê que incumbe ao réu indicar o sujeito passivo da relação jurídica discutida sempre que tiver conhecimento, sob pena de arcar com as despesas processuais e de indenizar o autor pelos prejuízos decorrentes da falta da indicação. O § 1.º do dispositivo parece inútil, sendo mera repetição do artigo anterior. No § 2.º a admissão de formação de litisconsórcio ulterior entre o réu e o sujeito por ele indicado se presta a albergar a indicação de terceiro quando existe responsabilidade solidária entre ele o réu, sendo ambos legitimados passivos. Há dois enunciados do Fórum Permanente de Processualistas Civis (FPPC) a respeito do art. 339 do Novo CPC: Enunciado 42: "*O dispositivo se aplica mesmo a procedimentos especiais que não admitem intervenção de terceiros, bem como aos juizados especiais cíveis, pois se trata de mecanismo saneador, que excepciona a estabilização do processo*" e Enunciado 44: "*A responsabilidade a que se refere o art. 340 [ver art. 339] é subjetiva*".

Apesar de os dispositivos legais ora analisados indicarem a necessidade de o réu alegar em contestação sua ilegitimidade passiva, é correta a interpretação de que a matéria possa ser reconhecida de ofício pelo juiz, antes da citação do réu. Nesse caso, o autor será intimado para que, querendo, altere sua petição inicial no tocante à formação do polo passivo. Nesse caso, naturalmente, não haverá ônus sucumbenciais (Enunciado 296 do Fórum Permanente de Processualistas Civis (FPPC)).

10.4 DENUNCIAÇÃO DA LIDE

Afastando o manifesto equívoco do *caput* do art. 70 do CPC/1973 ao prever a obrigatoriedade da denunciação da lide, o *caput* do art. 125 do Novo CPC corretamente consagra o entendimento de que a denunciação da lide é facultativa, ou seja, se a parte deixar de denunciar à lide, o terceiro não perde seu direito material de regresso. Na realidade, mesmo diante do texto do CPC/1973, o entendimento era pela facultatividade da denunciação da lide, inclusive na hipótese de evicção[6].

Confirmando a facultatividade da denunciação da lide, o § 1.º do art. 125 do Novo CPC prevê que o direito regressivo será exercido por ação autônoma quando a denunciação da lide for indeferida, deixar de ser promovida ou não for permitida. No mesmo sentido o Enunciado 120 do Fórum Permanente de Processualistas Civis (FPPC): "*A ausência de denunciação da lide gera apenas a preclusão do direito de a parte promovê-la, sendo possível ação autônoma de regresso*".

Das três hipóteses de cabimento da denunciação da lide previstas no art. 70 do CPC/1973, são mantidas duas, sendo excluída do sistema a hipótese de denunciação do proprietário ou do possuidor indireto quando, por força de obrigação ou direito, em casos como o do usufrutuário, do credor pignoratício e do locatário, o réu, citado em nome próprio, exerça a posse direta da coisa demandada. Sendo tal hipótese de raríssima aplicação prática, a exclusão não deve gerar grande repercussão.

Estão mantidas a denunciação da lide ao alienante imediato, no processo relativo à coisa cujo domínio foi transferido ao denunciante, a fim de que possa exercer os direitos que da evicção lhe resultam e àquele que estiver obrigado, por lei ou pelo contrato, a indenizar, em ação regressiva, o prejuízo de quem for vencido no processo.

---

6 *Informativo* 519/STJ, 4.ª Turma, REsp 1.332.112-GO, rel. Min. Luis Felipe Salomão, j. 21.03.2013.

O *caput* do art. 456 do CC prevê que a denunciação pode ser feita na pessoa do alienante imediato ou em qualquer dos anteriores. Na interpretação dessa norma, formou-se doutrina majoritária no sentido de que seria permitida a chamada denunciação *per saltum*, ou seja, o denunciante poderia escolher qualquer um dos sujeitos que participou da cadeia de transmissão do bem, mesmo aqueles que não tivessem mantido qualquer relação jurídica de direito material com ele[7].

O art. 125, I, do Novo CPC parece ter repudiado a denunciação *per saltum* ao prever expressamente que a denunciação deve ter como denunciado o alienante imediato, tendo, portanto, incluído o termo "imediato" ao texto do art. 70, I, do CPC/1973. Apesar de continuar a entender que a responsabilidade regressiva seja matéria de direito material, vejo problemas na admissão da denunciação *per saltum* com a redação sugerida porque o art. 456 do CC foi revogado pelo inciso II do art. 1.072 do Novo CPC, de forma que a única regra legal que previa a possibilidade denunciação da lide a outro alienante que não o imediato já não existe mais.

A possibilidade de o denunciado denunciar a lide, em fenômeno conhecido como denunciação sucessiva, era permitida expressamente pelo art. 73 do CPC/1973 e assim continuava a ser no projeto de lei aprovado na Câmara, inclusive com a limitação a apenas uma denunciação da denunciação.

O dispositivo legal foi suprimido no Parecer Final 956 do Senado, deixando a todos a dúvida a respeito do cabimento da denunciação sucessiva no sistema processual. Não via outra razão para o legislador deixar de prever o fenômeno que não fosse para retirá-lo do sistema, mas nesse caso teria sido extremamente infeliz, porque a denunciação sucessiva, desde que não crie uma sucessão significativa (situação mais próxima do folclore jurídico do que da realidade), é importante forma de consagração do princípio da economia processual sob seu aspecto macroscópico.

Na Emenda constante do tópico 2.3.2.49, justificou-se a supressão com a afirmação de que cabe à jurisprudência, e não à lei, fixar os contornos da denunciação sucessiva. Após a aprovação do texto base no Senado, aprovou-se destaque apresentado pelo Senador Aloysio Nunes Ferreira que restabeleceu a redação conforme aprovada na Câmara, de forma que do texto final do Novo CPC volta a constar expressamente a denunciação sucessiva, limitada a uma vez.

---

7 Theodoro Jr., *Curso*, v. 1, p. 153; Scarpinella Bueno, *Curso*, p. 507; Enunciado 29 do CJF.

Dessa forma, o § 2.º do art. 125 do Novo CPC prevê ser admitida uma única denunciação sucessiva, promovida pelo denunciado, contra seu antecessor imediato na cadeia dominial ou quem seja responsável por indenizá-lo, não podendo o denunciado sucessivo promover nova denunciação, hipótese em que eventual direito de regresso será exercido por ação autônoma.

Tendo indiscutivelmente a natureza de ação, será necessária a elaboração de uma petição inicial específica para a ação secundária criada pela denunciação ou, em respeito ao princípio da instrumentalidade das formas e da simplicidade procedimental, admite-se que a alegação seja feita como mero tópico da petição inicial para o autor e da contestação para o réu? É preferível nesse caso prestigiar a informalidade[8], e foi nesse sentido o art. 126 do Projeto do Novo CPC ao prever que a denunciação da lide será requerida na petição inicial, se o denunciante for o autor, ou na contestação, se o denunciante for o réu.

O art. 126 do Novo CPC, ao fazer remissão ao art. 131 do mesmo diploma legal, passa a prever um prazo de trinta dias para a citação do denunciado à lide (na hipótese de denunciado residente em outro foro ou em lugar incerto, o prazo será de dois meses), sendo a ineficácia da denunciação a consequência pelo descumprimento do prazo. A ineficácia, entretanto, depende de atraso imputável ao autor em providenciar os elementos necessários à citação, porque sendo culpa do cartório ou mesmo do denunciado não tem qualquer sentido prejudicar o denunciante decretando sem efeito seu pedido de intervenção.

Sendo pedida a denunciação da lide pelo autor, o denunciado à lide passa a ser seu litisconsorte diante de uma petição inicial já apresentada. O art. 74 do CPC/1973 previa a possibilidade de o denunciado nesse caso aditar a petição inicial já apresentada, o que suscitava debate doutrinário a respeito da extensão desse aditamento, inclusive e em especial a respeito da possibilidade de modificação objetiva da demanda. O respeito ao objeto (causa de pedir e pedido) fixado pelo autor-denunciante limita a atuação do denunciado porque o art. 127 do Novo CPC não prevê mais a possibilidade de emenda da petição inicial, mas apenas a de o denunciado acrescentar novos argumentos à petição inicial.

---

8 STJ, 3.ª Turma, REsp 476.670/SP, rel. Min. Nancy Andrighi, j. 02.09.2003, *DJ* 20.10.2003, p. 271.

A primeira reação do denunciado pelo réu, prevista pelo art. 128, I, do Novo CPC, é contestar o pedido formulado pelo autor, dando a entender que nesse caso ele deixa de impugnar sua denunciação, com o que não mais se discutirá o direito regressivo que motivou sua intervenção no processo[9]. Ainda que não haja previsão expressa nesse sentido, parece um reconhecimento tácito do pedido regressivo do denunciante.

O dispositivo deve ser elogiado por ter excluído a "aceitação" do denunciado, prevista no art. 75, I, do CPC/1973. Não há que falar em aceitação da denunciação porque ela é coercitiva, integrando o denunciado ao processo por meio de sua citação independentemente de sua vontade. Diante de tal realidade, salutar afastar qualquer termo que possa levar à enganosa conclusão de que o denunciado possa não aceitar sua denunciação da lide.

Ao prever a revelia do denunciado pelo réu, o art. 128, II, do Novo CPC parece se referir às duas ações em que o denunciado figura com réu, deixando, portanto, de se defender tanto na ação secundária gerada pela denunciação da lide como na ação principal.

O legislador aparentemente trata de forma distinta a situação em que o denunciado se insurge apenas na ação principal contra o pedido do autor e aquele em que simplesmente não reage defensivamente. Na primeira haveria uma espécie atípica de reconhecimento tácito do pedido, mas no segundo haverá tão somente revelia, inclusive, dependendo do caso concreto, a geração de seu principal efeito, a presunção de veracidade dos fatos alegados pelo réu-denunciante. A previsão de que o denunciante pode restringir sua atuação à ação regressiva corrobora o entendimento de que a pretensão regressiva ainda não está definida no caso de revelia do denunciado.

Essa possibilidade, inclusive, é a grande novidade do dispositivo, porque o inciso II do art. 75 do CPC/1973 exigia do denunciante, diante da revelia do denunciado, o exercício de defesa de seu direito até o final. Tratava-se de indevida confusão entre o sistema de chamamento à autoria do CPC/1939 e o sistema de denunciação da lide, que veio no CPC/1973 a substituir o antigo chamamento à autoria. A redação do inciso II do art. 128 do Novo CPC, portanto, é extremamente feliz ao prever que diante da revelia do denunciado o denunciante pode abster-se de recorrer na ação principal.

---

9 STJ, 3.ª Turma, REsp 1.249.029/SC, rel. Min. Nancy Andrighi, j. 15.12.2011, *DJe* 01.02.2012.

Registre-se que a nova regra torna geral o que especificamente já vinha previsto no art. 456, parágrafo único, do CC, que prevê a possibilidade de o denunciante deixar de oferecer contestação ou de usar recursos quando o denunciado não atende a denunciação da lide na hipótese de manifesta procedência da evicção.

No inciso III, o art. 128 do Novo CPC prevê hipótese de confissão pelo denunciado dos fatos alegados pelo autor, e, apesar de modificar parcialmente a redação do art. 75, III, do CPC/1973, não muda o conteúdo da regra. No artigo do CPC/1973, vinha previsto que o denunciante poderia prosseguir em sua defesa, o que, evidentemente, permitia também a ele que deixasse de se defender na ação principal.

Na nova redação, o denunciante poderá prosseguir com sua defesa ou aderir a tal reconhecimento, com o que a matéria fática da ação principal aparentemente estaria resolvida, restando ao juiz somente aplicar o Direito ao caso concreto. A aparência, entretanto, não é correta, porque a confissão não é prova plena, e, mesmo que venha de denunciante e denunciado não obriga o juiz a dar os fatos alegados pelo autor como verdadeiros, tudo dependendo da formação de seu livre convencimento motivado. A aderência à confissão nesse caso apenas reforça a carga valorativa da prova, mas nao vincula obrigatoriamente o juiz.

No tocante às possíveis reações do denunciado, o Enunciado 122 do Fórum Permanente de Processualistas Civis (FPPC) merece um comentário. Segundo o Enunciado, sendo vencido o denunciante na ação principal e não tendo havido resistência à denunciação da lide, não cabe a condenação do denunciado nas verbas de sucumbência.

Numa ação comum, a inexistência de resistência por parte do réu derrotado não afasta sua condenação no pagamento das verbas de sucumbência, como se nota comumente na hipótese de procedência diante de revelia. A ação secundária criada pela denunciação da lide, entretanto, tem uma singular característica que legitima o tratamento diferenciado: trata-se de ação eventual, que depende da derrota do denunciante na ação principal para que venha a ser decidida.

A possibilidade de o autor executar diretamente o denunciado à lide quando houver procedência na ação principal e na ação secundária sempre encontrou forte resistência doutrinária. A doutrina majoritária rejeitava tal possibilidade durante a égide do CPC/1973 com fundamento na inexistência de relação jurídica de direito material entre a parte contrária e o denunciado. A inexistência de relação jurídica de direito material tornaria impossível a condenação direta do denunciado à lide, já que as duas demandas existentes (autor-réu e denunciante-denunciado) seriam decididas de forma autônoma, em diferentes capítulos, o que inviabilizaria a condenação direta[10]

Na jurisprudência, entretanto, o entendimento vinha sendo outro, permitindo-se a execução direta contra o denunciado à lide na hipótese de dupla procedência. Num primeiro momento o entendimento se consolidou em denunciações da lide de seguradora[11], rapidamente ampliando-se para qualquer hipótese de denunciação da lide[12].

O Novo Código de Processo Civil preferiu o entendimento pragmático jurisprudencial e prevê no parágrafo único do art. 128 a possibilidade de o autor requerer o cumprimento de sentença também contra o denunciado, nos limites da condenação deste na ação regressiva. O dispositivo não chega a falar em condenação direta, até porque, assim o fazendo, estaria a consagrar uma condenação sem pedido, mas, ao permitir a execução diretamente contra o denunciado, criou situação ainda mais intrigante: a permissão de execução de um título executivo que não consagra em favor do exequente o direito exequendo. Pragmaticamente tudo resolvido, mas com severo sacrifício da melhor técnica processual.

Sobre o tema, o Enunciado 121 do Fórum Permanente de Processualistas Civis (FPPC): "*O cumprimento da sentença diretamente contra o denunciado é admissível em qualquer hipótese de denunciação da lide fundada no inciso II do art. 125*".

O art. 129 do Novo CPC melhora consideravelmente o tratamento da sentença que julga as ações principal e secundária, dada anteriormente pelo art. 76 do CPC/1973, reconhecendo de forma expressa a prejudicialidade da denunciação da lide em relação à ação principal.

Caso o denunciante seja vencido na ação principal, ter-se-á se concretizado, ao menos abstratamente, seu prejuízo em razão da ação judicial, sendo nesse caso julgada a denunciação da lide, que poderá ser acolhida ou rejeitada. Sendo o denunciante vencedor, não haverá prejuízo a ser ressarcido regressivamente, de forma que a denunciação da lide restará prejudicada e por essa razão será extinta sem que seu mérito seja decidido.

---

10 Dinamarco, *Intervenção*, n. 87, p. 149-150; Scarpinella Bueno, *Curso*, p. 510; Bedaque, *Código*, p. 180.

11 *Informativo* 518/STJ, 4.ª Turma, REsp 710.463-RJ, rel. Min. Raul Araújo, j. 09.04.2013.

12 STJ, 3.ª Turma, REsp 1.249.029/SC, rel. Min. Nancy Andrighi, j. 15.12.2011, *DJe* 01.02.2012.

Ao prever que, se a denunciação da lide julgada for prejudicada caberá a condenação do denunciante ao pagamento das verbas de sucumbência em favor do denunciado, consagra-se o princípio da causalidade. Afinal, se não havia prejuízo, não haveria razão para exercer o direito regressivo por meio da denunciação da lide, tendo o denunciado injustificadamente dado causa à ação secundária extinta sem a resolução de mérito.

10.5 CHAMAMENTO AO PROCESSO

As hipóteses de cabimento do chamamento ao processo são substancialmente mantidas, havendo apenas a substituição do termo "devedor" do art. 77, I, do CPC/1973 pelo vocábulo "afiançado" do art. 130, I, do Novo CPC.

Adotando o entendimento da doutrina majoritária[13] e do Superior Tribunal de Justiça[14], o art. 131, *caput*, do Novo CPC consagra expressamente o entendimento de que com o chamamento ao processo haverá a formação de um litisconsórcio passivo ulterior ao prever a citação dos que devam figurar em litisconsórcio passivo ao tratar da citação dos chamados ao processo.

O chamamento ao processo deve ser realizado dentro do prazo legal sob pena de preclusão temporal. A comparação entre o art. 131, *caput*, do Novo CPC e o art. 78 do CPC/1973 mostra uma pequena, mas significativa modificação. O artigo do CPC/1973 previa que o chamamento ao processo deveria ser feito no prazo para contestar, enquanto o novo dispositivo prevê que o chamamento será requerido pelo réu na contestação. Não existe dúvida de que contestar e chamar ao processo são espécies diferentes de resposta do réu diante de sua citação, mas, pretendendo o réu se valer de ambas, deverá fazê-lo num mesmo momento procedimental, incluindo o chamamento ao processo como tópico da contestação.

A novidade, entretanto, gera um questionamento. O réu que pretender chamar ao processo terceiros coobrigados tem necessariamente que contestar o pedido do autor? Apesar de a literalidade do *caput* do art. 131 do Novo CPC indicar conclusão nesse sentido, não parece que a questão deva ser respondida afirmativamente. Contestação e chamamento ao processo são duas espécies diferentes e autônomas de reação do réu diante

---

13 Fux, *Curso*, p. 305; Arruda Alvim, *Manual*, n. 78, p. 186.

14 STJ, 2.ª Turma, AgRg no REsp 1.281.020/DF, rel. Min. Herman Benjamin, j. 23.10.2012, *DJe* 31.10.2012.

de sua citação, de forma que, se o réu pretender se limitar a chamar ao processo sem contestar o pedido do autor, por mais exótica que seja tal opção, terá o prazo de resposta para tanto.

Sem correspondência no CPC/1973, passa a existir um prazo para a citação dos chamados ao processo, sob pena de o chamamento ser tornado sem efeito. O prazo é de trinta dias, salvo se o chamado tiver que ser citado em outro foro ou estiver em lugar incerto, quando o prazo passa a ser de dois meses. A ineficácia prevista no art. 131 do Novo CPC, entretanto, depende de atraso imputável ao réu em providenciar os elementos necessários à citação, porque, sendo culpa do cartório ou mesmo do chamado, não tem qualquer sentido prejudicar o autor do pedido de chamamento decretando sem efeito seu pedido de intervenção.

10.6 *AMICUS CURIAE*

Apesar de o Supremo Tribunal Federal ter consolidado o entendimento de que o *amicus curiae* não é terceiro interveniente atípico, sendo considerado apenas como auxiliar eventual do juízo[15], o Novo Código de Processo Civil o prevê no capítulo das intervenções de terceiro.

O tema é tratado pelo art. 138 do Novo CPC, sendo interessante a inovação do dispositivo legal ao tratar da intervenção do *amicus curiae* de forma geral, considerando-se que atualmente há apenas menções pontuais a respeito de sua participação e que o Superior Tribunal de Justiça limita a intervenção do *amicus curiae* às hipóteses expressamente consagradas em lei[16], restringindo sua atuação ao processo objetivo, à análise da repercussão geral no recurso, ao julgamento por amostragem dos recursos excepcionais e ao incidente de inconstitucionalidade.

São três condições alternativas para justificar o ingresso de terceiro como *amicus curiae* no processo: a relevância da matéria, as especificidades do tema objeto da demanda ou a repercussão social da controvérsia.

O *caput* do art. 138 do Novo CPC, ao prever a possibilidade de intervenção como *amicus curiae* de pessoa natural ou jurídica, órgão ou entidade especializada, atende a melhor doutrina que aponta como potenciais *amicus curiae* tanto uma pessoa jurídica, tal como uma associação

---

15 *Informativo* 499/STF, Tribunal Pleno, ADI-ED 3.615/PB, rel. Min. Cármen Lúcia, j. 17.03.2008.

16 *Informativo* 488/STJ, 2.ª Seção, REsp 1.023.053/RS, rel. Min. Maria Isabel Gallotti, j. 23.11.2011.

civil, um instituto, um órgão etc., como natural, tal como um professor de direito, cientista, médico etc.

Exige-se nesse caso a existência de representatividade adequada, ou seja, que o terceiro demonstre ter um interesse institucional na causa, não sendo suficientes interesses meramente corporativos, que digam respeito somente ao terceiro que pretende ingressar na ação. Por interesse institucional compreende-se a possibilidade concreta do terceiro em contribuir com a qualidade da decisão a ser proferida, considerando-se que o terceiro tem grande experiência na área à qual a matéria discutida pertence. A pessoa jurídica deve ter credibilidade e tradição de atuação a respeito da matéria que se discute, enquanto da pessoa natural se espera reconhecido conhecimento técnico sobre da matéria. Ainda que sejam conceitos indeterminados, dependentes de grande dose de subjetivismo, são requisitos que se mostram importantes para evitar a admissão de terceiros sem efetivas condições de contribuir com a qualidade da prestação jurisdicional.

Nos termos do § 1.º do art. 138 do Novo CPC, a intervenção do *amicus curiae* não implica alteração de competência nem autoriza a interposição de recursos, ressalvadas a oposição de embargos de declaração e a hipótese do § 3.º. Como sabido, a competência em razão da pessoa é absoluta, e a intervenção de terceiro pode passar a exigir aplicação de regra de competência que até então era inaplicável ao caso concreto. Segundo a regra elogiada, a intervenção do *amicus curiae* não modifica a competência, de forma que, por exemplo, ingressando no processo em trâmite perante a Justiça Estadual uma fundação federal como *amicus curiae*, o processo não será remetido à Justiça Federal.

Não concordo com a exclusão do *amicus curiae* do rol de legitimados recursais, porque, sendo terceiro interveniente atípico, ao ingressar no processo participa como parte, e como tal tem legitimidade para recorrer. O § 1.º do art. 138 do Novo CPC, entretanto, consagra o entendimento do Supremo Tribunal Federal de que o *amicus curiae* não tem legitimidade recursal, mas há duas exceções consagradas em lei: (a) cabimento de embargos de declaração, previsto no próprio § 1.º; e (b) cabimento de recurso contra a decisão que julgar o incidente de resolução de demandas repetitivas, previsto no § 3.º.

Os poderes do *amicus curiae* ainda geram muita polêmica, em especial quanto à sustentação oral, já que a questão da legitimidade recursal está resolvida por imposição legal. As polêmicas não foram enfrentadas diretamente pelo Novo Código de Processo Civil, que se limitou a prever no art. 138, § 2.º, que caberá ao juiz ou ao relator, na decisão que solicitar ou admitir a intervenção, definir os poderes do *amicus curiae*. Significa que cabe ao juiz ou relator que deferir o pedido indicar desde já os poderes do *amicus curiae*, de forma a evitar discussões posteriores no processo. E essa decisão, que pode tolher significativamente tais poderes, será definitiva. O *amicus curiae* dela não pode recorrer por vedação legal expressa, e as partes, embora tenham legitimidade para tanto, não terão interesse recursal.

Tradicionalmente admitem-se a manifestação escrita e a sustentação oral pelo *amicus curiae*.

Ainda que redação do art. 138, *caput*, do Novo CPC seja mais completa e de melhor qualidade que a redação do art. 7.º, § 2.º, da Lei 9.868/1999, aparentemente herdou alguns vícios, como prever a irrecorribilidade da decisão (melhor do que a indevida expressão despacho) que admitir o *amicus curiae*. E a decisão que indeferir o pedido de ingresso, será recorrível?

No caso de aplicação do dispositivo ora analisado, deve-se considerar o rol taxativo de cabimento do agravo de instrumento. Como não consta essa decisão – deferindo ou indeferindo o pedido – do rol do art. 1.015 do Novo CPC, seria realmente a previsão expressa no sentido de ser irrecorrível a decisão que admite o *amicus curiae*?

É possível que o legislador tenha pretendido afastar uma possível interpretação do art. 1.015, IX, do Novo CPC tomando-se como base a previsão do *amicus curiae* no capítulo destinado às intervenções de terceiro. Nesse sentido, poder-se-ia dizer que a intervenção do *amicus curiae* é uma intervenção de terceiro e, nesse sentido, o pronunciamento que decide pelo ingresso ou não do terceiro é recorrível por agravo de instrumento. Para se livrar dessa possível interpretação, pode ter o legislador previsto expressamente a irrecorribilidade.

De qualquer forma, tal interpretação dependeria de mudança do entendimento do Supremo Tribunal Federal a respeito da qualidade de mero colaborador eventual do juízo do *amicus curiae*. Como não acredito que a mera colocação do *amicus curiae* no capítulo referente às intervenções de terceiro será o suficiente para tanto, acredito que a previsão de irrecorribilidade é realmente inútil.

A partir do momento em que o sistema adota um rol taxativo para a interposição do agravo de instrumento, passa a se tratar de opção de política legislativa quais decisões serão ou não recorríveis por essa espécie recursal. Como melhor desenvolvido no capítulo próprio, entendo que a irrecorribilidade só se justifica quando a decisão puder ser impugnada eficazmente em sede de apelação ou contrarrazões. Não é, naturalmente, o que ocorrerá na decisão ora analisada. O terceiro que tem seu pedido indeferido não terá legitimidade para recorrer ou contra-arrazoar, e, sendo deferido o pedido e participando do processo o *amicus curiae*, nenhuma – ou ao menos pouca – utilidade terá sua exclusão somente no momento do julgamento da apelação.

Aparentemente, para não ser acusado dessa incongruência, deixando, inclusive, margens para interpretaçoes que levassem à recorribilidade da decisão por agravo de instrumento, o legislador resolveu radicalizar. Não só o agravo de instrumento é incabível, como também a apelação, porque o dispositivo ora criticado é claro ao prever a irrecorribilidade da decisão.

Tratando-se o *amicus curiae* de pessoa jurídica, merece destaque o Enunciado 127 do Fórum Permanente de Processualistas Civis (FPPC): "*A representatividade adequada exigida do* amicus curiae *não pressupõe a concordância unânime daqueles a quem representa*".

11

INCIDENTE DE DESCONSIDERAÇÃO DA PERSONALIDADE JURÍDICA

O Novo Código de Processo Civil prevê um incidente processual para a desconsideração da personalidade jurídica, finalmente regulamentando seu procedimento. Tendo seus requisitos previstos no art. 28 do Código de Defesa do Consumidor e no art. 50 do Código Civil, faltava uma previsão processual a respeito do fenômeno jurídico, devendo ser saudada tal iniciativa.

Segundo o art. 1.062 do Novo CPC, o incidente de desconsideração da personalidade jurídica aplica-se ao processo de competência dos juizados especiais.

Nos termos do art. 795, § 4.º, do Novo CPC, para a desconsideração da personalidade jurídica é obrigatória a observância do incidente previsto no Código. A norma torna o incidente obrigatório, em especial na aplicação de suas regras procedimentais, mas o art. 134, § 2.º, do Novo CPC consagra hipótese de dispensa do incidente.

A criação legal de um incidente processual afasta dúvida doutrinária a respeito da forma processual adequada à desconsideração da personalidade jurídica.

A desconsideração tem natureza constitutiva, considerando-se que por meio dela tem-se a criação de uma nova situação jurídica. Sempre houve intenso debate doutrinário a respeito da possibilidade da criação de uma nova situação jurídica de forma incidental no processo/fase de execução, ou se caberia ao interessado a propositura de uma ação incidental com esse propósito.

Havia corrente doutrinária que defendia – e mesmo com o texto legal pode continuar a defender, mas apenas num plano acadêmico – a existência de um processo de conhecimento com os pretensos responsáveis patrimoniais secundários compondo o polo passivo para se discutir os requisitos indispensáveis à desconsideração da personalidade jurídica[1].

Por outro lado, havia doutrina que afirmava que, estando presentes os pressupostos para a desconsideração da personalidade jurídica, e conseguindo o credor prová-los de forma incidental, seria desnecessário o processo autônomo, sendo esse entendimento prestigiado pelo Superior Tribunal de Justiça[2].

É compreensível que o entendimento consagrado no Superior Tribunal de Justiça esteja fundado nos princípios da celeridade e da economia processual, até porque exigir um processo de conhecimento para se chegar à desconsideração da personalidade jurídica atrasaria de forma significativa a satisfação do direito, além de ser claramente um caminho mais complexo que um mero incidente processual na própria execução ou falência. E tais motivos certamente influenciaram o legislador a consagrar a natureza de incidente processual ao pedido de desconsideração da personalidade jurídica.

Reconhecendo que o incidente criado se limita a tratar do procedimento para a desconsideração da personalidade jurídica, o § 1.º do art. 133 do Novo CPC prevê que a desconsideração da personalidade jurídica observará os pressupostos estabelecidos em lei. A opção do legislador deve ser saudada porque os pressupostos para a desconsideração da personalidade jurídica são tema de direito material e dessa forma não devem ser tratados pelo Código de Processo Civil.

Na desconsideração da personalidade jurídica clássica, expressamente prevista pelos arts. 50 do CC e 28 do CDC, a sociedade empresarial figura como devedora e os sócios, como responsáveis patrimoniais secundários, ou seja, mesmo não sendo devedores, responderão com o seu patrimônio pela satisfação da dívida.

A jurisprudência, entretanto, valendo-se da *ratio* das normas legais referidas, as vem interpretando de forma extensiva e criando novas modalidades de desconsideração de personalidade jurídica, não previstas

---

1 Dinamarco, Desconsideração, p. 1.194.

2 STJ, 4.ª Turma, REsp 1.096.604/DF, rel. Min. Luis Felipe Salomão, j. 02.08.2012, *DJe* 16.10.2012.

expressamente em lei. Há a desconsideração da personalidade jurídica entre empresas do mesmo grupo econômico[3], bem como a desconsideração da personalidade jurídica inversa[4].

Na hipótese de desconsideração da personalidade jurídica inversa, o sócio figura como devedor e a sociedade empresarial, como responsável patrimonial secundária, quando se constata que o sócio transferiu seu patrimônio pessoal para a sociedade empresarial com o objetivo de frustrar a satisfação do direito de seus credores. O § 2.º do art. 133 do Novo CPC não consagra legislativamente essa espécie atípica de desconsideração, limitando-se a prever que o incidente criado também a ela será aplicado.

Na doutrina muito se discutiu a respeito do momento adequado para a desconsideração da personalidade jurídica. Segundo o Superior Tribunal de Justiça, a desconsideração pode ocorrer em qualquer fase do processo, não havendo que falar em decadência de um direito potestativo[5]. A dúvida é resolvida pelo art. 134, *caput*, do Novo CPC, ao prever que o incidente de desconsideração é cabível em todas as fases do processo de conhecimento, no cumprimento de sentença e na execução fundada em título executivo extrajudicial.

A instauração do incidente será imediatamente comunicada ao distribuidor para as anotações devidas (§ 1.º), não suspendendo o processo, salvo na hipótese de o pedido ser formulado na petição inicial (§ 3.º).

Como toda petição postulatória, a petição que veicula o pedido para a instauração do incidente processual de desconsideração da personalidade jurídica deve conter fundamentação (pressupostos legais para a desconsideração) e pedido (desconsideração e penhora sobre o bem dos sócios). Nesse sentido, deve-se compreender o § 4.º do art. 134 do Novo CPC, que não foi feliz em prever que no requerimento cabe à parte demonstrar o preenchimento dos pressupostos legais para a desconsideração, o que pode passar a equivocada impressão de que o requerente terá que apresentar prova pré-constituída e liminarmente demonstrar o cabimento da desconsideração.

---

3 *Informativo* 513/STJ, 4.ª Turma, AgRg no REsp 1.229.579/MG, rel. Min. Raul Araújo, j. 18.12.2012.

4 *Informativo* 440/STJ, 3.ª Turma, REsp 948.117/MS, rel. Min. Nancy Andrighi, j. 22.06.2010.

5 STJ, REsp 1.180.191/RJ, rel. Min. Luis Felipe Salomão, j. 05.04.2011.

Na realidade, o requerente não deve demonstrar, mas apenas alegar o preenchimento dos requisitos legais para a desconsideração, tendo o direito a produção de prova para convencer o juízo de sua alegação, inclusive conforme expressamente previsto nos arts. 135 e 136 do Novo CPC, ao preverem expressamente a possibilidade de instrução probatória no incidente ora analisado.

Apesar da previsão do art. 795, § 4.º, do Novo CPC, a criação de um incidente processual não será sempre necessária, pois, nos termos do art. 134, § 2.º, do Novo CPC, a instauração do incidente será dispensada se o pedido de desconsideração da personalidade jurídica for requerido na petição inicial, hipótese em que será citado o sócio ou a pessoa jurídica. Nesse caso, o Enunciado 248 do Fórum Permanente de Processualistas Civis (FPPC) indica que "incumbe ao sócio ou à pessoa jurídica, na contestação, impugnar não somente a própria desconsideração, mas também os demais pontos da causa".

Ainda que não haja a instauração do incidente processual, as regras procedimentais previstas nos dispositivos ora analisados serão aplicáveis, no que couber, à desconsideração da personalidade jurídica, e nunca será exigido um processo autônomo para tal finalidade.

Ao prever que, instaurado o incidente de desconsideração da personalidade jurídica, o sócio ou a pessoa jurídica será citada para manifestar-se e requerer as provas cabíveis no prazo de quinze dias, o art. 135 do Novo CPC consagrou a exigência do contraditório tradicional para a desconsideração da personalidade jurídica, exigindo a intimação e a oportunidade de manifestação dos sócios e da sociedade antes de ser proferida a decisão. Atendeu, assim, parcela da doutrina que, mesmo sem previsão expressa, já se posicionava nesse sentido[6].

O tema não era tranquilo no Superior Tribunal de Justiça, havendo decisões decretando a nulidade de decisões de desconsideração da personalidade jurídica proferidas sem a observação do contraditório tradicional[7], enquanto outras admitiam o contraditório diferido[8].

---

6 Theodoro Jr., *Processo*, p. 164: Zavascki, *Processo*, p. 199.

7 STJ, 4.ª Turma, RMS 29.697/RS, rel. Min. Raul Araújo, j. 23.04.2013, *DJe* 01.08.2013.

8 STJ, 4.ª Turma, REsp 686.112/RJ, rel. Min. João Otávio de Noronha, j. 08.04.2008, *DJe* 28.04.2008.

É preciso registrar que a previsão legal que exige o contraditório tradicional não afasta peremptoriamente o contraditório diferido na desconsideração da personalidade jurídica, apenas tornando-o excepcional. Dessa forma, sendo preenchidos os requisitos típicos da tutela de urgência e do pedido de antecipação dos efeitos da desconsideração da personalidade jurídica, entendo admissível a prolação de decisão antes da intimação dos sócios e da sociedade. Nesse sentido, inclusive, mencionando o poder geral de cautela do juiz, existe decisão do Superior Tribunal de Justiça[9].

Ao prever a citação do sócio ou da sociedade, o art. 135 do Novo CPC parece distinguir a desconsideração tradicional da desconsideração inversa. Significa que o demandado no processo em que se instaura o incidente processual não será intimado a se manifestar, sendo tal direito franqueado apenas aos terceiros que poderão passar a ser responsáveis patrimoniais com a concessão do pedido. A utilização da conjunção "ou", e não "e", e a necessidade de "citação" corroboram a conclusão.

Considero, entretanto, que o legislador não foi bem ao excluir o demandado do contraditório, porque este também tem legitimidade e interesse no pedido de desconsideração da personalidade jurídica. Na desconsideração clássica, o Superior Tribunal de Justiça entende que a pessoa jurídica tem legitimidade para impugnar decisão interlocutória que desconsidera sua personalidade com o intuito de defender a sua regular administração e autonomia[10].

Sendo necessária a produção da prova, que poderá ser requerida por qualquer das partes envolvidas no incidente processual, todos os meios de prova em Direito serão admitidos em respeito ao princípio do contraditório. E apenas após a produção da prova o juiz decidirá o incidente por meio de decisão interlocutória, confirmando-se mais uma vez a opção do legislador pela adoção do contraditório tradicional para a desconsideração da personalidade jurídica.

O incidente de desconsideração da personalidade jurídica será resolvido por meio de uma decisão interlocutória recorrível por agravo de instrumento, nos termos do art. 1.015, IV, do Novo CPC. O conteúdo da decisão para fins de recorribilidade é irrelevante, podendo ter sido o

---

9 STJ, 4.ª Turma, REsp 1.182.620/SP, rel. Min. Raul Araújo, j. 10.12.2013, *DJe* 04.02.2014.

10 *Informativo* 544/STJ, 3.ª Turma, REsp 1.421.464/SP, rel. Min. Nancy Andrighi, j. 24.04.2014.

pedido acolhido, rejeitado ou mesmo decidido sem a análise do mérito em razão de alguma imperfeição formal.

Deixando claro que a desconsideração da personalidade jurídica pode ocorrer no tribunal, o parágrafo único do art. 136 do Novo CPC prevê o cabimento de agravo interno caso a decisão seja proferida pelo relator. Entendo que o incidente ora analisado pode ser instaurado em processo de competência originária do tribunal e também em grau recursal, diante da previsão do art. 134, *caput*, do Novo CPC, que permite sua instauração em todas as fases do processo de conhecimento.

O Novo Código de Processo Civil perdeu uma excelente oportunidade de colocar fim à polêmica a respeito da forma processual de defesa dos sócios na execução após a desconsideração da personalidade jurídica.

O sócio (ou a sociedade na desconsideração inversa) passa, a partir da desconsideração da personalidade jurídica, a ser responsável patrimonial secundário pela dívida da sociedade empresarial. Será o sócio legitimado a formar um litisconsórcio passivo ulterior, transformando-se em executado junto à sociedade empresarial, ou continuará como um terceiro no processo? A resposta a esse questionamento é resultante da definição da qualidade processual do responsável patrimonial secundário.

O responsável patrimonial secundário, com hipóteses previstas pelo art. 592 do CPC/1973 e art. 790 do Novo CPC, mesmo não sendo devedor, responde com seus bens pela satisfação da obrigação em juízo. É preciso atentar que, no tocante a algumas hipóteses de responsabilidade secundária, a questão da legitimidade passiva era totalmente superada pelo art. 568 do CPC/1973, e continua a ser pelo art. 779 do Novo CPC. A questão, entretanto, remanesce relativamente aos demais responsáveis secundários, em especial àquele indicado pelo art. 790, II, do Novo CPC.

Parte da doutrina entendia que não se devia considerar o responsável patrimonial como parte na demanda executiva, ainda que sejam os seus bens que respondam pela satisfação da obrigação, em interpretação que limita a legitimação passiva da execução aos sujeitos previstos no art. 568 do CPC/1973. Por esse entendimento, não se devem confundir a *legitimidade passiva* e a *responsabilidade secundária*, uma vez que o sujeito passivo é o executado, enquanto o responsável não é executado, tão somente ficando seus bens sujeitos à execução[11]. O entendimento deve

---

[11] Liebman, *Processo*, p. 68.

ser mantido com o Novo CPC, pois a legitimidade passiva na execução continua a ser expressamente prevista, agora pelo art. 779.

Para outra corrente doutrinária, o legislador indevidamente separou o tema da legitimidade passiva da responsabilidade patrimonial, não se podendo admitir que o sujeito que potencialmente perderá seu bem em virtude da expropriação judicial não seja considerado parte na demanda executiva[12].

Sendo o sujeito responsável por dívida que não é sua – responsabilidade patrimonial secundária –, é natural que seja considerado parte na demanda executiva, visto que será o maior interessado em apresentar defesa para evitar a expropriação de seu bem. O devedor, que também deverá estar na demanda como litisconsorte passivo, poderá não ter tanto interesse assim na apresentação da defesa, imaginando que, em razão da propriedade do bem penhorado, naquele momento o maior prejudicado será o responsável secundário, e não ele. Trata-se de *legitimação extraordinária*, porque o responsável secundário estará em juízo em nome próprio e na defesa de interesse de outrem, o devedor.

Para os responsáveis patrimoniais que não têm sua legitimidade passiva expressamente prevista em lei, como no caso dos sócios diante da desconsideração da personalidade jurídica, a *legitimação extraordinária* apresenta uma particularidade interessante, considerando-se que para esses sujeitos ela só surgirá no caso concreto quando ocorrer a efetiva constrição judicial do bem do responsável secundário. Não teria qualquer sentido a citação de todos os sócios da pessoa jurídica, se na execução não houver qualquer tipo de constrição judicial, desejada pelo exequente ou efetivamente ocorrida, de bens desses sócios. Há, portanto, uma condição para que a legitimidade extraordinária nesse caso exista: o patrimônio do responsável secundário efetivamente responda no caso concreto pela execução, o que passa a ocorrer com a penhora de seus bens em consequência da desconsideração da personalidade jurídica.

A importância prática de definir a qualidade processual do sócio após a desconsideração da personalidade jurídica é a defesa adequada a apresentar na execução: sendo terceiro, a defesa parece ser mais adequadamente apresentada por meio de embargos de terceiro; sendo parte, a defesa será elaborada por meio de embargos à execução (ou mesmo impugnação, no caso de cumprimento de sentença).

---

12 Assis, *Manual*, p. 398-399; Fux, *Curso*, p. 1.288.

O Superior Tribunal de Justiça adota o segundo entendimento, ao apontar a citação do sócio[13] e sua integração à relação jurídica processual executiva, bem como a inadmissão dos embargos de terceiro, indicando os embargos à execução como via adequada dos sócios diante da desconsideração da personalidade jurídica[14].

Entendo que está correto o posicionamento do Superior Tribunal de Justiça, até porque considero que todos os responsáveis patrimoniais secundários, ao terem bem de seu patrimônio constrito em processo alheio, automaticamente passam a ter legitimidade passiva, e, uma vez sendo citados ou integrando-se voluntariamente ao processo, formarão um litisconsórcio passivo ulterior com o devedor. E que mesmo sem previsão legal nesse sentido nada mudará.

Poder-se-á afirmar que a defesa adequada são os embargos de terceiro, porque, não concordando o sócio com a desconsideração, deve alegar que não tem responsabilidade patrimonial secundária e, dessa forma, deve ser tratado como um mero terceiro no processo. O problema, entretanto, é a distância entre a qualidade real que o sócio adquire no processo ao ser citado e a qualidade que ele gostaria de ter.

Importante notar que o conceito de parte na demanda ou no processo não se confunde com o conceito de parte material, que é o sujeito que participa da relação de direito material que constitui o objeto do processo. Dessa forma, mesmo que não seja o titular dessa relação de direito material, mas participe do processo, o sujeito será considerado parte processual, independentemente da legalidade de sua presença no processo. É por isso que, mesmo sendo parte ilegítima, o sujeito é considerado parte processual pelo simples fato de participar do processo. Significa que o sócio será parte, querendo ou não, tendo ou não legitimidade para participar da execução.

Concluo afirmando que, nos embargos à execução, caberá ao sócio alegar em sede de preliminar de ilegitimidade passiva a eventual incorreção da desconsideração da personalidade jurídica, até porque, se não foi devida, não existe responsabilidade patrimonial secundária e, por consequência, o sócio é parte ilegítima. O acolhimento dessa defesa, além de excluir o sócio da execução por ilegitimidade de parte, ainda resultará

---

13 STJ, 4.ª Turma, REsp 1.096.604/DF, rel. Min. Luis Felipe Salomão, j. 02.08.2012, *DJe* 16.10.2012.

14 STJ, 4.ª Turma, AgRg no Ag 1.378.143/SP, rel. Min. Raul Araújo, j. 13.05.2014, *DJe* 06.06.2014.

na imediata liberação da constrição judicial sobre o seu bem. Além da alegação de ilegitimidade de parte, o sócio poderá alegar todas as outras defesas típicas do devedor, firme no princípio da eventualidade.

Registre-se que essa alegação de ilegitimidade vinculada à inadequação da desconsideração da personalidade jurídica é a única forma de preservar o princípio do contraditório, ainda que diferido. Como nessa forma de contraditório a informação e a reação são posteriores à decisão judicial, não será legítimo exigir da parte a interposição de agravo de instrumento contra a decisão que determina a desconsideração, sob pena de preclusão. Naturalmente o sócio poderá se valer de tal recurso, conforme já exposto no item anterior, mas, se preferir, poderá aguardar os embargos à execução para se defender. Condicionar a defesa do sócio ao agravo de instrumento seria suprimir um grau de jurisdição no exercício de seu contraditório.

O art. 137 do Novo CPC prevê que, sendo acolhido o pedido de desconsideração, a alienação ou oneração de bens, havida em fraude de execução, será ineficaz em relação ao requerente. Como se pode notar do dispositivo legal, somente após o acolhimento do pedido de desconsideração haverá fraude à execução, em previsão que contraria o disposto no art. 792, § 3.º, do Novo CPC, que estabelece haver fraude à execução nos casos de desconsideração da personalidade jurídica a partir da citação da parte cuja personalidade se pretende desconsiderar.

Tratando-se de questão meramente patrimonial de interesse das partes envolvidas no processo, deve ser elogiado o Enunciado 123 do Fórum Permanente de Processualistas Civis (FPPC): "É desnecessária a intervenção do Ministério Público, como fiscal da ordem jurídica, no incidente de desconsideração da personalidade jurídica, salvo nos casos em que deva intervir obrigatoriamente, previstos no art. *179*".

12

PODERES DO JUIZ

O art. 139 do Novo CPC elenca os poderes do juiz na direção do processo, o que era feito pelo art. 125 do CPC/1973. Há algumas repetições do antigo dispositivo, mas são sensíveis as novidades, bastando para tal conclusão a comparação do número de incisos do novo e do antigo dispositivo.

Cabe ao juiz assegurar às partes igualdade de tratamento, nos termos do art. 125, I, do CPC/1973 e repetido no art. 139, I, do Novo CPC. No inciso II do art. 139 do Novo CPC há uma mudança apenas redacional do art. 125, II, do CPC/1973, cabendo ao juiz velar pela duração razoável do processo, exigência essa consagrada no art. 5.º, LXXXVIII, da CF. O inciso III repete a incumbência de o juiz prevenir e reprimir qualquer ato contrário à dignidade da justiça, passando também a prever o indeferimento de postulações meramente protelatórias.

No inciso IV não há propriamente uma novidade, mas a previsão pode gerar mudanças substanciais no plano da efetivação das decisões judiciais. Segundo o dispositivo legal, incumbe ao juiz determinar, todas as medidas indutivas, coercitivas, mandamentais ou sub-rogatórias necessárias para assegurar o cumprimento de ordem judicial, inclusive nas ações que tenham por objeto prestação pecuniária.

Trata-se da consagração legislativa do princípio da atipicidade das formas executivas, de forma que o juiz poderá aplicar qualquer medida executiva, mesmo que não expressamente consagrada em lei, para efetivar suas decisões. A consagração legal do princípio da atipicidade dos meios executivos não é novidade no sistema, já que no CPC/1973 o art. 461, §

5.º, antes de iniciar a enumeração de diferentes meios de execução – tanto de execução indireta como de sub-rogação –, se valia da expressão "tais como", em nítida demonstração do caráter exemplificativo do rol legal.

O problema é que o dispositivo que consagrava a atipicidade das formas executivas no CPC/1973 disciplinava a execução das obrigações de fazer e não fazer, aplicável a execução das obrigações de entregar coisa por força do art. 461-A, § 3.º, do CPC/1973. A consequência mais relevante dessa circunstância era a resistência do Superior Tribunal de Justiça em aceitar a aplicação de *astreintes* na execução da obrigação de pagar quantia certa[1], ainda que o entendimento fosse criticado por parcela da doutrina[2].

Como o art. 139, IV, do Novo CPC faz expressa menção a ações que tenham por objeto prestação pecuniária, é possível concluir que a resistência à aplicação das *astreintes* nas execuções de pagar quantia certa perdeu sua fundamentação legal, afastando-se assim o principal entrave para a aplicação dessa espécie de execução indireta em execuções dessa espécie de obrigação.

Nesse sentido a feliz conclusão do Enunciado 12 do Fórum Permanente de Processualistas Civis (FPPC), ressaltando-se a subsidiariedade das medidas atípicas quando as típicas se mostrarem eficazes na satisfação da obrigação: "*A aplicação das medidas atípicas sub-rogatórias e coercitivas é cabível em qualquer obrigação no cumprimento de sentença ou execução de título executivo extrajudicial. Essas medidas, contudo, serão aplicadas de forma subsidiária às medidas tipificadas, com observação do contraditório, ainda que diferido, e por meio de decisão à luz do art. 499, § 1.º, I e II (486 [atual art. 489])*".

No inciso V do artigo ora comentado vem prevista a incumbência de o juiz promover, a qualquer tempo, a autocomposição, preferencialmente com auxílio de conciliadores e mediadores judiciais. Trata-se de modernização do previsto no art. 129, IV, do CPC/1973.

O inciso VI do art. 139 do Novo CPC prevê o poder de o juiz dilatar os prazos processuais e alterar a ordem de produção dos meios de prova, adequando-os às necessidades do conflito de modo a conferir maior efetividade à tutela do direito. O tema já foi devidamente versado nos comentários ao princípio da flexibilização procedimental.

---

1 REsp 1.036.968/DF, 1.ª Turma, rel. Min. Teori Albino Zavascki, j. 13.05.2008; REsp 893.484/RS, 2.ª Turma, rel. Min. Herman Benjamin, j. 15.03.2007.

2 Marinoni-Mitidiero, *Código*, p. 462-463.

Registre-se apenas a inutilidade do parágrafo único do artigo ora comentado ao prever que a dilação de prazo ora analisada somente pode ser determinada antes de encerrado o prazo regular. Naturalmente não se pode dilatar o que já se exauriu, sendo indispensável nesse caso fazer a distinção entre prazo peremptório (que pode ser prorrogado) e impróprio (que não gera preclusão temporal). Nunca será possível prorrogar um prazo já extinto, seja ele próprio ou impróprio. São na realidade duas classificações de prazos fundadas em critérios diferentes e que não podem ser confundidas.

Segundo o inciso VII do artigo ora comentado, cabe ao juiz o exercício do poder de polícia, requisitando, quando necessário, força policial, além da segurança interna dos fóruns e tribunais. Trata-se de norma que mais se adéqua à administração dos trabalhos forenses do que ao processo civil.

O inciso VIII tem previsão curiosa, ainda que não inovadora. Incumbe ao juiz determinar, a qualquer tempo, o comparecimento pessoal das partes, para inquiri-las sobre os fatos da causa, hipótese em que não incidirá a pena de confesso. O dispositivo legal é sofrível por variadas razões.

Trata-se à evidência do interrogatório que aparentemente foi extinto pelo Novo Código de Processo Civil, transformando qualquer oitiva das partes, provocada pelas partes ou determinado de ofício pelo juiz, em depoimento pessoal. E no depoimento pessoal naturalmente haverá confissão. Fica o mistério se o dispositivo legal ora analisado manteria o interrogatório no sistema processual cível, quando a vontade do legislador ao disciplinar o depoimento pessoal parece ser em sentido contrário.

Por outro lado, falar em "pena" ao se referir à confissão é confundir alho com bugalho. É verdade que existe intensa polêmica a respeito da natureza jurídica da confissão, se é realmente um meio de prova, mas é certo que a confissão não tem natureza de sanção processual.

Por fim, devem-se distinguir a confissão tácita e a expressa. Quando o dispositivo legal menciona que a oitiva da parte por determinação judicial não gera confissão, tudo leva a crer que a vedação se limite à confissão tácita, gerada pela ausência ou pelo silêncio da parte. Não há qualquer sentido em desprezar uma confissão expressamente realizada em juízo somente porque a presença da parte não decorreu de pedido da parte contrária, mas de determinação do juiz.

No inciso IX do artigo ora comentado consagra-se mais uma vez o princípio da cooperação, dessa vez pelo aspecto de uma atuação mais intensa do juiz no saneamento de imperfeições formais. Segundo o dispositivo, incumbe ao juiz determinar o suprimento de pressupostos processuais e o saneamento de outros vícios processuais.

O último inciso do art. 139 do Novo CPC não é novidade no sistema, existindo norma com conteúdo similar na Lei de Ação Civil Pública (art. 7.º da Lei 7.347/1985). Nos termos do dispositivo legal, o juiz, quando se deparar com diversas demandas individuais repetitivas, deve oficiar o Ministério Público, a Defensoria Pública e, na medida do possível, outros legitimados a que se referem os arts. 5.º da Lei 7.347, de 24.07.1985, e o art. 82 da Lei 8.078, de 11.09.1990, para, se for o caso, promover a propositura da ação coletiva respectiva.

O juiz, em seu julgamento, deve guiar-se pelo juízo da legalidade, ainda que não numa acepção de positivismo acrítico, devendo no caso concreto aplicar a norma legal inspirado pelos princípios constitucionais e os direitos fundamentais. Mesmo diante desse panorama mais moderno de interpretação e aplicação da lei, o juízo de equidade é residual, sendo, nos termos do art. 140, parágrafo único, do Novo CPC, reservado apenas para os casos previstos em lei.

13

AUXILIARES DA JUSTIÇA

O art. 149 do Novo CPC, ao tratar dos auxiliares da Justiça, repete parcialmente o art. 139 do CPC/1973, ao prever o escrivão, o oficial de justiça, o perito, o depositário, o administrador e o intérprete. O rol foi ampliado com a indicação do chefe de secretaria, do tradutor, do mediador, do conciliador judicial, do partidor, do distribuidor, do contabilista e do regulador de avarias.

Sem correspondência no CPC/1973, o art. 151 do Novo CPC exige que em cada comarca, seção ou subseção judiciária haja, no mínimo, tantos oficiais de justiça quantos sejam os juízos. Trata-se de previsão mais destinada à organização judiciária do que propriamente ao processo.

Conforme já foi devidamente analisado, o art. 12 do Novo CPC cria uma ordem cronológica para julgamento. O art. 153, *caput*, do Novo CPC, seguindo a mesma premissa, determina que o escrivão ou chefe de secretaria deverá obedecer à ordem cronológica de recebimento para publicação e efetivação dos pronunciamentos judiciais, salvo nas hipóteses de atos urgentes, assim reconhecidos pelo juiz no pronunciamento judicial a ser efetivado e nas preferências legais (§ 2.º), que terão uma lista própria para fins de ordem cronológica (§ 3.º).

Em respeito ao princípio da publicidade dos atos processuais, o § 1.º do dispositivo ora analisado prevê que a lista de processos recebidos deverá ser disponibilizada, de modo permanente, para consulta pública. Diferente do art. 12, § 1.º, do Novo CPC, não há no art. 153, § 1.º, do mesmo Código previsão da forma de publicidade, podendo ser aplicado por analogia aquele dispositivo (publicação em cartório e na rede mundial de computadores).

Segundo o § 4.º do dispositivo legal ora analisado, a parte que se considerar preterida na ordem cronológica poderá reclamar, nos próprios autos, ao juiz do processo, que requisitará informações ao servidor, a serem prestadas no prazo de dois dias. Tal constatação não será tarefa fácil, pois demandará do advogado um acompanhamento de outros processos além daquele que patrocina, mas é certo que em casos de nítida preterição a prova não deverá ser de difícil produção. Sendo constatada a preterição, o § 5.º prevê que o juiz determinará o imediato cumprimento do ato e a instauração de processo administrativo disciplinar contra o servidor.

Entre as incumbências do oficial de justiça cumpre destacar o disposto no art. 154, VI, do Novo CPC: certificar, em mandado, proposta de autocomposição apresentada por qualquer das partes, na ocasião de realização de ato de comunicação que lhe couber. Mais um indicativo de que o Novo Código de Processo Civil de fato trata com considerável destaque a solução consensual dos conflitos. Será ainda mais significativa a existência da proposta indicada pelo dispositivo legal ora comentado se o oficial esclarecer à parte a possibilidade de uma autocomposição, mas essa conduta não está consagrada em lei como uma de suas incumbências.

Sendo certificada a proposta de autocomposição pelo oficial de justiça o parágrafo único do art. 154 determina que o juiz intime a parte contrária para manifestar-se, no prazo de cinco dias, sem prejuízo do andamento regular do processo, entendendo-se o silêncio como recusa. Como no Direito quem cala apenas cala, é importante a previsão expressa de que o silêncio da parte será considerado como recusa na realização da autocomposição.

Em interessante inovação, a Câmara incluiu no projeto de lei por ela aprovado uma seção a um auxiliar da Justiça que sempre existiu, mas nunca esteve expressamente previsto no CPC: o assessor judicial. Com o título "Assessoramento judicial", a Seção II do Capítulo III do projeto aprovado na Câmara consagrava legislativamente uma prática conhecida e reconhecida por todos que militam nos foros brasileiros.

Segundo o art. 156 do projeto de lei, o juiz poderia ser assessorado diretamente por um ou mais servidores, notadamente na: elaboração de minutas de decisões ou votos; pesquisa de legislação, doutrina e jurisprudência necessárias à elaboração de seus pronunciamentos; preparação de agendas de audiências e na realização de outros serviços. Além disso, o parágrafo único do dispositivo ora comentado permitia ao servidor a prolação de despachos mediante delegação do juiz e respeitadas as atribuições do cargo.

No texto final do Novo CPC aprovado pelo Senado, a novidade foi suprimida, levando para a clandestinidade a atividade que todos que militam no foro sabem existir e que nada indica deixar de ocorrer no dia a dia forense.

Com relação ao perito, há uma importante modificação no tocante à escolha pelo juiz. Enquanto o art. 145, § 2.º, do CPC/1973 previa que os peritos seriam escolhidos livremente pelo juiz, bastando o preenchimento de certos requisitos formais (nível universitário e registro em órgão de classe competente), o art. 156, § 1.º, do Novo CPC prevê que os peritos serão nomeados entre os profissionais legalmente habilitados e os órgãos técnicos ou científicos devidamente inscritos em cadastro mantido pelo tribunal ao qual o juiz está vinculado.

E mais, a escolha aparentemente deixa de ser do juiz porque o art. 157, § 2.º, do Novo CPC prevê que será organizada lista de peritos na vara ou na secretaria, com disponibilização dos documentos exigidos para habilitação à consulta de interessados, para que a nomeação seja distribuída de modo equitativo, observadas a capacidade técnica e a área de conhecimento.

Por outro lado, deve ser lembrado o art. 471 do Novo CPC, que permite que as partes escolham o perito desde que sejam plenamente capazes e a causa possa ser resolvida por autocomposição. Nesse caso, a lista disponibilizada pelo tribunal é irrelevante, podendo ser escolhido perito estranho a ela, sendo tal hipótese mais uma demonstração clara da perda de poder do juiz na nomeação do perito judicial.

Com o objetivo de democratizar e qualificar as pessoas humanas e órgãos habilitados a realização de perícias judiciais, cabe aos tribunais a realização de consulta pública, por meio de divulgação na rede mundial de computadores ou em jornais de grande circulação, além de consulta direta a universidades, a conselhos de classe, ao Ministério Público, à Defensoria Pública e à Ordem dos Advogados do Brasil, para a indicação de profissionais ou órgãos técnicos interessados.

Já se adiantando a possibilidade de os tribunais não criarem e muito menos abastecerem o cadastro com pessoas habilitadas à realização de perícias, o § 5.º do art. 156 do Novo CPC prevê que na localidade onde não houver inscrito no cadastro disponibilizado pelo tribunal, a nomeação do perito é de livre escolha pelo juiz e deverá recair sobre profissional ou órgão técnico ou científico comprovadamente detentor do conhecimento necessário à realização da perícia, na prática retornando-se, assim, ao sistema anterior.

O § 3.º do dispositivo comentado é uma norma com excelente intenção, mas que tem tudo para cair no esquecimento pelo desuso. Nos termos do dispositivo legal os tribunais, responsáveis pela criação dos cadastros de peritos, deverão realizar avaliações e reavaliações periódicas para sua manutenção no cadastro, considerando a formação profissional, a atualização do conhecimento e a experiência dos peritos interessados.

O objetivo – nobre, reconheço – é manter um cadastro com pessoas qualificadas ao exercício de suas funções entre os peritos cadastrados, inclusive no tocante à atualização do conhecimento, de forma que os peritos ultrapassados, que não se adequarem às novas exigências de conhecimento, serão excluídos do cadastro.

A medida é facilmente tomada contra um serventuário eventual da justiça, como é o caso do perito. Com os serventuários permanentes haveria dificuldades legais para o desligamento, mas realmente seria algo interessante pensar em avaliações periódicas para aferir se tais serventuários continuam aptos a exercer suas funções. Inclusive os juízes, promotores, defensores públicos. E também os advogados, públicos e privados. Desconfio seriamente que o resultado seria alarmante.

Nos termos do art. 148, II, do Novo CPC, as causas de impedimento e suspeição previstas para o juiz são aplicáveis aos demais auxiliares da justiça, inclusive o perito. Por outro lado, o art. 468 do Novo CPC consagra a possibilidade de o perito ser substituído quando faltar-lhe conhecimento técnico ou científico ou quando atrasar sem motivo legítimo a entrega do laudo pericial.

Para a aplicação de tais dispositivos legais, é preciso saber exatamente quem é a pessoa responsável pela perícia, porque, ainda que o juiz indique um órgão técnico ou científico como responsável pela perícia, a prova pericial será sempre produzida por uma ou mais pessoas, vinculadas a esse órgão.

Diante de tal realidade, o § 4.º do art. 156 do Novo CPC prevê que, sendo indicado para a perícia um órgão técnico ou científico, cabe ao indicado informar ao juiz os nomes e dados de qualificação dos profissionais que participarão da atividade.

14

MINISTÉRIO PÚBLICO

Sem correspondência no CPC/1973, o art. 176 do Novo CPC prevê que o Ministério Público atuará na defesa da ordem jurídica, do regime democrático e dos interesses e direitos sociais e individuais indisponíveis. O art. 177 do Novo CPC aprimora o art. 81 do CPC/1973 ao prever que o Ministério Público exercerá o direito de ação em conformidade com suas atribuições constitucionais.

O art. 178, *caput*, do Novo CPC prevê que o Ministério Público atuará não mais como fiscal da lei em determinados processos, mas como fiscal da ordem jurídica. Segundo o dispositivo legal, o Ministério Público será intimado para, no prazo de trinta dias, intervir como fiscal da ordem jurídica nas hipóteses previstas em lei ou na Constituição Federal e nos processos que envolvam interesse público ou social, interesse de incapaz e litígios coletivos pela posse de terra rural ou urbana.

Digna de nota a revogação do art. 82, II, do CPC/1973, que previa a intervenção do Ministério Público nas causas concernentes ao estado da pessoa, pátrio poder, tutela, curatela, interdição, casamento, declaração de ausência e disposições de última vontade.

O parágrafo único do art. 178 do Novo CPC consagra entendimento tranquilo de doutrina e jurisprudência no sentido de que a participação da Fazenda Pública no processo não configura, por si só, hipótese de intervenção do Ministério Público.

Independentemente da qualidade processual do Ministério Público na relação jurídica processual, o art. 180, *caput*, do Novo CPC consagra a regra da contagem do prazo em dobro, mantendo-se a exigência de intimação pessoal, ainda que realizada por meio eletrônico, salvo quando a lei estabelecer de forma expressa prazo próprio para o Ministério Público (§ 2.º). Significa que os prazos em geral serão contados em dobro e os prazos específicos para manifestação do Ministério Público terão contagem simples.

Nos termos do § 1.º do dispositivo ora comentado, encerrado o prazo para manifestação do Ministério Público sem o oferecimento de parecer, o juiz requisitará os autos e dará andamento ao processo. A regra é importante porque evita que o atraso na manifestação do Ministério Público trave o andamento processual, adotando-se técnica já consagrada no art. 12, parágrafo único, da Lei 12.016/2009, no sentido de ser necessária a intimação do Ministério Público, mas não sua manifestação.

O membro do Ministério Público será civil e regressivamente responsável quando agir com dolo ou fraude no exercício de suas funções, nos termos do art. 181 do Novo CPC.

15

ADVOCACIA PÚBLICA

A Advocacia Pública é incluída no capítulo referente às partes e procuradores no Novo Código de Processo Civil. Segundo o art. 182, *caput*, incumbe à Advocacia Pública, na forma da lei e por meio da representação judicial, defender e promover os interesses públicos da União, dos Estados, do Distrito Federal e dos Municípios, das pessoas jurídicas de direito público que integram a administração direta e indireta em todos os âmbitos federativos.

Como ocorre com o promotor de justiça, que tem responsabilidade prevista no art. 181 do Novo CPC, e com o defensor público, com responsabilidade prevista no art. 187, o membro da Advocacia Pública será civil e regressivamente responsável quando agir com dolo ou fraude no exercício de suas funções (art. 184 do Novo CPC).

O art. 183 do Novo CPC trata do prazo para a União, os Estados, o Distrito Federal, os Municípios e suas respectivas autarquias e fundações de direito público. É superior ao art. 188 do CPC/1973 que previa genericamente a Fazenda Pública com a prerrogativa do prazo em dobro. Em regra, o prazo continua ser contado em dobro para todas as suas manifestações processuais, cuja contagem terá início a partir da intimação pessoal, que nos termos do § 1.º será feita por carga, remessa ou meio eletrônico.

Em mais uma regra também aplicável ao Ministério Público e à Defensoria Pública, os entes públicos elencados no *caput* do artigo ora analisado não se beneficiam com prazo em dobro quando a lei estabelecer, de forma expressa, prazo próprio para o ente público (art. 183, § 2.º, do Novo CPC).

16

DEFENSORIA PÚBLICA

A Defensoria Pública é incluída no capítulo referente às partes e procuradores no Novo Código de Processo Civil. Nos termos do art. 185, a Defensoria Pública exercerá a orientação jurídica, a promoção dos direitos humanos e a defesa dos direitos individuais e coletivos dos necessitados, em todos os graus, de forma integral e gratuita. O dispositivo deixa dois pontos de interrogação.

É tradicional na doutrina a divisão da função da Defensoria Pública em típica e atípica. Existe unanimidade em apontar como função típica a defesa dos interesses dos economicamente necessitados, existindo certa divergência no que viria a ser sua função atípica. Essas divergências são mais de forma do que de conteúdo, pois atinentes ao modo de classificação dessa função, mas ainda assim merecem breves comentários.

Para parcela da doutrina, qualquer atuação que, apesar de permitida por previsão legal, não seja em defesa do economicamente necessitado representa uma atuação atípica. São clássicos exemplos dessa atuação atípica a defesa de acusados no processo penal (art. 4.º, XIV e XV, da LC 80/1994), com amparo nos arts. 261 e 263 do CPP, e a curadoria especial nas hipóteses previstas no art. 9.º, II, do CPC e admitida expressamente pelo art. 4.º, XVI, da LC 80/1994.

Em ambos os casos mencionados a condição econômica do sujeito tutelado pela Defensoria Pública é irrelevante, pois são outras as razões que determinam sua participação no processo. Uma eventual legitimidade ativa da Defensoria Pública absolutamente dissociada da hipossuficiência econômica seria possível, portanto, em razão de suas funções atípicas.

Outra parcela da doutrina, ao especificar a função atípica desenvolvida pela Defensoria Pública, a divide em duas espécies: defesa do hipossuficiente jurídico e do hipossuficiente organizacional, o que se obtém por meio do alargamento do conceito de necessitados, alvo constitucional de tutela nos termos do art. 134 da CF.

Amplia-se o conceito de necessitados para, além dos tradicionais carentes de recursos econômicos, incluírem-se também os necessitados jurídicos, no sentido de que caberia à Defensoria Pública, quando previsto em lei, garantir a determinados sujeitos, independentemente de sua condição econômica, o pleno exercício da ampla defesa e do contraditório. Costuma-se indicar como exemplos as já citadas atuações em defesa do réu no processo penal e da curadoria especial exercida no processo civil.

Também se incluem entre os necessitados aqueles que têm real dificuldade de se organizar para defenderem seus direitos em juízo e fora dele. Nesse caso, passa-se a falar em necessitados organizacionais, hipossuficiência derivada da vulnerabilidade das pessoas em face das relações complexas existentes na sociedade contemporânea, com especial ênfase aos conflitos próprios da sociedade de massa atual. Derivaria dessa função atípica a legitimação da Defensoria Pública nas ações coletivas.

Como se pode notar, a promoção dos direitos humanos não é considerada função da Defensoria Pública, mesmo quando sua atuação é analisada sob a ótica da atipicidade, não tendo sido feliz o art. 185 do Novo CPC nesse sentido.

Por outro lado, o dispositivo fala na defesa dos direitos individuais e coletivos dos necessitados, não precisando de que espécie é a necessidade que enseja a participação da Defensoria Pública. Seria a econômica, ou também de outras naturezas? O dispositivo prevê somente a atuação típica da Defensoria Pública ou consagra também as suas funções atípicas? Ainda que o dispositivo deixe margem para dúvida, ao afirmar que a defesa será realizada de forma integral e gratuita, o dispositivo ora analisado dá indícios de tratar somente do economicamente hipossuficiente.

O art. 186, *caput*, do Novo CPC consagra a prerrogativa da Defensoria Pública em gozar de prazo em dobro para todas as suas manifestações processuais, que terá início com a intimação pessoal do defensor público, nos termos do art. 183, § 1.º. Nos termos do § 3.º do art. 186 também terão direito ao prazo em dobro os escritórios de prática jurídica das faculdades de Direito reconhecidas na forma da lei e às entidades que prestam assistência jurídica gratuita em razão de convênios firmados com a Defensoria Pública.

Entendo que esse dispositivo legal tem inconstitucionalidade formal insuperável. Depois da aprovação do Novo CPC no Senado Federal, o projeto foi enviado para a redação final. Naturalmente, nenhuma mudança de conteúdo seria admitida nesse momento, mas, aparentemente, foi o que ocorreu no art. 186, § 3.º, do Novo CPC. Além de convênio com a Defensoria Pública, o texto aprovado também previa o convênio com a Ordem dos Advogados do Brasil (em alguns Estados, como São Paulo, em que a OAB complementa o trabalho da Defensoria Pública por meio de convênio), tendo sido esse trecho suprimido do artigo enviado para a sanção presidencial.

Nem com toda boa vontade hermenêutica imaginável é possível se afirmar que tal supressão foi uma mera adequação redacional. Havendo algum convênio de entidades que prestam assistência jurídica gratuita em razão de convênio com a Ordem dos Advogados do Brasil, não se aplicará ao caso concreto o prazo em dobro previsto no *caput* do art. 186 do Novo CPC.

Poder-se-á dizer que esses convênios são ilegais e, até mesmo, que tendem a desaparecer. Isso é o que menos importa, porque se tais questões não foram levantadas antes da aprovação do Novo CPC, não é legítimo que gere mudança de conteúdo de norma legal durante o trabalho de adequação redacional do texto final.

Em regra também aplicável ao Ministério Público e à Fazenda Pública, a Defensoria Pública não se beneficia com prazo em dobro quando a lei estabelecer, de forma expressa, prazo próprio para o ente público (art. 186, § 4.º, do Novo CPC).

Segundo o § 2.º do art. 186 do Novo CPC, o juiz determinará, a requerimento da Defensoria Pública, a intimação pessoal da parte patrocinada quando o ato processual depender de providência ou informação que somente por ela possa ser realizada ou prestada. Naturalmente o cabimento dessa intimação pessoal será apreciado pelo juiz, que decidirá a respeito de sua adequação.

Como ocorre com o promotor de justiça, que tem responsabilidade prevista no art. 181 do Novo CPC, e com o advogado público, com responsabilidade prevista no art. 184, o membro da Defensoria Pública será civil e regressivamente responsável quando agir com dolo ou fraude no exercício de suas funções (art. 187 do Novo CPC).

17

ATOS PROCESSUAIS

17.1 TUTELA JURISDICIONAL DIFERENCIADA – FLEXIBILIZAÇÃO PROCEDIMENTAL

Certamente pensando em termos de tutela diferenciada, o Projeto do Novo Código de Processo Civil original previa em seu art. 151, § 1.º, um amplo poder para o juiz determinar o procedimento no caso concreto. Segundo constava do dispositivo legal, quando o procedimento ou atos previstos em lei se mostrassem, no caso concreto, inadequados, o juiz teria o poder de determinar os necessários reajustes, respeitando os princípios do contraditório e da ampla defesa. No mesmo sentido o art. 107, V, ao admitir ao juiz a adequação das fases e dos atos processuais às especificações do conflito, de modo a conferir maior efetividade à tutela do bem jurídico, respeitando sempre o contraditório e a ampla defesa.

Apesar de reconhecer a inegável inovação do dispositivo legal, sempre me pareceu incerto que o resultado do aumento de poderes do juiz para fixar o procedimento no caso concreto seja positivo. Ainda que o projeto demandasse o respeito ao contraditório e a ampla defesa, o que seria o suficiente para afastar a eventual surpresa das partes, é de se perguntar até que ponto a liberdade concedida ao juiz não criaria insegurança jurídica e, eventualmente, quebra da isonomia.

Esse receio foi comungado por parcela considerável dos operadores do Direito, gerando uma das críticas mais contundentes contra as reformas constantes do Novo Código de Processo Civil. O "levante" parece ter funcionado, considerando-se que na atual redação a regra presente no art. 151, § 1.º, foi suprimida e a do art. 107, V, remodelada, constando, atualmente, do projeto que, nos termos do art. 139, VI, o juiz pode dilatar os prazos processuais e alterar a ordem de produção dos meios de prova adequando-os às necessidades do conflito, de modo a conferir maior efetividade à tutela do bem jurídico.

Não há dúvida de que houve restrição aos poderes do juiz quando o Novo CPC é comparado com o projeto de lei original, mas ainda assim o art. 139, VI, deixa dúvidas. Poderá o juiz aumentar os prazos processuais considerados peremptórios quando entender que eles são insuficientes, mesmo que não configure a hipótese prevista no art. 222, *caput*, do Novo CPC? E o prazo de dois meses previsto nesse dispositivo, poderá ser superado? Caberão aos operadores do Direito tais respostas, que naturalmente só poderão ser dadas após longo tempo de maturação, lapso temporal esse que promete causar calafrios naqueles que atuam no processo, em especial os patronos das partes. Ao menos o art. 222, § 1.º, proíbe o juiz de reduzir prazos peremptórios sem anuência das partes.

Interessante notar que a possibilidade de ampliação do prazo, o que seria suficiente para torná-lo dilatório, em nada altera sua natureza própria. Significa que o juiz pode dilatar prazos que ainda não tenham sido vencidos, porque, uma vez encerrada sua contagem, opera-se a preclusão temporal, sendo nesse exato sentido o Enunciado 129 do Fórum Permanente de Processualistas Civis (FPPC).

Há uma interessante novidade no Novo Código de Processo Civil quanto à adequação procedimental às condições do caso concreto. O art. 190 prevê em seu *caput* a possibilidade de as partes, desde que plenamente capazes e em causa que verse sobre direitos que admitam a autocomposição, antes ou durante o processo, convencionarem sobre os seus ônus, poderes, faculdades e deveres processuais. É correta a conclusão do Enunciado 135 do Fórum Permanente de Processualistas Civis (FPPC), no sentido de que a indisponibilidade do direito material discutido no processo não impede, por si só, a celebração do negócio jurídico ora analisado.

Além disso, pode ser celebrado por qualquer parte, inclusive a Fazenda Pública (Enunciado 256 do Fórum Permanente de Processualistas Civis (FPPC)) e o Ministério Público, quando atua como autor ou réu (Enunciado 253 do Fórum Permanente de Processualistas Civis (FPPC)), em processos individuais ou coletivos (Enunciado 255 do Fórum Permanente de Processualistas Civis (FPPC)).

O Novo CPC, seguindo tendências do direito inglês (*case management*) e francês (*contrat de procédure*), cria uma cláusula geral de negociação processual, que pode ter como objetivo as situações processuais das partes, o procedimento e a fixação de um calendário procedimental.

O acordo nesse caso terá como objeto as situações processuais das partes (ônus, poderes, faculdades e deveres processuais). Ainda que o dispositivo não mencione expressamente o procedimento, é natural que a convenção sobre as situações jurídicas elencadas possa, ainda que indiretamente, influenciar o procedimento.

No mesmo art. 191 do Novo CPC também se prevê, agora de forma direta e expressa, a possibilidade de as partes convencionarem a respeito do procedimento para ajustá-lo às especificidades. Trata-se de interessante novidade, ainda que o procedimento acordado entre as partes dependa de homologação judicial, respeitando-se os limites impostos pelo parágrafo único do art. 190, que permite ao juiz recusar a convenção nos casos de nulidade ou inserção abusiva em contrato de adesão ou no qual alguma parte se encontre em manifesta situação de vulnerabilidade.

Diante da exigência legal de anuência judicial a respeito do negócio jurídico processual celebrado entre as partes, discordo do Enunciado 133 do Fórum Permanente de Processualistas Civis (FPPC), no sentido de que, "*salvo nos casos expressamente previstos em lei, os negócios processuais do* caput *do art. 189 [atual art. 190] não dependem de homologação judicial*". Acredito que o controle judicial seja indispensável em qualquer hipótese, de forma que a ausência de homologação pelo juiz impede que o acordo gere efeitos processuais. O processo, afinal, continua a não ser "coisa das partes" em razão de sua indiscutível natureza pública. Acertado o Enunciado 260 do Fórum Permanente de Processualistas Civis (FPPC) ao apontar a homologação judicial como condição de eficácia do negócio jurídico.

Questão mais interessante se coloca nos limites de controle judicial na homologação do acordo procedimental (seja quanto às situações processuais das partes como ao procedimento propriamente dito). Pela leitura do art. 190 do Novo CPC, não há participação do juiz na elaboração do acordo procedimental, que, inclusive, poderá ser realizado antes do processo. Entende-se, dessa forma, que as partes entram em acordo quanto às situações processuais e procedimento e vinculam o juízo ao seu acordo de vontades.

Caberá ao juiz apenas analisar a admissibilidade do acordo (partes capazes e direito que admita a autocomposição) e sua validade, nos termos do parágrafo único do art. 190. Trata-se de mudança significativa porque o legislador vincula o Estado-Juiz à vontade das partes no tocante ao procedimento, mesmo que com tais mudanças não concorde o juiz.

É evidente que, podendo o juiz deixar de homologar o acordo celebrado pelas partes em razão de sua nulidade, será possível uma maior ou menor flexibilização do termo para impedir que as partes vinculem o juiz do processo às regras procedimentais com as quais não concorda. Impor um procedimento a um árbitro, contratado pelas partes, é natural. Impor um procedimento a um juiz, no exercício de sua função jurisdicional, representando o Estado, é um pouco mais complexo.

Quanto à nulidade do acordo procedimental, há interessantes Enunciados do Fórum Permanente de Processualistas Civis (FPPC): Enunciado 16: "*O controle dos requisitos objetivos e subjetivos de validade da convenção de procedimento deve ser conjugado com a regra segundo a qual não há invalidade do ato sem prejuízo*"; Enunciado 18: "*Há indício de vulnerabilidade quando a parte celebra acordo de procedimento sem assistência técnico-jurídica*"; Enunciado 132: "*Além dos defeitos processuais, os vícios da vontade e os vícios sociais podem dar ensejo à invalidação dos negócios jurídicos atípicos do art. 189 [atual art. 190]*"; Enunciado 134: "*Negócio jurídico processual pode ser invalidado parcialmente*".

Conforme já se manifestou a melhor doutrina, estão entre os poderes de convenção o poder de não recorrer, ou acordo de instância, de forma que as partes convencionem que o processo será decidido definitivamente somente em uma determinada instância. Esse entendimento afastará a resistência atual na admissão da renúncia prévia ao direito recursal, ainda que realizada mediante acordo das partes[1].

As partes não terão, portanto, a mesma liberdade que têm na arbitragem, quando podem livremente determinar o procedimento a ser observado, mas já é um avanço as partes poderem contribuir com o juiz na tentativa de adequar o procedimento às exigências do caso concreto.

Por outro lado, apesar de o *caput* do dispositivo ora comentado incluir os deveres processuais entre as situações processuais que podem ser objeto de acordo, não parece crível que as partes possam acordar pelo afastamento de seus deveres. Basta imaginar as partes convencionarem sobre o dever de boa-fé e lealdade processual, transformando o processo em verdadeira "terra de ninguém", obrigando o juiz a aceitar todo tipo de

---

1 Fux, *Curso*, p. 949; Assis, *Manual*, n. 19.4.1.4, p. 166; Barbosa Moreira, *Comentários*, n. 185, p. 343.

barbaridades sem poder coibir ou sancionar tal comportamento. Nesse sentido é o correto Enunciado 06 do II Fórum Permanente de Processualistas Civis (FPPC): " *O negócio jurídico processual não pode afastar os deveres inerentes à boa-fé e à cooperação*". O que não significa que as partes não possam prever deveres e sanções concernentes ao descumprimento da convenção (Enunciado 17 do Fórum Permanente de Processualistas Civis (FPPC)).

Há quatro Enunciados do Fórum Permanente de Processualistas Civis (FPPC) que tentam, de forma exemplificativa, definir os limites do acordo procedimental: Enunciado 19: "*São admissíveis os seguintes negócios processuais bilaterais, dentre outros: pacto de impenhorabilidade, acordo bilateral de ampliação de prazos das partes, acordo de rateio de despesas processuais, dispensa consensual de assistente técnico, acordo para retirar o efeito suspensivo da apelação, acordo para não promover execução provisória*"; Enunciado 20: "*Não são admissíveis os seguintes negócios bilaterais, dentre outros: acordo para modificação da competência absoluta, acordo para supressão da 1.ª instância*"; Enunciado 21: "*São admissíveis os seguintes negócios, dentre outros: acordo para realização de sustentação oral, acordo para ampliação do tempo de sustentação oral, julgamento antecipado do mérito convencional, convenção sobre prova, redução de prazos processuais*"; Enunciado 254: "É inválida a convenção para excluir a intervenção do Ministério Público como fiscal da ordem jurídica".

É acertada a conclusão do Enunciado 115 do Fórum Permanente de Processualistas Civis (FPPC): "*O negócio jurídico celebrado nos termos do art. 191 [atual art. 190] obriga herdeiros e sucessores*". A conclusão de não se tratar de direito personalíssimo é correta porque envolve direitos disponíveis de natureza processual, vinculando aos sucessores processuais na hipótese de falecimento da parte.

Reconheço que o tema do negócio jurídico processual trazido por meio de uma cláusula geral desperta extremo interesse acadêmico, mas tenho sérias dúvidas de sua repercussão prática. A verdade é que, ainda que de forma tímida, o CPC/1973 já prevê a possibilidade de acordos procedimentais pontuais entre as partes, sendo a hipótese mais célebre a inversão convencional do ônus da prova. Pergunto: quem já viu acontecer?

Durante o processo, até se encontra uma justificativa para que não ocorra, porque dificilmente uma parte em litígio aceitará se incumbir de um ônus que era da parte contrária por exercício de vontade. Seria altruísmo exacerbado e significativamente raro. Quem sabe se a parte contrária oferecesse algo em troca, como o reconhecimento jurídico de um dos pedidos, poderia ser possível o acordo sobre a inversão do ônus da prova, mas o fato é que durante o processo tal acordo não ocorre.

Seria o caso então de pesquisar a existência de tal acordo antes do processo, em cláusulas contratuais. Quando acordado antes da existência do processo, nenhum dos contratantes sabe se será autor ou réu em futura e eventual ação judicial, de forma que a inversão do ônus da prova não prejudicaria *a priori* nenhuma das partes. Entretanto, novamente não se tem notícia de que tais acordos estão sendo celebrados.

Quem sabe com a ampliação do objeto do acordo procedimental ele se torne mais frequente, em especial na formatação de contratos que não contem com convenção de arbitragem. As partes não abririam mão do acesso ao Poder Judiciário, mas já estabeleceriam de antemão as regras procedimentais para o futuro e eventual processo judicial. Sinceramente, acredito que a consagração efetiva do art. 190 do Novo CPC depende de mudança de cultura jurídica, tanto contratual como processual, e por isso nutro grandes expectativas práticas quanto à novidade.

Outra novidade do dispositivo é a fixação de um calendário para a prática dos atos processuais[2], o qual, nos termos do art. 191, § 1.º, do Novo CPC, vincula as partes e o juiz. Diferente do negócio jurídico que tem como objeto as situações processuais e o procedimento, a fixação de calendário depende de um acordo de vontade entre o juiz e as partes, nos termos do *caput* do art. 191 do Novo CPC. Não há nesse caso, portanto, vinculação do juiz à vontade das partes.

A grande vantagem da fixação do calendário procedimental é encontrada no § 2.º do art. 191 do Novo CPC: a dispensa de intimação das partes para a prática de ato processual ou a realização de audiência cujas datas tiverem sido designadas no calendário. Trata-se de forma de eliminar o trabalho burocrático do cartório judicial e de se evitar a nulidade de alguma intimação realizada com vício formal. Nesse sentido devem ser reconhecidos os benefícios da nova técnica processual.

Compreendo que academicamente se elogie a novidade, em especial quando institutos próximos já vêm sendo aplicados com sucesso em outros países, mas novamente temo que seja mais uma novidade para a Academia do que para a praxe forense.

A fixação do calendário procedimental está intimamente ligada à efetividade do processo, conforme lição de autorizada doutrina: "O es-

---

2 Semelhante a institutos já existentes no direito francês e italiano.

tabelecimento de calendário no início do processo é, pois, eficiente maneira (i) de adequação do rito às idiossincrasias do conflito, em especial ao tempo necessário para a produção da prova; (ii) de enfrentamento da morosidade do processo civil, com a eliminação de tempos mortos, que consomem em alguns casos até 95% do tempo de tramitação total; e (iii) de propiciar maior segurança jurídica, decorrente da elevada previsibilidade da duração do processo nesse modelo"[3].

Os benefícios são óbvios, mas a concretização da novidade dependerá de juízes realmente preocupados com a gestão processual, sabendo-se que com o calendário estarão se afastando do conforto da ausência de consequência no processo do descumprimento de seus prazos em razão de sua natureza imprópria. É evidente que a fixação do calendário procedimental não torna o prazo judicial próprio, porque continuará a ser válido o ato praticado pelo juiz depois do prazo, mas, se o próprio juiz desrespeitar seus prazos estabelecidos no calendário, todo o procedimento programado estará comprometido.

Não duvido de que haverá juízes que perceberão a adequação de fixar um calendário procedimental, mas não se podem fechar os olhos para a realidade. Se ainda existe algum conforto na atividade jurisdicional, é não ter verdadeiramente prazo para a prática dos atos, sendo difícil crer que os juízes se disponham a perder tal conforto. Por outro lado, de nada adianta a fixação do calendário procedimental se o juiz de antemão não se sentir obrigado a praticar seus atos nos prazos fixados. Nesse caso, naturalmente, é melhor que nem se percam tempo e energia com a fixação do calendário procedimental.

Não tenho dúvida, apesar de nunca ter sido juiz nem trabalhado em cartório judicial, que a fixação de calendário procedimental é excelente para os trabalhos cartoriais a médio e longo prazo, porque reduz significativamente os atos burocráticos de andamento do processo. Ocorre, entretanto, que, ao menos num primeiro momento, tal tarefa demandará tempo e trabalho, ainda mais pela inexperiência de todos os envolvidos (juízes e partes). E a situação de excesso significativo de volume de processos em alguns juízos impedirá a adoção da novidade. Ainda que se possa dizer que seria dar um passo atrás para depois dar dois à frente, a verdade é que, em determinados juízos, se der um passo atrás, cai-se em buraco fundíssimo...

---

3 Almeida, *Das convenções*, p. 204.

De qualquer forma, havendo a fixação do calendário procedimental, o § 2.º do art. 191 do Novo CPC prevê que a intimação das partes para a prática de ato processual ou a realização de audiência cujas datas tiverem sido designadas no calendário será dispensada. Eventual modificação dos prazos fixados nos calendários é excepcional, devendo ser justificada pelo juiz. E com as novas exigências de fundamentação de decisão judicial trazidas pelo Novo CPC, não bastará ao juiz uma decisão-padrão, cabendo a explicação pontual e específica de não cumprimento do calendário no caso concreto.

17.2 FORMA DOS ATOS PROCESSUAIS

Os juízes de qualquer grau de jurisdição têm o dever de receber os advogados para despacho, ainda que de forma organizada e previamente agendada pelo cartório. Atualmente isso ocorre em todas as instâncias diariamente, mas não há qualquer documentação nos autos a respeito da presença do advogado ou da parte perante o juízo.

Sem a devida documentação é impossível à parte contrária e a seu advogado saber da conversa mantida pela parte adversa com o juiz, desembargador ou ministro. E, tratando-se de um ato processual, sua documentação atenderia o princípio da publicidade de tais atos. O CPC/1973 nada previa nesse sentido, não sendo perceptível na praxe forense a adoção de tal medida.

Em interessante inovação, no projeto de lei aprovado na Câmara havia dispositivo legal que previa que o juiz ou relator desse publicidade ao comparecimento informal, junto a ele, de qualquer das partes ou de seus representantes judiciais, ordenando o imediato registro nos autos mediante termo, do qual constarão o dia, o horário da ocorrência e os nomes de todas as pessoas que se fizeram presentes.

Não era só a presença das partes e de seus patronos que seria documentada, prevendo o § 2.º do dispositivo ora comentado que o mesmo também ocorresse nos casos de comparecimento informal de membro do Ministério Público e de agentes da administração pública.

Segundo o dispositivo, os encontros entre juiz, parte, advogados, membros do Ministério Público e agentes da administração pública somente poderiam ocorrer na sede do juiz ou tribunal, salvo quando, excepcionalmente, o ato pudesse ser praticado em outro lugar em razão de deferência, de interesse da justiça, da natureza do ato ou de obstáculo arguido pelo interessado e acolhido pelo juiz.

A inovação era indiscutivelmente um avanço, mas ainda insuficiente para fins de controle desses encontros pela parte contrária e por seu advogado. Afinal, ainda que passasse a saber que o encontro ocorreu, será impossível saber o conteúdo da conversa mantida pelo magistrado com a parte ou advogado. Um avanço definitivo seria a exigência de que o conteúdo do encontro fosse de alguma forma documentado por meio de gravação ou outro modo de captura de imagem e som.

De qualquer forma, já era um avanço em termos de transparência na relação entre os magistrados e os advogados e partes. No texto final do Novo CPC aprovado pelo Senado, entretanto, a regra foi suprimida, de forma que voltamos à estaca zero quanto ao tema. Ou seja, tudo continuará a ser como é hoje, com encontros não documentados. Quem sabe no próximo Código de Processo Civil...

Tudo fica ainda mais triste quando se lê na Emenda constante do tópico 2.3.2.68 do Parecer Final 956 do Senado as razões da supressão da regra no texto final do Novo CPC: "A obrigatoriedade do registro em termo próprio do comparecimento informal da parte ou de seus representantes esbarra no intuito simplificador das rotinas processuais indicado como uma das premissas do Projeto do Senado. A Proposta da Câmara é vaga, sem deixar claro o que viria a ser "comparecimento informal. O despacho com os julgadores pelos advogados de qualquer uma das partes constitui prerrogativa assegurada pelo Estatuto da Advocacia. Além do mais, não há impedimento para que o julgador, entendendo necessário, marque dia e hora para o despacho conjunto, com a apresentação das razões pelos advogados de todas as partes, como hoje já ocorre em algumas ocasiões".

17.3 DA PRÁTICA ELETRÔNICA DE ATOS PROCESSUAIS

Segundo o art. 193, *caput*, do Novo CPC, os atos processuais podem ser total ou parcialmente digitais, de modo a permitir que sejam produzidos, comunicados, armazenados e validados por meio eletrônico, na forma da lei, que é substancialmente a Lei 11.419/2006. O parágrafo único do dispositivo estende a regra do *caput*, no que for cabível, à prática de atos notariais e de registro.

O art. 194 do Novo CPC consagra os princípios que devem nortear os sistemas de automação processual: a publicidade dos atos, o acesso e a participação das partes e de seus procuradores, inclusive nas audiências e sessões de julgamento, observadas as garantias da disponibilidade, independência da plataforma computacional, acessibilidade e interoperabilidade dos sistemas, serviços, dados e informações que o Poder Judiciário administre no exercício de suas funções.

Os requisitos dos padrões abertos de registro de ato processual eletrônico estão consagrados no art. 195 do Novo CPC: autenticidade, integridade, temporalidade, não repúdio, conservação e, nos casos que tramitem em segredo de justiça, confidencialidade, observada a infraestrutura de chaves públicas unificada nacionalmente, nos termos da lei. O dispositivo é mais completo que o art. 14, *caput*, da Lei 11.419/2006, que se limita a prever que os sistemas a serem desenvolvidos pelos órgãos do Poder Judiciário deverão usar, preferencialmente, programas com código aberto, acessíveis ininterruptamente por meio da rede mundial de computadores, priorizando-se a sua padronização.

Nos termos do art. 196 do Novo CPC, competem ao Conselho Nacional de Justiça e, supletivamente, aos tribunais regulamentar a prática e a comunicação oficial de atos processuais por meio eletrônico e velar pela compatibilidade dos sistemas, disciplinando a incorporação progressiva de novos avanços tecnológicos e editando, para esse fim, os atos necessários, respeitadas as normas fundamentais desse Código.

A diversidade de sistemas utilizados pelos tribunais é um tormento e fonte inesgotável de problemas na praxe forense. É natural que, se temos um Código de Processo Civil nacional, aplicável de forma homogênea em todo o território nacional, o chamado processo eletrônico também deveria ter tal homogeneidade. Competindo ao Conselho Natural de Justiça e somente de maneira supletiva aos tribunais a tarefa de zelar pela compatibilidade de sistemas, há espaço para uma ponta de esperança em uma sistematização mais compatível e homogênea.

Segundo o art. 197, *caput*, do Novo CPC, os tribunais divulgarão as informações constantes de seu sistema de automação em página própria na rede mundial de computadores, gozando a divulgação de presunção de veracidade e confiabilidade.

Já antevendo a possibilidade de problema técnico do sistema e de erro ou omissão do auxiliar da justiça responsável pelo registro dos andamentos, o art. 197, parágrafo único, do Novo CPC prevê que poderá ser configurada a justa causa prevista no art. 223, *caput* e § 1.º, o que impedirá que tal falha gere a perda do prazo para a prática do ato processual. A respeito do tema, o art. 10, § 2.º, da Lei 11.419/2006 prevê que, se o Sistema do Poder Judiciário se tornar indisponível por motivo técnico, o prazo fica automaticamente prorrogado para o primeiro dia útil seguinte à resolução do problema.

A prática de atos processuais de forma eletrônica depende de equipamentos que nem sempre estarão ao acesso do advogado. Ainda que atualmente a maioria dos advogados tenha computador com acesso à internet, o art. 198, *caput*, do Novo CPC prevê que as unidades do Poder Judiciário deverão manter gratuitamente, à disposição dos interessados, equipamentos necessários à prática de atos processuais e à consulta e ao acesso ao sistema e aos documentos dele constantes. E, caso não sejam disponibilizados tais equipamentos, o parágrafo único do dispositivo prevê a admissão da prática dos atos por meio não eletrônico. Essa preocupação já foi externada anteriormente na interpretação do art. 10, § 3.º, da Lei 11.419/2006.

Preocupado com as pessoas com deficiência, o art. 199, *caput*, do Novo CPC prevê que as unidades do Poder Judiciário assegurarão a elas a acessibilidade aos seus sítios na rede mundial de computadores, ao meio eletrônico de prática de atos judiciais, à comunicação eletrônica dos atos processuais e à assinatura eletrônica.

Como se pode notar dos dispositivos que trataram da prática eletrônica dos atos processuais, o legislador preferiu deixar que os aspectos procedimentais continuassem a ser abrangidos pela Lei 11.419/2006. Há, entretanto, uma novidade.

Segundo o art. 213, *caput*, do Novo CPC, a prática eletrônica de ato processual pode ocorrer em qualquer horário até as vinte e quatro horas do último dia do prazo. Já o parágrafo único do dispositivo, prevê que o horário vigente no juízo perante o qual o ato deve ser praticado será considerado para fins de atendimento do prazo.

Num primeiro momento, considerei que o dispositivo contrariava a previsão do art. 10, § 1.º, da Lei 11.419/2006, que dispõe que, quando o ato processual tiver que ser praticado em determinado prazo, por meio de petição eletrônica, serão considerados tempestivos os efetivados até as 24 horas do último dia.

Em minha primeira impressão, o termo "horário vigente" seria interpretado como "horário do expediente forense", tornando assim homogênea a contagem de prazos nos processos eletrônicos e físicos.

Numa análise mais aprofundada do dispositivo legal percebo que me equivoquei, porque na realidade, o horário vigente não se refere ao horário do expediente forense, servindo para indicar o horário vigente no foro judicial. A norma, portanto, se presta a tratar dos diferentes fusos horários existentes no Brasil, de forma que o ato poderá ser praticado até as 24 horas do último dia do prazo, considerando-se o fuso horário do local do foro em que tramita o processo, e não do local da prática do ato (escritório do advogado que peticiona eletronicamente).

Segundo o art. 1.053 do Novo CPC, os atos processuais praticados por meio eletrônico até a transição definitiva para certificação digital ficam convalidados, ainda que não tenham observado os requisitos mínimos estabelecidos pelo Novo Código de Processo Civil, desde que tenham atingido sua finalidade e não tenha havido prejuízo à defesa de qualquer das partes. Trata-se da aplicação do princípio da instrumentalidade das formas aos atos processuais praticados por meio eletrônico.

17.4 PRAZOS

O art. 219, *caput*, do Novo CPC traz interessante inovação quanto à contagem de prazo, passando a estabelecer que a contagem de prazo em dias, determinado por lei ou pelo juiz, computará somente os dias úteis. O parágrafo único deixa claro que a regra aplica-se somente aos prazos processuais, de forma que os prazos para o cumprimento de obrigações determinadas por decisão judicial continuam a ser contados de maneira contínua, inclusive em férias, feriados e finais de semana.

Sendo advogado militante no contencioso cível, não tenho como deixar de saudar efusivamente a novidade legislativa. Nem é preciso muita experiência forense para se compreender que com prazos em trâmite durante o final de semana o advogado simplesmente não tem descanso. Basta imaginar o termo inicial de contestação numa ação cautelar numa quarta-feira com feriado na quinta e sexta.

Com o pedido de desculpas antecipadas aos que entendem o contrário, a crítica de que a previsão legal ofende o princípio da celeridade processual destoa em absoluto da realidade forense. O processo demora demais, muito além do tempo razoável previsto no art. 5.º, LXXVIII, da CF, mas culpar os prazos por isso é inocência. A culpa na realidade é do tempo morto, ou seja, o tempo de espera entre os atos processuais, principal culpado pela morosidade procedimental.

Com audiências sendo designadas para meses depois, com autos conclusos a perder de vista, com esperas dramáticas pela mera juntada de uma peça, entender que a contagem de prazos somente durante os dias úteis irá atrasar o andamento do processo é trabalhar em paralelo com a realidade.

Segundo o art. 220, *caput*, do Novo CPC, suspende-se o curso do prazo processual nos dias compreendidos entre 20 de dezembro e 20 de janeiro, inclusive. O dispositivo apenas uniformiza o prazo de suspensão durante as festas de final de ano e o início de janeiro, não tratando – nem poderia fazer – do funcionamento do Poder Judiciário nesse período. Fica confirmada a previsão do § 1.º do dispositivo legal ao dispor que, ressalvados as férias individuais e os feriados instituídos por lei, os juízes, os membros do Ministério Público, da Defensoria Pública e da Advocacia Pública e os auxiliares da Justiça exercerão suas atribuições durante o período previsto no *caput*.

Concordo com o Enunciado 269 do Fórum Permanente de Processualistas Civis (FPPC) que indica a aplicação da previsão legal ora analisada aos Juizados Especiais.

Nos termos do art. 220, § 2.º, do Novo CPC, durante a suspensão do prazo não se realizarão audiências nem sessões de julgamento.

O art. 221, parágrafo único, do Novo CPC inclui entre as causas motivadoras de suspensão do processo a execução de programa instituído pelo Poder Judiciário para promover a autocomposição, incumbindo aos tribunais especificar, com antecedência, a duração dos trabalhos.

Os prazos para o órgão jurisdicional são impróprios, de forma que seu decurso sem a prática do ato não gera preclusão temporal, o que inclusive seria um prêmio para o juiz relapso que deixou de praticar o ato no prazo previsto em lei. Ainda assim, o art. 226 do Novo CPC resolveu adequar os prazos para o juiz de primeiro grau com a realidade forense, aumentando o prazo para a prática dos atos processuais. A prolação de despachos passou de dois (art. 189, I, do CPC/1973) para cinco dias e a prolação de sentença, de dez (art. 189, II, do CPC/1973) para trinta dias. O prazo para a prolação de decisão interlocutória foi mantido em dez dias. Conservou-se a regra do art. 187 do CPC/1973 no sentido de motivo justificado permitir ao juiz exceder, por igual tempo, os prazos ora analisados (art. 227 do Novo CPC).

No CPC/1973, o art. 191 prevê um prazo em dobro para falar em geral nos autos quando os litisconsortes estiverem representados por procuradores diferentes. O art. 229, *caput*, do Novo CPC cria um terceiro requisito: que os procuradores diferentes sejam de escritórios de advocacia distintos, numa tentativa de impedir que advogados do mesmo escritório advoguem materialmente em conjunto e apenas formalmente separados tão somente para terem direito ao prazo em dobro. Além disso, consagra a realidade forense de o prazo em dobro independer de requerimento nesse sentido.

Segundo o § 1.º do artigo ora analisado, cessa a contagem do prazo em dobro se, havendo apenas dois réus, é oferecida defesa por apenas um deles. A redação é obscura porque não esclarece se a cessação do prazo em dobro se dá desde a apresentação da defesa ou somente depois dela. Entendo que, se impossível saber previamente a conduta a ser adotada pelos réus, a cessão da prerrogativa da contagem do prazo em dobro só passa a existir após o momento de defesa, para o qual a contagem diferenciada deve ser mantida independentemente da postura a ser adotada pelos litisconsortes passivos.

Há divergência doutrinária a respeito da aplicação do prazo em dobro na hipótese de revelia de um dos dois réus. Enquanto alguns julgados entendem que o prazo para a defesa nesse caso passa a ser simples por não haver nos autos diferentes procuradores (obviamente partindo da premissa de que o réu revel não tem advogado constituído), outros entendem que o réu que contesta não pode ser surpreendido negativamente pela inércia do corréu[4].

Acredito que, apesar de não ser clara nesse sentido a redação do art. 229, § 1.º, do Novo CPC, a melhor interpretação é no sentido de preservar o prazo em dobro de contestação, e, uma vez configurada a revelia do réu que não tenha procurador nos autos, os prazos passem a ser contados de forma simples.

O § 2.º do art. 229 exclui a contagem de prazo em dobro dos processos em autos eletrônicos. A norma tem razão de ser, considerando que a prerrogativa de prazo tem justamente a justificativa de dificuldade de acesso aos autos. Na realidade, esse entendimento já vem sendo aplicado por alguns tribunais, mesmo sem qualquer regra nesse sentido, o que é causa de insegurança jurídica e clara violação ao princípio da cooperação. Ao menos com uma disposição expressa, tais princípios voltarão a ser respeitados.

Quanto à contagem em dobro de prazo em autos eletrônicos, parece acertado o Enunciado 272 do Fórum Permanente de Processualistas Civis (FPPC): "*Não se aplica o § 2.º do art. 227 [atual art. 229] ao prazo para contestar, em vista da previsão do § 1.º do mesmo artigo*".

No CPC/1973, o termo inicial da contagem do prazo era previsto no art. 241, porém o art. 231 do Novo CPC, que trata do mesmo tema, repetiu em seus dois primeiros incisos os incisos I e II do citado art. 241. Há, entretanto, muitas novidades.

No art. 240, V, do CPC/1973, previa-se que, sendo realizada a citação por edital, o prazo se iniciava quando finda a dilação assinada pelo juiz. O art. 231, IV, do Novo CPC, que trata do mesmo tema, passou a prever que o termo inicial da contagem de prazo será o dia útil seguinte ao fim da dilação assinada pelo juiz, quando a citação ou a intimação for por edital.

Nos termos do art. 232 do Novo CPC, nos atos de comunicação por carta precatória, rogatória ou de ordem, a realização da citação ou

---

[4] Negrão, *Código*, p. 312-313.

da intimação será imediatamente informada, por meio eletrônico, pelo juiz deprecado ao juiz deprecante. Essa nova regra gera consequências no termo inicial da contagem de prazo, passando o art. 231, VI, a prever que a data de juntada do comunicado do juízo deprecado será o termo inicial da contagem de prazo, salvo quando não houver informação, quando o termo inicial será a juntada da carta aos autos de origem devidamente cumprida, quando a citação ou a intimação se realizar em cumprimento de carta.

O inciso III inova ao prever a possibilidade de a citação ou intimação ser realizada pelo escrivão ou pelo chefe de secretaria, quando o termo inicial do prazo será a data da sua ocorrência.

Nos termos do art. 231, V, o dia útil seguinte à consulta ao seu teor ou ao término do prazo para que a consulta se dê será o termo inicial da contagem do prazo, quando a citação ou a intimação for eletrônica. O dispositivo deve ser interpretado à luz do art. 5.º da Lei 11.419/2006.

Já o inciso VII prevê a data da publicação como termo inicial quando a intimação se der pelo Diário da Justiça impresso ou eletrônico, e o inciso VIII, o dia da carga quando a intimação se der por meio da retirada dos autos, em carga, do cartório ou da secretaria.

Segundo o § 3.º do artigo ora comentado, quando o ato tiver de ser praticado diretamente pela parte ou por quem, de qualquer forma, participe do processo, sem a intermediação de representante judicial, o dia do começo do prazo para cumprimento da determinação judicial corresponderá à data em que se der a comunicação. O dispositivo distingue o termo inicial para contagem de prazo para os atos postulatórios e os atos da parte. Nesse sentido, o Enunciado 271 do Fórum Permanente de Processualistas Civis (FPPC): "*Quando for deferida tutela provisória a ser cumprida diretamente pela parte, o prazo recursal conta a partir da juntada do mandado de intimação, do aviso de recebimento ou da carta precatória; o prazo para o cumprimento da decisão inicia-se a partir da intimação da parte*".

Havendo mais de um réu, o dia do começo do prazo para contestar corresponderá à última das datas a que se referem os incisos I a VI do *caput* do art. 231 (§ 1.º), em realidade já presente no CPC/1973. Já no caso da intimação, o § 2.º do artigo ora em comento prevê que o prazo para cada um é contado individualmente.

18

CITAÇÃO

18.1 CONCEITO

O art. 238 do Novo CPC prevê que a citação é o ato pelo qual se convoca o réu, o executado ou o interessado (o termo "demandado" seria mais adequado) para integrar a relação jurídica processual. Apesar de não estar integralmente correto, já que a citação não convoca o demandado a coisa alguma, integrando-o automaticamente à relação jurídica processual, o conceito é melhor que o atual.

O art. 239 do Novo CPC traz algumas novidades quando comparado com o art. 214 do CPC/1973. No *caput* do dispositivo legal vem previsto expressamente que a citação do réu ou executado não é indispensável para a validade do processo nos casos de indeferimento da petição inicial ou de improcedência liminar do pedido, com ou sem resolução de mérito.

O § 1.º prevê que o comparecimento espontâneo do réu supre tanto a falta como a nulidade da citação, passando a fluir o prazo de resposta (contestação ou embargos à execução) a partir da data em que o réu ingressou no processo. Essa novidade contraria a previsão do art. 214, § 2.º, do CPC/1973, que dispõe que o prazo de resposta só começa a ser contado da data em que ele ou seu advogado for intimado da decisão sobre a nulidade ou falta de citação. E a nova realidade é reafirmada pelo § 2.º, I, ao prever que, se a alegação de nulidade for rejeitada, o réu será considerado revel.

Não há no Novo CPC qualquer previsão que especifique a forma legal de comparecimento voluntário do réu apta a suprir o ato de citação.

O entendimento majoritário no Superior Tribunal de Justiça é de que a juntada de procuração aos autos só dispensa a citação se houver poderes específicos do advogado em receber a citação[1]. Esse entendimento não deve ser alterado, mesmo que se aplique à citação a regra referente à intimação consagrada no § 6.º do art. 272 do Novo CPC. Segundo o dispositivo legal, a retirada dos autos do cartório ou da secretaria em carga pelo advogado, por pessoa credenciada a pedido do advogado ou da sociedade de advogados, pela Advocacia Pública, pela Defensoria Pública ou pelo Ministério Público implicará intimação de qualquer decisão contida no processo retirado, ainda que pendente de publicação. Nesse sentido, o Enunciado 274 do Fórum Permanente de Processualistas Civis (FPPC).

Nos termos do Enunciado 273 do Fórum Permanente de Processualistas Civis (FPPC), "*ao ser citado, o réu deverá ser advertido de que sua ausência injustificada à audiência de conciliação ou mediação configura ato atentatório à dignidade da justiça, punível com a multa do art. 335, § 8.º [atual art. 334, § 8º], sob pena de sua inaplicabilidade*".

18.2 EFEITOS

No projeto de lei aprovado pela Câmara havia um enigma quanto a um dos efeitos da citação: a litispendência. Nos termos aprovados, a citação induziria litispendência para o réu. Aparentemente consagrava-se o entendimento de que a litispendência existe desde a propositura da ação, sendo eficaz para o réu somente após sua citação. Não concordo com esse entendimento porque, adotando-o, não será possível falar em litispendência eficaz para o réu nas hipóteses de julgamento liminar, justamente porque nesse caso ele não teria sido citado. Ocorre, entretanto, que o fato de o réu não ter sido citado não afasta a eficácia da pendência da ação no tocante a ele, que pode, inclusive, ser beneficiado pela coisa julgada material a ser formada por tal julgamento.

A novidade introduzida no projeto de lei aprovado na Câmara inevitavelmente levantaria a questão a respeito de qual processo deve ser mantido, uma vez estabelecida a litispendência: o que foi proposto em primeiro lugar ou no que ocorreu a primeira citação do réu? Já havia me posicionado no sentido de que com a mudança redacional haveria espaço

---

[1] STJ, 2.ª Turma, AgRg no REsp 1.468.906/RJ, rel. Min. Mauro Campbell Marques, j. 26.08.2014, *DJe* 01.09.2014; STJ, 4.ª Turma, AgRg no Ag 1.176.138/MS, rel. Min. Raul Araújo, j. 09.10.2012, *DJe* 06.11.2012.

para entender que deve ser mantido o processo proposto em primeiro lugar, contrariando a jurisprudência consolidada pelo Superior Tribunal de Justiça[2].

Nesse sentido, deve ser saudado o texto final do art. 240, *caput*, do Novo CPC aprovado pelo Senado, ao excluir a remissão ao réu, mantendo a redação já tradicional que a citação induz a litispendência, dando a entender que o fenômeno opera-se para ambas as partes e serve para determinar qual o processo deve ser extinto quando em trâmite diferentes processos com a mesma ação.

A reunião de ações conexas, em continência e cujos julgamentos por juízos diferentes possam gerar decisões conflitantes ou contraditórias, se dá perante o juízo prevento. No CPC/1973 havia duas regras indicando o juízo prevento, uma para processos de mesma competência territorial (art. 106) e outra para processos de competência territorial diferente (art. 219, *caput*). Não havia qualquer justificativa para o tratamento diferenciado, e nesse sentido deve ser elogiado o Novo Código de Processo Civil ao criar uma regra uniforme no art. 59: a prevenção é gerada pelo registro ou distribuição da petição inicial.

Na realidade, o mais adequado era uma previsão sem firulas, indicando que a propositura da ação determinava a prevenção, ou seja, o seu protocolo. Afinal, o protocolo é ato que depende do autor, enquanto o registro e a distribuição são atos que dependem do órgão jurisdicional. Deveria ser a diligência do autor que primeiro propôs a demanda a definir o juízo prevento, e não a rapidez com que se pratica um ato cartorial. Não precisaria muito, era só repetir a regra atualmente consagrada na tutela coletiva. De qualquer forma, o cenário atual é bem melhor do que o anterior quanto a determinação do juízo prevento.

Um dos dispositivos mais polêmicos do Projeto do Novo Código de Processo Civil originário era o art. 314, que admitia a alteração do pedido e da causa de pedir até a prolação da sentença, desde que o autor demonstrasse que a alteração ou aditamento decorria de ato de boa-fé e não importaria prejuízo ao réu. Ainda segundo o dispositivo legal, em respeito ao contraditório, o réu poderia se manifestar num prazo de 15 dias e produzir provas suplementares. O grande debate que se desenvolve a respeito dessa maior flexibilização objetiva da demanda diz respeito aos riscos envolvidos na opção do legislador.

---

2 STJ, 3.ª Seção, MS 8.997/DF, rel. Min. Og Fernandes, j. 26.08.2009, *DJe* 24.09.2009.

Parcela considerável da doutrina entende que previsão como a do art. 314 do projeto originário do Novo CPC abriria uma porta para o processo eterno, que nunca acaba, sendo sempre modificado em seu pedido ou causa de pedir pelo autor, com a consequente resposta do réu. O temor é de que o processo, que já demora demasiadamente para se encerrar, pudesse ter seu andamento ainda mais dilatado.

Por outro lado, os defensores do art. 314 do projeto originário do Novo CPC afirmam que essa flexibilidade objetiva tem como fundamento o princípio da economia processual sob a ótica macroscópica, voltada para evitar a existência de vários processos quando os objetivos perseguidos por eles possam ser atingidos em apenas um. Nesse caso, a ampliação objetiva evitaria a propositura de nova ação, e, nesses termos, ainda que gere uma dilação temporal para o processo já em curso, será positivo para o sistema como um todo.

O art. 329 do Novo CPC mantém a regra atual ao prever que até a citação é possível ao autor aditar ou alterar o pedido ou a causa de pedir, independentemente do consentimento do réu (I), e que até o saneamento do processo o autor só pode aditar ou alterar o pedido e a causa de pedir, com o consentimento do réu, assegurado o contraditório mediante a possibilidade de manifestação deste no prazo mínimo de quinze dias, facultado o requerimento de prova suplementar (II).

No Novo Código de Processo Civil, a interrupção da prescrição deixa de ser efeito da citação. Compatibilizando-se com o art. 202, I, do CC, o art. 240, § 1.º, do Novo CPC prevê que a interrupção da prescrição, operada pelo despacho que ordena a citação, ainda que proferido por juízo incompetente, retroagirá à data de propositura da ação, enquanto o § 4.º do mesmo dispositivo legal estende esse efeito retroativo à decadência e aos demais prazos extintivos previstos em lei.

O § 2.º do art. 240 do Novo CPC mantém o prazo de 10 dias para o autor tomar as providências necessárias para viabilizar a citação, excluindo a possibilidade de prorrogação por mais noventa dias, prevista no art. 219, § 3.º, do CPC/1973. Enquanto isso, o § 3.º do mesmo dispositivo legal, ao prever que a parte não será prejudicada pela demora imputável exclusivamente ao serviço judiciário, consagra o entendimento já consolidado na Súmula 106/STJ.

Caso o autor não tome as providências necessárias para viabilizar a citação no prazo de 10 dias, o art. 240, § 2º, do Novo CPC prevê que não se aplicará o disposto no § 1º do dispositivo legal. Significa dizer que, nesse caso, não será o despacho que determina a citação que interromperá a prescrição e nem essa interrupção retroagirá à data de propositura da ação. Também não terá aplicabilidade o art. 202, I, do CC, que expressamente prevê regra a ser aplicada somente quando a citação se realizar dentro do prazo legal.

Como o art. 240, *caput*, do Novo CPC não prevê mais a interrupção da prescrição como um dos efeitos da citação, foi criado um limbo jurídico. Nos termos do art. 240, *caput* e §§ 1º e 2º, do Novo CPC e do art. 202, I, do CC, não existe previsão legal para a interrupção da prescrição quando a citação for realizada fora do prazo legal por culpa do autor. Se o § 2º do dispositivo prevê que, sendo realizada a citação após o prazo legal por culpa do autor, não se aplica o § 1º do mesmo dispositivo, ficamos sem regra a respeito da interrupção da prescrição nesse caso, já que o § 1º do art. 240 do Novo CPC é o único dispositivo que regulamenta esse tema.

A falta de técnica legislativa é imperdoável, porque da forma como restaram previstos os §§ 1º e 2º do art. 240 do Novo CPC, a prescrição simplesmente não se interromperia nos casos de citação feita fora do prazo por culpa do autor. Note-se, não é possível afirmar que nesse caso a interrupção se dará no momento da citação, como ocorria no sistema anterior, e isso por uma simples razão: diferente do art. 219, *caput*, do CPC/1973, o art. 240, *caput*, do Novo CPC não prevê a interrupção da prescrição como efeito da citação. Por isso, não há como concordar com a doutrina que, como se a interrupção da prescrição ainda continuasse a estar prevista como efeito da citação, mantém a opinião de ser ela o ato responsável pela interrupção da prescrição realizada depois do prazo legal por culpa do autor[3].

Como conspira contra a própria essência da prescrição a sua não interrupção da na hipótese ora analisada, a única forma viável de se contornar a barbeiragem legislativa será entender que a não aplicação do § 1º prevista pelo § 2º do art. 240 do Novo CPC diz respeito somente à retroatividade da interrupção da prescrição, de forma que, sendo o réu citado fora do prazo legal por culpa do autor, a interrupção se dará do despacho que determina a citação, apenas não retroagindo à data da propositura da ação. Pode não ser a melhor solução, porque favorece o autor relapso, mas parece ser a única possível.

---

3 Theodoro Jr., *Curso*, n. 406, p. 557; Didier Jr, *Curso*, p. 614; Câmara, *O novo*, p. 143.

Por fim, cumpre analisar a nova regulamentação da prescrição no tocante à determinação que sua interrupção somente possa ocorrer uma vez, o que, segundo a doutrina que tratou do tema, é novidade que deve ser aplaudida por evitar certos abusos relativos à interrupção do prazo prescricional. Cumpre registrar, entretanto, que dentre as diversas formas de interrupção da prescrição previstas pelo art. 202 do CC, a citação – com efeitos retroativos à propositura da ação, como visto – não poderá ser interpretada à luz da disposição que determina que a prescrição somente se interrompa uma vez, pois sendo extinto o primeiro processo sem o julgamento do mérito em que tenha ocorrido a citação do réu, será natural que numa segunda demanda a citação volte a interromper a prescrição. Na verdade, ainda que qualquer um dos demais atos de interrupção da prescrição já tenha ocorrido, a citação em demanda judicial terá sempre o condão de interrompê-la novamente[4].

O art. 240 do Novo CPC mantém a regra de ser efeito da citação a constituição do devedor em mora, mas faz expressa menção à aplicação das regras dos arts. 397 e 398 do Código Civil quando aplicáveis ao caso concreto.

18.3 MODALIDADES DE CITAÇÃO

O Novo Código de Processo Civil inclui uma nova modalidade de citação em seu art. 246, III, permitindo que o escrivão ou chefe de cartório realize a citação caso o citando compareça em cartório.

Há novidades no Novo Código de Processo Civil quanto à citação pelo correio, tratando em especial da possível dificuldade de conseguir a citação real na pessoa do réu, que só ocorrerá, nos termos do art. 248, § 1.º, se ele assinar o recibo de entrega. Nos termos do § 2.º, sendo o citando pessoa jurídica, será válida a entrega do mandado a pessoa com poderes de gerência geral ou de administração ou, ainda, a funcionário responsável pelo recebimento de correspondências. E o § 4.º prevê que, nos condomínios edilícios ou nos loteamentos com controle de acesso, será válida a entrega do mandado a funcionário da portaria responsável pelo recebimento de correspondência, que, entretanto, poderá recusar o recebimento, se declarar, por escrito, sob as penas da lei, que o destinatário da correspondência está ausente. Trata-se de consagração da mais ampla concepção do princípio da aparência.

---

[4] Greco, *Instituições*, p. 312; Rios Gonçalves, *Novo curso*, p. 356.

Constam do art. 247 do Novo CPC duas mudanças quanto à exigência de citação por oficial de justiça: é suprimido o processo de execução e incluída a exigência de que a opção do autor seja justificada. As duas hipóteses merecem reflexão.

Na execução, entende-se que a citação possa ser realizada por correio quando a obrigação exequenda for de fazer, não fazer ou entregar coisa, como já defendido por parcela da doutrina. Na hipótese de obrigação de pagar, entretanto, parece ser indispensável a presença do oficial de justiça, uma vez que, após a citação e transcorrido o prazo de pagamento sem que a obrigação seja satisfeita, cabe ao oficial de justiça, em poder da segunda via do mandado, o retorno ao endereço do executado para a penhora de tantos bens quantos sejam suficientes para garantir o juízo.

Ocorre, entretanto, que nem sempre a penhora será realizada por oficial de justiça, materializada no auto de penhora, sendo cada vez mais frequente que seu responsável seja o cartório judicial, com a consequente elaboração de termo de penhora. Repetindo o CPC/1973, o Novo CPC mantém a penhora *on-line* pelo sistema Bacenjud e a penhora de imóvel diante da mera apresentação de cópia atualizada da matrícula. Inova ao incluir a possibilidade de penhora de automóvel diante da exibição em juízo de cópia atualizada do documento. Além disso, já é possível, mesmo sem expressa previsão no Novo CPC, outros bens serem penhorados por meio eletrônico.

Nessas circunstâncias, a presença do oficial de justiça pode ser afastada, já que, sendo realizada a penhora por correio, o ato subsequente da penhora não terá sua participação. Esse entendimento é ainda mais importante quando o executado não é domiciliado no foro onde tramita a execução, visto que, nesse caso, será dispensada a expedição de carta precatória para sua citação.

E no art. 249 do Novo CPC há outra novidade, ainda que apenas para consagrar o que já ocorre atualmente em decorrência de lógica sistêmica. Segundo o dispositivo, será realizada a citação por oficial de justiça sempre que for frustrada a citação por correio.

Há também alterações na citação por hora certa. O art. 252, *caput*, diminui de três para duas as diligências frustradas. O parágrafo único prevê que, nos condomínios edilícios ou nos loteamentos com controle de acesso, será válida a intimação a funcionário da portaria responsável pelo recebimento de correspondência, apesar de este não ser, naturalmente, familiar ou vizinho do réu.

O art. 253, § 2.º, do Novo CPC acerta ao determinar a realização da citação por hora certa mesmo que a pessoa da família ou vizinho que recebeu o oficial de justiça no dia anterior não esteja presente em seu retorno na data e no horário determinado por ele. Afinal, esse terceiro tem apenas a incumbência de avisar o réu da volta do oficial de justiça e não esperá-lo em seu retorno. Entendimento em sentido contrário pode transformar a citação por hora certa numa verdadeira *via crucis* para o oficial de justiça.

No § 4.º vem previsto que o oficial de justiça fará constar do mandado a advertência de que será nomeado curador especial se houver revelia. O dispositivo consagra entendimento absolutamente equivocado de grande parte da doutrina e da jurisprudência: se ao réu for indicado um curador especial, que obrigatoriamente apresentará uma defesa em seu favor, como ele pode ser chamado de revel? Melhor teria sido o dispositivo prever que deveria constar do mandado a advertência de que, se não houver apresentação de defesa por advogado constituído dentro do prazo legal, será indicado ao réu um curador especial.

O cabimento da curadoria especial é tratado pelo art. 72 do Novo CPC, havendo interessante novidade no § 1.º, ao prever que a função de curador especial será exercida pela Defensoria Pública, nos termos da lei. Não compreendi a exclusão da ressalva que havia no Projeto de Lei aprovado no Senado, de que a regra é aplicável salvo se não houver defensor público na comarca ou subseção judiciária, hipótese em que o juiz nomeará advogado para desempenhar aquela função. De qualquer forma, mesmo diante da omissão legal, é natural que a atitude a tomar seja exatamente essa.

O art. 256, § 3.º, do Novo CPC explicita as condições para que o réu seja considerado em local ignorado ou incerto de forma a legitimar sua citação por edital. Segundo o dispositivo, o réu será considerado em local ignorado ou incerto se infrutíferas as tentativas de sua localização, inclusive mediante requisição pelo juízo de informações sobre seu endereço nos cadastros de órgãos públicos ou de concessionárias de serviços públicos.

Apesar de o art. 256, III, do Novo CPC manter a regra de que haverá citação por edital nos casos expressos em lei, o art. 259 volta ao tema ao prever que serão publicados editais na ação de usucapião de imóvel, nas ações de recuperação ou substituição de título ao portador e em qualquer ação em que seja necessária, por determinação legal, a provocação, para participação no processo, de interessados incertos ou desconhecidos. Há paradoxo na regra considerando-se que a ação de "recuperação ou substituição de título ao portador" não faz parte do rol de procedimentos especiais do Novo Código de Processo Civil.

O art. 257 do Novo CPC prevê os requisitos da citação por edital, tema tratado pelo art. 232 do CPC/1973. Há novidades, tendo sido excluída a exigência de afixação do edital, na sede do juízo, certificada pelo escrivão (art. 232, II, CPC/1973) e incluída a advertência de que será nomeado curador especial no caso de revelia (na realidade de falta de defesa por advogado constituído no prazo legal) (IV). A forma de publicidade, ao menos em regra, também é modificada. Segundo o art. 257, a publicação do edital deve ser feita na rede mundial de computadores, no sítio do respectivo tribunal e na plataforma de editais do Conselho Nacional de Justiça, que deve ser certificada nos autos, enquanto a publicação em jornal de ampla circulação deve ocorrer subsidiariamente, considerando as peculiaridades da comarca, da seção ou da subseção judiciárias.

O Novo Código de Processo Civil não é muito claro quanto ao número de publicações exigidas quando for excepcionalmente utilizado jornal local de ampla circulação. Enquanto o art. 257, parágrafo único, usa o singular para tratar dessa forma de publicidade, o inciso III prevê, ao tratar do prazo de edital, que variará entre vinte e sessenta dias, fluindo da data da publicação única, ou, havendo mais de uma, da primeira. Entendo que nesse caso dependerá da decisão do juiz a respeito da utilização da excepcional forma de publicidade.

Não há regra específica para a hipótese de o autor ser beneficiário da assistência judiciária, como havia no art. 232, § 2.º, do CPC/1973. Naturalmente a publicação nos termos do art. 257, II, do Novo CPC não custará nada às partes, independentemente de sua situação econômica. Caso o juiz aplique a exceção contida no parágrafo único do art. 257, continuará a ser utilizado o Diário Oficial, e nesse caso a gratuidade deve ser fundada no art. 98, § 1.º, III, do Novo CPC.

O Novo Código de Processo Civil se preocupou com o tema da citação por meio eletrônico, passando a prever no art. 246, § 1.º, que, à exceção das microempresas e das empresas de pequeno porte, as empresas públicas e privadas são obrigadas a manter cadastro nos sistemas de processo em autos eletrônicos, para efeito de recebimento de citações e intimações, as quais serão efetuadas preferencialmente por esse meio. E o § 2.º inclui expressamente a União, aos Estados, ao Distrito Federal, aos Municípios e às entidades da administração indireta na exigência de indicar seus endereços eletrônicos para fins de citação e intimação.

Quanto ao registro do endereço eletrônico, o art. 1.050 do Novo CPC prevê que a União, os Estados, o Distrito Federal, os Municípios, suas respectivas entidades da administração indireta, o Ministério Público, a Defensoria Pública e a Advocacia Pública, no prazo de trinta dias a contar da data da entrada em vigor do Novo CPC, deverão se cadastrar perante a administração do tribunal no qual atue, enquanto o art. 1.051 prevê que as empresas públicas e privadas devem cumprir o disposto no art. 246, § 1.º, no prazo de trinta dias, a contar da data de inscrição do ato constitutivo da pessoa jurídica, perante o juízo onde tenham sede ou filial.

A novidade deve ser saudada porque, desse modo, se passará efetivamente a realizar a citação por meio eletrônico, a maneira mais econômica e rápida dentre todas as formas de citação. E, segundo o art. 246, § 1.º, do Novo CPC, o meio eletrônico passa a ser a forma preferencial de intimação e citação.

19

CARTAS E COOPERAÇÃO NACIONAL

O art. 260 do Novo CPC trata dos requisitos das cartas de ordem, precatória e rogatória, substancialmente repetindo aqueles já previstos no art. 202 do CPC/1973. A novidade fica por conta do § 3.º ao prever que a carta arbitral atenderá, no que couber, aos requisitos a que se refere o *caput* e será instruída com a convenção de arbitragem e com as provas da nomeação do árbitro e da sua aceitação da função.

O poder de o juiz fixar prazo para o cumprimento da carta, atendendo à facilidade das comunicações e à natureza da diligência, previsto no art. 203 do CPC/1973, é repetido no *caput* do art. 261 do Novo CPC. O dispositivo inova em seus três parágrafos.

Em regra inspirada nos princípios do contraditório e da ampla defesa, o § 1.º exige que as partes sejam intimadas pelo juiz – na verdade pelo juízo – da expedição da carta, podendo dessa forma acompanhar a diligência perante o juízo deprecado, nos termos do § 2.º. O mesmo espírito pode ser notado no art. 262, parágrafo único, do Novo CPC, que reconhecendo o caráter itinerante da carta prevê que, se ela for encaminhada para outro juízo, caberá ao juízo deprecante a intimação das partes do destino da carta após ser informado do juízo originariamente deprecado.

Ainda que sem indicar os meios, o art. 261, § 3.º, do Novo CPC prevê a possibilidade de cooperação da parte a quem interessar o cumprimento da diligência para que o prazo fixado pelo juízo seja devidamente cumprido. Trata-se de hipótese específica de consagração do princípio da cooperação previsto no art. 6.º do Novo CPC.

É excepcional a recusa do juízo deprecado no cumprimento da carta precatória, sendo mantidas pelos três incisos do art. 267 do Novo CPC as hipóteses anteriormente previstas nos incisos do art. 209 do CPC/1973. Há, entretanto, uma novidade consagrada no parágrafo único do dispositivo legal: no caso de incompetência em razão da matéria ou da hierarquia, o juiz deprecado, conforme o ato a ser praticado, poderá remeter a carta ao juiz (na realidade juízo de primeiro grau) ou ao tribunal competente.

Os pronunciamentos de recusa ou de envio a outro juízo em razão da incompetência em razão da matéria ou da hierarquia têm natureza de decisão interlocutória, sendo nítida e indiscutível a sua carga decisória. Não serão, entretanto, recorríveis pelo agravo de instrumento por falta de previsão de cabimento de tal recurso. Acredito que nesse caso a parte possa se valer da correição parcial quando discordar da decisão, alegando que a recusa em cumprir a carta ou sua remessa a outro juízo alteram a ordem procedimental.

As cartas precatórias e de ordem, que se prestam ao pedido – ou ordem – de colaboração dirigido ao órgão jurisdicional podem ser, a depender do caso, substituídas pelo pedido de cooperação jurisdicional nacional, regulamentado nos arts. 67 a 69 do Novo CPC. O art. 69, § 1.º, prevê que expressamente as cartas de ordem, precatória e arbitral seguirão o regime previsto no Código, não sendo afetadas, portanto, pelo regramento ora analisado.

Segundo o art. 67 do Novo CPC, aos órgãos do Poder Judiciário, estadual ou federal, especializado ou comum, em todas as instâncias e graus de jurisdição, inclusive aos tribunais superiores, incumbe o dever de recíproca cooperação, por meio de seus magistrados e servidores. É possível, inclusive, o pedido de cooperação nacional entre órgãos jurisdicionais de diferentes ramos do Poder Judiciário, nos termos do art. 69, § 3.º, do Novo CPC.

O pedido de cooperação jurisdicional nacional deve ser prontamente atendido, prescinde de forma específica e pode ser executado como auxílio direto; reunião ou apensamento de processos; prestação de informações e atos concertados entre os juízes cooperantes, que em rol meramente exemplificativo vêm previstos no § 2.º do art. 69 do Novo CPC: prática de citação, intimação ou notificação de ato; obtenção e apresentação de provas e a coleta de depoimentos; efetivação de tutela provisória; efetivação de medidas e providências para recuperação e preservação de empresas; facilitar a habilitação de créditos na falência e na recuperação judicial; centralização de processos repetitivos e execução de decisão jurisdicional.

20

INTIMAÇÕES

O conceito de intimação foi aprimorado pelo art. 269 do Novo CPC, passando a ser o ato pelo qual se dá ciência a alguém dos atos e termos do processo, não se repetindo a parte final do art. 234 do CPC/1973 ("[...] para que faça ou deixe de fazer algo").

Há novidade significativa quanto à forma de intimação nos §§ 1.º e 2.º e do dispositivo ora comentado. Passa a se admitir que os advogados intimem o advogado da parte contrária por intermédio do correio, por meio de carta com aviso de recebimento (AR).

A faculdade concedida para os advogados exige que o ofício de intimação, a ser elaborado pelo cartório judicial, seja instruído com cópia do despacho, da decisão ou da sentença. Embora o dispositivo permita a conclusão de tratar apenas de pronunciamentos judiciais de primeiro grau, não há qualquer razão jurídica ou lógica para afastar sua aplicação das intimações a serem realizadas nos tribunais. Dessa forma, é preferível interpretar o termo "decisão" no seu sentido lato, o que, apesar de tornar inútil a consagração expressa de sentença, permite a intimação pelo advogado de qualquer decisão proferida em primeiro grau ou nos tribunais.

Realizada a intimação pelo correio, cabe ao advogado responsável pela prática do ato juntar aos autos a cópia do ofício de intimação e do aviso de recebimento, ato essencial para o início de contagem de prazo processual.

No § 3.º do dispositivo que passa a conceituar a intimação há previsão de que a intimação da União, dos Estados, do Distrito Federal, dos Municípios e de suas respectivas autarquias e fundações de direito público seja realizada perante o órgão de Advocacia Pública responsável por sua representação judicial.

Embora o art. 237 do CPC/1973 permitisse a intimação por forma eletrônica, não havia qualquer previsão no sentido de ser essa modalidade a preferencial, diferente do que consta expressamente no art. 270, *caput*, do Novo CPC. Levando-se em conta ser a maneira mais rápida e menos onerosa de intimação, a opção preferencial deve ser elogiada, inclusive no caso de Ministério Público, Defensoria Pública e Advocacia Pública, nos termos do parágrafo único do dispositivo.

Como a União, Estados, Distrito Federal, Municípios, entidades da administração indireta, empresas públicas e privadas, com exceção das microempresas e empresas de pequeno porte, também o Ministério Público, Defensoria Pública e Advocacia Pública ficam obrigados a manter cadastro junto aos sistemas de processo em autos eletrônicos, para efeito de recebimento de citações e intimações (art. 246, em seus §§ 1.º e 2.º do Novo CPC).

Segundo o art. 1.050 do Novo CPC, a União, os Estados, o Distrito Federal, os Municípios, suas respectivas entidades da administração indireta, o Ministério Público, a Defensoria Pública e a Advocacia Pública, no prazo de trinta dias a contar da data da entrada em vigor do novo Código, deverão se cadastrar perante a administração do tribunal no qual atue para cumprimento do disposto nos arts. 246, § 2.º, e 270, parágrafo único.

E o art. 1.051 do Novo CPC, excepcionando as microempresas e as empresas de pequeno porte, prevê que as empresas públicas e privadas devem cumprir o disposto no art. 246, § 1.º, no prazo de trinta dias, a contar da data de inscrição do ato constitutivo da pessoa jurídica, perante o juízo onde tenham sede ou filial.

Há novidades interessantes no art. 272 do Novo CPC. A principal delas está consagrada no § 1.º do dispositivo, que passa a permitir, mediante a devida provocação pelo advogado que atuar na causa, que nas intimações figure apenas o nome da sociedade a que pertence, sendo a inscrição desta na OAB a única exigência formal. O controle de publicações em escritórios de médio e grande porte, nos quais a entrada e a saída de advogados são contínuas, certamente será facilitada pela previsão legal.

No § 3.º do dispositivo há exigência de que o nome das partes não contenha abreviaturas, enquanto o § 4.º exige que a grafia dos nomes dos advogados corresponda a seu nome completo, devendo ser a mesma que constar da procuração ou que estiver registrada na Ordem dos Advogados do Brasil, afastando assim a divergência jurisprudencial a respeito do tema[1].

Também é inovadora, ao menos em termos de consagração legal, a previsão do § 5.º do artigo ora comentado. Segundo o dispositivo, constando dos autos pedido expresso para que as comunicações dos atos processuais sejam feitas em nome dos advogados indicados, o seu desatendimento implicará nulidade. Ressalte-se que mesmo sem previsão legal expressa nesse sentido o entendimento já era consagrado no Superior Tribunal de Justiça[2].

No § 6.º mais uma novidade. A retirada dos autos do cartório ou da secretaria em carga pelo advogado, por pessoa credenciada a pedido do advogado ou da sociedade de advogados, pela Advocacia Pública, pela Defensoria Pública ou pelo Ministério Público implicará intimação de qualquer decisão contida no processo retirado, ainda que pendente de publicação.

Como a carga pode ser realizada por pessoa credenciada, o § 7.º prevê que o advogado e a sociedade de advogados deverão requerer o respectivo credenciamento para a retirada de autos por preposto.

Quanto à alegação de nulidade da intimação, o § 8.º prevê que a parte a arguirá em capítulo preliminar do próprio ato que lhe caiba praticar, o qual será tido por tempestivo se o vício for reconhecido. E o § 9.º prevê que, não sendo possível a prática imediata do ato diante da necessidade de acesso prévio aos autos, a parte limitar-se-á a arguir a nulidade da intimação, caso em que o prazo será contado da intimação da decisão que a reconheça.

As formas de intimação seguem as regras previstas de citação, podendo ser realizada pela via postal, pelo oficial de justiça (citação real e por hora certa), por edital e pelo meio eletrônico. O CPC/1973 não dispunha de nenhuma previsão nesse sentido e nem por isso as formas indicadas deixavam de ser aplicadas na praxe forense. Vindo a consagrar essa realidade, o art. 275, § 2.º, do Novo CPC prevê que a intimação poderá ser efetuada com hora certa ou por edital.

---

1 Negrão, *Código*, p. 347.

2 STJ, 4.ª Turma, AgRg no REsp 1.416.618/RS, rel. Min. Marco Buzzi, j. 06.05.2014, *DJe* 13.05.2014.

21

VÍCIOS DOS ATOS PROCESSUAIS

O art. 279 do Novo CPC prevê tradicional hipótese de nulidade absoluta cominada: a ausência de intimação do Ministério Público nos processos em que deve participar como fiscal da lei (no Novo Código de Processo Civil fiscal da ordem jurídica). O *caput* e o § 1.º na realidade apenas repetem o art. 246, *caput* e parágrafo único, do CPC/1973. A novidade fica por conta do § 2.º do art. 279 do Novo CPC ao prever que a nulidade só pode ser decretada após a intimação do Ministério Público, que se manifestará sobre a existência ou a inexistência de prejuízo.

O dispositivo cria uma regra formal para a decretação da nulidade que, uma vez descumprida, gera nulidade absoluta, mas deixa claro que só haverá anulação se demonstrado o prejuízo provocado pela ausência do Ministério Público no processo, consagrando, ainda que implicitamente, o princípio da instrumentalidade das formas. Registre-se apenas que, ainda que imprescindível a intimação do Ministério Público para a decretação de nulidade, a decisão é do juízo, que deverá analisar e concluir se a ausência realmente causou prejuízo no caso concreto.

22

UMA QUASE NOVIDADE: CONVERSÃO DA AÇÃO INDIVIDUAL EM AÇÃO COLETIVA

O Novo Código de Processo Civil manteve a tradição do CPC/1973 de regulamentar a tutela do direito individual, sendo aplicável ao microssistema coletivo apenas de forma subsidiária. Havia no projeto de lei aprovado na Câmara, entretanto, uma novidade que acabava dizendo respeito à tutela coletiva: a conversão da ação individual em ação coletiva prevista no art. 333 do Novo CPC. Essa novidade não foi bem compreendida pela Presidente da República que vetou o dispositivo que tratava da matéria. Daí porque o título do presente capítulo se referir a uma "quase novidade".

Acolhendo sugestão da Advocacia-Geral da União, o veto presidencial teve a seguinte motivação: "Da forma como foi redigido, o dispositivo poderia levar à conversão de ação individual em ação coletiva de maneira pouco criteriosa, inclusive em detrimento do interesse das partes. O tema exige disciplina própria para garantir a plena eficácia do instituto. Além disso, o novo Código já contempla mecanismos para tratar demandas repetitivas. No sentido do veto manifestou-se também a Ordem dos Advogados do Brasil – OAB."

Apesar dos inúmeros problemas do dispositivo legal, certamente a razão do veto não se encontra entre eles. Afinal, conforme demonstrarei, a nova norma serviria para evitar a extinção terminativa do processo pseudoindividual por ilegitimidade ativa do indivíduo ou, na hipótese de pedido individual correlato a pedido transindividual, o pedido do autor da ação estaria resguardado pela previsão do § 9.º do artigo vetado.

Por outro lado, não entendo que as previsões já constantes no Novo CPC a respeito das demandas repetitivas sejam motivo suficiente para justificar o veto, em especial na hipótese da conversão da ação individual em ação coletiva evitar a extinção do processo sem resolução do mérito por ilegitimidade ativa do indivíduo que formula pedido de natureza transindividual.

Apesar do veto, diante da relevância do tema, ainda que sem repercussões práticas diante de sua retirada do texto final, é válido tecer alguns comentários.

No termos do art. 334, *caput*, do projeto de lei aprovado pela Câmara, havendo relevância social e dificuldade de formação do litisconsórcio, a ação individual poderia ser convertida em ação coletiva desde que: (I) tivesse alcance coletivo, em razão da tutela de bem jurídico difuso ou coletivo, assim entendidos aqueles definidos pelo art. 81, parágrafo único, incisos I e II, da Lei n.º 8.078, de 11.09.1990, e cuja ofensa afetasse, a um só tempo, as esferas jurídicas do indivíduo e da coletividade; (II) tivesse por objetivo a solução de conflito de interesse relativo a uma mesma relação jurídica plurilateral, cuja solução, pela sua natureza ou por disposição de lei, deva ser necessariamente uniforme, assegurando-se tratamento isonômico para todos os membros do grupo.

Ainda que a simples leitura dos incisos mencionados já fosse suficiente para tal conclusão, o projeto de lei aprovado na Câmara consagrou expressamente a impossibilidade da conversão ora analisada para a formação de processo coletivo para a tutela de direitos individuais homogêneos. Também não seria admitida a conversão nas hipóteses previstas pelo § 3.º: (I) já iniciada, no processo individual, a audiência de instrução e julgamento; (II) houver processo coletivo pendente com o mesmo objeto; ou (III) o juízo não tiver competência para o processo coletivo que seria formado.

A hipótese prevista no art. 334, I, do projeto de lei aprovado pela Câmara tratava de situações fáticas que concomitantemente ofendiam direitos de diferentes naturezas[1], exigindo-se no caso a ofensa ao direito individual do autor e da coletividade (direito difuso) ou de uma comunidade (direito coletivo).

---

1 Mazzilli, *A defesa*, p. 59.

E nesse caso entendi que a dificuldade de formação do litisconsórcio, prevista no *caput* do dispositivo, deveria ser afastada como requisito necessário para a conversão, mantendo-se apenas a exigência de relevância social. Não via impedimento à conversão ora analisada a circunstância de o ato ilícito afetar apenas um indivíduo e a coletividade ou comunidade. Na realidade nem seria caso de litisconsórcio, mas não teria lógica vetar a conversão. Nesse sentido o Enunciado n.º 36 do II Fórum Permanente de Processualistas Civis (FPPC): "É presumida a relevância social na hipótese do inciso I do art. 334, sendo dispensável a verificação da 'dificuldade de formação do litisconsórcio'".

Por exemplo, o vizinho de uma fábrica, que não tem vizinhos próximos e sofre diretamente os efeitos da emissão de poluentes acima do limite legal, ingressa com ação individual para pedir tutela inibitória, cujo objetivo é a tomada de providências para impedir a continuação do ato ilícito. É claro que nesse caso o pedido do indivíduo tem alcance difuso, considerando que a consecução das medidas pretendidas atenderá a toda a coletividade, titular do direito difuso a um meio ambiente equilibrado. E nesse caso pouco importa que o autor seja um vizinho da fábrica que vive isolado (nesse caso não há litisconsórcio a ser formado) ou um vizinho que vive com inúmeros outros ao lado da fábrica (nesse caso haveria dificuldade na formação do litisconsórcio).

Ademais, havia a necessidade de ser bem compreendido o "alcance coletivo" do pedido individual.

Naquilo que se chama de ação pseudoindividual há apenas uma aparência de tutela de direito individual, quando na realidade está-se tutelando o direito da coletividade ou de um grupo, classe ou categoria de pessoas. Nesse caso, a tutela jurisdicional concedida ao autor da ação em virtude da procedência de seu pedido gera efeitos *ultra partes* ou *erga omnes*, tutelando, na realidade, um direito difuso ou coletivo, para os quais, naturalmente, o indivíduo não tem legitimidade ativa para tutelar.

Os exemplos são variados: um cadeirante que ingressa com ação judicial para obrigar a Municipalidade a oferecer, num determinado trajeto, veículo com as especificidades necessárias ao seu transporte; um morador que, incomodado com o transtorno que uma feira livre lhe causa, ingressa com ação judicial para proibir sua realização; um sujeito que, inconformado com uma propaganda enganosa, que fere sua inteligência e boa-fé, ingressa com ação judicial para retirá-la dos meios de comunicação; um sujeito que, entendendo que determinada intervenção em monumentos mantidos em praças públicas viola o seu direito a apreciar o patrimônio histórico e cultural, ingressa com ação para proibir tal conduta; um ouvinte de rádio que ingressa com ação para retirar a "Voz do Brasil" da programação com o argumento que tem o direito de ouvir músicas e informações no tempo que dura o programa oficial.

Imprescindível nesse caso é distinguir se o direito do autor é realmente um direito individual, considerando-o como indivíduo, ou se tal direito lhe pertence não como indivíduo, mas como membro da coletividade ou de uma comunidade. Não é preciso grande esforço para concluir que em todos os exemplos narrados anteriormente o direito do autor não é individual, porque, por mais justificáveis suas pretensões, os direitos pleiteados não têm o indivíduo como titular, mas sim a coletividade, um grupo, classe ou categoria de pessoas. O autor, nesse caso, como membro dessa coletividade ou comunidade, tem o direito de ser tutelado, isso não se discute, mas não como indivíduo, e sim como sujeito pertencente à coletividade ou comunidade.

Parece haver um consenso doutrinário de que tais situações melhor seriam tuteladas pela ação coletiva[2], pelas nítidas e indiscutíveis vantagens dessa espécie de tutela. Entendo, entretanto, que a questão não deve ser tratada no âmbito da adequação, mas da admissibilidade. Não vejo como admitir uma ação pseudoindividual, com a justificativa no direito constitucional de inafastabilidade da tutela jurisdicional (art. 5.º, XXXV, da CF), porque esse princípio deve respeito às condições da ação. Tal princípio não será violado se o autor da ação judicial não reunir no caso concreto as condições necessárias ao exercício do direito de ação.

Trata-se, na realidade, de impedimento ao exercício de direito de ação em razão da ilegitimidade ativa do autor em tutelar em juízo um direito difuso ou coletivo[3]. Em nada ajuda a tese contrária a afirmação de que a ação é individual porque assim foi formulada a fundamentação do autor, afinal, ele não pede tutela para os outros, limitando-se a pretender ser individualmente tutelado. O que determina a falsa natureza individual dessa ação é a natureza do direito tutelado, em nada importando a forma de narrativa da causa de pedir pelo autor e/ou de seu pedido.

Por outro lado, conforme corretamente ensinado pela melhor doutrina, esse tipo de ação pseudoindividual conduz a uma apreciação

---

2 Didier Jr.-Zaneti, *Curso*, p. 95.

3 Watanabe, "Relação", p. 34, apesar de inapropriado o exemplo utilizado para conceituar ações pseudoindividuais.

incompleta da questão, cria assimetria porque a coisa julgada opera-se *inter partes* e pode desorganizar políticas públicas, por meio do comprometimento do orçamento público em desfavor de toda a coletividade[4].

Acredito que nesse caso a conversão da ação individual não só é possível, mas indispensável, porque o autor não teria legitimidade para levar adiante por meio de um pedido em uma ação individual. A conversão em ação coletiva, com o ingresso no polo ativo de um legitimado coletivo, seria a única forma de evitar a extinção da ação individual por sentença terminativa, o que deveria ser prestigiado em razão do princípio do interesse no julgamento do mérito.

Outra é a situação criada quando um mesmo ato ilícito ofende direito genuinamente individual e direito difuso ou coletivo. Nesse caso, não há como negar que o indivíduo provavelmente tenha dois direitos no caso concreto: como indivíduo e como membro da coletividade ou comunidade. Exemplo lembrado pela doutrina é o pedido elaborado em ação individual em razão de poluição que está atingindo diretamente o vizinho da fábrica, que, inclusive, já apresenta concretos problemas de saúde associados à poluição[5]. Nesse caso, há nitidamente um direito individual associado à saúde do autor, de natureza individual, e um direito difuso referente ao meio ambiente equilibrado, de natureza difusa.

O sujeito lesionado em sua saúde indiscutivelmente não tem legitimidade para tutelar o meio ambiente, mas é inegável que o tem para tutelar sua própria saúde. Em situações como essa, parece não ser correta a tese da inadmissibilidade da ação individual. O sujeito nesse caso é titular de um direito individual, independentemente de os direitos de natureza transindividuais também estarem sendo lesionados pelo mesmo ato ilícito. A ofensa ao princípio da inafastabilidade da tutela jurisdicional nessa circunstância seria decorrência inexorável da admissibilidade da ação individual.

Uma vez sendo julgada procedente a ação individual, com a tutela individual pleiteada pelo autor, haverá uma geração de efeitos que ultrapassará as partes, atendendo a coletividade ou uma comunidade. Essa tutela decorrerá de uma mera circunstância de fato, e não de direito, porque, nesse caso, o autor da ação individual não tem legitimidade para

---

4 Gajardoni, *Direito I*, p. 31.

5 Assagra de Almeida, *Direito*, p. 496.

defender o direito da coletividade ou da comunidade em juízo[6]. É preciso reconhecer, entretanto, que, apesar de a tutela não decorrer do direito, mas de fato, e ser gerada apenas de forma reflexa, o resultado de uma ação individual terá tutelado um direito difuso ou coletivo.

Nesse caso, não se pode negar a legitimidade do indivíduo que propôs a ação tampouco sua natureza individual, mas é de todo inconveniente que a ação siga conforme foi proposta, porque nesse caso o autor estará, ainda que indiretamente, tutelando um direito difuso e coletivo, para o que não tem legitimidade, por meio de uma ação individual, que não será regida pelo microssistema coletivo.

Registre-se apenas que, mesmo havendo uma violação a direitos transindividuais e individuais derivada de um mesmo ato ilícito, é possível que a ação individual proposta tenha pedido de alcance meramente individual, o que não permitirá sua conversão em ação coletiva. No exemplo já dado de emissão de poluentes, basta que o vizinho da fábrica limite sua pretensão na ação individual à tutela reparatória, que, uma vez concedida, beneficiará somente ele, não tendo qualquer reflexo na coletividade.

O art. 334, § 9.º, do projeto de lei aprovado na Câmara confirmava esse entendimento ao prever que a conversão poderia ocorrer mesmo que o autor tenha cumulado pedido de natureza estritamente individual, hipótese em que o processamento desse pedido dar-se-ia em autos apartados. Ainda dentro do exemplo, seria o caso de o vizinho ter cumulado em sua ação individual os pedidos de tutela reparatória (alcance individual) e inibitória (alcance coletivo).

A segunda hipótese de conversão, prevista pelo art. 334, II, do projeto de lei aprovado na Câmara, era de mais difícil compreensão. Ao tratar de uma mesma relação jurídica plurilateral, cuja decisão deva ser uniforme para todos os membros do grupo em razão de disposição legal ou por sua natureza, o dispositivo parecia indicar típica hipótese de litisconsórcio facultativo unitário. O objetivo da conversão, de dar a todos um tratamento isonômico era nobre, mas o problema prático era como desvincular essa hipótese daquela já prevista no inciso I do dispositivo legal, porque, se a relação jurídica conflituosa é incindível, devendo ser decidida uniformemente para todos os membros que compõem o grupo, o pedido do autor terá alcance coletivo.

---

[6] Assagra de Almeida, *Direito*, p. 496.

Em termos procedimentais, eram legitimados a pedir a conversão o Ministério Público, a Defensoria Pública (previstos no *caput* do art. 334) e os demais legitimados coletivos previstos nos arts. 5.º da LACP e 82 do CDC (previstos no § 1.º). Sendo incomum que os legitimados coletivos participem da ação individual – excepcionalmente o Ministério Público pode funcionar como fiscal da ordem jurídica –, poderia se questionar como esses sujeitos tomariam conhecimento do processo para nele intervir pedindo a conversão ora analisada.

Como forma de aumentar consideravelmente a possibilidade de conversão da ação individual em ação coletiva (ainda que tal conversão não seja mais possível em razão da ausência do instituto do texto final do Novo CPC), é elogiável o Enunciado 38 do II FPPC: "É dever do juiz intimar os legitimados do art. 334 do CPC para, se for o caso, requerer a conversão, aplicando-se, por analogia, o art. 139, X, do CPC".

Repetindo regra consagrada no art. 7.º da LACP, o art. 139, X, do projeto de lei aprovado na Câmara incluía entre os deveres do juiz a intimação do Ministério Público, da Defensoria Pública e, na medida do possível, dos demais legitimados coletivos, quando notasse a pluralidade de demandas individuais repetitivas, para que, se for o caso, fosse promovida a devida ação coletiva. Se o juiz tinha o dever de provocar a propositura da ação coletiva, é inevitável a conclusão de que também tivesse tal poder para provocar a conversão da ação coletiva em ação individual.

Como o legitimado que pede a conversão é o que, após seu deferimento, ingressa com coautor do indivíduo, era interessante a opção do projeto de lei aprovado na Câmara de incluir a Defensoria Pública, aparentemente sem nenhuma exigência vinculada à pertinência temática, como legitimada a conduzir uma ação coletiva, ainda que fruto de conversão de ação individual. O tema, como se sabe, é consideravelmente polêmico quanto à legitimidade originária da Defensoria Pública para a propositura da ação coletiva[7].

Segundo o *caput* do dispositivo ora analisado, o autor da ação individual seria ouvido, não ficando muito claro com qual objetivo. É natural que, se o autor seria ouvido, ou ao menos teria oportunidade para isso, podendo discordar da conversão, e sua manifestação deveria ser levada em consideração pelo juiz. Entendia, entretanto, que a única fundamentação admissível por parte do réu era a que dizia respeito ao não preenchimento

---

[7] Neves, *Manual de processo*, n. 8.2.5, p. 178-185.

dos requisitos legais para a conversão. A simples vontade de o autor continuar com sua ação individual não seria o suficiente para impedir a conversão, porque, conforme já exposto, ou ela evitaria a extinção por ilegitimidade ativa ou seria a forma mais conveniente de continuar a demanda quando o interesse público se sobrepusesse ao interesse individual.

Nesse sentido, o Enunciado 40 do II FPPC: "*A oposição das partes à conversão da ação individual em coletiva limita-se à alegação do não preenchimento dos seus pressupostos*".

O autor individual, que continuaria no polo ativo da ação, se assim pretendesse, agora como litisconsorte do legitimado ativo (art. 334, § 6.º), não suportaria qualquer ônus em decorrência dessa conversão, considerando que não seria responsável por qualquer despesa processual decorrente de tal conversão (art. 334, § 7.º).

Também seria ouvido o Ministério Público sobre o pedido, caso não tivesse sido ele mesmo que o tenha formulado (art. 334, § 10). E mesmo não constando expressamente do dispositivo legal, em respeito ao princípio do contraditório, também deveria ser ouvido o réu, desde que já citado, cabendo sua intimação para se manifestar sobre o pedido de conversão. Nesse sentido, o Enunciado 39 do II FPPC: "*Havendo requerimento de conversão, o juiz, antes de decidir, ouvirá o autor e, caso já tenha sido citado, o réu*".

Sendo determinada a conversão, nos termos do art. 334, § 4.º do projeto de lei aprovado na Câmara, o juiz intimaria o autor do requerimento para que, no prazo fixado, aditasse ou emendasse a petição inicial, para adaptá-la à tutela coletiva. E, havendo tal aditamento ou emenda, o art. 334, § 5.º, previa que o juiz determinasse a intimação do réu para, querendo, manifestar-se no prazo de quinze dias, em respeito ao princípio do contraditório. A partir daí o procedimento seguiria as regras do processo coletivo, nos termos do art. 334, § 8.º.

23

TUTELA PROVISÓRIA

23.1 INTRODUÇÃO

No Novo Código de Processo Civil há um livro destinado à tutela provisória, concedida mediante cognição sumária em juízo de probabilidade. Haverá a tutela provisória de urgência, dividida em cautelar e satisfativa, e a tutela provisória da evidência.

No projeto de lei aprovado na Câmara a tutela provisória era chamada de tutela antecipada, de forma que teríamos a tutela antecipada cautelar e satisfativa (ambas de urgência) e a tutela antecipada de evidência. Apesar de se tratar tão somente de uma questão linguística, já que o conteúdo dessas espécies de tutela não mudou substancialmente, o Senado, na redação final do Novo CPC, preferiu prestigiar a classificação tradicional entre tutela provisória e definitiva e, na primeira, entre tutela de urgência e de evidência.

Entendo elogiável a postura do Senado porque a manutenção de classificações já consagradas certamente facilitará a compreensão do que efetivamente interessa pelos operadores do Direito. Parece não haver dúvida de que demoraria algum tempo até todos se acostumarem a chamar uma espécie de tutela jurisdicional de tutela antecipada cautelar.

23.2 TUTELA PROVISÓRIA DE URGÊNCIA

Há uma sensível aproximação entre a tutela antecipada e a tutela cautelar, não só porque ambas passam a ser legislativamente tratadas como espécies de tutela provisória, a primeira satisfativa e a segunda acautelatória, mas porque naquilo que o legislador poderia tornar homogêneo o tratamento procedimental de ambas assim o fez.

A diferença de natureza jurídica satisfativa e acautelatória, que não pode ser modificada ou unificada por vontade do legislador, era expressamente reconhecida no projeto aprovado pela Câmara, mas, por alguma razão que não consigo alcançar, a distinção foi retirada pelo Senado do texto final do Novo CPC. A omissão legal, entretanto, não cria qualquer obstáculo para a distinção, exatamente como já ocorria no CPC/1973.

Preferiu-se prestigiar a diferença entre os fundamentos para a concessão de tutela provisória: nos termos do art. 294, *caput*, do Novo CPC, a tutela provisória tem como fundamentos a urgência ou a evidência.

A diferença entre o *fumus boni iuris* e a prova inequívoca da verossimilhança da alegação como requisitos para a concessão de tutela de urgência garantidora e satisfativa desaparece no Novo Código de Processo Civil, que igualará o grau de probabilidade de o direito existir para a concessão de qualquer espécie de tutela de urgência, independentemente de sua natureza. Nesse sentido, o art. 300, *caput*, ao prever que a tutela de urgência será concedida quando forem demonstrados elementos que evidenciem a probabilidade do direito.

O fundado receio de dano irreparável ou de difícil reparação, previsto para a tutela antecipada no art. 273, I, do CPC/1973 e o *periculum in mora*, exigido para a concessão da tutela cautelar, sempre tiveram o mesmo conteúdo, fundando-se no "tempo como inimigo". A leitura do art. 798 do CPC/1973 confirma a tese. No art. 300, *caput*, do Novo CPC é unificado o requisito como perigo de dano ou o risco ao resultado útil do processo.

Numa primeira leitura pode-se concluir que o perigo de dano se mostraria mais adequado à tutela antecipada, enquanto o risco ao resultado útil do processo, à tutela cautelar. A distinção, entretanto, não deve ser prestigiada porque nos dois casos o fundamento será o mesmo: a impossibilidade de espera da concessão da tutela definitiva sob pena de grave prejuízo ao direito a ser tutelado e de tornar-se o resultado final inútil em razão do tempo.

Nesse sentido, o Enunciado 143 Fórum Permanente de Processualistas Civis (FPPC): "A redação do art. 298 [atual art. 300], *caput*, superou a distinção entre os requisitos da concessão para a tutela cautelar e para a tutela satisfativa de urgência, erigindo a probabilidade e o perigo na demora a requisitos comuns para a prestação de ambas as tutelas de forma antecipada".

No Novo Código de Processo Civil não há previsão expressa condicionando a concessão de tutela provisória de urgência a pedido expresso da parte, afastando-se, assim, da tradição do art. 273, *caput*, do CPC/1973. Por outro lado, também não existe um artigo que expressamente permita a sua concessão de ofício, ainda que em situações excepcionais, como ocorria no CPC/1973 com o art. 797.

Não deixa de ser uma opção no mínimo curiosa porque, enquanto com relação à medida cautelar sempre se entendeu pela possibilidade de sua excepcional concessão de ofício em razão do poder geral de cautela[1], no tocante à tutela antecipada, apesar da resistência de parte significativa da doutrina[2], o Superior Tribunal de Justiça passou a proferir decisões admitindo a concessão de ofício da tutela antecipada dentro da mesma excepcionalidade exigida para a concessão da medida cautelar sem a provocação das partes[3].

Como havia expressa previsão nesse sentido no art. 804 do CPC/1973, nunca se questionou a possibilidade de o juiz condicionar a concessão liminar de medida cautelar à prestação de caução pelo requerente. E mesmo na tutela antecipada, embora sem uma regra expressa, o entendimento era no mesmo sentido[4]. A possibilidade de se condicionar a concessão de tutela de urgência (cautelar e antecipada) foi consagrada no § 1.º do art. 300 do Novo CPC, que, além de prever a possibilidade de exigência de caução, ainda estabelece a possibilidade de ela ser real ou fidejussória, e ser dispensada se a parte economicamente hipossuficiente não puder oferecê-la.

A autonomia como distinção da tutela provisória de urgência antecipada (satisfativa) e cautelar (garantidora) acaba com o Novo Código de Processo Civil, que passa a prever o pedido antecedente autônomo de

---

1 STJ, 3.ª Turma, REsp 1.255.398/SP, rel. Min. Nancy Andrighi, j. 20.05.2014, *DJe* 30.05.2014; Marinoni-Arenhart, *Processo*, p. 104-106; Nery-Nery, *Código*, p. 1.114; Lacerda, *Comentários*, n. 16, p. 80-82.

2 Barbosa Moreira, *A antecipação*, p. 203; Nery-Nery, *Código*, p. 525; Carneiro, *Da antecipação*, n. 41, p. 61; Zavascki, *Antecipação*, p. 115; Calmon de Passos, *Comentários*, n. 6.1.1, p. 32-34; Araken de Assis, *Doutrina*, p. 411.

3 STJ, 1.ª Turma, REsp 1.319.769/GO, rel. Min. Sérgio Kukina, rel. p/ acórdão Min. Benedito Gonçalves, j. 20.08.2013, *DJe* 20.09.2013; STJ, 2.ª Turma, REsp 1.309.137/MG, rel. Min. Herman Benjamin, j. 08.05.2012, *DJe* 22.05.2012.

4 *Informativo* 375/STJ, 3.ª Turma, REsp 952.646/SC, rel. Min. Nancy Andrighi, j. 04.11.2008; Zavascki, *Antecipação*, p. 91; Dinamarco, *A nova*, n. 47, p. 100; Bedaque, *Tutela*, n. 35, p. 391.

qualquer espécie de tutela de urgência, bem como o pedido meramente incidental deverá ser feito sem a necessidade de processo autônomo, nos termos do art. 294, parágrafo único.

Os pedidos formulados de forma incidental não trarão maiores problemas, na realidade já sendo essa forma procedimental conhecida dos operadores do Direito, inclusive na admissão de pedido incidental de tutela cautelar. Os pedidos formulados de forma antecedente prometem maiores discussões em razão de importantes modificações sugeridas pelo Novo Código de Processo Civil.

O processo autônomo cautelar desaparece, e, como nunca houve um processo autônomo de tutela antecipada, é possível afirmar que deixa de existir o processo autônomo de tutela de urgência. Há tratamento diverso quanto à natureza da tutela de urgência pretendida quando o pedido for feito de forma antecedente.

Nos termos do art. 303, *caput*, quando a urgência for contemporânea à propositura da ação, a petição inicial pode limitar-se ao requerimento da tutela antecipada e à indicação do pedido de tutela final, com a exposição da lide, do direito que se busca realizar e do perigo de dano ou do risco ao resultado útil do processo. Como se pode notar do dispositivo legal, não se trata propriamente de uma petição inicial, mas de um requerimento inicial voltado exclusivamente à tutela de urgência pretendida, ainda que o § 4.º exija a indicação do valor da causa, que deve levar em consideração o pedido de tutela final.

Caso a tutela antecipada seja concedida, o art. 303, § 1.º, I, exige que o autor adite a petição inicial, com a complementação da sua argumentação, juntada de novos documentos e a confirmação do pedido de tutela final, em quinze dias, ou em outro prazo maior que o órgão jurisdicional fixar, sob pena de extinção do processo sem resolução de mérito (§ 2.º). Nos termos do § 3.º, esse aditamento dar-se-á nos mesmos autos, sem incidência de novas custas processuais.

Ainda que o réu deva ser imediatamente citado quando houver a concessão da tutela pleiteada, o art. 303, § 1.º, II, do Novo CPC prevê que o réu será citado e intimado para a audiência de conciliação ou de mediação na forma do art. 334 e, conforme previsto no inciso III, § 1.º, do art. 303, somente se não houver solução consensual, começará seu prazo para contestação (na realidade para sua defesa) nos termos do art. 335.

Não sendo hipótese de concessão da tutela antecipada, o órgão jurisdicional determinará a emenda da petição inicial, em até cinco dias, sob pena de ser indeferida e o processo extinto sem resolução de mérito (§ 6.º).

O art. 304 do Novo CPC introduz no sistema a maior e mais relevante novidade quanto à tutela provisória: a estabilização da tutela antecipada. Nos termos do *caput* do dispositivo legal a tutela antecipada concedida de forma antecedente se estabiliza se não for interposto pelo réu recurso contra a decisão concessiva de tutela antecipada.

Das três diferentes espécies de tutela provisória somente a tutela antecipada foi contemplada na fórmula legal de estabilização consagrada no art. 304 do Novo CPC. Significa dizer que, ao menos pela literalidade da norma, a regra não é aplicável à tutela cautelar e a tutela da evidência.

Compreendo a opção de o legislador não ter incluído na regra da estabilização a tutela cautelar, afinal, essa espécie de tutela provisória de urgência tem natureza meramente conservativa, criando uma nova situação fática diferente daquela que seria criada com o acolhimento da pretensão do autor. Ainda que a tutela cautelar não tenha mais autonomia formal, entendo que continua a ser acessória da tutela definitiva, de forma que não teria qualquer sentido lógico ou jurídico a estabilização de uma tutela acessória meramente conservativa. Afinal, com a concessão da medida cautelar o direito da parte não estará satisfeito, não havendo sentido falar-se em sua estabilização.

O mesmo, entretanto, não se pode dizer da tutela provisória da evidência, que a exemplo da tutela antecipada tem natureza satisfativa. Nesse caso, o legislador parece ter dito menos do que deveria, porque as mesmas razões que o levaram a criar a estabilização da tutela antecipada indiscutivelmente aplicam-se à tutela de evidência.

Note-se que para se chegar a tal conclusão deve ser superada outra omissão injustificada do legislador: a ausência de previsão expressa que permita o pedido de tutela da evidência de forma antecedente. Sendo admitido o pedido antecedente da tutela da evidência nas hipóteses em que ela pode ser concedida liminarmente (art. 311, II e III, do Novo CPC), entendo possível a estabilização nos termos do art. 304 do Novo CPC.

O legislador fez clara opção de limitar a possibilidade de estabilização da tutela antecipada à sua concessão antecedente, de maneira que sendo concedida de forma incidental, mesmo sem a interposição do recurso da parte contrária, o processo não deve ser extinto e a tutela antecipada não se estabilizará nos termos do art. 304 do Novo CPC.

Segundo a previsão do art. 304, *caput*, do Novo CPC, a tutela antecipada concedida anteriormente só não se estabiliza na hipótese de interposição de recurso pelo réu, que embora não esteja indicado expressamente no dispositivo legal, é o agravo de instrumento, nos termos do art. 1.015, I, do Novo CPC. A redação legal está longe de ser a mais adequada.

Poderia o dispositivo prever qualquer espécie de resistência, inclusive a meramente incidental oferecida perante o juízo que concedeu a tutela antecipada. Não tem sentido a legislação obrigar o réu a recorrer quando, na realidade, ele pretende somente se insurgir no próprio grau jurisdicional em que foi proferida a decisão. É a própria lógica do sistema que aponta nessa direção porque a própria razão de ser da estabilização é o réu deixar de se insurgir contra a tutela provisória concedida. Por outro lado, se o objetivo do sistema é a diminuição do número de recursos a interpretação literal do art. 304, *caput*, do Novo CPC, conspira claramente contra esse intento. Resta ao interprete dizer que onde se lê "recurso" deve se entender "impugnação", criticando-se o legislador por ter preferido a utilização de espécie (recurso) em vez de gênero (impugnação).

Será inaplicável o art. 304 do Novo CPC se o autor expressar sua vontade de que pretende, além da concessão da tutela antecipada, pronunciamento fundado em cognição exauriente capaz de gerar coisa julgada material. Contrariar a vontade do autor nesse sentido seria negar o exercício pleno de seu direito de ação, em manifesta violação do princípio da inafastabilidade da jurisdição, consagrado no art. 5.º, XXXV, da CF.

Conforme visto, tanto a vontade do autor como do réu são capazes de, isoladamente, afastar a aplicação do art. 304 do Novo CPC. Ao autor basta manifestação expressa nesse sentido (ato positivo) e ao réu basta deixar de se insurgir contra a decisão concessiva de tutela antecipada (ato omissivo). Se a vontade unilateral das partes já é suficiente para afastar a estabilização da tutela antecipada, com maior razão o acordo de vontade das partes, nos termos do art. 190 do Novo CPC. Nesse sentido, o Enunciado 32 do FPPC: "Além da hipótese prevista no art. 304, é possível a estabilização expressamente negociada da tutela antecipada de urgência satisfativa antecedente".

Nos termos do art. 304, § 6.º, do Novo CPC, a decisão que concede a tutela antecipada não fará coisa julgada, mesmo que seus efeitos sejam estabilizados em razão da postura omissiva do réu. O dispositivo deve ser comemorado porque mantém tradição do direito pátrio de reservar à coisa julgada apenas as decisões proferidas mediante cognição exauriente. Afinal, não parece ter muito sentido lógico se conferir a imutabilidade e indiscutibilidade próprias da coisa julgada material a uma decisão proferida mediante cognição sumária. A certeza se torna imutável e indiscutível, a probabilidade não.

Como entendo que a coisa julgada material é resultante de uma opção de política legislativa, não vejo como impossível que se preveja expressamente decisão fundada em cognição sumária capaz de produzir coisa julgada material. Não me parecerá lógico, mas ilegal não será. Não foi, entretanto, essa a opção do legislador, como se pode notar claramente da redação do § 6.º do art. 304 do Novo CPC.

Ocorre, entretanto, que após o decurso do prazo de 2 anos (§ 5.º) para o ingresso da ação prevista no § 2.º do art. 304 do Novo CPC, a concessão de tutela antecipada se torna imutável e indiscutível. Pode-se dizer que não se trata de coisa julgada material, mas de um fenômeno processual assemelhado, mas a estabilidade e a satisfação jurídica da pretensão do autor estarão presentes em ambas.

Sendo extinto o processo com a estabilização da tutela antecipada, o § 2.º do art. 304 do Novo CPC prevê que qualquer das partes poderá ingressar com novo processo, com o objetivo de rever, reformar ou invalidar a tutela antecipada estabilizada. O dispositivo legal não deve ser elogiado porque ao mesmo tempo que dá legitimidade ativa para ambas as partes do processo, extinto em razão da estabilização da tutela antecipada, prevê que esse processo se preste a rever, reformar ou invalidar a tutela antecipada estabilizada. Exatamente qual seria o interesse do autor, satisfeito no plano prático em razão da tutela antecipada concedida e estabilizada, pretender rever, reformar ou invalidar tal tutela?

E o que é mais lamentável, é que sem os indevidos limites consagrados no § 2.º do art. 304 do Novo CPC, é plenamente possível se vislumbrar o interesse do autor em ingressar com processo após a estabilização para obter a tutela definitiva que ainda não conseguiu. Contudo, nesse caso, não buscará rever, reformar ou invalidar a tutela antecipada, mas sim confirmá-la por meio de uma decisão definitiva fundada em cognição exauriente e juízo de certeza. É claro que não será um processo frequente, até porque se o autor do processo originário pretender obter a tutela definitiva, basta pedi-la de forma expressa, mas ainda assim haverá interesse de agir.

Como entendo inconstitucional impedir ao autor a propositura da ação versada no § 2.º, do art. 304, do Novo CPC, interpreto que o rol previsto em tal dispositivo é meramente exemplificativo. Independentemente da consequência do pedido dessa ação com relação a estabilização da tutela antecipada, o importante é que ela tenha como objeto o mesmo bem da vida do processo extinto pela tutela antecipada estabilizada.

O desarquivamento dos autos do processo extinto em razão da estabilização da tutela antecipada para instruir a petição inicial da ação prevista no art. 304, § 2.º, do Novo CPC, pode ser desnecessária caso a parte tenha consigo cópia capa-a-capa dos autos. No processo eletrônico o desarquivamento torna-se ainda mais desnecessário.

É criada pelo § 4.º, do art. 304, do Novo CPC, uma competência absoluta, de caráter funcional, de forma que o juiz que concedeu a tutela antecipada que se estabilizou por inércia do réu é prevento para o processo previsto no § 2.º do mesmo dispositivo. A rega deve ser elogiada, porque o juízo que enfrentou a matéria, ainda que em cognição sumária, tem mais conhecimento sobre ela do que qualquer outro, se justificando que o exercício da função jurisdicional na concessão da tutela antecipada o vincule de forma obrigatória a um processo que tenha como objetivo revê-la, reformá-la, anulá-la ou confirmá-la.

Se a parte quiser alegar um dos vícios previstos no art. 966 do Novo CPC, poderá se valer da ação prevista no § 2.º do art. 304 do Novo CPC. Entretanto, após esse prazo, os vícios, que só poderiam ser alegados por meio de ação rescisória, já não podem mais sê-los porque essa espécie de meio de impugnação depende de coisa julgada. E o § 6.º do art. 304, do Novo CPC, não deixa dúvida sobre não existir coisa julgada na decisão concessiva de tutela antecipada antecedente.

A única saída possível é uma interpretação ampliativa do § 2.º do art. 966 do Novo CPC. Segundo o dispositivo legal, cabe ação rescisória contra decisão terminativa (ou seja, que não resolva o mérito), desde que ela impeça a nova propositura da demanda ou a admissibilidade do recurso correspondente. Apesar de se tratar de situação distinta, já que a decisão que antecipa a tutela é indiscutivelmente de mérito, pode-se alegar que a decisão terminativa também não faz coisa julgada e ainda assim pode, respeitadas determinadas exigências, ser impugnada por ação rescisória.

A ausência de coisa julgada, portanto, teria deixado de ser condição *sine qua non* para a admissão de ação rescisória, o que poderia liberar o caminho para a conclusão de cabimento de tal ação contra a decisão que concede tutela antecipada estabilizada depois de dois anos (art. 975 do Novo CPC) de seu trânsito em julgado.

Nos termos do art. 305, *caput*, a petição inicial da ação que visa à prestação de tutela cautelar em caráter antecedente indicará a lide e seu fundamento, a exposição sumária do direito que se visa assegurar e o perigo na demora da prestação da tutela jurisdicional. O réu será citado para, no prazo de cinco dias, contestar o pedido e indicar as provas que pretende produzir (art. 306), e, não sendo contestado o pedido, os fatos alegados pelo autor presumir-se-ão aceitos pelo réu como ocorridos, caso em que o juiz decidirá dentro de cinco dias (art. 307). Caso o pedido seja contestado, seguir-se-á o procedimento comum.

Segundo o art. 308, *caput*, do Novo CPC, efetivada a tutela cautelar, o pedido principal terá de ser formulado pelo autor no prazo de trinta dias, caso em que será apresentado nos mesmos autos em que deduzido o pedido de tutela cautelar, não dependendo do adiantamento de novas custas processuais. Nesse momento, o § 2.º do art. 308 permite o aditamento também da causa de pedir. Nos termos do § 3.º do mesmo dispositivo, apresentado o pedido principal, as partes serão intimadas para a audiência de conciliação ou de mediação na forma do art. 334, por seus advogados ou pessoalmente, sem necessidade de nova citação do réu. Não havendo autocomposição, o prazo para a contestação será contado na forma do art. 335.

Segundo o art. 300, § 1.º, do Novo CPC, para a concessão da tutela de urgência, o juiz pode, conforme o caso, exigir caução real ou fidejussória idônea para ressarcir os danos que a outra parte possa vir a sofrer, podendo a caução ser dispensada se parte economicamente hipossuficiente não puder oferecê-la. Aplica-se nesse caso o princípio da isonomia real, com tratamento distinto para os diferentes, garantindo-se a concessão de tutela provisória em favor daqueles que não têm condições patrimoniais de garantir o juízo. Cabe ao juiz no caso concreto efetivo controle a respeito da hipossuficiência econômica do autor para que a nova norma não acarrete abusos.

Nos termos do art. 300, § 2.º, do Novo CPC, a tutela provisória de urgência pode ser concedida liminarmente ou após justificação prévia. A previsão legal, apesar de manter regra já consagrada nos arts. 461, § 3.º, e 804 do CPC/1973, não deve ser elogiada. O termo "liminarmente" se presta a designar o momento inicial do procedimento, mais precisamente o momento anterior à citação do réu.

Como o réu naturalmente não será citado e intimado para participar da audiência de justificação, a eventual concessão da tutela de urgência após a oitiva das testemunhas do autor não retira sua natureza liminar. Mais técnico teria sido o legislador se tivesse previsto a possibilidade de concessão de tutela de urgência liminarmente, ainda que necessária a realização de audiência de justificação.

Segundo o art. 299, *caput*, do Novo CPC, a tutela provisória será requerida ao juízo da causa e, quando antecedente, ao juízo competente para conhecer do pedido principal, repetindo a regra consagrada no art. 800, *caput*, do CPC/1973.

No tocante à competência para apreciação da tutela de urgência, o legislador prestigiou a competência funcional gerada pelo caráter acessório dessa espécie de tutela com relação à tutela definitiva (principal). É uma pena, pois se perdeu uma ótima oportunidade de superar a falsa crença de que o juízo mais adequado à apreciação do pedido de tutela de urgência é o juízo competente para julgar o pedido principal.

Em especial, em tutelas de urgência que envolvam constrição de bens e restrição de pessoas, como eram no CPC/1973 o arresto, sequestro, busca e apreensão de incapaz, é muito mais vantajoso que a competência para a apreciação do pedido de tutela de urgência seja do juízo do local em que esteja o bem ou a pessoa a ser objeto da medida judicial. Ainda mais em hipóteses de extrema urgência, nas quais o respeito à regra de competência do juízo competente para apreciar o pedido principal poderá significar a ineficácia da tutela de urgência.

De qualquer forma, como, aliás, já vinha acontecendo na concessão de medida cautelar mesmo em sentido contrário ao texto legal, entendo que, se for necessário descumprir a competência consagrada em lei para evitar o perecimento da própria tutela de urgência, a regra poderá ser descumprida.

Nos termos do parágrafo único do art. 299 do Novo CPC, ressalvada disposição especial, na ação de competência originária de tribunal e nos recursos, a tutela de urgência será requerida ao órgão jurisdicional competente para apreciar o mérito. Repete-se assim a previsão do art. 800, parágrafo único, do CPC, ainda que de forma mais completa ao se incluírem as ações de competência originária do tribunal.

Como o Novo CPC consagrou a mera petição para o pedido de efeito suspensivo a recurso que não o tenha, afastando a necessidade de ação cautelar inominada incidental, acredito que a parte que pretenda requerer tutela antecipada em tribunal, mesmo com os autos do processo em primeiro grau, não terá dificuldade prática para distribuir uma petição veiculando seu pedido.

Nos termos do art. 305, parágrafo único, do Novo CPC, caso o juiz entenda que o pedido antecedente de natureza cautelar tem natureza antecipada, o órgão jurisdicional observará o procedimento previsto para essa espécie de tutela. Curiosamente, o Novo Código de Processo Civil deixa de prever expressamente o caminho inverso, mantendo a falsa impressão de que a fungibilidade entre as diferentes espécies de tutela de urgência pode ter apenas uma via de direção. A omissão legislativa, ainda que pouco elogiável, não terá força para afastar a lógica de se aplicar a fungibilidade de tutela cautelar para antecipada e vice-versa.

Segundo o art. 300, § 3.º, do Novo CPC, a tutela de urgência não será concedida quando houver perigo de irreversibilidade dos efeitos da decisão, seguindo-se inexplicavelmente a regra consagrada no art. 273, § 2.º, do CPC/1973, já que esse requisito negativo para a concessão da tutela de urgência é sistematicamente afastado diante da análise da irreversibilidade recíproca, como ocorre na liberação de medicamentos por meio de tutela antecipada.

Diante da constatação empírica de afastamento rotineiro do requisito negativo, chega a ser surpreendente que o legislador finja que nada está acontecendo e se limite a prever norma legal significativamente flexibilizada.

Nos termos do art. 298, *caput*, do Novo CPC, na decisão que conceder, negar, modificar ou revogar a tutela provisória, o juiz motivará seu convencimento de modo claro e preciso, em regra tão desnecessária quanto era a consagrada de forma mais tímida (referia-se apenas à decisão concessiva) no § 1.º do art. 273 do CPC/1973. Afinal, a fundamentação das decisões judiciais é exigência constitucional, consagrada no art. 93, IX, da CF.

Apesar de desnecessária, a regra não deveria ter limitado a exigência de fundamentação ao juiz, pois dessa forma desconsiderava as decisões sobre a matéria proferidas no tribunal. Nesse sentido, o Enunciado 141 do Fórum Permanente de Processualistas Civis (FPPC): "*O disposto no art. 296 [atual art. 298],* caput, *CPC, aplica-se igualmente à decisão monocrática ou colegiada do Tribunal*".

Segundo o art. 296, *caput*, do Novo CPC, a tutela provisória conserva sua eficácia na pendência do processo, mas pode, a qualquer tempo, ser revogada ou modificada. E nos termos do parágrafo único do dispositivo, salvo decisão judicial em contrário, a tutela provisória conservará a eficácia durante o período de suspensão do processo.

Nos termos do art. 297, *caput*, do Novo CPC, o juiz pode determinar as medidas que considerar adequadas para efetivação da tutela provisória. E o parágrafo único prevê que a efetivação da tutela provisória observará as normas referentes ao cumprimento provisório da sentença, no que couber.

O art. 309, parágrafo único, do Novo CPC prevê que, se por qualquer motivo cessar a eficácia da tutela cautelar, é vedado à parte renovar o pedido, salvo sob novo fundamento, enquanto o art. 310 prevê que o indeferimento da tutela cautelar não obsta a que a parte formule o pedido principal, nem influi no julgamento deste, salvo se o motivo do indeferimento for o reconhecimento de decadência ou de prescrição.

Segundo o art. 301 do Novo CPC, a tutela cautelar pode ser efetivada mediante arresto, sequestro, arrolamento de bens, registro de protesto contra alienação de bem e qualquer outra medida idônea para asseguração do direito. Acredito que, não existindo mais as cautelares típicas no Novo Código de Processo Civil, é absolutamente irrazoável nomear algumas medidas cautelares, que podem ter até algum sentido para os que conhecem o CPC/1973, mas que com o tempo serão solenes desconhecidos dos operadores do Direito. De qualquer modo, ao prever tais medidas apenas exemplificativamente, correta a conclusão do Enunciado 31 do Fórum Permanente de Processualistas Civis (FPPC): "*O poder geral de cautela está mantido no NCPC*".

Há uma observação que não poderia deixar de se fazer. Com a retirada das cautelares típicas do Novo CPC, algumas foram realocadas, como a produção antecipada de prova, a notificação e a interpelação, enquanto a maioria foi simplesmente extinta.

Diante dessa realidade, causa-me extrema estranheza o art. 301 do Novo CPC prever que a tutela de urgência de natureza cautelar pode ser efetivada mediante arresto, sequestro, arrolamento de bens, registro de protesto contra alienação de bem e qualquer outra medida idônea para asseguração do direito. Ainda que se possa afirmar que a norma legal prevê forma de efetivação, e não espécies de cautelares típicas, exatamente qual a razão dessa especificação? Afinal, as cautelares típicas nos deixaram ou não? Ou nos deixaram, mas nos arrependemos?

Imagino um professor daqui a dez anos explicando para os alunos esse dispositivo legal, e tendo que comentar medidas – executivas ou cautelares – absolutamente estranhas ao aluno. A pergunta será óbvia: qual a exata necessidade dessa especificação, ainda mais quando o próprio dispositivo legal prevê a possibilidade de adoção de "qualquer outra medida idônea para asseguração do direito"?

Ainda pior fez a Câmara ao aprovar o projeto de lei que mantinha uma explicação de que o arresto seria de bem indeterminado e serviria para garantir a execução de pagar quantia certa, enquanto o sequestro seria de bem determinado e serviria para garantir a execução de entrega de coisa. O Senado entendeu que nesse caso seria saudosismo demais e corretamente retirou a norma do texto final do Novo CPC. O trabalho, entretanto, conforme devidamente demonstrado, ficou pela metade.

Nos termos do art. 309 do Novo CPC, cessa a eficácia da tutela concedida em caráter antecedente, se: (I) o autor não deduzir o pedido principal no prazo legal; (II) não for efetivada dentro de trinta dias; (III) o juiz julgar improcedente o pedido principal formulado pelo autor ou extinguir o processo sem resolução de mérito.

A responsabilidade objetiva do beneficiado pela concessão de tutela de urgência é versada pelo art. 302 do Novo CPC, prevendo em seus incisos as hipóteses de responsabilização: (I) a sentença lhe for desfavorável; (II) obtida liminarmente a tutela em caráter antecedente, não fornecer os meios necessários para a citação do requerido no prazo de cinco dias; (III) ocorrer a cessação da eficácia da medida em qualquer hipótese legal; (IV) o juiz acolher a alegação de decadência ou prescrição da pretensão do autor.

Nos termos do parágrafo único do dispositivo, a indenização será liquidada nos autos em que a medida tiver sido concedida, sempre que possível. Curiosamente foi suprimido o § 2.º que previa que a responsabilização civil do requerente da tutela satisfativa observaria o procedimento do cumprimento provisório de sentença.

23.3 TUTELA DA EVIDÊNCIA

A tutela da evidência, como espécie de tutela provisória diferente da tutela de urgência, recebeu um capítulo próprio, ainda que contendo apenas um artigo, diferente da realidade presente no CPC/1973, em que essa espécie de tutela está espalhada pelo diploma legal. A iniciativa deve ser elogiada, principalmente por afastar expressamente a tutela da evidência da tutela de urgência, mas sua concretização deve ser, ainda que parcialmente, criticada.

O art. 311, *caput*, do Novo CPC consagra expressamente o entendimento de que tutela de evidência independe da demonstração de perigo da demora da prestação da tutela jurisdicional, em diferenciação clara e indiscutível com a tutela de urgência.

Aparentemente, o inciso I do artigo ora comentado apenas realocou uma hipótese de tutela da evidência que, no CPC/1973, estava prevista como tutela antecipada (de urgência, portanto). Contudo, não foi bem isso que ocorreu. A tutela prevista equivocadamente no art. 273, § 6.º, do CPC/1973 resultava da combinação dos requisitos previstos no *caput* e inciso II do dispositivo, de modo que não bastava que ficasse caracterizado o abuso do direito de defesa ou o manifesto propósito protelatório da parte, sendo também exigida a prova inequívoca da verossimilhança da alegação. Era, portanto, a probabilidade de o autor ter o direito alegado somada à resistência injustificada do réu que justificava a concessão dessa espécie de tutela provisória.

Da forma como ficou redigido o art. 311, I, do Novo CPC, restou como requisito para a concessão da tutela da evidência somente o abuso do direito de defesa ou o manifesto propósito protelatório da parte, o que parece contrariar até mesmo o espírito dessa espécie de tutela. Difícil acreditar que o autor tenha direito a uma tutela, ainda que provisória, somente porque o réu se comporta indevidamente no processo, sem que o juiz tenha qualquer grau de convencimento da existência do direito do autor. Parece-me extremamente temerário, como simples forma de sanção processual, conceder a tutela da evidência sem que haja probabilidade de o autor ter o direito que alega. No entanto, infelizmente, ruma nesse sentido o dispositivo ora comentado.

O inciso II do art. 311 traz nova hipótese de tutela da evidência, inexistente no sistema do CPC/1973: as alegações de fato puderem ser comprovadas apenas documentalmente e houver tese firmada em julgamento de casos repetitivos ou em súmula vinculante. Fica nessa segunda hipótese evidenciada a necessidade de probabilidade de existência do direito do autor, elemento essencial da tutela de evidência. O legislador tomou o cuidado de exigir essa probabilidade tanto no aspecto fático como no jurídico, exigindo prova documental para comprovar os fatos alegados e tese jurídica já firmada em julgamento de casos repetitivos ou em súmula vinculante.

É verdade que o legislador poderia ter sido mais incisivo na abrangência do dispositivo, considerando também as súmulas persuasivas e a jurisprudência dominante, ainda que somente dos tribunais superiores, como ocorre no julgamento liminar de improcedência (art. 332, I). Ou ainda se valido da mesma técnica utilizada para prever outra hipótese de julgamento liminar de improcedência, com fundamento em súmula de tribunal de justiça sobre direito local (art. 332, IV, Novo CPC). Afinal, se para conceder tutela definitiva liminarmente basta súmula persuasiva de tribunal superior, é contraditório exigir para a concessão de tutela provisória uma tese consagrada em súmula vinculante.

Por outro lado, sendo os fatos alegados pelo autor provados documentalmente, salvo na hipótese de o réu alegar defesa de mérito indireta, com fato modificativo, extintivo ou impeditivo do direito do autor, que demande produção de prova oral ou pericial, essa hipótese de tutela de evidência só terá sentido se for concedida liminarmente, porque após a citação e defesa do réu será caso de julgamento antecipado da lide.

A terceira hipótese de tutela da evidência vem prevista no inciso III do art. 311: quando se tratar de pedido reipersecutório fundado em prova documental adequada do contrato de depósito, caso em que será decretada a ordem de entrega do objeto custodiado, sob cominação de multa. A probabilidade da existência do direito mais uma vez decorre de prova documental produzida pelo autor, nesse caso de forma mais específica à espécie de pedido (reipersecutório) e ao tipo de documento (contrato de depósito). A expressa previsão de multa para pressionar psicologicamente o réu a entregar o bem é desnecessária, porque em toda e qualquer obrigação de fazer, não fazer e entregar coisa é cabível a aplicação da multa cominatória (*astreintes*).

O inciso IV do dispositivo ora analisado prevê a última hipótese de tutela da evidência. Se a petição inicial for instruída com prova documental suficiente dos fatos constitutivos do direito do autor, a que o réu não oponha prova capaz de gerar dúvida razoável, ao juiz caberá a concessão da tutela provisória da evidência.

Essa hipótese de cabimento está condicionada à inexistência de cognição exauriente diante da situação descrita no dispositivo legal, porque, sendo possível nesse momento do procedimento ao juiz formar juízo de certeza, será caso de julgamento antecipado do mérito, ainda que parcial, a depender do caso concreto. Dessa forma, mesmo que o réu não consiga produzir prova documental capaz de gerar dúvida razoável, deve haver no caso concreto outros meios de prova a produzir (oral, pericial) a impedirem o referido julgamento antecipado.

Já que o legislador criou um artigo para prever as hipóteses de tutela da evidência, deveria ter tido o cuidado de fazer uma enumeração mais ampla, ainda que limitada a situações previstas no Código de Processo Civil. Afinal, a liminar da ação possessória, mantida no Novo Código de Processo Civil, continua a ser espécie de tutela de evidência, bem como a ação monitória, e nenhuma delas está prevista no art. 311. A única conclusão possível é que o rol de tal dispositivo legal é exemplificativo.

Uma última observação é importante. Distanciando-se do Projeto originário de Novo CPC, na redação final do diploma legal não há previsão para o pedido antecedente de tutela da evidência. Dessa forma, há um tratamento heterogêneo entre as diferentes espécies de tutela provisória: enquanto a tutela de urgência pode ser pedida de forma antecedente e incidental, a tutela da evidência só pode ser pedida de forma incidental.

É claro que, nas duas hipóteses de tutela da evidência em que não cabe sua concessão liminarmente, não haverá possibilidade material de seu pedido ocorrer de forma antecedente; mas nas duas outras, nas quais a concessão pode ou deve ser liminar, é plenamente possível se imaginar um pedido de forma antecedente. Como o Novo CPC não trata dessa possibilidade, é possível ao intérprete propugnar pela aplicação por analogia do procedimento previsto para o pedido antecedente de tutela antecipada.

24

PETIÇÃO INICIAL

O primeiro requisito previsto pelo art. 282 do CPC/1973, e que constará no topo da primeira página da petição inicial, é o "juiz ou tribunal" a que esta é dirigida. Sendo a primeira peça do processo, necessária é a indicação do juízo que a receberá nesse primeiro momento procedimental. A indicação do destinatário da petição – reconhecendo-se tanto a ação originária de primeiro grau como a de competência originária de Tribunal – é essencial para a remessa da petição inicial e formação dos autos perante o órgão pretensamente competente para o conhecimento da demanda.

A indicação jamais será pessoal, mesmo quando a petição inicial for "distribuída por dependência", ou ainda em comarcas de vara única com somente um juiz, exigindo-se a indicação do juízo, e não do juiz (consequência do caráter impessoal do Poder Judiciário). Portanto, ainda que seja possível identificar o juiz que receberá a demanda, não será ele indicado no endereçamento, e sim o juízo que representa[1]. Mesmo sabendo que será exatamente aquele juiz específico que receberá a petição inicial distribuída por dependência, não é correta a indicação pessoal do juiz. Apesar de incorreto do ponto de vista técnico, a indicação pessoal do juiz nos casos em que isso fosse possível – distribuição por dependência e comarcas com apenas um juiz –, desde que acompanhada pela indicação do juízo, gerava mera irregularidade, não produzindo efeitos significativos no processo.

---

1 Dinamarco, *Instituições*, n. 992, p. 358; Theodoro Jr., *Curso*, n. 354, p. 398; Calmon de Passos, *Comentários*, p. 187.

O equívoco é corrigido pelo art. 319, I, do Novo CPC, que prevê o endereçamento da petição inicial ao juízo, que poderá ser, portanto, órgão jurisdicional de primeiro grau de jurisdição ou tribunal.

O art. 319, II, do Novo CPC passa a exigir na qualificação das partes o número de inscrição no cadastro de pessoas físicas ou no Cadastro Nacional da Pessoa Jurídica e o endereço eletrônico e a existência de união estável.

A indicação do endereço eletrônico suscita algumas questões: (i) nem todos os litigantes têm endereço eletrônico; (ii) haverá real dificuldade do autor em saber o endereço eletrônico do réu; (iii) caso o autor omita essa informação, como o juiz saberá se ele tem ou não endereço eletrônico?

Também a indicação de existência de união estável suscitará dúvidas, em especial quando a união estável não estiver reconhecida por contrato registrado ou sentença judicial. Nesse caso é natural imaginar que o autor não tenha como indicar a existência de união estável do réu. Por outro lado, a mera indicação do autor de que mantém uma união estável já será o suficiente para assim ser considerado pelo juiz? Acredito que nesse caso o(a) companheiro(a) deve concordar expressamente nos autos com tal estado civil, porque, havendo divergência, não parece ser legítimo criar um incidental processual para essa discussão apenas para legitimar a indicação feita à luz do art. 319, II, do Novo CPC. Afinal, o dispositivo se limita a exigir a indicação, não impondo a efetiva existência da união estável indicada na petição inicial.

Nos parágrafos do art. 319 do Novo CPC o legislador demonstrou sua preocupação com a dificuldade do autor em qualificar o réu. Nos termos do § 1.º, o autor poderá requerer ao juiz diligências necessárias à obtenção das informações exigidas pela lei. No § 2.º há previsão no sentido de não ser caso de indeferimento da petição inicial a ausência de dados do réu desde que seja possível sua citação. Fica consagrado entendimento doutrinário no sentido de que, nesse caso, o réu, ao ser integrado ao processo e apresentar sua reposta, poderá se autoqualificar, cumprindo-se ulteriormente as exigências do art. 319, II, do Novo CPC. Finalmente, o § 3.º prevê que a petição inicial não será indeferida, pelo não atendimento ao disposto no inciso II do art. 319, se a obtenção de tais informações tornar impossível ou excessivamente oneroso o acesso à justiça. O dispositivo é feito sob medida para hipótese de réus incertos, como nas ações possessórias movidas contra multidão de pessoas responsáveis pela agressão à posse.

Continua a ser necessária a exposição de causa de pedir na petição inicial, ou seja, a narrativa fática e a indicação do fundamento jurídico, nos termos do inciso III do dispositivo ora analisado. O fundamento legal continua a ser dispensável e, caso indicado, não vincula o juiz em sua decisão (Enunciado 281 do Fórum Permanente de Processualistas Civis (FPPC).

No tocante ao autor, o princípio da eventualidade se opera tão somente quanto aos fundamentos que poderiam ter sido deduzidos, mas não o foram dentro da causa de pedir narrada. Não há para o autor qualquer exigência legal para que descreva em sua petição inicial todas as causas pedir que poderiam, ainda que em tese, fundamentar seu pedido. Até porque, se o autor, contra o mesmo réu, renovar o pedido com fundamento em outra causa de pedir, estar-se-á diante de uma nova ação, já que com causa de pedir diferente não haverá entre as demandas a tríplice identidade.

O Novo CPC não só manteve a omissão quanto ao tema, como indiretamente demonstrou que não entende correta a aplicação do princípio da eventualidade a diferentes causas de pedir. Nesse sentido, a revogação prevista no inciso VI do art. 1.072 do Novo CPC, que atingiu o art. 98, § 4.º, da Lei 12.529/2011. Trata-se de norma que prevê que, na ação que tenha por objeto decisão do Cade, o autor deverá expor todas as questões de fato e de direito, sob pena de preclusão consumativa, reputando-se deduzidas todas as alegações que poderia deduzir em favor do acolhimento do pedido, não podendo o mesmo pedido ser alegado sob diferentes causas de pedir em ações distintas, salvo em relação a fatos supervenientes.

O valor da causa é versado pelo art. 292 do Novo CPC, sendo que seus incisos III, VI, VII e VIII são cópias, respectivamente, dos incisos VI, II, III e IV do art. 259 do CPC/1973. No inciso I, que trata da ação de cobrança de dívida, é incluída a correção monetária do principal, enquanto no inciso II é substituído "negócio jurídico" por "ato jurídico", além de indicar que o valor da causa nesse caso será o valor do ato ou o de sua parte controvertida. No inciso IV, o valor da ação de divisão, de demarcação e de reivindicação não é mais a estimativa oficial para lançamento do imposto, mas o valor de avaliação da área, ou bem objeto do pedido.

Em termos de novidades quanto às matérias tratadas especificamente no tocante ao valor da causa, tem-se apenas o inciso V do art. 292 do Novo CPC: na ação indenizatória, inclusive a fundada em dano moral, de ser o valor da causa o valor pretendido. Ao tornar o pedido de dano moral em espécie de pedido determinado, exigindo-se do autor a indicação do valor pretendido, o dispositivo contraria posição consolidada do Superior Tribunal de Justiça de admitir nesses casos o pedido genérico[2].

O pedido de provas sem a necessidade de especificação foi mantido pelo inciso VI do art. 319 do Novo CPC, tudo levando a crer que o pedido meramente genérico continuará a ser admitido.

A inutilidade da exigência formal prevista no art. 282, VII, do CPC/1973 foi considerada pelo Novo Código de Processo Civil ao excluir do rol de exigências formais da petição inicial o pedido de citação do réu. Em seu lugar, o inciso VII do art. 319 prevê a indicação da opção do autor pela realização ou não de audiência de conciliação ou de mediação.

---

2 STJ, 4.ª Turma, REsp 645.729/RJ, rel. Min. Antonio Carlos Ferreira, j. 11.12.2012, *DJe* 01.02.2013; STJ, 3.ª Turma, REsp 1.313.643/SP, rel. Min. Sidnei Beneti, j. 22.05.2012, *DJe* 13.06.2012.

25

EMENDA DA PETIÇÃO INICIAL

A emenda da petição inicial vem disposta no art. 321 do Novo CPC. O prazo foi aumentado para quinze dias, havendo agora expressa previsão de que serve tanto para a emenda como para a complementação da petição inicial. E o dispositivo exige que o juiz indique com precisão o que deve ser corrigido ou complementado, o que nada mais é do que a consagração específica para essa decisão da exigência constitucional de motivação prevista no art. 93, IX, da CF. Note-se que corretamente o dispositivo não exige do juiz que indique como resolver o problema apontado, sendo essa tarefa exclusiva do advogado do autor.

Quanto ao tema, há uma péssima notícia: o art. 1.015 do Novo CPC, que trata das decisões recorríveis por agravo de instrumento, não traz em seu rol a decisão que determina a emenda da petição inicial. Como também não existe qualquer previsão específica a esse respeito, a decisão passará a ser irrecorrível, o que poderá trazer prejuízos irreparáveis para o autor.

25

26

INDEFERIMENTO DA PETIÇÃO INICIAL

O art. 330 do Novo CPC prevê as hipóteses de indeferimento da petição inicial, resolvendo algumas incongruências existentes no art. 295 do CPC/1973. Em especial, deve-se elogiar a retirada da inadequação procedimental como causa de indeferimento da petição inicial. Além dessa supressão, o dispositivo exclui a impossibilidade jurídica do pedido como causa do indeferimento, compatível com o afastamento dessa condição da ação do Novo CPC, e transfere a prescrição e a decadência para o julgamento liminar de rejeição do pedido.

Há novidade quanto à definição do que seja petição inicial inepta, que continua a ser causa para o seu indeferimento. O inciso III do § 1.º do art. 330 inclui a elaboração de pedido genérico, quando for exigido o pedido determinado, como nova causa de inépcia da petição inicial. Entendo que o legislador exagerou na questão do pedido genérico incabível, considerando-se que nesse caso o vício é sanável, podendo ser realizada a determinação na pretensão do autor por meio de emenda da petição inicial. No projeto de lei aprovado na Câmara incluía-se a obscuridade do pedido ou da causa de pedir, mas essa hipótese foi excluída do texto aprovado no Senado, por ser considerada extremamente vaga e desnecessária, ante a possibilidade de aplicação dos incisos I e IV.

O art. 330, §§ 2.º e 3.º, do Novo CPC manteve substancialmente a regra prevista no art. 285-B do CPC/1973, com importantes adequações. No § 2.º do dispositivo legal fica claro que a exigência de discriminar na petição inicial, dentre as obrigações contratuais, aquelas que o autor pretende controverter, além de quantificar o valor incontroverso do débito, aplica-se às ações que tenham por objeto a revisão de obrigação decorrente de empréstimo, financiamento ou alienação de bens. E, mais importante, afasta qualquer dúvida sobre a consequência do desrespeito a essa exigência: o indeferimento da petição inicial. Acredito que seja mais uma hipótese de vício sanável pela emenda da petição inicial, tendo exagerado o legislador ao incluí-la como causa de indeferimento.

O § 3.º do artigo ora comentado mantém a regra do § 1.º do art. 285-B do CPC/1973 ao prever que o valor incontroverso deverá continuar a ser pago no tempo e modo contratados. A regra constante do § 2.º do art. 285-B do CPC/1973 é repetida pelo art. 1.055 do Novo CPC, determinando que o devedor ou arrendatário não se exime da obrigação de pagamento dos tributos, multas e taxas incidentes sobre os bens vinculados e de outros encargos previstos em contrato, exceto se a obrigação de pagar não for de sua responsabilidade, conforme contrato, ou for objeto de suspensão em tutela provisória.

Por fim, são excluídas das causas de indeferimento liminar da petição inicial a prescrição e a decadência, matérias realocadas no julgamento liminar de improcedência. Portanto, todas as causas de indeferimento da petição inicial passam a levar a uma decisão terminativa.

Segundo o art. 331, *caput*, do Novo CPC, indeferida a petição inicial, o autor poderá apelar, facultando-se ao juiz, no prazo de cinco dias, reformar sua sentença. Como se pode notar, o prazo para a retratação, que continua a ser impróprio, é modificado.

Nos §§ 1.º e 2.º há importante modificação do procedimento da apelação interposta contra a sentença que indeferiu a petição inicial na hipótese de o juiz não se retratar de sua decisão.

Segundo o § 1.º, o réu será citado para responder o recurso, ou seja, será integrado ao processo e terá oportunidade de oferecer contrarrazões, realidade não presente diante da mesma hipótese sob a égide do CPC/1973[1].

Entendo que o § 2.º do dispositivo ora analisado contém um erro ao prever que a sentença nesse caso possa ser reformada pelo tribunal, porque, mesmo tendo a apelação como fundamento um *error in judicando*, seu acolhimento levará à anulação da sentença, e não à sua reforma. Na

---

1 STJ, 2.ª Turma, RO 100/RS, rel. Min. Aldir Passarinho Junior, j. 04.03.2010, *DJe* 18.03.2010.

reforma, a decisão do recurso substitui a decisão recorrida, enquanto na anulação a decisão do tribunal apenas a afasta do mundo jurídico. Diante dessa clássica e indiscutível lição, não parece haver dúvida de que o acolhimento da apelação na hipótese ora analisada gerará a anulação da sentença.

Seja como for, com o retorno do processo ao primeiro grau, o § 2.º prevê que o prazo de contestação (na realidade de resposta) começará a contar da intimação do réu do retorno dos autos, observado o disposto no art. 334. Parte-se da correta premissa de que o réu já foi citado e integrado ao processo, não havendo qualquer sentido em citá-lo novamente.

O § 3.º contém uma ampliação de regra que no CPC/1973 se aplicava somente ao indeferimento da petição inicial por meio de sentença de mérito (art. 219, § 6.º). Nos termos do dispositivo, não interposta a apelação, o réu será intimado do trânsito em julgado da sentença, concluindo que tal intimação ocorrerá independentemente da espécie de decisão de indeferimento (de mérito ou terminativa).

27

JULGAMENTO LIMINAR DE IMPROCEDÊNCIA

Seguindo a tendência verificada no Superior Tribunal de Justiça[1], o art. 332 do Novo CPC afastou os precedentes do próprio juízo como suficientes para o julgamento liminar de improcedência, exigindo que o pedido formulado pelo autor contrarie enunciado de súmula do Supremo Tribunal Federal ou do Superior Tribunal de Justiça (I); acórdão proferido pelo Supremo Tribunal Federal ou pelo Superior Tribunal de Justiça em julgamento de recursos repetitivos (II); entendimento firmado em incidente de resolução de demandas repetitivas ou de assunção de competência (III); enunciado de súmula de tribunal de justiça sobre direito local (IV).

Sempre concordei com as críticas doutrinárias no sentido de ser muito pouco a existência de precedentes do próprio juízo de primeiro grau para o julgamento liminar de improcedência, mas não estou plenamente satisfeito com a mudança proposta. Da forma como ficou redigido o art. 332 do Novo CPC, será preciso aguardar alguma maturação do tema para se liberar o julgamento liminar de improcedência, no que se ganha em segurança jurídica, mas se perde em agilidade em tal espécie de julgamento. Acredito que poderia ter se chegado a um meio-termo, liberando os juízes de primeiro grau a tal espécie de julgamento enquanto ainda não consolidado o entendimento nos tribunais, sendo proibido o julgamento antecipadíssimo do mérito contra tal consolidação.

---

1 *Informativo* 524/STJ, 3.ª Turma, REsp 1.225.227/MS, rel. Min. Nancy Andrighi, j. 28.05.2013; *Informativo* 477/STJ, 4.ª Turma, REsp 1.109.398/MS, rel. Min. Luis Felipe Salomão, j. 16.06.2011.

Além das hipóteses previstas nos quatro primeiros incisos do art. 332 do Novo CPC, que legitimam o julgamento liminar de improcedência, havia no projeto de lei aprovado na Câmara mais uma hipótese: o antigo inciso V previa que o pedido que contrariasse frontalmente norma jurídica extraída de dispositivo expresso de ato normativo legitimaria o julgamento liminar ora analisado. O texto definitivo do Novo CPC aprovado no Senado suprimiu essa hipótese.

No § 1.º há previsão de julgamento liminar de improcedência na hipótese de prescrição e decadência, e somente nesse caso está liberado pelo art. 487, parágrafo único, do Novo CPC o reconhecimento dessas matérias sem a oportunidade de a parte contrária se manifestar antes de proferida a decisão.

O art. 332, *caput*, do Novo CPC prevê que o julgamento liminar de improcedência, preenchido um dos requisitos previstos em seus incisos, ocorrerá em causas que dispensem a fase instrutória. Como não se admite um julgamento que desconsidere os fatos alegados pelo autor sem lhe dar chance de prová-los, entendo que o dispositivo consagra a ideia de presunção de veracidade dos fatos alegados pelo autor.

Não há no Novo Código de Processo Civil a exigência de que a fundamentação da sentença no julgamento liminar de improcedência seja a transcrição de sentença de improcedência anteriormente proferida pelo juízo (art. 285-A, *caput*, do CPC/1973), regra formal que perdeu todo o seu sentido a partir da mudança nas hipóteses de julgamento dessa espécie.

Nos termos do § 4.º do artigo ora examinado, se houver retratação, o juiz determinará o prosseguimento do processo, com a citação do réu, e, se não houver retratação, determinará a citação do réu para apresentar contrarrazões, no prazo de quinze dias.

No § 2.º há previsão expressa de que cabe a intimação do réu diante do trânsito em julgado da sentença de improcedência liminar, enquanto o art. 241 do Novo CPC prevê que a intimação do réu ocorrerá diante do trânsito em julgado de qualquer sentença de mérito proferida antes da citação do réu. Acredito que há uma desnecessária sobreposição de regras, afinal, pelo Novo Código de Processo Civil, há apenas duas espécies de sentença liminar: indeferimento da petição inicial, por meio de sentença terminativa, e julgamento liminar de improcedência, por meio de sentença de mérito.

O julgamento liminar de improcedência, desde que preenchidos seus requisitos, passa a ser um dever do juiz, e não mera faculdade como é à luz do CPC/1973, e essa conclusão não depende de expressa previsão legal.

28

AUDIÊNCIA DE CONCILIAÇÃO E MEDIAÇÃO

A relevância dada pelo Novo CPC às formas de solução consensual dos conflitos já foi devidamente analisada em capítulo específico sobre o tema. Essa valorização teve como consequência procedimental mais significativa a mudança do procedimento ordinário, único procedimento comum no Novo CPC em razão da extinção do procedimento sumário. Trata-se da audiência de conciliação e mediação a ocorrer antes do início do prazo de resposta do réu.

Na atual estrutura do procedimento ordinário, o momento posterior à citação do réu é o de sua resposta. Assim não é, necessariamente, no Novo Código de Processo Civil. Cria-se no art. 334 uma audiência de conciliação ou de mediação, que poderá ser realizada por meio eletrônico (§ 7.º), a ocorrer após a citação do réu e antes do momento de apresentação de sua resposta.

Segundo o § 4.º desse dispositivo legal, o juiz dispensará a realização da audiência quando ambas as partes manifestarem, expressamente, desinteresse na composição consensual e quando não se admitir a autocomposição. O dispositivo é uma triste demonstração do fanatismo que tem tomado conta de nossa doutrina e legislador a respeito da solução consensual do conflito, exagerando de forma injustificada ao exigir a manifestação de ambas as partes para que não seja realizada a audiência ora analisada. Como diz o ditado popular, "quando um não quer, dois não fazem", de modo que a manifestação de uma das partes já deveria ser suficiente para que a audiência não ocorresse.

O mesmo exagero volta a ser sentido no § 6.º do dispositivo legal, que exige para a não realização da audiência de conciliação ou de mediação a manifestação nesse sentido de todos os litisconsortes. Muito mais adequado seria prever que, sendo o litisconsórcio unitário, bastaria a manifestação de um dos litisconsortes, e, sendo o litisconsórcio simples, a audiência deveria ser realizada somente para aquele litisconsorte que deixou de manifestar desinteresse em sua realização.

O autor deve indicar já em sua petição inicial o desinteresse na realização da audiência, enquanto o réu terá prazo de dez dias de antecedência da audiência... Uma vez existindo a manifestação de ambas as partes no sentido de não haver a audiência, o prazo de resposta do réu terá início do protocolo do pedido de cancelamento da audiência, nos termos do art. 335, II, do Novo CPC.

Segundo o art. 334, *caput*, do Novo CPC, se a petição inicial preencher os requisitos essenciais, e não for o caso de improcedência liminar do pedido, o juiz designará audiência de conciliação ou de mediação com antecedência mínima de trinta dias, devendo ser citado o réu com pelo menos vinte dias de antecedência. Segundo o § 12 do dispositivo ora comentado, o juiz, ao designar a audiência e incluí-la em pauta, deve respeitar um intervalo mínimo de vinte minutos entre o início de uma e o início da seguinte. O § 2.º do dispositivo permite a realização de mais de uma sessão destinada à mediação e à conciliação, desde que necessárias à composição das partes, mas impõe o prazo máximo de dois meses da data de realização da primeira sessão.

Como apontado, ainda que o autor já tenha feito constar de sua petição inicial o desinteresse na realização da audiência, o réu será citado – para ser integrado ao processo – e intimado da audiência já designada, cuja realização ficará na dependência do silêncio do réu quanto a seu desinteresse em sua realização, nos termos do art. 334, § 5.º, do Novo CPC.

Para o cumprimento do § 3.º do artigo ora comentado, é necessário imaginar duas situações distintas. Caso o autor não indique na petição inicial o desinteresse na realização da audiência, deverá ser imediatamente intimado desta, na pessoa do advogado, porque, mesmo que o réu não pretenda sua realização, ela ocorrerá. Dessa forma, ao estabelecer a citação e a intimação do réu, caberá ao juízo também determinar a intimação do autor. Por outro lado, caso o autor indique seu desinteresse na petição inicial, não fará sentido intimá-lo imediatamente, considerando que o réu poderá concordar com ele, e nesse caso a audiência não será realizada. Portanto, o cartório terá que mostrar grande agilidade na hipótese de o réu deixar para o último dia de prazo para informar o desinteresse na realização da audiência, considerando que pode fazê-lo com prazo de dez dias de antecedência da audiência, devendo nesse período ser intimado o autor, na pessoa de seu advogado. Falha do cartório nesse sentido fará o advogado do autor e até a própria parte se deslocarem inutilmente ao fórum para uma audiência que não ocorrerá. E que o autor já havia apontado não desejar...

Segundo o § 9.º do art. 334 do Novo CPC, as partes devem estar acompanhadas por seus advogados ou defensores públicos. Apesar de aparentemente instituir um dever, o dispositivo não prevê a consequência de seu descumprimento. Entendo que não se trata efetivamente de um dever, mas de uma faculdade da parte, até porque o ato de autocomposição ou mediação é ato da parte, que independe de capacidade postulatória, de forma que a ausência de seu patrono nessa audiência não impede que a solução consensual seja obtida e homologada pelo juiz.

Caso a parte não deseje comparecer pessoalmente à audiência, o § 10 do dispositivo ora analisado permite a constituição de um representante, por meio de procuração específica, com poderes para negociar e transigir. Pode ser seu advogado ou um terceiro, e, como na audiência não haverá outra atividade além da tentativa de solução consensual, não há qualquer impedimento para a outorga de poderes da parte para terceiro.

O § 8.º do art. 334 do Novo CPC é um dos mais lamentáveis de todo o projeto. Prevê que a ausência injustificada do autor ou réu na audiência é ato atentatório à dignidade da justiça, passível de sanção processual, representada por multa de até 2% do valor da causa ou da vantagem econômica pretendida, tendo como credor a União ou o Estado.

A norma é mais um fruto do fanatismo que se instaurou entre alguns operadores do Direito em favor da conciliação e mediação como forma preferencial de solução de conflitos. Poder-se-á questionar: que sentido tem obrigar a presença das partes para uma audiência em que exclusivamente se tentará a conciliação ou a mediação? Seria uma sanção apenas porque a parte não pretende conciliar ou mediar? Não atenta contra o constitucional direito de ir e vir criar um dever de comparecimento a essa audiência, mesmo que seu objetivo não seja pretendido pela parte, que inclusive expressamente se manifesta nesse sentido?

Por outro lado, o legislador não parece ter atentado para o fato de que a realização obrigatória dessa audiência, mesmo com parte que manifestamente não pretende a solução consensual, congestionará a pauta de audiências de maneira considerável, atrasando ainda mais o já lento procedimento. A lição da audiência preliminar do art. 333 do CPC/1973, muito mais completa e importante que uma audiência de mera conciliação e mediação, parece não ter sido aprendida pelo legislador.

29

RESPOSTAS DO RÉU

29.1 INTRODUÇÃO

A tônica do Novo CPC quanto às respostas do réu foi a simplificação, com significativa diminuição de atos processuais. Dessa forma, a incompetência relativa, a reconvenção e a impugnação ao valor da causa não exigem mais uma peça autônoma, tampouco autuação em apenso. Seguindo tradição do procedimento sumaríssimo dos Juizados Especiais, essas espécies de respostas do réu passam a ser feitas na própria contestação que, dessa forma, torna-se mais complexa do que é no CPC/1973.

29.2 IMPUGNAÇÃO AO VALOR DA CAUSA

Cumprindo a tendência já mencionada do Novo CPC de extinguir ao máximo as petições autônomas, o art. 293 prevê que a impugnação ao valor da causa será elaborada em preliminar de contestação, sob pena de preclusão. Ainda segundo o dispositivo, caberá ao juiz decidir a respeito do valor da causa com a imposição, se for o caso, da complementação das custas judiciais.

Registre-se que foi suprimido do dispositivo legal o termo "na sentença" constante do art. 258 do Novo CPC originário, que modificava substancialmente o momento de julgamento da impugnação ao valor da causa.

Entendo correta a modificação porque postergar a decisão para o momento de prolação da sentença, embora resolva a questão recursal, evitando-se uma decisão interlocutória impugnável por agravo de instrumento, remete ao final do procedimento uma matéria que seria mais adequadamente decidida em seu começo. A alteração, entretanto, restou em meu entender incompleta. Mantido o texto originário, o recurso cabível seria a apelação, já que a decisão da impugnação ao valor da causa seria sempre um capítulo da sentença, mas, se o seu julgamento ocorrer imediatamente após o ingresso da impugnação, a decisão será interlocutória, e como o cabimento de agravo de instrumento passará a ser restritivo, seria adequada a expressa previsão de seu cabimento nesse caso.

No projeto de lei aprovado na Câmara havia previsão expressa de cabimento de agravo de instrumento contra a decisão do juiz que acolhesse a impugnação ao valor da causa, salvo se fosse um capítulo da sentença, quando então seria cabível a apelação. O dispositivo corroborava a previsão do art. 1.028, XV, no sentido de que seria cabível agravo de instrumento contra decisão que alterasse o valor da causa antes da sentença. Critiquei o texto legal porque me parecia inconstitucional, por ofensa ao princípio da isonomia, a previsão de cabimento recursal a depender do conteúdo da decisão. E da forma como estava previsto no texto não seria cabível o recurso de agravo de instrumento contra a decisão que rejeitasse a impugnação ao valor da causa.

No texto final do Novo CPC aprovado pelo Senado foi afastada a ofensa ao princípio da isonomia, mas da forma mais negativa possível. O Senado simplesmente revogou as regras legais que previam o cabimento de agravo de instrumento contra a decisão interlocutória da impugnação ao valor da causa, ainda que dependente do conteúdo. Significa que, independentemente do conteúdo da decisão, acolhendo ou rejeitando a alegação do réu, a decisão interlocutória não será recorrível imediatamente por agravo de instrumento, cabendo à parte sucumbente a alegação da matéria em sede de apelação ou contrarrazões.

E nesse caso poderemos ter uma situação no mínimo peculiar, bastando para tanto imaginar a parte sucumbente quanto a questão incidental do valor da causa mas vitoriosa ao final da demanda. Terá interesse recursal na apelação somente para impugnar a decisão interlocutória que julgou o valor da causa? Penso que sim, mas não deixa de ser curioso esse recurso evitar o trânsito em julgado da sentença, ainda mais se a parte contrária deixar de recorrer contra a sentença.

Afastando a dúvida a respeito da correção de ofício do valor da causa pelo juiz, o art. 292, § 3.º, do Novo CPC prevê expressamente tal possibilidade sempre que verificar que não corresponde ao conteúdo patrimonial em discussão ou ao proveito econômico perseguido pelo autor, caso em que se procederá ao recolhimento das custas correspondentes. Apesar de o dispositivo ter previsto expressamente a correção do valor da causa de ofício, nenhuma menção fez ao prazo que o juiz teria para tal providência. A questão não é de fácil solução, considerando-se que, se a matéria for tratada como de ordem pública, não teria sentido o prazo imposto à alegação do réu no art. 293, levando em conta que matérias dessa natureza não precluem.

Parece ser melhor entender que o valor da causa não é matéria de ordem pública, afinal, interessa apenas às partes e à Fazenda Pública quanto ao recebimento das custas processuais, e por essa razão preclui tanto para o réu quanto para o juiz, cabendo a alegação pelo primeiro e o reconhecimento pelo segundo até o vencimento do prazo de resposta do réu. Seria mais um exemplo da rara preclusão *pro iudicato* temporal.

Reconheço, entretanto, que a redação do art. 293 do Novo CPC, ao associar a preclusão à ausência de alegação pelo réu em preliminar de contestação da impugnação do valor da causa, permite a legítima conclusão de que tal preclusão atingirá somente o réu.

29.3 CONTESTAÇÃO

A contestação é a resposta defensiva do réu, representando a forma processual pela qual o réu se insurge contra a pretensão do autor. O prazo de contestação é de quinze dias, tendo como termo inicial a juntada do mandado de citação ou do aviso de recebimento (AR) aos autos. Havendo litisconsórcio passivo, independentemente da espécie, o termo inicial da contagem do prazo será o da última juntada do mandado de citação ou do aviso de recebimento (AR), nos termos do art. 241, III, do CPC/1973.

O termo inicial do prazo de quinze dias da contestação é o tema do art. 335 do Novo CPC.

Nos termos do inciso I, o prazo tem início a partir da audiência de conciliação ou de mediação, ou da última sessão de conciliação, quando qualquer parte não comparecer ou, comparecendo, não houver autocomposição. Como se pode notar, a ausência da parte e/ou advogado não impede que eles saiam intimados da audiência quanto ao início do prazo de resposta.

No caso de ambas as partes se manifestarem expressamente contra a realização da audiência de conciliação ou de mediação, o inciso II prevê a data do protocolo do pedido de cancelamento da audiência de conciliação ou de mediação apresentado pelo réu como termo inicial do prazo de resposta. O termo inicial nesse caso independe de qualquer intimação específica para a prática do ato. Havendo litisconsórcio passivo, o prazo de cada um terá termo inicial autônomo, contado do protocolo do respectivo pedido (§ 1.º).

Já o inciso III do artigo ora analisado prevê a aplicação subsidiária do art. 231 a depender da forma como foi feita a citação.

O art. 335, § 2.º, prevê termo inicial para a contagem do prazo para a resposta do réu especificamente quando a demanda não admitir autocomposição (nesse caso não haverá a audiência de conciliação ou de mediação), e, havendo litisconsórcio passivo, o autor desistir em relação a réu ainda não citado. Nesse caso, o prazo terá início na data de intimação da decisão que homologar a desistência.

Diante do novo procedimento criado pelo Novo CPC, a contestação seria apresentada, quando necessário, depois da realização da audiência de conciliação e mediação. O art. 340 do Novo CPC, entretanto, cria uma hipótese na qual a contestação poderá ser protocolada antes da audiência de conciliação e mediação.

Segundo o *caput* do dispositivo, havendo alegação de incompetência relativa ou absoluta, a contestação poderá ser protocolada no foro de domicílio do réu, fato que será imediatamente comunicado ao juiz da causa, preferencialmente por meio eletrônico.

Como o § 1.º prevê que a contestação nesse caso será submetida à livre distribuição ou, se o réu houver sido citado por meio de carta precatória, juntada aos autos dessa carta, seguindo-se a sua imediata remessa para o juízo da causa, fica claro que o protocolo se dá em foro distinto daquele no qual tramita o processo, o que inviabiliza materialmente que seja a contestação apresentada na audiência.

Entendo, entretanto, que o protocolo de contestação com preliminar de incompetência pode ocorrer até mesmo no juízo no qual tramita o processo. É evidente que será mais fácil para o réu fazer o protocolo no foro do local de seu domicílio, mas o objetivo principal da regra é evitar que o réu seja obrigado a comparecer à audiência de conciliação e mediação em juízo incompetente, tendo importância secundária o foro em que a contestação é protocolada.

O protocolo da contestação nos termos analisados é causa de suspensão da realização de audiência de conciliação e mediação já designada (art. 340, § 3.º).

Sendo reconhecida a incompetência indicada pelo réu, o § 2.º do dispositivo ora comentado prevê que o juízo para o qual for distribuída a contestação ou a carta precatória será considerado prevento, sendo responsável, nos termos do § 4.º, a designar nova data para a audiência de conciliação ou de mediação.

Não há mudanças significativas no Novo Código de Processo Civil quanto às defesas processuais dilatórias. São mantidas as três espécies já existentes, agora expressas no art. 337, I, II e VIII, tendo como novidade apenas a inclusão da incompetência relativa no inciso II em razão da abolição do sistema da exceção de incompetência. E essa inclusão levou o legislador a prever no § 5.º do art. 337 que disciplina, excetuada a incompetência relativa, o juiz conhecerá de ofício das matérias enumeradas no artigo legal ora analisado. Também não pode ser conhecida de ofício a convenção de arbitragem, mas, por se tratar de defesa processual peremptória, será analisada no momento oportuno.

Acredito que a indevida concessão do benefício da gratuidade de justiça, matéria prevista no inciso XIII do artigo ora comentado, seja uma nova espécie de defesa processual dilatória.

No projeto de lei aprovado na Câmara havia uma grave incongruência surgida da análise dos arts. 338, II, 345, § 3.º, e 346, § 2.º. Enquanto o art. 338, II, previa a incompetência como matéria preliminar da contestação, o art. 345, § 3.º, dispunha que a alegação deveria ser feita na mesma petição em que se alegasse a convenção de arbitragem, sendo apresentada na audiência de conciliação ou mediação. E o art. 346, § 2.º, previa que, não havendo a audiência de conciliação ou mediação, a incompetência deveria ser alegada na mesma peça em que se alegava a convenção de arbitragem, no prazo de contestação. Realmente ficou difícil imaginar o que ocorreria na praxe forense com a aprovação de tais normas legais. E, ainda pior, como o réu poderia se valer da prerrogativa prevista no art. 340 do Novo CPC se a petição devesse ser apresentada na audiência de conciliação e mediação?

O problema era sério e certamente deveria ser resolvido, mas certamente o projeto de lei como foi aprovado na Câmara era incapaz de fazê-lo, e deixaria o réu em dúvida: afinal, alegava a incompetência em petição autônoma na audiência de conciliação e de mediação ou deixava para fazê-lo como preliminar de contestação? Defendi à época da aprovação do projeto de lei na Câmara que o réu não poderia ser prejudicado pela confusão criada pelo legislador, de modo que as duas formas de alegação deveriam ser aceitas.

Tal problema, entretanto, foi resolvido no Senado que, ao aprovar o texto final do Novo CPC, passou a tratar a convenção de arbitragem como as demais preliminares de contestação, tendo suprimido o regramento aprovado pela Câmara que permitia a alegação da cláusula compromissória ou compromisso arbitral por meio de peça autônoma.

Como o Novo Código de Processo Civil excluiu a possibilidade jurídica do pedido do rol das condições da ação, o art. 337, XI, se adéqua a tal inovação ao prever como defesa processual peremptória apenas a ausência de legitimidade ou de interesse processual. O procedimento a ser adotado diante da alegação de ilegitimidade passiva, previsto nos arts. 338 e 339 do Novo CPC, já foi devidamente analisado no Capítulo 9.3, e tem o condão de transformar essa defesa de peremptória em dilatória potencialmente peremptória, já que o autor poderá corrigir o vício da ilegitimidade e assim o processo continuará seu procedimento regular.

As defesas dilatórias potencialmente peremptórias previstas no CPC/1973 foram mantidas no art. 337, IX e XII, do Novo CPC. Entendo que a inclusão da incorreção do valor da causa no inciso III do art. 337 tenha criado uma nova forma de defesa dilatória potencialmente peremptória, porque o valor da causa pode ser corrigido pelo autor, conduta que fará com que o processo retome seu andamento regular, só devendo ser extinto se o autor não fizer a correção devida.

29.4 EXCEÇÕES RITUAIS

No Novo Código de Processo Civil não existe previsão a respeito da teoria geral das exceções rituais. A incompetência relativa passa a ser alegada como matéria preliminar, restando a petição autônoma para a alegação de suspeição e impedimento do juiz, nos termos do art. 146, *caput*, do Novo CPC. As hipóteses de impedimento estão previstas no art. 144 e os de suspeição, no art. 145 do Novo CPC.

Além de repetir as causas de impedimento do juiz previstas no art. 134 do CPC/1973, o art. 144 do Novo CPC faz uma adequação e cria três novas.

No inciso III há previsão de impedimento do juiz quando no processo estiver postulando, como defensor público, advogado ou membro do Ministério Público, seu cônjuge ou companheiro, ou qualquer parente, consanguíneo ou afim, em linha reta ou colateral, até o terceiro grau, inclusive. Comparado com inciso IV do art. 134 do CPC/1973, nota-se que o antigo dispositivo previa apenas a participação do parente do juiz como advogado, tendo agora sido incluídos também o defensor público e o membro do Ministério Público.

Nessa hipótese, o § 3.º do art. 144 do Novo CPC prevê que também se verifica o impedimento no caso de mandato conferido a membro de escritório de advocacia que tenha em seus quadros advogado que individualmente ostente a condição prevista no inciso III do *caput*, mesmo que não intervenha diretamente no processo.

As novidades se concentram nos últimos incisos do dispositivo ora comentado: (a) causas em que figure como parte instituição de ensino com a qual o juiz tenha relação de emprego ou decorrente de contrato de prestação de serviços (inciso VII); (b) causa em que figure como parte cliente do escritório de advocacia o cônjuge, companheiro ou parente, consanguíneo ou afim, em linha reta ou colateral, até o terceiro grau, do juiz, inclusive, mesmo que patrocinado por advogado de outro escritório (inciso VIII); e (c) quando o juiz promover ação contra a parte ou seu advogado (inciso IX).

Nas hipóteses de suspeição do juiz, também há mudanças no Novo CPC. A hipótese prevista no inciso III do art. 135 do CPC/1973 passou a ser causa de impedimento (art. 144, VI, do Novo CPC). As principais novidades, entretanto, ficam por conta dos parágrafos do art. 145 do Novo CPC.

O § 1.º do dispositivo ora analisado mantém a possibilidade de o juiz se declarar suspeito por motivo de foro íntimo, mas inclui expressamente a desnecessidade de declarar suas razões. O legislador passou a confiar na declaração do julgador preservando assim sua intimidade. Até porque, se o motivo é de foro íntimo, parece paradoxal que o juiz precise expô-lo para fundamentar sua suspeição.

No § 2.º do art. 145 do Novo CPC há novidade quanto à ilegitimidade para a arguição da suspeição do juiz. Naturalmente, continua a ser abstratamente legitimada a tal alegação qualquer das partes, mas perde no caso concreto essa legitimidade se a causa da suspeição for provocada pela própria parte ou se a parte que a alega houver praticado ato que signifique manifesta aceitação do arguido.

Nos termos do art. 146, *caput*, do Novo CPC, a parte terá prazo de quinze dias da data do conhecimento do fato para alegar a suspeição ou impedimento do juiz, o que fará em petição específica dirigida ao juiz do processo. A peça continua a ser instruída por documentos e pela indicação do rol de testemunhas. Apesar de o dispositivo prever um prazo para a alegação do impedimento, exatamente como faz erroneamente o art. 305, *caput*, do CPC/1973, deve ser mantido o entendimento de que para tal alegação não há prazo, até porque ele continua a ser vício de rescindibilidade, nos termos do art. 966, II, do Novo CPC.

O § 1.º do art. 146 do Novo CPC mantém as posturas do juiz diante da exceção de impedimento ou suspeição: aceitar e remeter o processo ao seu substituto legal ou discordar e apresentar resposta escrita devidamente instruída com documentos e com rol de testemunhas. A única diferença é que o prazo dessa defesa passa de dez para quinze dias.

Já o § 2.º traz uma interessante novidade. Segundo a melhor interpretação do art. 306 do CPC/1973, a mera interposição da exceção de suspeição e impedimento já é o suficiente para suspender o procedimento principal. Conforme o art. 146, § 2.º, do Novo CPC, caberá ao relator declarar se a exceção terá ou não efeito suspensivo, de forma que o processo poderá continuar a tramitar mesmo diante da apresentação da exceção. Essa novidade é importante porque evita que a exceção seja utilizada com o mero propósito de protelação, o que não será conseguido plenamente sem a concessão de efeito suspensivo.

Também o § 3.º traz interessante novidade quanto ao pedido de tutela de urgência. Segundo o dispositivo legal, enquanto não for declarado o efeito em que é recebido o incidente ou quando este for recebido com efeito suspensivo, a tutela de urgência será requerida ao substituto legal. E há mais novidade no § 4.º, que, afastando a divergência a respeito da recorribilidade pelo juiz da decisão do tribunal que acolhe a exceção, assim prevê expressamente. E, finalmente, a última novidade vem dos §§ 5.º e 6.º ao preverem que o tribunal, reconhecido o impedimento ou a suspeição, fixará o momento a partir do qual o juiz não poderia ter atuado e decretará a nulidade dos atos do juiz, se praticados quando já presente o motivo de impedimento ou de suspeição.

29.5 RECONVENÇÃO

A reconvenção deixa de ser alegada de forma autônoma no Novo Código de Processo Civil, passando, nos termos do art. 343, *caput*, a ser apresentada na própria contestação. Essa mudança já era esperada, considerando que o Superior Tribunal de Justiça já consagrou a aplicação do princípio da instrumentalidade das formas da alegação em uma só peça da contestação e da reconvenção. Se o desrespeito à forma legal não gera qualquer consequência, não sendo decretada a nulidade do ato, é porque aquela não mais se justifica, e, nesse sentido, o art. 343, *caput*, do Novo CPC consagra o entendimento de serem essas duas espécies de resposta do réu apresentadas na mesma peça.

Seguindo o atual entendimento do Superior Tribunal de Justiça, o Enunciado 45 do Fórum Permanente dos Processualistas Civis (FPPC): "*Para que se considere proposta a reconvenção, não há necessidade de uso desse nomen iuris, ou dedução de um capítulo próprio. Contudo, o réu deve manifestar inequivocamente o pedido de tutela jurisdicional qualitativa ou quantitativamente maior que a simples improcedência da demanda inicial*".

Apesar de não ter mais uma forma autônoma de alegação, entendo que a reconvenção não perdeu sua natureza de ação do réu contra o autor, pois o próprio art. 343, *caput*, do Novo CPC prevê que a reconvenção se presta para o réu manifestar pretensão própria. Além disso, o § 2.º do dispositivo comentado mantém a sua autonomia, prevendo que a desistência da ação ou a ocorrência de causa extintiva que impeça o exame de seu mérito não obsta o prosseguimento do processo quanto à reconvenção.

Essas decisões que extinguem de forma terminativa e prematuramente a ação principal e a reconvenção são decisões interlocutórias, restando em aberto a questão a respeito de sua recorribilidade por meio do agravo de instrumento. A hipótese não está prevista expressamente no art. 1.015 do Novo CPC, o que poderia sugerir sua recorribilidade somente na apelação ou contrarrazões desse recurso. E essa interpretação demonstraria mais um exemplo da péssima opção legislativa de tornar o cabimento do agravo de instrumento restrito a um rol exauriente.

Entendo, entretanto, que seja aplicável à hipótese ora analisada o art. 354, parágrafo único, do Novo CPC. Ainda que o dispositivo esteja previsto no capítulo referente ao julgamento conforme o estado do processo, não se pode negar sua incidência a qualquer espécie de diminuição – objetiva ou subjetiva – da demanda em razão de decisão de natureza terminativa.

Não teria qualquer sentido sistêmico limitar a aplicação do dispositivo legal a apenas um momento procedimental, conforme pode sugerir sua colocação no capítulo referente ao julgamento conforme o estado do processo. Na realidade a recorribilidade por meio do agravo de instrumento deve ser analisada pelo conteúdo e efeito da decisão e não pelo momento de sua prolação: sendo terminativa e diminuindo a demanda (o art. 354, parágrafo único do Novo CPC fala incorretamente em "extinção parcial") será agravável.

Como a forma de alegação passou a ser tópico da contestação, o legislador teve o cuidado de manter, expressamente na lei, o entendimento atualmente consagrado de que a apresentação de reconvenção independe de contestação. No sistema atual, de apresentação de duas peças, era entendimento tranquilo, mas, a partir do momento em que a própria lei passa a dizer que a reconvenção deve ser alegada na contestação, é importante o art. 343, § 6.º, do Novo CPC.

Todas as polêmicas a respeito da legitimidade na reconvenção são resolvidas pelo art. 343 do Novo CPC. Quanto à ampliação subjetiva da demanda, o § 3.º prevê que reconvenção pode ser proposta contra o autor e um terceiro, e o § 4.º, que a reconvenção pode ser proposta pelo réu em litisconsórcio com terceiro. No tocante ao princípio da identidade bilateral, o § 5.º dispõe que, se o autor for substituto processual, o reconvinte deverá afirmar ser titular de direito em face do substituído, e a reconvenção deverá ser proposta em face do autor, também na qualidade de substituto processual.

Apesar de não existir mais pedido contraposto no Novo Código de Processo Civil, sendo o contra-ataque do réu sempre feito por meio de reconvenção, é importante lembrar que nos Juizados Especiais o pedido contraposto continua a existir, permanecendo inviável o oferecimento de reconvenção.

O art. 343, § 2.º, do Novo CPC manteve a autonomia da reconvenção. O § 1.º prevê que, proposta a reconvenção, o autor será intimado, na pessoa de seu advogado, para apresentar resposta no prazo de quinze dias, praticamente repetindo a redação do art. 316 do CPC/1973 (houve apenas a correta substituição de contestação para resposta do réu).

No projeto de lei aprovado na Câmara havia duas previsões legais que expressamente estabeleciam o cabimento do agravo de instrumento. Os dispositivos já eram insuficientes porque não previam o cabimento do agravo de instrumento contra decisão que julgasse prematuramente a ação principal, continuando o processo para o julgamento da ação reconvencional. Contudo, tudo piorou ainda mais com a aprovação do texto final do Projeto do Novo CPC no Senado, que retirou tais previsões e dessa forma tornou a decisão que julga a reconvenção antes da ação principal aparentemente irrecorrível por agravo de instrumento.

A irrecorribilidade é na realidade apenas parcial, porque, se houver o julgamento de mérito da ação reconvencional antes do julgamento da ação principal e vice-versa, será cabível o recurso de agravo de instrumento por força do art. 356, § 5.º, que, ao tratar do julgamento antecipado parcial do mérito, prevê tal recorribilidade. Afinal, com a reconvenção o processo passa a ser objetivamente complexo, tendo ao menos dois pedidos (um de cada ação), e, caso um deles possa ser julgado no mérito antes do outro, será inegavelmente hipótese de julgamento antecipado parcial de mérito.

Assim, se extinta isoladamente a reconvenção com fundamento em prescrição ou decadência, por exemplo, será cabível agravo de instrumento, bem como num caso de extinção antecipada da ação principal por aplicação de qualquer dos dois incisos do art. 356 do Novo CPC.

O problema serão as decisões interlocutórias terminativas que julguem a ação reconvencional antes da ação principal e vice-versa, porque nesse caso não será cabível o recurso de agravo de instrumento. Um julgamento liminar de intempestividade da reconvenção ou de acolhimento de preliminar de contestação para julgar a ação principal só poderão ser impugnados pela parte sucumbente na apelação ou contrarrazões.

30

REVELIA

O conceito de revelia está previsto no art. 344 do Novo CPC e mais uma vez incorre no erro de confundir a revelia com o seu principal efeito: a presunção de veracidade dos fatos alegados pelo autor. De qualquer modo, o dispositivo é melhor que o art. 319 do CPC/1973 porque é expresso ao prever que a revelia decorre da ausência de contestação, ainda que pudesse ter sido mais claro quanto à qualificação de ausência jurídica da defesa do réu.

A presunção de veracidade dos fatos alegados pelo autor, certamente o efeito mais importante da revelia, é meramente relativa[1], podendo ser afastada no caso concreto, em especial, mas não exclusivamente, nas hipóteses previstas expressamente pelo art. 320 do CPC/1973 e repetidas pelo art. 345 do Novo CPC.

Não tem fundamento a exigência do juiz em presumir como verdadeiros fatos inverossímeis (fatos que não aparentam ser verdadeiros), exclusivamente em razão da revelia do réu. Tendo o juiz a impressão de que os fatos não são verdadeiros, aplicando no caso concreto as máximas de experiência, poderá exigir do autor a produção da prova, afastando

---

1 *Informativo* 416/STJ: 1.ª Turma, REsp 984.897/PR, rel. Min. Luiz Fux, j. 19.11.2009; STJ, 3.ª Turma, REsp 723.038/SP, rel. Min. Nancy Andrighi, j. 09.08.2007, *DJ* 27.08.2007; STJ, 1.ª Turma, AgRg no Ag 776.511/RS, rel. Min. Denise Arruda, j. 27.03.2007, *DJ* 30.04.2007.

no caso concreto o efeito da revelia previsto no art. 319 do CPC/1973[2]. Nesse sentido é a previsão contida no art. 345, IV, do Novo CPC, que traz uma quarta hipótese de revelia sem que os fatos alegados pelo autor sejam presumidos verdadeiros: as alegações de fato formuladas pelo autor forem inverossímeis ou estiverem em contradição com prova constante dos autos. Como se pode notar pelo dispositivo legal, além da inverossimilhança da alegação, também não haverá a presunção de veracidade quando as alegações, apesar de serem verossímeis, contrariarem a prova constante dos autos.

Nessa nova hipótese de afastamento do principal efeito da revelia a prova constante dos autos só pode ser aquela produzida pelo autor com a petição inicial (prova pré-constituída), porque, se o juiz entender que o efeito se opera, julgará antecipadamente o mérito da ação. Por outro lado, caso determine ao autor a especificação de provas, já terá afastado a presunção de veracidade dos fatos, impondo ao autor o ônus de provar suas alegações de fato. Diante de tal cenário, é de presumir que terá pouca incidência na praxe forense, porque dependerá de prova produzida pelo autor contrária às suas alegações de fato constantes da petição inicial.

Em interessante inovação, o Novo CPC cria uma seção com o título "da não incidência dos efeitos da revelia".

O art. 348 do Novo CPC substancialmente repete a previsão do art. 325 do CPC/1973, ao dispor que, não sendo presumidos os fatos alegados pelo autor diante da revelia do réu, o juiz intimará o autor para especificação de provas, caso ainda não o tenha feito.

No art. 349 vem expressamente previsto que ao réu revel será lícita a produção de provas, contrapostas às alegações do autor, desde que se faça representar nos autos a tempo de praticar os atos indispensáveis a essa produção. A possibilidade de o réu revel produzir prova já vinha consagrada no Enunciado da Súmula 231/STF, e a amplitude dessa participação dependerá da fase do procedimento probatório: propositura, admissibilidade, produção (preparação e realização), valoração.

Segundo o art. 346 do Novo CPC, os prazos contra o réu revel que não tenha constituído patrono nos autos correrão a partir da publicação do ato decisório no órgão oficial. Compreendo que a previsão tenha o

---

2 Barbosa Moreira, *O novo*, p. 98; Arruda Alvim, *Manual*, n. 126, p. 293; Dinamarco, *Instituições*, v. 3, n. 1126, p. 541-542, mencionam fatos impossíveis ou improváveis.

objetivo de sanar dúvidas a respeito da dispensa da intimação do réu revel, exigindo a publicação para fins de intimação do autor por meio de seu patrono, passando a partir desse momento a contagem para o réu revel.

Ocorre, entretanto, que nem toda intimação de ato processual se dá por meio de publicação no diário oficial, sendo questionável o acerto da previsão contida no dispositivo legal ora comentado para tais hipóteses. O autor sai intimado de atos praticados em audiência, mas, se o réu é revel, deve haver publicação no diário oficial? Se o autor foi intimado pessoalmente do ato processual, em razão de sua especial qualidade ou de particularidade do caso concreto, será necessária a publicação em diário oficial? Entendo que nesses casos será inaplicável o artigo ora analisado e o prazo para o réu terá sua contagem iniciada com a intimação do autor.

Por outro lado, a intimação do réu nem sempre decorre de uma decisão, podendo se limitar a chamá-lo a fazer ou deixar de fazer algo porque assim prevê o procedimento, e não porque há uma decisão judicial nesse sentido. No máximo haverá um despacho e essa circunstância não está coberta pelo art. 346 do Novo CPC. Contudo, se o ato a ser praticado não é postulatório, ainda que independa de intimação para o autor, não vejo como nesse caso dispensar a intimação para o réu revel sem patrono constituído, até porque, se o ato é postulatório, a intimação deve ser feita na pessoa do advogado, que nesse caso não existe, mas para atos pessoais a intimação deve ser pessoal. Para evitar tais questionamentos bastaria ao dispositivo manter expressa a regra pela dispensa da intimação do réu revel sem advogado constituído, mas a omissão legal não será suficiente para afastar tal efeito da revelia nesses casos.

Em criticada regra, o art. 330, II, do CPC/1973 previa que uma das hipóteses de julgamento antecipado da lide era a revelia. Mais uma vez o legislador indevidamente confundia a revelia com os seus efeitos, o que ficava claro com a previsão do art. 324 do CPC/1973, que determina a especificação de provas quando o juiz, apesar da revelia do réu, não presume os fatos como verdadeiros. Mesmo diante do texto legal já se notava que não bastava a revelia para que fosse aplicado o art. 330, II, do CPC/1973, sendo indispensável que o juiz presumisse os fatos alegados pelo autor como verdadeiros, o que tornaria a fase probatória desnecessária, condição indispensável ao julgamento antecipado da lide.

O julgamento antecipado da lide passou a ser chamado pelo Novo CPC de julgamento antecipado do mérito, e o problema mencionado foi superado pela redação do art. 355, II, que prevê tal forma de julgamento somente na hipótese de revelia com presunção de veracidade dos fatos alegados pelo autor. O dispositivo vai ainda mais longe, prevendo que o julgamento antecipado também não será admitido se o réu, fazendo-se representar nos autos a tempo, requerer a produção de provas. Nesse caso, houve exagero do legislador porque o réu revel só terá tempo hábil, se o juiz não tiver presumido verdadeiros os fatos e intimado o autor para especificar as provas.

O Novo Código de Processo Civil não tem dispositivo que preveja a matéria tratada pelo art. 321 do CPC/1973. Quanto à propositura da ação declaratória incidental, compreende-se a omissão porque essa espécie de ação desaparece no Novo Código de Processo Civil, ainda que o art. 503, § 1.º, II, tenha condicionado a coisa julgada material da solução da questão prejudicial ao contraditório prévio e efetivo, não se aplicando no caso de revelia. Entretanto, com relação à mudança objetiva da demanda, o silêncio do legislador não se justifica, ainda mais se for considerado que as regras da estabilização objetiva da demanda foram mantidas pelo art. 329 do Novo CPC.

Apesar da omissão legislativa, é no mínimo complicado admitir que, depois da revelia, o autor modifique o objeto da demanda sem que o réu tenha conhecimento e possa se defender. O problema é que, sem uma regra específica a esse respeito e com a dispensa da citação do réu revel diante da não presunção de veracidade dos fatos alegados pelo autor, exatamente isso o que deve ocorrer, o que poderá levar à inaceitável situação de o réu ser derrotado por causa de pedir que não lhe chegou ao conhecimento ou mesmo ser condenado por pedido por ele desconhecido.

A violação ao princípio do contraditório nesse caso exige dos juízes no caso concreto uma atuação fora da mera interpretação das normas que regulamentam a revelia no Novo Código de Processo Civil, de forma que ao menos uma intimação pessoal do réu a respeito da mudança objetiva da demanda realizada pelo autor após sua revelia deve ocorrer, sob pena de grave violação ao princípio do contraditório.

31

PROVIDÊNCIAS PRELIMINARES E JULGAMENTO CONFORME O ESTADO DO PROCESSO

31.1 PROVIDÊNCIAS PRELIMINARES

Há poucas diferenças entre as providências preliminares previstas no CPC/1973 e as dispostas no Novo Código de Processo Civil. A mais significativa é a mudança do prazo. Os arts. 350 e 351, que tratam da réplica do autor quando houver, respectivamente, defesa de mérito indireta e defesa processual na contestação, preveem um prazo de quinze dias. O art. 348, que trata da especificação de provas para o autor quando o juiz não presumir verdadeiros os fatos diante da revelia do réu, não prevê qualquer prazo para a manifestação, mas, para preservar a homogeneidade dessas reações do autor reunidas no capítulo, é de presumir que o prazo também seja de quinze dias.

Há novidade no art. 354, parágrafo único, ao afirmar que, ocorrendo qualquer das hipóteses previstas nos arts. 485 (sentença terminativa) e 487 (sentença de mérito) em decisão que resolver apenas parcela do processo, será cabível contra ela o recurso de agravo de instrumento. A redação do dispositivo não merece elogios porque indica a existência de uma extinção parcial do processo, o que é algo rejeitado historicamente pela melhor doutrina. Seria como falar em mulher meio grávida ou funcionário público meio honesto...

Por outro lado, contraria o próprio conceito de sentença previsto no art. 203, § 1.º, do Novo CPC, para o qual será sentença o pronunciamento do juiz que, com fundamento nos arts. 485 e 487, põe fim à fase cognitiva do procedimento comum, bem como extingue a execução. Um julgamento terminativo de parcela do processo não tem capacidade de extinguir o processo nem uma de suas fases, o que necessariamente o transforma em decisão interlocutória, que, nos termos do art. 203, § 2.º, do Novo CPC, é todo pronunciamento judicial de natureza decisória que não se enquadra no conceito de sentença.

E como ficou redigido o dispositivo passaríamos a ter, por expressa previsão legal, uma sentença recorrível por agravo de instrumento. Teria sido mais cuidadoso o legislador se tivesse expressamente previsto que a decisão terminativa que diga respeito a apenas parcela do processo é uma decisão interlocutória, recorrível por agravo de instrumento, aliás, exatamente como ocorre no CPC/1973.

O já criticado art. 354, parágrafo único, do Novo CPC também é aplicável às decisões de mérito que resolvem apenas parcela do processo. Trata-se da consagração da sentença parcial de mérito, ainda que recorrível por agravo de instrumento por expressa indicação legal. Ocorre, entretanto, que as mesmas críticas já feitas quanto à decisão terminativa parcial também se aplicam à decisão parcial de mérito.

Quanto à natureza jurídica da decisão, que o artigo ora comentado sugere ser uma sentença recorrível por agravo de instrumento, já foi afirmado que o legislador poderia ter tomado mais cuidado de forma a apontar para a natureza interlocutória da decisão. Mesmo diante da redação legal, o Enunciado 103 do Fórum Permanente de Processualistas Civis (FPPC) conclui que: "*A decisão parcial proferida no curso do processo, com fundamento no art. 497, I [atual art. 487], tem natureza jurídica de decisão interlocutória, sujeita ao recurso de agravo de instrumento*".

31.2 JULGAMENTO ANTECIPADO DO MÉRITO

O art. 355 do Novo CPC corretamente passa a chamar o julgamento antecipado da lide de julgamento antecipado do mérito, expressamente prevendo que a sentença que julga antecipadamente o mérito é sentença com resolução de mérito. Na realidade, ao mudar o nome da forma de julgamento, ficou exagerada essa repetição, porque, se o julgamento antecipado é do mérito, é óbvio que a sentença será se mérito...

O inciso I do art. 355 não foi feliz ao prever a primeira hipótese de julgamento antecipado do mérito. Segundo o dispositivo, haverá essa forma de julgamento, se não houver necessidade de produção de outras provas, em previsão que não consegue alcançar todas as circunstâncias que deveria. E na hipótese, rara é verdade, mas não impossível, de a demanda conter apenas questões de direito, não caberá julgamento antecipado do mérito? E se, apesar de haver alegações de fato, estas não chegarem a se transformar em questões (art. 334 do CPC/1973 e art. 371 do Novo CPC), não haverá julgamento antecipado do mérito?

O que o dispositivo deveria ter previsto, mas não o fez, é que o julgamento antecipado do mérito seja cabível sempre que se mostrar desnecessária a instrução probatória após a apresentação de contestação pelo réu. E, apesar de não dizer isso, é essa a situação que deve ser considerada para o julgamento antecipado do mérito com fundamento no art. 355, I, do Novo CPC.

O inciso II do dispositivo analisado, que versa sobre a presunção de veracidade derivada da revelia, já foi comentado no Capítulo 28.

31.3 JULGAMENTO ANTECIPADO PARCIAL DO MÉRITO

A grande novidade quanto ao julgamento antecipado do mérito é a previsão expressa de que ele pode ser parcial. Nos termos do art. 356, o juiz decidirá parcialmente o mérito, quando um ou mais dos pedidos formulados ou parcela deles mostrar-se incontroverso ou estiver em condições de imediato julgamento, nos termos do art. 355.

O dispositivo encerra uma considerável polêmica doutrinária quanto à melhor interpretação do art. 273, § 6.º, do CPC/1973.Apesar de prevista como espécie de tutela antecipada no antigo CPC, o julgamento parcial do mérito suscitava interessante debate doutrinário: seria realmente uma espécie diferenciada de *tutela antecipada* ou um *julgamento antecipado parcial da lide*?

Havia parcela da doutrina que entendia não se tratar de genuína tutela antecipada, mas sim de julgamento antecipado parcial da lide, e, em vez de um parágrafo no art. 273 do CPC/1973, o legislador deveria ter incluído um parágrafo no art. 330 do CPC/1973. Para essa corrente doutrinária a cognição do juiz, ao decidir parcela da pretensão do autor, era exauriente, fundando-se a decisão num juízo de certeza. Tratando-se de resolução do mérito fundada em juízo de certeza, a decisão seria apta a gerar coisa julgada material, não podendo ser revogada nem modificada pela decisão final da demanda, sendo inaplicável a espécie o art. 273, § 4.º, do CPC/1973[1].

Existia outra corrente doutrinária que defendia a natureza de tutela antecipada, afirmando-se que o art. 273, § 4.º, do CPC/1973 era totalmente aplicável à tutela antecipada de parcela incontroversa da pretensão do autor. Para essa corrente doutrinária, apesar de o juízo de verossimilhança ser ainda mais robusto que nas outras espécies de tutela antecipada, o juiz não decidia com fundamento em cognição exauriente, sendo admissível que ao final da demanda reformulasse seu entendimento e revogasse ou modificasse a decisão concessiva de tutela antecipada[2].

Diante da realidade legislativa imposta pelo Código de Processo Civil de 1973, entendia-se que a opção do legislador em qualificar o julgamento de parcela da pretensão quando incontroversa era determinante para a solução do impasse doutrinário. Defendia-se ser possível a criação do fracionamento do julgamento de mérito por meio da admissibilidade de julgamento antecipado parcial da lide, com decisão fundada em cognição exauriente e apta a gerar a coisa julgada material. Por uma opção legislativa, o processo continuaria somente para decidir a parcela controversa da pretensão, e sua decisão não afetaria o que já teria sido resolvido definitivamente. Não foi isso, entretanto, o que a Lei 10.444/2002 criou ao incluir o § 6.º ao art. 273 do CPC/1973[3].

Se o legislador no CPC/1973 tratou do fenômeno como espécie de tutela antecipada, não restava dúvida da aplicação dos §§ 4.º e 5.º do art. 273 do CPC/1973 a essa espécie de tutela antecipada, significando que a tutela antecipada poderá ser revogada ou modificada a qualquer momento, ainda que somente na hipótese de haver novas circunstâncias.

Diante dessa realidade, defendia que, mesmo considerando-se a cognição exauriente nessa espécie de tutela antecipada, o conhecimento superveniente de matérias de ordem pública, que poderiam inclusive ser levadas ao processo *ex officio* pelo juiz, seria apto a extinguir o processo sem resolução do mérito, acarretando a imediata revogação da tutela

---

1 Marinoni, *Antecipação*, n. 5.4.6, p. 294-295; Cunha, "O § 6.º", p. 116; Bueno, *Tutela*, p. 47; Didier Jr.-Braga-Oliveira, *Curso*, p. 660-663; Mouta Araújo, "Tutela", p. 212-227.

2 Carneiro, *Da antecipação*, p. 66-67; Zavascki, *Antecipação*, p. 111-112; Bedaque, *Código*, p. 804.

3 Dinamarco, *A reforma da reforma*, n. 50, p. 96; Wambier-Wambier, *Breves*, p. 57-58; Bedaque, *Código*, p. 804.

antecipada anteriormente concedida. Essa possibilidade de revogação demonstrava que a decisão concessiva de tutela antecipada não era definitiva, não sendo apta a gerar coisa julgada material[4].

Há, inclusive, interessante julgamento do Superior Tribunal de Justiça a respeito do art. 273, § 6.º, do CPC/1973, no qual o tribunal, além de reconhecer que essa tutela antecipada não é espécie de tutela de urgência, afirma que a cognição é exauriente, mas que em razão de política legislativa a tutela do incontroverso não é suscetível de imunidade pela coisa julgada, sendo concedida por meio de decisão interlocutória de mérito[5].

A opção do legislador no Novo CPC foi modificar a natureza jurídica dessa espécie de julgamento, tornando o que anteriormente era uma espécie diferenciada de tutela antecipada em julgamento antecipado parcial do mérito. Com a alteração, o capítulo decidido ao transitar em julgado produzirá coisa julgada material, não sendo possível o juiz posteriormente modificar a decisão ao resolver a parcela do mérito que demandou a continuidade, ainda que parcial, do processo.

Nos termos do art. 356, § 1.º, a decisão que julgar parcialmente o mérito poderá reconhecer a existência de obrigação líquida ou ilíquida. A norma parece ser fruto de excesso de zelo do legislador porque, se a forma de julgamento é antecipada do mérito, ainda que parcial, seria natural entender que a obrigação reconhecida pudesse ser líquida ou ilíquida. Sob a ótica do ditado popular "o que abunda não prejudica", o dispositivo não deve gerar consequências práticas relevantes.

O § 2.º do dispositivo ora comentado é interessante porque libera a liquidação ou execução imediata na obrigação reconhecida na decisão que julgar parcialmente o mérito, independentemente de caução, ainda que haja recurso pendente de julgamento. O dispositivo é compatível com o § 5.º que prevê a decisão ser recorrível por agravo de instrumento, recurso sem efeito suspensivo.

Há, entretanto, uma gritante contradição entre qualquer decisão que resolva o mérito e seja recorrível por apelação e a decisão que julga antecipadamente parcela do mérito. Enquanto no primeiro caso será inviável, ao menos em regra, a execução em razão do efeito suspensivo do recurso, no segundo será cabível a execução provisória. A distinção de tratamento

---

4 Neves, *Preclusões*, p. 225-226.

5 *Informativo* 532/STJ, 3.ª Turma, REsp 1.234.887/RJ, rel. Min. Ricardo Villas Bôas Cueva, j. 19.09.2013.

não tem qualquer justificativa lógica ou jurídica plausível, porque trata julgamentos de mérito de maneira distinta quanto à sua eficácia imediata sem nada que justifique o tratamento desigual, em nítida ofensa ao princípio da isonomia. Sou um crítico do efeito suspensivo como regra na apelação, mas, uma vez sendo essa a opção legislativa, realmente fica complicado compreender por que a decisão que julga antecipadamente parcela do mérito pode ser executada provisoriamente.

A excentricidade do dispositivo é completada pela expressa previsão de dispensa de caução, independentemente de existir recurso pendente de julgamento. Significa dizer que, mesmo tratando-se de execução provisória, já que a decisão interlocutória de mérito ainda poderá ser reformada ou anulada pelo recurso pendente de julgamento, o exequente provisório poderá satisfazer seu direito independentemente da prestação de caução. Sem qualquer motivo legítimo que justifique tal dispensa.

Por outro lado, a previsão expressa do § 5.º de que a decisão que julga antecipadamente parcela do mérito é recorrível por agravo de instrumento gera problemas porque teremos no sistema processual dois recursos distintos ao segundo grau para reexame de decisão de mérito. Insisto que não é solução adequada prever agravo de instrumento contra decisão que resolve o mérito enquanto a apelação mantiver muito mais garantias ao recorrente do que o agravo de instrumento. Resolve-se um problema (não haver múltiplas apelações em momentos distintos) e se criam inúmeros outros. Abre-se espaço, até mesmo, para a exótica "apelação de instrumento", um recurso de agravo de instrumento com as garantias processuais da apelação...

Por fim, o art. 356, § 4.º, prevê regra mais cartorial do que processual ao disciplinar a forma de autuação da liquidação ou cumprimento de sentença da decisão que julga parcialmente o mérito. Nos termos do dispositivo, poderão nesse caso ser criados autos complementares, a requerimento da parte ou a critério do juiz, o que deve ocorrer para não embaralhar o procedimento principal da parcela do processo que ainda não foi julgada e a liquidação ou execução da decisão que decidiu o mérito de forma antecipada e parcial.

31.4 SANEAMENTO E ORGANIZAÇÃO DO PROCESSO

O saneamento e a organização do processo estão previstos no art. 357 do CPC. A realização de uma audiência para tal fim passa a ser excepcional, ocorrendo apenas se a causa apresentar complexidade em matéria de fato ou de direito. Nessa audiência, nos termos do § 3.º, o juiz realizará o saneamento em cooperação com as partes, devendo, se for o caso, convidar as partes a integrar ou esclarecer suas alegações. Trata-se do chamado "saneamento compartilhado". Segundo o § 9.º, deve haver um intervalo mínimo de uma hora entre audiências dessa espécie na organização da pauta.

Segundo o Enunciado 298 do Fórum Permanente de Processualistas Civis (FPPC), "*a audiência de saneamento e organização do processo em cooperação com as partes poderá ocorrer independentemente de a causa ser complexa*".

O saneamento – e agora também organização – do processo continua a ser um ato processual complexo, como atestam os incisos do art. 357 do Novo CPC, cabendo ao juiz nesse momento procedimental: resolver, se houver, as questões processuais pendentes, delimitar as questões de fato sobre as quais recairá a atividade probatória, especificando os meios de prova admitidos, definir a distribuição do ônus da prova, observado o art. 373, delimitar as questões de direito relevantes para a decisão do mérito e, se necessário, designar audiência de instrução e julgamento.

Segundo o § 2.º do art. 357 do Novo CPC, as partes podem apresentar ao juiz, para homologação, delimitação consensual das questões de fato e de direito a que se referem os incisos II e IV do dispositivo. A norma deve ser interpretada com o devido cuidado porque não parece viável uma limitação quanto aos fatos ou direitos, ainda que desejada pelas partes, se isso inviabilizar a prestação de tutela jurisdicional de qualidade. Imagino que, se o juiz entender que sem aquela questão de fato ou de direito não tem como decidir com qualidade a demanda judicial, não deve homologar o acordo entre as partes. O próprio dispositivo faz menção à necessidade de homologação, e só depois dela passa a vincular as partes e o juiz.

Caso o juiz defira a prova testemunhal, já deve fixar prazo comum não superior a quinze dias para que as partes apresentem rol de testemunhas (§ 4.º), e, se houver a designação de audiência, as partes deverão nesse ato apresentar o rol de testemunhas (§ 5.º), o que leva à conclusão de que caberá às partes o ônus de formular tal rol mesmo sem saber se haverá prova testemunhal, considerando que na hipótese do § 3.º o saneamento será realizado de modo compartilhado em audiência.

Ainda quanto à designação de produção de prova testemunhal, o § 6.º repete a regra do art. 407, parágrafo único, do CPC/1973, ao prever que o número de testemunhas arroladas não pode ser superior a dez, sendo três, no máximo, para a prova de cada fato. Há, entretanto, novidade no § 7.º ao permitir que o juiz limite o número de testemunhas levando em conta a complexidade da causa e dos fatos individualmente considerados. O dispositivo claramente abre a possibilidade de o juiz deferir um número de testemunhas abaixo do máximo previsto pelo parágrafo anterior, em poder que deve ser utilizado com extrema ponderação, considerando que o convencimento no mais das vezes não se limita ao juiz que produz a prova em primeiro grau, mas também aos desembargadores que julgarão a futura e provável apelação.

Segundo o § 8.º, sendo determinada a produção da prova pericial, o juiz deve nomear o perito e fixar de imediato o prazo para a entrega do laudo (art. 465) e, se possível, estabelecer, de logo, um calendário para a sua realização.

32

AUDIÊNCIA DE INSTRUÇÃO E JULGAMENTO

32.1 GENERALIDADES

A regra de ser a audiência de instrução e julgamento pública é mantida pelo art. 368 do Novo CPC, afastando-se tal condição apenas na hipótese das exceções legais. Ressalte-se que tais exceções não tornam a audiência um ato secreto, de todo incompatível como a natureza pública do ato processual, mas apenas mitigam sua publicidade, sendo franqueada a presença apenas aos sujeitos estabelecidos em lei.

O tema da gravação da audiência, compreensivelmente ignorado pelo CPC/1973, é tratado pelos §§ 5.º e 6.º do art. 367 do Novo CPC. Nos termos do § 5.º, a audiência poderá ser integralmente gravada em imagem e em áudio, em meio digital ou analógico, desde que assegure o rápido acesso das partes e dos órgãos julgadores, observada a legislação específica. E, segundo o § 6.º, a gravação a que se refere o § 5.º também pode ser realizada diretamente por qualquer das partes, independentemente de autorização judicial.

Os três poderes do juiz na audiência de instrução e julgamento previstos pelo art. 445 do CPC/1973 são mantidos pelo art. 360 do Novo CPC, que inclui ainda o dever de tratar com urbanidade as partes, os advogados, os membros do Ministério Público e da Defensoria Pública e qualquer pessoa que participe do processo. Regra de conduta que deveria nortear a atuação de todos na audiência, em especial de seu comandante, independentemente de expressa previsão nesse sentido. Também passa a ser dever do juiz o registro em ata, com exatidão, de todos os requerimentos apresentados em audiência.

Diferente do art. 453, II, do CPC/1973, que limitava a ausência motivada como causa de adiamento da audiência ao perito, partes, testemunhas e advogados, o art. 362, II, do Novo CPC prevê que a ausência justificada de qualquer sujeito que deva necessariamente participar da audiência é suficiente para seu adiamento. O mesmo dispositivo, em seu inciso III, prevê nova hipótese de adiamento por atraso injustificado de seu início em tempo superior a 30 minutos do horário marcado, ainda que seja um sonho distante dos advogados a pontualidade na realização das audiências, nada levando a crer que a novidade legislativa venha a alterar essa realidade. E o inciso I, que prevê o adiamento por acordo de vontade das partes, deixa de ser limitado a uma vez, dando-se a entender que as partes poderão, por acordo de vontades, adiar quantas vezes desejarem a realização da audiência.

A audiência é una e contínua, conforme previa o art. 455 do CPC/1973 e dispõe o art. 365, *caput*, do Novo CPC. A curiosidade do novo dispositivo legal fica por conta da exigência de concordância das partes para que a audiência seja cindida diante da ausência de perito ou de testemunha. Pelo que se compreende do dispositivo diante da ausência de perito ou de testemunha – devidamente intimada –, o juiz só poderá iniciar a audiência e cindi-la para posterior oitiva do faltante com a concordância das partes. Caso não haja tal concordância, a audiência não poderá ser realizada, devendo ser redesignada, devendo nesse caso se aplicar por analogia o parágrafo único do art. 365 do Novo CPC para que a audiência seja realizada na data mais próxima possível, em pauta preferencial.

32.2 PROCEDIMENTO

O art. 361, *caput*, do Novo CPC se vale da palavra "preferencialmente" para prever a ordem das provas orais a serem produzidas na audiência de instrução e julgamento, que continua sendo a mesma do art. 452 do CPC/1973. O termo inegavelmente consagra a possibilidade, ainda que excepcionalmente e de forma fundamentada, da inversão da ordem legal.

Enquanto o art. 450 do CPC/1973 previa que o pregão deveria ser dirigido somente às partes e aos seus patronos, o art. 358 do Novo CPC amplia os sujeitos a serem apregoados, passando a envolver todas as pessoas que devam participar da audiência. Quem costuma participar de audiências sabe que a mudança não terá qualquer repercussão prática.

O art. 359 do Novo CPC dispõe como primeira atividade do juiz na audiência de instrução a tentativa de conciliação, passando a prever também a possibilidade de emprego de outros métodos de solução consensual de conflitos, como a mediação e a arbitragem. Imagino que a mediação possa efetivamente ser obtida, mas não vejo muito sentido as partes, nesse momento procedimental, renunciarem a uma decisão judicial e optarem por decisão a ser proferida pelo árbitro. A ocorrência de tal circunstância deve ser tão rara como já é atualmente a instituição de uma "arbitragem incidental" prevista no art. 26 da Lei 9.099/1995.

De qualquer modo, a redação do dispositivo sugere que, se essa for a vontade das partes, o juiz estará vinculado ao acordo pela solução arbitral. E, embora o dispositivo preveja essa possibilidade como primeiro ato da audiência, não há nesse caso preclusão temporal, de forma que as partes podem escolher a decisão arbitral mesmo após a realização da instrução pelo juízo, o que é ainda mais improvável que ocorra no caso concreto. Como não cabe ao juiz homologar a sentença arbitral, entendo que, se a arbitragem for escolhida pelas partes como forma de solução do conflito durante o processo, o juiz deverá extinguir o processo sem resolução do mérito nos termos do art. 485, VII, do Novo CPC.

O direito pátrio adotava o sistema presidencial na condução da audiência, cabendo ao juiz direta e pessoalmente colher a prova (art. 446, II, do CPC/1973), de forma que as perguntas feitas pelos advogados ao perito, partes e testemunhas tinham sempre a intermediação do juiz. Ademais, durante qualquer depoimento, os advogados só poderiam intervir ou apartear com a licença do juiz, sendo comum na praxe forense que o advogado se valha da expressão "pela ordem" para poder se manifestar.

Esse sistema é modificado pelo art. 459, *caput*, do Novo CPC, ao prever que as perguntas sejam feitas diretamente pelo advogado das partes, e não mais pelo juiz, após ouvi-las dos advogados, como atualmente ocorre, pelo menos do ponto de vista legal. A questão dos apartes durante a oitiva é consagrada pelo art. 361, parágrafo único, do Novo CPC, ao admitir o aparte ou a intervenção dos advogados e do Ministério Público somente com a licença expressa do juiz. A mesma regra estende-se ao defensor público, ainda que o dispositivo seja omisso nesse sentido.

Quanto a essa nova forma de inquirição de testemunhas, é correto o Enunciado 156 do Fórum Permanente de Processualistas Civis (FPPC): "*Não configura induzimento, constante do art. 456 [atual art. 459],* caput, *a utilização de técnica de arguição direta no exercício regular de direito*".

Ainda com relação à inquirição de testemunhas, há dois interessantes Enunciados do Fórum Permanente de Processualistas Civis (FPPC): n.º 157: "*Deverá ser facultada às partes a formulação de perguntas de esclarecimento ou complementação decorrentes da inquirição do juiz*"; n.º 158: "*Constitui direito da parte a transcrição de perguntas indeferidas pelo juiz*".

Elogiável o art. 364, § 2.º, do Novo CPC ao prever não só o prazo de 15 dias para a apresentação dos memoriais, chamados pelo dispositivo legal de "razões finais escritas", como também expressamente consagrando o entendimento defendido de que o prazo deve ser contado sucessivamente para autor e réu.

Nos termos do art. 366 do Novo CPC, encerrado o debate ou oferecidas as razões finais, o juiz proferirá sentença em audiência ou no prazo de trinta dias.

33

TEORIA GERAL DA PROVA

33.1 OBJETO DA PROVA

A produção de provas de alegações de fatos impertinentes, ou seja, que não se relacionam à causa posta à apreciação do juiz, é medida inútil, e por isso deve ser evitada em prol do princípio da *economia processual*. O mesmo ocorre com os fatos irrelevantes, que, mesmo dizendo respeito à causa, em nada influenciam o convencimento do juiz. Fatos irrelevantes e impertinentes não modificam o conteúdo da decisão judicial, o que dispensa a produção de prova a seu respeito. Também são considerados irrelevantes os fatos impossíveis e os de prova impossível, por disposição da lei (p. ex., prova contra presunção absoluta) ou pela natureza do fato (p. ex., prova oral para comprovar casamento)[1]. É justamente por isso que o juiz, destinatário da prova, deve no saneamento do processo fixar os pontos controvertidos que serão objeto de prova, para evitar o desenvolvimento de atividade probatória inútil.

O Novo CPC manteve a técnica empregada pelo CPC/1973 de não fazer expressa menção a exclusão do objeto da prova dos fatos impertinentes e irrelevantes. Preferiu no art. 374 manter as mesmas hipóteses do art. 334 do CPC/1973, prevendo como excluídos do objeto da prova apenas aqueles que, apesar da ausência de prova, serão ainda assim considerados pelo juiz na prolação de sua decisão.

---

1 Amaral Santos, *Primeiras*, v. 2, p. 346.

De qualquer forma, pode-se extrair a exclusão da alegação de fatos irrelevantes e impertinentes do objeto da prova do art. 370, parágrafo único, do Novo CPC, que prevê que o juiz indeferirá, em decisão fundamentada, as diligências inúteis ou meramente protelatórias, regra já prevista no art. 130 do CPC/1973. O indeferimento previsto no dispositivo legal impede que determinadas alegações de fato, que não interessem ao juiz na formação de seu convencimento, sejam incluídas no objeto da prova.

33.2 ÔNUS DA PROVA

O sistema de distribuição do ônus da prova entre autor e réu é regulado no CPC/1973 pelo art. 333. Trata-se de uma distribuição estática, abstratamente criada pelo legislador, sem qualquer liberdade ao juiz em sua aplicação, com exceção das regras pontuais que admitem sua inversão. O Novo Código de Processo Civil inova quanto ao sistema de distribuição dos ônus probatórios, atendendo corrente doutrinária que já vinha defendendo a chamada "distribuição dinâmica do ônus da prova".

Mesmo antes da consagração legislativa, o Superior Tribunal de Justiça deu início à aplicação dessa forma dinâmica de distribuição do ônus da prova em ações civis por danos ambientais[2], e também na tutela do idoso, em respeito aos arts. 2.º, 3.º e 71 da Lei 10.741/2003 (Estatuto do Idoso), no que asseguram aos litigantes maiores de 60 anos facilidade na produção de provas e a efetivação concreta desse direito[3]. No entanto, já existem decisões recentes que adotam a tese de forma mais ampla, ora valendo-se de interpretação sistemática da nossa legislação processual, inclusive em bases constitucionais[4], ora admitindo a flexibilização do sistema rígido de distribuição do ônus probatório diante da insuficiência da regra geral[5].

O Novo Código de Processo Civil adota essa forma dinâmica de distribuição do ônus da prova. Apesar de o art. 373 em seus dois incisos repetir as regras contidas no art. 333 do CPC/1973, o § 1.º permite que

---

2 *Informativo* 418/STJ, 2.ª Turma, REsp 1.060.753/SP, rel. Min. Eliana Calmon, j. 1.º.12.2009.

3 STJ, 1.ª Turma, RMS 38.025/BA, rel. Min. Sérgio Kukina, j. 23.09.2014, *DJe* 01.10.2014.

4 STJ, 3.ª Turma, EDcl no REsp 1.286.704/SP, rel. Nancy Andrighi, j. 26.11.2013, *DJe* 09.12.2013.

5 STJ, 4.ª Turma, AgRg no AREsp 216.315/RS, rel. Min. Mauro Campbell Marques, j. 23.10.2012, *DJe* 06.11.2012.

o juiz, nos casos previstos em lei ou diante de peculiaridades da causa, relacionadas à impossibilidade ou à excessiva dificuldade de cumprir o encargo ou à maior facilidade de obtenção da prova do fato contrário, atribua, em decisão fundamentada e com respeito ao princípio do contraditório, o ônus da prova de forma diversa.

Consagra-se legislativamente a ideia de que deve ter o ônus da prova a parte que apresentar maior facilidade em produzir a prova e se livrar do encargo. Como essa maior facilidade dependerá do caso concreto, cabe ao juiz fazer a análise e determinar qual o ônus de cada parte no processo. Registre-se que, diante da omissão do juiz, as regras continuaram a ser aplicadas como sempre foram sob a égide do CPC/1973, ou seja, caberá ao autor o ônus de provar os fatos constitutivos de seu direito e ao réu, os fatos impeditivos, modificativos e extintivos.

Como se pode notar, o sistema brasileiro passou a ser misto, sendo possível aplicar ao caso concreto o sistema flexível da distribuição dinâmica do ônus da prova como o sistema rígido da distribuição legal. Tudo dependerá da iniciativa do juiz, que não estará obrigado a fazer distribuição do ônus probatório de forma diferente daquela prevista na lei.

Interessante a vedação a essa inversão contida no § 2.º do dispositivo ora comentado, proibindo-a sempre que possa gerar situação em que a desincumbência do encargo pela parte seja impossível ou excessivamente difícil. A norma é elogiável porque a técnica de distribuição dinâmica da prova não se presta a tornar uma das partes vitoriosa por onerar a parte contrária com encargo do qual ela não terá como se desincumbir. A nova sistemática de distribuição do ônus da prova serve para facilitar a produção da prova, e não para fixar *a priori* vencedores e vencidos. Nesse sentido, interessante decisão do Superior Tribunal de Justiça quanto à inversão prevista no art. 6.º, VIII, do CDC[6].

Apesar de o art. 373, § 1.º, do Novo CPC prever a possibilidade de o juiz atribuir o ônus da prova "de modo diverso", naturalmente a regra trata da inversão do ônus da prova, até porque, sendo esta distribuída entre autor e réu, o modo diverso só pode significar a inversão da regra legal. Tanto assim que o dispositivo expressamente se refere aos casos

---

6 STJ, 4.ª Turma, REsp 720.930/RS, rel. Min. Luis Felipe Salomão, j. 20.10.2009, *DJe* 09.11.2009. No mesmo sentido, Barbosa Moreira, "Notas sobre a inversão", p. 309, e Theodoro Jr., *Direitos*, p. 143.

previstos em lei como umas das hipóteses da fixação "de modo diverso", e esses casos são justamente os de inversão do ônus da prova.

A hipótese mais importante e frequente na praxe forense de inversão do ônus da prova não está prevista no CPC/1973, mas no art. 6.º, VIII, do CDC. E sua aplicação sempre gerou muita polêmica quanto ao momento adequado de o juiz se manifestar a respeito da aplicação dessa regra de ônus probatório. Para parcela doutrinária, o momento adequado para o juiz inverter a regra do ônus da prova é o momento de sua aplicação, qual seja o julgamento do processo[7], enquanto para outra corrente doutrinária o momento adequado para tanto é o saneamento do processo, sob pena de violação do princípio do contraditório[8].

O Superior Tribunal de Justiça consolidou o entendimento de que, sendo o ônus da prova uma regra de instrução, sua inversão deve preceder a fase probatória, sendo realizada de preferência no saneamento do processo ou, quando excepcionalmente realizada após esse momento procedimental, deverá ser reaberta a instrução para a parte que recebe o ônus da prova caso pretenda produzir provas[9].

Esse entendimento, que sempre me pareceu mais adequado, prevaleceu no Novo Código de Processo Civil, mais precisamente no art. 373, § 1.º, que exige do juiz, sempre que inverter o ônus da prova, que dê oportunidade à parte para se desincumbir do ônus que lhe tenha sido atribuído. Significa que, em respeito ao contraditório, a parte terá amplo direito à produção da prova, de modo que não parece interessante que essa

---

7 Arenhart, "Ônus", p. 350-351; Watanabe, *Código,* p. 11; Nery Jr.-Nery, *Código, p. 608-609*; Cavalieri Filho, *Programa,* p. 328. STJ, 4.ª Turma, AgRg no Ag 1.028.085/SP, rel. Min. Vasco Della Giustina, Des. Convocado, j. 04.02.2010, *DJE* 16.04.2010; STJ, 3.ª Turma, REsp 422.778/SP, rel. Min. Castro Filho, rel. p/ acórdão Min. Nancy Andrighi, j. 19.06.2007, *DJ* 27.08.2007.

8 Arruda Alvim, *Manual,* v. I, p. 974; Câmara, "Tutela", p. 1.093; Rizzatto Nunes, *Comentários,* p. 126; Bueno, *Curso,* v. 2, p. 247-248; REsp 802.832/MG, 2.ª Seção, rel. Min. Paulo de Tarso Sanseverino, j. 13.04.2011, *Informativo* STJ 469; STJ, 4.ª Turma, REsp 662.608/SP, rel. Min. Hélio Quaglia Barbosa, j. 12.12.2006, *DJ* 05.02.2007; STJ, 3.ª Turma, REsp 598.620/MG, rel. Min. Carlos Alberto Menezes Direito, j. 07.12.2004, *DJ* 18.04.2005

9 STJ, 2.ª Turma, AgRg no REsp 1.450.473/SC, rel. Min. Mauro Campbell Marques, j. 23.09.2014, *DJe* 30.09.2014; STJ, 3.ª Turma, REsp 1.395.254/SC, rel. Min. Nancy Andrighi, j. 15.10.2013, *DJe* 29.11.2013; STJ, 2.ª Seção, EREsp 422.778/SP, rel. Min. João Otávio de Noronha, rel. p/ acórdão Min. Maria Isabel Gallotti, j. 29.02.2012, *DJe* 21.06.2012.

inversão ocorra somente no momento de prolação de sentença, sob pena de ofensa ao princípio da economia processual. Parece ser mais vantajoso que no momento de saneamento do processo o juiz já sinalize a forma de aplicação da regra do ônus da prova, caso essa aplicação realmente se faça necessária no caso concreto.

Infelizmente, a redação originária do Projeto do Novo Código de Processo Civil adotava o entendimento consagrado pelo Superior Tribunal de Justiça[10], ao prever em seu art. 358, § 2.º, que a inversão do ônus da prova não implicava a alteração das regras referentes aos encargos da respectiva produção. Manifestei-me a esse respeito no sentido de que, mesmo com a aprovação da regra legal ora comentada, a consequência da ausência desse adiantamento continuaria a ser a preclusão da prova, circunstância que prejudicaria a parte que tem o ônus probatório e que, para evitar essa situação de desvantagem, teria interesse em garantir a produção da prova mediante o adiantamento de seus custos[11].

A redação final do Novo Código de Processo Civil não contém qualquer previsão a respeito do tema.

33.3 PODERES INSTRUTÓRIOS DO JUIZ

O art. 370, *caput*, do Novo CPC repete a regra constante no art. 130 do CPC/1973, consagrando o cabimento de provas determinadas de ofício pelo juiz. Poderia ter o dispositivo esclarecido que a produção de provas de ofício não é um dever do juiz, mas sim uma faculdade, não sendo nula a sentença que aplica o ônus da prova mesmo quando o juiz poderia ter produzido prova de ofício. Seria uma ótima forma de reconhecer que os chamados "poderes instrutórios" do juiz na realidade são faculdades instrutórias.

Como não acredito que exista efetivamente um poder instrutório do juiz, é preciso analisar com redobrada atenção o Enunciado 297 do Fórum Permanente de Processualistas Civis (FPPC): "*O juiz que promove*

---

10 STJ, 4.ª Turma, REsp 845.601/SP, rel. Min. Hélio Quaglia Barbosa, j. 06.03.2007, *DJ* 02.04.2007; STJ, 3.ª Turma, REsp 435.155/MG, rel. Min. Carlos Alberto Menezes Direito, j. 11.02.2003, *DJ* 10.03.2003.

11 STJ, 4.ª Turma, AgRg no AgRg no AREsp 153.797/SP, rel. Min. Marco Buzzi, j. 05.06.2014, *DJe* 16.06.2014; STJ, 4.ª Turma, AgRg na MC 17.695/PR, rel. Min. Maria Isabel Gallotti, j. 05.05.2011, *DJe* 12.05.2011.

julgamento antecipado do mérito por desnecessidade de outras provas não pode proferir sentença de improcedência por insuficiência de provas".

O elogio ou crítica ao Enunciado dependerá da premissa criada pelo juiz para considerar desnecessária a produção da prova. Se o fez porque já estava plenamente convencido não há qualquer motivo lógico ou jurídico que legitime um julgamento antecipado do mérito fundado na regra do ônus da prova. Afinal, essa regra de julgamento só é aplicável quando existe dúvida do juiz a respeito dos fatos. Por outro lado, se a desnecessidade decorreu da postura das partes, que expressamente pediram o julgamento antecipado do mérito, a aplicação da regra do ônus da prova é legítima, justamente porque o juiz não tem o dever de produzir prova de ofício, mas somente a faculdade de assim proceder.

33.4 SISTEMA DE VALORAÇÃO DAS PROVAS

O princípio de valoração de provas do livre convencimento motivado, previsto no art. 131 do CPC/1973, é mantido no art. 371 do Novo CPC, e nesse caso em especial o legislador perdeu excelente oportunidade de criar mecanismos mais efetivos de controle à valoração da prova pelo juiz, sendo insuficiente para esse fim a fundamentação quanto às opções valorativas. É preciso reconhecer que a exigência de fundamentação da valoração probatória não é suficiente para evitar arbítrios judiciais, e que é preciso melhores meios de controle da atividade jurisdicional nesse âmbito.

Uma excelente forma de controle, que poderia ter sido acrescida ao princípio do livre convencimento motivado pelo Novo Código de Processo Civil, é o que Malatesta chamou de sociabilidade do convencimento: "*O convencimento não deve ser, por outros termos, fundado em apreciações subjetivas do juiz; deve ser tal que os fatos e as provas submetidas a seu juízo, se fossem submetidos à apreciação desinteressada de qualquer outra pessoa racional, deveriam produzir, também nesta, a mesma convicção que produziriam no juiz*"[12].

No mesmo sentido as lições de Carlos Alberto Alvaro de Oliveira: "*[...] não sendo meramente subjetiva a apreciação da prova, a exemplo do julgamento exclusivamente de direito, deve ainda respeitar as expectativas do ambiente a que se dirige e no qual a decisão há de se mostrar convincente ou pelo menos aceitável. Constituirá assim aspiração da atividade judicial, também no plano dos fatos, obter consenso o mais generalizado possível da*

12 Apud Amaral Santos, *Prova*, v. I, p. 354.

sociedade em que inserida, no horizonte de uma decisão razoável na medida em que conformada às expectativas sociais"[13].

Não concordo com a parcela doutrinária que vem defendendo que o Novo CPC teria afastado de nosso direito o sistema do livre convencimento motivado. O princípio continua entre nós e, conforme visto, infelizmente sem os controles já pedidos por autorizada doutrina.

Há certa confusão nesse entendimento porque o sistema de livre convencimento motivado tradicionalmente é vinculado à parte fática da decisão, de forma que as novas exigências de fundamentação quanto à parte jurídica não têm aptidão para alterar o sistema de valoração de provas adotado por nosso sistema processual.

Como se pode notar de simples leitura do § 1.º do art. 489 do Novo CPC, nenhuma das exigências quanto à fundamentação da decisão diz respeito à valoração das provas e, por consequência, à decisão da parte fática da demanda. Insisto mais uma vez que se perdeu uma ótima oportunidade de fazê-lo, mas não há como querer criar aquilo que não está previsto. Se nenhuma exigência quanto à fundamentação da parte fática da demanda está prevista no dispositivo legal, exatamente como ele poderia modificar o atual sistema de valoração das provas?

33.5 PROVA EMPRESTADA

O art. 372 do Novo CPC inova ao prever a prova emprestada, que, apesar de aceita na doutrina e jurisprudência, não estava disposta no CPC/1973. Segundo o dispositivo legal, o juiz poderá admitir a utilização de prova produzida em outro processo, atribuindo-lhe o valor que considerar adequado, observado o contraditório. O legislador acertou ao expressamente determinar que a valoração da prova emprestada é livre ao juiz que a recebe em seu processo[14], mas não foi muito claro ao condicionar o empréstimo ao contraditório.

A dúvida decorre da redação do dispositivo legal. Da forma como está redigido é legítima a pergunta: a observação do contraditório deve ocorrer no processo de origem da prova, no de destino ou em ambos?

Como ingressa no processo com forma documental (prova documentada), o contraditório nesse processo se bastaria com a intimação das partes para se manifestarem sobre a prova objeto de empréstimo. O

---

13 Cf. Oliveira, *Do formalismo*, p. 163.

14 Neves, *Manual de direito*, n. 14.1.11, p. 491.

respeito ao contraditório no processo de origem da prova cria divergência na doutrina: para alguns as partes devem necessariamente ser as mesmas no processo de origem e no processo de destino[15], enquanto outros entendem que as partes podem ser diferentes, desde que o sujeito que não participou do processo de origem aceite o empréstimo da prova[16].

Imagino que o respeito ao contraditório exigido pelo art. 372 do Novo CPC se refira tanto ao processo de origem como ao processo de destino, sendo exigido na produção da prova oral ou pericial e na sua utilização como prova documentada, ainda que exista decisão do Superior Tribunal de Justiça se satisfazendo com o contraditório no processo de destino[17].

E nesse sentido parece que o contraditório passa a ser condição de admissibilidade da prova emprestada. Concordo que, sendo a repetição da prova possível, a economia processual que seria obtida com o empréstimo da prova não é suficiente para o afastamento do contraditório. E no caso em que a repetição da prova é impossível e ela é indispensável à formação do convencimento do juiz? Nesse sentido haverá um choque inevitável de princípios: qualidade da prestação jurisdicional (com a utilização da prova em seu convencimento) e o contraditório (com a impossibilidade da parte que não participou da produção da prova de realmente reagir contra a sua formação).

Entendo que nesse caso a solução do impasse se dá por meio da aplicação da regra da proporcionalidade, pesando o juiz os interesses envolvidos e buscando a melhor solução com o fito de gerar o menor prejuízo possível às partes. E quanto maior tiver sido o contraditório no processo de origem, ainda que sem a participação do sujeito que é parte no processo de destino, maior a carga de convencimento da prova. Acredito que mesmo diante da redação do dispositivo ora comentado é possível a adoção de tal entendimento.

Por outro lado, o legislador, ao prever expressamente que a prova deve ser produzida em processo para poder ser emprestada, promete suscitar uma interessante polêmica.

O aproveitamento das provas colhidas em sede de inquérito civil para fundamentar decisão da ação coletiva é entendimento tranquilo no

---

15 Grinover, "Prova", p. 115; Nery Jr., *Princípios do processo*, p. 152; Fux, *Curso*, p. 699.

16 Neves, *Ações*, p. 106-108; Dinamarco, *Instituições*, v. 3, p. 98; Talamini, "Prova", p. 95.

17 *Informativo* 536/STJ, 1.ª Turma, AgRg no AREsp 24.940-RJ, rel. Min. Napoleão Nunes Maia Filho, j. 18.02.2014.

Superior Tribunal de Justiça, ainda que com uma série de importantes – e nem sempre justificáveis – limitações. É corrente, por exemplo, o entendimento de que as provas colhidas no inquérito civil têm eficácia probatória relativa para fins de instrução da ação civil pública[18].

É tranquila a admissão de documentos juntados aos autos do inquérito civil[19]. As mesmas decisões, entretanto, só dão valor à prova testemunhal colhida no inquérito civil por terem sido repetidas na esfera judicial, o que mostra claramente a resistência à aceitação das provas oral e pericial exclusivamente produzidas no inquérito civil.

Por outro lado, existem decisões que somente afastam as provas colhidas no inquérito civil se houver contraprova de hierarquia superior, ou seja, produzida sob a vigilância do contraditório. Entendo absolutamente correta a decisão, porque descarta a possibilidade de desconsiderar a prova simplesmente por não ter sido produzida pelo crivo do contraditório, mas ao mesmo tempo alerta que tal princípio empresta à prova produzida sob seu crivo uma maior carga de convencimento, conforme já defendido[20].

O Superior Tribunal de Justiça também entende cabível a utilização de prova produzida em inquérito policial em ação civil pública, desde que produzida dentro da legalidade[21].

Não sendo o inquérito civil ou policial um processo, mas um mero procedimento investigativo, uma previsão expressa que condiciona o empréstimo da prova a sua produção em outro processo é promessa certa de polêmica. Particularmente, entendo que a novidade legislativa não será suficiente para alterar a atual jurisprudência. O caminho mais simples, ainda que tecnicamente incorreto, será afirmar que a prova não está sendo tecnicamente emprestada, mas somente aproveitada na ação judicial, de forma a ser inaplicável o art. 372 do Novo CPC.

---

18 STJ, 2.ª Turma, REsp 1.280.321/MG, rel. Min. Mauro Campbell Marques, j. 06.03.2012, *DJe* 09.03.2012.

19 STJ, 1.ª Turma, AgRg no AREsp 113.436/SP, rel. Min. Benedito Gonçalves, j. 10.04.2012, *DJe* 18.05.2012; STJ, 2.ª Turma, REsp 401.472/RO, rel. Min. Herman Benjamin, j. 15.06.2010, *DJe* 27.04.2011.

20 STJ, 2.ª Turma, REsp 849.841/MG, rel. Min. Eliana Calmon, j. 28.08.2007, *DJ* 11.09.2007, p. 216; STJ, 2.ª Turma, REsp 644.994/MG, rel. Min. João Otávio de Noronha, j. 17.02.2005, *DJ* 21.03.2005, p. 336.

21 STJ, 5.ª Turma, RHC 52.209/RS, rel. Min. Jorge Mussi, j. 20.11.2014, *DJe* 27.11.2014.

33.6 PROVA ILÍCITA

O art. 5.º, LVI, da CF prevê que "são inadmissíveis, no processo, as provas obtidas por meios ilícitos". O dispositivo constitucional não prevê a proibição da produção de prova ilícita, até porque seria uma proibição inócua, limitando-se a proibir que o juiz as utilize como elemento na formação de seu convencimento.

Apesar da expressa vedação constitucional à utilização de prova ilícita pelo juiz na formação de seu convencimento, é possível a identificação de três correntes a respeito do tema: restritiva, liberal e intermediária.

A corrente restritiva é bastante rígida no trato da prova ilícita, não admitindo em nenhuma hipótese sua utilização no processo civil. Fundando-se no art. 5.º, LVI, da CF, os defensores dessa corrente afirmam que a ausência de ressalva nos textos legais impede qualquer consideração valorativa no caso concreto para que se permita a utilização das provas ilícitas. Num conflito entre a possível verdade que seria atingida pela utilização da prova e a sua ilicitude, a corrente restritiva prefere privilegiar a segunda, entendendo legítimo o sacrifício da verdade para se preservarem direitos que seriam violados com a produção da prova ilícita.

Em sentido diametralmente oposto da corrente restritiva (obstativa) encontra-se a corrente liberal (permissiva), amparada no irrestrito direito de o juiz conhecer a verdade a respeito dos fatos. Para essa corrente, o direito constitucional à prova é superior a qualquer outro que se busque resguardar com a vedação de sua utilização no convencimento do juiz. A parte que produz uma prova ilícita deve responder pela ilicitude de seu ato, mas tal circunstância não pode sacrificar a boa qualidade da prestação jurisdicional. Essa corrente, que atualmente não encontra defensores de relevo no Brasil, além de contrariar o texto constitucional expresso, considera a prova um fim em si mesmo, o que é de todo desaconselhável.

Entre as duas correntes surge uma intermediária, em meu sentir a mais adequada dentre as três no trato da matéria. Negando ser o princípio constitucional da prova ilícita absoluto – como no mais nenhum princípio jamais o será –, essa corrente doutrinária defende que, dependendo das circunstâncias, em aplicação do *princípio da proporcionalidade*, é possível a utilização da prova ilícita, o que não impedirá a geração de efeitos civis, penais e administrativos em razão da ilicitude do ato[22]. Trata-se de corrente majoritária na doutrina brasileira[23].

Para a majoritária corrente doutrinária que permite o afastamento do óbice da vedação constitucional pela aplicação do princípio da proporcionalidade, algumas condições são exigidas para a utilização da prova ilícita na formação do convencimento do juiz[24]:

(a) gravidade do caso;
(b) espécie da relação jurídica controvertida;
(c) dificuldade de demonstrar a veracidade de forma lícita;
(d) prevalência do direito protegido com a utilização da prova ilícita comparado com o direito violado;
(e) imprescindibilidade da prova na formação do convencimento judicial.

A teoria proporcionalista, amplamente majoritária, teve seu entendimento consagrado pelo art. 257, parágrafo único, do Projeto originário de Novo CPC, ao prever que a inadmissibilidade das provas obtidas por meio ilícito será apreciada pelo juiz à luz da ponderação dos princípios e direitos fundamentais envolvidos. Fiquei curioso em saber como o Supremo Tribunal Federal entenderia tal dispositivo legal infraconstitucional quando o texto constitucional é claro ao prever uma inadmissibilidade absoluta na área cível. Minha curiosidade, entretanto, não será saneada, porque no texto final do Novo Código de Processo Civil a regra foi suprimida.

Nos termos do Enunciado 301 do Fórum Permanente de Processualistas Civis (FPPC), "*aplicam-se ao processo civil, por analogia, as exceções previstas nos §§ 1.º e 2.º do art. 157 do Código de Processo Penal, afastando a ilicitude da prova*". Dessa forma, seriam admissíveis as provas derivadas das ilícitas quando não evidenciado o nexo de causalidade entre umas e outras, ou quando as derivadas puderem ser obtidas por uma fonte independente das primeiras.

---

22 Bedaque, *Poderes*, p. 141.

23 A favor, STJ, 5.ª Turma, RMS 17.732/MT, rel. Min. Gilson Dipp, j. 28.06.2005, *DJ* 1.º.08.2005. Contra, STF, 1.ª Turma, HC 80.949/RJ, rel. Min. Sepúlveda Pertence, j. 30.10.2001, *DJ* 14.12.2001.

24 Barbosa Moreira, "A Constituição", p. 109-110; Marinoni-Arenhart, *Código*, p. 393-397; Didier Jr.-Braga-Oliveira, *Curso*, p. 38-39.

33.7 PROVA ATÍPICA E A ATA NOTARIAL

O art. 369 do Novo CPC repete a regra prevista no art. 332 do CPC/1973 quanto à admissibilidade das chamadas provas atípicas, que não estão especificadas no Código, desde que produzidas por meios moralmente legítimos. O legislador poderia ter aproveitado a oportunidade para regulamentar de maneira mais adequada a admissibilidade da prova atípica, até porque o termo legal "moralmente legítima" mistura indevidamente a moral com o Direito.

A ata notarial vem se popularizando como meio de prova, em especial em processos em que se faz necessária a comprovação de atos praticados pela internet e que podem sumir com a mesma velocidade em que aparecem. Também em assembleias de sociedades empresariais e associações civis é comum que todas as discussões, que serão apenas resumidas na ata, constem de ata notarial.

O legislador, atento a esse fato, passou a prever no Novo CPC a ata notarial entre os meios de prova, o que afastou sua atipicidade. O ordenamento jurídico processual passa a ter uma nova prova típica entre aquelas previstas no CPC/1973 e mantidas no Novo CPC.

Ainda que tenha passado a ser considerada uma prova típica pelo Novo CPC, a ata notarial é híbrida, a exemplo do que ocorre com a prova emprestada. Tem uma forma documental, que será uma ata lavrada pelo tabelião, mas seu conteúdo é de prova testemunhal, já que o teor da ata será justamente as impressões do tabelião a respeito dos fatos que presenciou.

Há somente um artigo no Novo CPC que regulamenta a ata notarial. O art. 384, *caput*, prevê que a ata notarial se presta a provar a existência e o modo de existir de algum fato. Como se pode notar da econômica redação legal, a ata notarial é cabível sempre que for possível a uma pessoa humana, no caso o tabelião, a testar a existência ou modo de ser, independentemente da natureza ou da espécie de natureza jurídica de direito material derivada de tais fatos.

Essa capacidade de atestar a existência ou o modo de ser do fato deve considerar todos os sentidos humanos, e não somente a visão. Dessa forma, a descrição pode se referir a eventual barulho ou som (audição), odores e cheiros (olfato), gosto (paladar) e textura ou formato (tato). É prova cabível, portanto, para atestar música alta, cheiro forte, comida ruim, superfície lisa etc.

A amplitude do cabimento da ata notarial é bem-vinda, ainda que seja possível verificar sua relevância em situações específicas já descritas, como na hipótese de atestar fatos praticados na internet e as discussões havidas entre sócios ou associados em assembleias e reuniões. São hipóteses nas quais dificilmente outros meios de prova poderiam ser produzidos com sucesso.

Outra hipótese em que vislumbro grande valia para a ata notarial é a circunstância de o autor precisar de uma tutela de urgência liminarmente, mas não ter prova documental que corrobore suas alegações. Sendo as declarações do tabelião constantes de ata notarial dotadas de fé pública, há uma presunção de veracidade suficiente para convencer o juiz, em grau de cognição sumária, da veracidade das alegações de fato feitas pelo autor em sua petição inicial.

Com apenas um dispositivo a regulamentar a ata notarial, não surpreende que o procedimento para sua produção tenha sido previsto de forma econômica pelo Novo CPC.

O art. 384, *caput*, do Novo CPC prevê que cabe ao interessado pedir ao tabelião a lavratura da ata notarial. O termo "interessado" é relevante porque a espécie de prova ora analisada invariavelmente é formada antes da propositura da ação judicial, de forma que nesse momento não seria adequado tratar o solicitante como parte. Não há na opção do legislador, entretanto, qualquer obstáculo para que a parte, durante o processo judicial, requeira ao tabelião a elaboração de uma ata notarial. Afinal, o sujeito não deixa de ser interessado na produção da prova pelo simples fato de já ser parte no processo em que ela será utilizada.

Tratando-se de espécie de prova pré-constituída, ou seja, criada fora do juízo, o que pode facilmente ser comprovado pela sua forma documental. Como seu conteúdo é de prova oral, trata-se de prova documentada e não de prova documental.

O parágrafo único do dispositivo ora analisado prevê ser possível que imagens e sons gravados em arquivos eletrônicos possam constar da ata notarial, em medida saudável considerando que imagens e sons podem corroborar a alegação do tabelião, já dotada de fé pública. Quem sabe se o dispositivo já existisse, teria eu conseguido fazer uma ata notarial que diversos Cartórios de Notas de São Paulo se recusaram a produzir tempos atrás.

Eu, como morador do bairro de Perdizes, domiciliado em prédio próximo à PUC/SP, não tenho sossego em razão de festas absurdas que varam a madrugada quando a faculdade está supostamente fechada[25]. Para dar ingresso em pedido para instauração de inquérito civil, tentei fazer uma ata notarial para atestar as festas e o barulho infernal. Não sei bem se por medo, por vagabundagem ou por ignorância, em todos os Cartórios

25 Disponível em: <http://tv.estado.com.br/videos,pancadao-na-puc,203404,25,0.htm>. Acesso em: 1.º dez. 2014.

que liguei me foi recusado o serviço. Bastaria ao tabelião – na realidade a um funcionário do cartório – comparecer às cercanias da PUC/SP, olhar as pessoas em festa, atestar o barulho e gravar tudo em som e/ou imagem, exatamente como prevê o dispositivo legal ora comentado. Contudo, sem a norma legal não foi possível conseguir a ata notarial...

33.8 PRODUÇÃO ANTECIPADA DE PROVAS

A ação cautelar de produção antecipada de provas, a exemplo de todas as demais cautelares nominadas, não está prevista no Novo Código de Processo Civil. Entretanto, a produção antecipada de provas está garantida pelos arts. 381 a 383.

A produção antecipada de provas perdeu sua natureza de cautelar, tornando-se tão somente uma ação probatória autônoma, pela qual se produz uma prova antes do processo principal sem a necessidade de ser comprovado o *periculum in mora*. Trata-se de inovação extremamente positiva, cuja premissa é o objeto central de minha tese de doutorado na Universidade de São Paulo: a antecipação na produção da prova mesmo sem o risco do tempo como inimigo. E o legislador também fez a justificação perder a natureza cautelar, que agora, somada à produção antecipada de provas, deu origem à ação probatória autônoma.

Ainda que tenha efetivamente perdido a natureza cautelar, o art. 381 do Novo CPC mantém em seu primeiro inciso o *periculum in mora* típico das cautelares probatórias, ao prever ser cabível a antecipação da prova quando houver fundado receio de que venha a tornar-se impossível ou muito difícil a verificação de certos fatos na pendência da ação. O legislador se valeu do requisito consagrado no art. 849 do CPC/1973 para a produção antecipada de prova pericial.

No inciso II tem-se a admissão da produção antecipada de provas sempre que a prova a ser produzida for suscetível de viabilizar tentativa de conciliação ou de outro meio adequado de solução do conflito. Assim já havia me manifestado em uma das conclusões de minha tese de doutorado a respeito do tema: "*A ação meramente probatória teria importante papel na otimização das conciliações, considerando-se que, diante de uma definição da situação fática, os sujeitos envolvidos no conflito teriam maiores condições de chegar a uma autocomposição. A indefinição fática muitas vezes impede a realização de uma conciliação porque leva uma das partes a crer que tenha direitos que na realidade não tem*".

Entendo que a hipótese prevista no inciso II libere praticamente de forma integral a produção antecipada de provas, bastando para a parte alegar que precisa esclarecer melhor os fatos para que tenham melhor condição de tentar resolver seu conflito pelos meios alternativos de solução. Da forma como foi redigido o dispositivo legal, a amplitude no cabimento do pedido de antecipação na produção da prova é praticamente absoluta.

A possibilidade de prévio conhecimento de fatos que possam justificar ou evitar o ajuizamento de ação é a última hipótese de cabimento da produção antecipada de prova, consagrada no inciso III do dispositivo ora analisado. Essa hipótese diz respeito à necessidade de produção da prova como forma de preparar a pretensão principal, possibilitando assim a elaboração de uma petição inicial séria e responsável. Mesmo com a produção antecipada de prova sendo tratada como cautelar pelo CPC/1973, doutrinadores já defendem seu cabimento como maneira de preparar a ação principal, e decisões do Superior Tribunal de Justiça também a admitem para tal fim, independentemente do risco de lesão em razão do tempo, embora ainda exista certa resistência na esfera penal quanto à oitiva antecipada de testemunha sem o *periculum in mora*[26].

Há três dispositivos que tratam da competência para a ação autônoma de produção antecipada de provas.

O § 2.º prevê um foro concorrente de competência para a ação: foro do domicílio do réu ou local em que a prova deva ser produzida. Por entender que essa ação probatória não é acessória de outra ação, até porque nem sempre existirá essa outra ação no caso concreto, defendo a inaplicabilidade do art. 61 do Novo CPC. E, mesmo que se parta da premissa de que a ação probatória tem natureza de acessória, a regra específica prefere a regra geral. Registre-se que, mesmo sob a égide do CPC/1973, já há decisões do Superior Tribunal de Justiça no sentido de ser o local da produção da prova o foro competente para a cautelar probatória.

O § 3.º consagra entendimento doutrinário e jurisprudencial no sentido de a produção antecipada de provas não prevenir a competência do juízo para a ação que venha a ser proposta. Apesar de seguir o posicionamento majoritário da doutrina e da jurisprudência, entendo que a solução dada pelo legislador não foi a mais adequada.

Entendo que a incidência ou não do fenômeno da prevenção dependa, fundamentalmente, do foro que for considerado competente para conhecer o processo probatório e o foro competente para o processo que eventualmente

---

26 STJ, 6.ª Turma, RMS 11.738/SP, rel. Min. Maria Thereza de Assis Moura, j. 31.10.2007, *DJ* 26.11.2007, p. 246.

venha a seguir. Se houver identidade de foros, é até possível – e aconselhável – falar em prevenção do juízo da ação probatória para conhecer a ação principal, ou seja, se ambas as demandas, pelas regras de competência, forem propostas perante a mesma Comarca ou Seção Judiciária, será possível defender que a vara que produziu a prova antecipadamente esteja preventa para conhecer e julgar o processo principal. Essa visão permite, se não houver mudança do juiz, respeitar o princípio da imediatidade, não havendo justificativa plausível na distribuição livre, dentro da mesma competência territorial, do processo principal. Por outro lado, se os processos forem de competência territorial diversa, não se poderá falar em prevenção. Há, inclusive, algumas decisões do Superior Tribunal de Justiça no sentido de que não existe prevenção nas cautelares de produção antecipada de provas, mas que, em situações excepcionais, levadas em conta as particularidades do caso concreto, seria possível exigir que o juízo do processo principal fosse o mesmo que já produziu a prova de forma antecipada[27].

No § 4.º há interessante inovação quanto à competência por delegação prevista pelo art. 109, §§ 3.º e 4.º, da CF. Nos termos do dispositivo, o juízo estadual tem competência para produção antecipada de prova requerida em face da União, da entidade autárquica ou de empresa pública federal se, na localidade, não houver vara federal. Na realidade, o dispositivo determina para a ação cautelar probatória regra já existente para a justificação destinada a produzir prova perante a administração federal (art. 15, II, da Lei 5.010/1966).

Segundo o art. 382 do Novo CPC, cabe ao autor do pedido, na petição inicial, a apresentação das razões que justificam a necessidade de antecipação da prova e a menção com precisão dos fatos sobre os quais a prova há de recair. Pelas hipóteses de cabimento previstas nos incisos do art. 381 do Novo CPC e já devidamente analisadas, fica claro que a produção antecipada de prova pode ou não ter natureza cautelar, mas em qualquer hipótese manterá sua autonomia, sendo, portanto, exigido um processo autônomo para a produção da prova de forma antecipada. Portanto, a petição inicial, além de cumprir os requisitos do art. 382 do Novo CPC, deverá atender aos requisitos de qualquer petição inicial.

Os requisitos indicados pelo dispositivo ora comentado parecem ser exigidos para que o juiz possa analisar o interesse de agir do autor, tanto pelo aspecto da necessidade quanto da adequação. A precisão sobre os fatos

---

27 STJ, 3.ª Turma, REsp 712.999/SP, rel. Min. Carlos Alberto Menezes Direito, j. 12.04.2005, *DJ* 13.06.2005, p. 305; REsp 487.630/SP, 2.ª Turma, rel. Min. Franciulli Neto, j. 21.08.2003, *DJ* 28.06.2004, p. 245.

que serão objeto de prova, entretanto, deve ser analisada no caso concreto, devendo o juiz ser cuidadoso em sua análise. Afinal, nem sempre o autor poderá indicar os fatos com a precisão exigida pelo dispositivo, até porque a ação autônoma probatória tem entre suas serventias os esclarecimentos fáticos indispensáveis à realização de uma transação (art. 381, II) ou à propositura de uma ação (art. 381, III). E nesses casos nem sempre haverá precisão a respeito dos fatos que deverão ser objeto das provas produzidas antecipadamente. Nesse caso, a meu ver, bastará a indicação da situação fática que se busca esclarecer com a produção probatória.

Segundo o § 1.º do art. 382 do Novo CPC, o juiz determinará, de ofício ou a requerimento da parte, a citação de interessados na produção da prova ou no fato a ser provado, salvo se inexistente caráter contencioso.

Entendo que, se se trata de ação autônoma, cabe ao autor a indicação de quem deve compor o polo passivo. E a legitimidade passiva nessa ação não difere daquela presente na antiga ação cautelar de produção antecipada de provas: deve figurar um sujeito que participe de alguma relação jurídica com o requerente e que terá contra ele oposta, no processo principal, a prova produzida antecipadamente. Como garantia do princípio do contraditório, seria, em tese, inadmissível a utilização de uma prova contra um sujeito que não tenha participado de sua formação[28].

Quando o dispositivo ora comentado admite a citação de interessados, mesmo de ofício, certamente imagina os sujeitos contra os quais a prova possa ser oposta, em processo judicial ou fora dele. A admissibilidade da prova condiciona a participação desses sujeitos na ação autônoma cautelar, e deve ser nesse sentido interpretada a expressão "interessados na produção da prova ou no fato a ser provado".

Há, entretanto, uma pergunta a ser respondida. A previsão de que "os interessados" serão citados, e não intimados, deixa claro que esses interessados serão integrados coercitivamente à relação jurídica processual. E citação é ato de integração do réu ao processo, de forma que a interpretação mais racional é no sentido de que os chamados interessados pelo dispositivo legal na realidade serão integrados como réus no processo.

No entanto, se for adotada a premissa conforme sugerido, haverá um problema no dispositivo legal, considerando que os chamados interessados poderão ser citados de ofício pelo juiz. Significa que o juiz poderá incluir réus no processo independentemente da vontade do autor. Não vejo como

---

28 Barbosa Moreira, "A garantia", p. 65-78.

o princípio dispositivo possa ser superado na determinação dos sujeitos parciais da relação jurídica processual.

Parece que esse poder do juiz será no máximo de intimação de terceiro que, mesmo sem ser réu no processo, ao ser informado da produção antecipada da prova, estará sujeita a ela. Ou intimar o autor para emendar a petição inicial e incluir o terceiro como réu sob pena de indeferimento da petição inicial e extinção do processo sob o fundamento que sem a presença daquele sujeito a prova a ser produzida não terá eficácia vinculante ou a terá de forma muito restrita.

Na hipótese de pedido sem caráter contencioso, o art. 382, § 1.º, do Novo CPC dispensa a citação dos interessados, partindo da premissa de que eles não existem. O dispositivo sugere algo raro no sistema, ainda que admissível: um processo sem réu. Essa possibilidade já havia sido aventada por parcela doutrinária na justificação do CPC/1973, quando a prova a ser produzida importasse exclusivamente ao autor do pedido[29]. Não concordo com essa conclusão porque, mesmo que não haja indicação de utilização da prova em processo judicial ou administrativo futuro, o que retirará da produção da prova a natureza contenciosa, nunca será apta somente a resolver dúvida exclusiva do requerente, sempre interessando ou afetando alguém. O que pode ocorrer é a impossibilidade de identificação dos interessados, hipótese de réu incerto, quando ocorrerá a citação dos interessados por edital.

O § 2.º do art. 382 do Novo CPC prevê que o juiz não se pronunciará sobre a ocorrência ou a inocorrência do fato, nem sobre as respectivas consequências jurídicas. O dispositivo amplia a previsão do art. 866, parágrafo único, do CPC/1973. No tocante à cautelar de produção antecipada de provas, o entendimento uníssono da doutrina é pela vedação de manifestação sobre a prova produzida ou sobre sua valoração. A ação probatória autônoma, afinal, não é uma ação meramente declaratória – de fato nem de direito –, limitando-se a produção da prova.

Não foi feliz o legislador no § 3.º do dispositivo ora comentado, ao permitir a cumulação de diferentes meios de prova num mesmo processo, salvo se a produção conjunta acarretar excessiva demora. A experiência probatória demonstra que os diferentes meios de prova podem ser produzidos concomitantemente, de forma que o atraso de um meio de prova não afetará necessariamente outro. Teria sido mais racional o legislador ter previsto a possibilidade de homologações parciais de cada meio de prova imediatamente após sua produção.

---

29 Theodoro Jr., *Processo*, p. 325.

A maior infelicidade do legislador foi ter repetido, ainda que parcialmente, o art. 865 do CPC/1973 no § 4.º do art. 382 do Novo CPC. Nos termos do dispositivo legal, na ação autônoma probatória não se admite defesa, e a única decisão recorrível é a que indefere totalmente o pedido de produção antecipada de prova. O dispositivo pode ser considerado um dos piores do Novo Código de Processo Civil.

Ao repetir um dispositivo que regulamenta a justificação no CPC/1973, o legislador não considerou que a maioria das ações probatórias não se desenvolvia pela justificação, mas pela produção antecipada de provas. E nada leva a crer que essa realidade seja modificada com o novo Código de Processo Civil. Significa que a maioria das ações probatórias autônomas será de natureza contenciosa, sendo flagrantemente contrário ao princípio do contraditório impedir o exercício de defesa e a interposição de recursos.

Naturalmente, a defesa terá suas limitações, porque a impugnação do réu se limitará a questões processuais e ao cabimento do pedido à luz das hipóteses previstas no art. 381 do Novo CPC. Ainda que limitada, a exclusão desse direito do réu não se justifica nem mesmo quando a natureza da ação for voluntária, quiçá quando for contenciosa. O mesmo se diga do cabimento de recurso, sendo inadmissível tornar o juiz um pequeno soberano na produção da prova sem que exageros e/ou ilegalidades possam ser revistas pelo tribunal de segundo grau. O juiz determina a oitiva de testemunha incapaz e a parte não pode recorrer? O juiz fixa os honorários periciais num valor estratosférico e ninguém poderá recorrer? Fica realmente difícil explicar a opção do legislador sem ofender frontalmente o princípio do contraditório.

Como o dispositivo legal prevê que não cabe defesa, entendo que outras espécies de resposta do réu que não são propriamente defesa – contestação – estão liberadas. A alegação de incompetência, por exemplo, pode ser realizada normalmente. E também a reconvenção, podendo o réu pedir produção de prova sobre o fato indicado pelo autor na petição inicial. Entendo que esse pedido do réu pode ser feito no mesmo meio de prova indicado pelo autor – arrolamento de testemunhas não indicadas – ou mesmo outro meio de prova – autor pede prova testemunhal e o réu, prova pericial.

Ainda que extremamente criticável o art. 382, § 4.º, do Novo CPC, ele traz uma previsão que pode corroborar o cabimento do pedido reconvencional, conforme defendido. Segundo o dispositivo legal, a única decisão recorrível é a que indefere a produção da prova pleiteada pelo requerente originário. A expressão "originário" leva a crer que outros sujeitos, além do autor, podem fazer pedido para a produção da prova, numa espécie de reconvenção probatória. E naturalmente nesse caso será violação insuportável ao princípio do contraditório e ao da isonomia inadmitir recurso do réu na hipótese de indeferimento de seu pedido.

Mais uma vez o legislador repete regra da justificação (art. 866 do CPC/1973) para regulamentar a ação autônoma probatória. Segundo o art. 383, *caput*, do Novo CPC, os autos permanecerão em cartório durante um mês para extração de cópias e certidão pelos interessados, e após esse prazo o parágrafo único prevê a entrega dos autos ao promovente da medida. Ainda que se oportunize pelo prazo de um mês a retirada de cópias, a entrega dos autos ao autor é de duvidosa legalidade, até porque a prova produzida pode lhe ter sido prejudicial, com o que o autor não só retirará os autos, como os destruirá o quanto antes. De qualquer forma, o cartório se livra dos autos, liberando espaço, e o beneficiado pela prova tem prazo para documentá-la. A discussão perde qualquer sentido no processo eletrônico.

34

PROVAS EM ESPÉCIE

34.1 DEPOIMENTO PESSOAL

Criticava o CPC/1973 por não distinguir com exatidão dois meios de provas diferentes: o depoimento pessoal e o interrogatório. No Novo Código de Processo Civil não existe o interrogatório, que deixou de ser meio de prova, transformando-se em forma de produção do depoimento pessoal. Acredito que a medida tenha sido salutar, considerando ser prática quase inexistente a realização de interrogatório no processo civil.

Segundo o art. 385, *caput*, do Novo CPC, cabe à parte requerer o depoimento pessoal da outra ou o juiz determiná-lo de ofício. Ainda que omissa a lei, também pode ser pedido o depoimento pessoal das partes pelo Ministério Público quando funcionar como fiscal da ordem jurídica. Assim já era diante da omissão do CPC/1973[1], e o continuará sendo no Novo Código de Processo Civil. O momento adequado para a oitiva (o dispositivo prefere o termo interrogatório) é a audiência de instrução.

A parte continua a ser intimada pessoalmente e informada de que sua ausência na audiência ou recusa em responder as perguntas gerará a confissão. Triste notar que o art. 385, § 1.º, do Novo CPC, a exemplo do que fazia o art. 343, § 2.º, do CPC/1973, mantém a confissão tácita gerada pela postura de ausência ou silêncio do depoente à ideia de pena, como se um meio de prova pudesse ter natureza de sanção processual. Mais uma ótima oportunidade perdida de melhorar a redação do Código de Processo Civil.

---

1 Neves, *Manual de direito*, 14.2.1.2, p. 437.

De novidade tem-se o § 3.º do art. 385 do Novo CPC, que admite expressamente que o depoimento pessoal seja realizado por meio de videoconferência ou outro recurso tecnológico de transmissão de sons e imagens quando o depoente residir em foro diverso daquele em que tramita o processo. Realmente não compreendo por que o legislador não utiliza o gênero foro, preferindo exaurir as espécies – comarca, seção e subseção judiciária –, mas confesso que na prática em nada importa a exótica opção. Pelo menos o legislador deixou de associar como sinônimos "foro" e "comarca", lembrando que o CPC também regulamenta o processo na Justiça Federal.

Os dois incisos já existentes no art. 347 do CPC/1973 quanto à dispensa do dever de responder as perguntas são repetidos nos dois primeiros incisos do art. 388 do Novo CPC, que ainda traz mais dois incisos: (III) fatos a que o depoente não possa responder sem desonra própria, de seu cônjuge, de seu companheiro ou de parente em grau sucessível, e (IV) fatos que coloquem em perigo a vida do depoente ou das pessoas referidas no inciso anterior. O que parece uma novidade, entretanto, é apenas a inclusão adaptada dos incisos II e III do art. 229 do CC, que, inclusive, foi revogado expressamente pelo art. 1.072, II, do Novo CPC.

A inclusão é adaptada porque inclui o companheiro ao lado do cônjuge e, mais importante, afasta das causas excludentes do dever de responder as perguntas o perigo de dano patrimonial imediato ao cônjuge, companheiro e parente em grau sucessível. Essa causa estava prevista no inciso III do art. 229 do CC, que foi revogado, não tendo sido repetida no inciso IV do art. 388 do Novo CPC.

Por fim, o parágrafo único do art. 388 do Novo CPC se adéqua generalizando as hipóteses do parágrafo único do art. 347 do CPC/1973 em que a recusa a depor não será admitida. Saem em boa hora as "ações de filiação, de desquite e de anulação de casamento" e entram em seu lugar as "ações de estado e de família".

34.2 CONFISSÃO

O art. 390, *caput*, do Novo CPC continua a consagrar a regra do art. 349, *caput*, do CPC/1973 no sentido de a confissão judicial ser espontânea e provocada. Conforme ensinado pela melhor doutrina, a confissão provocada é a resultante do depoimento pessoal, e nesse sentido é interessante a novidade do § 2.º do art. 390 ao prever que a confissão provocada constará do termo de depoimento pessoal.

Deve ser lamentada a regra consagrada no art. 350, *caput*, do CPC/1973 e repetida no art. 391, *caput*, do Novo CPC: a confissão judicial faz prova contra o confitente, não prejudicando, todavia, os litisconsortes. A literalidade da norma leva o operador a acreditar que na hipótese de litisconsórcio um meio de prova específico – a confissão – somente geraria efeitos para um dos litisconsortes, no caso o que confessar. Seria, portanto, uma exceção ao princípio da comunhão das provas e da aplicação da regra da autonomia da atuação dos litisconsortes. A prova então vincula um dos litisconsortes e não os demais? E o princípio da comunhão das provas?

As críticas dirigidas ao antigo art. 350, *caput*, do CPC/1973 são mantidas. O mais importante aspecto da confissão para a análise ora feita é a questão de sua eficácia. Há a regra de que a confissão vincula o confitente, o que significa dizer que a confissão gera seus regulares efeitos para aquele que confessou, ou seja, havendo a confissão, a alegação de fato será considerada verdadeira. Esse efeito, entretanto, somente será gerado se a confissão, diante de outras provas produzidas, for suficiente para convencer o juiz, sendo possível concluir que, ao menos em relação ao confitente, haverá uma vinculação. Nesse ponto é preciso, desde já, fazer uma observação: partindo-se de uma análise sob a perspectiva dos resultados, a confissão não vincula somente o confitente, mas também, e naturalmente, a parte contrária, em razão da aplicação do princípio da comunhão das provas.

Especificamente no tocante ao disposto no dispositivo legal ora enfrentado, há a afirmação de que a confissão faz prova contra o confitente, mas não prejudica os litisconsortes. A afirmativa não se mostra aplicável diante da própria lógica exigida pelo sistema processual. Fazer prova só pode ser entendido como convencer o juiz da veracidade de uma alegação de fato, o que, conforme exaustivamente visto, não pode se configurar em fenômeno subjetivo parcial, dando-se a alegação de fato verdadeira para somente alguns dos sujeitos processuais, e não para outros. Esse verdadeiro absurdo lógico – antes mesmo de se tratar de absurdo jurídico – é exatamente o sugerido pela interpretação literal dos arts. 350, *caput*, do CPC/1973 e art. 391, *caput*, do Novo CPC, ao afirmarem que para o confitente a alegação de fato seria dada como verdadeira, mas ao litisconsorte seria plenamente possível que fosse considerada falsa[2]. E tudo isso na mesma demanda...

---

2 Câmara, *Lições*, p. 182; Santos, *Manual*, p. 454.

Se a confissão gerar seus efeitos de convencer o juiz, todos os sujeitos sofrerão tais efeitos, levando-se em conta que a alegação de fato será considerada verdadeira para todos os sujeitos processuais, tenham esses participado ou não da confissão. É justamente em virtude desse entendimento que pouco interessa qual a espécie de litisconsórcio para que a confissão vincule ou não o litisconsorte não confitente. Sendo unitário ou simples, o fato será sempre um só, de forma que, sendo a confissão eficaz, vinculará a todos, sendo ineficaz, não vinculará ninguém[3]. A confissão pode ser plenamente eficaz ou plenamente ineficaz, independentemente da espécie de litisconsórcio, não existindo eficácia parcial justamente por não existir uma alegação de fato que possa ser ao mesmo tempo verdadeira para alguns e falsa para outros.

Apenas uma consideração deve ser feita à luz da espécie de litisconsórcio, a título de esclarecimento. Na hipótese de litisconsórcio simples, é plenamente possível que um fato diga respeito a apenas um dos litisconsortes, o que não ocorrerá no litisconsórcio unitário. Essa realidade poderia levar o leitor mais incauto a acreditar que nessa hipótese seria aplicável a regra da eficácia subjetivamente parcial da confissão, prevista anteriormente pelo art. 350, *caput*, do CPC/1973 e agora pelo art. 391, *caput*, do Novo CPC, visto que, apenas no tocante à parte confitente, única interessada no fato, a confissão geraria os seus efeitos. Essa, entretanto, é uma conclusão enganosa.

Ainda que o fato diga respeito somente a uma das partes, a confissão será plenamente eficaz se o juiz, no caso concreto, se convencer e considerar verdadeira alegação do fato. Essa circunstância valerá para todos os litigantes, inclusive para o litisconsorte que não confessou e que nada tem a ver com aquele fato. A ausência de relação entre o litisconsorte e o fato narrado, entretanto, não enseja a conclusão de que a confissão fez prova somente contra o confitente; fez prova "contra" todos os sujeitos processuais, mas, dependendo do caso concreto, no litisconsórcio simples tal veracidade não importará ao litisconsorte não confitente[4].

Para sacramentar o absurdo jurídico, o Novo Código de Processo Civil mantém a regra do art. 350, parágrafo único, do CPC/1973, ao prever a invalidade da confissão de cônjuge em ações que versarem sobre bens

---

3 Parece ser esse o entendimento de Dinamarco, *Litisconsórcio*, p. 147.

4 Marinoni-Arenhart, *Manual*, p. 356.

imóveis ou direitos sobre imóveis alheios. A nova norma inclui o companheiro ao lado do cônjuge e prevê a exclusão da regra se o regime de casamento for de separação absoluta de bens. Com requintes de crueldade, o legislador associa a validade da confissão ao o regime de casamento?!?! Confundem um ato de disposição probatório com atos de disposição material, desconsiderando que o primeiro pode ou não influenciar o juiz em sua decisão, enquanto o segundo o vincula obrigatoriamente.

Prever que o cônjuge ou companheiro não pode praticar ato de disposição de direito – reconhecimento jurídico do pedido, transação, renúncia – sem a participação do outro, salvo quando o regime for de separação absoluta de bens, é correto, mas tentar transportar essa regra para um meio de prova – confissão – é no mínimo de discutível correção técnica.

O art. 392, *caput*, do Novo CPC repete a regra do art. 351 do CPC/1973, que inadmite a confissão de fatos relativos a direitos indisponíveis. E os seus §§ 1.º e 2.º repetem literalmente a previsão do art. 213, *caput* e parágrafo único, do CC.

O vício na confissão, disposto no art. 352 do CPC/1973, vem tratado no art. 393 do Novo CPC, que traz inovação adequando o CPC ao CC, mais precisamente o art. 214 do diploma civil. No *caput* do dispositivo legal há previsão que confirma expressamente a irrevogabilidade da confissão, admitindo, entretanto, que seja tornada sem efeito por meio de ação anulatória, quando o ato emanar de erro de fato e coação, tendo sido suprimido expressamente o "dolo" e tacitamente o "erro de direito".

Registre-se a ausência de qualquer remição ao cabimento de ação rescisória após o trânsito em julgado da sentença, havendo previsão somente de ação anulatória. E, no sentido de que, independentemente do trânsito em julgado, será cabível somente a ação rescisória, o art. 966 do Novo CPC deixa de prever como vício de rescindibilidade o fundamento para invalidar a confissão. A aparente exclusão da ação rescisória nesse caso gera problemas práticos sérios que são devidamente desenvolvidos no Capítulo 52.

O art. 353, *caput*, do CPC/1973 criava uma distinção entre a confissão extrajudicial feita por escrito e oralmente, prevendo que a primeira teria a mesma carga de convencimento da confissão judicial e a segunda seria livremente apreciada pelo juiz. Conforme já tive oportunidade de afirmar, o dispositivo desprezava "o princípio do livre convencimento motivado do juiz, porque, independentemente de como a confissão extrajudicial é realizada, caberá ao juiz no caso concreto a valoração de sua carga de convencimento"[5].

Por essa razão é elogiável a nova redação por acabar com a indevida distinção, mas ainda assim fica uma pergunta: se o disposto prevê que a livre apreciação do juiz será realizada somente na confissão extrajudicial, como será apreciada a confissão judicial? É óbvio que também a confissão judicial será apreciada livremente, e nesse caso o dispositivo teria sido parcialmente omisso. A verdade, entretanto, é um pouco pior: o dispositivo é inútil porque no sistema de livre valoração motivada das provas em vigência no processo civil brasileiro todas as provas são livremente apreciadas pelo juiz, salvo raríssimas exceções pelas quais o juiz está vinculado por imposição legal derivadas do sistema das provas tarifadas.

E o art. 394 do Novo CPC, apesar de prever norma correta, novamente peca pelo excesso, sendo mais uma norma inútil. Afinal, não é só a confissão extrajudicial feita oralmente que não terá eficácia nos casos em que a lei exigir prova literal (documental), mas qualquer espécie de prova oral. O testemunho em juízo, tendo como objeto os fatos da demanda ou a confissão de uma das partes, quando a lei exigir prova documental, já está vetado pelo art. 440, II, do Novo CPC.

34.3 EXIBIÇÃO DE COISA OU DOCUMENTO

Esse meio de prova sofreu poucas alterações no Novo Código de Processo Civil, tendo sido basicamente mantidas as regras do CPC/1973.

No pedido de exibição contra a parte contrária, a única novidade é o parágrafo único do art. 400. A novidade é absolutamente incompreensível, porque, se a não exibição do documento ou coisa permite a conclusão de veracidade dos fatos que se pretendia provar com a exibição, qual exatamente a utilidade da adoção de medidas indutivas, coercitivas, mandamentais ou sub-rogatórias?

Como já tive a oportunidade de afirmar, "ainda que parcela da doutrina defenda a aplicação de multas sancionatórias e/ou a determinação de busca e apreensão na hipótese de não exibição injustificada, não concordo com nenhuma dessas medidas. A consequência prevista no art. 359, *caput*, do CPC já é consequência prejudicial suficiente para a parte que optou pela não exibição da coisa ou documento em juízo,

---

5 Cf. Neves, *Manual de direito*, n. 14.2.2.2, 444.

sendo forma muito mais eficaz de atender à pretensão do requerente do que a realização de ato de pressão psicológica por meio das *astreintes* ou de constrição judicial por meio de busca e apreensão. Além do mais, não existe um dever da parte em exibir o documento, mas um ônus processual, não se podendo por isso aceitar a aplicação de medidas de coerção ou sanção processual"[6].

A realidade é que o sistema como está não consegue tutelar de forma satisfatória a exibição de coisa ou documento, tornando-se contraditório. Sendo exigência do pedido o apontamento dos fatos que se pretende provar com a exibição (art. 397, II, do Novo CPC) e tendo como consequência da não exibição a presunção de veracidade desses fatos (art. 400, *caput,* Novo CPC), naturalmente não há qualquer necessidade de atos executivos (art. 400, parágrafo único, do Novo CPC).

Apesar da aparente inutilidade da regra ora comentada diante da omissão da parte contrária em exibir o documento, é preciso atentar que a narração fática da parte que pede a exibição nem sempre tem a exatidão necessária para a geração do efeito da presunção de veracidade prevista em lei. Basta imaginar hipótese comum em muitas ações que envolvem planos econômicos por meio das quais a parte pede a exibição de extratos bancários para demonstrar a existência de conta corrente à época do plano e do valor depositado.

Naturalmente a parte não saberá precisar qual é esse valor, e a inércia da instituição financeira em apresentar os extratos em juízo poderá, quando muito, permitir a presunção de que o autor mantinha conta à época do plano, mas quanto ao valor existente não há o que se presumir, até porque o próprio autor deixa claro no pedido que somente com os extratos terá acesso a essa informação.

Em hipóteses como essa não tenho dúvida da pertinência da regra consagrada no art. 400, parágrafo único, do Novo CPC, mas nem por isso entendo elogiável a redação sugerida. Conclusivamente, não parece que seja a conveniência do juiz que determine a adoção de medidas coercitivas para pressionar a parte a exibir a coisa ou documento em juízo, mas a impossibilidade material de se presumirem verdadeiras as alegações de fato em razão da imprecisão de sua narrativa quando a omissão for da parte contrária.

---

6 Cf. Neves, *Manual de direito*, n. 14.2.3.3, p. 450. No mesmo sentido Dinamarco, *Instituições*, n. 1.154, p. 571.

Na exibição contra terceiros o prazo de resposta do terceiro, que era de dez dias (art. 360 do CPC/1973), passou a ser de quinze dias (art. 401 do Novo CPC). O art. 402 do Novo CPC mantém a "audiência especial" que vinha prevista no art. 361 do CPC/1973, que na realidade de especial não tem nada, tratando-se de audiência de instrução e julgamento quando for necessária a produção de prova oral.

A doutrina sempre entendeu que o pedido de exibição contra terceiro exige da parte uma petição inicial, que será autuada em apenso aos autos principais, porque nesse caso será necessária a instauração de uma ação incidental[7]. O entendimento deve continuar a prevalecer, até porque a lei não tem condições de transformar a natureza jurídica dos fenômenos processuais, e, justiça seja feita, tal postura não foi adotada pelo legislador nesse caso.

No procedimento de exibição de coisa e documento contra terceiro, o Novo Código de Processo Civil tem duas novidades. No art. 401 o prazo de resposta do terceiro é aumentado para quinze dias, o que demonstra de maneira ainda mais clara a natureza de ação dessa exibição. O parágrafo único do art. 403 do Novo CPC amplia, sempre em rol exemplificativo, as consequências da não exibição da coisa ou documento por terceiro: além da busca e apreensão e responsabilização por crime de desobediência, já dispostos no art. 362 do CPC/1973, estão também previstos o pagamento de multa e outras medidas indutivas, coercitivas, mandamentais ou sub-rogatórias.

34.4 PROVA DOCUMENTAL

As regras quanto à força probante dos documentos constantes no CPC/1973 foram substancialmente mantidas no Novo Código de Processo Civil. São poucas as efetivas novidades e algumas as adequações redacionais, como a substituição do termo "funcionário" por "servidor" no art. 405, do termo "comerciante" por "empresário" nos arts. 417 e 418, e de "comerciais" por "empresariais" no *caput* do art. 420. E também há algumas ampliações, como no art. 405, ao incluir o chefe de secretaria entre os responsáveis pela elaboração de documento público e no art. 416, parágrafo único, com a inclusão de documento de terceiro. Alterações positivas, mas sem repercussão prática.

---

7 Barbosa Moreira, *O novo*, p. 64; Nery Jr.-Nery, *Código*, p. 625; Theodoro Jr., *Curso*, n. 443, p. 498.

O art. 422 do Novo CPC inclui em seu § 1.º as fotografias digitais e as extraídas da rede mundial de computadores, prevendo que, se forem impugnadas, a parte deverá apresentar a respectiva autenticação eletrônica ou, não sendo possível, será realizada perícia. O § 2.º trata de fotografia publicada em jornal ou revista, quando então será exigido um exemplar originário do periódico, mas somente se a veracidade for impugnada, diferente da exigência constante no art. 385, § 2.º, do CPC/1973.

É de lamentar a manutenção da regra consagrada no art. 365, IV, do CPC/1973 no art. 425, IV, do Novo CPC: ao prever que as cópias reprográficas de peças do próprio processo judicial devem ser declaradas autênticas pelo advogado, o Novo Código de Processo Civil, para fazer a mesma prova dos originais, apenas manteve um requisito formal e inútil. Afinal, se o advogado declarar autênticos documentos falsificados, eles continuarão a ser falsos, e se o advogado deixa de declarar a autenticidade de documentos autênticos, eles não deixam de sê-lo.

Há novidades na arguição de falsidade documental, em especial para compatibilizar tal incidente à exclusão da ação declaratória incidental do sistema processual.

Segundo o art. 430, *caput*, do Novo CPC, a falsidade deve ser suscitada na contestação, na réplica ou no prazo de quinze dias, contado a partir da intimação da juntada aos autos do documento. As principais novidades são condicionar a alegação pelo autor em réplica quando a juntada do documento ocorrer com a contestação e o aumento do prazo de dez dias previsto no art. 390, *caput*, do CPC/1973, para quinze dias.

Diante da exclusão da ação declaratória incidental, o parágrafo único do art. 430 do Novo CPC prevê que, uma vez arguida, a falsidade será resolvida como questão incidental, salvo se a parte requerer que o juiz a decida como questão principal, nos termos do inciso II do art. 19. E o art. 433 prevê que a declaração sobre a falsidade do documento, quando suscitada como questão principal, constará da parte dispositiva da sentença e sobre ela incidirá também autoridade da coisa julgada.

O art. 434, *caput*, do Novo CPC mantém a regra do art. 396 do CPC/1973 de que a prova documental deve ser produzida pelo autor na instrução da petição inicial e pelo réu na instrução da contestação. O parágrafo único é novidade, prevendo que, no caso de provas que consistam em reprodução cinematográfica ou fonográfica, a parte deverá juntar a prova no momento indicado no *caput*, mas sua exposição só será realizada em audiência. A previsão de intimação das partes para tal audiência é desnecessária, considerando que para toda audiência as partes devem ser intimadas.

A preclusão temporal para a produção da prova documental pode ser afastada em determinadas hipóteses. O art. 435, *caput*, do Novo CPC mantém as duas hipóteses já previstas no art. 397 do CPC/1973: (i) para provar fatos supervenientes e (ii) para contrapor prova documental produzida nos autos. O parágrafo único do dispositivo inclui no sistema novas hipóteses de produção de prova documental em momento posterior à petição inicial e contestação.

Será admitida a juntada posterior de documentos formados após a petição inicial ou a contestação, bem como dos que se tornaram conhecidos, acessíveis ou disponíveis após esses atos, cabendo à parte que os produzir comprovar o motivo que a impediu de juntá-los anteriormente. Nesse sentido já era o entendimento da melhor doutrina mesmo diante da ausência de norma escrita no CPC/1973[8]. E o dispositivo consagra entendimento jurisprudencial e doutrinário consolidado no sentido de permitir a juntada extemporânea do documento desde que a parte justifique por que não produziu a prova na petição inicial ou contestação, de modo a demonstrar que não existem a má-fé e a deslealdade em tal prática[9]. Consagra, assim, a inviabilidade de a juntada extemporânea dos documentos decorrer de "guarda de trunfo" pela parte[10].

O art. 436 do novo CPC prevê as reações da parte quando intimada para se manifestar sobre documento constante dos autos: (I) impugnar a admissibilidade da prova documental; (II) impugnar a sua autenticidade; (III) suscitar a sua falsidade, com ou sem deflagração do incidente de arguição de falsidade; (IV) manifestar-se sobre o seu conteúdo. O parágrafo único do dispositivo legal veda a alegação genérica de falsidade, exigindo da parte argumentação específica quando se valer das matérias previstas nos incisos II e III.

Não vejo qualquer razão para a existência de tal dispositivo legal. De duas, uma: ou exauriu todas as matérias possíveis de alegação, o que o torna desnecessário; ou indevidamente excluiu alguma matéria, o que viola o princípio do contraditório e da ampla defesa. Por outro lado, impugnar a autenticidade (II) não é o mesmo que suscitar a falsidade do documento (III)?

---

8 Marinoni-Mitidiero, *Código*, p. 386.

9 STJ, 4.ª Turma, REsp 795.862/PB, rel. Min. Jorge Scartezzini, j. 17.10.2006; Theodoro Jr., *Curso*, n. 459, p. 518; Fux, *Curso*, p. 712.

10 STJ, 3.ª Turma, REsp 1.121.031/MG, rel. Min Nancy Andrighi, j. 09.11.2010, *DJe* 22.11.2010.

O art. 437 do Novo CPC regulamenta o prazo de manifestação das partes quanto à prova documental. Segundo o *caput* do dispositivo, sobre os documentos juntados à petição inicial, cabe ao réu se manifestar em contestação, e sobre os documentos juntados à contestação, cabe ao autor manifestar-se em réplica. Além desses momentos, o prazo será de quinze dias (§ 1.º), podendo ser prorrogado pelo juiz em razão da quantidade e complexidade da documentação (§ 2.º). Trata-se, portanto, de prazo dilatório, que pode ser estendido tanto na hipótese prevista pelo *caput* como pelo § 1.º do dispositivo ora comentado.

O Novo Código de Processo Civil destina uma seção para regulamentar os documentos eletrônicos. O art. 439 prevê que a utilização de documento eletrônico no processo convencional dependerá de sua conversão à forma impressa e da verificação de sua autenticidade, nos termos da lei. O art. 440 trata da valoração na hipótese do artigo anterior, prevendo que o juiz apreciará o valor probante do documento eletrônico não convertido, assegurando às partes o acesso ao seu teor. Finalmente, o art. 441 prevê que os documentos eletrônicos serão admitidos desde que produzidos e conservados com a observância da legislação específica.

34.5 PROVA TESTEMUNHAL

Segundo o art. 401 do CPC/1973, não se admite a prova exclusivamente testemunhal para convencer o juiz da existência de contratos cujo valor supere o décuplo do maior salário mínimo vigente no País. A norma era de fato criticável, representando injustificado resquício do sistema de prova tarifada em nosso sistema. Tanto assim que doutrina[11] e jurisprudência[12] consideravam que a vedação à prova exclusivamente testemunhal é limitada à prova da existência do contrato, não atingindo questões referentes ao seu cumprimento, inexecução, efeitos etc.

Além da flexibilização dada pela doutrina e jurisprudência, a rigidez da norma era atenuada pelo art. 402 do CPC/1973, ao permitir a prova testemunhal quando houvesse início de prova escrita ou quando houvesse impedimento moral ou material à obtenção de prova documental. E também pelo art. 404 do CPC/1973, cujas regras são mantidas pelo art. 446 do Novo CPC.

---

11 Nery Jr.-Nery, *Código*, p. 640.

12 STJ, 3.ª Turma, REsp 470534/SP, rel. Min. Nancy Andrighi, j. 02.09.2003; EREsp 263387/PE, 2.ª Seção, rel. Min. Castro Filho, j. 14.08.2002.

A regra do art. 401 do CPC/1973 foi abolida e o art. 227, *caput*, do CC expressamente revogado pelo art. 1.072, II, do Novo CPC. Essa postura do legislador é, no mínimo, intrigante em razão da manutenção do parágrafo único do art. 227 do CC.

Nos termos do parágrafo único do art. 227 do CC, qualquer que seja o valor do negócio jurídico, a prova testemunhal é admissível como subsidiária ou complementar da prova por escrito. Ora, se não existe mais a exclusão da prova testemunhal como apta a provar a existência de relação jurídica de qualquer valor, que sentido há em manter no ordenamento jurídico uma regra que a coloca como subsidiária ou completa a prova escrita? E o princípio do livre convencimento motivado do juiz?

Os arts. 444 e 445 do Novo CPC tratam da possibilidade de utilização de prova testemunhal quando a lei exigir prova escrita da obrigação. O primeiro prevê ser admissível a prova testemunhal quando houver começo de prova por escrito, emanado da parte contra a qual se pretende produzir a prova. O segundo prevê que também se admite a prova testemunhal quando o credor não pode ou não podia, moral ou materialmente, obter a prova escrita da obrigação, em casos como o de parentesco, de depósito necessário ou de hospedagem em hotel ou em razão das práticas comerciais do local onde contraída a obrigação.

A sugerida amplitude dos dispositivos, ao admitir prova testemunhal quando a lei exigir prova escrita da obrigação, não alcança os atos jurídicos que só podem ser provados por determinado instrumento público. Não se pode, afinal, admitir que se prove um casamento sem a certidão de casamento só porque há início de prova escrita (um pacto antenupcial, por exemplo).

Há pessoas que não podem depor em razão de incapacidade, suspeição ou impedimento. O tema, que era tratado pelo art. 405 do CPC/1973, vem regulamentado no art. 447 do Novo CPC, com pequenas modificações que não devem alterar substancialmente o instituto processual.

O § 1.º, que trata dos incapazes, tem duas novidades: no inciso I é substituído o termo "demência" por "enfermidade ou deficiência mental" e no inciso II "debilidade mental" é trocada por "retardamento mental". O § 2.º, que trata dos impedidos, inclui em seu inciso I o companheiro da parte. O § 3.º, que trata dos suspeitos, suprime dois incisos do art. 405, § 3.º, do CPC/1973, deixando de ser suspeitos a depor o condenado por crime de falso testemunho e aquele que, por seus costumes, não for digno de fé. No § 4º são incluídos os menores ao lado dos suspeitos e impedidos que podem ser ouvidos se necessário – foi retirado o "estritamente" –, atribuindo o juiz o valor que possam merecer os testemunhos. Não há mais necessidade de o inimigo da parte ser seu "inimigo capital" para ser suspeito de depor.

Um dos deveres da testemunha é responder as perguntas que lhe são feitas na audiência, mas, excepcionalmente, será admitida a recusa em responder. O tema era tratado pelo art. 406 do CPC/1973 e passou a ser regulado pelo art. 448 do Novo CPC. As novidades ficam por conta do inciso I: a testemunha passa a poder se recusar a responder se os fatos acarretarem grave dano ao companheiro e a parentes em linha colateral até o terceiro grau. No inciso I do art. 406 do CPC/1973 não havia previsão de companheiro e a linha colateral ia somente até segundo grau. O tema também era versado pelo art. 229 do CC, expressamente revogado pelo art. 1.072, II, do Novo CPC.

O art. 449 do Novo CPC está em local inadequado, considerando tratar de matéria referente à produção da prova testemunhal, e não a sua admissibilidade ou valor. Mantém a regra do art. 336, *caput*, do CPC/1973 ao prever em seu *caput* que em regra as provas serão produzidas em audiência. E o mesmo ocorre no parágrafo único ao prever que, quando a parte ou a testemunha, por enfermidade ou por outro motivo relevante, estiver impossibilitada de comparecer, mas não de prestar depoimento, o juiz designará, conforme as circunstâncias, dia, hora e lugar para inquiri-la.

O rol de testemunhas deve ser apresentado em prazo não superior a quinze dias do saneamento e organização do processo, nos termos do art. 357, § 4.º, do Novo CPC. Excepcionalmente, quando a causa apresentar complexidade em matéria de fato ou de direito, caberá ao juiz designar audiência para que o saneamento seja feito em cooperação com as partes (§ 3.º), quando então deverão apresentar o rol de testemunhas.

Os requisitos formais do rol de testemunhas, antes previstos no art. 407, *caput,* do CPC/1973, agora estão no art. 450 do Novo CPC. O dispositivo inclui a expressão "sempre que possível" antes de descrever os requisitos, o que deve ser saudado em razão da dificuldade do autor em ter conhecimento, em todos os processos, de todos os dados das testemunhas exigidos pela lei. Tanto assim que a omissão de determinados dados sob a égide do CPC/1973 vinha sendo tratada à luz do princípio da instrumentalidade das formas[13]. Além do nome, profissão e endereço de residência e do trabalho, o art. 450 do Novo CPC inclui a idade, o estado civil, o número de inscrição no Cadastro de Pessoas Físicas e o número de registro de identidade.

---

13 Neves, *Manual de direito*, n. 14.2.5.5, p. 466.

Nos termos do art. 357, § 6.º, o número de testemunhas arroladas não pode ser superior a dez, sendo três, no máximo, para a prova de cada fato, em regra já existente no art. 407, parágrafo único, do CPC/1973.

Segundo o § 7.º do art. 357 do Novo CPC, o juiz poderá limitar o número de testemunhas levando em conta a complexidade da causa e dos fatos individualmente considerados. Não há como elogiar o dispositivo legal porque dá ao juiz uma liberdade que pode mal esconder um cerceamento de defesa. E de nada adianta a alegação de que o juiz pode diminuir o número de testemunhas quando já estiver convencido dos fatos porque a prova quase certamente não será apreciada somente por ele, considerando-se a devolução da matéria fática pela apelação. Só resta esperar discernimento dos juízes na aplicação da norma legal.

Também não concordo com o Enunciado 300 do Fórum Permanente de Processualistas Civis (FPPC) no sentido de que o poder do juiz previsto pelo dispositivo legal também permite a ampliação do número de testemunhas. Entendo que o número de testemunhas a serem arroladas não pode extrapolar a previsão legal, sendo o caso de o juiz ouvir o terceiro como testemunha do juízo se assim entender imprescindível ao esclarecimento dos fatos[14].

Com a apresentação do rol de testemunhas, opera-se a preclusão consumativa, o que, ao menos em regra, impede qualquer complementação ou substituição de testemunhas[15]. A substituição, entretanto, é admitida nas hipóteses previstas pelo art. 451 do Novo CPC. O dispositivo substancialmente repete as hipóteses contidas no art. 408 do CPC/1973, apenas incluindo a possibilidade de substituição quando a testemunha não for encontrada em razão de mudança do local do trabalho.

Como permitido para o depoimento pessoal no art. 385, § 3.º, do Novo CPC, o art. 453, § 1.º, do Novo CPC, possibilita que a oitiva de testemunha que residir em comarca, seção ou subseção judiciária diversa daquela onde tramita o processo seja realizada por meio de videoconferência ou de outro recurso tecnológico de transmissão e recepção de sons e imagens em tempo real, o que poderá ocorrer, inclusive, durante a audiência de instrução e julgamento. A regra é copiada do art. 222, § 3.º, do CPP. E para viabilizar materialmente o ato o § 2.º do dispositivo exige

---

14 *Informativo* 477/STJ, 3.ª Turma, REsp 1.028.315/BA, rel. Min. Nancy Andrighi, j. 14.06.2011.

15 STJ, 5.ª Turma, REsp 700.400/PR, rel. Min. Arnaldo Esteves Lima, j. 25.06.2007.

dos juízos a manutenção de equipamento para a transmissão e recepção de sons e imagens.

Determinadas autoridades têm a prerrogativa, em razão do cargo que exercem, de designar dia, hora e local para sua inquisição como testemunhas. O tema era tratado pelo art. 411 do CPC/1973 e passou a ser abordado pelo art. 454 do Novo CPC. Há interessantes modificações nos §§ 2.º e 3.º do dispositivo legal, ao prever a perda da prerrogativa no caso de autoridade não se manifestar no prazo de um mês (§ 2.º) ou faltar injustificadamente à sessão por ela mesma agendada (§ 3.º), e inclusões de autoridades: conselheiros do Conselho Nacional de Justiça (III); conselheiros do Conselho Nacional do Ministério Público (IV); advogado-geral da União, procurador-geral do Estado, procurador-geral do Município, defensor público-geral federal e defensor público-geral do Estado (V); prefeito (VIII); deputados distritais (IX).

A forma de intimação da testemunha para a audiência sofreu significativa alteração pelo art. 455 do Novo CPC. Segundo o *caput* do dispositivo, cabe ao advogado da parte que arrola a testemunha realizar sua intimação, que será, nos termos do § 1.º, realizada por meio de carta com aviso de recebimento, cabendo ao advogado juntar cópia da correspondência de intimação e do comprovante de recebimento com antecedência mínima de três dias da data da audiência. Caberá à parte, portanto, calcular a demora razoável dos correios na entrega da carta com aviso de recebimento para cumprir o prazo legal. Naturalmente não poderá arcar com eventual demora excessiva por parte dos correios, cabendo ao juiz analisar a razoabilidade da antecedência no envio da correspondência pela parte. Eventual inércia em realizar a intimação será considerada como desistência da oitiva da testemunha arrolada, nos termos do art. 455, § 3.º, do Novo CPC.

Essa nova forma de intimação, de responsabilidade da parte, não afasta por completo a intimação por via judicial, que continua a ocorrer nas hipóteses previstas pelo art. 455, § 4.º, do Novo CPC: (I) for frustrada a intimação prevista no § 1.º deste artigo; (II) sua necessidade for devidamente demonstrada pela parte ao juiz; (III) figurar no rol de testemunhas servidor público ou militar, hipótese em que o juiz o requisitará ao chefe da repartição ou ao comando do corpo em que servir; (IV) a testemunha houver sido arrolada pelo Ministério Público ou pela Defensoria Pública; (V) a testemunha for uma daquelas autoridades previstas no art. 454.

Caso a testemunha devidamente intimada – pela parte ou pelo juízo – deixe de comparecer à audiência sem motivo justificado, será, nos termos do art. 455, § 5.º, do Novo CPC, conduzida coercitivamente, respondendo pelas despesas do adiamento, em regra já existente no art. 412 do CPC/1973.

Finalmente, nos termos do art. 455, § 2.º, do Novo CPC, que é cópia do art. 412, § 1.º, do CPC/1973, a parte pode comprometer-se a levar a testemunha à audiência independentemente de intimação, sendo que nesse caso a ausência injustificada permite a presunção de que a parte desistiu de sua inquisição.

Existe uma ordem na produção da prova testemunhal, consagrada no art. 413 do CPC/1973 e mantida no art. 456, *caput*, do Novo CPC: primeiro as testemunhas do autor e depois as do réu, no que é mantida a própria ordem do processo de ataque seguido de defesa. A inversão nessa ordem era admitida em situações excepcionais, quando não gerasse prejuízo para as partes, aplicando-se o princípio da instrumentalidade das formas. O parágrafo único do art. 456 do Novo CPC, entretanto, prevê que a ordem só pode ser alterada se as partes concordarem. Entendo que a concordância das partes vincula o juiz, que será obrigado a intervir na ordem legal, mas continua a ser possível, em situações excepcionais, a inversão por imposição do juiz se perceber o abuso no exercício do direito da parte.

Interessante novidade é encontrada no art. 459, *caput*, do Novo CPC, que determina que as perguntas sejam feitas diretamente pelo advogado das partes, e não mais pelo juiz, após ouvi-las dos advogados, como atualmente ocorre, pelo menos do ponto de vista legal. Caberá ao juiz apenas indeferir as perguntas que puderem induzir a resposta, não tiverem relação com as questões de fato objeto da atividade probatória ou importarem repetição de outra já respondida. Na realidade, atualmente muitos juízes já procedem dessa maneira, apenas controlando a conduta dos patronos para evitar que as perguntas possam induzir as respostas. Por outro lado, compatibiliza-se o processo civil com o processo penal (art. 212, *caput*, do CPP).

É mantida no art. 461 do Novo CPC a acareação entre testemunhas e entre testemunha e parte prevista no art. 418 do CPC/1973. Como não havia previsão procedimental no CPC/1973, a doutrina entendia pela aplicação subsidiária do art. 229, parágrafo único, do CPP, norma atualmente transcrita no art. 461, § 1.º, do Novo CPC. Segundo o § 2.º do dispositivo ora comentado, a acareação pode ser realizada por videoconferência ou por outro recurso tecnológico de transmissão de sons e imagens em tempo real.

34.6 PROVA PERICIAL

A perícia é reconhecidamente o meio de prova mais complexo, demorado e caro do sistema processual, sendo compreensíveis as tentativas do legislador em evitar sua realização no caso concreto. Nesse sentido era o art. 421, § 2.º, do CPC/1973, ao prever a perícia informal e o art. 427 do CPC/1973, que previa a dispensa da prova pericial quando as partes juntassem à inicial e à contestação pareceres técnicos. Essas tentativas, entretanto, não surtirão o efeito pretendido, considerando a baixa incidência prática de tais medidas.

De qualquer forma, o Novo Código de Processo Civil resolveu insistir nas técnicas já previstas no CPC/1973. A regra do art. 427 do CPC/1973 é repetida no art. 472 do Novo CPC. E no art. 464, §§ 2.º, 3.º e 4.º, há previsão da antiga perícia informal, agora chamada de prova técnica simplificada, destinada a ponto controvertido de menor complexidade e realizada por meio de oitiva do especialista em audiência, que poderá se valer de qualquer recurso tecnológico de transmissão de sons e imagens com o fim de esclarecer os pontos controvertidos na causa. Nada indica que as novas regras, que na realidade especificam a espécie de prova, provoquem mudança no panorama forense.

Significativa novidade é a possibilidade de as partes escolherem o perito, consagrada no art. 471 do Novo CPC, desde que estas sejam plenamente capazes e a causa possa ser resolvida por autocomposição. Nos termos do art. 471, § 1.º, no momento de escolha do perito pelas partes, estas já devem indicar os respectivos assistentes técnicos, bem como a data e local em que será realizada – ou iniciada – a perícia. As partes podem escolher o perito, que será imposto ao juiz independentemente de sua vontade, mas o prazo continuará a ser fixado pelo juiz, nos termos do § 2.º. E o § 3.º, para equiparar a atuação do perito indicado pelas partes ao do indicado pelo juiz, prevê que a perícia consensual substitui, para todos os efeitos, a que seria realizada por perito nomeado pelo juiz.

A escolha do perito pelas partes, como já admitido em outros países, por exemplo, a Inglaterra, quebra a regra milenar presente no processo civil brasileiro de que o perito deve ser alguém de confiança do juiz. Num primeiro plano deve ser de confiança das partes, e, somente se essas não chegarem a um acordo, prevalecerá a escolha de alguém de confiança do juiz. A mudança não deve gerar grandes consequências práticas em razão do espírito beligerante das partes, que dificilmente chegarão a um acordo, algo mais factível de acontecer numa arbitragem do que num processo judicial.

Ainda assim, a mudança que deve ser efusivamente saudada porque afasta a lenda de que o processo, por ser de natureza pública, deve ser conduzido pelo juiz independentemente da vontade das partes. Ainda que a qualidade da prova pericial seja essencial à qualidade da prestação jurisdicional, e essa seja realmente um valor de ordem pública, proibir que as partes acordem a respeito do perito só porque o juiz tem alguém de sua confiança é realidade insuportável à luz do princípio dispositivo.

Só não concordei com o art. 471, § 3.º, do Novo CPC, que dá indevidamente a entender que a "perícia consensual" seria equiparada em todos os efeitos com a "perícia judicial". Na realidade, não existe essa diferença sugerida pelo dispositivo legal, considerando-se que a perícia é sempre judicial, sendo consensual ou judicial apenas a escolha do perito. Diante dessa realidade, nada a ser equiparado ou substituído como prevê o criticável dispositivo legal.

As hipóteses de substituição do perito, consagradas no art. 424 do CPC/1973, são repetidas no art. 468 do Novo CPC. Há, entretanto, interessantes novidades quanto aos honorários já recebidos pelo perito substituído. Segundo o § 2.º do dispositivo, o perito substituído terá o prazo de quinze dias para devolver os valores recebidos pelo trabalho não apresentado, sob pena de ficar impedido de atuar como perito judicial pelo prazo de cinco anos. A par da sanção prevista no § 2.º, o § 3.º prevê a possibilidade de a parte executar o perito substituído na hipótese de não ocorrer a devolução voluntariamente.

A prova pericial foi o meio de prova que teve o seu procedimento mais modificado pelo Novo Código de Processo Civil.

O art. 465 do Novo CPC, repetindo o art. 421, *caput*, do CPC/1973, prevê que o juiz nomeará o perito e fixará de imediato o prazo para entrega do laudo. As novidades ficam por conta do § 2.º do dispositivo. Segundo o dispositivo legal, ciente da nomeação, o perito terá um prazo de cinco dias para apresentar sua proposta de honorários, indicar seu currículo, a fim de comprovar sua especialização, e indicar seus contatos profissionais, em especial o endereço eletrônico que servirá para as intimações.

A tormentosa questão dos honorários periciais é tratada pelos §§ 3.º a 5.º do art. 465. Nos termos do § 3.º, as partes serão intimadas a respeito da proposta de honorários do perito e terão cinco dias para se manifestar, decidindo o juiz logo após, seguindo o adiantamento a regra do art. 95 do Novo CPC. Segundo o § 4.º do dispositivo ora analisado, o juiz poderá autorizar o pagamento de até cinquenta por cento dos honorários arbitrados pelo juiz, sendo o restante pago somente quando o laudo for entregue e todos os esclarecimentos forem prestados. E o § 5.º prevê que, quando a perícia for inconclusiva ou deficiente, o juiz poderá reduzir a remuneração inicialmente arbitrada para o trabalho.

Em medida para reafirmar a necessidade de o contraditório ser respeitado durante a realização da perícia, o art. 466, § 2°, do Novo CPC prevê que o perito deve assegurar aos assistentes das partes o acesso e o acompanhamento das diligências e dos exames que realizar, com prévia comunicação comprovada nos autos, com antecedência mínima de cinco dias.

A possibilidade de as partes apresentarem quesitos suplementares, já consagrada no art. 425 do CPC/1973, é mantida no art. 469 do Novo CPC. Há, entretanto, uma interessante inclusão: tais quesitos podem ser respondidos pelo perito durante a própria perícia ou na audiência de instrumento e julgamento. Diante do silêncio legal, parece que a escolha entre os momentos consagrados no dispositivo é do perito, que deverá levar em conta o estágio de sua perícia e da complexidade envolvida nos quesitos suplementares apresentados pelas partes.

Caso o perito não cumpra o prazo para entrega do laudo, sem motivo justificado, o juiz poderá lhe conceder, por apenas uma vez, a prorrogação de prazo. A regra do art. 476 do Novo CPC já existia no art. 432 do CPC/1973, mas há uma novidade: enquanto o artigo do CPC/1973 deixava ao prudente arbítrio o prazo dessa prorrogação, o novo dispositivo prevê expressamente que a prorrogação se dará pela metade do prazo originariamente fixado.

Uma novidade significativa vem trazida pelo art. 473 do Novo CPC, ainda que em algumas passagens o dispositivo se limite a consagrar entendimentos doutrinários consolidados. De qualquer modo, é a primeira vez que o legislador se preocupa em regulamentar a forma e o conteúdo do laudo pericial. Nos quatro incisos são previstos os elementos do laudo pericial: (I) exposição do objeto da perícia; (II) análise técnica ou científica realizada pelo perito; (III) indicação do método utilizado, esclarecendo-o e demonstrando ser predominantemente aceito pelos especialistas da área do conhecimento da qual se originou; (IV) resposta conclusiva a todos os quesitos apresentados pelo juiz, pelas partes e pelo órgão do Ministério Público.

Seguindo a tendência de simplificação na linguagem utilizada no processo, o art. 473, § 1.º, exige do perito a utilização de linguagem simples e com coerência lógica, com a devida justificativa de suas conclusões. Só é preciso lembrar que, por se tratar de matéria que exige conhecimento técnico específico, a linguagem técnica é inevitável, não devendo o intérprete ignorar essa realidade.

Na tentativa de limitar o perito em seu laudo pericial a apenas uma conclusão descritiva dos fatos, o § 2.º do dispositivo analisado prevê ser vedado ao perito ultrapassar os limites da sua designação e, bem como emitir opiniões pessoais que excedam o exame técnico ou científico do objeto da perícia.

Note-se que o dispositivo não proíbe em absoluto a emissão de opiniões pessoais do perito, até porque na maioria das perícias é justamente isso o que se busca. O que não cabe ao perito fazer – e, infelizmente, muitos o fazem – é emitir opiniões pessoais que excedem o exame técnico ou científico a que foi chamado a realizar. E ainda pior quando o perito imagina ser o juiz da causa e passa a emitir opiniões jurídicas sobre os fatos analisados, extrapolando sua função no processo. Nunca é demais lembrar que o perito é um *expert* em determinada área de conhecimento que auxilia o juiz no esclarecimento dos fatos, ou seja, na parte jurídica não cabe a interferência do perito. Afinal, *iura novit curia*, ou seja, o juiz sabe o Direito (ou ao menos deveria sabê-lo).

Segundo o art. 477, § 1.º, do Novo CPC, após o protocolo do laudo pericial em cartório as partes serão intimadas para se manifestarem no prazo comum de quinze dias sobre o laudo, mesmo tempo que os assistentes disporão para apresentar seus pareceres técnicos (no art. 433, parágrafo único, do CPC/1973 o prazo era de dez dias). Entendo irrazoável o dispositivo, considerando que o assistente técnico é o técnico da parte, não se justificando haver prazo para a parte e para ele, ainda que com termo inicial único. O prazo é da parte, que poderá se manifestar sozinha, com ou pelo parecer do assistente técnico.

Havendo a manifestação das partes, o art. 477, § 2.º, do Novo CPC prevê que cabe ao perito, no prazo de quinze dias, esclarecer ponto: (I) sobre o qual exista divergência ou dúvida de qualquer das partes, do juiz ou do órgão do Ministério Público; (II) divergente apresentado no parecer do assistente técnico da parte.

E somente após a explicação por escrito do perito, e se ainda assim restarem dúvidas a respeito de seu trabalho, as partes, nos termos do § 3.º do art. 477 do Novo CPC, poderão pedir a intimação do perito e do assistente técnico para comparecimento em audiência. O prazo de antecedência no art. 435 do CPC/1973 era de cinco dias e passou a ser de dez dias no art. 477, § 4.º, sendo a intimação realizada por meio eletrônico.

Há novidades quanto ao exame que tenha por objeto a autenticidade ou a falsidade documental ou de natureza médico-legal realizado em estabelecimentos oficiais especializados. O *caput* e parágrafo único do art. 434

do CPC/1973 foram transferidos para o *caput* e § 3.º do art. 478 do Novo CPC. As novidades estão nos dois primeiros parágrafos: (a) no § 1.º existe uma preferência no caso de haver no caso concreto a gratuidade de justiça; e (b) no § 2.º a previsão de que a prorrogação do prazo pode ser requerida motivadamente, o que significa que o prazo tem natureza dilatória.

Havia no projeto de lei aprovado na Câmara um artigo referente ao exame psicológico ou biopsicossocial. Na Emenda constante do Tópico 2.3.2.133 do Parecer Final 956 do Senado justifica-se a supressão com a inadequação do Código de Processo Civil em tratar de exames periciais específicos exigidos em certos tipos de causas.

Segundo o dispositivo, o laudo pericial teria base em ampla avaliação psicológica ou biopsicossocial, conforme o caso, compreendendo, inclusive, entrevista pessoal com as partes, exame de documentos do processo, histórico do relacionamento familiar, cronologia de incidentes e avaliação da personalidade dos sujeitos envolvidos na controvérsia. A perícia seria realizada por profissional ou equipe multidisciplinar habilitada, exigida, em qualquer caso, aptidão comprovada por histórico profissional ou acadêmico.

A novidade foi suprimida pelo Senado no texto final do Novo CPC, mas nesse caso tudo leva a crer que a retirada do texto deu-se apenas para evitar desnecessárias repetições, considerando-se que as mesmas regras estão consagradas nos §§ 1.º e 2.º do art. 5.º da Lei 12.318/2010 (Lei de Alienação Parental).

As regras que regulamentavam a segunda perícia no CPC/1973 – arts. 437, 438 e 439 – foram repetidas no art. 480 do Novo CPC. Perdeu-se uma ótima oportunidade de se resolver por imposição legal uma divergência doutrinária a respeito da possibilidade de poder ser o mesmo perito da primeira perícia designado para a segunda[16].

34.7 INSPEÇÃO JUDICIAL

As regras constantes nos arts. 440 a 443 do CPC/1973 são repetidas nos arts. 481 a 484 do Novo CPC, de forma que são mantidas todas as regras que regulamentam a inspeção judicial. Mais uma perda importante de oportunidade, pois o legislador poderia ter resolvido impasse a respeito

---

[16] A favor: Marinoni-Mitidiero, *Código*, p. 411; Tabosa, *Código*, p. 1.343. Contra: Theodoro Jr., *Curso*, n. 470, p. 541.

da subsidiariedade desse meio de prova[17]. Na continuação de omissão da lei, continuo a entender que a raridade da realização da inspeção judicial não decorre de uma suposta subsidiariedade, mas de mera opção dos juízes no caso concreto pela realização de outros meios de prova de produção mais cômoda para o juiz.

---

[17] Pela subsidiariedade: Nery Jr.-Nery, *Código*, p. 656. Contra: Silva, *Curso*, p. 392; Bueno, *Curso*, v. 2, p. 312-313; Didier Jr.-Braga-Oliveira, *Curso*, p. 237-238.

35 SENTENÇA

35.1 CONCEITO

O conceito de sentença sempre foi problemático, enfrentando diversas críticas doutrinárias e disseminando dúvidas na praxe forense. Assim ocorreu com o conceito originariamente previsto no art. 162, § 1.º, do CPC/1973, como também o conceito adotado a partir de 2005.

Imaginando resolver o problema, o art. 203 do Novo CPC modifica tanto o conceito de sentença quanto o de decisão interlocutória. No § 1.º a sentença é conceituada, salvo as previsões expressas nos procedimentos especiais, como o pronunciamento por meio do qual o juiz, com fundamento nos arts. 485 e 487, põe fim à fase cognitiva do procedimento comum, bem como extingue a execução. No § 2.º opta-se por um conceito residual da decisão interlocutória, como qualquer pronunciamento decisório que não seja sentença.

Ao fazer menção expressa a encerramento da fase cognitiva do procedimento comum, esqueceu-se da crítica ao antigo conceito de sentença da redação originária do CPC/1973 de que, sendo interposto recurso contra essa decisão, a fase processual não se encerra, somente continuando em grau jurisdicional superior ou ainda no mesmo grau jurisdicional, como ocorre com a interposição dos embargos de declaração. Esse equívoco, entretanto, é praticamente irrisório se comparado com a total despreocupação do legislador com a sentença ilíquida.

A sentença ilíquida, apesar de excepcional, é admitida no sistema processual pátrio. Como se sabe, proferida sentença civil genérica, o processo continuará numa nova fase procedimental, agora de liquidação, notoriamente uma fase cognitiva. Pergunta-se: a decisão que decide o *an debeatur*, relegando para momento posterior a fixação do *quantum debeatur*, não será mais sentença? Não coloca fim à fase de cognição, que prosseguirá na liquidação de sentença, logo deve ser considerada decisão interlocutória à luz do sugerido art. 203, § 2.º, do Novo CPC, sendo recorrível por agravo de instrumento. E, nesse caso, a decisão que fixar o *quantum debeatur*, finalmente encerrando a fase cognitiva, será sentença, recorrível por apelação? Diante dos conceitos de sentença e de decisão interlocutória sugeridos pelo dispositivo ora analisado, não há como responder negativamente a essa questão.

Será, no mínimo, curioso, considerando que hoje é amplamente majoritária a doutrina em apontar para a natureza de sentença da decisão que determina somente o *an debeatur*, enquanto a maioria entende que a decisão que julga a liquidação é interlocutória, existindo até mesmo regra expressa pelo cabimento do agravo de instrumento no atual CPC (art. 475-H) e no parágrafo único do art. 1.015 do Novo CPC.

35.2 SENTENÇAS TERMINATIVAS

O art. 267, I, do CPC/1973 previa que o indeferimento da petição inicial se daria por meio de sentença terminativa. Ainda que a maioria dos indeferimentos realmente se desse sem a resolução do mérito, não se podia considerar correto o dispositivo legal, bastando para tanto lembrar a hipótese de indeferimento fundado em prescrição e decadência (art. 295, IV, do CPC/1973), indubitavelmente uma sentença de mérito (art. 269, IV do CPC/1973)[1].

O equívoco é corrigido pelo art. 485, I, do Novo CPC de forma indireta. É mantido o indeferimento da petição inicial como causa de sentença sem resolução de mérito, mas como a prescrição e a decadência deixaram de ser hipóteses de indeferimento da petição inicial, passando a ser hipóteses de julgamento liminar de improcedência (arts. 330 e 332 do Novo CPC), mesmo mantendo a redação do art. 269, I, do CPC/1973, o dispositivo encontra-se correto.

Há duas novidades quanto ao abandono – bilateral e unilateral – como causa de extinção do processo sem resolução do mérito no Novo

---

1 Moniz de Aragão, *Comentários*, n. 503, p. 420; Greco Filho, *Direito*, n. 17.2, p. 69.

Código de Processo Civil. O art. 485, § 1.º, aumenta o prazo para que a parte, depois de intimada pessoalmente, dê andamento do processo de quarenta e oito horas para cinco dias, continuando a se tratar de prazo impróprio. Já o § 6.º consagra o entendimento consolidado no Enunciado da Súmula 240/STJ ao prever que, após o oferecimento da contestação, a extinção do processo, por abandono da causa pelo autor, depende de requerimento do réu.

Há mudança substancial no Novo Código de Processo Civil quanto à repropositura da ação diante do trânsito em julgado de sentença terminativa. Nos termos do art. 486, *caput*, do Novo CPC, o pronunciamento que não resolve o mérito não obsta que a parte proponha de novo a ação. Desaparece a vedação constante do art. 268 do CPC/1973, mas, a depender da espécie de extinção terminativa, a repropositura será condicionada à correção do vício que levou a tal decisão. Tal saneamento será exigido na extinção por litispendência, indeferimento da petição inicial, ausência de pressuposto processual, carência de ação e convenção de arbitragem. O art. 486, § 2.º, do Novo CPC mantém a regra de que, admitida a repropositura, a petição inicial só será despachada com a prova do pagamento ou do depósito das custas e honorários advocatícios referentes ao processo extinto por sentença terminativa.

Como o Novo Código de Processo Civil retirou a possibilidade jurídica do pedido do rol de condições da ação, o art. 485, VI, passou a prever somente a ausência de legitimidade ou de interesse de agir como causas para a prolação de sentença terminativa.

O art. 485, VII, prevê ser causa de extinção terminativa do processo tanto a alegação de existência de convenção de arbitragem como o reconhecimento pelo juízo arbitral de sua competência.

O artigo ora comentado trata em dois parágrafos de questões procedimentais referentes à desistência da ação, em ambos consagrando entendimento jurisprudencial consolidado. O § 4.º prevê que o consentimento do réu diante do pedido de desistência do autor só será exigido a partir do momento em que oferecer contestação, enquanto o § 5.º dispõe que a desistência só pode ser apresentada até a sentença.

Nos termos do art. 1.040, § 3.º, do Novo CPC, o consentimento do réu diante do pedido de desistência do autor será excepcionado quando ocorrer antes de proferida a sentença, se a questão nela discutida for idêntica à resolvida pelo recurso representativo da controvérsia.

O art. 485, IX, do Novo CPC resolve a omissão do art. 267, IX, do CPC/1973 ao prever expressamente que para a extinção terminativa não basta ter o processo como objeto um direito intransmissível, devendo ocorrer, durante o processo, a morte do titular desse direito que figura como parte na relação jurídica processual.

O art. 267, X, do CPC/1973 previa a confusão como causa para a prolação de sentença terminativa, mas havia parcela minoritária da doutrina para a qual, por entender ser a confusão instituto de direito material com reflexos processuais, acarretaria a extinção do litígio, de forma que melhor seria entender a sentença prevista pelo art. 267, XI, do CPC como sentença de mérito, inclusive com a geração de coisa julgada material[2]. Nesse sentido, o Enunciado 160 do Fórum Permanente de Processualistas Civis (FPPC): "*A sentença que reconhece a extinção da obrigação pela confusão é de mérito*".

A tese de que a confusão gera uma sentença de mérito, embora minoritária, parece ter prevalecido no Novo Código de Processo Civil, pois a matéria foi excluída do rol de matérias que levam à extinção do processo sem resolução de mérito.

35.3 SENTENÇA DE MÉRITO

O art. 488 do Novo CPC prevê que, "desde que possível, o juiz resolverá o mérito sempre que a decisão for favorável à parte a quem aproveitaria eventual pronunciamento nos termos do art. 485". É a consagração de que imperfeições formais são menos importantes que a solução de mérito quando não geram prejuízo para a parte que, mesmo sendo prejudicada por tais imperfeições, tem condições de se sagrar vitoriosa no mérito. Acredito que nenhum vencedor de demanda reclamará se tiver uma legítima defesa preliminar rejeitada, mesmo reconhecidamente fundada, desde que obtenha a vitória definitiva.

O dispositivo, entretanto, não permite ao juiz desconsiderar as alegações preliminares ou os vícios evidentes que devem ser considerados de ofício, aguardando o final do processo para verificar quem será o vencedor da demanda e somente nesse momento decidir se as acolhe ou não, sob pena de violação clara ao princípio da economia processual. Serve apenas para situações em que a percepção de acolhimento da preliminar ou da existência do vício ocorre em momento no qual o processo já esteja pronto para a imediata resolução de mérito.

---

2 Fabrício, *Ensaios*, n. 21, p. 395-396; Didier Jr., *Curso*, p. 537.

O acolhimento ou rejeição do pedido formulado na ação ou reconvenção continua a gerar uma sentença de mérito nos termos do art. 487, I, do Novo CPC. E justamente por isso é no mínimo curiosa a previsão do art. 490, no sentido de ser resolução do mérito a decisão do órgão jurisdicional que acolher ou rejeitar os pedidos formulados pelas partes. Parece ser mais um dispositivo desnecessário.

O art. 489, *caput*, do Novo CPC substitui requisitos por elementos, mantendo em seus incisos o relatório, fundamentação e dispositivo.

35.4 PRINCÍPIO DA CONGRUÊNCIA (CORRELAÇÃO/ ADSTRIÇÃO)

O princípio da congruência (correlação ou adstrição) é tratado no art. 492 *caput*, do Novo CPC, que simplesmente modifica a redação do atual art. 460 do CPC/1973, sem lhe alterar o conteúdo. Segundo o dispositivo legal constante do projeto, não se admite decisão de natureza diversa da pedida, bem como condenação da parte em quantidade superior ou objeto diverso do que foi pedido. E o parágrafo único ainda prevê que a decisão deve ser certa, ainda que resolva relação jurídica condicional.

Perdeu-se a oportunidade para incluir no artigo legal que trata do princípio da congruência (correlação ou adstrição) regra referente à sentença *citra petita*. Não que vá fazer falta, porque o Superior Tribunal de Justiça já entende que a vedação a tal espécie de sentença está consagrada no artigo legal que versa sobre o princípio ora analisado[3]. De qualquer forma, seria interessante uma expressa previsão nesse sentido.

35.5 SENTENÇA *CITRA PETITA*

Na hipótese de sentença *citra petita* pelo não enfrentamento pelo juízo de pedido elaborado pela parte, sempre entendi que caberia ao tribunal a integração da decisão, considerando-se que nada há a anular no caso concreto; a sentença impugnada, afinal, não tem vício nenhum. O vício diz respeito justamente àquilo que não está contido na sentença. Estando o processo pronto para imediato julgamento do pedido não analisado, deve ser aplicado por analogia o art. 515, § 3.º, do CPC/1973[4]; havendo

---

3 STJ, Corte Especial, EREsp 1.284.814/PR, rel. Min. Napoleão Nunes Maia Filho, j. 18.12.2013, *DJe* 06.02.2014.

4 Wambier, *Nulidades*, p. 308.

necessidade de instrução quanto a ele, devolvem-se ao primeiro grau os autos para tal atividade processual e futuro julgamento do pedido ainda não decidido, mantendo-se hígidos os capítulos não viciados, ou seja, aquilo que já foi decidido[5].

Registre-se, entretanto, que o posicionamento do Superior Tribunal de Justiça não era nesse sentido, havendo inúmeras decisões que entendem que o vício gerado por decisão *citra petita* leva à anulação da decisão para que outra seja proferida em seu lugar, inclusive apontando para a natureza de nulidade absoluta do vício, com a consequente possibilidade de reconhecimento de ofício pelo órgão julgador[6].

O entendimento doutrinário que sempre me pareceu mais adequado, que permite ao tribunal enfrentar pedido não apreciado pelo órgão *ad quem*, vem consagrado no art. 1.013, § 3.º, III, do Novo CPC, como hipótese de aplicação da teoria da causa madura. Nos termos do dispositivo legal, se o processo estiver em condições de imediato julgamento, o tribunal deve decidir desde logo o mérito quando constatar a omissão no exame de um dos pedidos.

Registre-se a correção da regra que não impõe uma obrigatoriedade ao tribunal, prevendo apenas que o pedido não enfrentado poderá ser decidido, pois, para que o julgamento efetivamente ocorra, é imprescindível que o pedido esteja maduro para julgamento, ou seja, que não seja necessária a produção de prova a seu respeito, situação que obrigará o tribunal a devolver os autos ao órgão *a quo* para a produção probatória e prolação de nova sentença.

E nesse caso uma pergunta se impõe: sendo necessária a produção da prova e do julgamento em grau inferior, o que acontece com os pedidos devidamente decididos? O tribunal anula a sentença totalmente, ainda que o vício esteja naquilo que o órgão *a quo* deixou de decidir e não naquilo que efetivamente decidiu? Acredito que, aplicando-se a teoria dos capítulos da decisão, seja possível reformar, manter ou anular a decisão e cindir-se o julgamento, de forma que o pedido não enfrentado volta ao órgão inferior e os pedidos decididos ficam sujeitos a recurso para o órgão superior ou transitam em julgado se não houver a interposição de recurso.

---

5 Dinamarco, *Capítulos*, n. 40, p. 90-91; Didier Jr.-Braga-Oliveira, *Curso*, p. 291-292. Contra: Fux, *Curso*, p. 793.

6 STJ, 4.ª Turma, EDcl no REsp 1.120.322/RS, rel. Min. Antonio Carlos Ferreira, j. 04.06.2013, *DJe* 17.06.2013; STJ, 3.ª Turma, AgRg no AREsp 166.848/PB, rel. Min. Castro Meira, j. 26.02.2013, *DJe* 05.03.2013.

Como o art. 1.013, § 3.º, III, do Novo CPC prevê expressamente que o pedido não decidido por órgão inferior poderá ser decidido originariamente pelo tribunal no julgamento do recurso, o mesmo raciocínio de não se anular a parte da decisão que efetivamente decidiu pedidos seja estendido por analogia após o trânsito em julgado de decisão omissa quanto a decisão de um ou alguns dos pedidos. Dessa forma, não será mais cabível a ação rescisória, mas sim a propositura de uma nova ação veiculando o pedido que nunca foi objeto de decisão. Nesse sentido o Enunciado 07 do Fórum Permanente de Processualistas Civis (FPPC): "*O pedido, quando omitido em decisão judicial transitada em julgado, pode ser objeto de ação autônoma*".

35.6 SENTENÇA LÍQUIDA

Segundo o art. 491, *caput*, do Novo CPC, na ação relativa à obrigação de pagar quantia, ainda que formulado pedido genérico, a decisão definirá desde logo a extensão da obrigação, o índice de correção monetária, a taxa de juros, o termo inicial de ambos e a periodicidade da capitalização dos juros, se for o caso. Trata-se de norma mais completa, mas com praticamente o mesmo conteúdo daquela prevista no art. 459, parágrafo único, do CPC/1973. A regra também é aplicável ao acórdão que alterar a sentença, nos termos do § 2.º do dispositivo legal.

Os incisos do dispositivo legal trazem as exceções a essa regra, permitindo a sentença ilíquida quando não for possível determinar, de modo definitivo, o montante devido ou a apuração do valor devido depender da produção de prova de realização demorada ou excessivamente dispendiosa, assim reconhecida na sentença. Nesses casos, o § 1.º prevê que o procedimento seguirá após a prolação da sentença para apuração do valor devido por liquidação.

35.7 EXCEÇÃO DE CONTRATO NÃO CUMPRIDO

No projeto de lei aprovado na Câmara havia uma novidade quanto ao julgamento, sem correspondência no CPC/1973: a previsão de que decisão que acolhesse a exceção de contrato não cumprido ou o direito de retenção julgaria procedente o pedido, mas somente poderia ser executada se o exequente comprovasse ter cumprido sua própria prestação ou que a teria colocado à disposição do executado. O dispositivo foi suprimido pelo Senado na redação final do Novo CPC.

A justificativa para a supressão consta da Emenda constante do Tópico 2.3.2.132 do Parecer Final 956 do Senado: "A rigor, a proposta da Câmara altera tanto o disposto na lei civil, que trata a exceção do contrato não cumprido como causa de inexigibilidade da obrigação (art. 476 do Código Civil), quanto a distribuição da sucumbência, com a condenação em honorários da parte adimplente (o réu), uma vez que passará a atribuir a vitória à parte que deu causa ao litígio, com a inadimplência da sua obrigação (o autor). Além disso, o art. 803 do SCD já exige que o credor prove que adimpliu a sua contraprestação para dar início à execução".

35.8 FATOS SUPERVENIENTES

O art. 493, *caput*, do Novo CPC amplia a extensão de aplicação da regra prevista no art. 462 do CPC/1973. Enquanto o antigo artigo previa a consideração de fato superveniente à propositura da ação na prolação da sentença, o novo dispositivo prevê que cabe ao órgão jurisdicional levar em conta qualquer fato superveniente constitutivo, modificativo ou extintivo do direito capaz de influir no julgamento do mérito.

Como se pode notar, não há mais vinculação apenas ao órgão de primeiro grau, de forma que os tribunais, mesmo atuando com competência recursal, poderão levar tais fatos em consideração para julgar o recurso. Obviamente tal realidade se limita aos recursos ordinários porque no recurso especial e extraordinário o efeito devolutivo é limitado às questões de direito.

Havendo previsão no *caput* do art. 493 do Novo CPC de que o fato superveniente à propositura da ação poderá ser considerado também de ofício, o parágrafo único dispõe expressamente que nesse caso o juiz ouvirá as partes sobre o fato novo antes de decidir. Trata-se de norma que especifica a regra geral consagrada no art. 10 do Novo CPC.

35.9 OBRIGAÇÕES DE FAZER E DE NÃO FAZER

Na sentença – e por consequência em todos os pronunciamentos decisórios proferidos em ação que tenha por objeto o cumprimento de obrigação de fazer ou não fazer –, o art. 497, *caput*, do Novo CPC substancialmente repete o art. 461, *caput*, do CPC/1973 ao prever que o juiz concederá a tutela específica da obrigação ou, se procedente o pedido, determinará providências que assegurem o resultado prático equivalente ao do adimplemento.

A modificação redacional continua a levar a crer que a tutela específica e o resultado equivalente são espécies diferentes de tutela jurisdicional, quando, na realidade, a liberdade concedida ao juiz para a obtenção do resultado prático equivalente é voltada justamente para a obtenção da tutela específica dos direitos materiais[7].

As novidades ficam por conta do parágrafo único do dispositivo legal, que prevê que a tutela específica serve para inibir a prática, a reiteração ou a continuação de um ilícito, ou a sua remoção. A aplicação de tutela específica para o ressarcimento de um dano, prevista no projeto de lei aprovado na Câmara, foi retirada pelo Senado no texto final do Novo CPC. A justificativa vem apresentada na Emenda constante do Tópico 2.3.2.144 do Parecer Final 956 do Senado: "Convém suprimir a alusão do ressarcimento de um dano como suscetível da tutela específica, dada a confusão hermenêutica que essa referência pode causar. Obrigação de pagar quantia certa, que abrange os casos de perdas e danos, já possui tratamento próprio".

O parágrafo único do dispositivo ora analisado determina ainda que, para a concessão da tutela específica destinada a inibir a prática, a reiteração ou a continuação de um ilícito, ou a sua remoção, é irrelevante a demonstração da ocorrência de dano ou da existência de culpa ou dolo.

Em especial, o parágrafo único deve ser elogiado porque a tutela inibitória, sempre voltada para o futuro, buscando evitar a prática do ato ilícito, preocupa-se exclusivamente com o ato contrário ao direito, sendo-lhe irrelevante a culpa ou o dolo e o dano[8].

E nesse ponto o Novo CPC explicita a incorreção da previsão contida no art. 186 do CC, que, ao conceituar o ato ilícito, indica a necessidade da presença de três elementos: a contrariedade ao direito, a culpa ou dolo e o dano. A imprecisão do dispositivo é evidente, considerando-se que o ato ilícito é tão somente o ato contrário ao direito, sendo alheios ao seu conceito os elementos da culpa ou dolo e do dano. O art. 186 do CC não conceitua o ato ilícito, descreve os elementos necessários para a obtenção da tutela reparatória.

---

7 Marinoni-Mitidiero, *Código*, p. 427.

8 Marinoni, *Tutela inibitória*, 3.2-3.4, p. 40-50.

36

COISA JULGADA

36.1 CONCEITO

No Novo Código de Processo Civil, o art. 502, que conceitua a coisa julgada, substitui uma palavra e uma expressão do art. 467 do atual CPC/1973. Em vez de prever que a coisa julgada é a eficácia da sentença que a torna imutável e indiscutível, o dispositivo legal sugerido menciona a autoridade da sentença. Acredito que a substituição do termo "eficácia" por "autoridade" busca deixar clara a distinção entre coisa julgada e efeitos da decisão. E substitui "sentença" (espécie) por "decisão de mérito" (gênero), o que deve ser elogiado, considerando-se que sempre houve outras decisões de mérito aptas a transitar em julgado e produzir coisa julgada material, como as decisões monocráticas finais de relator e acórdãos de tribunal. Por outro lado, o dispositivo implicitamente reconhece a existência de decisões interlocutórias de mérito, com capacidade de geração de coisa julgada material.

Nos termos do art. 503, *caput*, do Novo CPC, a decisão que julgar total ou parcialmente o mérito tem força de lei nos limites da questão principal expressamente decidida. Essa é a regra, excepcionada pelo § 1.º, que permite que a coisa julgada material alcance a resolução da questão prejudicial, decidida expressa e incidentemente no processo.

Correta a conclusão do Enunciado 165 do Fórum Permanente de Processualistas Civis (FPPC), de que a coisa julgada da decisão da questão prejudicial independe de pedido expresso da parte, bastando para que ocorra o preenchimento dos requisitos legais. Também correta a conclusão do Enunciado 313 do Fórum Permanente de Processualistas Civis (FPPC) no sentido de que os requisitos legais para a formação da coisa julgada na circunstância ora analisada são cumulativos.

36.2 LIMITES OBJETIVOS

Havendo no processo questão prejudicial, o juiz obrigatoriamente a decidirá antes de resolver o mérito, mas, para que essa decisão gere coisa julgada material, devem ser observados no caso concreto os requisitos previstos pelos incisos do art. 503, § 1.º, do Novo CPC.

Justamente em razão do próprio conceito de questão prejudicial, não consigo compreender a exigência contida no inciso I. O dispositivo prevê que a decisão da questão prejudicial só gerará coisa julgada se de sua resolução depender o julgamento do mérito, mas é justamente essa condição que torna a questão prejudicial... Aplicando-se o ditado popular "o que abunda não prejudica", o dispositivo não causará problemas.

No inciso II exige-se que a respeito da questão prejudicial tenha havido contraditório prévio e efetivo, não se aplicando no caso de revelia. Entendo que tal exigência só cabe na hipótese de revelia, e ainda assim se o réu revel deixar de comparecer ao processo, já que tal comparecimento, mesmo tardio, poderá garantir o respeito ao contraditório. De qualquer forma, o surgimento de questão prejudicial diante de revelia do réu é fenômeno raro porque a controvérsia do ponto se dá em regra na contestação apresentada pelo réu, sendo apenas excepcional a controvérsia surgir de outra espécie de resposta ou por outro sujeito processual.

A exigência contida no inciso III é indispensável para que a coisa julgada material não seja resultante de atividade de juízo absolutamente incompetente. Nos termos do dispositivo, o juízo deve ter competência em razão da matéria e da pessoa para resolver a questão prejudicial como questão principal. A justificável preocupação do legislador evitará, por exemplo, que uma decisão incidental proferida por juízo trabalhista, que reconhece a união estável dos réus numa ação trabalhista movida por empregada do lar para condená-los solidariamente, faça coisa julgada material.

E embora não faça parte dos incisos do art. 503 do Novo CPC, o § 2.º também prevê requisito para que a decisão de questão prejudicial produza coisa julgada material, ao exigir que não existam no processo restrições probatórias (por exemplo, nos procedimentos sumários documentais, como ocorre no mandado de segurança) ou limitações à cognição (cognição sumária em sua profundidade (sentido vertical) e/ou limitada em sua extensão (sentido horizontal)) que impeçam o aprofundamento da análise da questão prejudicial.

Não me oponho à opção do projeto de estender a autoridade da coisa julgada à decisão da questão prejudicial, mas desconsiderar que ela faça parte dos motivos da decisão é ficção jurídica com a qual não estou disposto a conviver. Assim, o art. 504, I, do Novo CPC, da mesma forma que o art. 469, I, do CPC/1973, prevê que os motivos, ainda que importantes para determinar o alcance da parte dispositiva da sentença, não fazem coisa julgada material, mas a regra não se aplica à questão prejudicial.

Registre-se que, havendo requisitos legais para que a decisão da questão prejudicial produza coisa julgada material, remanesce o direito de ação da parte para buscar a mera declaração com força de coisa julgada em ação própria. Nesse sentido, o Enunciado 111 do Fórum Permanente de Processualistas Civis (FPPC): "*Persiste o interesse no ajuizamento de ação declaratória quanto à questão prejudicial incidental*".

Nos termos do art. 1.054 do Novo CPC, o disposto no art. 503, § 1.º, somente se destina aos processos iniciados após a vigência deste Código, aplicando-se aos anteriores o disposto nos arts. 5.º, 325 e 470 do CPC/1973. Significa que, mesmo estando em trâmite o processo quando do início da vigência do Novo CPC, a decisão das questões prejudiciais só farão coisa julgada material se for proposta por uma das partes a ação declaratória incidental, que terá, portanto, duração além da *vacatio legis* de um ano prevista no art. 1.045 do Novo CPC.

36.3 LIMITES SUBJETIVOS

O art. 506 do Novo CPC, que regula os limites subjetivos da coisa julgada, acertadamente retira essa segunda parte do art. 472 do atual CPC/1973. E traz outra novidade que deve suscitar interessante questionamento. Segundo o dispositivo legal, a coisa julgada não prejudica terceiros, sendo suprimido do texto legal o prejuízo a terceiros. Não sei se o objetivo da supressão foi transformar a coisa julgada *secundum eventum litis in utilibus* para terceiros, mas aparentemente é possível extrair tal conclusão da redação do art. 506 do Novo CPC. Significa que terceiros poderão se aproveitar da coisa julgada material, não podendo apenas prejudicá-los, tornando regra a exceção atualmente prevista no art. 274 do CC.

O Projeto de Novo Código de Processo Civil aprovado originariamente no Senado Federal parecia consagrar tal entendimento no art. 18, parágrafo único, ao prever que o substituído processual deveria ser intimado, podendo, inclusive, assumir o polo da demanda em sucessão processual ao substituto. A redação final do dispositivo foi substancialmente modificada, sendo previsto apenas que, havendo substituição processual, o substituído poderá intervir como assistente litisconsorcial. Na verdade, essa intervenção já é admitida atualmente, não sendo necessária uma previsão específica nesse sentido para legitimá-la. A redação final do dispositivo na realidade não modifica a situação atual do substituído processual, porque, ao dispensar sua intimação, ao menos para ter ciência da existência do processo, dá a entender que esse terceiro estará sujeito à coisa julgada material independentemente de ter tido ciência da existência do processo.

36.4 COISA JULGADA INCONSTITUCIONAL

A coisa julgada inconstitucional, tratada no CPC/1973 pelos arts. 475-L, II, § 1.º, e 741, II, parágrafo único, vem prevista pelos §§ 12, 13, 14 e 15 do art. 525 do Novo CPC e §§ 5.º, 6.º e 7.º do art. 535. E duas grandes polêmicas sobre o tema são resolvidas pela imposição legal.

O executado continua podendo alegar em sua impugnação a inconstitucionalidade da norma que fundamentou a sentença, desde que a norma tenha sido assim considerada pelo Supremo Tribunal Federal. Mas qual espécie de controle deve ser esse? Basta uma declaração difusa, realizada no julgamento de qualquer recurso extraordinário, ou é exigida uma declaração em controle concentrado, no julgamento de um processo objetivo?

No silêncio das regras constantes do CPC/1973 a divergência é significativa, e foi bem representada pelas comissões de juristas formadas na Câmara e no Senado, tanto assim que a solução adotada pelo texto final do Novo CPC foi diferente daquela adotada no projeto de lei aprovado na Câmara. Enquanto na Câmara o controle de constitucionalidade poderia ser difuso ou concentrado, no Senado inicialmente passou-se a limitar-se a alegação de coisa julgada inconstitucional à declaração concentrada do Supremo Tribunal Federal.

A justificativa da opção do Senado encontra-se na Emenda constante do Tópico 2.3.2.160: "Em prestígio ao controle concentrado de constitucionalidade e à abrangência de seus efeitos, devem-se rejeitar o § 10 do art. 539 do SCD e o § 5.º do art. 549 do SCD, para restabelecer os seus correspondentes no PLS, com um ajuste meramente de redação útil à sua clareza, qual seja a sua subdivisão em incisos. Por essa razão, não se acolhe a sugestão contida no Ofício 101/SGCS/AGU no sentido da manutenção do controle difuso de constitucionalidade como suficiente para configurar como inconstitucional e inexigível um título executivo".

Mas após a aprovação do texto base votado no Senado foi aprovado Destaque apresentado pelo Senador Eduardo Braga no sentido de manter o texto aprovado na Câmara, de forma a voltar a constar do texto final do Novo CPC o controle difuso além do concentrado.

Os arts. 525, § 12, e 535, § 5.º, do Novo CPC, portanto, resolvem o impasse na caneta ao expressamente apontar que a declaração deve ser realizada em controle de constitucionalidade concentrado ou difuso. Ainda que a determinação por lei seja saudável sob a ótica da segurança jurídica, entendo que o tema merecia um debate mais amplo, até porque envolve a atual discussão sobre eficácia *intra partes* e *erga omnes* das diferentes formas de controle de constitucionalidade.

Já tive oportunidade de defender que somente o controle concentrado poderia ser utilizado na alegação de coisa julgada inconstitucional, justamente em razão dos efeitos da decisão, e, nesse sentido, não fiquei satisfeito com a aprovação do texto final do Novo CPC aprovado pelo Senado. No entanto, nunca deixei de compreender os argumentos dos que pensam diferente, defensores de uma objetivação do recurso extraordinário. Entendo, entretanto, que, se partirmos efetivamente para a eficácia *ultra partes* do julgamento desse recurso, ao menos algumas condições deveriam ser impostas. Poder-se-ia exigir, por exemplo, que o julgamento tenha se dado sob o rito dos recursos repetitivos, de forma que se tenha uma participação mais ampla e uma maior discussão sobre o tema constitucional.

De qualquer forma, como o tema está sendo enfrentado pelo Supremo Tribunal Federal, o mais prudente teria sido o Novo CPC silenciar a esse respeito. Não resistindo a resolver o impasse na caneta, o mais prudente teria sido adotar o entendimento mais tradicional a respeito dos efeitos do controle difuso de constitucionalidade. No último momento do processo legislativo, entretanto, prestigiou-se emprestar ao controle difuso eficácia *erga omnes* – ou ao menos *ultra partes* – como fundamento de alegação da coisa julgada inconstitucional.

Sobre o tema, partindo da premissa de que qualquer espécie de controle de constitucionalidade é o suficiente para haver coisa julgada inconstitucional, o Enunciado 58 do Fórum Permanente de Processualistas Civis (FPPC) exige que a decisão seja proferida pelo plenário do Supremo Tribunal Federal.

O § 13 do art. 525 e o § 6.º do art. 535 preveem que os efeitos da decisão do Supremo Tribunal Federal poderão ser modulados no tempo, em atenção à segurança jurídica. Tal modulação é realizada no controle concentrado de constitucionalidade, nos termos do art. 27 da Lei 9.868/1999, mas já há posicionamento a respeito de sua aplicação também no controle difuso. Nos termos do dispositivo, a modulação passa a ser possível em qualquer forma de controle.

Outro ponto polêmico sobre o tema resolvido por previsão expressa de lei é o momento a partir do qual a decisão do Supremo Tribunal Federal deve ter sido proferida. Durante a fase de conhecimento? Após o trânsito em julgado? A qualquer momento? Segundo os §§ 14 e 15 do art. 525 e o § 7.º do art. 535, a alegação de coisa julgada inconstitucional dependerá de a decisão do Supremo Tribunal Federal ter sido proferida antes do trânsito em julgado da decisão exequenda.

No projeto de lei aprovado na Câmara havia a indicação expressa de que, sendo proferida a decisão do Supremo Tribunal Federal após o trânsito em julgado da decisão exequenda, seria cabível a ação rescisória. Essa regra foi originariamente suprimida pelo Parecer Final 956 do Senado. A supressão deixava interessante questão em aberto: seria cabível ação rescisória mesmo sem a expressa previsão da lei?

A questão era interessante porque tradicionalmente o Supremo Tribunal Federal admite ação rescisória quando há declaração de inconstitucionalidade superveniente da lei, mesmo quando à época da prolação da decisão houvesse divergência jurisprudencial, excepcionando dessa forma o Enunciado na Súmula 343/STF[1]. Diante desse panorama, poder-se-ia concluir pela admissão da ação rescisória com fundamento no art. 966, V, do Novo CPC.

Ocorre, entretanto, que em recente decisão da Corte Constitucional foi decidido, sob o regime dos recursos repetitivos, que, havendo no Supremo Tribunal Federal mudança posterior de entendimento anteriormente consagrado, não cabe ação rescisória para afastar o antigo entendimento

---

1 Câmara, *Ação*, p. 88-89; Pimentel, *Introdução*, n. 18.3.6, p. 495-496; Didier-Cunha, *Curso*, p. 381. Na jurisprudência: *Informativo* 414/STJ: Corte Especial, EREsp 687.903/RS, rel. Min. Ari Pargendler, j. 04.11.2009; STJ, 1.ª Seção, EREsp 608.122/RJ, rel. Min. Teori Albino Zavascki, j. 09.05.2007, *DJ* 28.05.2007. *Informativo* 497/STF, Plenário, RE 328812 ED/AM, rel. Gilmar Mendes, j. 06.03.2008.

e fazer valer o posterior[2], o que deixava a questão em aberto para futura definição pela Corte Constitucional.

Registre-se apenas que, se fosse levada em consideração a justificativa da Emenda constante do Tópico 2.3.2.161 do Projeto Final 956 do Senado, a tendência seria pelo não cabimento da ação rescisória: "Com o objetivo de salvar a constitucionalidade do instituto, impõe-se a exclusão da parte final do § 12 do art. 539 do SCD e do § 7.º do art. 549 do SCD, os quais ampliam de modo indefinido o prazo para o ajuizamento de ação rescisória, o que fragiliza, ainda mais, a coisa julgada".

No entanto, em razão de destaque apresentado pelo Senador Eduardo Braga e aprovado pelo Senado, voltou a constar do texto final a previsão expressa de cabimento de ação rescisória, cujo prazo será contado do trânsito em julgado da decisão proferida pelo Supremo Tribunal Federal (§ 8.º, art. 535).

---

2 STF, Tribunal Pleno, RE 590.809/RS, rel. Min. Marco Aurélio, j. 22.10.2014.

37

LIQUIDAÇÃO DE SENTENÇA

A liquidação de sentença é simplificada no Novo Código de Processo Civil, que tem como grande mérito excluir a chamada "liquidação por mero cálculo aritmético" do capítulo referente ao tema, considerando-se que a necessidade de mero cálculo aritmético para se chegar ao valor devido não exige liquidação da obrigação. Afinal, conforme ensina a melhor doutrina, liquidez não é a determinação do valor, e sim sua determinabilidade[1].

Fiel a esse entendimento, o art. 786, parágrafo único, do Novo CPC prevê que a necessidade de simples operações aritméticas para apurar o crédito exequendo não retira a liquidez da obrigação constante do título. O § 2.º do art. 509 prevê que, dependendo a apuração do valor apenas de cálculo aritmético, o credor poderá promover, desde logo, o cumprimento da sentença, sendo inclusive auxiliado por programa de atualização financeira a ser disponibilizado pelo Conselho Nacional de Justiça (§ 3.º).

A previsão contida no art. 509, *caput*, do Novo CPC parece resolver algumas divergências doutrinárias a respeito do tema. Primeiro, ao prever expressamente a necessidade de uma sentença condenatória ao pagamento de quantia ilíquida, posiciona-se no sentido da doutrina que entende ser a obrigação de pagar quantia a única liquidável[2]. Segundo, por consagrar o entendimento de que tanto o credor como o devedor têm legitimidade para dar início à liquidação de sentença[3].

---

1 Assis, *Manual*, n. 25.2, p. 151; Dinamarco, *Instituições*, n. 1.452, p. 213.

2 Dinamarco, *Instituições*, p. 615; Theodoro Jr., *Processo*, n. 534, p. 623.

3 Neves, *Manual de direito*, n. 41.9, p. 939-940.

Com a correta exclusão da "liquidação por mero cálculo aritmético", os dois incisos do art. 509 do Novo CPC preveem apenas a liquidação: (I) por arbitramento e (II) pelo procedimento comum. O legislador parece ter acabado com as diferentes espécies de liquidação de sentença, limitando-se a prever dois diferentes procedimentos: liquidação por arbitramento quando determinado pela sentença, convencionado pelas partes ou exigido pela natureza do objeto da liquidação, e liquidação pelo procedimento comum, quando houver necessidade de alegar e provar fato novo (antiga liquidação por artigos).

O legislador, ao manter as hipóteses de cabimento da liquidação por arbitramento previstas no art. 475-C do CPC/1973, não deve ser aplaudido, afinal a convenção das partes[4] ou mesmo a determinação pela sentença[5] não são aptas a justificar o cabimento dessa espécie de liquidação. Melhor teria sido o legislador se limitar a prever que a liquidação seria por arbitramento, quando a fixação do valor dependesse de prova pericial.

No § 1.º do dispositivo ora comentado consagra-se a teoria dos capítulos da sentença, permitindo à parte concomitantemente liquidar capítulo ilíquido e executar capítulo líquido. Nesse caso, a liquidação dar-se-á em autos apartados. O § 4.º repete a regra já consagrada no art. 475-G do CPC/1973, sendo, portanto, mantida a regra da fidelidade ao título executivo.

O art. 510 do Novo CPC prevê o procedimento da liquidação por arbitramento. Segundo o dispositivo, o juiz intimará as partes para a apresentação de pareceres ou documentos elucidativos, no prazo que fixar, e, caso não possa decidir de plano, nomeará perito, observando-se, no que couber, o procedimento da prova pericial. Naturalmente, essa intimação dependerá da provocação da parte interessada, preservando-se o princípio da inércia da jurisdição. Apesar do silêncio da lei, a peça inicial deve ser informal, bastando ao credor demonstrar o cabimento dessa forma de liquidação e pedir o início da liquidação.

No art. 511 do Novo CPC está previsto o procedimento da liquidação pelo procedimento comum. Nos termos do dispositivo, o juiz determinará a intimação do requerido, na pessoa de seu advogado ou da sociedade de advogados a que estiver vinculado, para, querendo, apresentar contestação

---

4 Greco, *O processo*, p. 246-247; Dinamarco, *Instituições*, n. 1.738, p. 624; Nery Jr.-Nery, *Código*, p. 726.

5 Súmula 344 do STJ.

no prazo de quinze dias, observando-se, a seguir, no que couber, o disposto no Livro I da Parte Especial do Código. O dispositivo também é omisso quanto à indispensável peça inicial a ser apresentada pelo credor para dar início à liquidação de sentença. E nesse caso tal peça é mais complexa do que aquela que dá início à liquidação por arbitramento, cabendo ao credor especificar sobre quais fatos a prova a ser produzida deve recair, demonstrando o nexo de causalidade entre eles e a fixação do *quantum debeatur*.

Nos termos do parágrafo único do art. 1.015, toda decisão interlocutória proferida em sede de liquidação de sentença será recorrível por agravo de instrumento. A norma tem redação ampla suficiente para concluir que a recorribilidade por tal espécie recursal se refere tanto às decisões de questões incidentais como à decisão que julga a liquidação, sendo terminativa ou de mérito, que entram no conceito de decisão interlocutória de mérito.

A qualidade de efeito secundário da sentença, previsto no art. 475-A, § 2.º, do CPC/1973 é mantida pelo art. 512 do Novo CPC, de forma que a liquidação poderá ser realizada na pendência de recurso, processando-se em autos apartados no juízo de origem, cumprindo ao liquidante instruir o pedido com cópias das peças processuais pertinentes.

38

TEORIA GERAL DO CUMPRIMENTO DE SENTENÇA

O art. 513, *caput*, do Novo CPC mantém a regra de aplicação subsidiária das regras do processo de execução ao cumprimento de sentença já existente no art. 475-R do CPC/1973. O § 1.º é desnecessário, prevendo que o cumprimento de sentença que reconhece o dever de pagar quantia depende de requerimento do exequente, considerando que essa regra está consagrada no art. 523, *caput*, do Novo CPC. De aproveitável apenas a constatação já defendida pela melhor doutrina no sentido de não ser necessário o requerimento inicial do exequente, se a sentença tiver como objeto obrigação de fazer, não fazer ou entregar coisa.

Os §§ 2.º, 3.º e 4.º do art. 513 regulamentam a intimação do devedor para o cumprimento de sentença. Sem previsão nesse sentido no CPC/1973, houve muita polêmica doutrinária e mesmo a jurisprudência foi vacilante, terminando por se consolidar, ao menos no Superior Tribunal de Justiça, pela necessidade, como regra, de intimação na pessoa do advogado[1], sendo essa a regra preferencial consagrada no § 2.º, I, do dispositivo analisado. No entanto, há uma novidade no § 4.º, que prevê um prazo de um ano do trânsito em julgado para que o exequente requeira

---

1 *Informativo* 429/STJ: Corte Especial, REsp 940.274-MS, rel. originário Min. Humberto Gomes de Barros, rel. p/ acórdão Min. João Otávio de Noronha, j. 07.04.2010; *Informativo* 480/STJ: 3.ª Turma, REsp 1.032.436/SP, rel. Min. Nancy Andrighi, j. 04.08.2011.

o início do cumprimento de sentença, devendo ser realizada a intimação pessoal do devedor, por meio de carta com aviso de recebimento, se a provocação ocorrer depois desse prazo.

Segundo o inciso II do § 2.º, a intimação será pessoal por carta com aviso de recebimento na hipótese de o executado não ter advogado constituído nos autos ou ter sido representado pela Defensoria Pública. A ausência de advogado, entretanto, não acarreta necessariamente a intimação por carta com aviso de recebimento, e pode ser realizada, nos termos do inciso III do dispositivo comentado, por meio eletrônico, segundo o art. 246, § 1.º, do Novo CPC. Como cabe ao executado manter nos autos seu endereço atualizado, considera-se intimado sempre que não informar a mudança de endereço (§ 3.º). Quanto à representação pela Defensoria Pública, como o dispositivo não faz qualquer distinção, o devedor será intimado por carta com aviso de recebimento tanto no exercício de sua função típica (defesa do hipossuficiente econômico) como em sua função atípica (defesa do hipossuficiente jurídico), quando atua como curadora especial do réu citado fictamente.

Por fim, o inciso IV do § 2.º do dispositivo analisado prevê que a intimação será por edital quando o executado tiver sido citado por edital na fase de conhecimento, tendo sido revel. Lamento profundamente a redação do dispositivo legal. Conforme já tive oportunidade de afirmar, é tão inadequado quanto comum o equívoco de se afirmar que o réu citado fictamente que não apresenta defesa por advogado constituído é revel. Na realidade, como o curador especial nesse caso tem o dever funcional de apresentar a contestação, esse réu jamais será revel. Sendo a revelia a ausência jurídica de contestação, não consigo compreender como continuar a denominar de réu revel o réu citado fictamente que não comparece ao presente. Poderia ser chamado de réu ausente, mas nunca de réu revel.

E o dispositivo prevê expressamente o réu revel citado fictamente, o que era e continua a ser impossível. O problema, entretanto, não se restringe à questão da nomenclatura, tendo efeitos práticos. Se o réu é citado por edital e não comparece com advogado constituído, a ele será indicado um curador especial, que em regra será a Defensoria Pública. Primeira pergunta: se a Defensoria Pública atuar nesse caso, será aplicada a forma de intimação do inciso II ou IV? Segunda pergunta: se for outro o curador especial, não constitui atentado ao princípio da isonomia ser o executado citado por edital, conforme prevê o art. 513, IV, do Novo CPC? Terceira pergunta: e se a citação se deu por hora certa, qual a forma de intimação do executado não representado pela Defensoria Pública?

Teria andado melhor o legislador se tivesse previsto a intimação pessoal do devedor com carta com aviso de recebimento na hipótese de citação ficta e presença de curador especial na fase de conhecimento, independentemente da forma de citação (por hora certa ou edital) e do curador especial (Defensoria Pública ou outro sujeito)[2].

A ausência de previsão quanto ao réu revel citado de forma real na fase de conhecimento permite a manutenção do entendimento jurisprudencial pela dispensa de sua intimação, devendo nesse caso o prazo para o cumprimento da obrigação ser contado do trânsito em julgado[3].

O § 5.º do art. 513 do Novo CPC, além de totalmente deslocado, contém previsão absolutamente inútil, não obstante correta. Não é, afinal, preciso prever expressamente que o cumprimento de sentença não poderá ser promovido contra fiador, coobrigado ou corresponsável que não tenha participado da fase de conhecimento. A aplicação das regras de legitimidade passiva na execução é mais do que suficiente para se chegar a tal conclusão.

Nos termos do art. 517, *caput*, do Novo CPC, a decisão judicial transitada em julgado poderá ser levada a protesto, nos termos da lei, depois de transcorrido o prazo para pagamento voluntário previsto no art. 523.

Para efetivar o protesto, o § 1.º prevê que incumbe ao exequente apresentar certidão de teor da decisão, que segundo o § 2.º deverá ser fornecida no prazo de três dias e indicará o nome e a qualificação do exequente e do executado, o número do processo, o valor da dívida e a data de decurso do prazo para pagamento voluntário.

Segundo o § 3.º do art. 517 do Novo CPC, o executado que tiver proposto ação rescisória para impugnar a decisão exequenda pode requerer, a suas expensas e sob sua responsabilidade, a anotação da propositura da ação à margem do título protestado.

E o § 4.º do mesmo dispositivo indica que, a requerimento do executado, o protesto será cancelado por determinação do juiz, mediante ofício a ser expedido ao cartório, no prazo de três dias, contato da data de protocolo do requerimento, desde que comprovada a satisfação integral da obrigação.

---

2 O STJ entendia nesse caso pela dispensa da intimação: 3.ª Turma, REsp 1.189.608/SP, rel. Min. Nancy Andrighi, j. 18.10.2011, *DJe* 21.03.2012.

3 STJ, 6.ª Turma, REsp 1.241.749/SP, rel. Min. Maria Thereza de Assis Moura, j. 27.09.2011, *DJe* 13.10.2011.

39

CUMPRIMENTO PROVISÓRIO DE SENTENÇA

O legislador entendeu por bem passar a chamar a tradicional execução provisória de cumprimento provisório da sentença, conforme se constata do título do Capítulo II do Título II do Livro I da Parte Especial do Novo CPC. O nome, naturalmente, não muda a natureza da tutela jurisdicional. O que se tem é a execução provisória pela forma procedimental do cumprimento de sentença. Daí por que não vejo razão para abandonar a expressão "execução provisória". O único aspecto positivo é o abandono da esdrúxula regra consagrada no art. 587 do CPC/1973, que criava uma estranha execução provisória de título executivo extrajudicial. Pelo menos ao chamar a execução provisória de cumprimento provisório de sentença, o Novo Código de Processo Civil deixa claro que a execução de título executivo extrajudicial será sempre definitiva, do início ao seu final.

Não há novidades substanciais nos incisos do art. 520 do Novo CPC, que, apenas com algumas mudanças redacionais de limitado alcance prático, repete regras já existentes nos incisos I, II, III e § 1.º do CPC/1973. Há novidades e ao menos uma inutilidade nos parágrafos do artigo ora comentado. É inútil a previsão contida no § 1.º do art. 520 do Novo CPC prevendo o executado poderá apresentar impugnação na execução provisória, considerando que o *caput* do dispositivo já prevê que a execução provisória será realizada da mesma forma que a execução definitiva por cumprimento de sentença.

A previsão de que o retorno ao estado anterior na hipótese de modificação (não seria melhor usar o termo reforma?) ou anulação da sentença executada provisoriamente não implica o desfazimento dos atos de expropriação é interessante, ainda que apenas consagre entendimento consolidado. A previsão contida no § 4.º do art. 520 do Novo CPC tranquiliza de forma robusta os eventuais terceiros que se envolvem em aquisição de bens alienados em execução provisória.

Há fartos exemplos na história de péssimas previsões legislativas amparadas nas melhores intenções. Acredito que os §§ 2.º e 3.º do art. 520 do Novo CPC possam ser incluídos nesse rol. Contrariando posicionamento pacificado do Superior Tribunal de Justiça[1] e de volumosa doutrina[2], o § 2.º prevê que a multa e os honorários pela ausência de pagamento de quinze dias são aplicáveis na execução provisória. É verdade que havia doutrina a defender a tese consagrada no dispositivo legal[3], mas a opção legislativa é um equívoco fundado na falsa sensação de emprestar à execução provisória efetividade.

Enquanto parcela da doutrina comemora a previsão legal, apontando a sua dupla finalidade de encurtar o cumprimento de sentença, evitando-se a prática de atos executivos, atendendo aos princípios da duração razoável do processo e da economia processual[4], noto um injustificável descompasso nas medidas de execução indireta (pressão psicológica) no cumprimento voluntário de sentença.

O protesto da sentença, previsto no art. 517 do Novo CPC, exige que o cumprimento de sentença seja definitivo, enquanto a multa de 10% sobre o valor exequendo é cabível no cumprimento provisório de sentença. Exatamente porque o protesto, medida menos gravosa ao devedor, depende da definitividade da execução enquanto a aplicação da multa pode ocorrer na execução provisória?

---

1 *Informativo* 460/STJ: REsp 1.059.478/RS, rel. originário Min. Luis Felipe Salomão, rel. para acórdão Min. Aldir Passarinho Junior, j. 15.12.2010.

2 Theodoro Jr., *Processo*, n. 489, p. 573; Wambier-Wambier-Medina, *Breves*, p. 360-363; Câmara, *A nova*, p. 114; Shimura, "A execução", n. 4.6, p. 567; Grinover, "Cumprimento", p. 4; Rodrigues, *Manual*, p. 311; Nery Jr.-Nery, *Código*, p. 733; Didier Jr.-Braga-Oliveira, *Curso*, p. 516.

3 Marinoni-Arenhart, *Curso*, v. 3, Execução, p. 236-238; Bueno, "Variações", p. 136-137; Carneiro, *Cumprimento*, n. 22, p. 69.

4 Marinoni-Arenhart-Mitidiero, *Código*, p. 538-539; Scarpinella, *Novo*, p. 349.

Além desse curioso descompasso, o maior e mais óbvio problema de aplicar a multa do art. 523, § 1.º, do Novo CPC na execução provisória é sua natureza jurídica de sanção processual. Não parece lógico que, enquanto o executado ainda discute a decisão exequenda por via recursal, sofra uma sanção por não cumprir uma obrigação provisória. Por outro lado, o pagamento do valor exequendo para evitar a aplicação da multa naturalmente tornará o recurso pendente de julgamento prejudicado. Afinal, qualquer ato de concordância expressa ou tácita da decisão extingue o direito de recorrer (aquiescência) e causa incompatibilidade lógica com o julgamento do recurso. Não consigo pensar num ato de maior concordância do que o pagamento de uma condenação.

Sob a perspectiva "Código colcha de retalhos", seria possível criar uma exceção expressa de que mesmo com o pagamento o executado-recorrente manteria o interesse recursal, afastando-se por lei a evidente preclusão lógica que obsta a continuidade do recurso. É até provável que o legislador tenha pensado nisso ao elaborar o § 3.º do art. 520 do Novo CPC, mas a emenda saiu pior que o soneto. Segundo o dispositivo, se o executado comparecer tempestivamente e depositar o valor, com a finalidade de isentar-se da multa, o ato não será havido como incompatível com o recurso por ele interposto. O problema maior desse dispositivo é confundir pagamento com depósito, porque o mero depósito não tem o condão de satisfazer o direito do exequente, com o que não se evita a aplicação da multa. A conclusão mais provável é que o legislador tenha utilizado inadvertidamente o termo "depósito" em vez de "pagamento".

As hipóteses de dispensa da caução, previstas no art. 475-O, § 2.º, do Novo CPC, foram modificadas pelo art. 521 do Novo CPC, mas o texto final aprovado pelo Senado suprimiu algumas mudanças inseridas no projeto de lei aprovado pela Câmara.

A origem da obrigação exequenda passa a ser irrelevante se o exequente demonstrar situação de necessidade, ou seja, a imprescindibilidade do recebimento imediato para o provimento de sua subsistência e a impossibilidade material de prestar caução (inciso II). Dessa forma, a consagração da dispensa da caução no inciso I do artigo ora comentado desobriga a demonstração de situação de necessidade, bastando ao exequente comprovar ser o pretenso titular de crédito de natureza alimentar, independentemente de sua origem (casamento, parentesco, responsabilidade civil, verbas trabalhistas etc.).

O valor de até sessenta salários mínimos consagrado no art. 475-O, § 2.º, II, do CPC/1973 foi mantido no projeto de lei aprovado na Câmara, mas suprimido no texto final do Novo CPC aprovado pelo Senado. Significa que, independentemente do valor da execução, a caução será dispensada nas hipóteses legais. Entretanto, a supressão de um teto custa seu preço, como demonstra o parágrafo único do art. 521 do Novo CPC. Segundo o dispositivo, a exigência de caução será mantida quando da dispensa possa resultar manifesto risco de grave dano de difícil ou incerta reparação.

No inciso III é mantida a dispensa de caução quando o recurso pendente de julgamento for o agravo contra decisão denegatória de seguimento de recurso especial e extraordinário, chamado pelo Novo CPC de agravo em recurso especial e extraordinário.

Fortalecendo tendência do direito processual brasileiro de prestigiar os precedentes, o inciso IV do dispositivo analisado prevê a dispensa da caução quando a sentença executada provisoriamente tiver como fundamento súmula do Superior Tribunal de Justiça ou do Supremo Tribunal Federal ou estiver em conformidade com acórdão proferido no julgamento de casos repetitivos.

A manutenção da exigência de caução quando da dispensa puder manifestamente resultar risco de grave dano de difícil ou incerta reparação, prevista no art. 521, parágrafo único, do Novo CPC, também se aplica às hipóteses de dispensa consagradas nos incisos III e IV do mesmo dispositivo.

É criticável a opção legislativa de não fazer qualquer distinção das hipóteses de dispensa em virtude do previsto no parágrafo único do art. 521 do Novo CPC. Os dois primeiros incisos do dispositivo ora comentado têm como premissa a proteção do exequente, enquanto os dois últimos têm como razão de ser o pequeno risco de uma anulação ou reforma do título executivo provisório.

A partir do momento em que o legislador cria uma regra que prestigia e protege o exequente provisório, não tem sentido criar uma exceção protetiva ao executado. Basta imaginar-se uma situação de exequente que demonstra situação de necessidade e que não tendo a satisfação imediata de seu direito sem a prestação de caução sofrerá graves danos de difícil e incerta reparação. Nesse caso, mesmo que o executado prove que tal dispensa lhe acarretará a mesma ordem de problemas, não há justificativa de se impor o sacrifício ao exequente provisório.

Diferentes são as hipóteses de dispensa fundadas no risco mínimo de reforma ou anulação do título executivo provisório. Nesse caso, é possível não querer correr tal risco, ainda que mínimo, se o cumprimento provisório de sentença gerar o risco descrito no parágrafo único do art. 521 do Novo CPC. Contrapondo os riscos, o legislador permite ao juiz prestigiar o risco que prejudica o executado, determinando excepcionalmente a prestação da caução.

Registre-se que a crítica ora exposta não poderia ser feita ao tema quando versado pelo revogado Código de Processo Civil de 1973. Nesse diploma legal havia a distinção abandonada pelo Novo Código de Processo Civil, porque o seu art. 475-O, § 2.º, II previa que a prestação de caução mesmo quando presente hipótese de sua dispensa em razão do risco de o executado sofrer grave dano, de difícil ou incerta reparação era limitada à hipótese de dispensa fundada no risco mínimo de anulação ou reforma do título executivo provisório. Nas hipóteses de dispensa que tinha como razão de ser a proteção do exequente provisório, o possível dano do executado, ainda que grave e de difícil ou incerta reparação, era irrelevante para fins da dispensa da caução no caso concreto.

O tratamento homogêneo para situações distintas tem levado parcela da doutrina a defender uma interpretação restritiva ao parágrafo único do art. 521 do Novo CPC, que passaria a ser aplicável somente nas hipóteses de dispensa previstas nos incisos III e IV do artigo ora comentado.[5]

Além das hipóteses de dispensa previstas nos quatro incisos do art. 521 do Novo CPC, não se pode esquecer daquela consagrada no art. 356, § 2.º, do Novo CPC. Segundo o dispositivo, no cumprimento de sentença de decisão interlocutória de mérito é dispensada a prestação de caução. A norma é sofrível porque não vem fundada em tutela de credor que dela, de forma especial, necessite e tampouco de pouca probabilidade de a decisão exequenda ser anulada ou reformada. Na realidade, não se tem conhecimento o que fundamenta essa inadequada hipótese de dispensa de caução.

Naquela que provavelmente foi a passagem mais lamentável de todo o projeto de lei aprovado na Câmara, o art. 298 (atual 297) em seu parágrafo único previa que a efetivação da tutela antecipada observaria as normas referentes ao cumprimento provisório da sentença, no que coubesse,

---

5 Marinoni, Arenhart, Mitidiero. *Código*, p. 540.

vedados o bloqueio e a penhora de dinheiro, de aplicação financeira ou de outros ativos financeiros. Essa vedação à penhora *on-line* na execução provisória era um atentado ao princípio da efetividade executiva, não se podendo justificar tal limitação em eventuais abusos na utilização do instituto, alguns, inclusive, criminosos. Com a bandidagem aplica-se o Código Penal, e não o Código de Processo Civil.

Felizmente, essa injustificada violência contra o mais efetivo meio de execução nas obrigações de pagar quantia certa foi suprimida do texto final do Novo CPC pelo Senado. Só essa alteração já seria suficiente para parabenizar o Senado por seu trabalho de revisão do texto aprovado na Câmara.

40

CUMPRIMENTO DE SENTENÇA QUE RECONHEÇA A EXIGIBILIDADE DE OBRIGAÇÃO DE PAGAR QUANTIA CERTA

O art. 523, *caput*, do Novo CPC mantém a aplicação do princípio da inércia da jurisdição para o cumprimento de sentença de obrigação de pagar quantia certa, de forma que a atividade executiva só tem início mediante a provocação do exequente. Essa já era a realidade no CPC/1973, mas havia uma interessante dúvida que parece ter sido resolvida pelo art. 523, § 1.º, do Novo CPC. A intimação para o executado pagar o débito em quinze dias sob pena de multa já fazia parte da execução, dependendo do pedido do exequente ou era consequência de efeito mandamental da sentença, podendo ser determinada de ofício pelo juiz? Aparentemente, o Superior Tribunal de Justiça se inclinava pela necessidade do pedido do exequente[1], solução consagrada no art. 523, *caput* e § 1.º, do Novo CPC.

A exigência do requerimento do exequente, portanto, não é inovação, mas a regulamentação formal dessa iniciativa, que inexistia no CPC/1973 e agora vem prevista nos sete incisos do art. 524 do Novo CPC.

---

1 STJ, Corte Especial, REsp 940.274/MS, rel. Min. Humberto Gomes de Barros, rel. p/ acórdão Min. João Otávio de Noronha, j. 07.04.2010, *DJe* 31.05.2010.

Uma das exigências formais do requerimento é a instrução com o demonstrativo discriminado e atualizado do crédito. O § 1.º prevê que, se o valor apontado pelo exequente aparentemente exceder os limites da condenação, a execução será iniciada pelo valor pretendido, mas a penhora será realizada com base no valor entendido como devido pelo juiz, que poderá se valer do auxílio do contabilista do juízo, que terá prazo de trinta dias, salvo se outro for fixado pelo juiz (§ 2.º).

A mudança traz uma consequência prática importante, cercada de dúvidas. No sistema anterior, o juiz se limitava a encaminhar o processo ao contador quando desconfiava da regularidade dos cálculos apresentados pelo exequente, sem se manifestar a respeito do valor que efetivamente entende devido[2]. O momento adequado para o juiz falar a respeito dos cálculos é no julgamento da impugnação ou dos embargos à execução. O novo sistema modifica essa realidade, porque prevê expressamente uma decisão do juiz sobre o valor, que pelo menos a princípio entende devido. Trata-se, à evidência, de um retrocesso.

Como o § 1.º do art. 524 do Novo CPC prevê que a penhora tomará como base "a importância que o juiz entender adequada", é natural que essa determinação dependerá de uma decisão interlocutória. Ainda que se admita que a decisão, proferida mediante cognição sumária, seja modificada no julgamento da defesa executiva, até porque a execução continuará pelo valor cobrado executivamente pelo exequente, a nova norma criará uma decisão impugnável pelo agravo de instrumento, contrariando o espírito de celeridade buscado pelo Novo Código de Processo Civil.

Compreende-se que o legislador tenha tentado evitar a presença do contador na hipótese de o legislador desconfiar da regularidade dos cálculos, gerador de atraso procedimental, mas fazê-lo exigindo do juiz a prolação de uma decisão, mesmo que provisória, a respeito do valor que entende devido não parece ter sido a solução mais adequada.

O art. 475-B, § 1.º, do CPC/1973 tratava da circunstância de a elaboração dos cálculos depender de dados em poder do executado ou de terceiros. A redação do dispositivo legal permite a conclusão de que a regra valeria tanto para os casos de elaboração como de complementação dos cálculos. A combinação dos §§ 3.º e 4.º do art. 524 do Novo CPC parece tratar de forma mais precisa as situações, mas com isso deixa ao menos uma

---

2 Dinamarco, *A reforma da reforma*, p. 263-265; Cruz e Tucci, *Lineamentos*, p. 153; Santos, *Manual*, p. 72. Contra: Nery Jr.-Nery, *Código*, p. 724.

situação sem regulamentação, afinal, quando os dados estiverem em poder de terceiro ou executado, o § 3.º fala em "elaboração do demonstrativo", e quando em poder do executado, o § 4.º se refere a "complementação do demonstrativo". Pergunta-se: e se os dados em poder de terceiro se prestarem a apenas complementar os cálculos?

Certamente o legislador deveria ter sido mais cuidadoso com os termos utilizados nos dispositivos legais, mas, diante da necessidade de dar praticidade aos dispositivos, surgem duas alternativas: (a) os dispositivos devem ser lidos de forma ampliativa, aplicando-se indistintamente às hipóteses de elaboração e complementação dos dados, ou (b) interpretam-se literalmente os dispositivos, resolvendo-se sua omissão pela aplicação de regras gerais de direito.

Sou favorável à segunda opção para que se afaste de uma vez por todas a possibilidade de se presumir como corretos cálculos simplesmente inventados pelo exequente diante da omissão na exibição de dados pelo executado. Dessa forma, se a elaboração dos cálculos – e não a complementação – depender de dados em poder do executado, são aplicáveis as medidas executivas por sub-rogação e de execução indireta, mas não há presunção de correção de um cálculo que o próprio exequente já afirmou ser impossível produzir sem os dados que estejam em poder do executado.

Nos termos do art. 525 do Novo CPC, transcorrido o prazo para pagamento sem a satisfação do direito, terá início automaticamente, sem necessidade de penhora ou de nova intimação, o prazo de quinze dias para a apresentação da impugnação, defesa executiva típica tratada em tópico específico.

O tratamento legal do cumprimento de sentença que reconheça a exigibilidade de obrigação de pagar quantia certa encontra-se previsto nos arts. 523 a 526 do Novo CPC, que prevê a forma procedimental para a remição da dívida exequenda.

Segundo o *caput* do dispositivo legal, antes de ser intimado para o cumprimento de sentença, o réu poderá comparecer a juízo e oferecer em pagamento o valor que entender devido, apresentando memória discriminada do cálculo. O autor será ouvido em cinco dias, podendo levantar imediatamente a quantia incontroversa (§ 1.º); não havendo oposição do autor, o juiz julgará extinta a obrigação (§ 3.º) e, entendendo o juiz pela insuficiência do depósito, aplicará sobre a diferença multa de dez por cento e fixará honorários advocatícios, seguindo-se a execução (§ 2.º).

Duvido seriamente da necessidade do dispositivo legal, afinal, a remição da dívida é admitida a qualquer momento da execução, e não somente antes da intimação do executado para o pagamento. Se fosse apenas inútil, o dispositivo não mereceria mais considerações, mas a previsão de seu § 2.º é um retrocesso que deve ser fortemente criticada.

Como se pode notar do dispositivo legal, caso o executado tome a iniciativa de pagar o valor que entende devido antes de sua intimação e o juiz entenda que foi pago um valor inferior ao efetivamente devido, será automaticamente aplicada multa de 10% sobre o valor em aberto, também sendo fixados honorários advocatícios de 10% sobre esse valor. A regra contraria o elogiável entendimento do Superior Tribunal de Justiça diante dessa circunstância sob a égide do CPC/1973 ao decidir que, sendo apurada diferença entre o valor pago pelo executado e o pretendido pelo exequente, não caberia aplicação imediata da multa sobre o valor em aberto, devendo ser o executado novamente intimado a pagar a diferença em 15 dias, com a aplicação da multa condicionada ao não pagamento dentro desse prazo[3].

Com a novidade legislativa retira-se qualquer razão para o devedor realizar o pagamento do que entende devido antes de ser intimado porque não terá qualquer vantagem em fazê-lo. Afinal, todas as consequências prejudiciais ao executado só passam a existir se não pagar o débito no prazo legal de 15 dias. Ou seja, pagar antes de ser intimado é um risco desnecessário ao devedor, que não terá qualquer razão para se adiantar à sua intimação para satisfazer a obrigação.

---

3 *Informativo* 533/STJ, 3.ª Turma, REsp 1.320.287/SP, rel. Min. Nancy Andrighi, j. 10.09.2013.

41

CUMPRIMENTO DA SENTENÇA QUE RECONHEÇA A EXIGIBILIDADE DE OBRIGAÇÃO DE FAZER E DE NÃO FAZER

41.1 GENERALIDADES

No tocante à execução de decisão judicial executável que reconheça a exigibilidade de obrigação de fazer e de não fazer, o art. 536 do Novo CPC substitui o art. 461 do CPC/1973.

Os *caputs* dos dois dispositivos são diferentes: enquanto no art. 461 havia previsão de que o juiz poderia conceder a tutela específica ou determinar providências que assegurem o resultado prático equivalente ao do adimplemento, no art. 536 há previsão de que o juiz pode adotar medidas executivas para a efetivação da tutela específica ou a obtenção de tutela pelo resultado prático equivalente. A redação anterior de fato era ruim, mas a atual não parece muito melhor.

O texto anterior fazia parecer que tutela específica e resultado equivalente eram espécies diferentes de tutela jurisdicional, quando, na realidade, a liberdade concedida ao juiz para a obtenção do resultado prático equivalente era voltada justamente para a obtenção da tutela específica dos direitos materiais[1]. O texto atual parece resolver esse problema, mas, ao

1 Marinoni-Mitidiero, *Código*, p. 427.

centralizar a liberdade do juiz na execução da obrigação, parece vincular o juiz ao pedido do autor, não admitindo, dessa forma, que o juiz conceda tutela diferente da pedida, ainda que dela resulte um resultado prático ao que seria gerado com o acolhimento do pedido.

Ainda que o texto legal não seja feliz ao centralizar a execução da obrigação, naturalmente posterior a sua fixação em sentença, continuo a acreditar que a norma permite a conclusão no sentido de excepcionar o princípio da adstrição nos pedidos condenatórios de obrigação de fazer e não fazer, podendo o juiz conceder tutela diversa daquela pedida pelo autor, desde que sua efetivação gere na prática um resultado equivalente ao que seria produzido com o acolhimento da tutela pedida expressamente pelo autor[2].

Diferentemente do que ocorre com o cumprimento de sentença que reconhece a exigibilidade de obrigação de pagar quantia certa, o início da execução de sentença que reconhece a exigibilidade de obrigação de fazer e não fazer independe de provocação do exequente, podendo ser iniciada de ofício, nos termos do art. 536, *caput*, do Novo CPC.

O § 1.º do artigo ora comentado mantém a consagração do princípio da atipicidade dos meios executivos a indicar um rol exemplificativo de meios executivos que podem ser adotados pelo juiz visando a satisfação do direito.

O dispositivo trazia no texto aprovado pelo Parecer 956 do Senado, como novidade, a expressa previsão de intervenção judicial em atividade empresarial ou similar, indicando o caráter residual da medida e determinado a aplicação das regras dos arts. 102 a 111 da Lei 12.529/2011. Infelizmente essa novidade foi suprimida do texto final do Novo CPC em razão da aprovação de destaques apresentados pelos Senadores Ricardo Ferraço, Ana Amélia e Aloysio Ferreira Nunes. Acredito, entretanto, que, em razão da atipicidade das medidas executivas, a referida intervenção continua a ser aplicável, ainda que em caráter excepcional, a qualquer espécie de execução de fazer e não fazer quando outras medidas se mostrarem insuficientes ou inaptas a gerar a satisfação do direito.

41.2 MULTA COMINATÓRIA (*ASTREINTES*)

A multa é sem dúvida a "joia da coroa" das medidas executivas para o cumprimento das obrigações de fazer e não fazer. Tanto que mereceu um artigo somente para discipliná-la. No art. 461 do CPC/1973, o § 4.º

2 Marinoni-Arenhart, *Manual*, p. 413-414; Dinamarco, *Instituições*, n. 945, p. 280.

previa uma "multa diária", enquanto o § 5.º estabelecia uma "multa por tempo de atraso". No novo CPC os arts. 536, § 1.º, e 537, *caput*, determinam apenas "multa".

A exclusão dos termos "diária ou por tempo de atraso" é um avanço e deve ser elogiada. A multa, afinal, nem periódica precisa ser, em especial quando aplicada para pressionar psicologicamente o devedor a cumprir uma obrigação instantânea que não pode ser repetida. Seja como for, a interpretação é de que cabe multa, e que sua qualificação – única, periódica, por ato ilícito praticado – é tarefa do juiz no caso concreto, e não do legislador.

Segundo o art. 537, *caput*, do Novo CPC, a multa, que independe de pedido, pode ser aplicada na fase de conhecimento, em tutela provisória, na sentença ou na execução, devendo ser suficiente e compatível com a obrigação e que seja determinado prazo razoável para o cumprimento do preceito (obrigação). O dispositivo mantém a regra de que o valor e tempo de duração da multa dependem do caso concreto, devendo, por isso, ser estabelecidos pelo juiz da causa. Nesse aspecto, a postura do legislador é elogiável, porque não é adequado limitar uma medida de execução indireta de forma abstrata pela lei.

Por outro lado, não concordo que o juiz deve indicar um prazo para o cumprimento, porque nesse caso o executado pode fazer previamente cálculos e decidir que vale a pena descumprir a obrigação, mesmo que lhe venha a ser aplicada a multa. Entendo que a multa deve durar enquanto se mostrar útil a seu fim, qual seja, o cumprimento da obrigação, cabendo ao juiz fazer a análise temporal de sua eficácia durante sua aplicação, e não fixando um termo final antes mesmo de sua aplicação.

O § 1.º prevê que o juiz, de ofício ou a requerimento, pode modificar o valor e a periodicidade da multa, regra já existente no art. 461, § 6.º, do CPC/1973, quando a multa se tornar insuficiente ou excessiva ou quando o obrigado demonstrar o cumprimento parcial da obrigação ou justa causa para seu descumprimento. Acredito que esse rol legal seja meramente exemplificativo, em especial porque a multa como pressão psicológica só se justifica enquanto efetivamente pressionar o obrigado, sendo uma mera sanção processual se aplicada quando se constata sua ineficácia no cumprimento da obrigação.

Nesse tocante havia uma significativa novidade no projeto de lei aprovado na Câmara que foi retirada do texto final do Novo CPC pelo Senado. Havia previsão expressa no sentido de que a mudança do valor da multa só se aplicaria para o futuro. Primeiro, porque o dispositivo falava em "multa vincenda" e depois porque afirmava expressamente que a mudança não teria "eficácia retroativa".

Como se pode notar no projeto de lei aprovado na Câmara, o valor consolidado das *astreintes* não poderia ser reduzido pelo juiz, em entendimento que contraria a posição majoritária da jurisprudência[3]. O projeto de lei aprovado na Câmara consagrava o que a 4.ª Turma do Superior Tribunal de Justiça chamou de "indústria das *astreintes*", quando o exequente abdica da satisfação de seu direito para manter a aplicação da multa durante longo espaço de tempo. A retirada da expressão "sem eficácia retroativa" do texto final do art. 537, § 1.º, do Novo CPC continua a permitir a redução do valor consolidado da multa.

O § 2.º do artigo ora comentado consagra legislativamente entendimento corrente de que o valor gerado pela multa diante do não cumprimento da obrigação tem como credor o exequente. O Projeto originário previa que o exequente só teria direito até o valor de sua obrigação, sendo credor do valor excedente a Fazenda Pública, mas no final prevaleceu o posicionamento atual, reconhecido pelo Superior Tribunal de Justiça[4].

E o § 4.º do art. 537 do Novo CPC cuida da eficácia da multa, esclarecendo que ela será devida desde o dia em que se configurar o descumprimento da decisão, incidindo enquanto não for cumprida a decisão que a tiver cominado.

O projeto de lei aprovado na Câmara previa que a execução da multa periódica abrangia o valor relativo ao período de descumprimento já verificado até o momento do seu requerimento, bem como o do período superveniente, até e enquanto não fosse cumprida pelo executado a decisão que a cominou. Significava que o exequente não precisaria de sucessivas execuções, podendo se valer de apenas uma com inclusão das prestações vincendas. Naturalmente que satisfeito o direito de crédito, e

---

3 *Informativo* 485/STJ: 3.ª Turma, REsp 1.019.455/MT, rel. Min. Massami Uyeda, j. 18.10.2011; *Informativo* 407/STJ: 4.ª Turma, REsp 947.466/PR, rel. Min. Aldir Passarinho Junior, j. 17.09.2009. STJ, 4.ª Turma, REsp 793.491/RN, rel. Min. Cesar Asfor Rocha, j. 26.09.2006, *DJ* 06.11.2006, p. 337. Contra, no sentido do texto: *Informativo* 495/STJ, 3.ª Turma, REsp 1.229.335/SP, rel. Min. Nancy Andrighi, j. 17.04.2012; *Informativo* 490/STJ, 3.ª Turma, REsp 1.192.197/SC, rel. originário Min. Massami Uyeda, rel. para acórdão Min. Nancy Andrighi, j. 07.02.2012; *Informativo* 448/STJ: 3.ª Turma, REsp 1.135.824/MG, rel. Min. Nancy Andrighi, j. 21.09.2010.

4 *Informativo* 497/STJ, 4.ª Turma, REsp 949.509/RS, rel. originário Min. Luis Felipe Salomão, rel. para o acórdão Min. Marco Buzzi, j. 08.05.2012.

não a obrigação principal, caberia uma nova execução para a cobrança das parcelas vincendas.

Essa previsão foi suprimida pelo Senado do texto final do Novo CPC, o que, entretanto, não parece ser o suficiente para que a forma executiva nela descrita seja descartada. Afinal, em termos de economia processual faz todo sentido o aproveitamento de execução em trâmite para a cobrança de valores devidos supervenientes, dispensando-se assim a propositura de sucessivas execuções.

A previsão do § 3.º deve ser saudada por duas razões. Primeiro, porque consagra expressamente a eficácia imediata da multa, prestigiando assim a efetividade da tutela executiva à segurança jurídica[5]. Segundo, porque deixa claro que a execução definitiva dessa multa depende do trânsito em julgado da sentença, afastando indevida confusão entre executabilidade e provisoriedade sentida em algumas decisões do Superior Tribunal de Justiça[6].

Apesar de consagrar a eficácia imediata da multa, o dispositivo legal ora analisado consagra um cumprimento de sentença incompleto, já que exige para o levantamento dos depósitos realizados em juízo o trânsito em julgado de sentença favorável à parte ou a pendência do agravo em recursos extraordinário e especial nas hipóteses de negativa de seguimento de recurso excepcional (art. 1.042, II ou III, do Novo CPC).

O único ato vedado pela norma comentada na execução provisória da multa é o levantamento de valores, de forma que, sendo penhorado qualquer outro bem que não seja dinheiro, deverá ocorrer normalmente sua expropriação, remanescendo o valor recebido depositado em juízo à espera do trânsito em julgado ou da pendência de agravo com fundamento no art. 1.042, II ou III, do CPC.

O legislador aparentemente encontrou uma solução que prestigia a efetividade e a segurança jurídica. A executabilidade imediata reforça o caráter de pressão psicológica da multa porque o devedor sabe que, descumprida a decisão em tempo breve, poderá sofrer desfalque patrimonial. Por outro lado, ao exigir para o levantamento de valores em favor do exequente o trânsito em julgado ou a pendência de recurso que dificilmente reverterá o resultado, o legislador prestigia a segurança jurídica.

---

5 Bueno, *Código*, p. 1.413; Theodoro Jr., *Processo*, n. 474, p. 558; Talamini, *Tutela relativa*, n. 9.7, p. 254-255.

6 *Informativo* 422/STJ: 1.ª Turma, REsp 1.098.028/SP, rel. Min. Luiz Fux, j. 09.02.2010; STJ, 3.ª Turma, AgRg no REsp 1.116.800/RS, rel. Min. Massami Uyeda, j. 08.09.2009, *DJe* 25.09.2009.

O descumprimento injustificado da ordem judicial é, segundo o art. 536, § 4.º, do Novo CPC, ato de litigância de má-fé e, além da aplicação das sanções previstas na lei processual, o executado pode ser responsabilizado por crime de desobediência.

42

CUMPRIMENTO DA SENTENÇA QUE RECONHEÇA A EXIGIBILIDADE DE OBRIGAÇÃO DE ENTREGAR COISA

Segundo o art. 538, *caput*, do Novo CPC, não cumprida a obrigação de entregar coisa no prazo estabelecido na sentença, o juiz expedirá mandado de busca e apreensão ou imissão na posse em favor do executado. Apesar de o dispositivo ser cópia do art. 461-A, § 2.º, do CPC/1973, não deve ser elogiado. Afinal, descumprida a obrigação, o juiz não é obrigado a se valer da execução por sub-rogação prevista no dispositivo, podendo aplicar a multa disposta no art. 536 do Novo CPC. Ou até mesmo cumular as duas medidas executivas[1]. Seria melhor uma previsão genérica, no sentido de que, descumprida a obrigação, o juiz tomaria as medidas executivas que entendesse cabíveis.

Os §§ 1.º e 2.º tratam das benfeitorias na coisa que deve ser entregue. Nos termos do § 1.º, a existência de benfeitorias deve ser alegada na fase de conhecimento no momento da contestação, de forma discriminada e com atribuição, sempre que possível e justificadamente, do respectivo valor. Já o § 2.º prevê que o direito de retenção por benfeitorias deve ser exercido na contestação. Na ausência de regra específica no CPC/1973, o Superior Tribunal de Justiça vinha admitindo a alegação em sede de

---

1 Neves, *Manual de direito*, n. 43.2, p. 974.

impugnação de retenção por benfeitorias, desde que a matéria já tivesse sido objeto de contestação na fase de conhecimento[2].

Continuo entendendo que o prazo agora previsto no § 1.º do art. 538 do Novo CPC é preclusivo, servindo apenas para permitir o exercício do direito de retenção, de forma que, caso o réu não alegue em sua contestação o direito à retenção em razão de benfeitorias, ele não perderá o direito, em ação autônoma, de exigir seu pagamento. Só não poderá alegar a matéria em sede de defesa executiva pretendendo condicionar a entrega da coisa ao pagamento[3].

---

2 *Informativo* 502/STJ, 3.ª Turma, REsp 1.278.094/SP, rel. Min. Nancy Andrighi, j. 16.08.2012.

3 Neves, *Manual de direito*, 49.3.2, p. 1.136.

43

EXECUÇÕES ESPECIAIS

43.1 EXECUÇÃO CONTRA A FAZENDA PÚBLICA

43.1.1 Cumprimento de sentença

Há uma importante inovação quanto à execução de pagar quantia certa contra a Fazenda Pública no Novo Código de Processo Civil. No sistema do CPC/1973, independentemente da natureza do título executivo – judicial ou extrajudicial –, essa espécie de execução demandava um processo autônomo de execução. Já no Novo CPC haverá cumprimento de sentença quando o título executivo for judicial (arts. 534-535) e processo autônomo de execução, quando o título executivo for extrajudicial (art. 910).

Ainda que existam diferenças procedimentais entre as duas formas executivas, é inegável a existência de diversas regras comuns a ambas, o que é confirmado pela previsão do art. 910, § 3.º, do Novo CPC no sentido de serem aplicáveis ao processo de execução, no que couber, as regras do cumprimento de sentença.

O art. 534 do Novo CPC prevê os requisitos formais do requerimento inicial do cumprimento de sentença que impuser à Fazenda Pública o dever de pagar quantia certa. Na hipótese de litisconsórcio ativo, o § 1.º do dispositivo ora analisado prevê que cada um dos exequentes apresente o seu próprio demonstrativo, sendo aplicáveis as regras do litisconsórcio multitudinário previsto no art. 113.

O dispositivo tem em sua maioria de incisos a repetição das regras formais previstas no art. 524 do Novo CPC, que regulamenta o requerimento inicial do cumprimento de sentença que reconheça a exigibilidade de pagar quantia certa contra devedores em geral.

Os incisos II a VI do art. 534 do Novo CPC repetem os mesmos incisos do art. 524 do mesmo diploma legal: o índice de correção monetária adotado; os juros aplicados e as respectivas taxas; o termo inicial e o termo final dos juros e da correção monetária utilizados; a periodicidade da capitalização dos juros, se for o caso; especificação dos eventuais descontos obrigatórios realizados.

As especialidades ficam por conta da exclusão da qualificação do executado prevista no inciso I, já que a Fazenda Pública não tem nome completo e tampouco número de inscrição no Cadastro Nacional de Pessoa Jurídica, e da inexistência da regra consagrada no art. 524, VII, do Novo CPC, já que no cumprimento de sentença de pagar quantia contra a Fazenda Pública não há bens a penhorar.

O § 2.º expressamente exclui a multa prevista no art. 523, § 1.º, o que significa que, mesmo não pagando o valor devido em quinze dias, a Fazenda Pública não suportará a aplicação de multa de dez por cento do valor exequendo.

Segundo o art. 535, *caput*, a intimação da Fazenda Pública será realizada na pessoa de seu representante legal, mediante carga, remessa ou meio eletrônico, abrindo-se prazo de trinta dias para a impugnação, que será apresentada nos próprios autos. Tratando-se de execução de título judicial, naturalmente não pode a Fazenda Pública – bem como qualquer outro executado – voltar a discutir o direito exequendo fixado em sentença, sob pena de ofensa à coisa julgada material ou à eficácia preclusiva da coisa julgada. Dessa forma, haverá na impugnação uma limitação da cognição horizontal, restringindo-se as matérias passíveis de alegação nessa espécie de defesa.

Estão previstas no art. 535 do Novo CPC as matérias alegáveis, sendo o dispositivo uma cópia quase integral do art. 525, § 1.º, do Novo CPC, que trata do mesmo tema na impugnação de cumprimento de sentença comum. A única diferença é a exclusão da matéria consagrada no inciso IV daquele dispositivo (penhora incorreta ou avaliação errônea), consequência natural da inexistência da penhora na execução contra a Fazenda Pública. Portanto, valem os comentários feitos no Capítulo 46.2, inclusive as críticas.

O legislador, na realidade, não precisava ter repetido tantas regras já consagradas dez artigos antes. Bastava fazer uma remissão genérica, determinando a aplicação do art. 525 do Novo CPC, no que coubesse, ou ainda ser mais preciso, indicando quais das regras de tal dispositivo legal deveriam ser aplicadas na impugnação do cumprimento de sentença contra a Fazenda Pública. Por alguma razão preferiu manter a técnica da repetição inútil, que vinha desde o CPC/1973, de regras nos arts. 475-L e 741.

43.1.2 Processo de execução

O art. 910, *caput*, Novo CPC adéqua o prazo de embargos da Fazenda Pública na execução fundada em título executivo extrajudicial ao art. 1.º-B da Lei 9.494/1997: trinta dias. O § 1.º prevê expressamente que a expedição do precatório ou requisição de pequeno valor deve ocorrer quando não apresentados os embargos ou após o trânsito em julgado da decisão que o decidir. O § 2.º prevê que a Fazenda Pública poderá alegar qualquer matéria que lhe seria lícito deduzir como defesa no processo de conhecimento, mantendo a regra consagrada no art. 745, V, do CPC/1973. No mais, aplicam-se subsidiariamente, no que couber, as regras do cumprimento de sentença.

43.2 EXECUÇÃO DE ALIMENTOS

43.2.1 Cumprimento de sentença

A possibilidade de executar sentença condenatória ao pagamento de alimentos por via da fase procedimental do cumprimento de sentença diante das previsões do CPC/1973 divide a doutrina. Há doutrinadores que defendem a manutenção do processo autônomo de execução[1], outros que entendem pela aplicação do cumprimento de sentença[2] e ainda uma terceira corrente que defende a aplicação do processo de execução, quando o exequente opta pelo art. 733 do CPC/1973, e cumprimento de sentença, quando prefere se valer do art. 732 do mesmo diploma legal[3]. A divergência foi saneada, passando a obrigação alimentar a ser reconhecida em decisão

---

1 Theodoro Jr., *Processo*, n. 333, p. 391; Nery Jr.-Nery, *Código*, p. 1.068.

2 Câmara, *A nova*, n. 10.3, p. 157-161; Rodrigues, *Manual*, p. 423.

3 Costa Machado, *Código de Processo Civil interpretado*, p. 1.261; Tartuce-Simão, *Direito*, p. 429-430.

judicial a ser executada por cumprimento de sentença, reservando-se o processo autônomo à execução de títulos executivos extrajudiciais.

E o art. 531, *caput*, do Novo CPC resolve outra divergência doutrinária, ao prever que as regras no Capítulo aplicam-se aos alimentos definitivos ou provisórios, tendo sido suprimido do texto final a expressão "legítimos" prevista no projeto de lei aprovado na Câmara. A indicação da provisoriedade e definitividade serve apenas para determinar a forma de autuação da execução: autos em apartado no primeiro caso e nos próprios autos da decisão no segundo (§§ 1.º e 2.º). O mais importante do dispositivo, entretanto, foi não limitar regras como da prisão civil e do desconto em folha de pagamento aos alimentos legítimos, permitindo que tais medidas executivas sejam também aplicadas em execuções de alimentos derivados de ato ilícito e remuneração de trabalho.

Apoio incondicionalmente o tratamento homogêneo da execução de alimentos, independentemente de sua origem, "porque a necessidade especial do credor de alimentos não se altera em razão da natureza desse direito, não havendo sentido criar um procedimento mais protetivo limitando sua aplicação a somente uma espécie de direito alimentar"[4].

Reconheço que essa interpretação ampliativa contraria o entendimento de parcela significativa da doutrina[5] e de posição consolidada sobre o tema no Superior Tribunal de Justiça, que reiteradamente inadmite prisão civil em execução de alimentos fundada em ato ilícito[6] e de honorários advocatícios, ainda que reconhecendo sua natureza de verba alimentar[7], mas é a única que me parece possível diante da redação legal do dispositivo ora comentado.

Ademais, se o teor da Emenda constante do Tópico 2.3.2.163 do Parecer Final 956 do Senado, responsável pela supressão do termo "legítimos" do texto final do artigo ora analisado for levado em consideração, meu entendimento ficará ainda mais fragilizado.

---

4 Neves, *Manual de direito*, n. 48.1.1, p. 1.087-1.088.

5 Greco, *O processo*, n. 11.1, p. 526-527; Dinamarco, *Instituições*, n. 1.726, p. 601.

6 STJ, 4.ª Turma, HC 182.228/SP, rel. Min. João Otávio de Noronha, j. 01.03.2011, *DJe* 11.03.2011.

7 STJ, 3.ª Turma, HC 224.769/DF, rel. Min. Paulo de Tarso Sanseverino, j. 14.02.2012, *DJe* 17.02.2012.

A leitura do texto da Emenda é melhor do que qualquer explicação possível: "A definição de 'alimentos legítimos', embora vinculada por muitos civilistas aos alimentos de Direito de Família, não encontra previsão legal, o que pode gerar dúvidas quanto ao alcance do dispositivo, razão por que não convém o seu emprego no dispositivo em epígrafe. Dessa forma, assim como o atual art. 733 do Código de Processo Civil não individualiza a espécie de alimentos autorizadores da prisão civil no caso de inadimplência, o novo Código também não o fará, o que desaguará na conclusão de manutenção da orientação jurisprudencial pacificada até o presente momento, firmada no sentido de que o não pagamento de alimentos oriundos de Direito de Família credencia a medida drástica da prisão. Aliás, essa é a dicção do inciso LXVII do art. 5.º da Carta Magna e do Pacto de San José da Costa Rica (Convenção Americana de Direitos Humanos), os quais somente admitem a prisão civil por dívida, se esta provier de obrigação alimentar. De mais a mais, os alimentos de Direito de Família são estimados de acordo com a possibilidade do alimentante e a necessidade do alimentado, de modo que, em princípio, o devedor tem condições de arcar com esses valores. Se não paga os alimentos, é porque está de má-fé, ao menos de modo presumido, o que torna razoável a coação extrema da prisão civil em prol da sobrevivência do alimentado. Já os alimentos indenizativos (aqueles que provêm de um dano material) são arbitrados de acordo com o efetivo prejuízo causado, independentemente da possibilidade do devedor. Dessa forma, a inadimplência do devedor não necessariamente decorre de má-fé. A prisão civil, nesse caso, seria desproporcional e poderia encarcerar indivíduos por sua pobreza. O mesmo raciocínio se aplica para verbas alimentares, como dívidas trabalhistas, honorários advocatícios etc. Enfim, a obrigação alimentar que credencia a prisão civil não é qualquer uma, mas apenas aquela que provém de normas de Direito de Família".

Havendo decisão condenatória de alimentos – sentença ou decisão interlocutória –, e diante do pedido expresso do exequente, o executado será intimado pessoalmente (não se admite intimação na pessoa de seu advogado) para que em três dias: (i) pague; (ii) prove que já pagou; (iii) apresente justificativa da impossibilidade absoluta de efetuar o pagamento. Ainda que os alimentos se associem ao princípio da dignidade da pessoa humana, o legislador no art. 528, *caput*, do Novo CPC prestigiou o princípio da inércia da jurisdição, não podendo o juiz dar início à atividade executiva de ofício.

Quanto à competência para a execução, o art. 528, § 9.º, do Novo CPC incluiu mais um foro além daqueles previstos no art. 516, parágrafo único:

o foro do domicílio do exequente. Portanto, fica o exequente livre para escolher entre o juízo que prolatou a decisão exequenda, o foro do local dos bens do executado, o foro do domicílio do executado e o foro de seu domicílio. A previsão consagra entendimento jurisprudencial no sentido de poder o exequente de alimentos executar a sentença no foro de seu domicílio, independentemente do foro que proferiu a decisão exequenda[8].

Segundo o art. 528, § 3.º, do Novo CPC, transcorrido o prazo de três dias sem pagamento e justificativa aceitável, o juiz determinará o protesto do pronunciamento judicial e decretará a prisão do executado pelo prazo de um a três meses, repetindo o prazo previsto no art. 733, § 1.º, do CPC/1973. Registre-se que

O § 7.º do dispositivo comentado consagrou entendimento jurisprudencial consolidado no sentido de que o débito alimentar que autoriza a prisão civil é o que compreende as três prestações anteriores ao ajuizamento da execução e as que se vencerem em seu curso. Justamente a regra consagrada na Súmula 309/STJ[9].

Nos termos do § 1.º do art. 528 do Novo CPC, caso o executado não efetue o pagamento, não prove que o efetuou ou não apresente justificativa da impossibilidade de efetuá-lo, o juiz mandará protestar o pronunciamento judicial. Trata-se, na realidade, de previsão específica voltada para o cumprimento de sentença de alimentos, já que o protesto para qualquer cumprimento de sentença está previsto no art. 517 do Novo CPC.

O protesto da sentença tem como função pressionar psicologicamente o executado a cumprir a obrigação, se prestando a exercer a mesma espécie de pressão por meio de ameaça na piora do devedor no cumprimento de sentença de alimentos. Há, entretanto, uma especialidade que, por incrível que pareça, contraria o ideal de proteção plena ao credor de alimentos.

Nos termos do art. 517 do Novo CPC, o protesto será realizado se transcorrido o prazo de 15 dias da intimação do executado para satisfação da obrigação sem ter ocorrido o pagamento. Significa dizer o óbvio, ou seja, se houver o pagamento no prazo legal não haverá protesto. Nesse sentido, não chega a ser particularidade do cumprimento de sentença a impossibilidade de protesto da sentença se o executado demonstrar que já pagou no prazo de 3 dias.

---

8 STJ, 3.ª Turma, HC 184.305/GO, rel. Min. Vasco Della Giustina, j. 17.03.2011, *DJe* 22.03.2011.

9 "O débito alimentar que autoriza a prisão civil do alimentante é o que compreende as três prestações anteriores ao ajuizamento da execução e as que vencerem no curso do processo".

A novidade fica por conta da terceira reação prevista no § 1.º do art. 528 do Novo CPC, que prevê ser impeditivo do protesto a apresentação de justificativa para o não pagamento, consolidando o equívoco do legislador o § 3.º do mesmo dispositivo ao prever que não sendo admitida a justificativa apresentada, o juiz determinará o protesto da sentença. O legislador confundiu o inconfundível, ou seja, as duas espécies de execução indireta cabíveis na execução de alimentos: o protesto do título executivo judicial e a prisão civil.

A apresentação de justificativa evita a prisão imediata do devedor de alimentos, e sua rejeição a libera. Nada tem a ver com a existência do direito do exequente, mas apenas com o afastamento da prisão civil. Dessa forma, se o executado apresentar justificativa pelo não pagamento em 3 dias, ainda assim a sentença deverá ser protestada, a par do previsto no § 1.º do art. 528 do Novo CPC. Ser a justificativa acolhida ou rejeitada não terá qualquer relevância para tal protesto, que já terá ocorrido, a par da previsão do § 3.º do art. 528 do Novo CPC.

No projeto originário do Novo CPC o legislador aliviava a pressão psicológica ao prever que a prisão civil do devedor de alimentos seria cumprida em regime semiaberto, e somente na hipótese de novo aprisionamento no regime fechado. Além disso, deveria ficar separado dos "presos comuns" (entenda-se presos em razão de ato ilícito penal), e, se impossível essa separação, a prisão será domiciliar.

A leniência do legislador brasileiro com o devedor é uma vergonha para nosso Direito. Impenhorabilidade absoluta de salários, imóveis de valores altíssimos preservados como bem de família, e agora uma prisão em regime semiaberto ou até mesmo domiciliar. A prisão civil é uma forma de execução indireta, que busca pressionar o devedor ao cumprimento da obrigação, e quanto menos severa a consequência do descumprimento da decisão judicial, menor será sua força de persuasão. Não é preciso muito esforço para se concluir que a prisão civil perderia em parte considerável sua força coercitiva se vingasse a proposta originária.

Já na Câmara o regime de prisão voltou a ser fechado e é nesse sentido o art. 528, § 4.º, do Novo CPC, sendo mantido o direito de o preso civil ficar separado dos presos comuns.

Continua sendo possível ao exequente de alimentos optar pela execução comum de pagar quantia certa, sem a prisão civil do devedor. Nesse caso, segundo o art. 528, § 8.º, do Novo CPC, a concessão de efeito suspensivo à impugnação não obsta que o exequente levante mensalmente a importância da prestação. Para se compreender a regra é preciso lembrar que a execução comum de alimentos tem a especialidade do desconto em folha de pagamento, regulamentado no art. 529 do Novo CPC.

O que se compreende do dispositivo legal é que, sendo realizado o desconto em folha de pagamento, mesmo que o executado consiga efeito suspensivo a seus embargos, não conseguirá impedir o levantamento mensal. Sendo outra a forma executiva, por exemplo, a penhora de bens, naturalmente não se aplica a exceção do § 8.º do art. 528 ora analisado, considerando-se que nesse caso não haverá levantamento mensal. Na tentativa de manter com adequações a regra do art. 732, parágrafo único, do CPC/1973, o legislador perdeu uma oportunidade de simplificar.

Para tanto, bastaria prever que, havendo desconto em folha de pagamento na execução de alimentos, os embargos não terão efeito suspensivo, nem mesmo *ope iudicis*. Afinal, se o levantamento mensal nesse caso será realizado mesmo com o efeito suspensivo concedido, exatamente o que se estará suspendendo?

Uma vez que o juiz determine o desconto em folha de pagamento, oficiará à autoridade, empresa ou empregador responsável pelo pagamento do executado para que passe a descontar os valores a partir da primeira remuneração posterior à cientificação, sob pena de crime de desobediência, nos termos do art. 529, § 1.º, do Novo CPC. Embora não constasse anteriormente no CPC/1973, o crime de desobediência já vinha previsto no art. 22 da Lei de Alimentos. E, apesar do silêncio da lei, persiste o entendimento de que, não havendo o desconto, tais valores podem ser cobrados do empregador[10].

No § 3.º do dispositivo ora comentado consagra-se recente entendimento jurisprudencial no sentido de que o desconto em folha de pagamento pode servir ao pagamento de parcelas vencidas e vincendas[11]. O dispositivo prevê que, nesse caso, a soma de desconto para pagamento de parcelas vencidas e vincendas não pode superar cinquenta por centro dos ganhos líquidos do devedor. A regra é interessante porque geralmente se estabelecia como teto de desconto o valor de trinta por cento da remuneração, e no caso de cumulação de prestações vencidas e vencidas o valor será superior a esse por expressa autorização legal.

---

10 Greco, *O processo*, n. 11.1, p. 529.

11 *Informativo* 485/STJ: 4.ª Turma, REsp 997.515/RJ, rel. Min. Luis Felipe Salomão, j. 18.10.2011.

O art. 532 do Novo CPC traz uma interessante novidade quanto à ciência do Ministério Público pelo juiz para apuração do crime de abandono material. Só não consegue esclarecer exatamente quais os indícios que levarão o juiz a tomar tal providência. Segundo o dispositivo, seria a postura procrastinatória do executado, mas naturalmente não há como imaginar um abandono material se os alimentos estiverem sendo pagos, ainda que o executado assuma postura procrastinatória. Por outro lado, mesmo que não haja qualquer postura nesse sentido, a resistência em não pagar os alimentos poderia, em tese, configurar o crime de abandono material.

Entendo que o legislador nesse ponto teve um nobre propósito na tutela do alimentando, mas a previsão legal, por ser de difícil compreensão, fatalmente será de aplicação rara na praxe forense. Na realidade, melhor seria apenas relembrar o juiz de seu poder de provocar o Ministério Público a respeito do crime de abandono material, até porque a simples postura do devedor em deixar de pagar os alimentos já é o suficiente, ao menos indiciariamente, para a tipificação do crime. Nesse sentido, o *caput* do art. 244 do CP: "Deixar, sem justa causa, de prover a subsistência do cônjuge, ou de filho menor de 18 (dezoito) anos ou inapto para o trabalho, ou de ascendente inválido ou maior de 60 (sessenta) anos, não lhes proporcionando os recursos necessários ou faltando ao pagamento de pensão alimentícia judicialmente acordada [...]".

43.2.2 Processo de execução

A execução de obrigação alimentar reconhecida em título executivo extrajudicial se dá por meio de processo de execução, tendo o Novo CPC reservado três artigos para sua regulamentação: arts. 911, 912 e 913. Na realidade, as regras são cópias adequadas à natureza de processo dessa espécie de execução daquelas já analisadas quanto ao cumprimento de sentença. Tanto assim que o art. 911, parágrafo único, determina a aplicação à execução dos §§ 2.º a 7.º do art. 528, e os arts. 912 e 913 repetem de forma adequada ao processo de execução as regras consagradas nos arts. 529 e 528, § 8.º, do Novo CPC.

44

PROCEDIMENTOS ESPECIAIS

44.1 INTRODUÇÃO

O Novo Código de Processo Civil deixa de prever alguns procedimentos ditos por especiais pelo CPC/1973: ação de depósito, ação de anulação e substituição de título ao portador, ação de nunciação de obra nova, ação de usucapião e ação de vendas a crédito com reserva de domínio.

44.2 CONSIGNAÇÃO EM PAGAMENTO

O procedimento da consignação em pagamento extrajudicial foi substancialmente mantido pelo Novo Código de Processo Civil. O art. 539, § 3.º, modifica o prazo para ingresso da ação de consignação na hipótese de recusa do credor de trinta dias para um mês. A novidade mais relevante é encontrada no art. 539, § 2.º, ao prever que o prazo de dez dias para o credor recusar a consignação tem como termo inicial de contagem o retorno do aviso de recebimento.

É difícil explicar a opção do Senado em suprimir do texto aprovado na Câmara a permissão da adoção da consignação extrajudicial aos aluguéis, já que esse é o entendimento consagrado no Superior Tribunal de Justiça[1]. A curiosa opção, entretanto, não terá efeitos práticos, porque não há razão para a consignação extrajudicial de aluguéis deixar de ser admitida, sendo

---

1 STJ, 5.ª Turma, REsp 618.295/DF, rel. Min. Felix Fischer, j. 06.06.2006, *DJ* 01.08.2006, p. 514.

essa realidade inclusive reconhecida pela Emenda constante do tópico 2.3.2.169 do Parecer Final 956 do Senado, responsável pela supressão da norma legal ora analisada com a justificativa de que não convém a uma norma geral, o Código de Processo Civil, especificar espécies de dívidas suscetíveis do procedimento extrajudicial de consignação.

O art. 540 do Novo CPC manteve a regra de competência do lugar do pagamento, mas não repetiu a regra do parágrafo único do art. 891 do CPC/1973. A omissão, entretanto, não é capaz de afastar a regra em razão do art. 341 do CC. Nesse sentido, o Enunciado 59 do Fórum Permanente de Processualistas Civis (FPPC): "*Em ação de consignação e pagamento, quando a coisa devida for corpo que deva ser entregue no lugar em que está, poderá o devedor requerer a consignação no foro que ela se encontra. A supressão do parágrafo único do art. 891 do Código de Processo Civil em vigor não afetará a regra acima destacada, tendo em vista que ainda possui previsão no art. 341 do Código Civil*".

Continua, no Novo CPC (art. 542), cabendo ao juiz a análise da regularidade formal da petição inicial, e, sendo superada positivamente essa fase procedimental, intimará o autor para que realize o depósito no prazo de cinco dias, dependendo a citação do réu da efetiva realização desse ato pelo autor. Ocorrendo a omissão, será caso de extinção do processo sem a resolução do mérito, havendo decisão do Superior Tribunal de Justiça que admite o depósito após os cinco dias previstos pelo art. 893, I, do CPC/1973[2] e mantido pelo art. 542, I, do Novo CPC. No sentido da extinção sem resolução de mérito, se o depósito não for realizado dentro do prazo legal, é a previsão do art. 542, parágrafo único, do Novo CPC.

Quanto ao levantamento imediato dos valores previstos no art. 899, § 1.º, do CPC/1973 e mantido no art. 545, § 1.º, do Novo CPC, registre-se o Enunciado 61 do Fórum Permanente de Processualistas Civis (FPPC): "*É permitido ao réu da ação de consignação em pagamento levantar 'desde logo' a quantia ou coisa depositada em outras hipóteses além da prevista no § 1.º do art. 559 [atual art. 545] (insuficiência do depósito), desde que tal postura não seja contraditória com fundamento da defesa*".

O art. 541 do Novo CPC repete a previsão do art. 892 do CPC/1973, o que não impediu a edição do Enunciado 60 do Fórum Permanente de Processualistas Civis (FPPC): "*Na ação de consignação em pagamento*

---

2 REsp 702.739/PB, 3.ª Turma, rel. Min. Nancy Andrighi, rel. p/ acórdão Min. Ari Pargendler, j. 19.09.2006.

que tratar de prestações sucessivas, consignada uma delas, pode o devedor continuar a consignar sem mais formalidades as que se forem vencendo, enquanto estiver pendente o processo".

O art. 548 do Novo CPC mantém a previsão do art. 898 do CPC/1973. A respeito do tema, o Enunciado 62 do Fórum Permanente de Processualistas Civis (FPPC): "*A regra prevista no art. 548, III, que dispõe que, em ação de consignação em pagamento, o juiz declarará efetuado o depósito extinguindo a obrigação em relação ao devedor, prosseguindo o processo unicamente entre os presuntivos credores, só se aplicará se o valor do depósito não for controvertido, ou seja, não terá aplicação caso o montante depositado seja impugnado por qualquer dos presuntivos credores*".

A sentença proferida em ação de consignação em pagamento tem, em regra, natureza meramente declaratória; no acolhimento do pedido do autor haverá declaração e extinção da obrigação em razão da idoneidade e suficiência do depósito realizado; na rejeição do pedido haverá a declaração de que o depósito realizado não é apto a extinguir a obrigação. Excepcionalmente, a sentença terá também natureza condenatória quando o réu alegar a insuficiência do depósito e o autor não complementá-lo em dez dias, caso em que o juiz irá condená-lo a pagar a diferença apurada (art. 899, § 2.º, do CPC/1973 e art. 545, § 2.º, do Novo CPC)[3].

Tais conclusões sempre foram tranquilas na doutrina, mas no CPC/1973 não havia qualquer previsão legal nesse sentido. A omissão foi parcialmente sanada pelo art. 546 do Novo CPC ao prever que, julgado procedente o pedido, o juiz declarará extinta a obrigação e condenará o réu ao pagamento de custas e honorários advocatícios.

44.3 AÇÃO DE PRESTAÇÃO DE CONTAS

No Novo Código de Processo Civil não há previsão de ação para dar contas, sendo regulada pelos arts. 550 a 553 apenas a ação de exigir contas.

Com a abolição pelo Novo Código de Processo Civil da ação de dar contas, não há mais a duplicidade na legitimação, sendo sempre legitimado ativo o sujeito que tem o direito de receber as contas e legitimado passivo, o sujeito que tem o dever de prestá-las.

---

[3] Câmara, *Lições*, p. 287; Marinoni-Arenhart, *Código*, p. 822; STJ, REsp 661.959/RJ, 2.ª Turma, rel. Min. João Otávio de Noronha, j. 20.04.2006.

Nos termos do art. 552 do Novo CPC, a sentença apurará o saldo e constituirá título executivo judicial. Como o saldo pode apontar como credor ou devedor tanto o autor como o réu, o dispositivo consagra a natureza dúplice da ação.

O Novo Código de Processo Civil unifica os prazos da ação de exigir contas, que passam a ser sempre de quinze dias. O art. 550, *caput*, prevê esse prazo para contestação ou apresentação de contas pelo réu, quando citado; o art. 550, § 2.º, para a manifestação do autor sobre as contas prestadas pelo réu; o art. 550, § 5.º, para a apresentação de contas em razão da condenação do réu em sentença; e o art. 550, § 6.º, para a apresentação de contas pelo autor diante da omissão do réu em prestá-las.

Há também exigências formais quanto às manifestações das partes. O art. 550, § 1.º, exige do autor, na petição inicial, a especificação detalhada das razões pelas quais exige as contas, instruindo-a com documentos comprobatórios dessa necessidade, se existirem. O mesmo artigo, em seu § 3.º, exige que a impugnação das contas apresentadas pelo réu seja fundamentada e específica, com referência expressa ao lançamento questionado. Há também exigências formais quanto à forma das contas, prevendo o art. 551, *caput* e § 2.º, que tanto o autor como o réu devem prestar as contas na maneira adequada, especificando-se as receitas, a aplicação das despesas e os investimentos, se houver, instruindo-a com os documentos justificativos.

Segundo o art. 552 do Novo CPC, a sentença apurará o saldo e constituirá título executivo judicial. Apesar de não haver regra correspondente no CPC/1973, a previsão só inova por estar expressamente consagrada, já que a sentença – na realidade, a segunda – sempre teve como conteúdo a condenação do devedor ao pagamento do valor apurado – autor ou réu em razão da natureza dúplice da ação, que está mantida no Novo CPC –, constituindo-se título executivo apto a ensejar o cumprimento de sentença.

44.4 AÇÕES POSSESSÓRIAS

44.4.1 Disposições gerais

Nas disposições gerais que regulamentam as ações possessórias, o Novo Código de Processo Civil manteve diversas regras existentes sobre o tema no CPC/1973: fungibilidade entre as três diferentes ações possessórias (arts. 554 do Novo CPC e 920 do CPC/1973); previsão de pedido contraposto visando à proteção possessória e indenização por perdas e danos (arts. 556 do Novo CPC e 922 do CPC/1973); vedação à propositura de ação petitória durante o trâmite da ação possessória (arts. 557, *caput*, do Novo CPC e 923 do CPC/1973); previsão de procedimento ordinário na hipótese de posse velha (arts. 558 do Novo CPC e 924 do CPC/1973) e exigência de prestação de caução quando o autor, reintegrado ou mantido provisoriamente na posse, carecer de idoneidade financeira (arts. 559 do Novo CPC e 925 do CPC/1973), no prazo de cinco dias, que pode ser dilatado no caso concreto nos termos do art. 139, VI, do Novo CPC (Enunciado 179 do Fórum Permanente de Processualistas Civis (FPPC)).

Entretanto, mesmo com a manutenção da maioria das regras antigas, houve algumas inovações, como se nota da redação dos arts. 557, *caput* e parágrafo único, e 559.

O art. 557, *caput*, do Novo CPC prevê a impossibilidade de autor e réu ingressarem com ação de reconhecimento do domínio enquanto pendente a ação possessória, mas explicita que essa vedação exige uma identidade de partes nas duas ações. Assim, se a pretensão petitória for deduzida em face de terceira pessoa, não haverá qualquer impedimento.

No art. 559 do Novo CPC é mantida a exigência de caução contida no art. 925 do CPC/1973 caso o autor, provisoriamente reintegrado ou mantido na posse, careça de idoneidade financeira para responder às perdas e danos do réu caso a tutela provisória seja revogada e sua efetivação tenha gerado prejuízo ao réu. Há, entretanto, duas novidades no que se refere à caução.

No dispositivo ora comentado é expresso que a caução pode ser real ou fidejussória, o que deve ser elogiado, ainda que da omissão quanto à espécie de garantia seja possível concluir-se pela admissão de qualquer espécie.

A segunda novidade é liberar da prestação de caução a parte economicamente hipossuficiente. A regra é de difícil compreensão. Sendo requisito da exigência de prestação da caução a falta de idoneidade financeira, como afastá-la para os economicamente hipossuficientes? Ao que parece, o dispositivo se valeu de expressões diferentes para indicar o autor que não tem condições de arcar com eventuais perdas e danos do réu, e ao mesmo tempo prevê que essa condição é causa para a exigência e dispensa da caução. O paradoxo criado pela norma é garantia de polêmica.

São duas as principais inovações do Novo Código de Processo Civil nas disposições gerais das ações possessórias.

A primeira e mais significativa decorre dos parágrafos do art. 554, que disciplinam as ações possessórias quando a agressão é realizada por uma multidão de pessoas. Regulamentar esse tema é importante em razão da notoriedade da indesejável frequência com que grupos organizados invadem áreas rurais e urbanas, pelas mais diversas razões.

Como os grupos que organizam as invasões não têm personalidade jurídica, não podem fazer parte do polo passivo da demanda possessória, o que cria uma excepcional situação de litisconsórcio multitudinário passivo formado por réus incertos.

Diante desse quadro, deve ser elogiada a iniciativa do Novo Código de Processo Civil em regulamentar essa situação.

Os dois primeiros parágrafos tratam substancialmente da forma de citação dos réus: serão realizadas a citação pessoal dos ocupantes que forem encontrados no local e a citação por edital dos demais. No caso da citação pessoal, o oficial de justiça procurará os ocupantes no local, por duas vezes, em dias distintos, no intervalo de cinco dias (prazo impróprio).

Nos termos do art. 554, § 1.º, na ação possessória com o polo passivo formado por grande número de pessoas o Ministério Público será intimado para participar do processo, bem como a Defensoria Pública, caso haja réus em situação de hipossuficiência econômica. Enquanto o Ministério Público atuará como fiscal da ordem jurídica, a Defensoria Pública defenderá o interesse dos hipossuficientes econômicos que não constituam advogado para sua defesa.

Como a experiência mostra, a grande maioria dos réus nesse tipo de ação possessória será citada por edital, e é notória a ineficácia desse meio de tornar a existência do processo conhecida. Por isso, elogiável o art. 554, § 3.º, ao prever ampla publicidade da existência da ação e também dos prazos processuais por outros meios além do edital, tais como anúncios em jornal ou rádio locais e publicação de cartazes na região do conflito. De qualquer forma, na maioria das vezes a liderança do movimento responsável pela agressão possessória toma conhecimento da existência do processo judicial e de seu andamento.

A segunda novidade diz respeito aos pedidos que podem ser cumulados pelo autor com o pedido possessório. O tema era tratado pelo art. 921 do CPC/1973 e passou a ser abordado pelo art. 555.

O inciso I não trouxe qualquer novidade, mantendo o pedido de indenização por perdas e danos entre os cumuláveis com o pedido possessório.

No inciso II inova-se ao incluir entre os pedidos cumuláveis com o pedido possessório a indenização de frutos, hipótese aplicável para a situação de o bem gerar frutos que sejam apossados pelo agressor possessório. O dispositivo não chega a ser um problema, mas entendo ser desnecessário, sendo possível incluir a indenização pelos frutos no âmbito da reparação das perdas e danos.

No parágrafo único, há pequena, mas significativa, alteração, passando o dispositivo a prever a imposição de "medida necessária e adequada" para o caso de nova turbação e esbulho (inciso I), e não de "pena", como previsto no dispositivo do CPC/1973. A alteração é importante porque possibilita que o juiz conceda medidas de execução indireta (pressão psicológica) para convencer o réu a não reincidir na agressão possessória. Como não se confunde execução indireta com sanção (pena), e esta só deve ser aplicada após a nova agressão possessória, não tendo sentido, portanto, ser objeto da decisão que concede a tutela possessória, a modificação deve ser elogiada. O parágrafo único também se aplica para o cumprimento da tutela provisória ou final.

O inciso II do parágrafo único do artigo ora comentado merece severa crítica por confundir pretensão de direito material e meios executivos para satisfazer a decisão que a reconhece em juízo. Segundo o dispositivo, o autor poderá cumular com o pedido possessório a imposição de medida necessária e adequada ao cumprimento da tutela antecipada ou final. A confusão é manifesta, porque tais medidas, de natureza executiva, além de não precisarem de pedido expresso do autor, não fazem parte do objeto do processo possessório, interessando tão somente quando da satisfação do direito.

Por outro lado, a opção do legislador faz parecer que, dentre os procedimentos especiais, somente na ação possessória é cabível tal pedido, o que, evidentemente, é um disparate. Ou não pode o autor em outros procedimentos especiais pedir a prática de medidas executivas necessárias à satisfação de seu direito?

Note-se que a mesma crítica não pode ser dirigida à previsão do inciso I do parágrafo único do art. 555 do Novo CPC, porque, nesse caso, o pedido de medidas executivas não tem como objetivo pressionar psicologicamente o réu a cumprir a obrigação reconhecida em sentença, mas sim convencê-lo a não praticar novos atos de agressão possessória. Nesse caso, a imposição de uma eventual multa não tem natureza executiva, porque não tem como função satisfazer direito. Entendo que, nesse caso, a multa tem natureza sancionatória em razão de prática de eventual e futuro ato ilícito, sendo a pressão psicológica gerada apenas reflexamente.

A redação final dada pelo Senado frustrou uma terceira novidade que estava consagrada no projeto de lei aprovado pela Câmara, que previa a possibilidade de julgamento antecipado da questão possessória, prosseguindo-se em relação à parte controversa da demanda. O dispositivo legal seria aplicado na hipótese de cumulação de pedidos, sempre que o pedido possessório estivesse pronto para imediato julgamento e os demais pedidos cumulados ainda demandassem atividade jurisdicional. Como a regra se limitava a especificar o julgamento antecipado parcial da lide, previsto no art. 356 do Novo CPC, sua supressão foi justificável.

44.4.2 Procedimento

O Novo Código de Processo Civil mantém a estrutura do CPC/1973 ao tratar conjuntamente do procedimento das ações possessórias.

O conteúdo dos dispositivos que versavam sobre o tema no CPC/1973 foi mantido no Novo Código de Processo Civil: arts. 926, 927, 928, 929, 930, 931, 932 e 933 substituídos pelos arts. 560, 561, 562, 563, 564, 566, 567 e 568.

A única novidade diz respeito ao litígio coletivo pela posse do imóvel, regulamentado pelo art. 565. No *caput* do dispositivo, há previsão de audiência de mediação obrigatória no caso de pedido de liminar em posse velha (agressão possessória ocorrida há mais de ano e dia).

A audiência de mediação deve se dar em até 30 dias (prazo impróprio), sendo o Ministério Público, em qualquer caso, e a Defensoria Pública, no caso de réu beneficiário da gratuidade de justiça, intimados para comparecer à audiência (§ 2.º). Não foi feliz o legislador na redação do dispositivo, ainda que seja possível interpretar "parte beneficiária da gratuidade de justiça" como parte hipossuficiente, exatamente como previsto no art. 554, § 1.º, do Novo CPC.

O § 4.º do dispositivo ora comentado prevê a faculdade de o juiz intimar para a audiência de mediação os órgãos responsáveis pela política agrária e pela política urbana da União, de Estado ou do Distrito Federal, e de Município onde se situe a área objeto do litígio, para que possam se manifestar sobre interesse na causa e existência de possibilidade de solução para o conflito agrário.

Quanto às intimações, aquelas previstas pelo § 2.º constituem um dever do magistrado, que está obrigado por lei a realizá-las. Já quanto às intimações dispostas no § 4.º, o juiz tem a faculdade de realizá-las, só devendo fazê-lo quando entender que a presença dos sujeitos descritos no dispositivo legal possa efetivamente contribuir para a solução do conflito.

Além do pedido de liminar na possessória de posse velha, a audiência de mediação também será cabível, nos termos do art. 565, § 1.º, sempre que concedida a liminar, ela não for executada no prazo de um ano, a contar da data de distribuição do processo. Não tem lógica adotar como termo inicial da contagem desse prazo a distribuição do processo, porque nesse momento não havia tutela a ser efetivada. Entendo que o prazo de um ano deveria ser contado do deferimento da medida liminar, pois só a partir desse momento haverá o que efetivar. De qualquer modo, como as liminares possessórias historicamente são concedidas com brevidade, a diferença entre a data da distribuição e a da concessão liminar é, ao menos em regra, pequena.

Segundo o § 3.º do art. 565, o juiz poderá comparecer à área objeto do litígio quando sua presença se fizer necessária à efetivação da tutela jurisdicional. O dispositivo é péssimo, seja pela sua inutilidade, seja pela sua má colocação.

É difícil acreditar que o juiz precise de previsão expressa em lei para comparecer à área objeto do conflito possessório. Evidentemente, tal ato está incluído nos poderes do juiz, daí por que desnecessária a previsão legal. Estando prevista a regra em parágrafo de artigo que trata de conflito coletivo pela posse do imóvel, pode parecer que o juiz comparecerá ao local da disputa somente nesse tipo de conflito agrário. Ocorre, entretanto, que, mesmo num caso de conflito individual de posse, o juiz tem esse poder, diferente do que sugere a má colocação do dispositivo legal.

44.4.3 Timidez do legislador

Sempre me perguntei, à luz do CPC/1973, qual a serventia da existência de três diferentes ações possessórias no sistema. Tinha a esperança de que num eventual novo Código de Processo Civil esse anacronismo pudesse ser saneado, mas não foi dessa vez, considerando que o Novo Código de Processo Civil manteve expressamente as ações de reintegração de posse, manutenção de posse e interdito proibitório.

É claro que, no plano prático, não se confundem as diferentes formas de agressão possessória, e não será a vontade legislativa que modificará esse panorama. Portanto, sempre haverá distinções entre esbulho, turbação e ameaça de agressão. Contudo, isso interessa tão somente ao direito material, não devendo ter qualquer relevância no plano processual.

A fungibilidade entre as ações e a identidade procedimental entre elas foram mantidas pelo Novo Código de Processo Civil, de forma a continuar a ser inútil a divisão da tutela processual possessória em três diferentes espécies de ação. Bastaria uma ação possessória, ainda que no caso de ameaça de agressão de natureza preventiva, com o que estaria plenamente tutelada a posse.

44.5 AÇÃO DE DIVISÃO E DEMARCAÇÃO DE TERRAS

A ação de divisão e demarcação de terras está prevista nos arts. 569 a 598 do Novo CPC, estando a principal inovação no art. 571 ao prever que a demarcação e a divisão poderão ser realizadas por escritura pública, desde que maiores, capazes e concordes todos os interessados.

O art. 573 do Novo CPC prevê que, tendo a demanda como objeto um imóvel georreferenciado, com averbação no Registro de Imóveis, pode o juiz dispensar a realização de prova pericial.

Importante novidade procedimental vem consagrada no art. 576, *caput*, do Novo CPC, ao prever que a citação dos réus será feita por correio, observado o disposto no art. 247, cabendo a citação por edital apenas nas hipóteses gerais previstas em lei para tal forma de citação (parágrafo único). O dispositivo deve ser saudado, porque revoga a regra consagrada no art. 953 do CPC/1973 que previa a citação pessoal dos réus residentes na comarca e por edital dos demais.

No art. 581, *caput*, do Novo CPC repete-se a regra consagrada no art. 958 do CPC/1973: a sentença que julgar procedente o pedido determinará o traçado da linha demarcanda. A novidade fica por conta do parágrafo único ao prever que a sentença proferida na ação demarcatória determinará a restituição da área invadida, se houver, declarando o domínio ou a posse do prejudicado, ou ambas.

Como fazia o art. 962 do CPC/1973, o art. 583 do Novo CPC prevê que as plantas serão acompanhadas das cadernetas de operações de campo e do memorial descritivo, e seus incisos são responsáveis pela indicação dos requisitos formais de tal memorial. Merece destaque a atualização feita pelo inciso VI ao estabelecer as distâncias a pontos de referência, tais como rodovias federais e estaduais, ferrovias, portos, aglomerações urbanas e polos comerciais, deixando, portanto, de se referir à estação da estrada de ferro, ao porto de embarque e ao mercado mais próximo, como constava do ultrapassado inciso VI do art. 962 do CPC/1973.

Nos termos do art. 590, *caput*, do Novo CPC, o juiz nomeará um ou mais peritos para promover a medição do imóvel e as operações de divisão, observada a legislação especial que dispõe sobre a identificação do imóvel rural. E, segundo o parágrafo único do dispositivo legal, o perito deverá indicar as vias de comunicação existentes, as construções e as benfeitorias, com a relação dos seus valores e dos respectivos proprietários e ocupantes, as águas principais que banham o imóvel e quaisquer outras informações que possam concorrer para facilitar a partilha.

Era de dez dias o prazo para a manifestação das partes sobre o cálculo e o plano da divisão para que, então, o juiz deliberasse a partilha, nos termos do art. 979, *caput*, do CPC/1973. O prazo, que continua a ser comum para as partes, foi aumentado para 15 dias pelo art. 596, *caput*, do Novo CPC.

44.6 AÇÃO DE DISSOLUÇÃO PARCIAL DE SOCIEDADE

44.6.1 Introdução

O Novo Código de Processo Civil criou um novo procedimento especial com o nome de "ação de dissolução parcial de sociedade", regulamentado pelos arts. 599 a 609.

A dissolução parcial da sociedade é gerada por qualquer ocorrência que leve a uma extinção parcial do contrato de sociedade, ainda que os tribunais tenham sempre atrelado a expressão à ação que tem como autor o quotista que tem direito à dissolução total da sociedade, que, alternativamente, será mantida com a retirada de tal sócio e o pagamento de seus haveres, porque a vontade unilateral do sócio não deve prevalecer sobre a utilidade social e econômica representada pela empresa[4].

O Novo CPC fez uma clara opção por regulamentar sob o nome "ação de dissolução parcial de sociedade" todas as espécies de ações que versem sobre a extinção parcial da sociedade, o que inclui a hipótese de falecimento do sócio, sua exclusão e o exercício de seu direito de retirada ou recesso. A opção é facilmente percebida pelo disposto no art. 599 do Novo CPC.

44.6.2 Pretensões veiculáveis

Referida ação poderá ter dois pedidos formulados isoladamente ou em cumulação, conforme previsão do art. 599: (I) a resolução da sociedade empresária contratual ou simples em relação ao sócio falecido, excluído ou que exerceu o direito de retirada ou recesso; (II) a apuração dos haveres do sócio falecido, excluído ou que exerceu o direito de retirada ou recesso; ou (III) somente a resolução ou a apuração de haveres.

No inciso I do art. 599 do Novo CPC está previsto o pedido de resolução da sociedade empresária contratual ou simples em relação ao sócio falecido, excluído ou que exerceu o direito de retirada ou recesso. Trata-se da resolução parcial da sociedade.

---

4 Corrêa da Fonseca, Dissolução parcial, p. 55-59.

O dispositivo não trata da dissolução total de sociedade por duas razões. Primeiro, porque a necessidade de vontade unânime para a liquidação da sociedade torna a dissolução total um procedimento não contencioso cada vez mais frequente. Por outro lado, na rara ocorrência de causas externas para a liquidação, como perda de autorização para funcionamento ou impossibilidade de cumprimento do objeto social, o procedimento a ser seguido será o ordinário[5].

Ampliando as espécies de sociedade que podem suportar pedido de dissolução parcial, o art. 599, § 2.º, do Novo CPC prevê que a ação ora analisada também pode ter por objeto a sociedade anônima de capital fechado quando demonstrado, por acionista ou acionistas que representem 5% ou mais do capital social, que não pode preencher o seu fim. Registre-se que essa realidade e legitimidade já eram versadas no art. 206, II, "b", da Lei das S/A, mas em referida norma há exclusivamente previsão da dissolução total da sociedade.

A opção do legislador cria uma limitação à dissolução parcial de sociedade anônima de capital fechado quando comparada com a jurisprudência formada a respeito do tema. Com relação ao tema, vale a transcrição de julgado do Superior Tribunal de Justiça:

"*É inquestionável que as sociedades anônimas são sociedades de capital (*intuito pecuniae*), próprio às grandes empresas, em que a pessoa dos sócios não tem papel preponderante. Contudo, a realidade da economia brasileira revela a existência, em sua grande maioria, de sociedades anônimas de médio e pequeno porte, em regra, de capital fechado, que concentram na pessoa de seus sócios um de seus elementos preponderantes, como sói acontecer com as sociedades ditas familiares, cujas ações circulam entre os seus membros, e que são, por isso, constituídas* intuito personae. *Nelas, o fator dominante em sua formação é a afinidade e identificação pessoal entre os acionistas, marcadas pela confiança mútua. Em tais circunstâncias, muitas vezes, o que se tem, na prática, é uma sociedade limitada travestida de sociedade anônima, sendo, por conseguinte, equivocado querer generalizar as sociedades anônimas em um único grupo, com características rígidas e bem definidas*"[6].

Significa dizer que atualmente admite-se a dissolução parcial de sociedade anônima de cunho familiar pela simples razão de ser rompido

---

5 Nunes e Mendes de Araujo, A ação, p. 326.

6 STJ, 2.ª Seção, EREsp 111.294/PR, rel. Min. Castro Filho, j. 28.06.2006, *DJ* 10.09.2007, p. 183.

o *affectio societatis*[7], enquanto o Novo CPC exige uma participação societária mínima e o requisito de demonstração de que a sociedade não pode mais atingir seu fim.

Nos incisos II e III do art. 599 do Novo CPC está previsto o pedido de apuração dos haveres do sócio falecido, excluído ou que exerceu o direito de retirada ou recesso, que pode ser cumulado com o pedido de dissolução parcial ou elaborado isoladamente. A possibilidade de cumulação desses pedidos consagra o que rotineiramente ocorre na praxe forense.

O valor apurado em favor do sócio que se busca excluir da sociedade poderá ser compensado com valor devido à sociedade de natureza indenizatória. Nesses termos, prevê o art. 602 do Novo CPC que a sociedade poderá formular pedido de indenização compensável com o valor dos haveres a apurar. Como a sociedade tem legitimidade ativa e passiva na ação de procedimento especial ora analisado, o pedido de compensação pode ser elaborado tanto na petição inicial como na contestação, quando terá natureza reconvencional.

Não tenho dúvida de que, estando a sociedade no polo passivo da demanda, o pedido de compensação não é matéria exclusiva de defesa, daí por que não se deve admitir que seja feita como tal na contestação. A natureza reconvencional, nesse caso, é inegável, devendo, por essa razão, a sociedade deixar clara sua intenção de contra-ataque, ainda que no sistema do Novo CPC seja dispensada peça autônoma para a apresentação de reconvenção.

Ainda que não haja previsão expressa nesse sentido, no Novo Código de Processo Civil passa a ser admitido também o pedido indenizatório formulado pelo sócio retirante da sociedade na ação de dissolução parcial de sociedade[8].

44.6.3 Legitimidade ativa

A legitimidade ativa para a propositura da ação de dissolução parcial de sociedade está prevista no art. 600 do Novo CPC.

Os três primeiros incisos do dispositivo ora analisado regulam a legitimidade na hipótese de falecimento do sócio: (I) do espólio do sócio

---

[7] STJ, 2.ª Seção, EREsp 1.079.763/SP, rel. Min. Sidnei Beneti, j. 25.04.2013, *DJe* 06.09.2012.

[8] Yarshell e Santos, O procedimento, p. 213.

falecido, quando a totalidade dos sucessores não ingressar na sociedade; (II) dos sucessores, após concluída a partilha do sócio falecido; e (III) da sociedade, se os sócios sobreviventes não admitirem o ingresso do espólio ou dos sucessores do falecido na sociedade, quando esse direito decorrer do contrato social.

A última previsão a respeito de legitimidade ativa está prevista no parágrafo único do art. 600 do Novo CPC, ao dispor que o cônjuge ou companheiro do sócio cujo casamento, união estável ou convivência terminou poderá requerer a apuração de seus haveres na sociedade, que serão pagos à conta da quota social titulada por esse sócio.

A previsão expressa no sentido de legitimar ativamente o espólio, sucessores, ex-cônjuge e ex-companheiro(a) é interessante, porque, havendo exigência legal ou contratual de anuência dos sócios remanescentes para o ingresso de um novo sócio, é plenamente possível e amparada em lei a recusa do ingresso de tais sujeitos na sociedade.

Nesse caso, entretanto, retirar dos sujeitos indicados no parágrafo anterior a legitimidade ativa para a ação de dissolução parcial de sociedade e a apuração de haveres significaria negar valor ao bem partilhado[9]. E, nesse sentido, o Novo CPC deve ser elogiado pela previsão expressa de legitimidade ativa.

Concordo com a corrente doutrinária que entende ser necessário o reconhecimento prévio da união estável para que o artigo ora analisado seja aplicável, não sendo a ação de dissolução parcial de sociedade adequada para uma discussão, ainda que incidental, da existência de união estável do sócio retirado da sociedade[10].

No inciso IV do *caput* do art. 600 do Novo CPC vem prevista a legitimidade ativa do sócio que exerceu o direito de retirada ou recesso, caso não tenha sido providenciada, pelos demais sócios, a alteração contratual consensual formalizando o desligamento, depois de transcorridos dez dias do exercício do direito.

O inciso V do art. 600 do Novo CPC prevê a legitimidade ativa da sociedade, nos casos em que a lei não autoriza a exclusão extrajudicial. O tema é tratado por três dispositivo do Código Civil.

---

9 STJ, 3.ª Turma, REsp 114.708/MG, rel. Min. Carlos Alberto Menezes Direito, j. 19.02.2001, *DJ* 16.04.2001, p. 105.

10 Yarshell e Santos, O procedimento, p. 228.

Nos termos do art. 1.030 do CC, são causas legais de exclusão de sócios judicialmente a falta grave no cumprimento de suas obrigações, a incapacidade superveniente e o sócio ser declarado falido (na realidade, insolvente civil). O art. 1.004 do CC prevê que o sócio que deixa de realizar contribuições estabelecidas no contrato social (dentro do prazo de 30 dias depois da notificação) responderá pela indenização pelo dano emergente da mora ou exclusão do sócio ou redução da quota ao montante já realizado. E o art. 1.085 do CC prevê que quando mais da metade do capital social entender que o sócio está pondo em risco a continuidade da empresa em virtude de atos de inegável gravidade, poderá excluí-lo extrajudicialmente, desde que haja expressa previsão no contrato social dessa possibilidade.

Como se pode notar, há causas de exclusão que, em tese, não dependeriam de intervenção jurisdicional, mas que, a depender do caso concreto, só se aperfeiçoam com ação judicial. A inexistência de previsão no contrato social de exclusão extrajudicial de sócio impede que os majoritários excluam minoritário sem a ação judicial de exclusão de sócio.

Por outro lado, nem sempre a sociedade terá interesse em ingressar com a ação judicial, em especial na hipótese de o sócio a ser excluído ser o sócio majoritário, e, portanto, responsável pela representação judicial da sociedade. Nesse caso, os sócios que são minoritários, mas passarão a ser majoritários com a exclusão do sócio majoritário, poderão ingressar com ação de dissolução parcial em nome da sociedade, em típica hipótese de substituição processual.

Segundo o Superior Tribunal de Justiça, o simples rompimento da *affectio societatis* como causa de exclusão de sócio, por ser ato de extrema gravidade, exige não apenas sua alegação, mas a demonstração de uma justa causa, ou seja, de alguma violação grave dos deveres sociais, imputável ao sócio, que tenha acabado por gerar esse rompimento e, consequentemente, que justifique a exclusão[11]. Assim deve continuar sendo com o Novo CPC.

O último inciso do artigo ora analisado prevê a legitimidade ativa do sócio excluído, em ação voltada à apuração de haveres, até porque, se o sócio excluído quiser discutir a legalidade de sua exclusão, deverá fazê-lo por processo que seguirá o rito ordinário.

---

[11] STJ, 3.ª Turma, REsp 1.129.222/PR, rel. Min. Nancy Andrighi, j. 28.06.2011, *DJe* 01.08.2011; STJ, 3.ª Turma, REsp 1.286.708/PR, rel. Min. Nancy Andrighi, j. 27.05.2014, *DJe* 05.06.2014.

44.6.4 Legitimidade passiva

Diferentemente do que ocorre com a legitimidade ativa, que tem um artigo específico para apontar os legitimados à propositura da ação de dissolução parcial de sociedade, a legitimidade passiva não é tratada de forma pontual pelo Novo Código de Processo Civil, sendo deduzida da leitura de seu art. 601.

Nos termos do dispositivo, os sócios e a sociedade serão citados para, no prazo de 15 dias, concordar com o pedido ou apresentar contestação. O parágrafo único ainda prevê que a sociedade não será citada se todos os seus sócios o forem, mas ficará sujeita aos efeitos da decisão e à coisa julgada.

Pela leitura do *caput* do dispositivo ora analisado pode-se concluir que há um litisconsórcio necessário a ser formado no polo passivo entre todos os sócios e a sociedade, excluído, naturalmente, o sujeito que estiver no polo ativo da demanda[12].

O parágrafo único, apesar de ter boa intenção e encontrar amparo em jurisprudência do Superior Tribunal de Justiça[13], foi formulado de forma sofrível e apta a suscitar dúvidas na academia e na praxe forense. Aparentemente, o objetivo do legislador era dispensar a presença da sociedade no polo passivo na hipótese de todos os sócios participarem da demanda, o que não tornaria o litisconsórcio necessário, ao menos quanto à sociedade. A sua inclusão, portanto, seria facultativa.

A literalidade da norma, entretanto, não permite tal conclusão, porque não dispensa a presença da sociedade no polo passivo, mas apenas sua citação. E, para que seja dispensada sua citação, é natural que a sociedade já esteja no polo passivo, afinal, não há que se falar em citação de quem não é réu no processo.

44.6.5 Procedimento

Conforme já apontado, o pedido de dissolução parcial de sociedade vem geralmente cumulado com pedido de apuração de haveres, de forma que o procedimento especial ora analisado terá duas fases procedimentais

---

12 STJ, 3.ª Turma, REsp 1.371.843/SP, rel. Min. Paulo de Tarso Sanseverino, j. 20.03.2014, *DJe* 26.03.2014; STJ, 4.ª Turma, REsp 767.060/RS, rel. Min. Luis Felipe Salomão, j. 20.08.2009, *DJe* 08.09.2009.

13 STJ, Corte Especial, EREsp 332.650/RJ, rel. Min. Humberto Martins, j. 07.05.2003, *DJ* 09.06.2003, p. 165.

consecutivas: dissolução e apuração de haveres. As especialidades procedimentais estão reservadas à segunda fase procedimental.

Nos termos do art. 599, § 1.º, do Novo CPC, a petição inicial será necessariamente instruída com o contrato social consolidado. Por analogia, no caso de sociedade de capital aberto, deve ser instruída a petição inicial com cópia do estatuto social.

Realizadas as citações nos termos do art. 601 do Novo CPC, é possível que exista manifestação expressa e unânime pela concordância da dissolução, hipótese descrita pelo art. 603, *caput*, do Novo CPC. Nesse caso, o juiz decretará a dissolução, passando-se imediatamente à fase de liquidação. Trata-se de decisão interlocutória de mérito irrecorrível. Ainda que rara, é possivel que a ação de dissolução parcial de sociedade não tenha pedido de apuração de haveres, hipótese em que a decisão do juiz decretando a dissolução terá natureza de sentença de mérito, recorrível por apelação.

Independententemente da espécie de decisão que dissolve a sociedade diante da expressa anuência dos réus, o § 1.º do art. 603 do Novo CPC determina que não haverá condenação em honorários advocatícios de nenhuma das partes e as custas serão rateadas segundo a participação das partes no capital social.

Confirmando que a primeira fase do procedimento seguirá o rito ordinário, o § 2.º do art. 603 do Novo CPC prevê que, havendo contestação, observar-se-á o procedimento comum.

Como se pode notar da leitura do art. 603 do Novo CPC, não há previsão para a situação de revelia dos réus. O *caput* indica a expressa anuência e o § 2.º, a apresentação de contestação. E, não havendo anuência expressa e tampouco contestação, como deve o juiz proceder? Entendo que, nesse caso, o juiz deverá aplicar por analogia o *caput* do art. 603 do Novo CPC e dissolver a sociedade por decisão interlocutória de mérito. Tratando-se de direito material privado e disponível, não vejo outra postura a ser adotada pelo juiz diante da inércia dos réus.

Na segunda fase procedimental a apuração de haveres seguirá as regras do art. 604 do Novo CPC.

Dessa forma, caberá ao juiz fixar a data da resolução da sociedade, estando nessa decisão vinculado ao estabelecido no art. 605 do Novo CPC. A decisão do juiz que dissolve parcialmente a sociedade tem natureza desconstitutiva, mas os efeitos excepcionalmente serão gerados *ex tunc*, por expressa previsão legal. Nesse sentido, o art. 605 do Novo CPC prevê a data da resolução da sociedade conforme o caso.

No caso de falecimento do sócio, será considerada a data do óbito (I); na hipótese de retirada imotivada, o sexagésimo dia seguinte ao do recebimento, pela sociedade, da notificação do sócio retirante (II); no caso de recesso, o dia do recebimento, pela sociedade, da notificação do sócio dissidente (III); na hipótese de retirada por justa causa de sociedade por prazo determinado e na exclusão judicial de sócio, a do trânsito em julgado da decisão que dissolver a sociedade (IV); e no caso de exclusão extrajudicial, a data da assembleia ou da reunião de sócios que a tiver deliberado (V).

Após a determinação da data da resolução, caberá ao juiz definir o critério de apuração dos haveres à vista do disposto no contrato social. Nos termos do art. 606, *caput*, do Novo CPC, em caso de omissão do contrato social, o juiz definirá, como critério de apuração de haveres, o valor patrimonial apurado em balanço de determinação, tomando-se por referência a data da resolução e avaliando-se bens e direitos do ativo, tangíveis e intangíveis, a preço de saída, além do passivo também a ser apurado de igual forma.

E, para a apuração de haveres, o art. 604, III, do Novo CPC prevê que cabe ao juiz a indicação de um perito que, segundo o parágrafo único do art. 606, será preferencialmente um especialista em avaliação de sociedades.

Nos termos do art. 604, § 1.º, do Novo CPC, o juiz determinará à sociedade ou aos sócios que nela permanecerem que depositem em juízo a parte incontroversa dos haveres devidos. Tal depósito poderá ser, desde logo, levantando pelo ex-sócio, pelo espólio ou pelos seus sucessores (§ 2.º). E no caso de o contrato social estabelecer o pagamento dos haveres, será observado o que nele se dispôs no depósito judicial da parte incontroversa (§ 3.º).

44.7 AÇÃO DE INVENTÁRIO E PARTILHA

A possibilidade e os requisitos previstos no art. 982, *caput*, do CPC/1973 para a realização de inventário extrajudicial são mantidos pelo art. 610, *caput*, do Novo CPC. Assim, continua a ser possível se todos forem capazes e concordes e se não existir testamento ou interessado incapaz.

A inovação fica por conta de duas previsões do § 1.º do art. 610 do Novo CPC. Primeiro, o dispositivo esclarece que a escritura pública servirá como documento hábil para qualquer ato de registro, e não só para o registro imobiliário, como era previsto no antigo dispositivo. Segundo, o dispositivo indica expressamente que a escritura pública é documento hábil para levantamento de importância depositada em instituições financeiras.

A ordem para nomeação de inventariante prevista no art. 990 do CPC/1973 está disposta no art. 617 do Novo CPC, havendo duas inclusões: no inciso IV, o herdeiro menor, por seu representante legal, e no inciso VI, o cessionário do herdeiro ou legatário.

Segundo o art. 620, § 2.º, do Novo CPC, as primeiras declarações do inventariante podem ser prestadas mediante petição, firmada por procurador com poderes especiais, à qual o termo se reportará.

Tratando-se de determinação de caráter punitivo, a remoção do inventariante deve ser precedida de um procedimento incidental sob o crivo do *contraditório*. A remoção pode ser requerida por qualquer interessado ou determinada de ofício pelo juiz[14], mas mesmo na remoção de ofício será precedida de *contraditório*[15]. O art. 995 do CPC/1973 era omisso quanto à possibilidade de remoção de ofício, que agora está expressamente prevista no art. 622, *caput*, do Novo CPC. O respeito ao contraditório, mesmo não estando especificamente estabelecido no art. 622 do Novo CPC, está garantido pela previsão geral contida no art. 10 do novo diploma legal.

Se houvesse a remoção do inventariante, o art. 998 do CPC/1973 previa a entrega imediata dos bens do espólio ao substituto e, no caso de inércia ou resistência do inventariante removido, a aplicação de medidas de execução direta (busca e apreensão e imissão na posse, a depender da espécie do bem). O art. 625 do Novo CPC mantém a mesma regra, mas vai além, prevendo também a aplicação de multa a ser fixada pelo juiz em montante não superior a 3% dos bens inventariados. Entendo que seja sancionatória a natureza dessa multa, de forma a também ser aplicável ao caso concreto a multa (*astreintes*) como forma de execução indireta para pressionar o inventariante removido à entrega dos bens.

Extremamente salutar a revogação da regra prevista no art. 999, § 1.º, do CPC/1973 pelo § 1.º do art. 626 do Novo CPC.

Segundo o art. 999, § 1.º, do CPC/1973, a citação das pessoas domiciliadas na comarca na qual tramitava a ação de inventário, ou que aí forem encontradas, seria realizada pessoalmente por oficial de justiça, aplicando-se o art. 230 do CPC/1973 para comarcas contíguas e de fácil acesso ou da mesma região metropolitana. Ainda segundo o dispositivo legal, as pessoas domiciliadas em outra comarca ou no estrangeiro seriam

---

14 Marcato, *Procedimentos*, n. 129.4, p. 231; Theodoro Jr., *Curso*, n. 1.391, p. 250.

15 STJ, 3.ª Turma, REsp 539.898/MA, rel. Min. Carlos Alberto Menezes Direito, j. 29.03.2005, *DJ* 06.06.2005, p. 318.

citadas por edital, em regra criticável em razão do alto custo dessa forma de citação e da extrema insegurança que gera (será mesmo que alguém lê editais para saber se é réu numa ação de inventário?)[16]. Não obstante as fundadas críticas, o Supremo Tribunal Federal continuava a considerar o dispositivo constitucional.

Desaparece o absurdo da norma pela previsão do art. 626, § 1.º, do Novo CPC ao prever que o cônjuge ou o companheiro, os herdeiros e os legatários serão citados pelo correio, observado o disposto no art. 245, sendo reservada a citação por edital para as hipóteses genericamente estabelecidas para essa forma de citação.

Após a avaliação dos bens do espólio, as partes serão intimadas para se manifestarem, sendo o prazo de dez dias previsto no art. 1.009, *caput*, do CPC/1973, aumentado para quinze dias pelo art. 635, *caput*, do Novo CPC. O prazo continua a correr em cartório por expressa previsão legal, admitindo-se, entretanto, a carga rápida dos autos nos termos da lei.

A regra do art. 1.017, *caput*, do CPC/1973, de que antes da partilha poderão os credores do espólio requerer ao juízo do inventário o pagamento das dívidas vencidas e exigíveis, é mantida pelo art. 642, *caput*, do Novo CPC. Há, entretanto, novidade no § 5.º, que passa a prever que os donatários serão chamados a pronunciar-se sobre a aprovação das dívidas sempre que houver possibilidade de resultar delas a redução das liberalidades.

O art. 647, parágrafo único, inova ao prever expressamente que o juiz poderá, em decisão fundamentada, deferir antecipadamente a qualquer dos herdeiros o exercício dos direitos de usar e fruir de determinado bem, com a condição de que, ao término do inventário, tal bem integre a cota desse herdeiro. E ainda prevê que, desde o deferimento do exercício dos direitos de usar e fruir do bem, cabem ao herdeiro beneficiado todos os ônus e bônus decorrentes do exercício daqueles direitos.

Há novidades no tocante à partilha no Novo CPC, em especial no art. 648, que traça regras objetivas para tal ato processual: a máxima igualdade possível, seja quanto ao valor, seja quanto à natureza e à qualidade dos bens, em regra já prevista no art. 2.017 do CC (I); a prevenção de litígios futuros (II); e a máxima comodidade dos coerdeiros, do cônjuge ou do companheiro, se for o caso (III).

---

[16] Marcato, *Procedimentos*, p. 132.3, p. 235.

O art. 649 do Novo CPC prevê que os bens insuscetíveis de divisão cômoda que não couberem na parte do cônjuge ou companheiro supérstite ou no quinhão de um só herdeiro serão licitados entre os interessados ou vendidos judicialmente, partilhando-se o valor apurado, salvo se houver acordo para que sejam adjudicados a todos. Trata-se de norma já consagrada no art. 2.019 do CC.

E o art. 650 do Novo CPC prevê que, se um dos interessados for nascituro, o quinhão que lhe caberá será reservado em poder do inventariante até o seu nascimento.

O art. 654, *caput*, do Novo CPC repete o art. 1.026 do CPC/1973 ao prever que, pago o imposto de transmissão a título de morte e juntada aos autos certidão ou informação negativa de dívida para com a Fazenda Pública, o juiz julgará por sentença a partilha. A novidade fica por conta do parágrafo único, ao determinar que a existência de dívida para com a Fazenda Pública não impedirá o julgamento da partilha, desde que o seu pagamento esteja devidamente garantido.

Se houver partilha amigável, existirá prazo para a propositura de ação anulatória. O prazo para o ingresso da ação anulatória é de um ano, mas não tem natureza prescricional, como previsto no art. 1.029, parágrafo único, do CPC/1973. Sendo o direito de anular a sentença um direito potestativo, é indiscutível a natureza decadencial desse prazo[17], tendo sido a correção feita pelo art. 657, parágrafo único, do Novo CPC, que, apesar de não apontar a natureza do prazo, substitui o termo "prescreve" por "extingue-se" para se referir ao prazo de um ano.

A ação anulatória, entretanto, só será o instrumento processual adequado se a partilha amigável não tiver sido homologada judicialmente. Segundo o art. 658, I, do Novo CPC, havendo tal homologação por sentença da partilha amigável, será cabível ação rescisória, o mesmo ocorrendo se a partilha for feita com preterição de formalidades legais (inciso II) e se for preterido herdeiro ou incluído quem não o seja (inciso III). Nesse caso, o prazo não deixa de ter natureza decadencial, mas passa a ser de dois anos do trânsito em julgado da decisão de partilha.

Com relação ao tema há dois acertados Enunciados do Fórum Permanente de Processualistas Civis (FPPC): n.º 137: "*Contra sentença transitada em julgado que resolve partilha, ainda que homologatória, cabe*

---

[17] Marinoni-Mitidiero, *Código*, p. 899; Pinheiro Carneiro, *Comentários*, n. 95, p. 208; Tartuce-Simão, *Direito*, v. 6, p. 469.

ação rescisória"; n.º 138: "*A partilha amigável extrajudicial e a partilha amigável judicial homologada por decisão ainda não transitada em julgado são impugnáveis por ação anulatória*".

Há novidade quanto à expedição de alvarás referentes aos bens e rendas após a lavratura do formal de partilha e da elaboração da carta de adjudicação. Segundo o art. 659, § 2.º, do Novo CPC, transitada em julgado a sentença de homologação de partilha ou de adjudicação, será lavrado o formal de partilha ou elaborada a carta de adjudicação e, em seguida, serão expedidos os alvarás referentes aos bens e às rendas por ele abrangidos, intimando-se o fisco para lançamento administrativo do imposto de transmissão e de outros tributos porventura incidentes, conforme dispuser a legislação tributária, nos termos do § 2.º do art. 662.

O art. 1.031, *caput*, do CPC/1973 previa o cabimento do arrolamento sumário quando todos os herdeiros fossem capazes e existisse acordo entre eles quanto à partilha. Essa realidade é substancialmente modificada pelo art. 665 do Novo CPC, que passa a permitir o arrolamento sumário mesmo quando houver interessado incapaz, desde que concordem todas as partes e o Ministério Público. O procedimento continua a ser de jurisdição voluntária em razão da inexistência de conflito entre os interessados[18].

No art. 672 do Novo CPC cria-se a possibilidade de cumulação de inventários para a partilha de heranças de pessoas diversas, desde que preenchidos três requisitos, consagrados nos incisos do dispositivo legal: identidade de pessoas entre as quais devam ser repartidos os bens, heranças deixadas pelos dois cônjuges ou companheiros e dependência de uma das partilhas em relação à outra.

Quanto a esse último requisito, o parágrafo único do dispositivo ora analisado prevê que, se a dependência for parcial, por haver outros bens, o juiz poderá ordenar a tramitação separada, se melhor convier ao interesse das partes ou à celeridade processual.

44.8 EMBARGOS DE TERCEIRO

A possível natureza inibitória dos embargos de terceiro é consagrada pelo art. 674, *caput*, do Novo CPC, ao prever que a mera ameaça de constrição é causa para tal ação, hipótese na qual o pedido será de inibição do ato judicial.

---

18 Greco, *Jurisdição*, n. 7.10, p. 128; Marcato, *Procedimentos*, n. 147.1, p. 253; Pinheiro Carneiro, *Comentários*, n. 103, p. 224.

Segundo o art. 674, § 2.º, do Novo CPC, considera-se terceiro, para ajuizamento dos embargos: I – o cônjuge ou companheiro quando defende a posse de bens próprios ou de sua meação, ressalvado no caso do art. 843; II – o adquirente de bens cuja constrição decorreu de decisão que declara a ineficácia da alienação realizada em fraude à execução; III – quem sofre constrição judicial de seus bens por força de desconsideração da personalidade jurídica, de cujo incidente não fez parte; IV – o credor com garantia real para obstar expropriação judicial do objeto de direito real de garantia, caso não tenha sido intimado, nos termos legais dos atos expropriatórios respectivos.

O prazo para os embargos de terceiro é mantido no art. 675 do Novo CPC, podendo ser opostos a qualquer momento do processo (ou fase) de conhecimento enquanto não transitada em julgado em sentença e, na execução, seja no processo ou no cumprimento de sentença (Enunciado 184 do Fórum Permanente de Processualistas Civis (FPPC), até cinco dias depois da expropriação, mas sempre antes da assinatura da respectiva carta.

Conforme a previsão do art. 677, § 4.º, do Novo CPC, será legitimado passivo o sujeito a quem o ato de constrição aproveita, assim como o será seu adversário no processo principal quando for sua a indicação do bem para a constrição judicial.

Nos termos do art. 676, *caput*, do Novo CPC, os embargos serão distribuídos por dependência ao mesmo juízo que ordenou a constrição, com autuação em apenso, sendo previsto no parágrafo único que, nos casos de ato de constrição realizado por carta, os embargos serão oferecidos no juízo deprecado, salvo se indicado pelo juízo deprecante o bem constrito ou se já tiver sido devolvida a carta.

São poucas as novidades no procedimento dos embargos de terceiro trazidas pelo novo CPC.

Interessante modificação do Novo CPC é o prazo de resposta do réu, que passa a ser de 15 dias, nos termos do art. 679. Também notável a novidade prevista no art. 675, parágrafo único: caso seja possível identificar que há terceiro titular de interesse em se opor ao ato, o juiz deverá mandar intimá-lo pessoalmente. Em respeito ao princípio do contraditório, o Enunciado 185 do Fórum Permanente de Processualistas Civis (FPPC) aponta para a necessidade de oitiva prévia das partes antes da intimação pessoal do terceiro.

O *caput* do art. 678 do Novo CPC dispõe que a decisão que reconhecer suficientemente provado o domínio ou a posse determinará a suspensão das medidas constritivas sobre os bens litigiosos, objeto dos embargos, bem como a manutenção ou a reintegração provisória da posse, se o embargante a houver requerido.

Já o parágrafo único do dispositivo repete a regra do art. 1.051 do CPC/1973 ao prever a possibilidade de o juiz condicionar a concessão de liminar à prestação de caução. A novidade fica por conta da dispensa de caução diante de impossibilidade de parte economicamente hipossuficiente.

44.9 AÇÃO DE HABILITAÇÃO

As únicas novidades previstas pelo Novo Código de Processo Civil quanto ao procedimento especial de habilitação estão consagradas nos arts. 689 e 691.

O art. 689 prevê que se procederá à habilitação nos autos do processo principal e na instância em que estiver, suspendendo-se, a partir de então, o processo. E o art. 691 dispõe que o juiz decidirá o pedido de habilitação imediatamente, salvo se este for impugnado e houver necessidade de dilação probatória diversa da documental, caso em que determinará que o pedido seja autuado em apartado e disporá sobre a instrução.

44.10 AÇÕES DE FAMÍLIA

O Novo Código de Processo Civil cria um capítulo para regulamentar o procedimento das chamadas "ações de família", mais precisamente os processos contenciosos de divórcio, separação, reconhecimento e extinção de união estável, guarda, visitação e filiação (art. 693, *caput*). O capítulo ainda terá aplicação subsidiária na ação de alimentos e na que versar sobre interesse de criança ou adolescente, que continuarão a observar o procedimento previsto em legislação específica, aplicando-se, no que couber, as disposições do capítulo ora analisado.

Conforme já foi suficientemente comentado, o Novo Código de Processo Civil prestigia de forma significativa os meios de solução consensual dos conflitos, sendo nesse sentido o art. 694, *caput*, do diploma legal ao prever que nas ações de família todos os esforços serão empreendidos para a solução consensual da controvérsia, devendo o juiz dispor do auxílio de profissionais de outras áreas de conhecimento para a mediação e conciliação.

No espírito das formas consensuais de solução dos conflitos o parágrafo único do art. 694 do Novo CPC prevê que, a requerimento das partes, o juiz pode determinar a suspensão do processo enquanto os litigantes se submetem a mediação extrajudicial ou atendimento multidisciplinar.

A primeira importante especialidade procedimental das ações de família vem prevista nos parágrafos do art. 695 do Novo CPC, já que em seu *caput* há regra geral de citação do réu para comparecer à audiência de mediação e conciliação após o recebimento da petição inicial e a tomada de providências referentes à tutela antecipada, se for o caso.

Como já devidamente analisado no procedimento ordinário, a audiência de conciliação e mediação pode não ocorrer quando ambas as partes se opuserem à sua realização. Nas ações de família, entretanto, o silêncio do art. 695 do Novo CPC permite a conclusão de que nessas ações a audiência é obrigatória, independentemente da vontade das partes.

O § 1.º do dispositivo ora examinado prevê que o mandado de citação conterá apenas os dados necessários à audiência e deve estar desacompanhado de cópia da petição inicial, assegurado ao réu o direito de examinar seu conteúdo a qualquer tempo.

Essa é uma novidade porque, na regra geral, embora o réu não seja citado para contestar a demanda, recebe a contrafé ao ser citado, já se inteirando dos termos da petição inicial. O claro objetivo do legislador foi diminuir a litigiosidade entre as partes, tomando o cuidado de facultar ao réu o exame dos autos em cartório ou pelo meio eletrônico.

Ainda que se entenda o objetivo do legislador, a especialidade criada para as ações de família é criticável porque não permite ao réu conhecer as razões do autor, contrariando, desse modo, o princípio fundamental das formas consensuais de solução do conflito: a ampla ciência das pretensões e resistências. Como, exatamente, o legislador pretende que o réu vá a audiência preparado para uma mediação ou conciliação, se não tem conhecimento do alegado pelo autor na petição inicial?

Quem sabe pensando nisso o legislador tenha previsto no mesmo dispositivo o direito do réu de examinar o conteúdo da pretensão a qualquer tempo. Ou seja, cria apenas mais trabalho ao advogado do réu, que sem ter acesso à contrafé, que no caso não existirá, terá que se deslocar para a sede do juízo ou consultar os autos eletrônicos para tomar conhecimento da pretensão do autor. E assim o fará qualquer advogado minimamente diligente e realmente preocupado em se preparar para a conciliação e mediação.

Quanto à citação do réu, houve modificação no ajuste final ao Novo CPC, já aprovado pelo Senado Federal. No texto aprovado em Plenário, havia expressa menção à forma postal como preferencial para o ato citatório, mas essa previsão foi retirada do texto final encaminhado à sanção presidencial. Só com uma boa vontade extrema para se compreender que a supressão foi mero ajuste de redação...

De qualquer maneira, seja por qual forma for realizada, a citação ocorrerá com antecedência mínima de 15 dias da data designada para a audiência (§ 2.º). O § 4.º do art. 695 do Novo CPC exige que as partes estejam acompanhadas de seus advogados ou defensores públicos na audiência.

Ao permitir que a audiência de mediação e conciliação seja dividida em tantas sessões quantas necessárias para viabilizar a solução consensual, sem prejuízo de providências jurisdicionais para evitar o perecimento do direito, o art. 696 do Novo CPC reforça mais uma vez a valoração às formas consensuais de conflito, permitindo que ela seja buscada em mais de uma sessão de audiência.

Nos adequados termos do Enunciado 187 do Fórum Permanente de Processualistas Civis (FPPC), "*no emprego de esforços para a solução consensual do litígio familiar, são vedadas iniciativas de constrangimento ou intimidação para que as partes conciliem, assim como as de aconselhamento sobre o objeto da causa*".

Segundo o art. 697 do Novo CPC, não realizado o acordo, passarão a incidir, a partir de então, as normas do procedimento comum, observado o art. 335.

Havia uma singularidade procedimental consagrada no projeto de lei aprovado pela Câmara. Em regra, a parte intimada para a audiência é intimada pessoalmente dos atos praticados independentemente de sua presença, mas no projeto de lei aprovado na Câmara havia um dispositivo legal que previa que, ausente o réu, mesmo tendo sido citado e intimado para comparecer à audiência, o início da contagem do prazo de sua resposta dependeria de sua intimação por via posta ou por edital, se fosse o caso. Com a supressão da regra do texto final aprovado no Senado, aplica-se a regra geral, com o prazo de defesa sendo contado da audiência, ainda que ausente o réu.

A intervenção do Ministério Público nas ações de família vem prevista no art. 698 do Novo CPC, que parece limitar a sua participação como fiscal da ordem jurídica a duas situações distintas. Havendo interesse de incapaz, o Ministério Público deve participar desde o início do procedimento, figurando como fiscal da ordem jurídica durante todo o desenrolar do processo. Nos demais casos, sua participação será pontual, devendo ser ouvido apenas quando houver pedido de homologação de acordo.

O art. 699 do Novo CPC prevê que, quando o processo envolver discussão sobre fato relacionado a abuso ou a alienação parental, o juiz, ao tomar o depoimento do incapaz, deverá estar acompanhado por especialista.

Quanto às ações de família, o Novo CPC manteve o procedimento da separação judicial entre os procedimentos de jurisdição voluntária. Há previsão de procedimento do divórcio e da separação consensuais, da extinção consensual de união estável e da alteração do regime de bens do matrimônio nos arts. 731 a 734 do Novo CPC.

Nesse caso, o procedimento ficou em segundo plano, porque o debate maior se deu em torno da manutenção de um procedimento de separação judicial consensual quando para muitos estudiosos do tema essa forma de cessação do vínculo conjugal não existe mais desde a Emenda Constitucional 66/2010, que alterou o § 6.º do art. 226 da CF, que passou a prever que o casamento civil pode ser dissolvido pelo divórcio.

Não tenho a intenção, nesse momento, de me posicionar a respeito do tema, sendo notória a divergência doutrinária e jurisprudencial a respeito da manutenção da separação consensual em nosso sistema jurídico após a mudança de redação do art. 226, § 6.º, do CF. Entretanto, me interessa a impropriedade e inadequação técnica com que vem sendo conduzida a discussão a respeito da manutenção do procedimento de separação judicial consensual no Novo CPC.

A previsão procedimental contida no Novo CPC não repristina a separação judicial nem confirma que ele nunca deixou o sistema jurídico brasileiro. Não é tarefa do Código de Processo Civil estabelecer se a separação sempre esteve entre nós, se se foi para agora voltar ou, ainda, se se foi para sempre. As normas legais processuais se prestam exclusivamente a prever o procedimento, sendo encargo das normas legais materiais a criação, extinção ou modificação de direitos materiais. Cada espécie de norma tem suas funções bem definidas no sistema jurídico.

Sendo a separação indiscutivelmente um instituto de direito material, não poderia o Código de Processo Civil prever sobre sua existência no sistema jurídico brasileiro. Quem vai dizer o destino da separação após a Emenda Constitucional 66/2010 será o Supremo Tribunal Federal quando o tema chegar à sua apreciação, sendo irrelevante a presença ou não de procedimento consagrado em lei a respeito do instituto de direito material.

Estou seguro de que a manutenção do procedimento da separação judicial consensual no Novo CPC foi positiva, porque, sendo declarado pelo Supremo Tribunal Federal que a Emenda Constitucional não aboliu a separação judicial consensual, o sistema processual estará preparado para tal decisão, com um procedimento já consagrado. Por outro lado, caso a decisão seja no sentido de que não há mais separação no sistema jurídico pátrio, as normas procedimentais consagradas nos arts. 731 a 734 do Novo CPC passarão a ser aplicáveis somente ao divórcio, à extinção consensual de união estável e à alteração do regime de bens do matrimônio.

44.11 AÇÃO MONITÓRIA

O art. 700, III, prevê o cabimento da ação monitória no caso de o autor ter direito ao adimplemento de obrigação de fazer ou de não fazer, e o mesmo artigo, em seu § 1.º, dispõe que a prova escrita pode consistir em prova oral documentada, produzida antecipadamente nos termos do art. 381. Apesar da adoção da tese da prova documentada, não tem sentido limitá-la àquela produzida antecipadamente, porque uma prova documental emprestada também poderá ser utilizada para o credor embasar seu pedido em ação monitória.

Há previsão expressa no art. 700, § 6.º, do Novo CPC de cabimento da ação monitória contra a Fazenda Pública. Segundo o art. 701, § 4.º, sendo a ré Fazenda Pública e não apresentados os embargos previstos no art. 702, aplicar-se-á o disposto no art. 496, observando-se, a seguir, no que couber, o Título II do Livro I da Parte Especial.

Nos termos do art. 700, § 2.º, do Novo CPC, cabe ao autor, na petição inicial, explicitar, conforme o caso: (I) a importância devida, instruindo-a com memória de cálculo; (II) o valor atual da coisa reclamada; (III) o conteúdo patrimonial em discussão ou o proveito econômico perseguido. Segundo o § 3.º do mesmo artigo, o valor de causa deverá corresponder à importância prevista no § 2.º, I a III.

O art. 700, § 7.º, do Novo CPC estabelece que a citação pode ser realizada por qualquer dos meios permitidos para o procedimento comum. E o art. 701, *caput*, dispõe que, se for evidente o direito do autor, o juiz deferirá a expedição de mandado de pagamento, de entrega de coisa ou para execução de obrigação de fazer ou de não fazer, concedendo ao réu prazo de 15 dias para o cumprimento e o pagamento de honorários advocatícios de 5% do valor atribuído à causa.

Segundo o art. 701, § 1.º, do Novo CPC, o réu será isento do pagamento das custas processuais se cumprir o mandado no prazo. Já o § 2.º prevê que se constituirá de pleno direito o título executivo judicial, independentemente de qualquer formalidade, se não realizado o pagamento e não apresentados os embargos previstos no art. 702, observando-se, no que couber, o Título II do Livro I da Parte Especial.

Nos termos do art. 702, *caput*, independentemente de prévia segurança do juízo, no prazo previsto no art. 701, poderá o réu opor, nos próprios autos, embargos à ação monitória.

O § 1.º estabelece que os embargos podem se fundar em matéria passível de alegação como defesa no procedimento comum.

Os §§ 2.º e 3.º tratam da alegação de defesa de excesso na cobrança: o primeiro dispõe que, quando o réu alegar que o autor pleiteia quantia superior à devida, cumprir-lhe-á declarar de imediato o valor que entende correto, apresentando demonstrativo discriminado e atualizado da dívida, enquanto o segundo prevê que, não apontado o valor correto ou não apresentado o demonstrativo, os embargos serão liminarmente rejeitados, se esse for o seu único fundamento; se houver outro fundamento, os embargos serão processados, mas o juiz deixará de examinar a alegação de excesso.

Houve uma alteração da previsão do § 4.º do art. 702 do Novo CPC no trabalho de revisão final do texto aprovado pelo Senado Federal. O dispositivo passou a prever que a oposição dos embargos suspende a eficácia da decisão referida no *caput* do art. 701 até o julgamento em primeiro grau. Na redação aprovada pelo Senado Federal, entretanto, constava do dispositivo legal que a oposição dos embargos de terceiro suspendia o curso do processo até o julgamento em primeiro grau.

A mudança não é de conteúdo, apenas deixando claro que o processo não pode ser suspenso com a oposição dos embargos porque o próprio Novo CPC deu a essa defesa uma natureza incidental, de forma que, sendo suspenso o processo, também estará suspenso o andamento dos embargos. A suspensão na realidade é da decisão concessiva do mandado monitório, tratando-se, portanto, de suspensão imprópria do processo, conforme consagrado no texto final do dispositivo ora analisado.

Nos termos do § 5.º, o autor será intimado para responder aos embargos no prazo de 15 dias.

Há expressa permissão para a propositura de reconvenção no § 6.º, sendo vedado o oferecimento de reconvenção à reconvenção.

Nos termos do § 7.º, a critério do juiz, os embargos serão autuados em apartado, se parciais, constituindo-se de pleno direito o título executivo judicial em relação à parcela incontroversa.

Rejeitados os embargos, constituir-se-á de pleno direito o título executivo judicial, prosseguindo-se o processo em observância ao disposto no Título II do Livro I da Parte Especial, no que for cabível (§ 8.º).

Segundo o § 9.º, cabe apelação contra a sentença que acolhe ou rejeita os embargos.

No caso de má-fé do autor na propositura da ação e do réu na interposição de embargos, os §§ 10 e 11 preveem a aplicação de multa de até 10% sobre o valor da causa.

44.12 HOMOLOGAÇÃO DE PENHOR LEGAL

Apesar de não existir no Novo Código de Processo Civil previsão de cautelares nominadas, a homologação de penhor legal está disposta no capítulo de procedimentos especiais contenciosos, mais precisamente nos arts. 703 a 706.

A maior novidade fica por conta dos parágrafos do art. 703 ao preverem a possibilidade e regulamentarem o procedimento de homologação de penhor legal extrajudicial, a ser realizado perante o notário escolhido pelo autor. Nos termos do § 3.º, recebido o requerimento, o notário promoverá a notificação extrajudicial do devedor para, no prazo de cinco dias, pagar o débito ou impugnar sua cobrança, alegando por escrito uma das causas legais de defesa, hipótese em que o procedimento será encaminhado ao juízo competente para decisão. Já o § 4.º prevê que, transcorrido o prazo sem manifestação do devedor, o notário formalizará a homologação do penhor legal por escritura pública.

Segundo o Enunciado 73 do II Fórum Permanente de Processualistas Civis (FPPC), "*no caso de homologação do penhor legal promovida pela via extrajudicial, incluem-se nas contas do crédito as despesas com o notário, constantes do § 1.º, do art. 718 [atual art. 703] do texto projetado*".

No art. 703, *caput*, há exigência de instrução da petição inicial com o contrato de locação ou a conta pormenorizada das despesas, como já apontava a melhor doutrina. Além disso, o prazo de defesa do réu não é mais de 24 horas, sendo designada uma audiência preliminar na qual deverá pagar ou contestar. O art. 704 do Novo CPC, que trata das matérias alegáveis na defesa, repete o art. 875 do CPC/1973, acrescendo uma nova hipótese: alegação de haver sido ofertada caução idônea, rejeitada pelo credor. A respeito do tema, é interessante mencionar o Enunciado 74 do Fórum Permanente de Processualistas Civis (FPPC): "*No rol do art. 719 [atual art. 704], que enumera as matérias de defesa da homologação do penhor legal, deve-se incluir a hipótese do art. 1.468 do Código Civil, não tendo o texto projetado revogado o citado dispositivo".*

Nos termos do art. 705 do Novo CPC, após a audiência preliminar seguir-se-á pelo procedimento comum.

Prevê o art. 706, *caput*, que, sendo homologado judicialmente o penhor, consolidar-se-á a posse do autor sobre o objeto, e, de acordo com o § 1.º desse artigo, se negado, o objeto será entregue ao réu, ressalvado ao autor o direito de cobrar a dívida pelo procedimento comum, salvo se acolhida a alegação de extinção da obrigação. Contra a sentença caberá apelação, e o relator, conforme o § 2.º do art. 706, poderá ordenar que a coisa permaneça depositada ou em poder do autor na pendência do recurso.

44.13 AÇÃO DE RESTAURAÇÃO DE AUTOS

A única novidade significativa do Novo Código de Processo Civil quanto ao procedimento de restauração de autos vem consagrada no art. 712, *caput*, ao prever que os autos desaparecidos podem ser eletrônicos e que, além das partes, o Ministério Público tem legitimidade ativa para pedir a restauração dos autos.

44.14 PROTESTO, NOTIFICAÇÃO E INTERPELAÇÃO JUDICIAL

Apesar de não existir no Novo Código de Processo Civil previsão de cautelares nominadas, as notificações e interpelações judiciais estão previstas no Capítulo de procedimentos não contenciosos, mais precisamente nos arts. 726 a 729, sendo retirado do sistema o protesto judicial. A modificação topológica deve ser elogiada, porque, mesmo quando prevista como cautelar nominada pelo CPC/1973, a melhor doutrina já apontava a natureza de jurisdição voluntária da notificação e interpelação[19].

Os arts. 726, *caput*, e 727 do Novo CPC definem a diferença entre a notificação e a interpelação, resolvendo antiga divergência doutrinária. Segundo os dispositivos legais, a notificação serve para quem tem interesse em manifestar formalmente sua vontade a outrem sobre assunto juridicamente relevante, enquanto a interpelação destina-se a quem pretende que o requerido faça ou deixe de fazer aquilo que o requerente entenda do seu direito.

---

19 Scarpinella Bueno, *Curso*, v. 4, p. 304; Tesheiner, *Jurisdição*, n. 5.6, p. 126.

Tanto a notificação como a interpelação podem ser dirigidas a pessoa determinada, presente na mesma relação jurídica da qual participa o autor, ou à coletividade, quando o objetivo seja dar conhecimento geral ao público, e nesse caso o pedido só será deferido pelo juiz se entendê-lo fundado e necessário ao resguardo do direito.

O procedimento é o comum, e bastante simples, para a notificação e interpelação. Em regra, o requerido é intimado ou o edital publicado, no caso de necessidade de conhecimento geral, e os autos são entregues ao requerente, nos termos do art. 729 do Novo CPC. Há, entretanto, duas hipóteses de oitiva prévia do requerido previstas no art. 728 do Novo CPC antes de sua notificação ou interpelação: quando houver suspeita de que o requerente, por meio da notificação ou do edital, pretende alcançar fim ilícito (I), e quando se tiver requerido a averbação da notificação em registro público (II). Deve ser desconsiderada a inclusão de publicação do edital no art. 728, *caput*, do Novo CPC, considerando-se que nesse caso não haverá requerido no caso concreto.

Embora o art. 726, § 2.º, do Novo CPC preveja a aplicação ao protesto judicial, no que couber, das regras da notificação e interpelação, a única previsão do Novo Código de Processo Civil que trata de protesto judicial é a referente à ratificação do protesto marítimo previsto nos arts. 766 a 770, com objetivos bem diferentes do protesto judicial existente no CPC/1973. Ademais, a ratificação de protesto ou processo testemunhável lavrado a bordo tem procedimento próprio, bem diferente do procedimento da notificação e interpelação judicial.

45

TEORIA GERAL DA EXECUÇÃO

45.1 DISPOSIÇÕES GERAIS

O art. 598 do CPC/1973 previa a aplicação subsidiária à execução das regras do processo de conhecimento, em regra, repetida pelo parágrafo único do art. 771 do Novo CPC. A novidade fica por conta do *caput* do dispositivo. Nem tanto por prever a aplicação subsidiária do procedimento do processo de execução ao cumprimento de sentença, uma vez que tal regra já estava consagrada no art. 475-R do CPC/1973, mas por estabelecer que também os efeitos de atos ou fatos processuais a que a lei atribuir força executiva terão tal aplicação subsidiária.

Os poderes do juiz na execução estão previstos no art. 772 do Novo CPC, e seus dois primeiros incisos repetem os incisos do art. 599 do CPC/1973. O inciso III é novidade, dispondo poder o juiz determinar que pessoas naturais ou jurídicas indicadas pelo exequente forneçam informações em geral relacionadas ao objeto da execução, tais como documentos e dados que tenham em seu poder, assinando-lhes prazo razoável.

O dispositivo tem boa intenção, voltando-se à efetividade da tutela executiva. É, entretanto, desnecessário, considerando que o dever de terceiro exibir documentos e dados que tenha em seu poder e sejam relevantes à prestação da tutela jurisdicional dispensa regra específica do processo executivo, até porque, conforme previsto no art. 771, parágrafo único, do Novo CPC, aplicam-se subsidiariamente à execução as regras do conhecimento. Por outro lado, ao consagrar uma exibição incidental contra terceiro, obviamente devem ser preservados o contraditório com sua citação e a possibilidade de reação, ainda que omisso o dispositivo nesse sentido.

A desnecessidade presente no art. 772 do Novo CPC é repetida no artigo seguinte. O *caput* do art. 773 prevê que o juiz, para o cumprimento da ordem de entrega de documentos e dados, poderá, de ofício ou a requerimento, determinar as medidas necessárias. E não é assim que funciona no cumprimento de qualquer obrigação de fazer? Já o parágrafo único prevê que, recebidos dados sigilosos, cabe ao juiz adotar as medidas necessárias para assegurar sua confidencialidade. Mas não é assim com qualquer documento sigiloso?

O ato atentatório à dignidade da justiça, que era tratado pelo art. 600 do CPC/1973, passou a se chamar conduta atentatória à dignidade da justiça, com o objetivo expresso de tipificar tanto o ato como a omissão do executado. O tema é abordado no Novo CPC pelo art. 774, cujos incisos I, II e IV são cópias dos incisos I, II e III do art. 600 do CPC/1973. As novidades, portanto, ficam por conta dos incisos III e V.

No inciso III foi incluída a conduta de dificultar ou embaraçar a realização da penhora. Trata-se de mais um dispositivo inútil, afinal, a conduta nele prevista já está incluída no inciso I, caso se entenda que a fraude lá prevista deve ser interpretada de forma mais ampla[1], ou, no caso de interpretação limitada à tipificação legal de fraude à execução[2], está incluída no inciso II.

Quanto ao inciso V, a crítica é pelo que deixou de ser previsto. Continua a ser indigna a conduta do executado que deixa de indicar os bens sujeitos à penhora e seus respectivos valores, tendo sido ainda incluída no dispositivo legal a conduta de não exibir prova de sua propriedade e, se for o caso, certidão negativa de ônus. As inclusões são positivas, mas o legislador perdeu uma excelente oportunidade de limitar essa quebra do sigilo patrimonial do executado ao valor da execução. Continuo acreditando que tal conclusão pode ser alcançada pela aplicação do princípio da menor onerosidade, mas teria sido interessante a expressa previsão.

A multa continua a ser fixada até 20% do valor atualizado do débito em execução, sendo revertida em favor do exequente e não excluindo sanções de natureza processual ou material. O Novo Código de Processo Civil, no parágrafo único do art. 774, não repetiu as hipóteses de relevação da multa consagradas no parágrafo único do art. 601 do CPC/1973.

---

1 Dinamarco, *Execução*, n. 105, p. 179; Castro, *Comentários*, p. 108; Dias, *Fraude*, p. 143-144; Camiña Moreira, "Ato", p. 22.

2 Assis, *Manual*, n. 72, p. 330; Costa Machado, *Código*, p. 1.106.

Foi mantida a regra que consagra o princípio da disponibilidade da execução, sendo permitido ao exequente que desistir da execução ou de algumas medidas executivas independentemente da anuência do devedor. O art. 775, *caput*, do Novo CPC tem substancialmente o mesmo conteúdo do art. 569 do CPC/1973.

O dispositivo no CPC/1973 se limitava a tratar do destino dos embargos diante da extinção da execução por desistência do exequente, deixando de se referir às defesas incidentais (impugnação e exceção de pré-executividade). A solução preconizada pelo art. 569, parágrafo único, do CPC/1973 não podia ser aplicada subsidiariamente a essas espécies de defesa executiva em razão de sua natureza incidental, de forma a ser materialmente impossíveis a extinção da execução e a continuidade da defesa do executado: ou são ambos extintos ou ambos mantidos.

Sempre defendi que, se defesa incidental tiver matéria exclusivamente processual, continuará a vigorar o princípio da disponibilidade, devendo o juiz acolher o pedido do autor e extinguir a execução e, consequentemente, a defesa incidental a ela. Afinal, haverá perda superveniente de interesse no julgamento da defesa. Por outro lado, se a defesa versar sobre matéria de mérito, a extinção da execução dependerá da anuência do executado, que, se continuar com interesse no julgamento de sua defesa, impedirá a extinção da execução por desistência.

E nesse sentido deve ser elogiada a redação dos incisos do parágrafo único do art. 775 do Novo CPC, ainda que façam remissão apenas à impugnação e aos embargos. De qualquer forma, a regra reclamada e agora consagrada em lei certamente também se aplicará à exceção de pré-executividade.

O art. 777 do Novo CPC prevê que a cobrança de multas ou de indenizações decorrentes de litigância de má-fé ou de prática de ato atentatório à dignidade da justiça será promovida nos próprios autos do processo.

É pelos meios executivos que o juiz tenta, no caso concreto, a satisfação do direito do exequente. São variados esses meios previstos em lei: penhora, expropriação, busca e apreensão, *astreintes*, arresto executivo, remoção de pessoas ou coisas, fechamento de estabelecimentos comerciais etc. Apesar de bastante amplo o rol legal, a doutrina é pacífica no entendimento de se tratar de rol meramente exemplificativo, podendo o juiz adotar outros meios executivos que não estejam expressamente consagrados em lei.

A consagração legal do princípio da atipicidade dos meios executivos era encontrada no art. 461, § 5.º, do CPC/1973, que, antes de iniciar a enumeração de diferentes meios de execução – tanto de execução indireta como de sub-rogação –, se vale da expressão "tais como", em nítida demonstração do caráter exemplificativo do rol legal.

Importante quanto ao tema o Enunciado 12 do Fórum Permanente de Processualistas Civis (FPPC): "*A aplicação das medidas atípicas sub-rogatórias e coercitivas é cabível em qualquer obrigação no cumprimento de sentença ou execução de título executivo extrajudicial. Essas medidas, contudo, serão aplicadas de forma subsidiária às medidas tipificadas, com observação do contraditório, ainda que diferido, e por meio de decisão à luz do art. 499, § 1.º, I e II [atual art. 489]*".

O princípio da menor onerosidade, consagrado no art. 620 do CPC/1973, é mantido pelo art. 805, *caput*, do Novo CPC, que prevê que, quando por vários meios o exequente puder promover a execução, o juiz mandará que se faça pelo modo menos gravoso para o executado.

É evidente que tal princípio deve ser interpretado à luz do princípio da efetividade da tutela executiva, sem a qual o processo não passa de enganação. O exequente tem direito à satisfação de seu direito e, no caminho para a sua obtenção, naturalmente criará gravames ao executado. O que se pretende evitar é o exagero desnecessário de tais gravames.

O estrito respeito ao princípio da *menor onerosidade* não pode sacrificar a *efetividade da tutela executiva*. Tratando-se de princípios conflitantes, cada qual voltado à proteção de uma das partes da execução, caberá ao juiz no caso concreto, em aplicação das regras da razoabilidade e da proporcionalidade, encontrar um "meio-termo" que evite sacrifícios exagerados tanto ao exequente como ao executado[3].

Por esse motivo, deve ser elogiado o parágrafo único do art. 805 do Novo CPC ao prever que, ao executado que alegar ser a medida executiva mais gravosa, incumbirá indicar outros meios mais eficazes e menos onerosos, sob pena de manutenção dos atos executivos já determinados.

45.2 DAS PARTES

Com redação criticável, o art. 778 do Novo CPC prevê a legitimidade ativa para a execução, sendo basicamente o resultado da reunião dos legitimados que vinham previstos nos arts. 566 e 567 do CPC/1973.

---

3 Dinamarco, *A nova*, p. 290-291; Greco, *O processo*, n. 3.5.9, p. 307; STJ, 2.ª Turma, REsp 1.032.086/CE, rel. Min. Eliana Calmon, j. 06.11.2008; REsp 860.411/SP, 1.ª Turma, rel. Min. Luiz Fux, j. 02.10.2007 (*Informativo* 344/STJ).

Há, entretanto, uma mudança na técnica redacional. Segundo o *caput* do dispositivo, o legitimado ativo é o credor a quem a lei confere título executivo, sendo o § 1.º responsável por prever outros legitimados que podem promover a execução ou nela prosseguir. São os legitimados previstos no inciso II do art. 566 e nos incisos I, II e III do art. 567 do CPC/1973.

Quanto aos legitimados ativos, portanto, nenhuma mudança substancial. Entretanto, há um erro na forma redacional do dispositivo ora comentado, porque, se é correto que o espólio, herdeiros e sucessores, cessionário e sub-rogado tenham sempre legitimação superveniente, o mesmo não se pode dizer do Ministério Público. O dispositivo dá a entender que o Ministério Público só terá legitimidade como substituto do credor a quem a lei confere título executivo, o que pode, por exemplo, explicar a legitimidade prevista pelo art. 68 do CPP. Contudo, certamente não consegue explicar a hipótese na qual o Ministério Público participa como parte na fase de conhecimento, sendo o credor indicado pelo título executivo formado. Nesse caso, a legitimação do Ministério Público, apesar de ser extraordinária, não é superveniente, porque nasce no momento de formação do título executivo. Não obstante o equívoco legal, entendo que, na prática, as hipóteses de legitimidade executiva ativa do Ministério Público não serão alteradas.

O § 2.º do art. 778 do Novo CPC estabelece que a sucessão prevista no § 1.º independe de consentimento do executado, em norma aplicável apenas na hipótese de já existir execução em trâmite.

A legitimidade executiva passiva vem prevista no art. 779 do Novo CPC, com algumas inovações quando comparado com o art. 568 do CPC/1973. Continua a ser legitimado passivo o devedor, reconhecidos como tal no título executivo (I) o espólio, herdeiros e sucessores (II), o novo devedor (III), passando agora o dispositivo a exigir o consentimento do credor, nos termos do art. 299 do CC, e o responsável tributário (VI).

No inciso IV consta inovação que só pode ser reputada a uma falha de redação e revisão. Nos termos do dispositivo, tem legitimidade executiva passiva o fiador do débito constante em título extrajudicial, no que parece ter sido uma modificação do inciso IV do art. 568 do CPC/1973, que previa a legitimidade do fiador judicial.

O fiador judicial é um terceiro no processo judicial que presta uma garantia em favor de uma das partes, sendo ela real ou fidejussória. Justamente por não ser parte no processo, nunca constará do título executivo nele formado, sendo indispensável uma previsão legal que lhe atribua expressamente a legitimidade passiva na execução[4]. O dispositivo ora analisado não só consegue acabar com essa legitimidade, como contraria a doutrina ao atribuir uma legitimidade ao fiador convencional independentemente de haver contra ele título executivo extrajudicial.

Teria algum sentido se o dispositivo mencionasse título executivo "judicial", no que restaria apenas a crítica sob o aspecto da absoluta desnecessidade de substituir o consagrado termo "fiador judicial" pela redação dada ao dispositivo pelo legislador.

No inciso V foi incluído entre os legitimados passivos o responsável, titular do bem vinculado por garantia real, ao pagamento do débito. Mais uma vez fica difícil entender o que o legislador quis dizer, parecendo ter previsto a legitimidade passiva do garante real em execução da obrigação garantida.

Perdeu-se uma excelente oportunidade de incluir de forma genérica entre os legitimados os responsáveis patrimoniais secundários, o que atenderia o anseio de parcela considerável da doutrina[5]. Como já tive oportunidade de afirmar, "sendo o sujeito responsável por dívida que não é sua - responsabilidade patrimonial secundária -, é natural que seja considerado parte na demanda executiva, visto que será o maior interessado em apresentar defesa para evitar a expropriação de seu bem. O devedor, que também deverá estar na demanda como litisconsórcio passivo, poderá não ter tanto interesse assim na apresentação da defesa, imaginando que, em razão da propriedade do bem penhorado, naquele momento o maior prejudicado será o responsável secundário e não ele"[6].

O art. 780 do CPC trata dos requisitos para a cumulação de execuções, não fazendo qualquer sentido o dispositivo estar em capítulo que trata "das partes" na execução. De qualquer forma, muda a redação, mas mantém os requisitos do art. 573 do CPC/1973: mesmo executado, competência do mesmo juízo e identidade procedimental.

45.3 COMPETÊNCIA

45.3.1 Cumprimento de sentença

A competência para o cumprimento de sentença vem prevista no art. 516 do Novo CPC, que traz algumas inovações quando comparado com

---

4 Theodoro Jr., *Processo*, n. 47, p. 92; Assis, *Manual*, n. 107.1, p. 399.

5 Assis, *Manual*, n. 107, p. 398-399; Carmona, *Código*, p. 1.751; Fux, *Curso*, p. 1.288.

6 Neves, Manual, n. 36.4.6, p. 957.

o art. 475-P do CPC/1973. As regras dispostas nos três incisos do dispositivo mantêm basicamente a redação anterior, sendo a única novidade a inclusão, entre os foros concorrentes para a execução do título executivo judicial formada em primeiro grau, do local onde deve ser executada a obrigação de fazer ou de não fazer.

A inclusão do foro do local em que deve ser executada a obrigação de fazer ou de não fazer entre aqueles que podem ser escolhidos pelo exequente no cumprimento de sentença deve ser elogiada. Afinal, o foro do local dos bens do executado, previsto no art. 475-P, parágrafo único, do CPC/1973 e mantido no art. 516, parágrafo único, do Novo CPC só interessa às execuções de pagar quantia certa.

Em feliz modificação, o inciso II do artigo ora comentado altera a redação do mesmo inciso do art. 475-P do CPC/1973: a competência do juízo que processou a causa no primeiro grau de jurisdição passa a ser a competência do juízo que decidiu a causa. A modificação atende a crítica elaborada quanto à utilização do termo "processou"[7].

Por "processou" deve-se entender o juízo responsável pela condução do processo em primeiro grau, o qual, na maioria dos casos, será o mesmo que decidirá a causa. Ocorre, entretanto, que em situações excepcionais essa identidade entre o juízo que processa a causa e o que a decide poderá não se verificar, tomando-se como exemplo uma alteração da competência absoluta antes da prolação da decisão. Nesse caso, é evidente que a competência executiva não será do juízo que processou a causa, mas do juízo competente no momento de prolação da decisão, independentemente de ter ou não processado a causa.

Atento à crítica, o legislador fez o ajuste necessário, e a regra tradicional de ser competente o juízo que formou o título executivo judicial volta a estar consagrada no art. 516, II, do Novo CPC.

44.3.2 Processo de execução

O Novo Código de Processo Civil inova no tema da competência executiva a regular expressamente a matéria quanto ao processo de execução nos arts. 781 e 782, ainda que repita várias daquelas regras previstas na parte geral do Novo Código de Processo Civil (arts. 42 a 53).

Segundo o art. 781, I, do Novo CPC, a execução será proposta no foro do domicílio do executado, de eleição constante em cláusula no título ou de situação dos bens sujeitos à execução. Há competência concorrente apenas

---

7 Neves, *Manual de direito processual civil*, 37.1.3., p. 965.

entre o foro do domicílio do réu e o da situação dos bens, considerando-se que, havendo cláusula de eleição de foro no título executivo extrajudicial, esse foro prevalece sobre os demais, independentemente da vontade do exequente.

No inciso II do artigo ora comentado repete-se a regra geral consagrada no art. 46, § 1.º, para a hipótese de pluralidade de domicílios do executado: qualquer um deles é competente, à escolha do exequente, em típico caso de competência concorrente. O mesmo ocorre com o inciso III, ao repetir a regra do art. 46, § 2.º, no sentido de, se incerto ou desconhecido o domicílio do demandado (executado), a ação (execução) poderá ser proposta no lugar onde for encontrado ou no foro do domicílio do demandante (exequente). E, finalmente, o inciso IV, ao repetir o art. 46, § 4.º, prevendo que, se houver dois ou mais demandados (executados), a competência será do foro do domicílio de qualquer um deles, à escolha do demandante (exequente).

Há novidade no art. 781, V, ao prever a competência do foro do lugar em que se praticou o ato ou em que ocorreu o fato que deu origem ao título, independentemente de o executado não mais residir no local.

A possibilidade de o oficial de justiça praticar atos além do foro em que atua já vinha prevista no art. 230 do CPC/1973. No entanto, o dispositivo previa apenas a realização de atos de citação e intimação. O art. 782, § 1.º, do Novo CPC passa a admitir ao oficial de justiça a prática de atos executivos determinados pelo juiz também nas comarcas contíguas, de fácil comunicação, e nas que se situem na mesma região metropolitana.

Numa mostra clara de previsão em local inadequado, o § 3.º do art. 782 do Novo CPC prevê que, a requerimento da parte, o juiz pode determinar a inclusão do nome do executado em cadastros de inadimplentes. Efetuado o pagamento, garantida a execução, ou se a execução for extinta por qualquer outro motivo, o § 4.º indica o cancelamento imediato da inscrição. A razão de tais regras estarem consagradas no capítulo referente à competência na execução é uma incógnita.

Quanto ao tema, há o interessante Enunciado 190 do Fórum Permanente de Processualistas Civis (FPPC): "*O art. 780 [atual art. 782], § 3.º, não veda a inclusão extrajudicial do nome do executado em cadastros de inadimplentes, pelo credor ou diretamente pelo órgão de proteção ao crédito*".

45.4 TÍTULO EXECUTIVO

45.4.1 Introdução

Não obstante o legislador ter preferido separar o tratamento das diferentes espécies de título executivo, com previsão dos títulos judiciais no capítulo do cumprimento de sentença, e dos títulos extrajudiciais no capítulo do processo de execução, a matéria é de teoria geral da execução, e assim será tratada.

E, antes propriamente de analisar as diferentes espécies de título executivo, cabe fazer um breve apontamento a respeito do art. 783 do Novo CPC, que não consegue plenamente atingir seu objetivo de melhorar a redação do art. 586 do CPC/1973. Há discussão doutrinária a respeito de serem a certeza, a liquidez ou a exigibilidade requisitos formais do título executivo ou da obrigação nele contida[8]. Seguindo a opção do art. 586 do CPC/1973, o art. 783 do Novo CPC mantém o entendimento de que tais requisitos se referem à obrigação exequenda, mas poderiam ter feito uma melhor redação, afinal, "título de obrigação" não parece a forma mais adequada para descrever a obrigação exequenda.

45.4.2 Título executivo judicial

O art. 515 do Novo CPC prevê o rol dos títulos executivos judiciais, tarefa cumprida no CPC/1973 pelo art. 475-N. Os incisos IV, VI, VII e VIII do art. 512 repetem, respectivamente, os incisos VII, II, IV e VI do art. 475-N. As novidades ficam por conta dos demais dispositivos legais.

O inciso I toma partido em considerável polêmica doutrinária a respeito da executabilidade da sentença meramente declaratória que tenha como objeto o reconhecimento de exigibilidade de obrigação de qualquer natureza. Pelo teor do dispositivo legal, a polêmica foi resolvida considerando entendimento do Superior Tribunal de Justiça[9], no sentido de que a sentença meramente declaratória é título executivo judicial desde que reconheça a exigibilidade de uma obrigação.

Confesso que tenho certa resistência em admitir, como já fez o Superior Tribunal de Justiça[10], que a sentença de improcedência proferida numa ação meramente declaratória de inexistência de débito, ao declarar a existência de uma obrigação inadimplida em razão da natureza dúplice dessa espécie de ação, seja um título executivo judicial em favor do réu. Minha resistência diz respeito à limitação das matérias alegáveis num eventual cumprimento de

---

8 Greco, *O processo*, n. 7.4.2.3.1, p. 122; Dinamarco, *Instituições*, n. 1.447, v. IV, p. 207-209; Shimura, *Título*, 2.3, p. 139.

9 Súmula 461/STJ; *Informativo* 504/STJ, 1.ª Turma, REsp 1.100.820/SC, rel. Min. Teori Albino Zavascki, j. 18.09.2012.

10 *Informativo* 487/STJ: 1.ª Seção, REsp 1.261.888/RS, rel. Min. Mauro Campbell Marques, j. 09.11.2011.

sentença, porque o autor não tem o dever de cumular em sua petição inicial todas as causas de pedir, não sendo a ele aplicável o princípio da eventualidade existente para o réu e consagrado nos arts. 300 e 303 do CPC/1973.

Não me parece viável impedir que o executado nessas circunstâncias alegue matéria em sede de defesa que poderia ter sido causa de pedir na fase de conhecimento, mas não foi alegada. E nem se fale em eficácia preclusiva da coisa julgada, considerando-se que a eficácia preclusiva da coisa julgada atinge tão somente as alegações referentes à causa de pedir que fez parte da primeira demanda, porquanto alegado outro fato jurídico ou outra fundamentação jurídica, não presentes na primeira demanda, afasta-se do caso concreto a *tríplice identidade*, considerando-se tratar de nova causa de pedir[11].

Tomo um exemplo para concretizar meus receios. O consumidor ingressa com ação alegando não ser devedor de determinado valor por ter encerrado sua conta-corrente. A ação é julgada improcedente, o que, pelo aspecto apenas do pedido, significa que o consumidor é devedor do valor cobrado. Ocorre, entretanto, que o consumidor não alegou a abusividade dos juros cobrados, a ilegalidade das taxas e outras matérias que poderiam tutelá-lo. Uma vez que a instituição financeira inicie o cumprimento de sentença, essas matérias não poderão ser alegadas em sua defesa, considerando a limitação cognitiva dessa defesa imposta pelo art. 525, § 1.º, do Novo CPC.

Naturalmente, tratar-se-á de inadmissível cerceamento de defesa, mas, pelo sistema sugerido, é a conclusão possível. Tornar a sentença de improcedência título executivo judicial é pensar somente no pedido, esquecendo-se da causa de pedir. Ao menos poderia haver uma regra legal que admita ao executado alegar como matéria de defesa na execução causa de pedir não alegada por ele na fase de conhecimento. Não se perderia a força executiva da sentença e, por outro lado, não seria cerceado o direito do executado.

O inciso II do art. 515 do Novo CPC melhora a redação do inciso III do art. 475-N do CPC/1973. Realmente é mais técnico e correto prever "decisão homologatória de autocomposição judicial" do que "sentença homologatória de conciliação e transação". Primeiro, porque não só a decisão que homologa transação é título executivo, mas também a decisão

---

11 Barbosa Moreira, "A eficácia", p. 103-108; Nery Jr.-Nery, *Código*, p. 709; Dinamarco, *Instituições*, n. 966, v. IV, p. 325; Didier Jr.-Braga-Oliveira, *Curso*, p. 571-573; STJ, 1.ª Turma, REsp 875.635/MG, rel. Min. Luiz Fux, j. 16.10.2008; REsp 861.270/PR, 2.ª Turma, rel. Min. Castro Meira, j. 05.10.2006.

que homologa o reconhecimento jurídico[12]. Segundo, porque, ao substituir a espécie "sentença" pelo gênero "decisão", evitam-se discussões sobre a executabilidade de decisões interlocutórias homologatórias de autocomposição que resolvam parcela do conflito posto em juízo.

Deve ser elogiado o legislador pela previsão contida no § 2.º do art. 515 do Novo CPC. Nos termos do dispositivo legal, a autocomposição judicial pode envolver sujeito estranho ao processo e versar sobre relação jurídica que não tenha sido deduzida em juízo. Significa que a autocomposição pode ser mais ampla que o processo, tanto em seu objeto como em seus sujeitos. Essa extrapolação objetiva já era prevista no art. 475-N, III, do CPC/1973, sendo precisa a originária previsão quanto à extrapolação subjetiva, de forma que a autocomposição possa ser feita envolvendo terceiro.

O inciso III do dispositivo analisado melhora a redação do inciso V do art. 475-N do CPC/1973 ao substituir o termo "acordo" por "autocomposição", mantendo, entretanto, a inútil informação de que a autocomposição extrajudicial pode ser de qualquer natureza. Defendo que, nesse caso, a jurisdição será voluntária, considerando que essa decisão judicial homologatória depende da vontade de ambas as partes envolvidas na autocomposição[13], e, mesmo diante do silêncio legislativo a esse respeito, o entendimento é mantido.

O inciso V do art. 515 do Novo CPC, ao prever como título executivo judicial a decisão judicial que aprova o crédito de auxiliar da justiça referente a custas, emolumentos e honorários, transforma a natureza de um título executivo que no CPC/1973 estava previsto entre os títulos executivos extrajudiciais, atendendo a entendimento de parcela da doutrina[14].

Nos dois últimos incisos do art. 515 do Novo CPC havia novidades no rol dos títulos executivos extrajudiciais: no inciso IX, a decisão interlocutória estrangeira, após a concessão do *exequatur* à carta rogatória pelo Superior Tribunal de Justiça, e no inciso X, o acórdão proferido por Tribunal Marítimo quando do julgamento de acidentes e fatos da navegação.

Esse último inciso foi objeto de veto presidencial, seguindo sugestão do Ministério da Defesa. Segundo as razões do veto, "ao atribuir natureza de título executivo judicial às decisões do Tribunal Marítimo, o controle de suas

---

12 Neves, *Manual de direito*, n. 39.2.3, p. 1.021.

13 Neves, *Manual de direito*, n. 39.2.5, p. 1.022.

14 Dinamarco, *Instituições*, n. 1.516, v. IV, p. 305; Zavascki, *Processo*, p. 341.

decisões poderia ser afastado do Poder Judiciário, possibilitando a interpretação de que tal colegiado administrativo passaria a dispor de natureza judicial".

Concordo parcialmente com as razões do veto. De fato, ao prever que a decisão do Tribunal Marítimo passa a ser título executivo judicial, o texto do Novo CPC, aprovado no Senado Federal, limitaria o controle jurisdicional a essas decisões, já que a defesa do executado estaria limitada às matérias passíveis de alegação em impugnação.

Por outro lado, não entendo que tal circunstância fosse suficiente para tornar o colegiado administrativo um órgão judicial (acredito que teria sido mais técnico "órgão jurisdicional"). Na verdade, como defendo a natureza não jurisdicional da arbitragem, defendo que a previsão vetada apenas equipararia o título formado no Tribunal Marítimo àqueles formados pelos órgãos jurisdicionais, exatamente como ocorre com a decisão arbitral.

De qualquer forma, trata-se de opção de política legislativa tal equiparação, não devendo o veto presidencial servir de obstáculos para outras tentativas de equiparação nos moldes sugeridos no futuro.

O § 1.º do art. 515 do Novo CPC amplia o rol já existente no art. 475-N, parágrafo único, do CPC/1973 de títulos executivos judiciais que exigem a citação do executado. Nos títulos previstos nos incisos VI a IX do dispositivo legal comentado é exigida a citação do executado para a liquidação e para a execução. Nesses casos, como já tive oportunidade de afirmar, estar-se-á diante de um processo autônomo de execução, mas com o procedimento de cumprimento de sentença a partir da citação do executado[15].

45.4.3 Título executivo extrajudicial

O rol de títulos executivos extrajudiciais, anteriormente previsto no art. 585 do CPC/1973, passa a ser estabelecido no art. 784 do Novo CPC. O dispositivo organiza de forma mais adequada os títulos executivos extrajudiciais, incluindo, ainda, novas espécies ao rol anterior, que, por força do disposto no inciso XII, continua a ser meramente exemplificativo.

Os incisos I, V, VII, VIII e IX do art. 784 do Novo CPC são cópias dos incisos I, III, IV, V e VII do art. 585 do CPC/1973. O inciso VI do novo dispositivo apenas esclarece que o contrato de seguro de vida só é título

---

15 Neves, *Manual de direito*, n. 34.2, p. 814; Carneiro, *Cumprimento*, p. 80; Theodoro Jr., *As novas*, p. 153; Câmara, *A nova*, p. 107-108.

executivo em caso de morte. Os incisos II, III e IV do art. 784 do Novo CPC preveem os títulos dispostos no inciso II do art. 585 do CPC/1973, sendo acrescidos como títulos o instrumento de transação (melhor teria sido se referir a autocomposição) referendado pela Advocacia Pública ou por conciliador ou mediador credenciado por tribunal. No inciso X, é incluído como título executivo extrajudicial o crédito referente às contribuições ordinárias ou extraordinárias de condomínio edilício, previstas na respectiva convenção ou aprovadas em Assembleia-Geral, desde que documentalmente comprovadas; e, no inciso XI, a certidão expedida por serventia notarial ou de registro, relativa a valores de emolumentos e demais despesas devidas pelos atos por ela praticados, fixados nas tabelas estabelecidas em lei.

Não há como deixar de tecer severa crítica ao disposto no art. 785 do Novo CPC, que permite à parte optar pelo processo de conhecimento mesmo quando já exista um título executivo extrajudicial em seu favor. Tenho consciência de que o dispositivo se limita a consagrar entendimento consolidado do Superior Tribunal de Justiça[16], mas nem por isso deve ser poupado da crítica.

Da análise dos julgamentos do Superior Tribunal de Justiça sobre o tema notam-se dois fundamentos principais a admitirem o processo de conhecimento mesmo quando já existe título executivo extrajudicial: a inexistência de prejuízo ao réu e a possibilidade de este fazer uma defesa mais ampla e plena de seus direitos. Nenhum dos dois fundamentos convence.

A possibilidade de defesa mais ampla e plena é uma falácia, considerando que nos embargos à execução o executado pode alegar todas as matérias como defesa em processo de conhecimento. A defesa, portanto, tem a mesma dimensão e abrangência na contestação e nos embargos à execução.

Quanto a inexistir prejuízo ao réu, sendo até mesmo vantajosa a ele a escolha do processo de conhecimento, o argumento parte de premissa correta, porque, mesmo sendo admissíveis os embargos à execução sem a garantia do juízo, com uma execução em trâmite a penhora pode ser realizada a qualquer momento. A desvantagem do executado perante o

---

16 STJ, 3.ª Turma, AgRg no AREsp 197.026/DF, rel. Min. Sidnei Beneti, j. 27.11.2012, *DJe* 19.12.2012;

STJ, 4.ª Turma, REsp 981.440/SP; rel. Min. Luis Felipe Salomão, j. 12.04.2012, *DJe* 02.05.2012.

exequente não existe na relação autor e réu, e essa premissa não pode ser ignorada. Ocorre, entretanto, que analisar a questão sob a ótica dos interesses das partes não é o mais correto a fazer, pouco importando se o autor abre mão de uma situação de vantagem em favor do réu. A circunstância deve ser analisada sob a ótica das condições da ação, mais precisamente do interesse de agir (na realidade de sua ausência). Tendo as condições da ação natureza de matéria de ordem pública, é evidente que não podem ceder diante do interesse privado de autor e/ou réu.

A criação de um título executivo judicial por meio de processo de conhecimento quando já existe título executivo extrajudicial em favor do autor demanda um trabalho jurisdicional inútil, ocupando o Poder Judiciário de um processo que não precisaria existir para tutelar o interesse da parte. A questão, portanto, não diz respeito à vontade do autor e à ausência de prejuízo ao réu, mas à perda de tempo, dinheiro e energia exigida do Poder Judiciário para criar um título executivo judicial reconhecendo uma obrigação já consagrada em título executivo extrajudicial. Trata-se de um verdadeiro atentado ao princípio da economia processual sob seu aspecto macroscópico, permitindo-se um processo inútil por vontade das partes em detrimento do interesse público de se obterem mais resultados com menor atividade jurisdicional.

45.5 RESPONSABILIDADE PATRIMONIAL

45.5.1 Introdução

Há, no capítulo referente à responsabilidade patrimonial do Novo Código de Processo Civil, a manutenção de várias regras do CPC/1973, a qual nem sempre se mostra adequada. Há nos arts. 789 e 790 do Novo CPC exemplos de perda da oportunidade do legislador em melhorar os arts. 591 e 592 do CPC/1973.

O art. 789 do Novo CPC, ao copiar o art. 591 do CPC/1973, manteve o equívoco de afirmar que quem responde com seus bens pelo cumprimento de obrigações em execução é o devedor. Na realidade, quem responde é o responsável patrimonial, que pode ou não ser o devedor, sendo a distinção entre obrigação e responsabilidade patrimonial tema já consolidado na esfera do direito civil e processual civil[17].

---

17 Neves, *Manual de direito*, n. 38.1, p. 861-862.

Por outro lado, ao manter a regra de os bens presentes e futuros responderem sem precisar qual é o momento presente a ser considerado[18], o legislador mantém a discussão a respeito desse termo temporal. É provável que a doutrina continue a afirmar que o momento presente é o da instauração do processo executivo, incluídos os bens alienados com fraude, ou então que o presente é o do surgimento da dívida, excluídos os bens alienados sem fraude[19].

45.5.2 Responsabilidade patrimonial secundária

O art. 790 do Novo CPC trata da responsabilidade patrimonial secundária, ou seja, da responsabilidade do sujeito que não é devedor. Os cinco primeiros incisos repetem os incisos do art. 592 do CPC/1973, apenas com a inclusão do companheiro no inciso IV (defesa da meação). Não se compreende a manutenção do inciso III, que, apesar de conter previsão correta, não traduz hipótese de responsabilidade patrimonial secundária. É o próprio dispositivo que afirma a responsabilidade do devedor, de forma a consagrar hipótese de responsabilidade patrimonial primária[20].

As novidades mais significativas ficam por conta dos incisos VI e VII do art. 790 do Novo CPC ao preverem duas novas hipóteses de responsabilidade patrimonial secundária. No inciso VI vem a previsão da sujeição de bens cuja alienação ou gravação com ônus real tenha sido anulada em razão do reconhecimento, em ação autônoma de fraude contra credores. Como se pode notar do dispositivo legal, o legislador consagra o entendimento de ser o ato de fraude contra credores anulável, preferindo parcela da doutrina que defende o previsto no Código Civil[21] em detrimento de outra corrente doutrinária que entende ser o ato ineficaz[22]. E no inciso VII está prevista a responsabilidade patrimonial secundária do responsável, nos casos de desconsideração da personalidade jurídica.

O art. 791 do Novo CPC é novidade. No *caput* está estabelecido que, se a execução tiver como objeto obrigação de que seja sujeito passivo o

---

18 Rodrigues, *Manual*, p. 71-72.

19 Neves, *Manual de direito*, n. 38.3, p. 863-864.

20 Dinamarco, *Instituições*, n. 1.563, v. IV, p. 367.

21 Greco, *O processo*, n. 6.6.1, p. 32; Fux, *Curso*, p. 1.296; Marinoni-Arenhart, *Curso*, v. 3, Execução, p. 259-260; Nery Jr.-Nery, *Código*, p. 999-1.000.

22 Dinamarco, *Instituições*, n. 1.579, v. IV, p. 376-379; Zavascki, *Processo*, p. 212-213; Câmara, *Lições*, p. 195-199; Theodoro Jr., *Fraude*, p. 191-192.

proprietário de terreno submetido ao regime do direito de superfície, ou o superficiário, responderá pela dívida, exclusivamente, o direito real do qual é titular o executado, recaindo a penhora ou outros atos de constrição exclusivamente sobre o terreno, no primeiro caso, ou sobre a construção ou plantação, no segundo. O § 1.º do dispositivo prevê que os atos de constrição no caso analisado serão averbados separadamente na matrícula do imóvel, com a identificação do executado, do valor do crédito e do objeto sobre o qual recai o gravame, devendo o Oficial destacar o bem que responde pela dívida, se o terreno ou a construção ou a plantação, de modo a assegurar a publicidade da responsabilidade patrimonial de cada um deles pelas dívidas e pelas obrigações que a eles estão vinculadas.

45.5.3 Fraude à execução

O art. 792 do Novo CPC prevê em seus quatro primeiros incisos quatro situações que configurariam fraude à execução, sendo tal rol meramente exemplificativo em razão do previsto em seu último inciso ("nos demais casos previstos em lei"). O dispositivo é sofrível, confundindo, ao menos em dois incisos (II e III), fraude à execução com a presunção absoluta de ciência *erga omnes* da situação do bem objeto de fraude, e repetindo redações do revogado art. 593 do CPC/1973.

Na realidade, o único requisito para que haja fraude à execução é ciência do devedor da existência de ação judicial em trâmite promovida contra ele, que tenha como objeto direto ou indireto a dívida, que será frustrada patrimonialmente em razão da alienação ou de oneração de bens de seu patrimônio. Ou seja, para que ocorra fraude à execução é preciso a ciência de existência de ação que verse, ainda que indiretamente, sobre a dívida, e o *eventus damni*.

O inciso IV do art. 792 do Novo CPC, que substancialmente repete a redação do art. 593, II, do CPC/1973, prevê haver fraude à execução na oneração ou alienação quando, ao tempo da alienação ou da oneração, tramitava contra o devedor ação capaz de reduzi-lo à insolvência. É o dispositivo que mais se aproxima do conceito de fraude à execução, mas ainda assim com sérios equívocos.

Primeiro, é importante esclarecer a confusa redação do artigo legal ora analisado. Não é a demanda que deve ser capaz de levar o devedor à insolvência, e sim o ato de alienação – gratuita ou onerosa – de seu patrimônio. Assim, se, no momento em que é proposta uma ação cobrando

R$ 50.000,00, o devedor possuir um patrimônio de R$ 500.000,00, poder-se-ia imaginar não ser aplicável o dispositivo comentado, já que nunca essa ação será capaz de levar o devedor à insolvência. Ocorre, entretanto, que, se alienar bens no valor de R$ 480.000,00, já não mais conseguirá honrar o crédito cobrado, restando em insolvência e sendo caracterizada a fraude à execução.

Segundo, a ação apontada no dispositivo ora comentado não é necessariamente de execução, sendo plenamente admissível que o ato de fraude à execução ocorra na constância do processo/fase de conhecimento, de processo cautelar antecedente e da ação probatória autônoma. Nesse caso, a previsão legal fica ainda mais sem sentido. Não é preciso muito esforço hermenêutico para se concluir que a única ação/fase capaz de gerar insolvência é a execução, o que inadequadamente afastaria a amplitude interpretativa sugerida e já consagrada.

Registre-se que, mesmo sendo possível ocorrer fraude à execução durante qualquer espécie de processo, ela é reconhecida somente na execução, mesmo que perpetrada antes desse processo ou fase procedimental. O reconhecimento da fraude à execução terá caráter declaratório, com *eficácia ex tunc* (desde o momento em que a fraude ocorreu).

Terceiro, a configuração de fraude à execução não depende apenas do trâmite da ação judicial, mas, como ato de desrespeito à própria função jurisdicional do Estado-juiz, da ciência do devedor da existência de ação judicial capaz de levá-lo à insolvência a depender da dilapidação patrimonial. Fraude à execução, portanto, somente se configura após a inequívoca ciência do demandado acerca da existência de ação judicial, por meio da citação, sendo os atos fraudulentos cometidos antes desse momento processual considerados, em regra, como fraude contra credores.

A necessidade de citação do demandado em ação judicial dá-se em razão da necessidade de que tenha ciência da demanda judicial. Dessa forma, apesar de não ser a regra geral, pode o credor provar que, apesar da inexistência de citação, o demandado já tinha ciência inequívoca da existência da ação, quando então se poderá configurar a fraude à execução. O mais importante, nesse tema, é a prova de que o demandado tinha plena ciência da existência de processo judicial movido contra ele quando alienou bens de seu patrimônio[23]. Os três primeiros incisos do

---

[23] Dinamarco, Instituições, n. 1.578, p. 392; Carmona, Código, p. 1.753; Informativo 420/STJ: 4.ª Turma, REsp 799.440-DF, rel. Min. João Otávio de Noronha, j.

art. 792 do Novo CPC dão bons exemplos de registros e averbações que podem anteceder a citação do devedor e que se prestam a dar ciência a ele da existência do processo em trâmite.

Conforme já afirmado, apesar dos sérios equívocos do inciso IV do art. 792 do Novo CPC, ele é o que mais se aproxima do conceito clássico de fraude à execução.

Aparentemente, nos demais incisos do art. 792 do Novo CPC o legislador inovou ao prever hipóteses de fraude à execução que dispensam qualquer outro requisito que não aquele previsto no dispositivo legal. Ou seja, passa a admitir fraude à execução independentemente do *eventus damni*[24].

O inciso I do dispositivo legal é necessário porque prevê uma espécie de fraude à execução singular, dissociada do *eventus damni*. É o único elogio que se pode fazer ao dispositivo legal. A fraude nesse caso não depende da insolvência do devedor, mas tão somente da alienação ou da oneração do bem imóvel (ação fundada em direito real) ou bem móvel (pretensão reipersecutória). Haverá fraude à execução nesse caso porque, sendo o objeto da execução determinado, frustra-se a satisfação do direito do exequente por um ato de má-fé do devedor. Ou seja, o devedor frauda a execução.

O art. 792, I, do Novo CPC, entretanto, cria um requisito injustificável para que exista fraude à execução na hipótese ora analisada: a averbação da pendência do processo no registro público, se houver. Aqui há uma confusão indevida, porque mesmo sem a averbação é possível que haja fraude à execução, desde que o devedor, à época da alienação ou da oneração do bem, tivesse ciência da existência da ação. A averbação nesse caso é somente uma forma de se criar uma presunção absoluta de ciência *erga omnes* da existência da ação – inclusive do devedor –, e não um requisito indispensável para que haja fraude à execução.

Essa confusão consagrada no inciso I do art. 792 do Novo CPC é também notada nos dois incisos seguintes. Segundo o inciso II, haverá

15.12.2009, DJe 02.02.2010; STJ, 4.ª Turma, REsp 824.520, rel. Min. Fernando Gonçalves, j. 20.11.2008, DJ 1º.12.2008; AgRg no Ag 985.009/MG, 2.ª Turma, rel. Min. Castro Meira, j. 19.08.2008, DJe 11.09.2008. Contra, entendendo bastar a propositura da demanda: Fux, Curso, p. 1.297.

24 Câmara, *O novo*, pp. 342/343; Wambier-Conceição-Ribeiro-Melo, *Primeiros*, p. 1.145.

fraude à execução quando tiver sido averbada, no registro do bem, a pendência do processo de execução. E nos termos do inciso III a fraude à execução ocorrerá quando tiver sido averbada, no registro do bem, hipoteca judiciária ou outro ato de constrição judicial originário onde foi arguida a fraude. Os dispositivos seguiram a mesma equivocada técnica adotada pelo art. 54 da Lei 13.097/2015.

Insista-se, nos dois dispositivos legais o que se tem são medidas adotadas pelo credor para a criação de uma presunção absoluta de ciência *erga omnes* da situação do bem. Serve para provar a ciência do devedor da existência do processo e para afastar suposta boa-fé do terceiro adquirente. Não são, entretanto, requisitos indispensáveis para que haja fraude à execução.

Nesses casos, havendo a situação tipificada em lei, haverá fraude à execução, independentemente do *eventus damni*, mas mesmo sem tal tipificação poderá haver fraude à execução se for demonstrada a ciência do executado da existência do processo e a alienação ou oneração do bem levar ou agravar sua insolvência.

Já na vigência do CPC/1973 a melhor doutrina entendia que, tendo ocorrido penhora, arresto, depósito ou qualquer outra espécie de constrição judicial, o bem passava a estar vinculado diretamente e de forma individualizada à demanda judicial da qual emanou o ato constritivo. Dessa maneira, a alienação ou oneração mostrava-se em total e absoluto desrespeito à função jurisdicional. Tal gravidade afasta o preenchimento de qualquer requisito, de forma que a mera alienação ou oneração de bem constrito judicialmente já é suficiente para a configuração dessa espécie de fraude, mesmo sem o *eventus damni*[25]. Os incisos II e III do Novo CPC apenas ampliaram esse entendimento para a averbação da execução e para a hipoteca judiciária.

Importante característica da fraude à execução é a dispensa de prova do elemento subjetivo do *consilium fraudis*, pouco importando se havia ciência ou não de que o ato levaria o devedor à insolvência. A intenção fraudulenta nesse caso é presumida, sendo irrelevante para os fins de configuração da fraude se o ato é real ou simulado, de boa ou má-fé. A prova do *eventus damni*, evidentemente, é indispensável (STJ, 3.ª Turma, AgRg no Ag 1.057.724/SP, rel. Min. Sidnei Beneti, j. 27.10.2009, *DJe* 06.11.2009).

---

25 Marinoni-Arenhart, *Execução*, p. 262; Theodoro Jr., *Processo*, p. 169; Dinamarco, *Instituições*, n. 1.584, p. 398-399.

O Superior Tribunal de Justiça, entretanto, entende que o terceiro adquirente de boa-fé deve ser protegido, não havendo ineficácia no ato praticado em fraude à execução se o adquirente demonstrar sua boa-fé no negócio jurídico (STJ, 1.ª Turma, REsp 638.664/PR, rel. Min. Luiz Fux, j. 07.04.2005, *DJ* 02.05.2005). Dessa forma, apesar de tal dispensa, para considerar ineficazes os atos de disposição ou oneração, exige-se que o adquirente saiba da existência da ação ou apresente razões que demonstrem ser impossível ignorá-la, tais como o registro da ação perante o cartório de imóveis, ampla divulgação na imprensa etc.

O entendimento encontra-se consagrado pela Súmula 375/STJ, que estabelece que o reconhecimento da fraude à execução depende do registro da penhora do bem alienado ou da prova de má-fé do terceiro adquirente, cabendo ao credor o ônus da prova de que o terceiro adquirente tinha ciência de que havia a constrição ou demanda contra o vendedor capaz de levá-lo à insolvência (Informativo 395/STJ, 3.ª T., REsp 804.044-GO, rel. Nancy Andrighi, rel. p/ acórdão Massami Uyeda, j. 19.05.2009, *DJ* 04.08.2009). Prestigiou-se nesse entendimento sumulado a milenar parêmia de que a boa-fé se presume e a má-fé se prova (Informativo 551/STJ, Corte Especial, REsp 956.943/PR, rel. originária Min. Nancy Andrighi, rel. p/ acórdão Min. João Otávio de Noronha, j. 20.08.2014, *DJe* 1.º.12.2014).

Apesar de o entendimento consagrado no verbete sumular mencionar apenas o registro da penhora, o que efetivamente interessa é a eficácia *erga omnes* gerada pela inclusão da existência do processo ou da situação do bem em algum registro. Assim, além do registro da penhora, também as averbações e registros previstos nos três primeiros incisos do art. 792 do Novo CPC. E também o protesto da sentença previsto no art. 517 do Novo CPC.

Entendo que o entendimento está parcialmente superado pela previsão contida no § 2.º do art. 792 do Novo CPC. A questão é apenas definir a abrangência dessa superação parcial. Nos termos do dispositivo legal mencionado, no caso de aquisição de bem não sujeito a registro, o terceiro adquirente tem o ônus de provar que adotou as cautelas necessárias para a aquisição, mediante a exibição das certidões pertinentes, obtidas no domicílio do vendedor.

O sentido a ser dado a "bem não sujeito a registro" definirá a abrangência do dispositivo legal. Se for considerado sob uma ótica abstrata, significará bens que nunca poderão ser objeto de registro, simplesmente porque não existe cadastro daquela espécie de bem, como ocorre com a maioria dos bens móveis. Nesse caso, pouco importará se o bem já está penhorado. Se for considerado sob uma ótica concreta, significará, além dos bens impossíveis de serem registrados por ausência de cadastro, aqueles bens que poderiam ser registrados, mas que no caso concreto não podem pela simples razão de não terem ainda sido penhorados. Nesse caso, o exequente só teria o ônus da prova se por descaso – ou qualquer outro motivo – tiver deixado de registrar a penhora.

Em minha percepção, o termo deve ser interpretado sob a ótica concreta, porque a premissa da distribuição do ônus de a prova da boa ou má-fé do terceiro que pratica ato em fraude à execução ser do exequente ou do terceiro independe da espécie de bem, mas sim de sua penhora ter sido registrado ou, ainda quando possível, ter o exequente deixado de realizar tal registro.

Tanto o parecer sedimentado na Súmula 375/STJ como a noviça previsão do art. 792, § 2.º, do Novo CPC não devem abalar a singular realidade existente quanto às dívidas fiscais. O Superior Tribunal de Justiça tem entendimento no sentido de que o enunciado da súmula não se aplica às execuções fiscais em razão do previsto no art. 185 do CTN, de forma que, na hipótese de crédito tributário em favor da Fazenda Pública, os atos de alienação fraudulenta serão considerados fraude à execução desde a inscrição do débito na Dívida Ativa (STJ, 1.ª Seção, REsp 1.141.990/PR, rel. Min. Luiz Fux, j. 10.11.2010, *DJe* 19.11.2010).

Não abala minhas conclusões o art. 54 da Lei 13.097/2015, em especial em razão de seu parágrafo único. Enquanto o *caput* do dispositivo sugere uma solução absoluta em benefício do terceiro adquirente, o parágrafo único volta a consagrar a distinção entre terceiro de boa-fé e de má-fé, tutelando apenas o primeiro deles.

Prevê o dispositivo ora comentado que os negócios jurídicos que tenham por fim constituir, transferir ou modificar direitos reais sobre imóveis são eficazes em relação a atos jurídicos precedentes, nas hipóteses em que não tenham sido registradas ou averbadas na matrícula do imóvel as informações previstas em seus três incisos: (I) registro de citação de ações reais ou pessoais reipersecutórias; (II) averbação, por solicitação do interessado, de constrição judicial, do ajuizamento de ação de execução ou de fase de cumprimento de sentença, procedendo-se nos termos previstos do art. 615-A da Lei 5.869, de 11 de janeiro de 1973 – Código de Processo Civil (substituído pelo art. 828 do Novo CPC); (III) averbação de restrição administrativa ou convencional ao gozo de direitos registrados, de indisponibilidade ou de outros ônus quando previstos em lei; e (IV) averbação, mediante decisão judicial, da existência de outro tipo de ação cujos resultados ou responsabilidade patrimonial possam reduzir seu proprietário à insolvência, nos termos do inciso II do art. 593 da Lei 5.869, de 11 de janeiro de 1973 – Código de Processo Civil (substituído pelo art. 792, IV, do Novo CPC).

A conjugação do *caput* e dos incisos do art. 54 da Lei 13.097/2015 sugere claramente que sem o registro ou a averbação nas hipóteses previstas em lei o terceiro adquirente estaria sempre protegido. Seria algo como: "não está no registro não está no mundo". Essa interpretação, entretanto, incorre no mesmo equívoco dos incisos II e III do art. 792 do Novo CPC, de confundir a existência de fraude à execução com as diferentes formas de se gerar eficácia *erga omnes* da situação do bem e, assim, afastar a alegação do terceiro de ter atuado de boa-fé.

O entendimento é corroborado pelo parágrafo único do art. 54 da Lei 13.097/2015, ao prever que não poderão ser opostas situações jurídicas não constantes da matrícula no Registro de Imóveis, inclusive para fins de evicção, ao terceiro de boa-fé que adquirir ou receber em garantia direitos reais sobre o imóvel, ressalvados o disposto nos arts. 129 e 130 da Lei 11.101, de 9 de fevereiro de 2005, e as hipóteses de aquisição e extinção da propriedade que independam de registro de título de imóvel.

A interpretação *a contrario sensu* que deve ser feita desse dispositivo legal é que, se não podem ser opostas situações jurídicas não constantes da matrícula no Registro de Imóveis ao terceiro de boa-fé que adquirir ou receber em garantia direitos reais sobre o imóvel, podem ser opostas ao terceiro de má-fé. Ou seja, mesmo que não haja qualquer registro na matrícula do imóvel, sua alienação ou oneração ainda poderá ser considerada em fraude, desde que comprovada a má-fé do terceiro adquirente.

46

PROCESSO DE EXECUÇÃO DE OBRIGAÇÃO DE ENTREGA DE COISA

São poucas as mudanças procedimentais do processo de execução de obrigação de entrega de coisa no Novo CPC.

O art. 806, *caput*, do Novo CPC aumenta o prazo de satisfação da execução de dez para quinze dias, além de excluir a indevida exigência de garantia prévia do juízo para a admissão dos embargos à execução. E o art. 812 do Novo CPC aumenta de 48 horas para quinze dias o prazo de impugnação da escolha feita por uma das partes, tema atualmente versado pelo art. 630 do CPC/1973.

47

PROCESSO DE EXECUÇÃO DE OBRIGAÇÃO DE FAZER E NÃO FAZER

Há uma mudança topológica no Capítulo que versa sobre a execução das obrigações de fazer e de não fazer: enquanto no CPC/1973 as disposições comuns vinham previstas na Seção III, depois das previsões referentes à execução das obrigações de fazer e não fazer, no Novo CPC vêm previstas na Seção I, inaugurando o Capítulo. Mudança elogiável, mas sem qualquer consequência prática.

Não há na parte das disposições comuns da Seção I do Capítulo III do Novo CPC previsão como a contida no art. 644 do CPC/1973, que previa uma aplicação subsidiária das regras procedimentais do processo de execução das obrigações de fazer e não fazer ao cumprimento de sentença da mesma natureza. A regra, entretanto, é mantida pelo Novo CPC no artigo inaugural do Capítulo que versa sobre o cumprimento de sentença (art. 513, *caput*).

O art. 814 do Novo CPC é praticamente a repetição do art. 645 do CPC/1973. A única diferença digna de nota é a indicação expressa de que o juiz, ao despachar a petição inicial e fixar a multa, tomara como critério de aplicação o "período de atraso" da obrigação, revogando-se dessa maneira a redação anterior que previa "por dia de atraso".

A alteração deve ser saudada, porque as *astreintes* nem sempre serão fixadas por dia de atraso no cumprimento da obrigação, não sendo nem mesmo a periodicidade requisito dessa forma de execução indireta.

O art. 815 do Novo CPC tem o mesmo conteúdo do art. 632 do CPC/1973, havendo apenas duas modificações linguísticas: "devedor" passa a ser "executado" e o juiz, em vez de "assinar" prazo para cumprimento da obrigação na hipótese de omissão no título executivo extrajudicial, passa a designá-lo.

Como se pode notar sem maior esforço, nenhuma das modificações gera consequências práticas, mas em especial a primeira deve ser saudada porque chama o polo passivo da execução do nome mais adequado, considerando-se que o termo "devedor" é fenômeno de direito material e que ninguém precisa efetivamente ser devedor para ser executado. A mesma adequação é notada em todo o Capítulo.

No art. 816 do Novo CPC há alterações meramente redacionais no dispositivo legal quando comparado com o art. 633 do CPC/1973. No ponto mais significativo, os termos "credor" e "devedor" foram substituídos por "exequente" e "executado".

O art. 819 do Novo CPC substancialmente mantém a regra já prevista no art. 636 do CPC/1973, com algumas alterações linguísticas e a alteração dos prazos previstos tanto para o contratado completar ou concluir a obrigação, que passa a ser de 15 dias (no CPC anterior era de dez dias) e o prazo para a manifestação do contratante, que passa a ser de 15 dias (no CPC anterior era de cinco dias).

48

PROCESSO DE EXECUÇÃO DE OBRIGAÇÃO DE PAGAR QUANTIA CERTA

48.1 PETIÇÃO INICIAL

No Novo Código de Processo Civil não existe propriamente um artigo que trate da petição inicial, mas o art. 798 prevê os documentos que devem instruir essa peça, sendo norma também aplicável ao requerimento do cumprimento de sentença. Destaca-se o parágrafo único do dispositivo legal mencionado, que traça as diretrizes formais para a elaboração do memorial descritivo de cálculos. Este deverá conter: o nome completo e o número do Cadastro de Pessoas Físicas ou do cadastro nacional da Pessoa Jurídica do exequente e do executado; o índice de correção monetária adotado; a taxa dos juros de mora aplicada; o termo inicial e o termo final dos juros e da correção monetária utilizados; especificação dos eventuais descontos obrigatórios realizados.

O art. 799 do Novo CPC prevê outras incumbências do exequente, mas é preciso cuidado na análise do dispositivo legal, considerando que nem todas as providências nele previstas são requisitos formais da petição inicial. O inciso IX prevê a averbação em registro público do ato de propositura da execução para o conhecimento de terceiros, o que, naturalmente, não é um requisito formal da petição inicial.

No inciso I encontra-se a exigência de requerimento da intimação do credor pignoratício, hipotecário, anticrético ou usufrutuário, quando a penhora recair sobre bens gravados por penhor, hipoteca, anticrese ou usufruto. Nesse caso, apesar de a ausência de intimação gerar nulidade dos atos de expropriação, não há preclusão temporal para seu pedido, de forma que, mesmo não constando da petição inicial, nada impedirá que o exequente venha posteriormente a fazer o requerimento.

No inciso II exige-se o requerimento da intimação do titular de usufruto, uso ou habitação, quando a penhora recair sobre bem gravado por usufruto, uso ou habitação; no inciso III, do promitente-comprador, quando a penhora recair sobre bem em relação ao qual haja promessa de compra e venda registrada; no inciso IV, do promitente vendedor, quando a penhora recair sobre direito aquisitivo derivado de promessa de compra e venda registrada; no inciso V, do superficiário, enfiteuta ou concessionário, em caso de direito de superfície, enfiteuse, concessão de uso especial para fins de moradia ou concessão de direito real de uso, quando a penhora recair sobre imóvel submetido ao regime do direito de superfície, enfiteuse ou concessão; no inciso VI, do proprietário de terreno com regime de direito de superfície, enfiteuse, concessão de uso especial para fins de moradia ou concessão de direito real de uso, quando a penhora recair sobre direitos do superficiário, do enfiteuta ou do concessionário; no inciso VII, da sociedade, no caso de penhora de quota social ou de ação de sociedade anônima fechada, para o fim previsto no art. 876, § 7.º, do Novo CPC.

No inciso VIII encontra-se a possibilidade de pedido de medidas cautelares. Havia uma novidade no texto originário: a expressa menção à possibilidade de se requerer a indisponibilidade de ativos financeiros existentes em nome do executado, para posterior penhora. Já havia defendido a possibilidade de penhora *on-line* antes mesmo da citação do executado, desde que demonstrado o perigo de ineficácia da medida diante da ciência do executado da existência da demanda judicial. Infelizmente, no texto final essa parte do dispositivo foi suprimida, o que, entretanto, não é capaz de afastar a possibilidade de tal penhora antecipada nos termos do art. 799, VIII, do Novo CPC.

A tarefa prevista no art. 652-A, *caput*, do CPC/1973 do juiz em fixar, de plano, os honorários advocatícios a serem pagos ao executado ao despachar a petição inicial é mantida pelo art. 827, *caput*, do Novo CPC, que passa a expressamente prever que o valor a ser fixado corresponderá a 10%. Esse valor, nos termos do § 2.º do dispositivo legal, poderá ser elevado até 20%, quando rejeitados os embargos à execução; não opostos, a majoração poderá ocorrer ao final do procedimento executivo, levando-

-se em conta o trabalho realizado pelo advogado do exequente. A forma de execução indireta de desconto em 50% da verba honorária no caso de pagamento em três dias, prevista no art. 652-A, parágrafo único, do CPC/1973, é mantida pelo § 1.º do art. 827 do Novo CPC.

48.2 AVERBAÇÃO DA EXECUÇÃO

Nos termos do art. 828, *caput*, do Novo CPC, o exequente poderá obter certidão de que a execução foi admitida pelo juiz, com identificação das partes e do valor da causa, para fins de averbação no registro de imóveis, de veículos ou de outros bens sujeitos a penhora, arresto ou indisponibilidade. Nos termos do Enunciado 130 do Fórum Permanente de Processualistas Civis (FPPC), "*a obtenção da certidão prevista no art. 844 independe de decisão judicial*".

Essa averbação da execução já estava prevista no art. 615-A do CPC/1973, mas houve uma mudança significativa. Enquanto no sistema do CPC/1973 a mera propositura da execução já permitia ao exequente a obtenção da certidão para fins de averbação, no novo sistema a execução precisa antes ser admitida pelo juiz. O legislador preferiu prestigiar a segurança jurídica, mas, diante da notória demora dos trabalhos cartoriais, prejudicou sensivelmente a efetividade da medida. Entendo que eventuais abusos na averbação não deveriam ter sido suficientes para a mudança operada, já que tanto o antigo como o novo sistema de averbação consagram expressamente a responsabilidade do exequente nesses casos.

O § 2.º do art. 828 do Novo CPC dispõe que, formalizada penhora sobre bens suficientes para cobrir o valor da dívida, o exequente providenciará, no prazo de dez dias, o cancelamento das averbações relativas àqueles não penhorados e que o juiz determinará o cancelamento das averbações, de ofício ou a requerimento do executado, caso o exequente não o faça no prazo. A diferença, quando comparado o dispositivo com o art. 615-A, § 2.º, do CPC/1973, é a expressa indicação de que cabe ao exequente fazer o pedido de cancelamento das averbações relativas aos bens não penhorados, sendo subsidiária a conduta oficiosa. Nos termos do § 4.º do dispositivo ora analisado, o exequente passa a responder por perdas e danos caso não cancele as averbações versadas no § 2.º.

48.3 ARRESTO EXECUTIVO

O arresto executivo é mantido no Novo Código de Processo Civil, sendo tratado pelo art. 830. De novidade há o § 1.º ao prever a possibilidade de o oficial de justiça, nos dez dias seguintes à efetivação do arresto, realizar a citação do executado por hora certa, desde que suspeite de ocultação maliciosa, o que poderá evitar a onerosa e demorada publicação de edital. Nos termos do § 3.º do dispositivo legal ora comentado, aperfeiçoada a citação e transcorrido o prazo de pagamento, o arresto será convertido em penhora, independentemente de termo.

48.4 PAGAMENTO PARCELADO

Nos termos do art. 745-A do CPC/1973, poderia o executado, no prazo dos embargos à execução, requerer o pagamento parcelado da obrigação exequenda. O tema é tratado pelo art. 916 do Novo CPC, com algumas inovações.

Segundo o art. 916, *caput*, do Novo CPC, o pedido de pagamento parcelado, que segue os moldes do art. 745-A, *caput*, do CPC/1973, exige depósito de até 30% e pagamento do restante em até seis parcelas mensais.

No projeto de lei aprovado pela Câmara o pedido de pagamento parcelado deveria ser motivado. Tal exigência, aliada à previsão expressa de que o exequente poderia apresentar qualquer fundamento para a não concessão do parcelamento, demonstrava que a comissão de juristas da Câmara havia sucumbido ao incorreto entendimento consagrado no Superior Tribunal de Justiça de que o pagamento parcelado não é um direito potestativo do executado[1].

Essas previsões, entretanto, foram retiradas do texto final do Novo CPC aprovado pelo Senado, o que deve ser comemorado, porque permite a conclusão de que o pagamento parcelado seja efetivamente um direito potestativo do executado, que só deve preencher os requisitos formais para obter uma moratória no pagamento. Na Emenda do tópico 2.3.2.192 do Parecer Final 956 do Senado, consta que a redação afinal consagrada aspira à "restauração dos termos alvitrados por esta Casa para a matéria, que preservam a sistemática em vigor do instituto do parcelamento, introduzido pela reforma processual de 2006 e que vem sendo aplicado com êxito e sem dificuldades".

O entendimento de que realmente se trata de uma moratória legal, vinculando o executado ao recebimento parcelado independentemente de sua vontade é corroborado pelo § 1.º do art. 916, do NCPC, que ao exigir

---

1 *Informativo* 497/STJ, 4.ª Turma, REsp 1.264.272/RJ, rel. Min. Luis Felipe Salomão, j. 15.05.2012.

o contraditório para o deferimento do pedido limita a manifestação do executado ao preenchimento dos requisitos formais do pedido. Se nem mesmo o executado pode se manifestar sobre o mérito do pedido, fica claro que o juiz só poderá indeferi-lo por vício formal.

Sempre haverá um risco no indeferimento do pedido de pagamento parcelado. Naturalmente que, sendo o indeferimento limitado a irregularidade formais, a culpa terá sido do executado e por isso deve responder. A partir do momento em que o indeferimento pode ter qualquer motivo fundado, o risco aumenta consideravelmente, porque o deferimento do pedido passa a depender da conduta do exequente e do subjetivismo judicial.

No projeto de lei aprovado na Câmara esse risco foi considerado, ainda mais porque seria admitido o indeferimento do pedido por motivo justo alegado pelo exequente, para criar inovadora regra no sentido de o pedido de pagamento parcelado interromper o prazo para a oposição dos embargos, e, no caso de indeferimento do pedido, o prazo de 15 dias para oposição dos embargos começar a correr da publicação da decisão.

O pedido de pagamento parcelado, portanto, deixaria de ser uma opção aos embargos à execução, de modo que, diferentemente do que ocorre com o sistema atual, tal pedido não geraria preclusão lógica à oposição dos embargos ou mesmo a renúncia ao direito de embargar.

Como no texto final aprovado pelo Senado consagrou-se que o único motivo para o indeferimento do pedido de pagamento parcelado são vícios formais, reduzindo-se o risco consideravelmente, e, mais, sempre imputável à diligência do executado, o § 6.º do art. 916 do Novo CPC passou a prever que a opção pelo parcelamento importa renúncia ao direito de opor embargos.

Diante do previsto, o risco do executado ao fazer o pedido continua sendo renunciar ao direito e perder o valor depositado (no mínimo correspondente a 30% do valor da execução), que obviamente não lhe será devolvido na hipótese de indeferimento do pedido. O risco, entretanto, só existirá concretamente por falta de diligência do executado, não havendo ninguém mais se seu pedido for indeferido e ele experimentar os prejuízos já indicados.

De qualquer forma, em meu entendimento o legislador poderia ter dispensado o executado desse depósito imediato ao fazer o pedido de pagamento parcelado. Poderia prever somente o pedido, e, uma vez sendo este deferido, o executado seria intimado na pessoa de seu advogado para fazer o depósito de 30% do valor da dívida, passando, a partir de 30 dias dessa data, a realizar os pagamentos parcelados. Para evitar pedidos meramente protelatórios, poder-se-ia determinar que, deferido o pedido e não realizado o depósito inicial, o executado seria multado em 20% do valor da causa.

O § 2.º do artigo ora comentado é bastante feliz, mas a exigência de sua existência diz muito sobre o estado caótico dos serviços judiciais em nosso país. Segundo o dispositivo legal, enquanto não for apreciado o pedido de parcelamento, cabe ao executado depositar as quantias mensais, sendo facultado ao exequente seu imediato levantamento. Tratando-se de parcelas mensais, a aplicação do dispositivo dependerá de ausência de decisão por pelo menos um mês, o que, de tão frequente, teve que ser regulado em lei. E cada vez fica mais perigoso para o executado pedir o pagamento parcelado, pois, além dos 30% que já terá pago com o pedido, poderá depositar parcelas mensais, que serão levantadas pelo exequente, e depois ter o pedido indeferido. Quem sabe se o juiz atrasar seis meses não tenha mais razão em indeferir o pedido do executado...

Atendendo ao melhor entendimento doutrinário, o legislador afasta expressamente no § 7.º a aplicação dessa forma de pagamento ao cumprimento de sentença. Seja porque não tem sentido o executado reconhecer o direito exequendo em execução fundada em sentença, seja porque não se pode obrigar o exequente, depois de todo o tempo despendido para a obtenção do título executivo judicial, a esperar mais seis meses para sua satisfação, realmente o pagamento parcelado deve ser reservado ao processo de execução. O legislador, apesar de optar pela melhor solução, contrariou entendimento do Superior Tribunal de Justiça no sentido de ser aplicável o pagamento parcelado ao cumprimento de sentença.

Considerando que o cabimento do agravo de instrumento passa a ser taxativo, é importante a previsão do parágrafo único do art. 1.015 do Novo CPC, sendo cabível tal espécie de recurso contra a decisão que acolhe ou rejeita o pedido de pagamento parcelado.

48.5 PENHORA

48.5.1 Impenhorabilidade de bens

O tema da impenhorabilidade de bens teve no projeto de lei aprovado na Câmara poucas alterações, mostrando que o legislador atual está bem mais acomodado – ou conformado – com manifestos exageros na proteção do executado em termos de tutela de seu patrimônio mínimo.

Em 2006, quase se aprovou a penhora escalonada do salário e de bens de família com valor superior a 1.000 salários mínimos. Avanços inegáveis que só não se transformaram em lei naquele momento em razão de injustificado e vergonhoso veto presidencial[2]. As inovadoras regras – ao menos para o direito brasileiro – iam ficando de fora do Novo CPC quando, no último momento do processo legislativo, consagrou-se, sem alarde, a penhora de salário.

O art. 833 do Novo CPC, ao indicar os bens impenhoráveis, é praticamente cópia do art. 649 do CPC/1973. São poucas as inovações.

Continuam a ser impenhoráveis os livros, as máquinas, as ferramentas, os utensílios, os instrumentos ou outros bens móveis necessários ou úteis ao exercício da profissão do executado (art. 649, V, do CPC/1973 e art. 833, V, do Novo CPC). A novidade fica por conta do § 3.º do art. 833 do Novo CPC ao prever que se incluem na impenhorabilidade ora analisada, prevista no inciso V do *caput*, os equipamentos, implementos e máquinas agrícolas pertencentes a pessoa física ou a empresa individual produtora rural, exceto quando tais bens tenham sido objeto de financiamento e estejam vinculados em garantia a negócio jurídico, ou quando respondam por dívida de natureza alimentar, trabalhista ou previdenciária.

No inciso X do dispositivo ora comentado foi mantida a impenhorabilidade de quantia depositada em caderneta de poupança, preservando-se o limite de 40 salários mínimos. Apesar da omissão legal, remanesce o entendimento de que, se houver pluralidade de poupanças, o limite a ser considerado resultará da soma de todas elas, e nunca individualmente, sob pena de a norma legal transformar-se em arma de devedores pouco afeitos ao cumprimento de suas obrigações[3].

A opção do legislador parece ter atendido a interesses governamentais, considerando-se ser a poupança a forma de investimento mais vantajosa para o Estado na medida em que, no mínimo, 65% dos recursos captados devem ser direcionados para operações de financiamento habitacional, sendo 80% desse percentual em operações ligadas ao Sistema Financeiro da Habitação. A injustificável distinção consagrada pelo dispositivo ora analisado foi afastada pelo Superior Tribunal de Justiça ao decidir que a impenhorabilidade aproveita a qualquer reserva financeira existente[4].

---

2 Neves, *Reforma*, p. 213-214.

3 *Informativo* 501/STJ, 3.ª Turma, REsp 1.231.123/SP, rel. Min. Nancy Andrighi, j. 02.08.2012.

4 STJ, 2.ª Seção, REsp 1.230.060/PR, rel. Min. Maria Isabel Gallotti, j. 13.08.2014, *DJe* 29.08.2014.

Os créditos oriundos de alienação de unidades imobiliárias, sob regime de incorporação imobiliária, desde que vinculados à execução da obra, se tornaram impenhoráveis nos termos do art. 833, XII, do Novo CPC.

Há interessantes novidades previstas no § 2.º do art. 833, que trata da exceção à impenhorabilidade na execução de verba alimentar.

No art. 649, § 2.º, do CPC/1973 era admitida a penhora na execução de alimentos dos bens impenhoráveis previstos no inciso IV (substancialmente ganhos decorrentes de trabalho), no que foi mantido no dispositivo ora comentado. A novidade é que o afastamento da impenhorabilidade para o pagamento de prestação alimentícia também foi ampliado para as hipóteses de impenhorabilidade previstas no inciso X. Portanto, a quantia depositada em poupança do executado, mesmo dentro do limite de 40 salários mínimos, passa a responder por seu débito alimentar.

Também cabe o registro para a nova redação quanto à penhorabilidade dos ganhos derivados do trabalho na execução de alimentos. Ao indicar a prestação alimentícia, o dispositivo ressalta que a penhora deve ocorrer independentemente da origem da obrigação alimentar, de forma que não só aos alimentos genuínos seja aplicada a regra. Apesar de o Superior Tribunal de Justiça, mesmo diante da omissão do art. 649, § 2.º, do CPC/1973, já determinar a penhora em hipóteses de alimentos não derivados da relação familiar ou casamento, como no caso dos honorários advocatícios[5], a inovação redacional é importante para afastar qualquer discussão a respeito do tema.

A principal novidade quanto à impenhorabilidade deu-se sem maior alarde, já no final do processo legislativo, mas se trata de grande avanço que deve ser efusivamente saudado. No § 2.º do art. 833 do Novo CPC, a impenhorabilidade prevista nos incisos IV e X do dispositivo legal passa a não ser aplicável a importâncias excedentes a 50 salários mínimos mensais.

A menção ao inciso X é bastante estranha, porque o dispositivo cuida da impenhorabilidade de quantia depositada em caderneta de poupança até 40 salários mínimos, parecendo ser irrelevante o rendimento mensal do poupador. Havendo qualquer valor que supere 40 salários mínimos, a quantia será penhorável.

Já com relação ao inciso IV, a mudança é significativa, porque o dispositivo trata da impenhorabilidade dos valores obtidos pelo devedor

---

5 STJ, 3.ª Turma, REsp 1.365.469/MG, rel. Min. Nancy Andrighi, j. 18.06.2013, *DJe* 26.06.2013.

como compensação por seu trabalho. Não só o salário, mas também os vencimentos, os subsídios, os soldos, as remunerações, os ganhos do trabalhador autônomo e os honorários do profissional liberal. Além disso, também trata da impenhorabilidade dos proventos de aposentadoria, das pensões, montepios e pecúlios, além das quantias recebidas por liberalidade de terceiro e destinadas ao sustento do devedor e de sua família.

A penhora de salários e outros rendimentos relacionados ao trabalho, mesmo sem qualquer previsão legal e desde que não afete a sobrevivência digna do devedor e de sua família, já vinha sendo cogitada, ainda que timidamente, pelo Superior Tribunal de Justiça.

No caso de restituição de imposto de renda, ainda que reconhecida sua natureza salarial, o Superior Tribunal de Justiça vinha determinando a análise concreta do destino dos valores recebidos; caso se mostrem indispensáveis ao pagamento de necessidades básicas do devedor, serão impenhoráveis, e caso se mostrem apenas um reforço financeiro, serão penhoráveis[6].

Outra tese que encontra repercussão no Superior Tribunal de Justiça é a penhorabilidade do saldo do salário não gasto pelo devedor no momento em que recebe o salário seguinte. Segundo esse entendimento, caso o provento de índole salarial se mostre, ao final do período – isto é, até o recebimento de novo provento de igual natureza –, superior ao custo necessário ao sustento do titular e seus familiares, essa sobra perde o caráter alimentício e passa a ser uma reserva ou economia, tornando-se, em princípio, penhorável[7].

Não é pacífico o tema, porque também existem decisões do mesmo tribunal que apontam a manutenção da natureza alimentar do salário mesmo quando aplicado em poupança ou qualquer outro fundo de investimento, como forma de o devedor se resguardar contra a inflação e se acautelar contra infortúnios[8].

---

6 *Informativo* 409/STJ: 3.ª Turma, REsp 1.059.781/DF, rel. Min. Nancy Andrighi, j. 01.10.2009; *Informativo* 435/STJ: 3.ª Turma, REsp 1.150.738-MG, rel. Min. Nancy Andrighi, j. 20.05.2010.

7 STJ, 3.ª Turma, REsp 1.330.567/RS, rel. Min. Nancy Andrighi, j. 16.05.2013, *DJe* 27.05.2013; STJ, 2.ª Seção, REsp 1.230.060/PR, rel. Min. Maria Isabel Gallotti, j. 13.08.2014, *DJe* 29.08.2014.

8 STJ, 1.ª Turma, REsp 1.164.037/RS, rel. Min. Sérgio Kukina, rel. p/ acórdão Min. Napoleão Nunes Maia Filho, j. 20.02.2014, *DJe* 09.05.2014.

Ainda que as exceções apontadas sejam de inegável relevância para a efetividade da execução, as decisões do Superior Tribunal de Justiça que mais chamam a atenção são aquelas que admitem a penhora de percentual de salário com o fundamento de que a constrição não afetará a dignidade humana do devedor e que tal medida extrema decorre de obstáculos criados pelo próprio executado para o bom andamento da execução e consequente frustração da satisfação do direito do exequente[9].

A inovadora possibilidade de penhora de salários acima de 50 salários mínimos mensais vem de encontro à percepção já presente em algumas decisões do Superior Tribunal de Justiça de ser plenamente compatível tal espécie de penhora e a preservação do princípio do patrimônio mínimo. Assim se satisfaz o direito de crédito do exequente e preserva-se a dignidade humana do devedor.

Pode-se criticar o valor indicado pelo art. 833, § 2.º, do Novo CPC, afinal, são poucos devedores que recebem valor superior a 50 salários mínimos por mês. Ainda assim, é inegável o avanço da norma legal, que inclui o Brasil no rol dos países civilizados, tanto de tradição da *civil law* (por exemplo, Argentina, Uruguai, Chile, Portugal, Espanha, Alemanha e Itália) como da *common law* (por exemplo, Estados Unidos e Inglaterra). É um começo, que com o passar do tempo poderá ser aperfeiçoado.

Quem sabe num futuro próximo o Brasil possa caminhar para uma penhorabilidade escalonada como a prevista na legislação processual espanhola, em sistema que me parece o mais adequado.

Na Espanha existe interessante disposição na Ley de Enjuiciamiento Civil, que define uma progressão de percentagens dos vencimentos, determinando-se a penhora dependendo do valor do salário do executado[10]. O art. 607 cria um valor mínimo, absolutamente impenhorável, e a partir desse valor estabelece a possibilidade de penhora de 30 a 90%, dependendo da faixa em que se verifica o valor total dos vencimentos. Assim, por exemplo, um executado que ganhe um salário mínimo, possui a garantia de impenhorabilidade absoluta, mas aquele que ganha até dois salários mínimos, poderá ter penhorado 30% do valor que supere um salário mínimo, e outro devedor, que receba três salários mínimos, terá,

---

9 STJ, 3.ª Turma, REsp 1.285.970/SP, rel. Min. Sidnei Beneti, j. 27.05.2014, *DJe* 08.09.2014; STJ, 3.ª Turma, REsp 1.326.394/SP, rel. Min. Nancy Andrighi, j. 12.03.2013, *DJe* 18.03.2013.

10 Llobregat, *El proceso*, p. 452.

com relação ao valor do "segundo" salário mínimo, a penhora de 30% e, com relação ao "terceiro" salário mínimo, a penhora de 50%.

O sistema leva em consideração a garantia mínima, já que torna absolutamente impenhorável um valor teto (claro que no Brasil seria irrisório fixar tal teto em tão somente um salário mínimo), e considera também o valor do salário e dos vencimentos, elevando a percentagem de penhorabilidade conforme o valor aumenta. Preserva-se, dessa forma, um mínimo para a sobrevivência do devedor, mas ao mesmo tempo entrega-se a prestação jurisdicional pleiteada pelo exequente. Todos os interesses são preservados, é claro que com certo sacrifício do devedor, o que é natural do processo executivo efetivo.

Técnica semelhante de escalonamento em faixas foi utilizada pelo Novo CPC para a fixação do valor de condenação da Fazenda Pública ao pagamento de honorários advocatícios.

48.5.2 Ordem da penhora

Havendo bens de diferentes espécies no patrimônio do executado e não sendo necessária a penhora de todos eles, é preciso criar uma regra de preferência entre eles. No CPC/1973 a ordem vinha estabelecida no art. 655 e no Novo CPC, no art. 835.

Houve mudanças na ordem: o dinheiro, em espécie ou em depósito ou aplicação em instituição financeira, continua em primeiro lugar (I); os títulos da dívida pública da União, Estados e Distrito Federal com cotação em mercado estavam em nono na ordem e agora estão em segundo (II); títulos e valores mobiliários com cotação em mercado estavam em décimo e agora estão em terceiro (III); veículos de via terrestre caíram do segundo para o quarto lugar (IV); bens imóveis foram de quarto para quinto (V); bens móveis em geral de terceiro para sexto (VI); os bens semoventes, que não constavam do art. 655 do CPC/1973, aparecem em sétimo na ordem (VII); navios e aeronaves caíram do quinto para o oitavo lugar (VIII); ações e quotas de sociedades simples e empresárias foram do sexto para o nono lugar (IX); o percentual de faturamento caiu do sétimo para o décimo lugar (X); as pedras e os metais precisos caíram do oitavo para o décimo primeiro lugar (XI); os direitos aquisitivos derivados de promessa de compra e venda e de alienação fiduciária em garantia, que não constavam da relação do art. 655 do CPC/1973, aparecem na décima segunda posição (XII); mantendo o último lugar estão outros direitos (XIII).

O art. 835, *caput*, do CPC manteve a regra de que a ordem legal deve ser respeitada preferencialmente, o que permite sua excepcional alteração no caso concreto, sempre levando o juiz em conta dois princípios aparentemente conflitantes: a menor onerosidade do executado e a maior efetividade da execução[11].

Há, entretanto, uma importante novidade. Nos termos do art. 835, § 1.º, do Novo CPC, a penhora em dinheiro é prioritária, podendo o juiz alterar a ordem da penhora nas demais hipóteses de acordo com as circunstâncias do caso concreto. A redação do dispositivo não é das mais felizes, porque prioritário é sinônimo de preferencial, mas, ao prever a possibilidade de alteração da ordem somente nas outras hipóteses, o objetivo do legislador é evidente: a preferência pela penhora do dinheiro é absoluta, prevalecendo em toda e qualquer execução, independentemente das particularidades do caso concreto.

A regra deve ser elogiada, porque evita que juízes se valham do termo "preferencialmente" consagrado no artigo ora comentado para admitirem penhora de outros bens quando possível a penhora do dinheiro. É natural que o dinheiro seja sempre o primeiro bem da ordem de qualquer penhora, porque é o que mais facilmente proporciona a satisfação ao exequente. Penhorado o dinheiro, o processo executivo não precisará passar pela fase procedimental de expropriação do bem penhorado, em regra, uma fase complexa, difícil e demorada. Tendo sido penhorado dinheiro, basta entregá-lo ao exequente, dispensada a prática de qualquer outro ato processual, o que obviamente facilita o procedimento de satisfação, isso sem falar nas dificuldades materiais encontradas para transformar outros bens penhorados em dinheiro, o que naturalmente não ocorre quando o próprio objeto da penhora já é o dinheiro.

Registre-se que a regra criada pelo art. 835, § 1.º, do Novo CPC contraria entendimento consagrado em súmula pelo Superior Tribunal de Justiça, que considera que, "na execução civil, a penhora de dinheiro na ordem de nomeação de bens não tem caráter absoluto"[12]. Passará a tê-lo por imposição legal.

Ainda que o dinheiro não possa ser desbancado de sua primeira posição na ordem da penhora, o art. 835, § 2.º, do Novo CPC admite a substituição da penhora em dinheiro pela fiança bancária ou seguro garantia judicial em valor mínimo de 30% a mais que o valor do débito constante da inicial.

---

11 Greco, *O processo*, n. 8.2.1, p. 310-311; Assis, *Manual*, n. 226.3, p. 603; STJ, 2.ª Turma, REsp 982.515/SP, rel. Min. Carlos Fernando Mathias, j. 26.02.2008; AgRg no Ag 483.789/MG, 1.ª Turma, rel. Min. Teori Albino Zavascki, j. 23.09.2003.

12 Súmula 417/STJ.

O dispositivo parece resolver uma importante questão, levantada desde que essas formas de garantia do juízo surgiram no art. 15, I, da LEF. Afinal, o dinheiro tem o mesmo *status* da fiança bancária, e, mais importante que isso, se penhorado dinheiro do executado, esse bem poderia ser substituído pela fiança bancária? O Superior Tribunal de Justiça não tinha posição uníssona a esse respeito, havendo decisões em ambos os sentidos[13], apesar de existir uma tendência pela admissibilidade da substituição da penhora de dinheiro desde que confiável a fiança bancária[14], e comprovado os pressupostos da menor onerosidade ao executado[15].

A fiança bancária e, por extensão, o seguro garantia judicial são formas de garantia do juízo que beneficiam todos os envolvidos na execução. Para o executado, a substituição será extremamente proveitosa porque, liberado o bem que havia sido penhorado, seu dinheiro poderá ser investido, o que certamente gerará dividendos, inclusive aumentando sua capacidade de fazer frente à cobrança enfrentada na execução. Essa circunstância verifica-se, inclusive, nos casos em que a penhora tem como objeto dinheiro, porque é notória a maior rentabilidade da maioria dos investimentos quando comparados com a correção dos depósitos em juízo. Na hipótese de utilização do dinheiro para financiar empreendimentos ou projetos, fica ainda mais nítida a importância da substituição ora defendida. Por outro lado, o exequente não terá nenhum prejuízo, porque o grande atrativo da penhora de dinheiro – liquidez imediata – será plenamente mantido com as duas espécies de garantia previstas pelo art. 835, § 2.º, do Novo CPC.

O dispositivo ora comentado é claro ao prever que, ao menos para fins de substituição do bem penhorado, equiparam-se a dinheiro a fiança bancária e o seguro garantia. A equiparação prevista em lei coloca essas formas de garantia no mesmo patamar, respondendo ao questionamento a respeito de seu *status* dentro do sistema e da possibilidade de substituição de um pelo outro.

---

13 Permitindo a substituição de dinheiro penhorado por fiança bancária, REsp 643.097-RS, 2.ª Turma, rel. Min. Castro Meira, j. 04.04.2006; REsp 660.288-RJ, 2.ª Turma, rel. Min. Eliana Calmon, *DJ* 10.10.2005. Em sentido contrário, REsp 801.550-RJ, 1.ª Turma, rel. Min. José Delgado, j. 09.05.2006; *Informativo* 437/STJ: REsp 1.049.760-RJ, rel. Min. Luiz Fux, j. 1.º.06.2010.

14 STJ, 2.ª Turma, REsp 1067630-RJ, rel. Min. Humberto Martins, j. 23.09.2008 (*Informativo* 369/STJ); AgRg no Ag 952.491-RJ, 4.ª Turma, rel. Min. Fernando Gonçalves, j. 07.10.2008 (*Informativo* 371/STJ).

15 *Informativo* 462/STJ: 1.ª Seção, EREsp. 1.077.039/RJ, rel. Min. Mauro Campbell Marques, rel. p/ acórdão Min. Herman Benjamin, j. 09.02.2011; *Informativo* 466/STJ: 3.ª Turma, REsp 1.116.647/ES, rel. Min. Nancy Andrighi, j. 15.03.2011.

48.5.3 Bens suficientes apenas para o pagamento das custas da execução

Fundado no princípio da menor onerosidade do executado, o art. 659, § 2.º, do CPC/1973 determinava ao oficial de justiça não realizar a penhora quando evidente que o produto da execução dos bens encontrados fosse totalmente absorvido pelo pagamento das custas da execução.

A regra é mantida pelo art. 836, § 1.º, do Novo CPC, inclusive quanto à exigência de o oficial de justiça, independentemente de determinação judicial, descrever os bens que guarnecem a residência da pessoa humana e o estabelecimento da pessoa jurídica devedora ao deixar de realizar a penhora nos termos do dispositivo legal analisado.

A novidade fica por conta do § 2.º ao indicar que o executado ou seu representante legal será nomeado depositário provisório de tais bens. A qualidade de depositário provisório justifica-se porque, não sendo realizada a penhora, o encargo de depósito deixa de existir, enquanto que, se se determinar a penhora, os bens ficarão com o depositário judicial, nos termos do art. 840, II, do Novo CPC.

48.5.4 Da documentação da penhora, de seu registro e do depósito

48.5.4.1 Depósito

Há novidades quanto ao local e responsável pelo depósito da coisa penhorada. O tema era tratado pelo art. 666 do CPC/1973 e agora é objeto do art. 840 do Novo CPC.

Para o depósito de quantias em dinheiro, papéis de crédito, pedras e metais preciosos há uma ordem de preferência: (1.º) Banco do Brasil ou Caixa Econômica Federal; (2.º) banco do qual o Estado ou o Distrito Federal possua mais da metade do capital social integralizado; (3.º) qualquer instituição de crédito designada pelo juiz, com a exigência inovadora de que tenha aplicações financeiras lastreadas em título da dívida pública da União.

Segundo o inciso II, ficarão em poder do depositário judicial os bens móveis, semoventes, os imóveis urbanos e os direitos aquisitivos sobre imóveis urbanos, e, na sua falta, o depositário será o exequente (§ 1.º).

Nos termos do inciso III, ficará como depositário o executado no caso de a penhora recair sobre bens imóveis rurais, os direitos aquisitivos sobre imóveis rurais, as máquinas, utensílios e instrumentos necessários ou úteis à atividade agrícola, desde que seja prestada caução idônea. Caso o executado não ofereça a caução, acredito que o bem fique em poder do depositário judicial. Também ficará o executado como depositário na hipótese de bens de difícil remoção ou quando concordar o exequente, quando não será exigida prestação de caução.

48.5.4.2 Intimação da penhora

Realizada a penhora, deve ser o executado intimado do ato processual. Era assim no CPC/1973 e ainda se mantém no Novo Código de Processo Civil. Há, entretanto, algumas novidades.

O ideal, em termos de intimação da penhora, é realizá-la já no ato de constrição judicial. Nesse sentido, inclusive, o art. 841, § 3.º, do Novo CPC reputa o executado como intimado se a penhora for realizada em sua presença. Na realidade, tendo sido "oficialmente" ou não intimado no ato de penhora, ao estar presente, o executado tomou ciência da constrição, sendo exatamente esse o objetivo da intimação.

Ocorre, entretanto, que nem sempre o executado estará presente no momento da penhora, e nesse caso será indispensável a intimação. Nesse ponto, o Novo CPC foi bem ao excluir a regra que permitia a dispensa da intimação na hipótese de sua frustração (art. 652, § 5.º, do CPC/1973). Essa dispensa era injustificável[16], e sua supressão pelo atual texto deve ser fortemente comemorada.

Sempre houve preferência pela intimação do executado por meio de seu advogado, o que é mantido pelo art. 841, § 1.º, mas agora com uma novidade: a possibilidade de a intimação ser realizada na sociedade de advogados a que pertença o advogado do executado. Não havendo advogado constituído, a intimação será pessoal, de preferência por via postal (§ 2.º).

A exigência de intimação do cônjuge do devedor quando penhorado bem imóvel não é novidade, já existindo no art. 655, § 2.º, do CPC/1973. A novidade do art. 842 do Novo CPC é a expressa exclusão da necessidade de intimação, sendo o devedor casado com regime de separação absoluta de bens, contrariando o entendimento do Superior Tribunal de Justiça de exigir a intimação independentemente do regime de bens[17].

---

16 Neves, *Manual de direito*, n. 47.1.6, p. 1.009-1.010.

17 STJ, 3.ª Turma, REsp 753.453/RJ, rel. Min. Castro Filho j. 24.04.2007, *DJ* 14.05.2007, p. 284.

Nos termos do art. 655-B do CPC/1973, sendo penhorado um bem indivisível de casal, a meação do cônjuge não devedor e não responsável patrimonial recaía sobre o produto da alienação do bem. Significava que, se fosse vencedor nos embargos de terceiro para proteger sua meação, o cônjuge-embargante não evitava a alienação do bem, ficando apenas com metade do valor obtido na expropriação, sendo a outra metade entregue ao exequente.

Segundo o art. 843 do Novo CPC, havendo penhora de bem indivisível, o bem será inteiramente alienado, mesmo que pertença a devedor casado ou exista coproprietário não devedor. Trata-se de uma sensível inovação, porque, nos termos da nova regra, qualquer coproprietário que não seja devedor não terá como excluir da constrição judicial e futura expropriação sua cota-parte do imóvel.

Há duas razões para a existência dessa regra: (a) a notória dificuldade de se alienarem judicialmente cotas-partes de imóveis; (b) a constituição de um condomínio forçado entre o adquirente da cota e o coproprietário não devedor, que fatalmente será resolvido por uma ação de dissolução de condomínio[18].

É certamente a segunda razão que motivou o legislador a ampliar a regra além das pessoas casadas, atingindo quaisquer coproprietários. Como a ação de dissolução de propriedade resulta na alienação do bem, com a entrega de valores correspondentes às cotas-partes para cada coproprietário, o legislador imaginou poupar todo esse esforço com a alienação integral do bem penhorado.

As novidades, entretanto, não param por aí. Segundo o art. 843, § 2.º, do CPC, não se admitirá a expropriação do bem por preço inferior ao da avaliação que não seja capaz de garantir ao coproprietário ou cônjuge "alheio" (não devedor nem responsável patrimonial) o correspondente à sua cota-parte calculado sobre o valor da avaliação.

A única interpretação possível do dispositivo legal é de que o coproprietário não devedor e o cônjuge não devedor nem responsável patrimonial secundário têm direito a receber sua cota-parte tomando por base o valor da avaliação do bem, e não o valor da expropriação. E, caso a expropriação não atinja sequer o valor que deve ser entregue a esses sujeitos, não deverá ser realizada.

---

18 Neves, *Reforma*, p. 300-304.

Por exemplo, o imóvel do casal é avaliado em R$ 500.000,00, não sendo possível a expropriação por menos da metade de seu valor. E, sendo alienado por R$ 300.000,00, o cônjuge não devedor nem responsável patrimonial terá direito a R$ 250.000,00, sendo entregue ao exequente apenas o saldo, no caso o valor de R$ 50.000,00.

Não é preciso muito esforço para compreender que a regra busca proteger os sujeitos descritos no *caput* do art. 843 do Novo CPC, considerando que ter a quantia a que tem direito calculado com base no valor da expropriação invariavelmente acarreta perda patrimonial, reputando ser, em regra, esse valor inferior ao da avaliação. O problema óbvio é que essa proteção se dará à custa do credor, que deixará de receber metade do valor da expropriação, tendo seu crédito satisfeito apenas com o saldo.

Entendo, inclusive, que nesse caso, os 50% do valor da avaliação é o menor valor permitido para a alienação judicial, porque se o imóvel for alienado por valor inferior, além de o credor nada receber, o coproprietário não devedor ou o cônjuge não responsável ficarão com menos de 50% do valor da avaliação, em flagrante desrespeito ao art. 843, § 2.º, do Novo CPC.

48.5.5 Do lugar de realização da penhora

O art. 659, § 4.º, do CPC admite que a penhora de imóvel, independentemente de sua localização, seja realizada quando apresentada nos autos cópia da matrícula atualizada. Essa regra é mantida e ampliada pelo art. 845, § 1.º, do Novo CPC, que passa a admitir a mesma forma de penhora por termo nos autos também para veículos automotores quando apresentada certidão que ateste a sua existência.

Acredito que a penhora por termos dos autos sobre bens situados em qualquer local possa ser realizada além das hipóteses previstas no art. 845, § 1.º, do Novo CPC. Juntada aos autos cópia do contrato social, por exemplo, é possível a penhora de cotas sociais por termo nos autos, independentemente do local de registro da sociedade empresarial.

No entanto, no caso específico dos veículos automotores, vejo dificuldade prática na implantação da facilidade prevista pelo dispositivo ora comentado, porque, nesse caso, a penhora deve se aperfeiçoar com a apreensão do bem. Será preferível nesse caso uma averbação da execução no registro do automóvel, o que evitará sua transferência sem que o comprador pratique ato de fraude à execução, deixando a efetiva penhora somente para o momento de efetiva apreensão do bem.

É mantida a regra que permite a requisição de força policial no caso de resistência do executado ao cumprimento da ordem de penhora (art. 662 do CPC/1973 e art. 846, § 2.º, do Novo CPC), como também a lavratura do auto em duplicata, sendo um entregue ao juízo da execução e outro à autoridade policial (art. 663 do CPC/1973 e art. 846, § 3.º, do Novo CPC).

A novidade é que não consta mais que o auto será entregue à autoridade policial com "o preso", uma vez que os crimes de desobediência e resistência não ensejam prisão. De qualquer forma, o art. 663 do CPC/1973 era letra morta, considerando que a prisão nele sugerida nunca acontecia.

48.5.6 Das modificações da penhora

A Subseção IV, que trata das modificações da penhora, substancialmente repete as regras já existentes nos arts. 656 e 668 do CPC/1973. O art. 847, § 3.º, do Novo CPC mantém a exigência prevista no art. 656, § 3.º, do CPC/1973, de anuência do cônjuge quando o executado oferecer em substituição bem imóvel.

Inclui expressamente que a exigência não é aplicável se o regime de bens for o de separação absoluta de bens, no que deve ser elogiado. Já havia me manifestado que, "apesar de inexistir previsão expressa nesse sentido, não parece fazer muito sentido a anuência do cônjuge na hipótese de regime de separação total de bens, porque nesse caso o patrimônio não pertence ao cônjuge não devedor, de forma que a preocupação que motivou o legislador a prever o art. 656, § 3.º, do CPC simplesmente não existe nesse caso"[19].

O legislador poderia ter sido mais cauteloso e expressamente prever os efeitos da anuência do cônjuge, com a consequente realização de nova penhora sobre o imóvel indicado pelo executado. Mantenho o entendimento de que esse ato de vontade não significa renúncia tácita às defesas possíveis do cônjuge não devedor, podendo este ingressar com embargos de terceiro e embargos à execução (ou impugnação no cumprimento de sentença)[20].

O art. 850 do Novo CPC consagra entendimento consolidado ao prever que será admitida a redução ou a ampliação da penhora, bem como

---

19 Neves, *Manual de direito*, n. 47.3.6, p. 1.031.

20 Neves, *Manual de direito*, n. 47.3.6, p. 1.031-1.032.

sua transferência para outros bens, se, no curso do processo, o valor de mercado dos bens penhorados sofrer alteração significativa.

Quanto à alienação antecipada dos bens penhorados, no art. 852 do Novo CPC – que continua mal posicionada no Código de Processo Civil (afinal, modificação da penhora nada tem a ver com alienação antecipada) –, mantém-se a regra constante no art. 670 do CPC/1973. A alienação antecipada, portanto, será admitida sempre que os bens penhorados estiverem sujeitos à deterioração ou depreciação e quando houver manifesta vantagem.

Existe, entretanto, uma inovação no art. 852, I, do Novo CPC. Tal dispositivo prevê expressamente a alienação antecipada de veículos automotores, de pedras e metais preciosos e de outros bens móveis sujeitos à depreciação ou à deterioração.

A primeira conclusão é que estão excluídos dessa hipótese os bens imóveis. A segunda é que os bens especificamente indicados devem ser alienados antecipadamente, independentemente de comprovação do perigo de deterioração ou depreciação no caso concreto. Entendo que o legislador criou uma hipótese de presunção absoluta para a alienação antecipada de tais bens, considerando abstratamente o perigo do tempo sobre eles, não interessando para tanto as circunstâncias do caso concreto.

48.5.7 Da penhora de dinheiro em depósito ou em aplicação financeira (penhora *on-line*)

A penhora de dinheiro mantido em instituições financeiras realizada *on-line* (sistema BacenJud) vem regulamentada pelo art. 854 do Novo CPC.

O art. 854, *caput*, mantém a regra constante do art. 655-A, *caput*, do CPC/1973, de que o pedido de penhora *on-line* depende de pedido expresso do exequente. Embora essa exigência tenha sido bem recebida pelo Superior Tribunal de Justiça, não se justifica a exigência de tal pedido, considerando que a penhora *on-line* é tão somente uma forma executiva para a realização da constrição judicial, e a aplicação de formas executivas visando à satisfação do direito é executada de ofício pelo juiz, dentro de seu poder de impulso oficial.

Ainda segundo o dispositivo legal mencionado, o juiz determinará a penhora *on-line* sem dar ciência prévia do ato ao executado, medida justificada no risco de o executado esvaziar suas contas para evitar a penhora. Apesar dessa medida de cautela, é preciso lembrar que a penhora só será admitida no processo de execução após a citação do executado e o transcurso de seu prazo de pagamento, de forma que nem sempre decidir pela penhora *on-line* sem a oitiva prévia do executado será suficiente para evitar a frustração da constrição judicial.

Uma vez deferido o pedido do exequente, o juiz determinará às instituições financeiras a indisponibilidade de ativos financeiros existentes em nome do executado no limite do valor indicado na execução. Como se pode notar, o primeiro passo do ato processual não é a penhora, mas a mera indisponibilidade dos ativos financeiros.

Se o juiz for informado da indisponibilidade, nos termos do art. 854, § 1.º, do Novo CPC, deverá, de ofício e no prazo de 24 horas, determinar o cancelamento de eventual indisponibilidade excessiva, tendo a instituição financeira também prazo de 24 horas para efetivar o cancelamento.

A previsão de prazos exíguos é importante para demonstrar a preocupação do legislador com a celeridade, mas, ao menos no tocante ao prazo judicial, tratando-se de prazo impróprio, não haverá consequências pelo seu descumprimento. A instituição financeira, por outro lado, responderá pelos eventuais prejuízos sofridos pelo executado (art. 854, § 8.º) e também poderá ser multada por ato atentatório à dignidade da jurisdição caso não providencie o cancelamento no prazo legal.

Segundo o art. 854, § 2.º, tornados indisponíveis os ativos financeiros do executado, este será intimado na pessoa de seu advogado, sendo pessoalmente intimado apenas na hipótese de não ter advogado constituído nos autos. Todos os meios de intimação são admissíveis.

Uma vez intimado, o executado terá o prazo de cinco dias para demonstrar que as verbas penhoradas são impenhoráveis (art. 833, IV, do Novo CPC) ou que ainda existe excesso de garantia do juízo (valor superior ao executado em razão de constrição sobre mais de uma conta-corrente e/ou investimento). A previsão legal não deixa dúvidas de que a possibilidade de penhora de bens impenhoráveis não pode servir de impedimento para o juiz realizar a penhora *on-line*.

Sendo acolhida a primeira defesa, a indisponibilidade irregular (na realidade ilegal) ou excessiva será cancelada, e a instituição financeira terá o prazo de 24 horas para as devidas providências após a intimação, sob pena de responder por eventual prejuízo do executado e ser multada por ato atentatório à dignidade da jurisdição.

Não apresentada a defesa ou sendo ela rejeitada, a indisponibilidade se converterá em penhora, sem necessidade de lavratura de termo, sendo intimada a instituição financeira a transferir o montante para conta vinculada ao juízo da execução no prazo de 24 horas.

Tendo sido realizados a indisponibilidade e o pagamento da dívida por outro meio, o juiz determinará à instituição financeira o levantamento da constrição em 24 horas. Se houver penhora, caberá ao próprio juízo da execução o levantamento da constrição judicial. Nesse caso, o mesmo prazo de 24 horas poderá a ele ser aplicado, não obstante tratar-se de prazo impróprio.

Por fim, nos termos do art. 854, § 7.º, as transmissões das ordens de indisponibilidade, de seu cancelamento ou de determinação de penhora far-se-ão por meio de sistema eletrônico gerido pela autoridade supervisora do sistema financeiro nacional. O legislador deixa claro que tanto as diferentes espécies de constrição como as formas variadas de liberação destas devem ser realizadas eletronicamente.

Numa das previsões mais lamentáveis do projeto de lei aprovado na Câmara criava-se uma injustificável limitação à penhora *on-line* pelo sistema BacenJud, que só seria admitida no cumprimento provisório da sentença quando já houvesse, na fase de conhecimento, decisão de tribunal de justiça ou tribunal regional federal.

Interessante constar da Emenda do tópico 2.3.2.201 do Parecer Final 956 do Senado que a medida desprestigiava de forma inaceitável, "ainda mais quando se recorda que é praxe dos devedores tentarem esconder seus ativos dos credores". Apesar da supressão da vergonhosa limitação, é interessante tecer alguns comentários a respeito das normas suprimidas do texto final do Novo CPC.

A previsão conforme aprovada na Câmara merecia uma ressalva. Da forma como foi redigida a norma, não haveria proibição de penhora de dinheiro, mas apenas da forma *on-line* de constrição judicial. Não havia, portanto, qualquer justificativa para obstar, por exemplo, a penhora de dinheiro que estivesse em poder do executado por meio de busca e apreensão ou mesmo mantido em instituição financeira por ofício, sendo a medida constritiva realizada por oficial de justiça.

Basta uma breve experiência na praxe forense para perceber que a execução não funciona. São inúmeras as vezes em que a satisfação do direito do exequente não é obtida, mesmo depois de muita atividade sua e de longo lapso temporal. A penhora *on-line*, ainda que possa servir a abusos (e o que não pode?!), é indiscutivelmente uma conquista do processo civil contra esse estado de coisas, e qualquer limitação em sua utilização é retrógrada e contraria os mais elementares propósitos de tutela jurisdicional efetiva.

Entretanto, não era só. Havia no projeto de lei aprovado pela Câmara outra norma que excluía a vedação à penhora de dinheiro pelo sistema BacenJud às hipóteses de apelação recebida sem efeito suspensivo.

O mais curioso desse dispositivo legal é que ele tornava inócua a vedação contida no artigo anterior. Proferida a sentença e sendo interposto recurso contra ela com efeito suspensivo, não caberia execução, já que todos os seus efeitos estariam suspensos, inclusive e em especial a executabilidade. Não tendo a apelação efeito suspensivo, seria cabível a execução provisória, e somente nesse caso seria possível a penhora *on-line*, quando então seria "excepcionalmente" admitida. Ou seja, onde a espera da decisão da apelação pudesse ser acompanhada pela execução provisória, a penhora *on-line* seria admitida, enquanto nos casos em que não coubesse execução em razão do efeito suspensivo do recurso, isso não ocorreria (na realidade, não caberia nenhuma espécie de penhora...).

Por outro lado, o art. 854 do Novo CPC é suficientemente claro ao distinguir a indisponibilidade de valores mantidos em instituições financeiras e a penhora *on-line*. O § 5.º do dispositivo legal prevê expressamente a conversão da indisponibilidade em penhora, deixando claro que são atos processuais diferentes: o primeiro apenas impede a transferência do valor pelo executado, enquanto o segundo garante o juízo da execução. Pode-se até dizer que a indisponibilidade é uma pré-penhora, a exemplo do arresto executivo, mas de penhora efetivamente não se trata.

Reconhecida tal distinção, seria possível ao exequente, mesmo antes de decisão de segundo grau que confirmasse a existência do direito, a indisponibilidade de valores, deixando para que tal ato constritivo se convertesse em penhora somente no momento admitido por lei. Afinal, o dispositivo constante no projeto de lei aprovado pela Câmara limitava-se a proibir a penhora de recursos financeiros.

Essa breve digressão a respeito de normas que não constam do texto final do Novo CPC se presta apenas para demonstrar que, mesmo que elas tivessem sido mantidas, seriam ineficazes. De qualquer forma, tratando-se de ataque injustificável – ainda que ineficaz – a meio executivo de extrema relevância na praxe forense, a supressão de tais regras da redação final do CPC faz com que o Senado seja cumprimentado.

48.5.8 Da penhora das cotas ou das ações de sociedades personificadas

Apesar de o art. 861 compor uma Subseção que tem como título "Da penhora das quotas ou das ações de sociedades personificadas", o tema nele versado, na realidade, é a expropriação de tal bem. Afinal, a penhora das cotas se dá pelas vias tradicionais, por auto ou termo de penhora, a depender do caso. As especialidades previstas pelo art. 861 dizem respeito a momento posterior à penhora, na utilização das cotas sociais penhoradas na satisfação do direito do exequente.

A tônica do dispositivo é manter a *affectio societatis*, o que já era um objetivo no CPC/1973, mas com o dispositivo ora comentado ganha novas formas de ser mantida. Tal objetivo fica claro no art. 861, § 2.º, do Novo CPC, ao prever que, se houver penhora de ações em sociedade anônima de capital aberto, as ações serão adjudicadas pelo exequente (na realidade, por qualquer legitimado à adjudicação) ou alienadas em bolsa de valores. Ou seja, serão expropriadas pela forma tradicional.

Nos termos do art. 861 do Novo CPC, havendo a penhora de quotas ou ações de sócio em sociedade simples ou empresária, o juiz fixará um prazo não superior a três meses para que a sociedade apresente balanço especial na forma da lei, ofereça as quotas ou ações aos demais sócios, observado o direito de preferência legal ou contratual e, não havendo interesse dos sócios na aquisição, proceda à liquidação das cotas ou ações, depositando em juízo e em dinheiro o valor apurado.

A grande novidade do dispositivo fica por conta da possibilidade de liquidação das cotas ou ações penhoradas, uma vez que os sócios não devedores já tinham preferência na adjudicação das cotas sociais do sócio devedor (art. 685-A, § 4.º, do CPC/1973)[21]. A liquidação poderá ser conduzida por um administrador judicial, desde que nesse sentido seja requerido pelo exequente ou pela sociedade, que deverá submeter à aprovação judicial a forma de liquidação (art. 861, § 3.º, do Novo CPC).

Apesar de o *caput* do artigo ora comentado prever um prazo não superior a três meses, no caso da liquidação das cotas e ações o § 4.º permite um prazo superior, desde que: (I) o pagamento nessas circunstâncias supere o valor do saldo de lucros ou reservas, exceto a legal, e sem diminuição do capital social, ou por doação; ou (II) coloque em risco a estabilidade financeira da sociedade.

Há uma alternativa à liquidação prevista no art. 861, § 1.º, do Novo CPC: a aquisição das cotas ou ações pela própria sociedade, sem redução do capital social e com utilização de reservas, para manutenção em tesouraria.

---

21 STJ, 3.ª Turma, REsp 1.278.715/PR, rel. Min. Nancy Andrighi, j. 11.06.2013, *DJe* 18.06.2013.

Apesar de tantas especialidades, não está descartada a possibilidade de alienação pela via tradicional do leilão público. Nesse sentido, o art. 861, § 5.º, ao prever essa forma tradicional de expropriação na hipótese de não haver aquisição pelos sócios não devedores nem pela sociedade e a liquidação se mostrar excessivamente onerosa para a sociedade.

48.5.9 Da penhora de empresa, de outros estabelecimentos e de semoventes

O Novo CPC traz apenas duas novidades quanto a essa espécie de penhora.

O art. 862, §§ 3.º e 4.º, trata da penhora de edifícios em construção sob regime de incorporação imobiliária. O primeiro dispositivo prevê que nesse caso a penhora recairá apenas sobre as unidades imobiliárias ainda não comercializadas pelo incorporador. Já o segundo prevê as consequências do afastamento do incorporador da administração da incorporação, hipótese na qual será ela exercida pela comissão de representantes dos adquirentes ou pela instituição fornecedora dos recursos para a obra quando se tratar de construção financiada, quando a comissão de representantes deverá ser ouvida.

Nos termos do art. 865 do Novo CPC, a penhora de empresa, de outros estabelecimentos e de semoventes somente será determinada se não houver outro meio eficaz para a efetivação do crédito.

Fica claro, quanto ao dispositivo, o objetivo do legislador em colocar a penhora dos bens ora tratados em último lugar na ordem de penhora. Ocorre, entretanto, que essa realidade só pode ser aceita na penhora de empresa, porque nos demais bens tratados pela Subseção VIII há previsão a respeito de sua ordem no art. 835 do Novo CPC. Assim, os bens semoventes estão em sétimo na ordem, enquanto os navios e aeronaves estão em oitavo lugar.

48.5.10 Da penhora de percentual do faturamento de empresa

Segundo o art. 864 do Novo CPC, a admissão da penhora do faturamento de empresa está condicionada à inexistência de bens penhoráveis ou à sua difícil alienação ou insuficiência para saldar o crédito executado. A residualidade dessa espécie de penhora também vem consagrada no art. 835 do Novo CPC, que, ao tratar da ordem da penhora, coloca o percentual do faturamento de empresa devedora em décimo lugar.

O art. 866, § 2.º, mantém a regra existente no art. 655-A, § 3.º, do CPC/1973, exigindo a presença de um administrador-depositário que deverá ter aprovada pelo juízo a sua forma de atuação e terá o dever de prestar mensalmente contas das quantias recebidas.

Como já havia me manifestado à luz do texto anterior, na penhora do faturamento "pode-se afetar o capital de giro da empresa, o que fatalmente gerará um verdadeiro colapso em suas contas, ocasionando até mesmo, em casos extremos, a paralisação de suas atividades. Diante dessa situação, faz-se necessária a indicação de um administrador que apresente uma forma de administração e um esquema de constrição (não de pagamento), até que o juízo esteja integralmente garantido, de forma que a penhora não afete o capital de giro da empresa, permitindo a continuidade plena de suas atividades"[22].

Essa preocupação é a justificativa para o art. 866, § 1.º, do Novo CPC, que, ao exigir do juiz a fixação de um percentual que proporcione a satisfação do crédito em tempo razoável e que não torne inviável o exercício da atividade empresarial, demonstra sua preocupação com a afetação do capital de giro da empresa. Como tais elementos necessariamente serão analisados no caso concreto, não existe um percentual determinado em lei, ficando sempre tal fixação a cargo do juiz.

48.5.11 Da penhora de frutos e rendimentos de coisa móvel ou imóvel

Aspecto elogiável do Novo CPC é ter afastado o nome "usufruto" para designar fenômeno que nem proximamente lembrava o fenômeno de direito material pelo qual era indevidamente chamado. Afinal, valer-se de frutos e rendimentos para saldar o crédito mais parece uma anticrese do que um usufruto[23].

Entretanto, como sempre apontou a melhor doutrina, apesar de mais assemelhado com a anticrese, o instituto processual ora analisado com esta não se confundia, considerando as evidentes diferenças entre os fenômenos jurídicos. Por isso, deve ser elogiado o legislador por não ter trocado o "usufruto" por "anticrese", porque nesse caso, apesar de melhor, o nome continuaria equivocado.

---

22 Neves, *Manual de direito*, n. 47.3.4, p. 1.025.

23 Barbosa Moreira, *O novo*, p. 255; Dinamarco, *Instituições*, v. IV, p. 596; Greco, *O processo*, p. 428.

O novo nome dado pelo legislador é "penhora de frutos e rendimentos de coisa móvel ou imóvel". No entanto, o nome não é o mais apropriado, considerando que os frutos e rendimentos não são utilizados para garantir o juiz, e sim para satisfazer o direito do exequente.

O art. 868, *caput*, do Novo CPC não repete o manifesto equívoco do art. 719, *caput*, do CPC/1973, que previa ser o pronunciamento do juiz de nomeação do administrador uma sentença. Trata-se, afinal, de decisão interlocutória[24], e, nesse sentido, a exclusão da menção à sentença deve ser elogiada.

O momento inicial de eficácia perante terceiros foi ampliado pelo art. 868, § 1.º, do Novo CPC, ao prever, além da publicação da decisão que conceda essa forma de expropriação (já constante do art. 718 do CPC/1973), a averbação no ofício imobiliário, na hipótese de rendimentos provenientes de imóvel. Nesse caso, cabe ao exequente providenciar a averbação no ofício imobiliário mediante a apresentação de certidão de inteiro teor do ato, independentemente de mandado judicial, nos termos do § 2.º do artigo ora analisado.

Nos termos do art. 869, *caput*, do Novo CPC, o juiz poderá nomear administrador-depositário o exequente ou o executado, ouvida a parte contrária; não havendo acordo, o juiz nomeará profissional qualificado para o desempenho da função. A norma não repete o erro do art. 719, *caput*, do CPC/1973, que previa ser a decisão de nomeação do administrador-depositário uma sentença. Sendo escolhido o administrador-depositário, ele submeterá à aprovação judicial a forma de administração e a de prestar contas periodicamente (art. 869, § 1.º, do Novo CPC).

Os dois últimos parágrafos do artigo ora tratado são novidades. O § 5.º prevê que as quantias recebidas pelo administrador serão entregues ao exequente, a fim de serem imputadas no pagamento da dívida. E o § 6.º dispõe que o exequente dará ao executado a quitação, por termo nos autos, das quantias recebidas.

48.6 EXPROPRIAÇÃO DE BENS

48.6.1 Adjudicação

Apesar de o art. 876 do Novo CPC prever ser lícito ao exequente pedir a adjudicação do bem penhorado, o procedimento diante do pedido

---

24 Dinamarco, *Instituições*, v. IV, p. 598; Câmara, *Lições*, p. 334; Santos, *Manual*, p. 230.

estabelecido pelos seus parágrafos pode ser aplicado na hipótese de pedido de qualquer legitimado a tal ato de expropriação (§ 5.º). Sendo realizado o pedido, o executado será intimado preferencialmente na pessoa de seu advogado por publicação na imprensa oficial (§ 1.º, I); caso seja representado pela Defensoria Pública ou não tenha advogado constituído, será intimado pessoalmente por carta com aviso de recebimento (§ 1.º, II); a intimação por meio eletrônico se dará apenas na hipótese de ausência de patrono constituído e aplicação do § 1.º do art. 246 (III). Segundo o § 3.º, a intimação será dispensada no caso de o devedor ser citado por edital e não ter procurador constituído nos autos.

Os direitos de preferência, em igualdade de condições quanto ao valor da proposta, previstos no art. 685-A, §§ 3.º e 4.º, do CPC/1973, são mantidos nos §§ 6.º e 7.º do art. 876 do Novo CPC, permanecendo no *caput* do art. 876 do Novo CPC a exigência de que a proposta tenha como valor mínimo o valor da avaliação. Há, entretanto, duas novidades.

A primeira é a previsão contida no § 7.º do dispositivo ora analisado, que, ao tratar de penhora de cota social, dispõe ser a sociedade intimada da penhora, cabendo a ela informar os sócios sobre o ato de constrição judicial. No § 4.º do art. 685-A do CPC/1973, não havia previsão de tal incumbência à sociedade.

A segunda é a inclusão do(a) companheiro(a) entre os sujeitos que têm preferência. Vem depois do cônjuge, o que já cria uma distinção ofensiva à equiparação constitucional do casamento com a união estável. Entendo que nesse caso, em igualdade de condições, deva se preferir o que tenha filhos do devedor, e, se ambos tiverem, o que tem o maior número. Em caso de igualdade, deveria haver um sorteio entre o cônjuge e o companheiro para definir o adjudicante.

Entendo que o direito de preferência do companheiro só possa ser exercido se houver prova pré-constituída nesse sentido. Não parece adequado à celeridade e simplicidade buscada pela execução em geral, e pela adjudicação em especial, uma discussão incidental a respeito da efetiva existência de uma união estável envolvendo o devedor.

Há novidades no art. 877, §§ 3.º e 4.º, do Novo CPC. O § 3.º, que substancialmente repete a regra do art. 651 do CPC/1973, permite ao executado, no caso de penhora de bem hipotecado, remi-lo até a assinatura do auto de adjudicação, oferecendo preço igual ao da avaliação, se não tiver havido licitantes, ou ao do maior lance oferecido. O dispositivo complica o simples, porque, independentemente do valor da adjudicação (se o da avaliação ou superior), será esse o valor da remição do bem. O § 4.º prevê a hipótese de falência ou insolvência do devedor hipotecado, quando o direito de remição do bem passa a ser da massa ou dos credores em concurso, não podendo o exequente recusar o preço da avaliação do imóvel.

Segundo o art. 878 do Novo CPC, sendo frustrada a tentativa de alienação do bem – em todas as suas modalidades –, será reaberta a oportunidade para requerimento de adjudicação, podendo nesse caso, inclusive, haver nova avaliação. O objetivo do dispositivo é nobre, mas a redação, não. É mantida lição escrita à luz do CPC de 1973, de que não existe "uma preclusão temporal que impeça a adjudicação de ocorrer depois desse momento inicial de expropriação, desde que ela ainda seja materialmente possível. É natural que não tenha sentido falar em adjudicação após o bem penhorado já ter sido alienado ou, ainda, já estar em curso o seu 'usufruto executivo'. Mas nenhuma preclusão impedirá que, frustrada a alienação do bem, o exequente ou qualquer outro legitimado requeira a adjudicação do bem"[25].

Da maneira como o dispositivo foi redigido fica a impressão de que, frustrada a tentativa inicial da adjudicação, somente após o exaurimento das outras formas de expropriação seria possível uma nova tentativa. Na realidade, essa nova tentativa pode ocorrer a qualquer momento, mesmo não tendo sido esgotadas as outras formas de expropriação previstas na lei, desde que antes da efetiva perda judicial do bem pelo executado.

48.6.2 Alienação

O art. 879 do CPC prevê duas formas de alienação do bem penhorado: por iniciativa particular e em leilão eletrônico ou presencial. O dispositivo deixa de consagrar a distinção entre praça e leilão, de modo que, independentemente da natureza do bem – móvel ou imóvel –, a alienação será realizada por leilão conduzida por leiloeiro público (art. 881, § 1.º) no local designado pelo juiz (art. 882, § 3.º).

A alienação por iniciativa particular, prevista no CPC/1973 no art. 685-C, está regulamentada no art. 880 do Novo CPC. Há diferenças sutis, mas significativas.

A primeira diz respeito aos responsáveis pela intermediação entre o mercado e o processo, ou seja, o sujeito que buscará os interessados na aquisição do bem penhorado. O art. 880, *caput*, do Novo CPC mantém

---

[25] Neves, *Manual de direito*, n. 47.5.2.3, p. 1.040. No mesmo sentido: Theodoro Jr., *Processo*, n. 278, p. 331-332; Marinoni-Arenhart, *Curso*, v. 3, Execução, p. 315.

como legitimados o exequente e o corretor, sendo incluído nesse rol o leiloeiro público. Para os dois últimos, conserva-se a exigência de credenciamento perante o Poder Judiciário e a necessidade de experiência prévia, que diminui de cinco para três anos (§ 3.º).

Foi demonstrado pela experiência que a necessidade de cadastramento do corretor exigida no art. 685-A, *caput*, do CPC/1973 e mantida no art. 880, *caput*, do Novo CPC frustrou de modo quase absoluto essa forma de expropriação. Como cabia aos tribunais a expedição de provimentos para regulamentar o credenciamento (art. 685-C, § 3.º, do CPC/1973) e a omissão foi a regra, na maioria dos foros não havia credenciamento realizado, o que impedia a atuação do corretor.

Ainda que o art. 880, § 3.º, do Novo CPC tenha mantido a responsabilidade dos tribunais por regulamentar o credenciamento, o § 4.º prevê que nas localidades em que não houver corretor ou leiloeiro credenciado a indicação será de livre escolha do exequente. A omissão dos tribunais, portanto, não será mais obstáculo à realização dessa forma de expropriação.

E, mesmo quando existir tal credenciamento, a intermediação por corretor ou leiloeiro não credenciado só deve levar à nulidade do negócio jurídico se for comprovado efetivo prejuízo, sendo nesse sentido a correta conclusão do Enunciado 192 do Fórum Permanente de Processualistas Civis (FPPC).

Outra mudança significativa pode ser encontrada no § 1.º do artigo ora analisado ao estabelecer as condições do negócio a serem determinadas pelo juiz ao deferir a alienação por iniciativa particular. Ainda que as condições sejam as mesmas já previstas no art. 685-A, § 1.º, do CPC, foi retirada a remissão ao artigo que trata da avaliação na previsão da fixação do preço mínimo. Mesmo diante do texto anterior, defendia-se a possibilidade de alienação por preço inferior ao da avaliação[26], mas a indicação do art. 680 do CPC/1973 de forma expressa levava a doutrina majoritária a entender como valor mínimo da alienação o valor da avaliação[27]. Sem a remissão, fica tranquila a conclusão de que o preço pode ser inferior.

É mantida a residualidade da arrematação por hasta pública (leilão, nos termos do Novo CPC) como forma de expropriação, somente realizando-se no caso concreto se frustradas as demais formas (art. 881,

---

26 Neves, *Manual de direito*, n. 47.6.4, p. 1.051.

27 Marinoni-Arenhart, *Curso*, v. 3, Execução, p. 318; Assis, *Manual*, n. 286.3, p. 733.

caput, do Novo CPC). E ainda mais residual é o leilão presencial, que só deverá ser executado quando não for possível o leilão eletrônico (art. 882, *caput*, do Novo CPC).

O leilão público será precedido da publicação de um edital, que deverá conter os requisitos formais previstos pelo art. 886 do Novo CPC. Em comparação com os requisitos formais previstos no art. 686 do CPC/1973, é digna de nota a indicação do preço mínimo pelo qual poderá ser alienado, previsto no inciso II. Trata-se de novidade, porque o juiz já indicará no edital o preço mínimo, estabelecendo a partir desse momento o que pode ser considerado como preço vil (qualquer valor inferior ao mínimo).

O art. 891, parágrafo único, do Novo CPC tem regra justamente nesse sentido, prevendo o que seja preço vil se o juiz deixar de indicar o valor mínimo da alienação: valor inferior a 50% do valor da avaliação. Entendo que essa regra impossibilita o juiz, ao determinar o valor mínimo, de fazê-lo por valor inferior a 50% do valor da avaliação. Portanto, o valor mínimo será sempre de 50% do valor da avaliação para cima.

A opção do legislador em determinar expressamente o que seja preço vil tem suas vantagens e desvantagens. O aspecto positivo é a segurança jurídica, enquanto negativamente pode-se apontar para a desconsideração das condições peculiares do caso concreto. O CPC/1973 preferia deixar a cargo do juiz a decisão do que era preço vil no caso concreto, enquanto o Novo Código de Processo Civil, apesar de dar alguma liberdade ao juiz ao fixar o preço mínimo, cria uma barreira instransponível no montante de 50% do valor da avaliação.

No art. 886 do Novo CPC o legislador adapta o edital ao leilão eletrônico – forma preferencial – ao prever que seja indicado o sítio (*site*), na rede mundial de computadores (Internet), e o período em que se realizará o leilão. Não há mais prazo legal para o segundo leilão, diferente do prazo de dez a vinte dias previsto no art. 686, VI, do CPC.

O inciso V do art. 886 do Novo CPC prevê que deve constar do edital a indicação de local, dia e hora do segundo leilão presencial, para a hipótese de não haver interessado no primeiro. Quando comparado com o inciso VI do revogado art. 686 do Novo CPC nota-se que o dispositivo ora comentado esconde uma importante novidade no procedimento do leilão judicial. Enquanto o revogado dispositivo previa que a segunda hasta pública só ocorreria se o bem não alcançasse lance superior à importância da avaliação, o art. 886, V, do Novo CPC, prevê como condição para que ocorra o segundo leilão judicial que não haja interessados no primeiro, permitindo a conclusão segura de que já neste, admitir-se-á lances com valor inferior ao da avaliação, desde que não representem preço vil.

Esse dispositivo é fundado na economia processual, porque não teria sentido em, sendo frustrado o primeiro leilão judicial, publicar novamente um outro edital, convocando os interessados para o segundo leilão judicial. Projetando-se o eventual fracasso do primeiro, já se designa o segundo. Na ausência de previsão legal caberá ao juiz fixar um prazo entre o primeiro e o segundo leilão judicial que seja relativamente amplo para os novos interessados surgirem, e relativamente curto para não eternizar o procedimento.

Há mudanças quanto à forma de publicidade do edital, tema versado pelo art. 687 do CPC/1973 e pelo art. 887 do Novo CPC.

Nos termos do art. 887, § 2.º, a regra passa a ser a publicação na rede mundial de computadores (Internet), em sítio (*site*) designado pelo juízo da execução, havendo, sempre que possível, uma foto do bem, além de suas especificações. Como é notório, o conhecimento visual do bem aguça o interesse na aquisição, e, sendo essa visualização facilitada pelas vantagens da exposição eletrônica, o legislador teve postura elogiável na previsão legal.

A afixação em local de costume (sede do juízo) e a publicação em jornal de ampla circulação local somente serão realizadas se impossível a utilização da Internet ou se o juiz entender, em atenção às condições da sede do juízo, que essa forma de divulgação é insuficiente ou inadequada (art. 887, § 3.º, do Novo CPC).

É mantido o poder do juiz de modificar a forma de publicidade, podendo alterar sua forma e frequência em razão do valor dos bens e das condições da sede do juízo. Nos termos do art. 887, § 4.º, do Novo CPC, poderá o juiz publicar o edital em local de ampla circulação de pessoas e divulgar avisos em emissoras de rádio ou de televisão local, valer-se de variados *sites*, entre outras medidas.

Na hipótese de não ser realizado o leilão por culpa do escrivão, chefe de secretaria ou leiloeiro, este responderá pelas despesas da nova publicação do edital. A regra, prevista no art. 888, parágrafo único, do Novo CPC, é repetição da estabelecida no art. 688, parágrafo único, do CPC/1973, sendo novidade apenas o tempo de possível suspensão do culpado: antes, de cinco a trinta dias, e agora, de cinco dias a três meses.

Não há dúvida de que a publicação do edital torna pública a hasta, de forma *erga omnes*, sendo justamente esse o seu objetivo. Ocorre, entretanto, que em determinadas situações o legislador exige uma comunicação mais específica de determinados sujeitos, por razões de ordem processual ou material.

A forma de intimação do executado prevista pelo art. 687, § 5.º, do CPC/1973 é mantida pelo art. 889, I, do Novo CPC. A novidade fica por conta do parágrafo único ao prever a intimação como decorrência natural do próprio edital do leilão, se o executado for revel, não tiver advogado constituído nos autos e não constar seu endereço atual dos autos ou, ainda, se não for localizado no endereço indicado.

Devem ser intimados da alienação judicial: o executado, por meio de seu advogado ou, se não tiver procurador constituído nos autos, por carta registrada, mandado, edital ou outro meio idôneo (I); o coproprietário de bem indivisível do qual tenha sido penhorada fração ideal (II); o titular de usufruto, uso, habitação, enfiteuse, direito de superfície, concessão de uso especial para fins de moradia ou concessão de direito real de uso, quando a penhora houver recaído sobre bem gravado com tais direitos reais (III); o proprietário do terreno submetido ao regime de direito de superfície, enfiteuse, concessão de uso especial para fins de moradia ou concessão de direito real de uso, quando a penhora recair sobre tais direitos reais (IV); o credor pignoratício, hipotecário, anticrético, fiduciário ou com penhora anteriormente averbada, quando a penhora recair sobre bens com tais gravames, caso não seja o credor, de qualquer modo, parte na execução (V); o promitente comprador, quando a penhora recair sobre bem em relação ao qual haja promessa de compra e venda registrada (VI); o promitente vendedor, quando a penhora recair sobre direito aquisitivo derivado de promessa de compra e venda registrada (VII); a União, o Estado e o Município, no caso de alienação de bem tombado (VIII), adequando-se o Código de Processo Civil ao art. 22, § 4.º, do Decreto-lei 25/1937 e atendendo antiga reivindicação doutrinária.

O Novo CPC mantém silêncio quanto à necessidade de intimação do cônjuge não devedor, dando a entender por sua dispensa, conforme entendia parcela da doutrina à luz do CPC/1973[28]. Particularmente, era partidário da outra corrente doutrinária, no sentido da necessidade da

---

[28] Theodoro Jr., *A reforma*, p. 135;; Bueno, *Código*, p. 1.954. No Superior Tribunal de Justiça é forte o entendimento pela desnecessidade de intimação: REsp 723.176/RS, 2.ª Turma, rel. Min. Castro Meira, j. 06.09.2005; REsp 397.899/AL, 2.ª Turma, rel. Min. Franciulli Neto, j. 05.09.2002.

intimação[29], mas, com o advento de nova regra a respeito do tema e não havendo previsão nesse sentido, me parece que a interpretação mais adequada passa a ser no sentido da dispensa.

O rol de sujeitos que não podem adquirir o bem em leilão judicial foi ampliado e especificado pelo art. 890 do Novo CPC. A exclusão dos sujeitos previstos nos dois primeiros incisos do art. 690-A do CPC/1973 foi mantida nos dois primeiros incisos do art. 890 do Novo CPC. O inciso III foi especificado no sentido de proibir a arrematação do bem pelos agentes públicos ali indicados em qualquer processo da localidade onde servirem, não sendo, portanto, exigida sua participação efetiva na execução em que ocorrerá a expropriação do bem, conforme já vinha sendo o entendimento doutrinário[30].

São incluídos no rol de proibição de arrematar os servidores públicos em geral, quanto aos bens ou aos direitos da pessoa jurídica a que servirem ou que estejam sob sua administração direta ou indireta (inciso IV), os leiloeiros e seus prepostos, quanto aos bens de cuja venda estejam encarregados (inciso V), e os advogados de ambas as partes (inciso VI).

Os direitos de preferência do cônjuge, companheiro, descendente, ascendentes e da União, Estado e Município no tocante a bem tombado existente para a adjudicação (art. 876, §§ 5.º e 6.º) são mantidos na arrematação nos §§ 2.º e 3.º do art. 892 do Novo CPC.

O art. 894, *caput*, do Novo CPC mantém de forma melhorada a regra prevista no art. 702, *caput*, do CPC/1973 ao dispor que, quando o imóvel admitir cômoda divisão, o juiz, a requerimento do executado, ordenará a alienação judicial de parte dele, desde que suficiente para o pagamento do exequente e satisfação das despesas da execução. O § 2.º do dispositivo é inovador ao prever que a alienação por partes deverá ser requerida a tempo de permitir a avaliação das glebas destacadas e sua inclusão no edital, e, nesse caso, caberá ao executado instruir o requerimento com planta e memorial descritivo subscritos por profissional habilitado.

Para a alienação por hasta pública a prazo há significativas novidades no art. 895 do Novo CPC.

---

29 Dinamarco, *Instituições*, v. IV, p. 568; Assis, *Manual*, n. 295.1.1, p. 743; Greco, *O processo*, p. 383; Marinoni-Arenhart, *Curso*, v. 3, Execução, p. 321.

30 Assis, *Comentários*, p. 309; Theodoro Jr., *A reforma*, p. 142.

O interessado terá até o início do primeiro leilão para fazer sua proposta de aquisição, nunca em valor inferior ao da avaliação, ou até o início do segundo leilão, quando o valor da proposta não poderá ser vil. Em qualquer caso o pedido não suspende o leilão, nos termos do § 6.º. A forma da proposta está prevista no § 1.º do artigo ora comentado: mínimo de 25% do valor do lance à vista e o restante parcelado em até 30 meses, garantido por caução idônea no caso de bem móvel e por hipoteca do próprio bem no caso de imóvel. Além disso, o § 2.º exige a indicação de prazo, modalidade e indexador de correção monetária e as condições de pagamento do saldo.

O § 3º do artigo ora comentado previa a correção mensal das prestações pelo índice oficial de atualização financeira. O dispositivo foi objeto de veto presidencial por sugestão do Ministério da Fazenda com as seguintes razões: "O dispositivo institui correção monetária mensal por um índice oficial de preços, o que caracteriza indexação. Sua introdução potencializaria a memória inflacionária, culminando em uma indesejada inflação inercial".

No caso de atraso no pagamento de qualquer das prestações, o art. 895, § 4.º, do Novo CPC, prevê a incidência de multa de 10% sobre a soma da parcela inadimplida com as parcelas vencidas. Esse percentual é o mínimo legal, podendo haver previsão na proposta de pagamento parcelado de uma sanção ainda mais severa, embora não faça muito sentido o proponente proceder nesse sentido.

Havendo o inadimplemento, o § 5.º do dispositivo legal ora comentado autoriza o exequente a escolher entre a resolução da arrematação ou a promoção, em face do arrematante, da execução do valor devido. Preferindo o exequente a resolução da arrematação, o bem será devolvido ao executado e o arrematante receberá de volta os valores já adiantados, sendo essa devolução condição para a resolução. Preferindo seguir com a execução contra o arrematante, haverá uma interessante hipótese de sucessão processual, com a alteração do polo passivo da execução. Essa nova execução seguirá nos mesmos autos da execução promovida originariamente contra o devedor.

O dispositivo deve ser analisado em conjunto com o art. 897 do Novo CPC, que prevê outra consequência para o inadimplemento: a perda da caução, voltando os bens a novo leilão, do qual não serão admitidos a participar o arrematante e o fiador remissos.

A regra consagrada no art. 897 do Novo CPC tinha lógica no sistema de arrematação a prazo, no prazo de 15 dias, consagrado no art. 690, *caput,* do CPC/1973. Diante do sistema criado pelo Novo Código de Processo Civil, no qual há o pagamento imediato e o parcelado, a regra ficou absolutamente deslocada. É natural que a perda de caução e novo leilão com proibição de participação do fiador remisso só seria cabível na alienação parcelada de bem móvel, já que na aquisição judicial de bem imóvel a garantia é a hipoteca do próprio bem, nos termos do art. 895, § 1.º, do Novo CPC.

Caso o exequente opte em promover, em face do arrematante, a execução do valor devido, a caução será utilizada para saldar o valor em aberto, já descontado o valor pago pelo executado. Caso o exequente peça a resolução da arrematação, dando continuidade à execução contra o executado, a caução prestada também servirá para a satisfação do direito, já descontada do valor da dívida o valor já quitado pelo arrematante.

A possibilidade de haver mais de uma proposta é tratada pelos §§ 7.º e 8.º do art. 895 do Novo CPC.

Nos termos do § 7.º do dispositivo ora comentado havendo proposta de pagamento à vista e de forma parcelada sempre se preferirá a primeira. A solução é natural sendo as propostas de mesmo valor, afinal, não tem sentido preferir uma satisfação prolongada no tempo quando há a possibilidade de satisfação imediata. O dispositivo legal, entretanto, não faz qualquer menção a identidade de valores, dando a entender que, independentemente do valor das propostas, a de pagamento imediato prevalecerá. E nesse sentido o dispositivo é consideravelmente inadequado, já que uma proposta parcelada de R$ 80.000,00 é obviamente mais vantajosa do que uma proposta de pagamento imediato de R$ 40.000,00.

O § 8.º trata da escolha entre propostas de pagamento parcelado. No inciso I há previsão apontando para a preferência da proposta mais vantajosa, o que parece óbvio, mas não é feliz o dispositivo ao afirmar que a mais vantajosa é sempre a de maior valor. Uma proposta de menor valor, mas com pagamento imediato em percentual maior e um menor número de parcelas para pagamento do remanescente, não pode ser mais vantajosa? Diante de uma situação como essa, deverá o juiz levar sempre em consideração três elementos, e não somente o valor da proposta: valor, percentual de pagamento imediato e número de parcelas para o pagamento do saldo remanescente. E, sendo as propostas exatamente idênticas, será admitida a formulada em primeiro lugar, nos termos do inciso II.

A remição do bem, prevista no art. 651 do CPC/1973, está agora prevista no art. 902 do Novo CPC. No *caput* do dispositivo, fica claro que o direito à remição da execução se exaure com a assinatura do auto de arrematação, cabendo ao executado oferecer preço igual ao do maior lance oferecido. Nos termos do parágrafo único, no caso de falência ou insolvência do devedor hipotecário, o direito de remição previsto no *caput* defere-se à massa ou aos credores em concurso, não podendo o exequente recusar o preço da avaliação do imóvel.

O art. 903, *caput*, do Novo CPC mantém a irretratabilidade da arrematação após a assinatura, mesmo que julgados procedentes os embargos, mas traz como novidade a expressa previsão de possibilidade de reparação pelos prejuízos sofridos. Significa que o bem arrematado jamais voltará para o executado, mas que este poderá cobrar do exequente os seus prejuízos na hipótese de acolhimento dos embargos.

O § 1.º do dispositivo analisado prevê exemplificativamente a possibilidade de a arrematação ser: (I) invalidada, quando realizada por preço vil ou contaminada por qualquer vício; (II) ineficaz, se não observado o disposto no art. 804; (III) resolvida, se não for pago o preço ou se não for prestada a caução.

Segundo o art. 804, *caput*, do Novo CPC, a alienação de bem gravado por penhor, hipoteca ou anticrese será ineficaz em relação ao credor pignoratício, hipotecário ou anticrético que não houver sido intimado. O dispositivo traz significativa novidade quando comparado com o art. 619 do CPC/1973, que previa a mesma ineficácia, mas apenas na hipótese de os sujeitos descritos no dispositivo legal não terem sido intimados.

E há mais novidades nos parágrafos do art. 804 do Novo CPC, que preveem a ineficácia da alienação de bem quando determinados sujeitos não são intimados: bem objeto de promessa de compra e venda ou cessão registrada será ineficaz em relação ao promitente comprador ou cessionário (§ 1.º); bem sobre o qual tenha sido instituído direito de superfície, seja do solo, da plantação ou da construção, será ineficaz em relação ao concedente ou ao concessionário (§ 2.º); direito aquisitivo de bem objeto de promessa de venda, de promessa de cessão ou de alienação fiduciária será ineficaz em relação ao promitente vendedor, ao promitente cedente ou ao proprietário fiduciário (§ 3.º); imóvel sobre o qual tenha sido instituída enfiteuse, concessão de uso especial para fins de moradia ou concessão de direito real de uso será ineficaz em relação ao enfiteuta ou ao concessionário (§ 4.º); direitos do enfiteuta, do concessionário de direito real de uso ou do concessionário de uso especial para fins de moradia serão ineficazes em relação ao proprietário do respectivo imóvel (§ 5.º); bem sobre o qual tenha sido instituído usufruto, uso ou habitação será ineficaz em relação ao titular desses direitos reais (§ 6.º).

Segundo os §§ 2.º e 3.º do art. 903 do Novo CPC, o juiz deve esperar pelo menos dez dias para a expedição do auto de arrematação, momento no qual poderá ser pedida a sua anulação ou a declaração de sua ineficácia. Transcorrido o prazo sem manifestação e expedida carta, a arrematação só poderá ser invalidada por meio de ação autônoma, que, nos termos do § 4.º, terá o arrematante como litisconsorte necessário.

O § 5.º prevê as causas de pedido de desistência do arrematante, que, sendo acolhido, além de tornar ineficaz a arrematação, gerará a devolução imediata do depósito ao arrematante. Segundo o § 6.º, será considerada ato atentatório à dignidade da justiça a suscitação infundada de vício com o objetivo de ensejar a desistência do arrematante, com aplicação de multa de até 20% do valor atualizado do bem (e não da execução ou da causa).

48.7 SATISFAÇÃO DO CRÉDITO

O art. 708 do CPC/1973 previa que o pagamento do credor ocorria de três formas: entrega do dinheiro, adjudicação e usufruto. Nos termos do art. 904 do Novo CPC, a satisfação do crédito exequendo se dá pela entrega do dinheiro e pela adjudicação. Só cabe a lembrança de que a entrega de dinheiro pode vir da alienação do bem ou do recebimento de frutos e rendimentos de coisa móvel e imóvel. Nesse sentido, elogiável a mudança empreendida pelo art. 825, III, do Novo CPC, que abandona a equivocada expressão "usufruto" prevista no art. 647, IV, do CPC/1973 para passar a prever a apropriação de frutos e rendimentos de empresa ou estabelecimentos e de outros bens.

Quanto ao levantamento do dinheiro, o art. 905 do Novo CPC substancialmente manteve as regras previstas no art. 709 do CPC/1973. A novidade fica por conta do parágrafo único do dispositivo, ao proibir que seja deferido pedido de levantamento de dinheiro durante o plantão judiciário, bem como a liberação de bens penhorados. O dispositivo é claramente fruto de desconfiança de eventuais conluios criminosos entre advogados e juízes, até porque dentro de uma normalidade institucional nem se cogitariam tais atos em plantão judiciário pela absolutamente inexistência de urgência.

Segundo o art. 906, parágrafo único, do Novo CPC, a expedição de mandado de levantamento poderá ser substituída pela transferência eletrônica do valor depositado em conta vinculada ao juízo para outra indicada pelo exequente. Certamente poupará trabalho a todos, mas como ficarão as medidas administrativas que exigem que a própria parte faça o levantamento? O advogado terá que indicar uma conta-corrente de titularidade do cliente? E se o cliente quiser que esse dinheiro vá para conta de terceiro?

Sempre vi com ressalvas a exigência da presença física da parte para fazer o levantamento do dinheiro. Como sou um advogado honesto e tento satisfazer os interesses de meus clientes da forma mais ampla possível, é sempre constrangedor exigir da parte sua presença para tal levantamento. De qualquer forma, entendo as razões das medidas em razão de desvios de condutas mais frequentes do que o desejável. A transferência para a conta, ainda que se exija ser de titularidade da parte, resolve parcialmente essa situação constrangedora.

O Novo Código de Processo Civil, ao regulamentar a hipoteca judiciária, inclui sua realização como causa determinante do direito de preferência. Nos termos do art. 495, *caput*, do Novo CPC, a decisão que condenar o réu ao pagamento de prestação consistente em dinheiro e a que determinar a conversão de prestação de fazer, de não fazer ou de dar coisa em prestação pecuniária valerão como título constitutivo de hipoteca judiciária. Tratando-se de efeito secundário da sentença, poderá ser realizada mesmo que a sentença seja impugnada por recurso com efeito suspensivo (art. 495, § 1.º, III). Também não é causa impeditiva à hipoteca judiciária a condenação versar sobre obrigação ilíquida (§ 1.º, I) e ser possível a execução provisória ou estar o bem do devedor pendente de arresto (§ 1.º, II).

Os §§ 2.º e 3.º do art. 495 do Novo CPC preveem as regras procedimentais da hipoteca judiciária, que independe de ordem judicial, de declaração expressa do juiz ou de demonstração de urgência, podendo ser realizada com a mera apresentação de cópia da sentença perante o cartório de registro imobiliário, independentemente de ordem judicial. O responsável por sua execução, que pode ser o autor ou o réu na hipótese de acolhimento de reconvenção, tem 15 dias de prazo para informá-la ao juízo da causa, que determinará a intimação da outra parte para que tome ciência do ato.

O § 5.º consagra na hipoteca judiciária a teoria do risco-proveito, de modo que a responsabilidade da parte que a realiza é objetiva. Sobrevindo a reforma ou a invalidação da decisão que impôs o pagamento de quantia, a parte responderá, independentemente de culpa, pelos danos que a outra parte tiver sofrido em razão da constituição da garantia, devendo o valor da indenização ser liquidado e executado nos próprios autos.

O dispositivo que mais interessa à presente análise é o art. 495, § 4.º, do Novo CPC, ao prever que a hipoteca judiciária, uma vez constituída, implicará, para o credor hipotecário, o direito de preferência quanto ao pagamento, em relação a outros credores, observada a prioridade no registro. Naturalmente, sendo apenas uma medida processual, diferente, portanto, da hipoteca como garantia real do direito material, a preferência apontada pelo dispositivo legal cede a qualquer regra de direito material. De qualquer forma, passa a hipoteca judiciária a ser computada com a penhora e o arresto para determinação de direito de preferência processual.

49

DEFESAS DO EXECUTADO

49.1. EMBARGOS À EXECUÇÃO

O art. 914, *caput*, do Novo CPC conserva a regra de dispensa da penhora, caução ou depósito como condição de admissibilidade dos embargos à execução, já existente no art. 736 do CPC/1973. E no art. 915, *caput*, mantém o prazo de 15 dias, trazendo algumas inovações a respeito do tema em seus parágrafos.

O § 1.º mantém a autonomia no termo inicial da contagem de prazo quando há litisconsórcio passivo, contando o prazo de cada executado da juntada de seu mandado de citação aos autos. O art. 738, § 1.º, do CPC/1973 previa essa regra e trazia a exceção dos cônjuges, quando o prazo para ambos seria contado da última juntada do mandado de citação. O § 1.º do art. 915 do Novo CPC preserva essa exceção e inclui também o litisconsórcio formado por companheiros, atendendo a entendimento de parcela da doutrina[1]. Nesse caso, entendo que não cabe uma discussão incidental a respeito da existência de união estável entre os executados, só devendo ser aplicada a regra se houver prova pré-constituída nesse sentido[2].

Também há duas inovações na hipótese de a citação ocorrer por meio de carta precatória, rogatória ou de ordem, sendo mais frequente na praxe forense a primeira delas.

---

1 Fux, *A reforma*, p. 309.

2 Neves, *Manual de direito*, n. 49.2.3, p. 1.109.

Continua sendo possível o juízo deprecado informar o cumprimento da carta ao juízo deprecante, mas, se o art. 738, § 2.º, do CPC/1973, previa ser a comunicação realizada "inclusive por meio eletrônico", o que levava à conclusão de qualquer meio idôneo como suficiente, o art. 915, § 4.º, do Novo CPC exige que a comunicação seja efetuada por meio eletrônico. Não foi feliz o legislador, pois, pela maneira que redigiu o dispositivo, inviabiliza a comunicação por outra forma que não a eletrônica. Melhor teria sido prever a comunicação por qualquer meio idôneo, preferencialmente o eletrônico.

O termo inicial dos embargos à execução passa, nos termos do art. 915, § 2.º, do Novo CPC, a depender da matéria alegável. Na hipótese de alegação exclusiva de vícios ou defeitos da penhora, avaliação e alienação dos bens, o termo inicial é a juntada na carta da certificação da citação (inciso I); quando versarem sobre outras matérias, da juntada da carta ou da comunicação do juízo deprecado aos autos da execução (inciso II). Havendo matérias que seriam de competência de ambos os juízos, o competente para o julgamento será o juízo deprecante, já que não se admite o fracionamento do julgamento dos embargos à execução entre dois juízos.

O art. 917 do Novo CPC mantém a técnica utilizada pelo art. 745 do CPC/1973: previsão exemplificativa das matérias alegáveis em sede de embargos à execução. Assim como o artigo anterior, o art. 917 do Novo CPC prevê em seus cinco primeiros incisos matérias que podem ser alegadas em sede de embargos, concluindo no sexto e último inciso ser alegável qualquer matéria que o executado poderia ter utilizado como defesa em processo de conhecimento.

De interessante apenas a previsão do § 1.º, ao admitir que a incorreção da penhora ou da avaliação seja impugnada por simples petição, no prazo de 15 dias da ciência do ato. Essa previsão evitará dois – ou até mais – embargos à execução no mesmo processo, considerando que a penhora pode ocorrer somente após a apresentação da defesa executiva.

E também a previsão do § 3.º que, apesar de manter a exigência estabelecida no art. 739-A, § 5.º, do CPC/1973, inova ao dispor as consequências de seu descumprimento. Segundo o dispositivo legal, quando o embargante alegar que o exequente pleiteia quantia superior à do título (excesso de execução), declarará na petição inicial o valor que entende correto, apresentando demonstrativo discriminado e atualizado de seu cálculo. A novidade, como já mencionado, fica na segunda parte do dispositivo: não apontado o valor correto ou não apresentado o demonstrativo, os embargos à execução serão liminarmente rejeitados, com extinção do processo sem resolução de mérito, se o excesso de execução for o seu único fundamento; se houver outro fundamento, os embargos à execução serão processados, mas o juiz não examinará a alegação de excesso de execução.

Num mistério insondável que bem demonstra o nível de insegurança jurídica proporcionado pelo Superior Tribunal de Justiça, em decisão de sua Corte Especial decidiu-se, ainda sob a égide do Código de Processo Civil de 1973, pela inaplicabilidade de tal exigência nos embargos à execução contra a Fazenda Pública com o singelo fundamento de que o art. 475-L, § 2.º, do CPC/1973, não havia sido reproduzido no art. 741 do mesmo diploma legal, acolhendo alegação da Fazenda Nacional de que os credores elaboram cálculos muitas vezes com base em documentos que sequer constam dos autos e que não se deveria admitir a transferência do ônus de localizar os documentos ao executado no exíguo prazo de defesa. O Superior Tribunal de Justiça afirmou ainda que, levando-se em conta o princípio da indisponibilidade do interesse público, que impede o julgamento por presunção em desfavor dos entes públicos, a Fazenda Pública não poderia ter o ônus previsto no art. 475-L, § 2.º, do CPC/1973[3].

Em termos de conteúdo, o julgamento é criticável, porque, se o exequente apresenta cálculos sem juntar os documentos necessários à sua elaboração, é óbvio que o juiz não deve admitir os cálculos e muito menos inverter o ônus de elaborá-los. E essa realidade não é privilégio da Fazenda Pública, mas regra aplicável a qualquer executado. Caso contrário, bastaria ao exequente juntar aos autos cálculos sem qualquer base conhecida e com isso desencadear a execução. Por outro lado, afirmar-se que a indisponibilidade do interesse público não admite julgamento por presunção é repetir o velho e equivocado mantra de que a Fazenda Pública só defende em juízo direitos indisponíveis.

O mais grave, entretanto, não é a fragilidade dos argumentos utilizados, mas a citação como precedentes desse entendimento de dois julgados da 1.ª Turma em que se decidiu exatamente o contrário, ou seja, pela aplicação da exigência nos embargos à execução contra a Fazenda Pública, nos termos do art. 739-A, § 5.º, do CPC/1973, por se tratar de dever legal que atinge todos os executados[4]. E ainda pior, se é que isso é

---

3 *Informativo* 540/STJ, Corte Especial, REsp 1.387.248/SC, rel. Min. Paulo de Tarso Sanseverino, j. 07.05.2014.

4 STJ, 1.ª Turma, AgRg no Ag 1.369.072/RS, rel. Min. Benedito Gonçalves, j. 20.09.2011, *DJe* 26.09.2011; STJ, 1.ª Turma, REsp 1.115.217/RS, rel. Min. Luiz Fux, j. 02.02.2010, *DJe* 19.02.2010.

possível, outras turmas do tribunal seguiam o mesmo entendimento dos "precedentes" mencionados no julgamento da Corte Especial[5].

O resultado é que todos os órgãos fracionários do Superior Tribunal de Justiça competentes para enfrentar a matéria têm precedentes unânimes em um determinado sentido, e quando a Corte Especial decide a matéria jurídica, o faz em sentido totalmente contrário, e ainda cita como precedentes julgamentos contrários ao entendimento consagrado no julgado. Assim realmente fica difícil.

A par do absurdo da situação exposta, é importante no tocante ao tema o § 2.º do art. 535 do Novo CPC, que expressamente exige da Fazenda Pública a declaração de imediato do valor que entende devido quando alegar excesso de execução em sua defesa executiva. Realmente não havia qualquer justificativa para mais uma prerrogativa da Fazenda Pública em juízo, e nesse sentido o dispositivo deve ser efusivamente saudado.

O art. 918 do Novo CPC trata do indeferimento liminar dos embargos à execução. O inciso I prevê a intempestividade, regra já existente no art. 739, I, do CPC/1973. No inciso II substituiu-se a inépcia da petição inicial do art. 739, II, do CPC/1973 por indeferimento da petição inicial e improcedência liminar da demanda. No inciso III havia no projeto aprovado na Câmara a inclusão de *infundados* ao lado de *protelatórios* para qualificar os embargos à execução que deveriam ser indeferidos liminarmente, mantendo-se a multa, agora por conduta atentatória à dignidade da justiça.

A alteração era parcialmente positiva, porque, conforme já havia comentado sobre o art. 739, III, do CPC/1973, "com a nova regra de que a mera interposição dos embargos não suspende a execução, a redação do art. 739, III, do CPC se mostra desconectada da nova realidade. Não há mais efeito suspensivo nos embargos, sendo que somente de forma excepcional o juiz poderá concedê-lo, desde que o embargante expressamente faça pedido nesse sentido e demonstre o preenchimento dos requisitos previstos pelo art. 739-A, § 1.º, do CPC, entre eles a relevância da fundamentação. Ou seja, somente será suspenso o processo de exe-

---

5 STJ, 2.ª Turma, AgRg no REsp 1.095.610/RS, rel. Min. Mauro Campbell Marques, j. 01.09.2009, *DJe* 16.09.2009; STJ, 6.ª Turma, REsp 1.085.948/RS, rel. Min. Maria Thereza de Assis Moura, j. 16.06.2009, *DJe* 01.07.2009; STJ, 5.ª Turma, AgRg no REsp 1.080.925/RS, rel. Min. Jorge Mussi, j. 08.02.2011, *DJe* 28.02.2011.

cução se o embargante demonstrar que sua fundamentação defensiva é relevante, devendo ser analisada com maior profundidade pelo juiz, o que, obviamente, afasta tais embargos de qualquer caráter protelatório. Caso contrário, por mais absurda que seja a alegação defensiva, o juiz não concederá o efeito suspensivo, de forma que os embargos não poderão ser considerados protelatórios, pelo simples fato de que não afetarão o andamento procedimental da execução"[6].

E, com base nessa premissa, defendia que a única interpretação possível ao dispositivo era "aquela que aponta para o abuso do direito de defesa, sendo irrelevante o caráter protelatório dos embargos à execução. Dessa forma, a rejeição liminar deve se fundar no conteúdo das alegações dos embargos, e não nos eventuais efeitos que ele poderá gerar no processo de execução. Litigando contra texto expresso de lei ou contra a verdade de fatos já definitivamente esclarecidos e comprovados, será caso de rejeição liminar nos termos do art. 739, III, do CPC/1973. O objetivo do legislador foi evitar embargos à execução derivados de má-fé e deslealdade processual, e a interpretação sugerida vai exatamente de encontro com esse ideal"[7].

Pelo exposto, era elogiável a inclusão pelo legislador dos embargos infundados – dispensando a qualificação "manifestamente" – como causa de indeferimento liminar dessa defesa executiva, mas continuava a ser criticável a manutenção dos embargos protelatórios. Tudo piorou no texto final aprovado pelo Senado, que suprimiu os embargos infundados como causa de indeferimento liminar, mantendo os embargos manifestamente protelatórios.

O tratamento do efeito suspensivo aos embargos à execução, previsto pelo art. 919 do Novo CPC, é parecido com o previsto no art. 739-A do CPC/1973. A novidade fica por conta do § 1.º, ao equiparar, de forma elogiável, a tutela da evidência à tutela de urgência como justificadora para a concessão do efeito suspensivo aos embargos à execução.

Merece destaque apenas o § 5.º no sentido de esclarecer que o efeito suspensivo não impede os atos de substituição, reforço ou redução da penhora e de avaliação dos bens, seguindo posicionamento doutrinário na interpretação do § 6.º do art. 739-A do CPC/1973[8].

---

6 Neves, *Manual de direito*, 49.2.4.3, p. 1.113-1.114.

7 Neves, *Manual de direito*, 49.2.4.3, p. 1.114.

8 Didier Jr.-Cunha-Braga-Oliveira, *Curso*, p. 353.

Nos termos do art. 1.015, X, do Novo CPC, cabe agravo de instrumento contra a decisão que conceder, modificar ou revogar o efeito suspensivo nos embargos à execução. A previsão é importante a partir do momento em que o cabimento de tal espécie recursal passou a ser limitada às opções do legislador.

49.2 IMPUGNAÇÃO

A defesa típica na execução por cumprimento de sentença continua sendo a impugnação, agora regulamentada pelo art. 555 do Novo CPC. Há, entretanto, interessantes novidades procedimentais.

O prazo também continua a ser de 15 dias, mas, nos termos do art. 525, *caput*, do Novo CPC, tem seu termo inicial modificado. No sistema atual, o art. 475-J, § 1.º, do CPC/1973 prevê um prazo de 15 dias contado da intimação do executado da penhora, enquanto o novel dispositivo estabelece que, não ocorrendo o pagamento voluntário no prazo do art. 523 do Novo CPC, tem início automaticamente o prazo de 15 dias para apresentação de impugnação. É dispensada a intimação do executado para o início desse prazo, pois ele, sendo o responsável por tal pagamento, terá ciência se este foi ou não realizado no prazo legal.

Outra novidade digna de nota do *caput* do art. 525 do Novo CPC é a expressa dispensa da garantia do juízo como condição de admissibilidade da impugnação. No sistema anterior, na ausência de norma expressa a respeito, a doutrina se dividiu, tomando o Superior Tribunal de Justiça o partido da corrente doutrinária que entendia pela exigência de penhora como condição de admissibilidade da impugnação[9]. Como se nota do dispositivo ora comentado, a opção do legislador foi em sentido contrário àquela sedimentada em sede jurisprudencial.

Tratando-se de execução fundada em título executivo judicial, naturalmente o executado não pode alegar toda e qualquer matéria em sua defesa, em respeito à coisa julgada material e à eficácia preclusiva da coisa julgada. As matérias alegáveis estão previstas no art. 525, § 1.º, do Novo CPC. Os incisos I, II e IV repetem os incisos I, IV e III do art. 475-L do CPC/1973. Há, entretanto, novidades.

---

[9] *Informativo* 496/STJ, 3.ª Turma, REsp 1.195.929/SP, rel. Min. Massami Uyeda, j. 24.04.2012.

O inciso III inclui a inexequibilidade do título ao lado da inexigibilidade da obrigação, consagrando tradicional entendimento doutrinário. O art. 475-L, II, do CPC/1973 era criticado pela melhor doutrina ao atribuir qualidade da obrigação ao título: inexigibilidade, considerando que a exigibilidade é condição da obrigação exequenda, e não do título executivo. Na tentativa de justificar a existência do dispositivo legal, parcela doutrinária o interpretava como se se tratasse de "inexequibilidade" do título, ou seja, a inexistência de eficácia executiva do título, em regra, por ausência de liquidez, certeza ou exigibilidade, tal como acontece na sentença pendente de julgamento de recurso com efeito suspensivo ou de reexame necessário ou sentença ilíquida que necessita passar antes do cumprimento de sentença pela fase de liquidação de sentença. E esse entendimento foi consagrado no texto legal ora analisado.

A coisa julgada inconstitucional, tratada no CPC/1973 pelos arts. 475-L, II, § 1.º, e 741, II, parágrafo único, vem prevista pelos §§ 12, 13 e 14 do art. 525 do Novo CPC. E duas grandes polêmicas sobre o tema são resolvidas pela imposição legal.

O executado continua podendo alegar em sua impugnação a inconstitucionalidade da norma que fundamentou a sentença, desde que a norma tenha sido assim considerada pelo Supremo Tribunal Federal. Mas qual espécie de controle deve ser esse? Basta uma declaração difusa, realizada no julgamento de qualquer recurso extraordinário, ou é exigida uma declaração em controle concentrado, no julgamento de um processo objetivo?

Conforme já analisado no Capítulo 34, depois de idas e vindas restou consagrado que qualquer espécie de controle – difuso e concentrado – é suficiente para a alegação de coisa julgada inconstitucional em sede de defesa executiva.

O § 13 do dispositivo ora comentado prevê que os efeitos da decisão do Supremo Tribunal Federal poderão ser modulados no tempo, em atenção à segurança jurídica. Tal modulação é realizada no controle concentrado de constitucionalidade, nos termos do art. 27 da Lei 9.868/1999, mas já há posicionamento a respeito de sua aplicação também no controle difuso. Nos termos do dispositivo, a modulação passa a ser possível em qualquer forma de controle.

Outro ponto polêmico sobre o tema resolvido por previsão expressa de lei é o momento a partir do qual a decisão do Supremo Tribunal Federal deve ter sido proferida, conforme devidamente analisado no Capítulo 35. A alegação de coisa julgada inconstitucional em sede de impugnação depende de a declaração de inconstitucionalidade do Supremo Tribunal Federal ter sido proferida antes do trânsito em julgado da decisão exequenda.

O excesso de execução era matéria prevista no art. 475-L, V, do CPC/1973. O art. 525, V, do Novo CPC mantém a matéria e a ela é agregada a cumulação indevida de execuções. Nos termos do inciso VI, será na impugnação alegada a incompetência relativa ou absoluta do juízo. Já a suspeição ou impedimento do juízo serão alegados em peça própria, nos termos do § 2.º do artigo ora analisado.

No projeto de lei aprovado na Câmara era modificada a regra consagrada no inciso VI do art. 475-L do CPC/1973. Enquanto no texto anterior era possível alegar qualquer causa impeditiva, modificativa ou extintiva da obrigação superveniente à sentença, no texto aprovado na Câmara a superveniência deveria ser do trânsito em julgado. Ambas as opções são inadequadas para determinar o momento a partir do qual a matéria defensiva deve ser admitida.

Entendo que o momento a partir do qual deve ser admitido ao executado alegar em impugnação causa extintiva ou impeditiva da obrigação exequenda seja o momento final de cabimento dessa alegação durante a fase de conhecimento. Como essas causas obviamente são derivadas de fatos, deve-se entender que, enquanto for possível a alegação de um fato na fase de conhecimento, o silêncio da parte faz com que a alegação seja coberta pela eficácia preclusiva da coisa julgada. O que não tem sentido é impedir a alegação durante a fase de conhecimento e, posteriormente, fazer o mesmo na impugnação ao cumprimento de sentença.

Durante todo o procedimento de primeiro grau – até a sentença, como estava previsto no texto antigo – é possível alegar o fato, assim como em apelação o fato superveniente pode ser alegado nos termos do art. 1.014 do Novo CPC. Após esse momento procedimental, entretanto, mesmo que haja um fato superveniente, ele não poderá ser alegado, tampouco conhecido pelo tribunal de segundo grau. Ainda mais evidente essa impossibilidade se no processo houver recursos excepcionais, que têm efeito devolutivo limitado à matéria de direito. Não é preciso muito esforço para imaginar qual decisão o tribunal superior proferirá se uma das partes alegar uma causa extintiva ou impeditiva da obrigação discutida em sede de recurso especial ou extraordinário.

Da forma como estava redigido o texto referente à matéria no projeto de lei aprovado na Câmara haveria um lapso temporal durante o processo no qual o fato que demonstra uma causa extintiva ou modificativa da obrigação simplesmente não poderia ser alegado. Se ocorresse antes da apelação, admitir-se-ia sua alegação na fase de conhecimento; se ocorresse após o trânsito em julgado, poderia ser alegado em impugnação no cumprimento de sentença; nesse meio tempo, entretanto, a alegação não será admitida...

A única solução viável para resolver esse impasse era entender que poderia ser alegada em impugnação qualquer causa impeditiva ou extintiva que tivesse ocorrido em momento em que seria impossível sua alegação na fase de conhecimento, seja juridicamente (inadmissão depois de interposta a apelação) ou materialmente (após o seu encerramento com o trânsito em julgado).

Esses problemas foram superados no texto final do Novo CPC ao consagrar a regra já prevista no art. 457-L, V, do CPC. Mesmo que aparentemente não tenham sido as críticas aqui lançadas o motivo da redação final do art. 525, § 1.º, VII, do Novo CPC, ainda assim a opção do Senado deve ser saudada. A justificativa consta da Emenda do tópico 2.3.2.157 do Parecer Final 956 do Senado: "(...) fatos supervenientes à sentença, ainda que anteriores ao trânsito em julgado, devem ser objeto suscetível de ser alegado em impugnação ao cumprimento de sentença quando implica extinção ou modificação da obrigação, a exemplo do pagamento da dívida. A sentença é o ato que encerra a etapa cognitiva anterior, e não o seu trânsito em julgado".

Por outro lado, o dispositivo ora analisado deve ser elogiado por excluir a causa impeditiva entre as alegáveis em sede de impugnação, consagrando o entendimento doutrinário tranquilo a respeito da impossibilidade de tal espécie de causa ser alegada em sede executiva.

Diferente dos embargos à execução, o prazo de 15 dias para a impugnação será contado em dobro, havendo litisconsortes passivos representados por advogados de diferentes escritórios, nos termos do art. 525, § 3.º, do Novo CPC.

O § 4.º do dispositivo legal comentado repete regra já consagrada no art. 475-L, § 2.º, do CPC/1973, apenas explicitando de forma mais técnica dois aspectos da regra. Acredito que essa previsão legal corrobora a conclusão de que a impugnação não tem natureza jurídica de ação autônoma, porque caso tivesse seria, a exemplo do que ocorre nos embargos à execução, inviável a aplicação do art. 229 do Novo CPC.

A regra mantida é a exigência de o executado indicar o valor que entende devido sempre que alegar em sede de impugnação excesso de execução. No entanto, agora não basta ao executado indicar qualquer valor, pois é expressamente exigida dele, além dessa indicação, a juntada de demonstrativo discriminado e atualizado de seu cálculo. Essa exigência legal deve ser elogiada, porque evita que o executado, sabendo da exigência legal, se limite a indicar qualquer valor apenas para cumpri-la. O valor indicado, portanto, deve ser justificado pelos cálculos que instruirão a impugnação.

Também é novidade a previsão das consequências da não indicação do valor que o executado entende devido e/ou da não apresentação dos cálculos. Sendo o excesso de execução a única defesa, a impugnação será indeferida liminarmente; havendo outras defesas, a impugnação será processada com a exclusão da defesa viciada.

A impugnação continua tendo efeito suspensivo *ope iudicis*, ou seja, embora a lei não atribua a ela efeito suspensivo, é possível ao executado, preenchendo os requisitos legais, obtê-lo no caso concreto. Assim era nos arts. 475-M, *caput*, e 739-A, § 1.º, do CPC/1973 e assim permanece no art. 525, § 6.º, do Novo CPC. Até mesmo os requisitos legais são mantidos: pedido do executado; garantia do juízo; relevância da fundamentação; perigo de dano de difícil ou incerta reparação derivado do prosseguimento da execução.

O § 7.º do dispositivo ora comentado, ao prever que a concessão de efeito suspensivo não impede os atos de substituição, reforço ou redução da penhora e de avaliação dos bens, consagra entendimento doutrinário a respeito da melhor interpretação do § 6.º do art. 739-A do CPC/1973.

São mantidas as limitações a respeito do efeito suspensivo eventualmente concedido pelo juiz à impugnação. A diferença é que no Novo CPC essas regras são expressas e no CPC/1973 eram previstas apenas para os embargos e aplicadas subsidiariamente à impugnação. Tanto os limites objetivos, consagrados no art. 739-A, § 3.º, como os subjetivos, previstos no art. 739-A, § 4.º, estão mantidos no Novo CPC, respectivamente nos §§ 8.º e 9.º do art. 525. Também foi mantida, no § 8.º do dispositivo ora analisado, a regra do art. 475-M, § 1.º, do CPC/1973, que prevê a possibilidade de a execução seguir, mesmo diante da concessão de efeito suspensivo, desde que o exequente preste caução suficiente e idônea.

Para deixar claro que só se admitirá uma impugnação de cada executado por cumprimento de sentença, o art. 525, § 11, prevê que as questões relativas a fato superveniente ao fim do prazo para apresentação da impugnação serão arguidas por meio de mera petição, sem a necessidade de formalização mediante impugnação. O legislador, no meu entender de forma desnecessária, indica exemplos de alegações nessas condições, tais como aquelas relativas à validade e à adequação da penhora, da avaliação e dos atos executivos subsequentes.

O prazo para tal alegação será de 15 dias, contado da comprovação de ciência do fato ou da intimação do ato. A regra deve gerar polêmica, porque, ao indicar como termo inicial circunstâncias alternativas, permite a interpretação de que, mesmo sem ser intimado do ato, o executado já terá o prazo em trâmite, desde que se comprove sua ciência do ato.

Minha interpretação, entretanto, não é essa, porque para mim a ciência do fato só pode ser considerada termo inicial da contagem de prazo quando o ato não demandar a intimação do executado. Tomo como exemplo a penhora realizada depois de já apresentada a impugnação, sendo nesse caso imprescindível a intimação do executado, sendo nesse momento iniciado o prazo para levantar questões relativas à validade e adequação da penhora. Por outro lado, sendo fato externo ao processo, como as matérias previstas no art. 525, § 1.º, VII, do Novo CPC, é a partir do momento da ciência do executado que começa a correr seu prazo.

Registre-se, finalmente, que o prazo de 15 dias previsto no dispositivo ora analisado não alcança as matérias de ordem pública, que não estão sujeitas à preclusão temporal e, por essa razão, podem ser alegadas a qualquer momento.

A impugnação é alegada nos próprios autos, tratando-se de defesa incidental do executado. Após esse momento, defesas de fatos supervenientes serão alegadas por mera petição nos próprios autos. As matérias de ordem pública continuam a ser alegadas por mera petição nos próprios autos. Diante dessa realidade, tenho dificuldade de enxergar a utilidade do art. 518 do Novo CPC.

Segundo o dispositivo legal, as questões relativas à validade do procedimento de cumprimento da sentença e dos atos executivos subsequentes poderão ser arguidas pelo executado nos próprios autos e nestes serão decididas pelo juiz. Aparentemente, o dispositivo "chove no molhado", porque a regra que traz é conclusão inexorável das regras contidas no art. 525 do CPC e da tradicional teoria sobre as matérias de ordem pública.

O parágrafo único de referido dispositivo foi suprimido do texto final do Novo CPC pelo Senado. E tal supressão é de se lamentar, ainda que a justificativa apresentada na Emenda constante do tópico 2.3.2.104 do Parecer Final 956 do Senado aparente lógica e acerto. A justificativa para a revogação é que a recorribilidade dessa decisão já estava prevista no art. 1.012 do Novo CPC, que prevê as decisões interlocutórias recorríveis por agravo de instrumento.

Ocorre, entretanto, que o art. 203, § 1.º, do Novo CPC conceitua como sentença a decisão que põe fim à fase cognitiva do procedimento comum, bem como extingue a execução, de forma que, sendo a decisão da impugnação capaz de extinguir a execução, a decisão será uma sentença e naturalmente recorrível por apelação. E era justamente nesse sentido a norma retirada do texto final, fazendo distinção entre a decisão que extingue ou não a execução e o recurso cabível para cada uma dessas hipóteses.

E pior, porque o dispositivo retirado do texto final ainda tinha o mérito de resolver um problema que já havia sido apontado na redação anterior. Como se podia notar da redação do dispositivo comentado, o projeto de lei aprovado na Câmara substituía o termo "execução" por "processo", de forma que o agravo de instrumento seria cabível da decisão que não extinguisse o processo, enquanto a apelação seria cabível da decisão que gerasse tal extinção. Assim estaria resolvido o problema no caso de acolhimento da alegação contida no art. 525, § 1.º, I, do Novo CPC: mesmo sendo extinta a execução, como o processo era retomado do início da fase de conhecimento, o recurso cabível contra a decisão seria o agravo de instrumento.

Sem a previsão criada pela Câmara no Novo CPC a decisão referida, que extingue o cumprimento de sentença, mas não o processo, será uma sentença nos termos do art. 202, § 1.º, do CPC, sendo contra ela cabível a apelação, até porque o parágrafo único do art. 1.015 do Novo CPC é claro ao prever o cabimento de agravo de instrumento somente de decisões interlocutórias proferidas no cumprimento de sentença. Mas, para a continuidade do processo, o recurso mais adequado é o de agravo de instrumento, o que estaria certo se o Senado não tivesse retirado o parágrafo único do art. 518 do Novo CPC. Trata-se de situação passível de aplicação do princípio da fungibilidade recursal.

49.3 EXCEÇÃO DE PRÉ-EXECUTIVIDADE

O CPC/1973 não prevê expressamente nenhuma defesa executiva além dos embargos à execução e à impugnação. Não obstante essa realidade, consolidou-se na doutrina e na jurisprudência uma terceira via defensiva, de natureza incidental e cabível tanto no processo de execução como no cumprimento de sentença. A essa defesa deu-se, ainda que inadequadamente, o nome de exceção de pré-executividade.

O Superior Tribunal de Justiça é tranquilo na admissão da genuína exceção de pré-executividade, desde que o executado tenha (i) prova pré-constituída de sua alegação, (ii) não haja necessidade de instrução probatória para o juiz decidir seu pedido de extinção da execução e (iii) a matéria arguida pelo executado seja conhecível de ofício pelo juiz[10]. Há, inclusive, súmula a esse respeito, que, apesar de mencionar expressamente a execução fiscal, aplica-se a toda espécie de execução[11]. Registre-se que, além desses requisitos, o Superior Tribunal de Justiça condiciona o ingresso de exceção de pré-executividade ao momento anterior à penhora e aos embargos do devedor[12].

A ausência de previsão legal da exceção de pré-executividade sempre gerou uma quantidade razoável de polêmicas a respeito de seu cabimento, como as referentes ao momento de interposição, possibilidade de suspender a execução, natureza da decisão que a decide, recurso cabível contra ela, possível fixação de honorários, entre outros.

O Novo CPC não prevê expressamente a defesa executiva ora analisada, que continuará a ser tratada como defesa atípica. As polêmicas procedimentais também serão mantidas, quando não renovadas diante de outras novidades do Novo CPC que reflexamente podem atingir a exceção de pré-executividade.

Há, entretanto, dois dispositivos no Novo CPC que podem justificar legalmente a exceção de pré-executividade. Segundo o art. 518 do Novo CPC, todas as questões relativas à validade do procedimento de cumprimento da sentença e dos atos executivos subsequentes poderão ser arguidas pelo executado nos próprios autos e nestes serão decididas pelo juiz. Já o art. 803, parágrafo único, dispõe que a nulidade da execução será pronunciada pelo juiz, de ofício ou a requerimento da parte, independentemente de embargos à execução.

Acredito que com esses novos dispositivos, tanto no cumprimento de sentença como no processo de execução, passe a existir previsão expressa de admissibilidade da exceção de pré-executividade, ainda que a maioria das questões procedimentais continue a depender de entendimento doutrinário e posicionamento jurisprudencial.

---

10 STJ, 2.ª Turma, AgRg no Ag 1.051.891/SP, rel. Min. Castro Meira, j. 23.09.2008, *DJe* 23.10.2008; REsp 575.167/MG, 4.ª Turma, rel. Min. Barros Monteiro, j. 18.05.2004, *DJ* 30.08.2004, p. 303.

11 Súmula 318/STJ.

12 *Informativo* 394/STJ, 4.ª T., rel. Min. Fernando Gonçalves, REsp 757.760/GO, j. 12.05.2009.

50

SUSPENSÃO E EXTINÇÃO DO PROCESSO DE EXECUÇÃO

50.1 INTRODUÇÃO

Apesar de o Título IV ter recebido o nome "Da suspensão e da extinção do processo de execução", as regras nele previstas também são aplicáveis ao cumprimento de sentença. Melhor teria sido prever apenas "Da suspensão e da extinção da execução", mas o equívoco do legislador não deve trazer consequências práticas.

50.2 SUSPENSÃO DA EXECUÇÃO

As causas de suspensão estão previstas no art. 921 do Novo CPC, em rol mais amplo que o do art. 791 do CPC/1973. No inciso I, há remissão às hipóteses de suspensão do processo previstas nos arts. 313 e 315, que tratam do tema em teoria geral do processo. No que couber, portanto, as hipóteses de suspensão do processo suspendem a execução. Nos incisos II e V estão previstos, respectivamente, o recebimento dos embargos à execução com efeito suspensivo e o pedido de pagamento parcelado.

O inciso III é o que deve gerar maior polêmica. Segundo o dispositivo, a execução se suspende quando o executado não possuir bens penhoráveis. Nesse caso, o § 1.º determina que a execução seja suspensa pelo prazo de um ano, período no qual ficará suspensa a prescrição, e, se o executado não localizar bens nesse prazo, o juiz ordenará o arquivamento dos autos (§ 2.º), que poderão ser desarquivados a qualquer momento, se forem encontrados bens penhoráveis (§ 3.º). As normas consagradas nos §§ 2.º e 3.º são mais cartoriais do que processuais, considerando que o arquivamento e o desarquivamento são temas do serviço cartorial, e não do procedimento processual.

A consequência mais importante do decurso desse prazo de um ano é o início de contagem do prazo de prescrição intercorrente, aplicável tanto ao processo de execução como ao cumprimento de sentença (Enunciado 194 do Fórum Permanente de Processualistas Civis (FPPC)). A regra, prevista no § 4.º do dispositivo ora comentado, prestigiou o entendimento de que a prescrição intercorrente exige inércia do exequente, não sendo a ausência de bens do devedor motivo suficiente para seu reconhecimento[1]. Assim, durante ou decorrido o prazo de um ano, período no qual não se contará a prescrição intercorrente, se o exequente se manifestar no sentido de tentar satisfazer seu direito, afastará tal prescrição.

Nos termos do Enunciado 195 do Fórum Permanente de Processualistas Civis (FPPC), "*O prazo de prescrição intercorrente previsto no art. 919 [atual art. 921], § 4.º, tem início automaticamente um ano após a intimação da decisão de suspensão de que trata o seu § 1.º*".

Por fim, o inciso IV prevê a suspensão da execução na hipótese de alienação frustrada de bens por falta de licitantes sem que o exequente requeira a adjudicação nem indique outros bens penhoráveis. As causas que evitam a suspensão prevista no dispositivo legal são meramente exemplificativas, considerando que o exequente poderá adotar após a alienação frustrada outros atos que darão andamento à execução e evitarão sua suspensão. Tome-se como exemplo o pedido de nova alienação do mesmo bem ou, ainda, a satisfação de seu crédito pelos frutos ou rendimentos da coisa penhorada.

O art. 923 do Novo CPC mantém a regra do art. 793 do CPC/1973 de que durante a suspensão não serão praticados atos processuais, salvo na hipótese de providências urgentes. A novidade fica por conta da vedação para a prática de tais atos na hipótese de suspensão do processo em razão de arguição de impedimento ou suspeição do juiz. Nesse caso, o pedido deve ser resolvido pelo substituto legal do juiz acusado, nos termos do art. 146, § 3.º, do Novo CPC.

---

1 Neves-Freire, *Código*, p. 803.

50.3 EXTINÇÃO DA EXECUÇÃO

A extinção da execução, tratada pelos arts. 794 e 795 do CPC/1973, vem disposta nos arts. 924 e 925 do Novo CPC. O art. 924 do CPC prevê as hipóteses de extinção da execução: (I) indeferimento da petição inicial; (II) satisfação da obrigação; (III) extinção total da obrigação por qualquer outro meio que não o pagamento; (IV) renúncia; e (V) prescrição intercorrente. Na realidade, a amplitude da previsão contida no inciso III dispensa as previsões específicas dos incisos IV e V do CPC.

O legislador manteve a opção já consagrada anteriormente de não prever como causa de extinção da execução as hipóteses de sentença terminativa previstas no art. 485 do Novo CPC (art. 267 do CPC/1973), nem mesmo com a ressalva de aplicação no que couber. Resta torcer que a omissão do legislador novamente consagrada no rol das causas de extinção do processo faça o Superior Tribunal de Justiça modificar seu entendimento quanto à possibilidade de extinção da execução por abandono do exequente[2].

Nos termos do art. 935 do Novo CPC, a extinção da execução continua a produzir efeitos somente quando declarada por sentença, como previa o art. 795 do CPC/1973.

---

2 STJ, 2.ª Turma, AgRg no REsp 1.248.866/RS, rel. Min. Castro Meira, j. 13.09.2011, *DJe* 27.09.2011.

51

PRECEDENTES

51.1 PRECEDENTE, DECISÃO, JURISPRUDÊNCIA E SÚMULA

O Novo Código de Processo Civil se vale de forma constante das expressões "precedente", "jurisprudência" e "súmula", nem sempre da forma mais técnica e adequada. A distinção, entretanto, é essencial.

Precedente é qualquer julgamento que venha a ser utilizado como fundamento de outro julgamento que venha a ser posteriormente proferido. Dessa forma, sempre que um órgão jurisdicional se valer de uma decisão previamente proferida para fundamentar sua decisão, empregando-a como base de tal julgamento, a decisão anteriormente prolatada será considerada um precedente[1].

Registre-se nesse ponto que nem toda decisão, ainda que proferida pelo tribunal, é um precedente. Uma decisão que não transcender o caso concreto nunca será utilizada como razão de decidir de outro julgamento, de forma que não é considerada um precedente[2]. Por outro lado, uma decisão que se vale de um precedente como razão de decidir naturalmente não pode ser considerada um precedente[3]. Por outro lado, algumas decisões nem têm potencial para serem consideradas precedentes, como aquelas que se limitam a aplicar a letra da lei[4].

---

1 Câmara, *O novo*, p. 426; Salles, *Precedentes*, p. 81.

2 Cambi-Fogaça, p. 342.

3 Zaneti Jr, *Comentários*, p. 1.318.

4 Marinoni, *Precedentes*, p. 214.

Jurisprudência, por sua vez, é o resultado de um conjunto de decisões judiciais no mesmo sentido sobre uma mesma matéria proferidas pelos tribunais. É formada por precedentes, vinculantes e persuasivos, desde que venham sendo utilizados como razões do decidir em outros processos, e de meras decisões.

Como se pode notar, o precedente é objetivo, uma vez que se trata de uma decisão específica que venha a ser utilizada como fundamento do decidir em outros processos. Ainda mais o precedente brasileiro, dado que no sistema instituído pelo Novo Código de Processo, diferente do que ocorre com o *precedent* do direito anglo-saxão, o julgamento já nasce predestinado a se tornar um precedente vinculante[5]. A jurisprudência, por sua vez, é abstrata, porque não vem materializada de forma objetiva em nenhum enunciado ou julgamento, sendo extraída do entendimento majoritário do tribunal na interpretação e aplicação de uma mesma questão jurídica.

Conforme ensina a melhor doutrina, apenas um precedente já é o suficiente para fundamentar a decisão do processo julgado posteriormente, enquanto a utilização de jurisprudência como razão de decidir exige do julgador a indicação de vários julgados no mesmo sentido[6]. Essa importante distinção deriva justamente do caráter concreto do precedente e abstrato da jurisprudência.

A súmula é uma consolidação objetiva da jurisprudência, ou seja, é a materialização objetiva da jurisprudência[7]. O tribunal, reconhecendo já ter formado um entendimento majoritário a respeito de uma determinada questão jurídica, tem o dever[8] de formalizar esse entendimento por meio de um enunciado, dando notícia de forma objetiva de qual é a jurisprudência presente naquele tribunal a respeito da matéria.

Segundo o § 1.º do art. 926 do Novo CPC, cabe aos regimentos internos dos tribunais a regulamentação da forma e dos pressupostos para a edição de súmulas correspondentes à sua jurisprudência dominante. Nem poderia ser diferente, por se tratar de norma referente ao funcionamento interno do tribunal[9]. A maioria dos tribunais, inclusive, já conta

---

5 Câmara, *O novo*, p. 437.

6 Madeira, *A força*, p. 527.

7 Mancuso, *O Direito*, pp. 401-402.

8 Didier Jr., *Sistema*, p. 385.

9 Contra, entendendo que caberia ao Novo Código de Processo Civil a previsão da forma e requisitos para a edição das súmulas: Scarpinella Bueno, *Manual*, p. 543.

com normas regimentais nesse sentido, o que, claro, não significa que a regulamentação não deva passar por uma reformulação diante da maior relevância dada às súmulas e aos precedentes no novo diploma processual.

A maior preocupação diz respeito à revogação de súmulas com entendimento já superado por superveniência legal ou mesmo por mudança de posicionamento do próprio tribunal que a editou. Não são poucos, infelizmente, os exemplos de verdadeiras "súmulas zumbis", que continuam entre nós como verdadeiras mortas vivas, há muito já não aplicadas, inclusive e em especial pelos tribunais que as editaram. E, assim procedendo, os tribunais violam o art. 926, *caput*, do Novo CPC, esfacelando a exigência de que sua jurisprudência seja estável, íntegra e coerente.

Tudo se torna ainda mais dramático se consideramos que o art. 927, IV, do Novo CPC dotou de eficácia vinculante os enunciados das súmulas do Supremo Tribunal Federal em matéria constitucional e do Superior Tribunal de Justiça em matéria infraconstitucional. O dispositivo legal realça a relevância de uma revogação dinâmica e constante de entendimentos sumulados ultrapassados. Ainda mais se levarmos em conta que o Novo Código de Processo Civil revoga tacitamente dezenas de entendimentos consagrados em súmulas dos tribunais superiores, em especial do Superior Tribunal de Justiça.

Concordo com a doutrina que defende a aplicação por analogia à revogação das súmulas do previsto no art. 927, § 2.º, do Novo CPC, devendo tal revogação ser precedida de audiências públicas e a participação do *amicus curiae*[10], como forma de preservar o contraditório e legitimar democraticamente a revogação.

Dizendo o óbvio, ainda que nem sempre seja essa a realidade na atuação dos tribunais, inclusive os superiores, o § 2.º do art. 926 do Novo CPC prevê ser vedado ao tribunal editar enunciado de súmula que não se atenta às circunstâncias fáticas dos precedentes que motivaram sua criação. Com a eficácia vinculante que as súmulas passaram a ter, os tribunais devem tomar especial cuidado com a identidade ou ao menos similaridade fática dos precedentes que fundamentam sua edição.

Isso não significa exigir a identidade dos fatos presentes nos precedentes, mas uma proximidade suficiente para ensejar a mesma solução jurídica. Assim, por exemplo, é possível sumular o entendimento de que é indenizável o dano moral em razão de incorreto apontamento em ca-

---

[10] Câmara, *O novo*, p. 430.

dastros de acesso público de situação de sujeito que nada deve, sendo tal entendimento aplicável tanto ao caso de restrição indevida em cadastros de inadimplentes como em protesto indevido de título.

Entendo que a exigência prevista no art. 926, § 2.º, do Novo CPC consagra o respeito à *ratio decidendi* na edição de súmulas[11], de forma que o tribunal deverá considerar os fundamentos principais dos precedentes aplicáveis aos fatos sobre os quais recaíram a aplicação do Direito, só podendo se valer de julgados na edição da súmula que respeitem esse binômio.

51.2 JURISPRUDÊNCIA ESTÁVEL, ÍNTEGRA E COERENTE

51.2.1 Introdução

Nos termos do art. 926 do Novo CPC, os tribunais devem uniformizar sua jurisprudência e mantê-la estável, íntegra e coerente. Trata-se de importante dispositivo legal que corrobora a maior aposta do Novo Código de Processo na criação de um ambiente decisório mais isonômico e previsível, exigindo que os tribunais deem o exemplo. Como exigir o respeito no aspecto vertical (para órgãos hierarquicamente inferiores) se inexiste respeito no aspecto horizontal (do próprio tribunal)? Afinal, quem não respeita não pode cobrar respeito[12].

Conforme já teve oportunidade de decidir o Superior Tribunal de Justiça, a jurisprudência variar ao sabor das convicções pessoais dos julgadores, com o próprio tribunal desrespeitando sua jurisprudência, é um desserviço, já que, se o próprio tribunal não respeita sua jurisprudência, está dando sinal para que os demais órgãos judiciários façam o mesmo[13].

Se é verdade que o desrespeito pelos juízos inferiores de entendimentos já consolidados pelos tribunais gera a quebra da isonomia e a insegurança jurídica, tornando o processo uma verdadeira loteria judiciária, ainda mais grave é a instabilidade presente nos próprios tribunais quanto ao respeito à sua própria jurisprudência.

---

11 Mancuso, *O Direito*, p. 402.

12 Marinoni-Arenhart-Mitidiero, *Novo*, p. 872.

13 STJ, 2.ª Seção, AgRg nos EREsp 593.309/DF, rel. Min. Humberto Gomes de Barros, j. 26.10.2005, *DJe* 23.11.2005, p. 154.

Ademais, quando os tribunais não respeitam a sua própria jurisprudência, ou seja, quando desrespeitam os seus entendimentos majoritários, os órgãos hierarquicamente inferiores não sabem qual entendimento aplicar no caso concreto à luz do entendimento do tribunal superior[14].

Em termos de brincadeira, ainda que o tema seja bastante sério, costuma-se chamar o Superior Tribunal de Justiça de tribunal gerúndio, já que nunca decide ou entende, mas está decidindo ou entendendo, podendo mudar o entendimento a qualquer momento. Ou ainda de tribunal Band News, já que em 20 minutos tudo pode mudar. É a chamada jurisprudência *banana boat*, expressão que dispensa explicações.

Ao exigir uma jurisprudência estável, íntegra e coerente, o art. 926, *caput*, do Novo CPC busca eliminar a instabilidade nociva dos entendimentos de nossos tribunais, em especial dos superiores, quando o desrespeito aos requisitos exigidos pelo dispositivo legal ora comentado é ainda mais nocivo.

51.2.2 Dever de uniformização da jurisprudência

A harmonização dos julgados é essencial para um Estado Democrático de Direito. Tratar as mesmas situações fáticas com a mesma solução jurídica preserva o princípio da isonomia. Além do que a segurança no posicionamento das cortes evita discussões longas e inúteis, permitindo que todos se comportem conforme o Direito. Como ensina a melhor doutrina, a uniformização de jurisprudência atende à segurança jurídica, à previsibilidade, à estabilidade, ao desestímulo à litigância excessiva, à confiança, à igualdade perante a jurisdição, à coerência, ao respeito à hierarquia, à imparcialidade, ao favorecimento de acordos, à economia processual (de processos e de despesas) e à maior eficiência[15].

Apesar da diferença de funções das Cortes de Justiça (tribunais de segundo grau) e das Cortes Supremas (tribunais de superposição), não concordo com o entendimento doutrinário de que o dever de uniformização seja exclusividade dos tribunais superiores[16]. Ainda que os tribunais de segundo grau possam reexaminar os fatos da demanda, o que é vedado aos tribunais de superposição em razão dos limites do efeito devolutivo dos recursos especial e extraordinário, em qualquer órgão colegiado existe um dever de harmonização de entendimento.

---

14 Zaneti Jr., *Comentários*, p. 1.319.

15 Medina, *Novo*, p. 1.241.

16 Marinoni-Arenhart-Mitidiero, *Novo*, pp. 869-870.

Há um dever jurídico, existindo inúmeras formas de uniformização cabíveis nos tribunais de segundo grau, inclusive de ofício, como ocorre com a instauração pelo próprio tribunal de segundo grau do IRDR e do incidente de assunção de competência. E mesmo quando provocado por outro legitimado existe o dever de julgar tais incidentes processuais, sendo a uniformização da jurisprudência uma consequência natural de tais julgamentos.

Por outro lado, o dever dos tribunais de editar súmulas correspondentes à sua jurisprudência dominante também é aplicável aos tribunais de segundo grau. Note-se, o tribunal, e essa realidade é mais sentida nos tribunais de segundo grau, não é obrigado a ter uma jurisprudência dominante, porque é possível e por vezes até saudável que ocorra divergência entre seus órgãos na interpretação e aplicação do Direito. Para esses casos pode-se buscar a uniformização por outras formas processuais que não a edição de súmula, como o IRDR e o julgamento de recursos especiais e extraordinários repetitivos. No entanto, a partir do momento em que o tribunal nota que existe uma jurisprudência dominante, de modo que a maioria de seus componentes e de seus órgãos decide de uma determinada forma a mesma questão fático-jurídica, surge um dever do tribunal em consolidar esse entendimento por meio da edição de uma súmula.

É possível até mesmo falar em dever moral de uniformização de jurisprudência, mas nesse caso o dever não é do tribunal, mas sim de seus componentes individualmente considerados. Caso o desembargador ou ministro perceba que seu entendimento é isolado, poderá se submeter ao entendimento da maioria, ainda que não exista qualquer precedente vinculante ou súmula que o obrigue juridicamente a adotar tal conduta. Trata-se de conduta moralmente elogiável[17], preocupada com a uniformização da jurisprudência e de todos os benefícios advindos dela. Não é situação incomum no dia a dia forense quando juízes expressam seu entendimento pessoal, mas decidem conforme o entendimento majoritário[18], em respeito ao postulado da colegialidade[19].

---

17 Enunciado 172 do FPPC: "A decisão que aplica precedentes, com a ressalva de entendimento do julgador, não é contraditória."

18 STF, Tribunal Pleno, Inq 2.704/RJ, rel. Min. Rosa Weber, j. 17.10.2012, *DJe* 27.2.2013; STJ, 5.ª Turma, HC 201.589/RJ, rel. Min. Laurita Vaz, j. 26.08.2014, *DJe* 02.09.2014; STJ, 6ª. Turma, REsp 1.443.385/RS, rel. Min. Rogério Schietti Cruz, j. 26.08.2014, *DJe* 24.11.2014.

19 STF, 2.ª Turma, MS 33.426 AgR/DF, rel. Min. Celso de Mello, j. 14.04.2015, *DJe* 11.06.2015; STJ, 5.ª Turma, AgRg no REsp 1.428.174/RS, rel. Min. Felix Fischer, j. 17.09.2015, *DJe* 24.09.2015.

51.2.3 Jurisprudência estável

A estabilidade da jurisprudência impede que os tribunais simplesmente abandonem ou modifiquem sem qualquer justificativa plausível (por vezes até mesmo sem qualquer justificativa) seus entendimentos consolidados. Não pode o tribunal, sob pena de violar o princípio da isonomia jurídica e, principalmente, da segurança jurídica, simplesmente deixar de aplicar um entendimento consolidado sem justificativa séria, palatável e devidamente exposta.

Entendo que essa estabilidade funciona como uma regra do autorrespeito (mais comumente chamada de autorreferência), ou seja, o próprio tribunal é obrigado a respeitar a jurisprudência por ele mesmo criada[20]. E esse respeito naturalmente independe do órgão jurisdicional interno, porque, uma vez uniformizada a jurisprudência, todos os órgãos internos lhe deverão respeito, inclusive os fracionários[21].

A exigência de que os tribunais mantenham sua jurisprudência uniformizada estável, entretanto, não cria uma vedação completa para a sua modificação, o que traria indesejável engessamento do Direito. Estável é a jurisprudência que não se altera frequentemente[22]. No entanto, nesse caso o tribunal tem o dever de fundamentar a modificação de forma específica e adequada, nos termos do art. 927, § 4.º, do Novo CPC, justificando-se por que não aplicará no caso concreto a jurisprudência consolidada[23].

51.2.4 Jurisprudência íntegra

Jurisprudência íntegra é aquela construída levando-se em consideração o histórico de decisões proferidas pelo tribunal a respeito da mesma matéria jurídica, ou seja, para se formar uma jurisprudência íntegra devem ser considerados todos os fundamentos rejeitados e acolhidos nos julgamentos que versam sobre a mesma matéria jurídica.

A doutrina vem se valendo da metáfora de Dworkin a respeito da criação do Direito como um romance no qual cada autor escreve um capítulo[24]. Nesse caso, a partir do segundo capítulo, o seu autor terá ne-

---

20 Enunciado 453 do FPPC: "A estabilidade a que se refere o *caput* do art. 926 consiste no dever de os tribunais observarem os próprios precedentes".

21 Enunciado 316 do FPPC: "A estabilidade da jurisprudência do tribunal depende também da observância de seus próprios precedentes, inclusive por seus órgãos fracionários".

22 Zaneti Jr., *Comentários*, p. 926.

23 Câmara, *O novo*, p. 427.

24 Câmara, *O novo*, 432; Didier Jr., *Sistema*, p. 391; Theodoro Jr.-Nunes-Bahia--Pedron, *O Novo*, p. 306; Cambi-Fogaça, *Sistema*, p. 342. No original, Dworkin,

cessariamente que considerar o(s) anterior(es) para que o romance tenha sentido. Da mesma forma, devem se portar os magistrados nos tribunais: devem julgar sempre levando em conta o histórico institucional a respeito da interpretação e aplicação da norma a situações fático-jurídicas análogas.

Como os órgãos devem considerar sempre os julgamentos anteriores sobre a mesma matéria jurídica, salvo, naturalmente, o órgão que a enfrenta de forma originária, é correto entender que uma das dimensões do dever de integridade da jurisprudência "consiste na observância das técnicas de distinção e superação dos precedentes, sempre que necessário para adequar esse entendimento à interpretação contemporânea do ordenamento jurídico"[25].

51.2.5 Jurisprudência coerente

A coerência exigida pelo art. 926, *caput*, do Novo CPC é da própria essência da ideia de uniformização de jurisprudência, porque assegura uma aplicação isonômica do entendimento consolidado em casos semelhantes, ou seja, que versem sobre a mesma questão jurídica. Cria um dever ao tribunal de decidir casos análogos com a mesma interpretação da questão jurídica comum a todos eles[26]. Não há dúvida de que casos análogos devem ter uma mesma interpretação e aplicação do Direito, sendo a coerência exigência pelo dispositivo ora analisado a forma de se garantir tal tratamento isonômico.

Uma jurisprudência coerente impede que os sujeitos envolvidos em situações análogas sejam tratados de forma diferente, o que preserva o princípio da isonomia substancial, impedindo decisões construídas de forma solipsista pelo juiz, formadas a partir de seus entendimentos e valores pessoais ("cada cabeça uma sentença")[27], postura conhecida como voluntarismo judicial, que na verdade esconde argumentações arbitrárias[28].

O império, p. 133.

25 Enunciado 457 do FPPC.

26 Enunciado 454 do FPPC: "Uma das dimensões da coerência a que se refere o *caput* do art. 926 consiste em os tribunais não ignorarem seus próprios precedentes (dever de autorreferência)"; Enunciado 455 do FPPC: "Uma das dimensões do dever de coerência significa o dever de não contradição, ou seja, o dever de os tribunais não decidirem casos análogos contrariamente às decisões anteriores, salvo distinção ou superação".

27 Câmara, *O novo*, p. 433.

28 Didier Jr., *Sistema*, p. 395; Streck-Abboud, *O NCPC*, p. 179.

51.3 (IN)CONSTITUCIONALIDADE DO ART. 927 DO NOVO CPC

A eficácia vinculante do precedente previsto no art. 927, I, do Novo CPC tem previsão constitucional (art. 102, § 2.º, da CF), o mesmo se verificando quanto à súmula vinculante prevista no inciso II do mesmo dispositivo legal (art. 103-A da CF). Nos demais incisos a eficácia vinculante decorre tão somente de normas infraconstitucionais, o que levanta importante questão a respeito de sua constitucionalidade.

Já existe doutrina a apontar a inconstitucionalidade das normas que criam uma eficácia vinculante de precedentes e de súmulas não vinculantes sem previsão nesse sentido no texto constitucional, já que a Constituição Federal reserva efeito vinculante apenas às súmulas vinculantes, mediante devido processo, e aos julgamentos originados em controle concentrado de constitucionalidade[29].

Afirma-se que a vinculação obrigatória às súmulas do Superior Tribunal de Justiça e do Supremo Tribunal Federal, bem como aos precedentes criados no julgamento de casos repetitivos e no incidente de assunção de competência, invade a seara legislativa, por outorgar ao Poder Judiciário o estabelecimento de normas, criando uma vinculação inconstitucional a preceitos abstratos e gerais fixados pelo Poder Judiciário, ou seja, com características de lei[30].

A doutrina que defende a novidade legislativa – uma das mais importantes do Novo Código de Processo Civil – entende que o Poder Judiciário não cria norma jurídica nesses casos, não se devendo confundir a atividade de dar um sentido unívoco à norma que foi criada pela via legislativa com a tarefa de criação de norma[31]. Entendimento em sentido contrário levaria à conclusão de que o Supremo Tribunal Federal legisla ao decidir processo objetivo e ao editar súmula vinculante, o que não parece correto[32].

Ainda que a questão a respeito da constitucionalidade dos três últimos incisos do art. 927 do Novo CPC sirva de interessante combustível para discussões doutrinárias, que devem se estender por tempo indefi-

---

[29] Tucci, *O regime*, p. 454; Scarpinella Bueno, *Manual*, p. 538.

[30] Nery Jr.-Nery, *Código*, p. 1.836.

[31] Zaneti Jr., *Comentários*, p. 1.312; Salles, *Precedentes*, p. 86; Mancuso, *O Direito*, p. 417.

[32] Salles, *Precedentes*, p. 86; Mancuso, *O Direito*, p. 415.

nido, no plano dos fatos é difícil imaginar o Supremo Tribunal Federal declarando tais normas inconstitucionais. E isso por um singelo motivo: é de todo interesse daquela corte a eficácia vinculante consagrada em tais dispositivos, em especial em sua promessa de diminuição no número de processos e recursos, em especial os recursos especial e extraordinário.

51.4 EFICÁCIA VINCULANTE

51.4.1 Introdução

O art. 927, *caput*, do Novo CPC prevê que os juízes e os tribunais observarão as decisões do Supremo Tribunal Federal em controle concentrado de constitucionalidade; os enunciados de súmula vinculante, os acórdãos em incidente de assunção de competência ou de resolução de demandas repetitivas e em julgamento de recursos extraordinário e especial repetitivos, os enunciados das súmulas do Supremo Tribunal Federal em matéria constitucional e do Superior Tribunal de Justiça em matéria infraconstitucional e a orientação do plenário ou do órgão especial aos quais estiverem vinculados.

Surge na doutrina o questionamento a respeito do significado do termo "observarão" previsto no dispositivo legal ora analisado. E essa definição é de extrema relevância para se concluir ser ou não o art. 927 do Novo CPC norma que consagra a eficácia vinculante de precedentes e súmulas, nos termos por ele descritos.

Para parcela minoritária da doutrina o dispositivo cria tão somente um dever ao órgão jurisdicional de levar em consideração, em suas decisões, os precedentes e enunciados sumulares lá previstos. De forma que, não havendo em outro dispositivo a previsão expressa de sua eficácia vinculante, o órgão jurisdicional teria o dever de considerar o precedente ou súmula, mas não estaria obrigado a segui-los, podendo fundamentar sua decisão com o argumento de ser equivocado o entendimento consagrado no precedente ou na súmula[33].

Não parece, entretanto, ser esse o melhor entendimento. Conforme entende a doutrina amplamente majoritária, o art. 927 do Novo CPC é suficiente para consagrar a eficácia vinculante aos precedentes e enuncia-

---

33 Câmara, *O novo*, p. 434.

dos sumulares previstos em seus incisos[34]. Ou seja, "observarão" significa aplicarão de forma obrigatória.

Ao adotar-se o entendimento de que o termo "observarão" utilizado no art. 927, *caput*, do Novo CPC não consagra a eficácia vinculante, estar-se-ia diante de curiosa e insustentável situação. Como é extraído da praxe forense, o Superior Tribunal de Justiça sumula entendimentos de matérias infraconstitucionais, sendo o direito processual campo fértil de tal atuação. Ao se interpretar que o art. 927, IV, do Novo CPC obriga o órgão jurisdicional a apenas levar em consideração as súmulas do Supremo Tribunal Federal em matéria constitucional, não existiria tal dever quanto à súmulas de direito infraconstitucional editadas pela Corte Superior?

Como a eficácia vinculante das hipóteses previstas nos primeiros três incisos do art. 927 do Novo CPC tem previsão expressa em outros dispositivos de lei (controle concentrado de constitucionalidade no art. 102, § 2.º, da CF; súmula vinculante no art. 103-A, *caput*, da CF; incidente de assunção de competência no art. 947, § 3.º, do Novo CPC; IRDR no art. 985 do Novo CPC, recursos especial e extraordinário repetitivos no art. 1.040 do Novo CPC), a divergência doutrinária coloca em questão a eficácia vinculante apenas dos enunciados das súmulas do Supremo Tribunal Federal em matéria constitucional e do Superior Tribunal de Justiça em matéria infraconstitucional e da orientação do plenário ou do órgão especial aos quais estiverem vinculados.

Com relação às súmulas previstas no art. 927, IV, do Novo CPC, deve ser feita uma importante observação. A discussão a respeito de sua eficácia vinculante tende a ter pouca ou nenhuma relevância prática, já que as súmulas, como concretização da jurisprudência do tribunal, necessariamente deverão ter como fundamento a *ratio decidendi* dos precedentes do tribunal que justificam sua edição[35], de forma que a eficácia vinculante destes coloca em segundo plano a divergência ora enfrentada.

Contudo, como estamos no Brasil, não se deve desconsiderar a possibilidade de o tribunal sumular um entendimento com base em precedentes não vinculantes, ou seja, em decisões que não sejam proferidas em julgamento de casos repetitivos ou no incidente de assunção

---

34 Theodoro Jr-Nunes-Bahia-Pedron, *Novo*, p. 309; Amaral, *Comentários*, p. 948; Scarpinella Bueno, *Manual*, p. 545; Marinoni, *Breves*, p. 2.077; Streck-Abboud, *O NCPC*, pp. 176-177; Cambi-Fogaça, *Sistema*, p. 348; Tucci, *O regime*, p. 454; Zaneti Jr., *Comentários*, p. 1.322.

35 Marinoni, *Breves*, pp. 2.076-2.077.

de competência. Apesar de não ser recomendável, não se deve descartar tal possibilidade. Nesse caso, ainda que não vinculantes, os precedentes utilizados para justificar a edição da súmula deverão ser considerados em seus fundamentos determinantes (*ratio decidendi*) para a fixação do objeto da vinculação obrigatória.

Ainda que nesse caso se possa constatar uma eficácia vinculante indireta de precedentes meramente persuasivos, não são eles que geram a eficácia vinculante, mas sim a súmula que materializa suas conclusões. É dizer que antes da súmula seus fundamentos determinantes são apenas persuasivos e com a edição da súmula passam a ser vinculantes.

Por outro lado, o Supremo Tribunal Federal já deu exemplos de que a edição de súmula vinculante nem sempre tem como fundamento qualquer precedente, como ocorreu na edição da Súmula Vinculante 11. Obviamente trata-se de um desvio de conduta, mas nesse caso irrelevante para a divergência ora analisada porque a eficácia vinculante da súmula vinculante tem previsão constitucional e com relação a ela não se discute.

Pelo exposto, diferente do que entende parcela da doutrina[36], não concordo com o entendimento de que a súmula perde sua razão de existir em razão da eficácia vinculante dos precedentes.

Por fim, para se distinguirem as súmulas previstas no inciso II do art. 927 do Novo CPC daquelas previstas no inciso IV do mesmo dispositivo, ainda que nos dois casos sua aplicação no caso concreto seja obrigatória, convém chamar as primeiras de súmulas vinculantes, nome já consagrado, e as segundas de súmulas com eficácia vinculante. Na prática, naturalmente, não existirá distinção, mas as diferentes expressões podem ajudar o operador do Direito a distingui-las no caso concreto.

Até se pode argumentar que, com a identidade de eficácia vinculante, não teria mais sentido existir súmula vinculante, já que ao Supremo Tribunal Federal bastaria editar uma súmula simples sobre matéria constitucional (e nem se cogita que uma súmula vinculante tenha matéria infraconstitucional) para gerar a eficácia vinculante. Tal argumento é falho por dois motivos: (a) o cabimento de reclamação constitucional, limitado ao desrespeito às súmulas vinculantes; e (b) a vinculação à Administração Pública, também privativa das súmulas vinculantes.

36 Mâcedo, *O regime*, p. 385; Cambi-Fogaça, *Sistema*, p. 346.

51.4.2 Controle concentrado de constitucionalidade

Segundo o art. 927, I, do Novo CPC, os juízes e tribunais observarão as decisões e os precedentes do Supremo Tribunal Federal em controle concentrado de constitucionalidade.

Numa primeira leitura pode-se concluir não se tratar de grande novidade, considerando-se a eficácia *erga omnes* do controle concentrado de constitucionalidade realizado pelo Supremo Tribunal Federal (art. 28, parágrafo único, da Lei 9.868/1999). Nunca é demais lembrar que o art. 102, § 2.º, da CF prevê que as decisões definitivas de mérito, proferidas pelo Supremo Tribunal Federal, nas ações diretas de inconstitucionalidade e nas ações declaratórias de constitucionalidade produzirão eficácia contra todos e efeito vinculante, relativamente aos demais órgãos do Poder Judiciário e à administração pública direta e indireta, nas esferas federal, estadual e municipal.

Não se descarta a possibilidade de o legislador ter incluído a decisão do controle concentrado de constitucionalidade no rol do art. 927 do Novo CPC apenas com o objetivo de tornar o rol exauriente, tese corroborada pela inclusão também da súmula vinculante, que tem sua eficácia vinculante já prevista em texto constitucional, a exemplo da decisão proferida no controle concentrado de constitucionalidade.

Entretanto, é possível extrair uma utilidade, e de extrema importância, na previsão ora analisada, distinguindo-se a eficácia *erga omnes* da coisa julgada material gerada no controle concentrado de constitucionalidade, já consagrada no texto constitucional, da eficácia vinculante dos fundamentos determinantes da decisão (*ratio decidendi*), consagrada no art. 927, I, do Novo CPC[37].

Segundo o Enunciado 168 do FPPC, "os fundamentos determinantes do julgamento de ação de controle concentrado de constitucionalidade realizado pelo STF caracterizam a *ratio decidendi* do precedente e possuem efeito vinculante para todos os órgãos jurisdicionais". Trata-se da chamada "transcendência dos motivos determinantes" ou do *efeito transcendente de motivos determinantes*, que teria sido expressamente adotado pela previsão do art. 927, I, do Novo CPC[38].

---

[37] Zaneti Jr., *Comentários*, p. 1.321; Didier Jr-Oliveira-Braga, *Curso*, p. 464.

[38] Marinoni, *Breves*, p. 2.076.

O Supremo Tribunal Federal vinha aplicando a tese ora analisada, mas atualmente o entendimento do tribunal se modificou[39], de forma que a teoria subsiste apenas no ambiente doutrinário, sem encontrar aplicação na praxe forense. Como consequência prática da inadmissão da teoria ora analisada pelo Supremo Tribunal Federal, encontra-se o não cabimento da reclamação constitucional contra decisão que apenas contrariar fundamentos no controle de constitucionalidade sem agredir o dispositivo da decisão[40]. Espera-se uma mudança da posição jurisprudencial em decorrência do art. 927, I, do Novo CPC.

Qualquer órgão jurisdicional, no julgamento de qualquer processo, recurso ou reexame necessário (nesse caso somente os tribunais de segundo grau), pode declarar de forma incidental a inconstitucionalidade de uma norma legal, mas nesse caso não há qualquer eficácia vinculante de tal declaração. Essa realidade, entretanto, é mais sensível no caso de tal controle incidental ter sido realizado pelo Supremo Tribunal Federal.

Nos estritos termos do art. 927, I, do Novo CPC, essa espécie de controle de constitucionalidade, mesmo que realizada pela Corte constitucional, não tem eficácia vinculante, já que o dispositivo legal é suficientemente claro ao estabelecer tal eficácia somente à declaração de inconstitucionalidade realizada de forma concentrada, portanto, o controle de constitucionalidade realizado por meio de processo objetivo. Ocorre, entretanto, que os arts. 525, § 12, e 535, § 5.º, do Novo CPC permitem que a alegação de coisa julgada inconstitucional em sede de impugnação ao cumprimento de sentença tenha como fundamento a declaração de inconstitucionalidade realizada pelo Supremo Tribunal Federal tanto em controle concentrado como em controle difuso.

A contradição é, na realidade, apenas aparente, porque, se o inciso I do art. 927 do Novo CPC a sugere, o inciso V do mesmo dispositivo parece afastá-la. Tendo a orientação do Tribunal Pleno do Supremo Tribunal Federal eficácia vinculante, é possível concluir que, mesmo no controle difuso de constitucionalidade, haverá eficácia vinculante, se não em razão do inciso I do art. 927 do Novo CPC, pelo inciso V do mesmo dispositivo legal.

---

39 STF, Tribunal Pleno, Rcl 11.479 AgR/CE, rel. Min. Cármen Lúcia, j. 19.12.2012, *DJe* 25.2.2013.

40 STF, 1.ª Turma, Rcl 11.478 AgR/CE, rel. Min. Marco Aurélio, j. 05.06.2012, *DJe* 21.06.2012.

51.4.3 Enunciados de Súmulas Vinculantes

O inciso II do art. 927 do Novo CPC se justifica apenas se levarmos em conta o objetivo do dispositivo legal de elencar todas as hipóteses em que há eficácia vinculante em nosso sistema jurídico. Afinal, se a súmula é vinculante, é dizer o óbvio que tem eficácia vinculante.

Nos termos do art. 103-A, *caput*, da CF, o Supremo Tribunal Federal poderá, de ofício ou por provocação, mediante decisão de dois terços dos seus membros, após reiteradas decisões sobre matéria constitucional, aprovar súmula que, a partir de sua publicação na imprensa oficial, terá efeito vinculante em relação aos demais órgãos do Poder Judiciário e à administração pública direta e indireta, nas esferas federal, estadual e municipal, bem como proceder à sua revisão ou cancelamento, na forma estabelecida em lei.

Na realidade, a eficácia vinculante na hipótese ora analisada é até mesmo mais ampla do que aquela prevista no art. 927 do Novo CPC, pois, enquanto em seu *caput* há previsão de que os juízes e tribunais observarão o enunciado das súmulas vinculantes, o texto constitucional prevê, em seu art. 103-A, § 3,º, da CF, que do ato administrativo ou decisão judicial que contrariar a súmula aplicável ou que indevidamente a aplicar caberá reclamação ao Supremo Tribunal Federal que, julgando-a procedente, anulará o ato administrativo ou cassará a decisão judicial reclamada, e determinará que outra seja proferida com ou sem a aplicação da súmula, conforme o caso. Ou seja, a eficácia vinculante extrapola a atuação do Poder Judiciário, vinculando também a Administração Pública.

51.4.4 Precedentes criados em julgamento de casos repetitivos e no incidente de assunção de competência

O art. 928 do Novo CPC prevê as hipóteses que se consideram julgamento de casos repetitivos: decisões proferidas em incidente de resolução de demandas repetitivas (I) e em recursos especial e extraordinário repetitivos (II). Os julgamentos proferidos em ambos os casos, ainda que por meio de técnicas procedimentais significativamente distintas, são precedentes obrigatórios. O incidente de assunção de competência não se confunde com o julgamento de casos repetitivos, prevendo o art. 947 do Novo CPC que seu cabimento depende de inexistência de repetição da relevante questão de direito, com grande repercussão social, em múltiplos processos.

São técnicas de julgamento para situações distintas, mas que têm em comum a criação de precedentes obrigatórios. É natural que o precedente formado no julgamento de casos repetitivos venha a ser aplicado com maior frequência do que aquele formado no incidente de assunção de competência, em razão da quantidade de processos que versam sobre a mesma questão jurídica, mas em termos de eficácia vinculante não há diferenças entre eles, inclusive sendo reunidos num mesmo dispositivo legal (art. 927, III, do Novo CPC).

51.4.5 Enunciados das súmulas do Supremo Tribunal Federal em matéria constitucional e do Superior Tribunal de Justiça em matéria infraconstitucional

Segundo o inciso IV do art. 927 do Novo CPC, os juízes e tribunais observarão os enunciados das súmulas do Supremo Tribunal Federal em matéria constitucional, e do Superior Tribunal de Justiça, em matéria infraconstitucional.

A norma praticamente torna todas as súmulas dos tribunais superiores com eficácia vinculante, sejam elas súmulas vinculantes ou não, à exceção daquelas editadas pelo Supremo Tribunal Federal que disserem respeito a normas infraconstitucionais, circunstância até certo ponto comum na seara processual. Na realidade, elas nem deveriam existir, quanto menos ter eficácia vinculante. O interessante é que, a partir do momento em que o Superior Tribunal de Justiça sumule a matéria, o Supremo Tribunal Federal estará vinculado ao entendimento consagrado na súmula.

Dessa forma, como sempre defendi que em matéria infraconstitucional é o Superior Tribunal de Justiça o órgão jurisdicional responsável pela última palavra, certa ou errada, devendo tal realidade ser respeitada inclusive pelo Supremo Tribunal Federal, ao menos em temas sumulados, isso pode se tornar realidade. Em especial em matérias processuais não são poucas as vezes em que os dois tribunais divergem, o que deveria ser inadmissível num sistema jurídico coeso, cabendo ao Supremo Tribunal Federal seguir o entendimento consolidado do Superior Tribunal de Justiça em matéria infraconstitucional.

51.4.6 Orientação do plenário ou do órgão especial aos quais estiverem vinculados

Por fim, o inciso V do art. 927 do Novo CPC dá eficácia vinculante à orientação do plenário ou do órgão especial aos quais estiverem vinculados os juízes e os tribunais. Entendo que o termo "orientação" só possa ser interpretado como decisão, porque o órgão jurisdicional não tem natureza consultiva. Em minha percepção, portanto, passam a ter eficácia vinculante as decisões colegiadas proferidas no Tribunal Pleno no Supremo Tribunal Federal e na Corte Especial do Superior Tribunal de Justiça[41].

Com relação ao Tribunal Pleno do Supremo Tribunal Federal, entendo justificável a vinculação considerando-se tratar de órgão que reúne a totalidade dos Ministros julgadores. O mesmo não se pode dizer da Corte Especial do Superior Tribunal de Justiça, mas como outras espécies de decisão de tal órgão têm eficácia vinculante, a generalização criada pelo dispositivo ora mencionado não parece ser temerária.

51.4.7 Eficácia *ex tunc* ou *ex nunc* da novidade legislativa

Partindo-se da premissa de que o art. 927 do Novo CPC, em seus cinco incisos, consagra uma série de precedentes vinculantes e torna súmulas atualmente persuasivas em súmulas com eficácia vinculante, surge uma importante questão: essa eficácia vinculante atingirá os precedentes criados e as súmulas editadas antes da entrada em vigência do novo diploma legal?

Com relação às súmulas não haveria maiores problemas práticos em admitir uma eficácia *ex tunc* do art. 927, IV, do Novo CPC, caso os tribunais superiores se empenhassem em fazer uma revisão de todas as suas súmulas antes da entrada em vigência do novo diploma legal. Poderiam assim revogar as chamadas "súmulas zumbis", que não são mais seguidas nem mesmo pelos tribunais que as editaram, bem como aquelas incompatíveis com o Novo Código de Processo Civil. Poderiam, inclusive, revogar súmulas que, apesar de não estarem superadas, o tribunal não pretende permitir que tenham eficácia vinculante.

Infelizmente, entretanto, não parece que será essa a conduta a ser adotada pelos tribunais superiores, o que poderá gerar eficácia vinculante à súmulas que definitivamente não deveriam ter tal eficácia.

A situação torna-se ainda mais dramática quando se analisa a questão ora levantada no tocante aos precedentes obrigatórios, porque nesse caso os tribunais não podem "revogar" decisões já proferidas e transitadas em julgado. E ainda pior, há precedentes contraditórios, como é facilmente notado, por exemplo, com decisões que tratam a mesma matéria jurídica de forma diferente pela Corte Especial do Superior Tribunal de Justiça. Ainda que nesse caso se possa dizer que a eficácia vinculante seja do precedente

---

41 Zaneti Jr., *Comentários*, p. 1.322.

mais recente, não se pode desconsiderar que quando eles foram criados os julgadores responsáveis pela sua criação o fizeram com a certeza de que teriam no máximo eficácia persuasiva.

A solução não é simples. Se adotarmos a eficácia *ex tunc* do art. 927 do Novo CPC, certamente estar-se-á dando uma amplitude imediata considerável à eficácia vinculante de súmulas e precedentes, mas nesse caso é de discutível adequação simplesmente transformar o que foi criado como persuasivo em vinculante. Por outro lado, ao se admitir uma eficácia *ex nunc* ao art. 927 do Novo CPC, estar-se-á adotando a opção mais segura, que menos problemas práticos gerará, mas nesse caso a eficácia vinculante ou persuasiva dependerá da data de formação do precedente ou da edição da súmula, criando-se uma distinção temporal que também poderá causar problemas práticos.

Sem solução fácil, entendo que o mais adequado seja, nesse caso, prestigiar a segurança jurídica, atribuindo-se ao art. 927 do Novo CPC eficácia *ex tunc*, ou seja, somente as súmulas editadas e os precedentes formados na vigência do Novo Código de Processo Civil devem ter eficácia vinculante. Tal entendimento, além de prestigiar a segurança jurídica, ainda tem o mérito de tornar a adoção da novidade legislativa paulatina, o que certamente auxilia em sua exata compreensão e aplicação no caso concreto.

51.4.8 Cabimento de reclamação constitucional

Apesar de ser o art. 927 do Novo CPC suficiente para atribuir a todos os precedentes e enunciados sumulares por ele previstos em seus incisos a eficácia vinculante, não é homogêneo o tratamento da impugnação da decisão que desrespeita tal eficácia vinculante.

As decisões que desrespeitam os precedentes obrigatórios, inclusive aqueles derivados de decisão proferida em controle concentrado de constitucionalidade, e as súmulas vinculantes, são impugnáveis por reclamação constitucional, nos termos do art. 988, IV, do Novo CPC. No tocante às decisões que desrespeitam as súmulas com eficácia vinculante (súmulas "simples") do Superior Tribunal de Justiça em matéria infraconstitucional e do Supremo Tribunal Federal em matéria constitucional (art. 927, IV, do Novo CPC) e às orientações do plenário ou do órgão especial aos quais estiverem vinculados (art. 927, V, do Novo CPC), não é cabível a reclamação constitucional.

Significa que, se uma sentença desrespeitar a eficácia vinculante consagrada nos incisos IV e V do art. 927 do Novo CPC, a parte sucumbente deverá apelar da sentença para impugnar a decisão. E, caso seja um acórdão de tribunal de 2.º grau que desrespeite tal eficácia vinculante, será cabível o recurso especial e/ou extraordinário. Ou seja, a parte sucumbente não terá um instrumento impugnativo que permita seguir diretamente para o tribunal superior.

Essa realidade cria uma eficácia maior e menor entre as hipóteses previstas no art. 927 do Novo CPC, o que coloca, inclusive, em questão a eficácia vinculante prática das hipóteses previstas nos dois últimos incisos do dispositivo ora comentado. Juridicamente não tenho dúvidas a respeito de suas eficácias vinculantes, mas, se a parte deve recorrer da decisão que a desrespeita da mesma forma que recorreria de qualquer outra decisão com a qual não concorde, no plano prático a eficácia vinculante está seriamente comprometida. Trata-se de uma eficácia vinculante jurídica com eficácia apenas persuasiva no plano prático.

E tudo piorou consideravelmente em razão da Lei 13.256, de 04.02.2016, que alterou o Novo Código de Processo Civil em sua vacância, ao modificar o cabimento da reclamação constitucional com relação a decisões que desrespeitem os precedentes obrigatórios criados em julgamento de casos repetitivos e no julgamento da repercussão geral.

Com a criação de um inciso II ao § 5.º do art. 988 do Novo CPC, a decisão que desrespeita precedente de repercussão geral ou de recurso especial ou extraordinário em questão repetitiva só poderá ser impugnada por reclamação constitucional se esgotadas as instâncias ordinárias. A lamentável novidade, fruto de pressão dos tribunais superiores receosos do aumento no número de reclamações constitucionais, precisa, antes de ser criticada, ser interpretada, pois, se é péssima em seu conteúdo, não é muito melhor em sua forma.

Por "esgotamento das instâncias ordinárias" o legislador aparentemente pretendeu afastar o cabimento de reclamação constitucional contra sentença que desrespeita precedente fixado em julgamento de recurso especial e extraordinário repetitivo.

Diante da novidade legislativa, se um acórdão desrespeitar o precedente criado em julgamento de recurso especial e extraordinário repetitivo, e em julgamento de recurso extraordinário com repercussão geral, ainda que não repetitivo, caberá reclamação constitucional para o tribunal de superposição. Contudo, no caso de sentença proferida em tais moldes, caberá a apelação. Também a decisão monocrática na hipótese ora analisada não poderá ser impugnada por reclamação constitucional por ser cabível contra ela agravo interno (art. 1.021 do Novo CPC).

Como se pode perceber, em nítido desrespeito ao previsto no art. 928 do Novo CPC, o art. 988, em seu inciso IV e § 5.º, II, do Novo CPC trata de forma diferente o julgamento de casos repetitivos. Decisão que desrespeite o julgamento em IRDR ainda não julgado pelos tribunais superiores, por meio de recurso especial ou extraordinário, pode ser impugnada por reclamação constitucional, já que o "esgotamento das instâncias ordinárias" é exigido apenas para o julgamento de recurso especial – e extraordinário – repetitivo.

O incidente de assunção de competência continua a ser impugnável por reclamação constitucional, porque permanece previsto no inciso IV do art. 988 do Novo CPC, e não está previsto no § 5.º, II, do mesmo dispositivo legal.

Com a Lei 13.256, de 04.02.2016, passa a ser possível falar em três graus de eficácia vinculante: grande, médio e pequeno.

O julgamento proferido em controle concentrado de constitucionalidade, as súmulas vinculantes, o IRDR e o incidente de assunção de competência têm eficácia vinculante grande, porque o desrespeito a qualquer deles, por qualquer decisão, proferida em qualquer grau de jurisdição, é impugnável por reclamação constitucional.

O precedente formado em julgamento de recursos especial e extraordinário repetitivos e no julgamento de recurso extraordinário com repercussão geral tem eficácia vinculante média, já que o cabimento da reclamação constitucional exige o exaurimento das instâncias ordinárias.

Finalmente, os enunciados das súmulas do Supremo Tribunal Federal em matéria constitucional e do Superior Tribunal de Justiça em matéria infraconstitucional e a orientação do plenário ou do órgão especial aos quais estiverem vinculados têm eficácia vinculante pequena, porque da decisão que a desrespeita não cabe reclamação constitucional.

51.5 PRECEDENTE BRASILEIRO E *PRECEDENTS* NA TRADIÇÃO DA *COMMON LAW*

Conforme já devidamente exposto, precedente é um julgamento que serve como razão de decidir de outro julgamento proferido posteriormente. É natural, portanto, que um julgamento não nasça precedente, mas que se torne um precedente a partir do momento em que é utilizado posteriormente como razão de decidir em outro julgamento.

Assim ocorre no sistema da *common law*, no qual os julgamentos só se tornam precedentes no momento em que passam a concretamente servir como fundamento de decisão de outros julgamentos. Conforme vem apontando a melhor doutrina, no Brasil foi adotada outra técnica na formação dos precedentes, já que o Novo Código de Processo Civil prevê de forma expressa e específica quais serão os julgamentos considerados precedentes. Trata-se de "precedente doloso", em interessante nomenclatura dada por Alexandre Freitas Câmara[42], ou seja, um julgamento já predestinado a ser precedente.

Nesse tocante, entretanto, cabe uma observação. Nem todo precedente é vinculante – obrigatório – já que continuam a existir no sistema processual brasileiro julgamentos proferidos em processo subjetivo que não decidem casos repetitivos nem o incidente de assunção de competência, e que poderão servir como fundamento de decidir de outros julgamentos a serem proferidos supervenientemente.

Tem-se, portanto, um tratamento diferente de formação de precedente a depender de sua eficácia vinculante (*binding precedents*) e de sua eficácia persuasiva (*persuasive precedents*). Enquanto os precedentes vinculantes são julgamentos que já nascem precedentes, os precedentes persuasivos se tornam precedentes a partir do momento em que são utilizados para fundamentar outros julgamentos.

51.6 *RATIO DECIDENDI* E *OBTER DICTA*

A *ratio decidendi* não é fenômeno alheio ao direito brasileiro, pelo contrário, sendo considerada pelos tribunais superiores com relativa frequência, ora com a utilização da expressão "motivos determinantes"[43], ora com o uso da expressão "razões de decidir"[44]. No entanto, não há dúvida de que o fenômeno terá que ser repensado.

Conforme ensina a melhor doutrina, a *ratio decidendi* (chamada de *holding* no direito americano) é o núcleo do precedente, seus fundamentos determinantes, sendo exatamente o que vincula. Distingue-se da fundamentação *obter dicta*, que são prescindíveis ao resultado do julgamento,

---

42 Câmara, *O novo*, p. 437.

43 STF, Tribunal Pleno, Rcl 5.216 AgR/PA, rel Min. Cármen Lúcia, j. 13.06.2012, *DJe* 19.09.2012; STJ, 1.ª Seção, MS 15.920/DF, rel. Min. Benedito Gonçalves, rel. p/ acórdão Min. Mauro Campbell Marques, j. 14.11.2012; *DJe* 05.02.2013.

44 STF, 1.ª Turma, RE 578.582 AgR/RS, rel. Min. Dias Toffoli, j. 27.11.2012, *DJe* 19.12.2012; STJ, 2.ª Turma, AgRg no REsp 786.612/RS, rel. Min. Mauro Campbell Marques, j. 17.10.2013, *DJe* 24.10.2013.

ou seja, fundamentos que, mesmo se fossem em sentido invertido, não alterariam o resultado do julgamento[45]. São argumentos jurídicos ou considerações feitas apenas de passagem, de forma paralela e prescindível para o julgamento, como ocorre com manifestações alheias ao objeto do julgamento, apenas hipoteticamente consideradas[46]. Justamente por não serem essenciais ao resultado do precedente, os fundamentos *obter dicta* não vinculam[47].

O § 4.º do art. 521 do Projeto de Lei de Novo CPC aprovado na Câmara contribuía, ainda que de forma simplista e incompleta, para a definição da *ratio decidendi*: (I) prescindíveis para o alcance do resultado fixado em seu dispositivo, ainda que presentes no acórdão; (II) não adotados ou referendados pela maioria dos membros do órgão julgador, ainda que relevantes e contidos no acórdão. O texto legal não foi mantido no Novo Código de Processo Civil.

Afirmar que a *ratio decidendi* do precedente vincula, o que não ocorre com a fundamentação *ober dicta*, é indiscutível e a parte fácil de se compreender a eficácia vinculante dos precedentes. O mais problemático é a distinção entre elas no caso concreto, já que o conceito de *ratio decidendi* não é tranquilo, mesmo em países de muito mais tradição em seu exame do que o Brasil, havendo estudo que aponta o incrível número de 74 formas de encontrar a *ratio decidendi*[48].

Conforme considerável corrente doutrinária, o ideal é a adoção do método eclético sugerido por Rupert Cross. Dessa forma, combinam-se a técnica da inversão defendida por Wambaugh, que defende a identificação da *ratio decidendi* como a razão jurídica que, se invertida, resultaria em julgamento diferente, e a técnica defendida por Goodhart, pela qual a identificação da *ratio decidendi* parte dos fatos materiais – categorias de fatos relevantes para o direito – e da decisão jurídica neles embasada – o julgamento final[49].

---

45 Zaneti Jr., *Comentários*, p. 1.324.

46 Didier Jr.-Oliveira-Braga, *Curso*, p. 445.

47 Enunciado 318 do FPPC: "Os fundamentos prescindíveis para o alcance do resultado fixado no dispositivo da decisão (*obiter dicta*), ainda que nela presentes, não possuem efeito de precedente vinculante".

48 Citado por Mâcedo, *Contributo*, p. 223.

49 Zaneti Jr., *Comentários*, p. 1.323; Marinoni, *Precedentes*, pp. 250-251; Didier Jr-Oliveira-Braga, *Curso*, pp. 448-450.

Um mesmo precedente pode ter mais de uma *ratio decidendi*, e nesse caso todas elas têm eficácia vinculante[50]. Não se admite, portanto, uma eficácia vinculante fatiada, pois, se o que vincula no precedente é sua *ratio decidenci*, nada mais natural do que se concluir que, havendo mais de uma, todas têm eficácia vinculante.

Apesar de aconselhável, em especial naqueles julgamentos predestinados a se tornarem precedentes vinculantes, não existe um dever de os tribunais identificarem a *ratio decidendi51*, cabendo ao intérprete do julgamento tal tarefa. E mesmo que exista tal identificação não se cria um impedimento para que o intérprete identifique uma *ratio decidendi* não exposta como tal no precedente, permitindo sua aplicação como razão do decidir de futuros julgamentos[52].

Por fim, é preciso registrar que não basta ser um fundamento determinante para o resultado do julgamento para que se projete a eficácia vinculante. Significa que só a *ratio decidendi* vincula, mas nem sempre haverá tal eficácia vinculante.

Somente o fundamento determinante acolhido pela maioria dos julgadores tem eficácia vinculante[53], lembrando-se que o julgamento nem sempre é determinado pela opinião majoritária dos julgadores sobre os mesmos fundamentos, mas pela combinação de entendimentos minoritários que levem a um determinado resultado. Basta imaginar a existência de diferentes causas de pedir fundamentando um mesmo pedido, sendo possível que ele seja acolhido pela maioria que, entretanto, se vale de forma minoritária de cada causa de pedir para chegar ao resultado do julgamento.

Essa exigência, que não está expressamente consagrada no texto legal, estava presente no art. 521, § 3.º, do Projeto de Lei de Novo Código de Processo Civil aprovado pela Câmara e não mantido pelo Senado na aprovação do texto final do novo diploma processual.

Essa realidade, conforme bem apontado pela melhor doutrina, exige uma mudança na forma do julgamento colegiado, que atualmente se dá por adesão à conclusão e que deve passar a ser realizado por adesão à

---

50 Marinoni, *Precedentes*, pp. 260-261; Mâcedo, *Contributo*, p. 234.

51 Didier Jr.-Oliveira-Braga, *Curso*, pp. 447-448.

52 Zaneti Jr., *Comentários*, p. 1.325.

53 Enunciado 317 do FPPC: "O efeito vinculante do precedente decorre da adoção dos mesmos fundamentos determinantes pela maioria dos membros do colegiado, cujo entendimento tenha ou não sido sumulado".

fundamentação[54]. Os julgadores não poderão se limitar a aderir ao voto do relator, cabendo expressar sua concordância de forma expressa aos seus fundamentos, cabendo também, e em especial, ao magistrado expor sua discordância com tais fundamentos, ainda que concorde com a conclusão do voto condutor.

Por outro lado, se for difícil a identificação da *ratio decidendi* do precedente, seja por ser sua fundamentação insuficiente ou por não estar a questão jurídica decidida bem delineada, afasta-se sua eficácia vinculante[55].

51.7 FUNDAMENTAÇÃO

Reafirmando a importância dos princípios do contraditório e da fundamentação das decisões judiciais, o art. 927, § 1.º, do Novo CPC exige do órgão jurisdicional na formação e aplicação do precedente judicial o respeito ao disposto nos arts. 10 e 489, § 1.º, do mesmo diploma legal.

A criação de precedentes obrigatórios e a ampliação das espécies de súmulas com eficácia vinculante derivadas do art. 927 do Novo CPC vêm causando justificável apreensão na doutrina. A realidade na aplicação de súmulas e de teses fixadas no julgamento de recursos especial e extraordinário realmente não é muito animadora.

O absurdo volume de trabalho, aliado à constante falta de estrutura adequada, vem fazendo com que os juízes se valham dos entendimentos consagrados nos tribunais superiores de forma mecânica, sem qualquer preocupação na identificação do caso concreto como sujeitável a tais entendimentos, e muito menos na imprescindível correlação entre o caso concreto e o entendimento consolidado pelos tribunais superiores utilizado para resolvê-lo. E com a ampliação da eficácia vinculante teme-se, com razão, que os julgadores não compreendam que a aplicação de um precedente é um ato hermenêutico e não meramente mecânico[56].

Essa indevida forma de aplicar os precedentes e os entendimentos sumulados foi objeto de atenção do legislador, que nos incisos V e VI do art. 489, § 1.º, do Novo CPC exige do julgador uma fundamentação adequada tanto para a aplicação do precedente e do entendimento sumulado como para a rejeição de sua aplicação no caso concreto. Não basta a aplicação do precedente pura e simplesmente, mas sua interpretação e

---

[54] Câmara, *O novo*, p. 440.

[55] Didier-Oliveira-Braga, *Curso*, p. 448; Mâcedo, *Contributo*, pp. 236-237.

[56] Streck-Abboud, *O NCPC*, pp. 177-178.

adequação ao caso concreto[57], inclusive podendo ser extraída de sua *ratio decidendi* uma aplicação mais ampla do que aquela originalmente pensada na criação do precedente[58].

Conforme ensina a melhor doutrina, a *ratio decidendi* do precedente, a exemplo da norma legal, deve ser objeto de interpretação para ser aplicada, sendo naturalmente mais restrito o espaço de interpretação, uma vez que o precedente já resulta da interpretação do texto legal[59]. De qualquer forma, é importante a consideração de que o precedente em termos de interpretação é ao mesmo tempo um ponto de chegada e um ponto de partida: de chegada na interpretação da norma legal aplicável ao caso concreto e de saída para os que pretendem aplicá-lo para posteriormente decidirem processos com base no precedente.

O cuidado com a fundamentação na utilização ou rejeição de aplicação dos precedentes e dos enunciados de súmula, entretanto não é suficiente para que um sistema baseado – ou ao menos fortemente influenciado – em precedentes funcione no direito brasileiro. Será necessária uma mudança cultural, sempre difícil, traumática e demorada, que levem os órgãos jurisdicionais a trabalhar de forma adequada com a identificação e aplicação da *ratio decidendi* dos precedentes.

51.8 DIVULGAÇÃO

Nos termos do § 5.º do art. 927 do Novo CPC, os tribunais darão publicidade a seus precedentes, organizando-os por questão jurídica decidida e divulgando-os, preferencialmente, na rede mundial de computadores.

A partir do momento em que nosso sistema processual passa a contar com precedentes vinculantes, é imprescindível que as partes, os advogados e os juízes tenham fácil acesso a eles. Tal ciência servirá aos advogados para otimizar a orientação jurídica às partes diante de um conflito de interesses, no sentido de favorecer a solução consensual dos conflitos[60], e para os juízes a ciência é indispensável para que possam respeitar a eficácia vinculante dos precedentes, já que sem conhecê-los não poderão aplicá-los no caso concreto[61].

---

57 Bustamante, *A dificuldade*, pp. 288-294; Nunes-Horta, *Aplicação*, p. 310.

58 Mâcedo, *Contributo*, p. 218.

59 Peixoto, *Aspectos*, p. 176.

60 Marinoni, *Breves*, p. 2.081.

61 Cruz e Tucci, *O Regime*, p. 455.

Lamento que o dispositivo legal se limite à previsão da publicidade dos precedentes, já que, tendo a maioria das súmulas do Superior Tribunal de Justiça e do Supremo Tribunal Federal assumido eficácia vinculante, a mesma preocupação deveria ter sido destinada a elas. A interpretação extensiva do art. 927, § 5.º, do Novo CPC é imperiosa.

51.9 DISTINÇÃO (*DISTINGUISHING*)

Tendo o Novo Código de Processo Civil adotado a teoria dos precedentes judiciais obrigatórios, era esperado que também consagrasse os fenômenos da distinção (*distinguishing*) e da superação (*overruling*). O art. 927, em seus §§ 2.º a 4.º, do Novo CPC, entretanto, só trata da superação do precedente, não havendo qualquer previsão legal a respeito da distinção.

Trata-se de hipótese de não aplicação do precedente no caso concreto sem, entretanto, sua revogação. Dessa forma, é excluída a aplicação do precedente judicial apenas para o caso concreto em razão de determinadas particularidades fáticas e/ou jurídicas, mantendo-se o precedente válido e com eficácia vinculante para outros processos.

Registre-se que no § 5.º do art. 521 do Projeto de lei do Novo CPC aprovado na Câmara estava regulamentado o *distinguishing*. Ainda que a regulamentação não tenha restado consagrada no Novo Código de Processo Civil, é importante a análise do dispositivo legal não consagrado que ainda poderá doutrinariamente auxiliar na compreensão do fenômeno.

Segundo o dispositivo, o precedente ou jurisprudência dotada do efeito vinculante poderia não ser seguida, quando o órgão jurisdicional distinguisse o caso sob julgamento, demonstrando fundamentadamente se tratar de situação particularizada por hipótese fática distinta ou questão jurídica não examinada, a impor solução jurídica diversa.

Como se pode notar do dispositivo legal, seriam duas as causas de distinção que levariam à não aplicação do precedente no caso concreto.

A distinção das circunstâncias fáticas deveria ser analisada com cuidado, porque a vinculação dos precedentes não exigia identidade de fatos, bastando a identidade da situação fática. Significa que, sendo comum a origem fática, o precedente seria vinculante, mesmo que existissem diferenças fáticas entre o processo em curso e o processo em que houve a formação do precedente[62]. A diferença fática só seria capaz de evitar a aplicação do precedente quando fosse determinante para a aplicação da regra jurídica ao caso concreto.

---

[62] Cambi-Fogaça, *Sistema*, p. 353.

Por outro lado, mesmo havendo identidade fática entre o processo em curso e aqueles que ensejaram a edição do precedente, é possível a sua não aplicação no caso concreto. Para tanto, deve ficar demonstrado que no processo em trâmite foi alegada matéria jurídica ainda não examinada. Apesar de ser algo improvável de ocorrer se os tribunais levarem realmente a sério sua função harmonizadora dos entendimentos jurídicos, é indiscutível haver lógica em deixar de aplicar o precedente quando se discute matéria jurídica inédita, não tratada anteriormente na formação do precedente.

Registre-se que a técnica do *distinguishing* não deve ser aplicada de forma enviesada para se obter algo que somente pelo *overruling* pode ser obtido . Conforme lembra a melhor doutrina, nos países da *common law* não é incomum, ainda que continue a ser reprovável, juízes que não querem aplicar os precedentes por considerá-los injustos ou equivocados, simplesmente se valerem de uma discutível distinção para se afastar da eficácia vinculante dos precedentes[63].

Ao pretender uma superação que não pode fazer, o juízo se vale de uma distinção inexistente para justificar a não aplicação do precedente obrigatório ao caso concreto. Não é preciso muito esforço para se concluir que nesse caso o próprio sistema de precedentes será desvirtuado.

51.10 SUPERAÇÃO DA TESE JURÍDICA (*OVERRULING*)

51.10.1 Introdução

Não resta dúvida de que a superação do precedente é medida muito mais drástica que a aplicação da distinção no caso concreto, porque por meio da superação do precedente ele deixa de existir como fonte vinculante. Não é naturalmente anulado, revogado ou reformado, porque o precedente na realidade é uma decisão judicial já transitada em julgado, mas com a superação o entendimento nele consagrado deixa de ter eficácia vinculante e até mesmo persuasiva, sendo substituído por outro.

Essa superação, portanto, chamada de *overruling* no direito norte-americano, deve ser realizada com extremo cuidado, ponderação e, o mais importante, raramente. Se o art. 926 do Novo CPC exige uma jurisprudência íntegra, coerente e estável, é natural compreender que a superação do precedente deva ocorrer com parcimônia, em situações excepcionais.

---

63 Nunes-Horta, *Aplicação*, p. 313.

Se o sistema de precedentes e súmulas com eficácia vinculante não deve engessar o direito, por outro lado não existe sistema de precedentes e súmulas com eficácia vinculante sem segurança jurídica e estabilidade.

51.10.2 Motivos para superação

Apesar de o art. 927, § 4.º, do Novo CPC exigir que a fundamentação da superação considere os princípios da segurança jurídica, da proteção da confiança e da isonomia, não há no novo diploma legal qualquer regra a respeito das motivações que justificam a superação do entendimento sumulado ou consagrado em precedente obrigatório.

Registre-se que no art. 521, § 7.º, do Projeto de lei de Novo CPC aprovado na Câmara havia expressa menção à superação diante de superveniente realidade econômica, política, econômica ou social ou de revogação ou modificação de norma em que se fundou a tese do precedente. Não obstante a inexistência de tal regra no Novo Código, parece incontestável que tais circunstâncias autorizam a superação do entendimento fixado em súmula ou precedente[64].

Também parece tranquilo o entendimento de que o precedente ou súmula podem ser superados diante de mudança legislativa que com suas razões conflite[65]. Nesses casos, a superveniência legislativa pode tornar o entendimento sem sentido ou até mesmo ilegal, cabendo sua superação[66]. Por outro lado, não se deve descartar a possibilidade de a superveniente lei consagrar expressamente o entendimento fixado em precedente ou súmula, quando a lei passará a ser o novo referencial normativo[67].

Essa técnica de *overruling* não se confunde com o *overriding*, porque neste o tribunal apenas limita o âmbito de incidência de um precedente em função de superveniência de regra ou de princípio legal. Não há, portanto, sua superação – quando muito uma superação parcial –, mas sua adequação à superveniente configuração jurídica do entendimento fixado.

---

64 Enunciado 322 do FPPC: "A modificação de precedente vinculante poderá fundar-se, entre outros motivos, na revogação ou modificação da lei em que ele se baseou, ou em alteração econômica, política, cultural ou social referente à matéria decidida".

65 Zaneti Jr., *Comentários*, p. 1.328.

66 Enunciado 324 do FPPC: "Lei nova, incompatível com o precedente judicial, é fato que acarreta a não aplicação do precedente por qualquer juiz ou tribunal, ressalvado o reconhecimento de sua inconstitucionalidade, a realização de interpretação conforme ou a pronúncia de nulidade sem redução de texto".

67 Mâcedo, *A disciplina*, p. 484.

Por fim, não é pouca a doutrina, com amparo em estudos de direito comparado na *common law*, que aponta a correção de erro manifesto ou grave injustiça[68] como motivação suficiente para a superação de súmula ou precedente, ou seja, a superação de precedente manifestamente equivocado[69]. Entendo que nesse caso os tribunais devam ter redobrado cuidado porque o erro deve ser manifesto, e não derivado de uma nova interpretação que, por exemplo, uma nova composição do colegiado venha a ter da mesma matéria.

O órgão é colegiado e como colegiado deve se portar, não sendo a mudança de composição suficiente para a superação do precedente ou do entendimento sumulado. Chega até mesmo a ser descortês com os antigos componentes da corte equiparar interpretação superada em razão de nova composição a erro no julgamento.

De qualquer forma, qualquer que seja o motivo da superação, somente o próprio tribunal que fixou a tese com eficácia vinculante tem competência para superar o seu próprio entendimento[70]. Chega a ser até mesmo intuitivo que órgãos hierarquicamente inferiores não possam fazê-lo, sob pena de se tornar facultativo o que deveria ser obrigatório.

Como muitas vezes é demorado o processo de superação do precedente, é possível que o tribunal adote a técnica conhecida no direito norte-americano como *signaling*, ou seja, o tribunal sinaliza aos jurisdicionados que poderá modificar seu entendimento, sem, entretanto, fazê-lo, ou mesmo se vinculando a tal sinalização, já que ela somente demonstra uma possibilidade de futura superação, que poderá nem vir a ocorrer. A partir da adoção dessa técnica, os tribunais inferiores terão fundamento mais seguro para se valerem do *antecipatory overruling*.

Considerando-se que somente os tribunais dos quais emana a eficácia vinculante têm competência para superar o entendimento fixado em súmulas com eficácia vinculante e precedentes obrigatórios, cria-se a possibilidade de os órgãos hierarquicamente inferiores se valerem do chamado *antecipatory overruling*, sempre que o tribunal do qual emana a eficácia vinculante sinalizar em seus julgamentos a possibilidade de alteração do entendimento. Note-se, não é necessária a adoção da técnica do *signaling* para a adoção do *antecipatory overruling*, porque, mesmo

---

68 Didier Jr.-Oliveira-Braga, *Curso*, p. 497.

69 Marinoni, *Breves*, p. 2.079.

70 Mâcedo, *A disciplina*, p. 486.

que não haja uma sinalização expressa do tribunal superior, é possível aos órgãos hierarquicamente inferiores se anteciparem a tal superação se notarem dos julgamentos do tribunal superior uma sinalização nesse sentido.

51.10.3 Fundamentação da decisão de superação

O § 4.º do art. 927 do Novo CPC prevê que a modificação de enunciado de súmula, de jurisprudência pacificada ou de tese adotada em julgamento de casos repetitivos observará a necessidade de fundamentação adequada e específica, considerando os princípios da segurança jurídica, da proteção da confiança e da isonomia.

Considerando-se que toda decisão judicial deve ser fundamentada, nos termos do art. 93, IX, da CF, parece uma redundância o dispositivo ora analisado exigir que a decisão do tribunal que supera o precedente obrigatório ou súmula com eficácia vinculante seja fundamentada. Trata-se, entretanto, de fundamentação diferenciada, ainda mais qualificada que a tradicional, chegando a doutrina a falar em exigência de carga de motivação maior[71] para justificar a decisão de superação ora analisada.

O termo "adequada" para qualificar a fundamentação utilizado pelo art. 927, § 4.º, do Novo CPC não cria nada novo ou peculiar para a decisão ora analisada, já que a fundamentação adequada é aquela exigida pelo art. 489, § 1.º, do Novo CPC, dispositivo que naturalmente deve nortear o tribunal na decisão de superação do precedente ou da súmula.

Entretanto, ao exigir que a fundamentação seja específica, o legislador parece realmente ter inovado, criando uma especialidade quanto à motivação da decisão que supera súmula com eficácia vinculante e precedente obrigatório. Entendo que essa fundamentação específica exija do tribunal a demonstração de que a nova tese adotada em superação da anterior é melhor e/ou mais adequada[72], além de existirem mais fortes razões para alterar o entendimento do que para mantê-lo, mesmo que com sacrifício da ideia de segurança jurídica[73].

---

[71] Didier-Oliveira-Braga, *Curso*, p. 497.

[72] Marinoni, *Breves*, p. 2.080.

[73] Mâcedo, *A disciplina*, p. 486.

51.10.4 Modulação dos efeitos da superação

A partir do momento em que o precedente passa a ser obrigatório e a súmula a ter eficácia vinculante, cria-se uma expectativa de comportamento em todos, que confiantes no entendimento consolidado e vinculante fixado pelos tribunais passam a pautar sua conduta no plano material da forma como entende adequada os tribunais. Cria-se, dessa forma, uma previsibilidade de conduta conforme a interpretação da lei consolidada pelos tribunais em suas súmulas e precedentes, gerada pela expectativa legítima de que o Poder Judiciário continuará a decidir conforme seus precedentes e súmulas[74]. Conforme ensina a melhor doutrina, a vinculação da superação dos entendimentos consagrados pelos tribunais ao princípio da irretroatividade é decorrente da atuação dos princípios da segurança jurídica e da boa-fé objetiva[75].

Como é impossível defender que um sistema baseado em precedentes asfixie o direito, a possibilidade de sua superação, nas condições já analisadas, é imprescindível. No entanto, essa necessidade não afasta o problema prático advindo de tal revogação: a quebra da confiança das partes que se conduziram conforme o entendimento consolidado e agora são surpreendidas com um novo entendimento.

Parece claro que, se o sujeito se portou de determinada maneira confiando no entendimento consolidado pelo tribunal, a mudança de entendimento não pode desprestigiar essa confiança. Em razão disso, deve ser saudado o § 3.º do art. 927 do Novo CPC no sentido de permitir ao tribunal a modulação dos efeitos da alteração no interesse social e no da segurança jurídica, consagrando no direito pátrio a possibilidade de *prospective overruling*.

Registre-se que, além de preservar a confiabilidade e a segurança jurídica, a possibilidade de modulação de efeitos da superação do precedente permite aos tribunais uma superação com mais tranquilidade, porque em sistemas em que não se admite tal modulação o trauma gerado pela superação do precedente funciona como impeditivo de tal superação. No direito pátrio, o tribunal poderá dimensionar temporalmente o alcance da quebra da confiança no entendimento consolidado e pela modulação limitar os problemas advindos pela superação para aqueles sujeitos que se portaram no sentido do precedente ou súmula superada.

---

[74] Zufelato, *Precedentes*, p. 107.

[75] Nery Jr., *Boa-fé*, p. 95.

Parcela da doutrina compreende a necessidade da modulação dos efeitos da superação ora analisada, mas lembra que em um país ainda não acostumado com a força dos precedentes, é possível que tal técnica incentive os tribunais a se sentirem confortáveis para realizar sucessivas alterações de entendimentos[76]. A preocupação é absolutamente justificável, o que demonstra mais uma vez que um sistema de precedentes não se impõe somente com mudança legislativa, mas também com uma mudança de mentalidade dos operadores do direito.

Já é tradicional no sistema processual pátrio a modulação dos efeitos da declaração de inconstitucionalidade proferida pelo Supremo Tribunal Federal, nos termos do art. 27 da Lei 9.868/1999. Segundo o Supremo Tribunal Federal, a modulação dos efeitos da declaração de inconstitucionalidade se presta a preservar relevantes princípios constitucionais, revestidos de superlativa importância sistêmica[77], sendo tal entendimento também aplicável à superação ora analisada.

O tribunal, portanto, por razão de interesse social ou de segurança jurídica, poderá modular os efeitos da superação do entendimento consagrado na súmula com eficácia vinculante e no precedente obrigatório, que pode no caso concreto ter eficácia *ex nunc*; *ex tunc*; *ex tunc limitado*; eficácia projetada para o futuro. A adoção de qualquer modalidade de eficácia dependerá do caso concreto e de decisão fundamentada pelo juiz.

O essencial para a modulação *ex nunc* ou projetada para o futuro é a preservação da confiança dos jurisdicionados. Como é possível que um precedente venha a ser superado aos poucos, tal circunstância deve ser considerada pelo tribunal para limitar a eficácia *ex nunc* ou até mesmo aplicar a eficácia *ex tunc*. Pode ocorrer de o precedente não ser aplicado há longo tempo, ainda que sem revogação expressa, de forma que, quando tal revogação é feita, não se pode dizer propriamente que os jurisdicionados foram surpreendidos[78]. Por isso não concordo com o entendimento doutrinário que defende ser sempre *ex nunc* a eficácia da superação ora analisada[79].

---

76 Didier Jr-Oliveira-Braga, *Curso*, p. 500.

77 STF, Tribunal Pleno, ADI 2.797 ED/DF, rel. Min. Menezes Direito, rel. p/ acórdão Min. Ayres Britto, j. 16.5.2012, *DJe* 28.02.2013.

78 Peixoto, *A modulação*, p. 309; Marinoni, *Breves*, p. 2.079.

79 Carraza, *Segurança*, p. 63; Nery Jr., Boa-fé, p. 95.

51.10.5 Procedimento

Não há no Novo Código de Processo previsão específica e geral a respeito do procedimento a ser adotado pelo tribunal na superação do entendimento fixado em súmula com eficácia vinculante e precedente obrigatório.

A única previsão procedimental é o § 2.º do art. 927 do Novo CPC ao prever que a alteração de tese jurídica adotada em enunciado de súmula ou em julgamento de casos repetitivos poderá ser precedida de audiências públicas e da participação de pessoas, órgãos ou entidades que possam contribuir para a rediscussão da tese. Como se pode notar, admitia-se a intervenção do *amicus curiae* em razão da eficácia *ultra partes* da revogação do precedente e da realização de audiências públicas para democratizar o procedimento de revogação.

Diante do silêncio da lei quanto ao procedimento, mais uma vez é possível se valer do art. 521 do Projeto de Lei de Novo CPC aprovado pela Câmara. Segundo o § 6.º do artigo ora comentado, a modificação de entendimento sedimentado poderia realizar-se: (I) por meio do procedimento previsto na Lei 11.417/2006, quando se tratar de enunciado de súmula vinculante; (II) por meio do procedimento previsto no regimento interno do tribunal respectivo, quando se tratar de enunciado de súmula da jurisprudência dominante; (III) incidentalmente, no julgamento de recurso, na remessa necessária ou na causa de competência originária do tribunal, nas demais hipóteses dos incisos II a IV do *caput*.

Como o Novo Código de Processo Civil não revogou o procedimento previsto na Lei 11.417/2006 para a revogação da súmula vinculante, não há qualquer dúvida que para sua superação deva ser esse o procedimento a ser observado. Ainda que as súmulas em matéria constitucional editadas pelo Supremo Tribunal Federal e as súmulas em matéria infraconstitucional editadas pelo Superior Tribunal de Justiça, em razão do art. 927, IV, do Novo CPC, tenham passado a ter eficácia vinculante, não se confundem com as súmulas vinculantes quanto às exigências para sua edição e revogação, de forma que para sua superação o procedimento deve ser determinado pelo regimento interno do tribunal, e não pela Lei 11.417/2006.

Para a superação de tese fixada em julgado de IRDR, o art. 986 do Novo CPC prevê que a revisão da tese jurídica firmada no incidente far-se-á pelo mesmo tribunal, de ofício ou mediante requerimento dos legitimados mencionados no art. 977, III, do mesmo diploma legal. Não se trata propriamente de um procedimento criado pela lei, já que a norma só disciplina a competência (mesmo tribunal) e legitimidade ativa para o pedido, de forma que caberá aos regimentos internos dos tribunais regulamentar de forma exaustiva a matéria.

No caso de superação de tese fixada em julgamento de recurso especial e extraordinário repetitivos, não há qualquer previsão no Novo Código de Processo Civil, cabendo aos tribunais superiores criar o procedimento por meio de seus regimentos internos.

Observe-se que, à exceção da revogação de súmula vinculante, que tem forma de superação expressamente prevista em lei, nos demais casos, além da criação de incidentes ou procedimentos administrativos para superação de súmula com eficácia vinculante ou precedente obrigatório, a superação também poderá ocorrer no julgamento de processos de competência originária, recurso ou reexame necessário[80].

Quanto à competência para decidir pela superação do precedente, o art. 521, § 9.º, do projeto de lei aprovado na Câmara previa que o órgão jurisdicional que tivesse firmado a tese a ser rediscutida seria preferencialmente competente para a revisão do precedente formado em incidente de assunção de competência ou de resolução de demandas repetitivas, ou em julgamento de recursos extraordinários e especiais repetitivos. Apesar da não consagração de tal norma no novo diploma legal, seu conteúdo continua a fazer bastante sentido, devendo ser prestigiado.

---

[80] Enunciado 321 do FPPC; "A modificação do entendimento sedimentado poderá ser realizada nos termos da Lei nº 11.417, de 19 de dezembro de 2006, quando se tratar de enunciado de súmula vinculante; do regimento interno dos tribunais, quando se tratar de enunciado de súmula ou jurisprudência dominante; e, incidentalmente, no julgamento de recurso, na remessa necessária ou causa de competência originária do tribunal."

52

ORDEM DOS PROCESSOS NOS TRIBUNAIS

52.1 PREVENÇÃO RECURSAL

Não havia no CPC/1973 previsão a respeito do fenômeno da prevenção nos tribunais. No tocante às ações de competência originária, ainda era possível a aplicação das regras de prevenção existentes no diploma legal revogado, mas em termos de competência recursal a matéria limitava-se a previsões esparsas e nem sempre existentes nos Regimentos Internos dos Tribunais.

O art. 930, parágrafo único, do Novo CPC modificou essa realidade ao tratar expressamente da prevenção em grau recursal.

Segundo o parágrafo único, o primeiro recurso protocolado no tribunal tornará prevento o relator para eventual recurso subsequente interposto no mesmo processo ou em processo conexo. A prevenção, portanto, se fixa pelo protocolo do recurso, independentemente da data ou espécie de julgamento que terá. Dessa forma, mesmo sendo inadmitido, o recurso será capaz de gerar a prevenção do juízo para outros recursos a serem interpostos no mesmo processo ou em processo conexo.

Há, entretanto, uma observação necessária. Para a aplicação do dispositivo legal, parece não ser suficiente ou mesmo necessário que os processos sejam conexos.

O principal efeito da conexão é a reunião dos processos perante um mesmo juízo (prevento), mas essa reunião, nos termos do entendimento consolidado pelo Superior Tribunal de Justiça, não é obrigatória[1], de forma a ser possível haver processos conexos que não são reunidos perante um mesmo juízo. Nesse caso, parece não ter sentido a concentração de recursos interpostos em processos em trâmite em diferentes juízos perante um juízo prevento no tribunal.

Por outro lado, como já foi devidamente analisado, mesmo que não exista prevenção entre os processos, é possível sua reunião perante um mesmo juízo quando ela se prestar a evitar a prolação de decisões conflitantes ou contraditórias. Nesse caso, mesmo não havendo a conexão, mas tramitando os processos perante o mesmo juízo, parece ser aplicável a regra consagrada no art. 930, parágrafo único, do Novo CPC, ainda que não seja essa a interpretação literal do dispositivo legal.

No projeto de lei aprovado na Câmara, havia ainda mais três parágrafos que foram suprimidos do texto final do Novo CPC pelo Senado, com a justificava de que tratariam de matéria de competência dos regimentos internos dos tribunais, conforme a Emenda constante do tópico 2.3.2.211 do Parecer Final 956 do Senado.

Conforme o § 2.º, se o relator prevento não integrasse o tribunal ou estivesse afastado, por qualquer motivo, da atuação jurisdicional, eventual recurso subsequente interposto no mesmo processo ou em processo conexo seria distribuído para o juiz que primeiro houvesse votado no julgamento de recurso anterior, preservada a competência do órgão fracionário do tribunal.

O dispositivo desconsiderava o julgamento monocrático do recurso anterior, porque nesse caso, com o impedimento do relator, não haveria "juiz que primeiro votou no julgamento do recurso anterior". Na realidade, nesse caso, só um juiz teria votado, e se ele não mais integrasse o tribunal ou estivesse afastado por qualquer motivo, a interpretação literal do dispositivo seria insuficiente para preservar a competência do órgão fracionário.

Entendo que nesse caso o recurso posterior deveria ser distribuído para o juiz que tivesse votado, caso o julgamento tivesse sido colegiado, porque o mais importante com o afastamento do relator era preservar a competência do órgão fracionário, ainda que com composição totalmente renovada quando comparada com o julgamento do recurso anterior.

---

[1] STJ, 4.ª Turma, REsp 1.278.217/MG, rel. Min. Luis Felipe Salomão, j. 16.02.2012, *DJe* 13.03.2012; STJ, 3.ª Turma, REsp 1.226.016/RJ, rel. Min. Nancy Andrighi, j. 15.03.2011, *DJe* 25.03.2011.

Os §§ 3.º e 4.º do dispositivo legal que foram suprimidos do texto final do Novo CPC serão comentados no capítulo referente ao efeito expansivo dos recursos.

52.2 PODERES DO RELATOR

Nos termos do art. 932, I, do Novo CPC, incumbe ao relator dirigir e ordenar o processo no tribunal, inclusive em relação à produção de prova, bem como, quando for o caso, homologar autocomposição das partes.

A tarefa de dirigir e ordenar o processo no tribunal sempre foi do relator, independentemente de regra expressa nesse sentido, não trazendo a primeira parte do artigo ora comentado mudanças práticas. A indicação quanto à produção da prova também está incluída nessa direção do processo, ainda que as decisões monocráticas sobre prova possam ser impugnadas por meio de agravo interno.

A novidade mais interessante do dispositivo é o poder do relator, monocraticamente, homologar autocomposição das partes. Trata-se realmente de novidade por duas razões. Primeiro, porque no art. 557 do CPC/1973, que regulamentava as hipóteses de julgamento monocrático, não havia qualquer indicação para essa espécie de atuação unipessoal do relator. Segundo – e mais importante –, muitos desembargadores se recusavam a homologar a autocomposição entre as partes, afirmando que essa competência seria do juízo de primeiro grau. Com a previsão legal ora analisada, resta incontroversa a competência do relator.

Naturalmente que, uma vez sendo homologado o ato de autocomposição pelo relator, o recurso será monocraticamente decidido com base na perda superveniente de objeto. Essa decisão que extingue o recurso por considerá-lo prejudicado em razão da autocomposição será recorrível por agravo interno.

Segundo o inciso II do art. 932, é incumbência do relator apreciar o pedido de tutela provisória nos recursos e nos processos de competência originária do tribunal. Por uma questão de isonomia, a mesma regra deve ser aplicada ao pedido de efeito suspensivo, como, inclusive, consta em artigos específicos já devidamente analisados.

Uma leitura mais apressada do dispositivo pode levar o intérprete a concluir que a competência para decidir pedidos de tutela provisória e efeito suspensivo é do relator, quando na verdade o relator atua com competência delegada pelo órgão colegiado. A competência, portanto, é do órgão colegiado, de forma que o relator poderá levar o pedido à sessão de julgamento para a prolação de decisão colegiada, não sendo seu dever a prolação de decisão monocrática. É natural que na maioria das vezes a decisão será monocrática em razão da urgência da situação, mas a decisão unipessoal não é um dever do relator nesse caso. Se for proferida a decisão monocrática, será cabível o recurso de agravo interno.

O julgamento monocrático de inadmissibilidade do recurso vem previsto no art. 932, III, do Novo CPC ao prever que incumbe ao relator não conhecer de recurso inadmissível, prejudicado ou que não tenha impugnado especificamente os fundamentos da decisão recorrida.

Comparado com o art. 557, *caput*, do CPC/1973, há uma mudança e uma novidade. No texto do CPC/1973, o não conhecimento (no texto superado "não seguimento") dependia de manifesta inadmissibilidade, enquanto no novo dispositivo basta a inadmissibilidade. Por outro lado, é incluída a ausência de impugnação específica dos fundamentos da decisão recorrida como causa para o não conhecimento monocrático do recurso. Na prática já era possível, mesmo sem a previsão legal, considerar essa espécie de vício como causa de inadmissibilidade apta a prolação de decisão unipessoal.

Segundo o parágrafo único do art. 932 do Novo CPC, o relator, antes de considerar inadmissível o recurso, concederá o prazo de cinco dias ao recorrente para que seja sanado o vício ou complementada a documentação exigível. A disposição só tem aplicação quando o vício for sanável ou a irregularidade corrigível. Assim, por exemplo, tendo deixado o recorrente de impugnar especificamente as razões decisórias, não cabe regularização em razão do princípio da complementaridade, que estabelece a preclusão consumativa no ato de interposição do recurso. Por outro lado, havendo regra específica a respeito do saneamento do vício, não caberá a aplicação do art. 932, parágrafo único, do Novo CPC. É o caso, por exemplo, da deserção.

O artigo ora comentado em seu inciso IV trata da negativa de provimento por decisão monocrática do relator. Segundo o dispositivo legal, o relator nega provimento a recurso que for contrário à súmula do Supremo Tribunal Federal, do Superior Tribunal de Justiça ou do próprio tribunal (regra já existente no art. 557, *caput*, CPC/1973), acórdão proferido pelo Supremo Tribunal Federal ou pelo Superior Tribunal de Justiça em julgamento de recursos repetitivos e entendimento firmado em incidente de resolução de demandas repetitivas ou de assunção de competência. A manifesta improcedência, prevista no art. 557, *caput*, do CPC/1973, mas sempre mal compreendida e muito pouca utilizada como causa para julgamento monocrático, não consta mais do diploma processual.

A decisão monocrática, dando provimento ao recurso, é tratada no inciso V do artigo ora analisado ao prever que, depois de facultada, quando for o caso, a apresentação de contrarrazões, o relator pode dar provimento ao recurso se a decisão recorrida for contrária à súmula do Supremo Tribunal Federal, do Superior Tribunal de Justiça ou do próprio tribunal (o art. 557, § 1.º-A, do CPC/1973 não permitia a utilização de súmula do próprio tribunal), acórdão proferido pelo Supremo Tribunal Federal ou pelo Superior Tribunal de Justiça em julgamento de recursos repetitivos e entendimento firmado em incidente de resolução de demandas repetitivas ou de assunção de competência.

Também é incumbência do relator decidir o incidente de desconsideração da personalidade jurídica, quando este for instaurado originariamente perante o tribunal (VI); determinar a intimação do Ministério Público, quando for o caso (VII); e exercer outras atribuições estabelecidas no regimento interno do tribunal (VIII).

52.3 FATO SUPERVENIENTE

O art. 517 do CPC/1973 previa que as questões de fato, não propostas no juízo inferior, poderiam ser suscitadas na apelação, se a parte provasse que deixou de fazê-lo por motivo de força maior, tendo sido a regra mantida pelo art. 1.014 do Novo CPC.

Como se pode notar, a alegação de fato superveniente nos termos do art. 1.014 do Novo CPC está condicionada à sua ocorrência em momento anterior à interposição da apelação. No CPC/1973 não havia, entretanto, norma que regulasse o conhecimento pelo tribunal de fato superveniente ocorrido após a interposição do recurso, omissão que veio sanada pelo art. 933, *caput*, do Novo CPC.

Segundo o dispositivo legal, se o relator constatar a ocorrência de fato superveniente à decisão recorrida que deva ser considerada no julgamento do recurso, intimará as partes para que se manifestem no prazo de cinco dias. A constatação pelo relator poderá ocorrer de ofício ou de forma provocada por qualquer uma das partes, hipótese em que o contraditório se aperfeiçoará com a intimação da parte contrária com prazo de cinco dias para manifestação.

O mesmo dispositivo determina também a intimação das partes para manifestação em cinco dias na hipótese de existência de questão apreciável de ofício ainda não examinada, que deva ser considerada no julgamento do recurso. Consagra-se legislativamente o efeito translativo dos recursos, que permite ao tribunal conhecer matérias apreciáveis de ofício independentemente da provocação das partes. E a necessidade de intimação das partes antes da prolação da decisão preserva o contraditório conforme promessa genericamente feita pelo art. 10 do Novo CPC.

Em sua parte final, o § 1.º do art. 933 do Novo CPC com a redação aprovada na Câmara exagerava no princípio da celeridade, consagrando dessa forma um contraditório "para inglês ver", e por isso deve ser elogiada sua retirada pelo Senado do texto final. Nos termos do dispositivo aprovado pela Câmara, se a constatação de um fato novo ou de questão apreciável de ofício ocorresse durante a sessão de julgamento, esta seria imediatamente suspensa a fim de que as partes se manifestassem especificamente sobre a matéria, em sustentação oral, na própria sessão, no prazo de quinze minutos.

Significava que para ter a oportunidade de se manifestar sob essas circunstâncias os advogados das partes teriam que comparecer a todas as sessões de julgamento. Estariam os tribunais preparados para tal presença? É evidente que tal presença não se verificaria no caso concreto e o fato novo ou a questão apreciável de ofício seria resolvida sem a manifestação das partes. Não é preciso muito esforço para se concluir que estaríamos diante de um contraditório de faz de conta. O relator levantaria o fato superveniente ou a matéria de ordem pública e afirmaria que as partes – que obviamente não estariam presentes pelos seus advogados na absoluta maioria dos casos – poderiam se manifestar. Informação e possibilidade de reação, como reza a cartilha do contraditório...

Por tal motivo, a supressão dessa parte final do art. 933, § 1.º, do Novo CPC deve ser saudada, passando a ser exigida nas circunstâncias narradas a designação de nova sessão de julgamento, com o que estará garantido o contraditório real. Na Emenda constante do tópico 2.3.2.214 do Parecer Final 956 do Senado, justifica-se a supressão do texto justamente porque, "a depender da complexidade da questão, será preciso conferir à parte o direito de manifestar-se por escrito ou por período de tempo maior".

Nos termos do § 2.º do artigo ora comentado, se a constatação se der em vista dos autos, deverá o juiz que a solicitou encaminhá-los ao relator, que tomará as providências previstas no *caput* e, em seguida, solicitará a inclusão do feito em pauta para prosseguimento do julgamento, com submissão integral da nova questão aos julgadores.

Uma vez sendo admitido que fatos supervenientes possam ser considerados no julgamento do recurso, é provável a necessidade de produção de prova a seu respeito. Sendo a prova documental, basta sua juntada aos autos, e, se a prova for pericial ou oral, caberá a conversão do julgamento em diligência com a expedição de carta de ordem para o primeiro grau.

52.4 ORDEM NO JULGAMENTO

Segundo o art. 936, *caput*, do Novo CPC, ressalvadas as preferências legais e regimentais, os recursos, a remessa necessária e os processos de competência originária serão julgados na seguinte ordem: aqueles nos quais houver sustentação oral, observada a ordem dos requerimentos, os requerimentos de preferência apresentados até o início da sessão de julgamento, aqueles cujo julgamento tenha iniciado em sessão anterior e, por último, os demais casos.

52.5 SUSTENTAÇÃO ORAL

O art. 937 do Novo CPC regulamenta a sustentação oral. A ordem de exposição oral e o prazo improrrogável de quinze minutos previstos no art. 564 do CPC/1973 são mantidos. Os incisos preveem as hipóteses em que a sustentação é admitida: apelação, recurso ordinário, recurso especial, recurso extraordinário, embargos de divergência, ação rescisória, mandado de segurança, reclamação, no agravo de instrumento interposto de decisões interlocutórias que versem sobre tutelas provisórias de urgência ou da evidência e em outras hipóteses previstas em lei ou no regimento interno do tribunal.

O inciso VII do artigo ora comentado previa o cabimento do agravo interno originário de recurso de apelação ou recurso ordinário ou recurso especial ou recurso extraordinário e foi vetado pela Presidente da República por sugestão do Ministério da Justiça com as seguintes razões: "A previsão de sustentação oral para todos os casos de agravo interno resultaria em perda de celeridade processual, princípio norteador do novo Código, provocando ainda sobrecarga nos Tribunais".

Aqui ficamos entre a cruz e a espada.

Por um lado, é notória a dificuldade de a parte reverter uma decisão monocrática em sede de agravo interno e forte a percepção de que a formação do órgão colegiado é tão somente formal. Nesse sentido, a sustentação oral seria a principal – senão única – esperança do patrono do agravante fazer chegar sua pretensão recursal além do relator do recurso.

Por outro lado, é evidente a dificuldade que os tribunais teriam em funcionar diante da nova regra. Bastaria que uma pequena parcela de agravos internos passasse a ter sustentação oral para praticamente inviabilizar as sessões de julgamento, sendo a situação ainda mais crítica nos tribunais superiores, em especial no Supremo Tribunal Federal.

Entre o possível e o ideal, o veto presidencial parece ter optado pelo primeiro.

Há nesse rol legal uma inexplicável omissão. A partir do momento em que o Novo CPC consagra as decisões interlocutórias de mérito, recorríveis por agravo de instrumento, como não se admitir nesse caso a sustentação oral das partes? Tome-se como exemplo o art. 356 do Novo CPC, que consagra o julgamento antecipado parcial do mérito e em seu § 5.º prevê expressamente a recorribilidade por agravo de instrumento. Julgado todo o mérito antecipadamente, caberá apelação e, nos termos do inciso I do art. 937 do Novo CPC, será permitida a sustentação oral. Mas julgada apenas parcela desse mérito, não caberá sustentação oral do recurso interposto pela parte sucumbente?

É obvio que, havendo um Novo CPC, o ideal seria a previsão expressa de cabimento de sustentação oral em agravo de instrumento contra decisão interlocutória de mérito. A injustificada e incompreensível omissão legislativa, entretanto, não é capaz de afastar esse direito das partes, bastando para fundar tal conclusão uma interpretação extensiva das hipóteses de cabimento. Ora, se é cabível sustentação oral em apelação interposta contra sentença terminativa, como impedi-la em agravo de instrumento interposto contra decisão de mérito?

O § 3.º do dispositivo ora comentado é exemplo do caráter exemplificativo de seu *caput* no tocante à admissibilidade da sustentação oral, prevendo expressamente pela sua possibilidade no agravo interno interposto contra decisão de relator que extingue a ação rescisória, o mandado de segurança e a reclamação constitucional.

No § 4.º há permissão para que o advogado, com domicílio profissional em cidade diversa daquela onde está sediado o tribunal, realize sustentação oral por meio de videoconferência ou outro recurso tecnológico de transmissão de sons e imagens em tempo real, desde que o requeira até o dia anterior ao da sessão. A norma é saudável porque facilita o acesso de todos ao ato processual da sustentação oral, mas sempre há o perigo de banalização a ponto de inviabilizar praticamente as sessões de julgamento, além de desprestigiar o ato em si.

52.6 JULGAMENTO POR MEIO ELETRÔNICO

Em alguns tribunais já existe a possibilidade de julgamentos colegiados de recursos por meio eletrônico, como no Tribunal de Justiça de São Paulo (Resolução 549/2011 do Órgão Especial), o mesmo se podendo dizer do julgamento de repercussão geral no Supremo Tribunal Federal. No entanto, essa criação regimental da regra de julgamento por meio eletrônico sofreu forte resistência da doutrina por modificar regra processual, o que demandaria uma mudança no Código de Processo Civil. Provavelmente com isso em mente o legislador criou regra para regulamentar o julgamento virtual no Novo Código de Processo Civil.

Segundo o art. 945, *caput*, do Novo CPC, a critério do órgão julgador, os julgamentos dos recursos e dos processos de competência originária que não admitiam sustentação oral poderiam ser realizados por meio eletrônico. A iniciativa do órgão julgador em determinar o julgamento por meio eletrônico era facultativa, sendo resultado de uma análise de oportunidade e conveniência na adoção de tal forma de julgamento.

O dispositivo, entretanto, foi revogado pela Lei 13.256, de 04.02.2016, que alterou o Novo Código de Processo Civil durante sua vacância, de forma que o julgamento virtual, tanto em seu cabimento como em seu procedimento, continuará a ser tema de regimentos internos de tribunais e de suas normas administrativas.

52.7 FORMALIDADES DO ACÓRDÃO

O art. 941, *caput*, do Novo CPC mantém a regra do art. 556 do CPC/1973 ao prever que, proferidos os votos, o presidente anunciará o resultado do julgamento, designando para redigir o acórdão o relator ou, se vencido este, o autor do primeiro voto vencedor. O dispositivo tem novidades em dois de seus parágrafos.

No § 1.º consta que o voto poderá ser alterado até o momento da proclamação do resultado pelo presidente, salvo aquele já proferido por juiz afastado ou substituído. Sempre tormentosa a questão da preclusão nesse caso, o dispositivo corretamente considerou a sessão de julgamento pela sua natureza una, sendo impossível existir preclusão judicial durante o ato processual de julgamento colegiado. Já o § 3.º exige que o voto vencido seja declarado e considerado parte integrante do acórdão para todos os fins legais, inclusive de prequestionamento (Enunciado 200 do Fórum Permanente de Processualistas Civis (FPPC): "*Fica superado o enunciado 320 da súmula do STJ*").

Ao prever que os votos, os acórdãos e os demais atos processuais podem ser registrados em documento eletrônico inviolável e assinados eletronicamente, na forma da lei, devendo ser impressos para juntada aos autos do processo, quando este não for eletrônico, o art. 943, *caput* do Novo CPC apenas melhora a redação da regra prevista no art. 556, parágrafo único do CPC/1973.

Há novidade no art. 944 do Novo CPC ao prever que, não sendo publicado o acórdão no prazo de trinta dias, contado da data da sessão de julgamento, as notas taquigráficas o substituirão, para todos os fins legais, independentemente de revisão. Nesse caso, o presidente do tribunal lavrará, de imediato, as conclusões e a ementa, e mandará publicá-lo.

53

INCIDENTE DE ASSUNÇÃO DE COMPETÊNCIA

O art. 947 do Novo CPC cria mais um incidente processual: o de assunção de competência. Trata-se, na realidade, de significativo aprimoramento da regra consagrada no art. 555, § 1.º, do CPC/1973.

Segundo o *caput* do dispositivo, é admissível o incidente de assunção de competência quando o julgamento de recurso, de remessa necessária ou de processo de competência originária envolver relevante questão de direito, com grande repercussão social, sem repetição em múltiplos processos.

Sendo necessário o trâmite de um recurso, remessa necessária ou processo de competência originária para que o incidente seja instaurado, parece não haver dúvida de que somente os tribunais terão competência para decidi-lo. Quanto ao incidente instaurado no reexame necessário, tal instauração se dará sempre num tribunal de segundo grau, enquanto que no julgamento de recurso – ainda que com dificuldade prática considerável – e nas ações de competência originária, além de instauração em segundo grau (o que deverá ser o mais comum), também é possível a instauração no Superior Tribunal de Justiça para o Supremo Tribunal Federal.

Como se pode notar do dispositivo legal, há um requisito positivo e um negativo para o cabimento do incidente ora analisado. Para que seja cabível é imprescindível que exista uma relevante questão de direito com grande repercussão social, mas essa questão não pode estar replicada em diversos processos. Há vários conceitos indeterminados para serem preenchidos no caso concreto, como o que é relevante, quais questões têm grande repercussão social e quantos são os processos para serem considerados diversos.

De qualquer forma, parece acertada a conclusão do Enunciado 334 do Fórum Permanente de Processualistas Civis (FPPC): "*Por força da expressão 'sem repetição em diversos processos', não cabe o incidente de assunção de competência quando couber julgamento de casos repetitivos*".

E o § 4.º do artigo ora comentado especifica mais uma hipótese de cabimento do incidente ao prever a assunção de competência quando ocorrer relevante questão de direito a respeito da qual seja conveniente a prevenção ou a composição de divergência entre câmaras ou turmas do tribunal.

A par disso, o objetivo do legislador parece claro: criar um incidente em processos únicos ou raros de alta relevância social, até porque, se houver a multiplicidade de processos com a mesma matéria jurídica, existirão outros instrumentos processuais para se atingir o objetivo do incidente de assunção de competência.

E o objetivo é deixado claro no § 3.º do dispositivo ora comentado ao prever que o acórdão proferido em assunção de competência vinculará todos os juízes e órgãos fracionários, exceto se houver revisão de tese, reforçando a eficácia vinculante do julgamento já consagrada no inciso III do art. 927 do Novo CPC. Justamente em razão dessa eficácia vinculante, o julgamento do incidente ora analisado deve seguir as regras consagradas no arts. 983, *caput* e § 1.º do Novo CPC, abrindo-se a possibilidade de intervenção do *amicus curiae* e da realização de audiência pública.

Nos termos do art. 947, § 1.º, ocorrendo a hipótese de assunção de competência, o relator proporá, de ofício ou a requerimento da parte, do Ministério Público ou da Defensoria Pública, que o recurso, a remessa necessária ou o processo de competência originária seja julgada pelo órgão colegiado indicado pelo regimento interno do tribunal.

Tratando-se de incidente que visa a consolidação da jurisprudência interna dos tribunais, aplica-se o art. 978 do Novo CPC, previsão destinada ao julgamento do incidente de resolução de demandas repetitivas, mas plenamente cabível no incidente de assunção de competência. Dessa forma, o julgamento caberá ao órgão indicado pelo regimento interno dentre aqueles responsáveis pela uniformização da jurisprudência do tribunal.

Antes de o órgão colegiado decidir o mérito do incidente, caberá uma análise a respeito de seu cabimento, nos termos do art. 947, § 2.º, do Novo CPC. Segundo o dispositivo legal, o órgão colegiado só julgará o recurso, a remessa necessária ou o processo de competência originária, se reconhecer interesse público na assunção de competência.

O dispositivo não deixa de ser peculiar porque nos termos do *caput* do artigo ora analisado o requisito positivo para o julgamento do incidente ora analisado é a repercussão geral, enquanto pelo § 2.º do mesmo dispositivo o incidente só será admitido, e assim julgado em seu mérito, se houver interesse público. Afinal, é preciso ter repercussão social ou interesse público para ser cabível o incidente de assunção de competência? O mais provável é que as expressões sejam consideradas como sinônimas – ainda que não o sejam –, sendo admissível o incidente sempre que interessar a quantidade razoável de sujeitos.

Ainda que não seja expresso nesse sentido, tratando-se de incidente processual, a exemplo do que ocorre com outros incidentes já presentes no CPC/1973, como o de uniformização de jurisprudência e de inconstitucionalidade, o incidente de assunção de competência deve ser suscitado antes do julgamento do recurso, reexame necessário ou ação de competência originária pelo órgão originariamente competente.

Tratando-se de incidente que visa a consolidação da jurisprudência interna dos tribunais, aplica-se o art. 978 do Novo CPC, previsão destinada ao julgamento do incidente de resolução de demandas repetitivas, mas plenamente cabível no incidente de assunção de competência. Dessa forma, o julgamento caberá ao órgão indicado pelo regimento interno dentre aqueles responsáveis pela uniformização da jurisprudência do tribunal.

54

CONFLITO DE COMPETÊNCIA

O cabimento do conflito de competência é previsto pelo art. 115 do CPC/1973, dispositivo praticamente repetido pelo art. 66, *caput*, do Novo CPC. Eram e continuam sendo três as possibilidades para o cabimento do conflito de competência. O destaque positivo é a exigência de que, para que exista o conflito, não basta dois juízes se considerarem incompetentes, mas que haja um apontamento recíproco de competência.

Nesse sentido, já havia me manifestado no sentido de que "o conflito somente passará a existir a partir do momento em que dois ou mais juízes hajam proferido nos autos determinações divergentes, criando um verdadeiro conflito entre eles"[1]. Por isso elogiável a previsão do art. 66, II, do Novo CPC, ao exigir que, para constituição do conflito de competência, os juízes que se dizem incompetentes atribuam um ao outro a competência.

O procedimento foi substancialmente mantido. Há diversos artigos do Novo CPC que se limitam a repetir a redação de artigos do CPC/1973: os arts. 951, 952, 953, 955, 956, 957, 958 e 959 repetem os arts. 116, 117, 118, 120, *caput*, 121, 122, 123 e 124. O art. 954 do Novo CPC tem mudança meramente redacional quando comparado com o art. 119 do CPC/1973. Há, entretanto, algumas novidades.

O Ministério Público não terá mais intervenção obrigatória no julgamento do conflito de competência. Se for o suscitante, naturalmente participará, mas só intervirá como fiscal da ordem jurídica nas hipóteses

---

[1] Neves, *Competência*, n. 16.1, p. 235.

em que a lei indica sua participação com essa qualidade jurídica (art. 951, parágrafo único, do Novo CPC). Nos termos do art. 956 do Novo CPC, o prazo para manifestação do Ministério Público é de cinco dias, e, mesmo sem a manifestação do *Parquet*, o procedimento deve seguir seu andamento.

A opção do legislador em prever expressamente o andamento procedimental diante da inércia do Ministério Público em se manifestar no prazo legal como fiscal da ordem jurídica no conflito de competência segue o exemplo já adotado para o mandado segurança, nos termos do art. 12, parágrafo único, da Lei 12.016/2009. Entendo que o prazo de cinco dias não é prazo próprio, daqueles que geram a preclusão temporal, parecendo não ser legítimo se desprezar a manifestação do Ministério Público, ainda que oferecida fora do prazo legal, desde que ainda haja tempo para essa análise.

O julgamento monocrático pelo relator, que tinha como fundamento apenas a jurisprudência dominante do tribunal (art. 120, parágrafo único do CPC/1973), nos termos do art. 955, parágrafo único, do Novo CPC, pode ser fundado em súmula do Supremo Tribunal Federal, Superior Tribunal de Justiça e do próprio tribunal (inciso I), além de tese firmada em julgamento de casos repetitivos ou em incidente de assunção de competência (inciso II).

Entendo que a maior crítica que deve ser feita ao legislador no tocante ao conflito de competência é a manutenção da omissão quanto à oitiva das partes no conflito. Considerando que as partes serão diretamente afetadas pela decisão a respeito do juízo competente, para fins de preservação do contraditório as partes devem ser ouvidas, salvo aquela que tenha suscitado o conflito de competência. Que a omissão não impeça os tribunais de oportunizarem as partes a manifestação em respeito ao contraditório.

55

HOMOLOGAÇÃO DE DECISÃO ESTRANGEIRA E CONCESSÃO DO *EXEQUATUR* À CARTA ROGATÓRIA

Dentre as inúmeras novidades trazidas ao sistema jurídico pela EC 45/2004, o Superior Tribunal de Justiça passou a ser o tribunal competente para a ação de homologação de sentença estrangeira, tendo num primeiro momento o regimento interno daquele tribunal cuidado do procedimento de tal ação por meio da Resolução 09, de 2005, com posterior inclusão das regras procedimentais em seu Regimento Interno pela Emenda Regimental 18, de 2014.

O Novo Código de Processo Civil originariamente inclui a homologação de decisão estrangeira e a concessão do *exequatur* à carta rogatória no diploma processual, seguindo fundamentalmente o já previsto nos arts. 216-A a 216-X do Regimento Interno do Superior Tribunal de Justiça. Há, entretanto, algumas novidades dignas de nota.

Nos termos do art. 961, *caput*, do Novo CPC, a decisão estrangeira somente terá eficácia no Brasil após a homologação de sentença estrangeira ou a concessão do *exequatur* às cartas rogatórias, salvo disposição em sentido contrário de lei ou tratado.

A exceção a essa exigência vem consagrada no § 5.º do art. 961, pois a sentença estrangeira de divórcio consensual produz efeitos no Brasil, independentemente de homologação pelo Superior Tribunal de Justiça. Segundo o § 6.º do dispositivo, nesse caso competirá a qualquer juiz examinar a validade da decisão, em caráter principal ou incidental, quando essa questão for suscitada em processo de sua competência.

Entendo que nesse caso a sentença estrangeira de divórcio consensual poderá ser levada ao cartório de pessoas naturais para registro independentemente de qualquer atividade jurisdicional. Caso haja dúvida a respeito da autenticidade da decisão estrangeira ou impugnação por parte interessada em juízo, aplicar-se-á a regra do art. 961, § 6.º, do Novo CPC.

Consagrando uma realidade já existente antes do Novo CPC, o art. 960, *caput*, prevê que a homologação de decisão estrangeira será requerida por ação de homologação de decisão estrangeira, salvo disposição especial em sentido contrário prevista em tratado.

Além da sentença judicial estrangeira, será homologável pela ação indicada no art. 960, *caput*, do Novo CPC a decisão não judicial definitiva que, pela lei brasileira, teria natureza jurisdicional (art. 961, § 1.º, do Novo CPC). O dispositivo copia a previsão contida no art. 216-A, § 1.º, do Regimento Interno do Superior Tribunal de Justiça.

A melhor interpretação do dispositivo é a possibilidade de homologação de atos que substituam a sentença no país de origem, como já ocorre com a homologação de atos administrativos que substituem a sentença em caso de divórcio em determinados países[1].

Quanto à homologação de sentença arbitral estrangeira, o art. 960, § 3.º, do Novo CPC prevê que sua homologação obedecerá ao disposto em tratado e na lei, aplicando-se, subsidiariamente, as disposições do Capítulo referente à homologação de sentença estrangeira. Registre-se que, nos termos do art. 35 da Lei 9.307/1996, a sentença arbitral estrangeira depende de homologação pelo órgão competente (a norma ainda se refere ao Supremo Tribunal Federal) para ser reconhecida e executada no Brasil[2].

Repetindo a previsão já contida no art. 216-A, § 2.º, do Regimento Interno do Superior Tribunal de Justiça, o art. 961, § 2.º, do Novo CPC prevê a possibilidade de a decisão estrangeira ser homologada parcialmente, no mesmo sentido do entendimento do Superior Tribunal de Justiça[3].

O art. 963 do Novo CPC prevê os requisitos indispensáveis à homologação da decisão, tema também versado pelo art. 216-D do Regimento Interno do Superior Tribunal de Justiça. Há identidades, alterações e novidades.

---

1 STJ, Corte Especial, SE 7312/EX, rel. Min. Humberto Martins, j. 05.09.2012, *DJe* 18.09.2012.

2 STJ, Corte Especial, SEC 9880/EX, rel. Min. Maria Thereza de Assis Moura, j. 21.05.2014, *DJe* 27.05.2014.

3 STJ, Corte Especial, SEC 2410/EX, rel. Min. Francisco Falcão, rel. p/ acórdão Nancy Andrighi, j. 08.12.2013, *DJe* 19.02.2014.

A necessidade de ser competente a autoridade que profere a decisão a ser homologada está consagrada nos incisos I dos dispositivos mencionados. No inciso II a exigência é a mesma: citação regular, ainda que verificada a revelia no caso concreto. O que se exige é o contraditório, que se perfaz com a informação mais a possibilidade de reação.

O inciso V do art. 963 do Novo CPC, ao prever a exigência de tradução oficial, salvo disposição que a dispense estabelecida em tratado, simplifica a redação do art. 216-C do Regimento Interno do Superior Tribunal de Justiça (autenticação pelo cônsul brasileiro acompanhada de tradução por tradutor oficial ou juramentado no Brasil), mas mantém o seu conteúdo.

No inciso III há uma modificação substancial. Enquanto o dispositivo no Regimento Interno do Superior Tribunal de Justiça exige o trânsito em julgado da decisão a ser homologada como condição de sua homologação, o dispositivo no Novo Código de Processo Civil impõe apenas que ela já seja eficaz no país em que foi proferida. No Regimento Interno é exigida a definitividade e no Novo Código de Processo Civil basta a eficácia.

No tocante à homologação de decisão estrangeira para fins de execução fiscal, o art. 961, § 4.º, do novo CPC exige a previsão em tratado ou em promessa de reciprocidade apresentada à autoridade brasileira. Trata-se de exigência formal para a homologação não prevista no rol do art. 963 do Novo CPC.

O art. 216-F do Regimento Interno do Superior Tribunal de Justiça prevê que não serão homologadas sentenças estrangeiras que ofendam a soberania, a dignidade da pessoa humana e/ou a ordem pública, enquanto o inciso IV do art. 963 do Novo CPC prevê como impeditivo à homologação ofensa à coisa julgada brasileira, o inciso VI repete a ofensa à ordem pública, passando a qualificá-la de "manifesta", e o art. 964, a hipótese de competência exclusiva da autoridade judiciária brasileira.

Apesar da omissão do Novo CPC quanto ao impedimento expresso de homologação de sentença estrangeira que ofende a dignidade da pessoa humana, acredito que a previsão que busca resguardar a ordem pública já é o suficiente para a aplicabilidade de regra regimental.

Também não será homologada sentença estrangeira na hipótese de competência exclusiva da autoridade judiciária brasileira (art. 964, *caput*, do Novo CPC). Esse já era o entendimento do Superior Tribunal de Justiça a respeito do tema[4].

---

4 STJ, Corte Especial, SEC 7171/EX, rel. Nancy Andrighi, j. 20.11.2013, *DJe* 02.12.2013.

O art. 962 do Novo CPC trata da possibilidade de execução de decisão estrangeira concessiva de medida de urgência, prevendo o § 1.º do dispositivo que nesse caso a execução dar-se-á por carta rogatória. O dispositivo é inútil, porque apenas especifica para as medidas de urgência a regra geral já consagrada no art. 960, § 1.º, do Novo CPC que estabelece a execução das decisões interlocutórias estrangeiras por meio de carta rogatória.

Na hipótese específica de decisão interlocutória estrangeira que concede medida de urgência sem a oitiva prévia do réu, o art. 962, § 2.º, do Novo CPC permite a execução desde que garantido o contraditório em momento posterior.

É feliz a redação do art. 962, § 3.º, do Novo CPC ao prever que o juízo sobre a urgência da medida compete exclusivamente à autoridade jurisdicional prolatora da decisão estrangeira. O Superior Tribunal de Justiça não deve entrar no mérito da decisão estrangeira definitiva, e não teria qualquer sentido que procedesse de forma diferente no tocante a decisões provisórias concessivas de tutela de urgência.

Segundo o § 4.º do artigo ora comentado, quando for dispensada a homologação para que a sentença estrangeira produza efeitos no Brasil, a decisão concessiva de medida de urgência dependerá, para produzir efeitos, de ter sua validade expressamente reconhecida pelo juiz competente para dar-lhe cumprimento, dispensada a homologação pelo Superior Tribunal de Justiça.

O Novo Código de Processo Civil se absteve de prever o procedimento do processo de homologação de sentença estrangeira, que continuará a ser regulado pelo Regimento Interno do Superior Tribunal de Justiça, inclusive a possibilidade de concessão de tutela de urgência (art. 216-G). Há, entretanto, uma previsão interessante a respeito do tema no Novo Código de Processo Civil.

No art. 961, § 3.º, do Novo CPC há expressa autorização para que a autoridade judiciária brasileira defira pedidos de urgência e realize atos de execução provisória no processo de homologação de decisão estrangeira. Na realidade caberá ao Superior Tribunal de Justiça conceder a tutela de urgência e ao órgão jurisdicional de primeiro grau, sua execução.

Quanto à execução da homologação da sentença estrangeira por meio de cumprimento, o art. 965, *caput*, do Novo CPC prevê que será realizada perante o juízo federal competente, a requerimento da parte, conforme as normas estabelecidas para o cumprimento de decisão nacional. Essa competência na realidade é prevista no art. 109, X, da CF. O parágrafo único do dispositivo prevê que o pedido de execução deverá ser instruído com cópia autenticada da decisão homologatória ou do *exequatur*, conforme o caso.

56

AÇÃO RESCISÓRIA

56.1 CABIMENTO

O art. 966, *caput*, do Novo CPC dispõe ser impugnável por ação rescisória a decisão de mérito transitada em julgado, de forma a superar a limitação consagrada na previsão do art. 485, *caput*, do CPC/1973. Nada mais consentâneo com a consagração das decisões interlocutórias de mérito pelo sistema adotado pelo Novo Código de Processo Civil (Enunciado 336 do Fórum Permanente de Processualistas Civis (FPPC)). E o § 3.º corretamente estabelece que a ação rescisória pode ter por objeto apenas um capítulo da decisão.

O Novo Código de Processo Civil inova ao prever expressamente o cabimento de ação rescisória contra duas decisões que não julgam o mérito.

Nos termos do art. 966, § 2.º, I, do Novo CPC, é cabível ação rescisória contra decisão terminativa que impeça a repropositura da ação. O dispositivo deve ser combinado com o art. 486, § 1.º, do CPC, devidamente analisado no capítulo que prevê que a repropositura da ação em determinadas hipóteses de extinção terminativa do processo depende da correção do vício que levou à sentença sem resolução de mérito.

Entendo que sempre que essa correção do vício necessariamente envolver a modificação de um dos elementos da ação não caberá sua repropositura, mas a propositura de uma nova ação. Nesse caso, ainda que a sentença não seja de mérito, e por tal razão não seja capaz de gerar coisa julgada material, ela se torna imutável e indiscutível, sendo apenas, nesse caso, cabível a ação rescisória após o trânsito em julgado.

O inciso II, do § 2.º, do art. 966, do Novo CPC, consagra o cabimento de ação rescisória contra decisão terminativa que impeça a admissibilidade do recurso correspondente. Na realidade essa decisão não existe, porque a admissibilidade recursal for sempre analisada, podendo ser positiva, quando o recurso for admitido, ou negativa, quando o recurso for inadmitido. O que pode não ocorrer, portanto, é a admissão, nunca a admissibilidade. E o termo correspondente em nada contribui com a clareza do dispositivo legal.

Ainda que com tais imprecisões redacionais, o dispositivo traz importante novidade ao sistema processual: o cabimento de ação rescisória contra decisão que inadmite recurso. Registre-se que no silêncio do CPC/1973, o Superior Tribunal de Justiça entendia pelo não cabimento da ação rescisória com o fundamento de que essa decisão não é de mérito[1]. Sob a égide do sistema revogado o entendimento era compreensível, tirado da letra da lei, mas com a novidade imposta pelo art. 966, § 2.º, II, do Novo CPC, tal entendimento resta superado.

Há divergência doutrinária a respeito do conteúdo da decisão impugnada pelo recurso inadmitido. Para parcela da doutrina a decisão deve ser necessariamente de mérito[2], enquanto outra parcela defende o cabimento de ação rescisória mesmo se a decisão recorrida pelo recurso inadmitido não tiver decidido o mérito[3]. Entendo preferível o segundo entendimento por duas razões. Primeiro, porque a condição de ser a decisão impugnada pelo recurso inadmitido não está prevista em lei. Segundo, porque a ação rescisória nesse caso não guarda qualquer relação com a decisão impugnada com o recurso inadmitido, servindo de impugnação exclusiva da decisão de inadmissão do recurso.

56.2 VÍCIOS DE RESCINDIBILIDADE

O art. 966, II, do Novo CPC apenas melhora a redação do art. 485, II, do CPC/1973 ao prever ser rescindível decisão proferida por juiz impedido ou por juízo absolutamente incompetente.

---

1 STJ, 2ª Turma, AgRg no REsp 1.472.811/CE, rel. Min. Og Fernandes, j. 07.10.2014, *DJe* 15.10.2014; STJ, Corte Especial, AgRg nos EREsp 1.111.939/PR, rel. Min. João Otávio de Noronha, j. 07.11.2012, *DJe* 21.11.2012.

2 Barioni, *Breves*, p. 2.149.

3 Marinoni-Arenhart-Mitidiero, *Novo*, p. 901.

Pode-se entender que a hipótese de cabimento da ação rescisória prevista pelo art. 966, V, do Novo CPC tem como fundamento o erro crasso do juízo na aplicação do direito no caso concreto, considerando-se que a decisão que violar manifestamente norma jurídica deva ser desconstituída. O termo *normas* é abrangente, mas o Superior Tribunal de Justiça não admite a ação rescisória por ofensa à súmula[4].

Entendo que a amplitude desse entendimento inclui até mesmo os princípios não escritos[5], parecer corroborado pela redação do dispositivo se comparada com a redação revogada do art. 485, V, do CPC/1973. Enquanto a norma revogada mencionava violação à "lei", a nova norma prevê violação à "norma jurídica", reconhecendo que a lei não é a única fonte do Direito que pode ser violada para ensejar ação rescisória. Apesar da correta lição no sentido de que decisão proferida contra jurisprudência ou súmula não pode ser objeto de rescisão, tratando-se de súmula vinculante do Supremo Tribunal Federal, caberá ação rescisória[6].

A Lei 13.256, de 04.02.2016, responsável pela alteração do Novo Código de Processo Civil em seu período de vacância, acrescentou ao art. 966 do Novo CPC dois novos parágrafos. No § 5.º vem previsto que cabe ação rescisória, nos termos do inciso V do art. 966 do Novo CPC, contra decisão baseada em enunciado de súmula ou acórdão proferido em julgamento de casos repetitivos que não tenha considerado a existência de distinção entre a questão discutida no processo e o padrão decisório que lhe deu fundamento.

Trata-se, na verdade, de uma contrapartida por outra modificação da mesma lei, que passou a inadmitir agravo para os tribunais de superposição nas hipóteses de inadmissão de recursos especial e extraordinário com fundamento em súmulas e precedentes com eficácia vinculante (art. 1.030, § 2º, do Novo CPC). A contrapartida é insuficiente por ao menos três razões. Primeiro porque a ação rescisória nesse caso será de competência do tribunal de segundo grau, ou seja, a parte continua a não ter acesso imediato por meio dessa ação aos tribunais superiores, o que ocorrerá somente em grau recursal. Segundo porque chegar ao tribunal por meio de recurso em ação rescisória é infinitamente mais complexo do que fazê-lo por meio de um recurso de agravo. Terceiro porque a decisão que despreza a distinção

---

4 *Informativo* 510/STJ, 3.ª Seção, AR 4.112-SC, rel. Min. Marco Aurélio Bellizze, j. 28.11.2012.

5 Nery-Nery, *Código*, p. 779; Didier-Carneiro, *Curso*, p. 378; Fux, *Curso*, p. 849.

6 Nery-Nery, *Código*, p. 782; Wambier-Wambier-Medina, *Reformas* 3, p. 280.

no caso concreto pode ser terminativa, não sendo cabível nesse caso ação rescisória porque o § 5.º do art. 966 do Novo CPC está condicionado pelos limites traçados pelo *caput* de referido dispositivo legal.

Como o § 5.º do art. 966 do Novo CPC não faz qualquer distinção, a decisão rescindível pode ser uma sentença transitada em julgado, um acórdão irrecorrido proferido em segundo grau, um acórdão proferido em segundo grau recorrido por recurso especial ou extraordinário inadmitidos ou mesmo um acórdão de agravo interno interposto contra essa inadmissão nos termos do art. 1.030, § 2.º, do Novo CPC. Nessa última hipótese entendo inclusive que, havendo decisão terminativa do agravo interno, seja cabível a ação rescisória, não contra essa decisão do agravo interno, mas contra a decisão impugnada pelo agravo interno.

O § 6.º do art. 966 do Novo CPC supostamente cria um ônus específico ao autor da ação rescisória quando seu fundamento legal for o inciso V combinado com o § 5.º do mesmo dispositivo legal. Cabe ao autor, "sob pena" de inépcia da petição inicial, demonstrar, fundamentadamente, tratar-se de situação particularizada por hipótese fática distinta ou questão jurídica não examinada, a impor outra situação jurídica.

Entendo que a exigência é desnecessária, revelando-se em excesso de zelo do legislador, conclusão que pode ser explicada por um simples raciocínio lógico. A causa de pedir na hipótese de ação rescisória ora analisada é a distinção entre o precedente ou súmula aplicada no caso concreto e o processo julgado, de forma que sem a demonstração dessa distinção não haverá causa de pedir, o que, por si só, é causa de inépcia da petição inicial nos termos do art. 330, § 1.º, I, do Novo CPC.

O art. 966, VII, do Novo CPC, trata da obtenção de prova nova cuja existência era ignorada pelo autor da ação rescisória – autor ou réu da ação originária – ou de que não pode fazer uso por motivo estranho à sua vontade.

No art. 485, VII, do Novo CPC, o cabimento de ação rescisória estava condicionado a obtenção de documento novo, entendendo-se que o documento novo não se confunde com o documento produzido posteriormente, de forma que o documento já deve existir no momento em que a decisão que se busca desconstituir tiver sido proferida. Como lembra a melhor doutrina, documento que não era conhecido ou de que não se pode fazer uso é necessariamente documento que já existia[7].

---

7 Barbosa Moreira, *Comentários*, n. 81, p. 137-138; Theodoro Jr., *Curso*, n. 610, p. 777; Pimentel, *Introdução*, n. 18.3.8, p. 498-499; Didier-Carneiro, *Curso*, p. 385.

A ampliação dessa hipótese de cabimento da ação rescisória passa a contornar a ginástica hermenêutica feita pelo Superior Tribunal de Justiça para admitir a ação rescisória com fundamento em exame de DNA realizado após o trânsito em julgado nas ações de investigação de paternidade julgadas improcedentes[8]. É natural que nesse caso não será um documento novo que fundamentará a ação rescisória, mas uma prova pericial, o que passa a ser plenamente admissível diante da redação do art. 966, VII, do Novo CPC.

Numa interpretação mais restritiva do termo "prova nova" pode-se defender que o legislador passou a admitir como fundamento de ação rescisória, além da prova documental, também a prova documentada, ou seja, a prova pericial ou oral materializada em um documento (laudo pericial e termo de audiência). Nesse caso, a prova a fundamentar a ação rescisória necessariamente já deve ter como amparo material um documento, que será juntado à petição inicial, não havendo dilação probatória na ação rescisória.

Por outro lado, pode-se entender que o termo "prova nova" permite a ação rescisória com base em prova pericial e testemunhal a ser produzida na própria ação. Nesse caso, não tendo que ser a "prova nova" pré-constituída, aparentemente o legislador teria criado uma espécie *sui generis* de coisa julgada *secundum eventum probationis*. *Sui generis* por duas razões: (i) a nova prova poderia modificar resultado de procedência ou de improcedência do pedido; (ii) essa modificação da decisão fundada em prova nova não seria realizada na ação reproposta, mas por meio de ação rescisória.

Sendo qualquer espécie de prova nova apta a fundamentar uma ação rescisória, e não mais apenas a prova documental, deve ser analisado como adequar a exigência de prova já existente no momento da prolação da decisão rescindenda quanto a prova pericial e oral.

No tocante à prova pericial parece adequado o entendimento de que ela só pode ser utilizada como fundamento de ação rescisória diante da impossibilidade, alheia à vontade da parte, de sua produção durante o processo. Ou seja, apesar de possível, não foi produzida por motivo estranho à vontade da parte. Registre-se que esse entendimento contraria julgamento do Superior Tribunal de Justiça que não admitiu ação resci-

---

8 STJ, 4.ª Turma, REsp 653.942/MG, rel. Min. Honildo Amaral de Mello Castro, j. 15.09.2009, *DJe* 28.09.2009; REsp 300.084/GO, 2.ª Seção, rel. Min. Humberto Gomes de Barros, j. 28.04.2004, *DJ* 06.09.2004; REsp 255.077/MG, 3.ª Turma, rel. Min. Carlos Alberto Menezes Direito, j. 16.03.2004, *DJ* 03.05.2004.

sória fundada em exame de DNA como o fundamento de ser tal exame tecnicamente viável na referida ação[9].

Mantendo-se o mesmo critério para a prova oral, jamais será cabível ação rescisória com fundamento em depoimento pessoal, ainda que não realizado no processo de origem, porque essa espécie de prova é sempre materialmente possível de ser produzida. Quanto à prova testemunhal, entendo que caberá ao autor da ação rescisória a comprovação de que não tinha conhecimento, e nem tinha como ter, da existência da testemunha, razão pela qual a prova não foi produzida no processo de origem.

Havia uma novidade quanto ao tema no projeto de lei aprovado na Câmara: um dispositivo que previa que o ato negocial praticado pela parte ou por participante do processo, inclusive no cumprimento de sentença e no processo de execução, homologado ou não em juízo, estaria sujeito à invalidação, nos termos da lei. E, no mesmo dispositivo, havia a previsão de que a regra não se aplicaria quando o pronunciamento homologatório resolvesse o mérito e transitasse em julgado, caso em que seria cabível ação rescisória, nos termos do art. 966.

Aparentemente o legislador teria adotado o entendimento de que, enquanto não houvesse trânsito em julgado da decisão homologatória de autocomposição, seria cabível ação anulatória, passando a ser cabível a ação rescisória após o trânsito. Entretanto, havia um grande problema porque o art. 966 na redação aprovada na Câmara não repetia em seus incisos a regra disposta no art. 485, VIII, do CPC/1973. Significa que, ao mesmo tempo em que o dispositivo que tratava do cabimento da ação anulatória previa que o ato deveria ser impugnado por ação rescisória, o artigo que estabelecia os vícios de rescindibilidade não tratava desse cabimento, não havendo qualquer previsão no sentido de ser vício dessa espécie o vício de consentimento em ato de autocomposição homologado por sentença transitada em julgado.

No texto final do Novo CPC, o Senado resolveu esse impasse ao suprimir o dispositivo criado na Câmara e passar a prever expressamente no § 4.º do art. 966 que os atos de disposição de direitos, praticados pelas partes ou por outros participantes do processo e homologados pelo juízo, bem como os atos homologatórios praticados no curso da execução, estão sujeitos à anulação, nos termos da lei.

---

9 STJ, 3ª Turma, AgRg nos EDcl no REsp 1.215.932/SP, rel. Min. Sidnei Beneti, j. 06.08.2013, *DJe* 26.08.2013.

Como se pode notar, a solução se deu em sentido inverso daquele constante do projeto de lei aprovado na Câmara, afastando-se definitivamente o cabimento de ação rescisória de sentença homologatória, mesmo após seu transito em julgado. Na Emenda constante do tópico 2.3.2.86 do Parecer Final 956 do Senado, responsável pela supressão da norma legal, há justificativa na jurisprudência já consolidada sobre o tema[10] e em eventual dificuldade quanto ao prazo de decadência em determinadas situações.

O fundamento para invalidar a confissão era vício de rescindibilidade expressamente previsto no art. 485, VIII, do CPC/1973, mas não está elencado no rol do art. 966 do Novo CPC. Se interpretarmos a confissão como espécie de ato de disposição de direito processual, tal vício pode ser incluído no § 4.º do artigo ora analisado, sendo a via impugnativa adequada a ação anulatória. Parece ser nesse sentido o art. 393, *caput*, do Novo CPC ao prever que a confissão pode ser anulada se decorreu de erro de fato ou de coação.

Sob a égide do CPC/1973, a forma procedimental para impugnar confissão viciada vinha expressamente consagrada nos incisos do art. 352, a depender do trânsito em julgado: antes, ação anulatória; depois, ação rescisória. No Novo CPC, aparentemente será sempre cabível a ação anulatória, numa simplificação que promete gerar sérias complicações na praxe forense.

Tendo transitado em julgado uma decisão de mérito em processo com fundamento em confissão, não parece viável imaginar-se que uma ação anulatória tenha condições de rescindir a decisão e afastar a coisa julgada material. Ainda que essa realidade tenha sido consagrada pelo Novo CPC (art. 966, § 4.º) para as sentenças homologatórias transitadas em julgado, no caso em análise ter-se-á uma sentença genuína de mérito, por meio da qual o juiz acolherá ou rejeitará o pedido do autor em aplicação do Direito Material ao caso concreto.

Nesse caso, portanto, ainda que todos os indicativos legais presentes no Novo CPC apontem para o cabimento da ação anulatória, essa terá condições apenas de anular a confissão, nunca de rescindir o julgado transitado em julgado no processo em que tal meio de prova foi produzido. E o que é pior, como não está mais previsto o cabimento de ação rescisória com fundamento em confissão viciada, a parte não poderia mais rescindir o julgado.

---

10 STJ, 3.ª Turma, AgRg no REsp 1.152.702/MT, rel. Min. Ricardo Villas Bôas Cueva, j. 15.05.2014, *DJe* 27.05.2014; STJ, 4.ª Turma, REsp 1.150.745/MG, rel. Min. Marco Buzzi, j. 11.02.2014, *DJe* 19.02.2014; STJ, Corte Especial, AgRg na Pet 9.274/BA; j. 07.08.2013, *DJe* 13.08.2013.

Afirmo que a parte aparentemente não poderia porque, para resolver o impasse gerado pelo equívoco do legislador, cabe ao intérprete incluir a hipótese ora analisada no inciso VI do art. 966 do Novo CPC. Ainda que seja evidente a diferença entre confissão viciada e prova falsa, o esforço hermenêutico é indispensável para que, mesmo sem previsão como aquela presente nos incisos do art. 352 do CPC/1973, a regra continue a ser respeitada e aplicada na praxe forense.

56.3 LEGITIMAÇÃO

Os três primeiros incisos do art. 967 do Novo CPC repetem os legitimados ativos para a propositura da ação rescisória previstos nos três incisos do art. 487 do CPC/1973. No inciso IV é incluído como legitimado ativo aquele que não foi ouvido no processo em que lhe era obrigatória a intervenção. Como a ausência do Ministério Público como fiscal da ordem jurídica tem regra específica, a hipótese parece consagrar a legitimidade de outros órgãos cuja lei exige a participação e para o litisconsorte necessário que não participou do processo.

Quanto ao Ministério Público, além das hipóteses já existentes de não ter sido ouvido no processo em que lhe era obrigatória a intervenção e quando a decisão rescindenda for o efeito de simulação ou de colusão das partes, a fim de fraudar a lei, o art. 967, III, *c*, prevê ainda a legitimidade do Ministério Público em outros casos em que se imponha sua atuação.

Nos termos do art. 967, parágrafo único, do Novo CPC, nas hipóteses do art. 178 (hipóteses gerais de intervenção no processo civil), o Ministério Público será intimado para intervir como fiscal da ordem jurídica quando não for parte.

A maior novidade certamente fica por conta da legitimidade daquele que não foi ouvido no processo em que lhe era obrigatória a intervenção, previsão sem correspondência no CPC/1973. Não resta dúvida de que a legitimidade nesse caso é de um terceiro que deveria ter participado do processo – ou ao menos ter sido ouvido – e que não o integrou.

Para parcela da doutrina, trata-se de entes distintos do Ministério Público que deveriam ter sido intimados a se manifestar e isso não ocorreu, como é o caso da Comissão de Valores Mobiliários, cuja intervenção é obrigatória nos processos em que se discutam matéria de sua competência (art. 31, Lei 6.385/1976), e do Conselho Administrativo de Defesa Econômica, cuja intervenção é obrigatória nos processos em que se discuta matéria de sua competência (art. 118 da Lei 12.529/2011)[11].

Tenho dificuldade de chegar à mesma conclusão diante do texto legal. Se é verdade que o inciso IV do art. 967 do Novo CPC fala em não ter sido ouvido, dando a entender que não houve oportunidade para tanto, o dispositivo legal é claro em prever a obrigatoriedade da intervenção.

Os arts. 31 da Lei 6.385/1976 e 118 da Lei 12.529/2011 não preveem intervenção obrigatória da Comissão de Valores Mobiliários e do Conselho Administrativo de Defesa Econômica, respectivamente. Os dois dispositivos preveem uma obrigatória intimação, mas deixam aos referidos entes a opção de participar ou não do processo. O art. 31 da Lei 6.385/1976 é mais obscuro, porque prevê que a Comissão de Valores Imobiliários será intimada para, querendo, oferecer parecer ou prestar esclarecimentos. Já o art. 118 da Lei 12.259/2011 não deixa margem para dúvida ao prever que o CADE deverá ser intimado para, querendo, intervir no feito na qualidade de assistente.

Como se pode notar, em nenhuma das duas hipóteses a intervenção do ente é obrigatória, já que sua mera intimação não é capaz de integrá-lo ao processo, o que só pode ser realizado por meio de citação ou voluntariamente. Até imagino que o legislador tenha tentado contemplar essas hipóteses quanto à legitimidade para a ação rescisória, mas com a redação dada ao art. 967, IV, do CPC tal conclusão fica prejudicada.

Acredito que, não ocorrendo a intimação que a lei prevê como obrigatória, estar-se-á diante de um vício que acarreta nulidade absoluta até o trânsito em julgado e depois se torna em vício de rescindibilidade. Entendo que nesse caso o ente que deveria ter sido intimado e não foi tenha legitimidade para o ingresso da ação rescisória, mas numa interpretação mais flexível de terceiro prejudicado.

Por outro lado, e sem entrar na discussão sobre a forma processual adequada para o litisconsorte necessário que não participou do processo atacar a decisão transitada em julgado – ação rescisória ou *querela nullitatis* –, entendo que o dispositivo também não tenha sido criado para ele. Trata-se indubitavelmente de terceiro prejudicado e assim sempre teve legitimidade ativa para a ação rescisória.

Conclusivamente, o legislador parece ter pretendido ampliar a legitimidade ativa da ação rescisória, mas criou dispositivo inócuo e incapaz de atingir tal objetivo.

---

11 Fredie Didier Jr., Nova hipótese de legitimidade para a propositura de ação rescisória. Novo CPC. Art. 979, IV, versão da Câmara dos Deputados. Disponível em: <http://www.frediedidier.com.br/editorial/editorial-183/>. Acesso em: 13 fev. 2015, às 13:14.

56.4 COMPETÊNCIA

Seguindo a tradição do CPC/1973, o Novo Código de Processo Civil não versa sobre a competência para o julgamento da ação rescisória, mas traz importante novidade quanto ao tema da incompetência. Atualmente, a incompetência absoluta do tribunal leva à extinção terminativa da ação rescisória, não havendo remessa da ação de um tribunal para outro[12]. Contra essa conduta, o art. 968, § 6.º, do Novo CPC prevê expressamente a remessa dos autos ao tribunal competente. Imaginando que a mudança de tribunal possa exigir uma adequação da petição inicial, o § 5.º do mesmo dispositivo prevê que, sendo reconhecida a incompetência do tribunal para julgar a ação rescisória, o autor será intimado para emendar a petição inicial, a fim de adequar o objeto da ação rescisória, quando a decisão apontada como rescindenda não tiver apreciado o mérito e não se enquadrar na situação prevista no § 2.º do art. 966 (I) e quando tiver sido substituída por decisão posterior (II).

Nos termos do art. 968, § 6.º, depois de emendada a petição inicial, ao réu será permitida a complementação dos fundamentos de sua defesa, para só então ocorrer a remessa dos autos para o tribunal competente. A regra naturalmente não será aplicável quando a incompetência for reconhecida de ofício liminarmente, o que leva à conclusão de que, excepcionalmente, será admitida a emenda da petição após a citação e apresentação de contestação do réu. Por outro lado, a complementação da defesa estará limitada ao objeto das mudanças realizadas na petição inicial em respeito ao princípio da causalidade.

56.5 PRAZO

O art. 975, *caput*, do Novo CPC mantém o prazo de dois anos para a propositura da ação rescisória, deixando claro que o termo inicial desse prazo é o trânsito em julgado da última decisão proferida no processo.

A previsão é importante para evitar discussões a respeito da eficácia *ex tunc* ou *ex nunc* da decisão que inadmite o recurso, consagrando-se legislativamente o entendimento de que mesmo a decisão que inadmite o recurso deve ser considerada para fins de determinação do trânsito em julgado.

---

12 STJ, EDcl nos EDcl nos EDcl na AR 3.418-DF, 1.ª Seção, rel. Min. Eliana Calmon, j. 08.10.2008 (*Informativo* 371/STJ).

Por outro lado, não resolve de forma clara a questão do cabimento de ação rescisória contra decisão interlocutória de mérito antes do trânsito em julgado da última decisão do processo. E tampouco a hipótese de capítulo de mérito não impugnado por recurso.

Para considerável parcela doutrinária, sendo os capítulos autônomos e independentes, a impugnação de somente alguns deles faz que os capítulos não impugnados transitem em julgado. Sendo capítulos de mérito, com o trânsito em julgado produzirão coisa julgada material, de forma que essa corrente doutrinária entende perfeitamente possível que a coisa julgada material se forme de maneira fragmentada[13], já tendo a tese sido acolhida pelo Supremo Tribunal Federal[14], inclusive com a indicação de diferentes termos iniciais para o prazo da ação rescisória[15].

Registre-se que, apesar do correto raciocínio desenvolvido pelos renomados doutrinadores que defendem a tese da "coisa julgada parcial", o Superior Tribunal de Justiça rejeita o entendimento, firme no sentido de que o trânsito em julgado (e por consequência a coisa julgada material nas sentenças de mérito proferidas com cognição exauriente) só ocorre após o julgamento do último recurso interposto, independentemente do âmbito de devolução desse recurso ou dos anteriores, para se evitar o inconveniente de vários trânsitos em julgado no mesmo processo[16]. Partindo-se da premissa da coisa julgada fracionada, merece destaque pela correção o Enunciado 337 do Fórum Permanente de Processualistas Civis (FPPC): "A competência para processar a ação rescisória contra capítulo de decisão deverá considerar o órgão jurisdicional que proferiu o capítulo rescindendo".

Para parcela da doutrina, o art. 975, *caput*, do Novo CPC, teria consagrado o entendimento sumulado no Superior Tribunal de Justiça no sentido de haver apenas um termo inicial para a ação rescisória: a última decisão proferida no processo. Por esse entendimento, mesmo havendo a coisa julgada material parcial, fenômeno inegavelmente possível diante do julgamento antecipado parcial do mérito previsto no art. 356 do Novo

---

13 Dinamarco, *Capítulos*, n. 57, p. 118-120; Barbosa Moreira, *O novo*, p. 199; Theodoro Jr., *Curso*, n. 508, p. 595; Bonício, *Capítulos*, p. 107.

14 STF, Tribunal Pleno, AP 470 QO-décima primeira/MG, rel. Min. Joaquim Barbosa, j. 13.11.2013, *DJe* 19.02.2014.

15 STF, 1.ª Turma, RE 666.589/DF, rel. Min. Marco Aurélio, j. 05.03.2014, *DJe* 03.06.2014.

16 STJ, Corte Especial, REsp 736.650/MT, rel. Min. Antonio Carlos Ferreira, j. 20.08.2014, *DJe* 01.09.2014.

CPC, o termo inicial da contagem do prazo de 2 anos para a ação rescisória será a última decisão proferida no processo[17].

Diante de tal entendimento, será cabível apenas uma ação rescisória por processo, independentemente do trânsito em julgado parcial, com o que se evitaria o tumulto processual decorrente de inúmeras coisas julgadas em um mesmo feito[18], com a consequente pluralidade de ações rescisórias.

Não parece correto esse entendimento diante do que efetivamente encontra-se previsto no dispositivo ora comentado. O art. 975, *caput*, do Novo CPC não prevê o termo inicial da ação rescisória, mas tão somente seu termo final: "o direito à rescisão se extingue em 2 (dois) anos contados do transito em julgado da última decisão proferida no processo". Significa dizer que, constando o trânsito em julgado de capítulo de decisão de mérito o prazo a parte poderá imediatamente ingressar com ação rescisória, tendo como termo final do exercício desse direito o prazo de 2 anos da última decisão proferida no processo[19].

Esse entendimento, entretanto, não elimina um sério inconveniente: a possibilidade de propositura de ação rescisória muito tempo depois de o mérito ter sido julgado definitivamente. Como é notório os processos em trâmite perante a Justiça Brasileira em geral não atendem ao princípio constitucional da duração razoável do processo. Imagine uma hipótese, em nada improvável, que uma decisão interlocutória de mérito tenha resolvido parcela do pedido e que em razão de sucessivos recursos contra a parcela de mérito decida somente posteriormente a última decisão a ser proferida nesse processo ocorra somente 10 anos depois. Significa que a parte terá um prazo de 12 anos para rescindir a decisão parcial de mérito... Não é preciso muito esforço para se notar que, nesse caso, estar-se-á diante de grave violação à segurança jurídica.

Para contornar esse indesejável inconveniente – registre-se, também presente no entendimento de que o prazo só tem início após a última decisão proferida no processo – é possível se imaginar uma interpretação mais criativa do dispositivo legal ora comentado. A última decisão proferida no processo não seria exatamente a "última decisão proferida no processo", mas sim a última decisão proferida a respeito do capítulo não impugnado

---

17 Scarpinella, *Novo*, p. 611; Barioni, *Breves*, p. 2.175; Medina, *Novo*, pp. 1.319-1.320.

18 STJ, Corte Especial, REsp 736.650/MT, rel. Min. Antonio Carlos Ferreira, j. 20.08.2014, *DJe* 01.09.2014.

19 Neves, *Novo*, p. 497; Wambier-Conceição-Ribeiro-Mello, *Primeiros*, p. 1.394.

ou da decisão interlocutória de mérito proferida nos processos. Nessa interpretação o termo inicial seria o transito em julgado de tal capítulo ou decisão. Não tenho dúvida de que o resultado desse entendimento seria o mais adequado, mas aparentemente contaria tanto a previsão legal como seu espírito. A atividade hermenêutica, afinal, precisa ter limites.

A par da natureza desse prazo, que continua a ser decadencial, o art. 975, § 1.º, consagra o entendimento de que o prazo prorroga-se até o primeiro dia útil imediatamente subsequente ao prazo de dois anos quando expirar durante férias forenses, recesso, feriados ou em dia em que não houver expediente forense. Nos termos do art. 969 do Novo CPC, a propositura da ação rescisória não impede o cumprimento da decisão rescindenda, ressalvada a concessão de tutela provisória.

56.6 TUTELA PROVISÓRIA

Seguindo a tradição do art. 489 do CPC/1973, o dispositivo ora analisado ao prever o cabimento de tutela provisória em ação rescisória para suspender os efeitos executivos da decisão rescindenda não se posicionou se tal tutela é cautelar ou antecipada. Entendo que a natureza dessa tutela de urgência é antecipada, ainda que com a aproximação das duas espécies de tutela de urgência pelo Novo CPC a definição da tutela de urgência cabível seja irrelevante na prática. O mais interessante é que ao prever o cabimento de tutela provisória passa a ser cabível também a tutela da evidência.

O art. 969 do Novo CPC, mais uma vez seguindo a tradição do art. 489 do CPC/1973, perdeu a oportunidade de corrigir um erro. O dispositivo continua a prever tutela de urgência limitada a decisões com eficácia executiva. Não obstante a omissão legislativa, a tutela de urgência continuará a ser cabível na ação rescisória não para impedir o cumprimento de sentença, mas para obstar a geração dos efeitos de decisão sem eficácia executiva (meramente declaratórias e constitutivas).

56.7 PROCEDIMENTO

Não são significativas as mudanças do procedimento da ação rescisória, mas ainda assim merecem alguns comentários.

No tocante à caução prévia na ação rescisória, há no Novo Código de Processo Civil uma especificação e uma novidade. O § 1.º do art. 968 do Novo CPC prevê que a isenção para o depósito da caução (que continua a ser chamada de multa) beneficia a União, Estado, Distrito Federal, Município, suas respectivas autarquias e fundações de direito público, o

Ministério Público, a Defensoria Pública e os beneficiários da assistência judiciária. Já o § 2.º cria um valor máximo de mil salários mínimos para a caução prévia.

O art. 968, § 3.º, do Novo CPC mantém a regra existente no art. 490 do CPC/1973 de que o indeferimento da petição inicial da ação rescisória terá como fundamento as hipóteses gerais de indeferimento (art. 330 do Novo CPC e art. 295 do CPC/1973) e a ausência de depósito da caução prévia. Sem mudança do texto legal, continua a mesma crítica: a ausência de depósito de caução não é causa para o indeferimento da petição inicial porque é um vício sanável, tendo o autor o direito de ser intimado para realizar o depósito, só sendo permitido o indeferimento da petição inicial diante da omissão do autor em emendá-la. Afinal, as causas de emenda da petição inicial previstas no art. 321 do Novo CPC são plenamente aplicáveis à ação rescisória (Enunciado 284 do Fórum Permanente de Processualistas Civis (FPPC)).

O § 4.º do mesmo dispositivo prevê expressamente a aplicação do julgamento liminar de improcedência com fundamento no art. 332 do Novo CPC, ou seja, pelas mesmas razões que qualquer ação tem tal espécie de julgamento.

O art. 972 do Novo CPC prevê a delegação da atividade probatória por meio de carta de ordem sem especificar os meios de prova como faz o art. 492 do CPC/1973. Em vez de mencionar expressamente a prova oral e a pericial, o novo dispositivo se limita a prever a delegação de competência para a produção de prova. É possível imaginar que o legislador tenha pensado em outro meio de prova, até mesmo atípico, que demande a participação do juízo de primeiro grau. O que irá determinar se o próprio tribunal produz a prova ou se delega sua competência é a complexidade da produção aliada à estrutura funcional existente no tribunal. De qualquer forma, suponho que substancialmente a produção delegada de produção de prova continuará a ser de prova oral e pericial.

Segundo o Enunciado 340 do Fórum Permanente de Processualistas Civis (FPPC), "*Observadas as regras de distribuição, o relator pode delegar a colheita de provas para juízo distinto do que proferiu a decisão rescindenda*".

57

INCIDENTE DE RESOLUÇÃO DE DEMANDAS REPETITIVAS

57.1 CABIMENTO

Nos termos do art. 976, *caput*, do Novo CPC, é cabível o incidente de resolução de demandas repetitivas, conhecido por IRDR, quando houver simultaneamente a efetiva repetição de processos que contenham controvérsia sobre a mesma questão unicamente de direito e o risco de ofensa à isonomia e à segurança jurídica.

Concordo com o Enunciado 342 do Fórum Permanente de Processualistas Civis (FPPC) no sentido de o incidente ora analisado aplicar-se a recurso, remessa necessária ou a qualquer causa (processo) de competência originária de tribunal.

O tratamento isonômico de diferentes processos que versam sobre a mesma matéria jurídica, gerando dessa forma segurança jurídica e isonomia, é a justificativa do incidente ora analisado, como se pode constatar da mera leitura do art. 976, *caput*, do Novo CPC.

A literalidade da norma, entretanto, deixa uma dúvida. Ao prever a repetição de processos que contenham controvérsia sobre a mesma questão unicamente de direito, o dispositivo dá a entender que, havendo diferentes questões de fato em tais processos, não seria cabível a instauração do incidente processual[1].

---

[1] Marinoni-Arenhart-Mitidiero, *Novo*, p. 913.

No entanto, essa realidade deve ser analisada com certa flexibilidade, porque, mesmo existindo diversidade de fatos, a questão jurídica pode ser a mesma. Basta imaginar diferentes remessas de nomes para cadastros de devedores por uma causa comum, quando cada autor indicará um fato diferente, afinal, cada inclusão é um fato. Contudo, nesse caso a causa da inclusão nos cadastros de devedores é comum, de forma a ser irrelevante a diversidade dos fatos para a fixação da tese jurídica.

A diversidade de fatos apta a afastar o cabimento do incidente de resolução de demandas repetitivas deve ser aquela suficiente a influenciar a aplicação do direito ao caso concreto, porque, havendo fatos diferentes de origem comum, deve ser cabível o incidente ora analisado.

Cabe registrar que no projeto aprovado originariamente no Senado o incidente tinha natureza preventiva porque poderia ser instaurado quando "*identificada controvérsia com potencial de gerar relevante multiplicação de processos fundados em idêntica questão de direito*". A redação aprovada afasta essa realidade a exigir a existência de múltiplos processos, dando a entender que a questão jurídica deve ser enfrentada e decidida em diversos processos antes de ser instaurado o incidente processual[2].

A redação final do dispositivo deve ser elogiada porque é necessária uma maturação no debate jurídico a respeito da questão jurídica para que só então seja instaurado o incidente de resolução de demandas repetitivas. O dissenso inicial a respeito da mesma questão jurídica, apesar de ofender a isonomia e a segurança jurídica, é essencial para uma maior exposição e mais aprofundada reflexão sobre todos os entendimentos possíveis a respeito da matéria[3].

Compreende-se o temor de parcela da doutrina de que não se pode esperar que o caos se instaure em primeiro grau, com milhares de decisões conflitantes, para só então se instaurar o incidente[4]. E nesse sentido essa corrente doutrinária defende que a mera existência de algumas dezenas de processos, que versem sobre uma mesma matéria jurídica que, inexoravelmente, gerará muitos outros, já seja o suficiente para a instauração do IRDR[5].

---

2 Medina, *Novo*, p. 1.324.

3 Cambi-Fogaça, *Incidente*, p. 280.

4 Wambier-Conceição-Ribeiro-Mello, *Primeiras*, p. 1.398.

5 Câmara, *O novo*, p. 479; Enunciado 87 do FPPC.

Entendo que deva ser encontrado um meio-termo. Não se deve admitir o IRDR quando exista apenas um risco de múltiplos processos com decisões conflitantes, como também não será plenamente eficaz o IRDR a ser instaurado quando a quebra da segurança jurídica e da isonomia já forem fatos consumados. A instauração, dessa forma, precisa de maturação, debate, divergência, mas não pode demorar demasiadamente a ocorrer.

Por outro lado, a mera existência de algumas decisões em sentido contrário ao que vem majoritariamente se decidindo pode não ser suficiente para colocar em risco a isonomia e a segurança jurídica, porque, se houver um entendimento amplamente majoritário sendo aplicado nas decisões sobre a mesma questão jurídica, a previsibilidade do resultado não estará sendo afetada de forma considerável, não sendo nesse caso necessária a instauração do IRDR[6].

E é justamente por essa razão que a interpretação mais adequada do *caput* do art. 976 do Novo CPC é a necessidade não só de múltiplos processos, mas de múltiplos processos já decididos, com divergência considerável, nos quais a questão jurídica tenha sido objeto de argumentações e decisões[7]. Caso a mera existência de processos sem decisões sobre a matéria já seja suficiente para a admissão do incidente ora analisado, teremos uma natureza preventiva, o que parece não ter sido o objetivo do legislador.

Reconheço, entretanto, que não foi nesse sentido a previsão legal. Enquanto o inciso I do art. 976 do Novo CPC exige a existência de múltiplos processos repetitivos para a instauração do IRDR, o inciso II do mesmo dispositivo exige apenas que exista um risco de que as decisões nesses processos sejam ofensivas à isonomia e à segurança jurídica. Se o requisito exige apenas o risco, é possível concluir que, mesmo sem divergência real instaurada, seja cabível o incidente ora analisado.

Apesar de não estar previsto como requisito de admissibilidade do IRDR, já se discute na doutrina a necessidade de haver ao menos um processo em trâmite no tribunal, seja em grau recursal ou em razão do reexame necessário, para que se admita a instauração do incidente processual ora analisado.

---

6 Marinoni-Arenhart-Mitidiero, *Novo*, pp. 913-914. Contra: Câmara, *O Novo*, p. 479, para quem a falta de interesse depende de todos os julgamentos serem no mesmo sentido.

7 Cabral, *Comentários*, p. 1.422.

Parcela da doutrina entende que não, de forma que o IRDR deva ser admitido ainda que os múltiplos processos estejam todos em primeiro grau de jurisdição[8]. Parece também ter sido essa a intenção do legislador, como se pode notar de trecho da Emenda constante do tópico 2.3.2.231 do Parecer Final 956 do Senado, que na realidade notou um problema que eu entendia não existir no projeto de lei aprovado pela Câmara: "Os §§ 1.º, 2.º e 3.º do art. 998 do SCD desfiguram o incidente de demandas repetitivas. Com efeito, é nociva a eliminação da possibilidade da sua instauração em primeira instância, o que prolonga situações de incerteza e estimula uma desnecessária multiplicação de demandas, além de torná-lo similar à hipótese de uniformização de jurisprudência.

Prefiro a corrente doutrinária que defende a necessidade de ao menos um processo em trâmite no tribunal, justamente o processo no qual deverá ser instaurado o IRDR. Esse requisito não escrito decorre da opção do legislador de prever, no art. 978, parágrafo único, do Novo CPC, a competência do mesmo órgão para fixar a tese jurídica, decidindo o IRDR, e julgar o recurso, a remessa necessária ou o processo de competência originária de onde se originou o incidente[9].

Caso só existam processos em trâmite no primeiro grau e seja instaurado o IRDR, necessariamente o processo de onde se originou o incidente será um processo de primeiro grau, o que impossibilitará o cumprimento pleno do art. 978, parágrafo único, do Novo CPC.

Ainda que estejam preenchidos todos os requisitos previstos pelo art. 976, *caput*, do Novo CPC, não se admitirá a instauração do incidente ora analisado quando um dos tribunais superiores, no âmbito de sua respectiva competência, já tiver afetado recurso para definição de tese sobre questão de direito material ou processual repetitiva (art. 976, § 4.º, do Novo CPC).

A regra é elogiável pois, segundo a melhor doutrina, não teria sentido instaurar incidente com o objetivo de criar um precedente vinculante para determinado Estado (Justiça Estadual) ou Região (Justiça Federal), quando já há outro incidente instaurado em tribunal superior que criará um precedente vinculante com eficácia nacional[10]. Além dessa maior abrangência, a inadmissão do IRDR nesse caso evita possíveis decisões conflitantes ou contraditórias na fixação da mesma tese jurídica[11].

---

8 Marinoni-Arenhart-Mitidiero, *Novo*, p. 914; Scarpinella Bueno, *Manual*, p. 578.

9 Câmara, *A nova*, p. 479.

10 Câmara, *O Novo*, p. 479.

11 Wambier-Conceição-Ribeiro-Mello, *Primeiras*, p. 1.399.

57.2 LEGITIMIDADE PARA REQUERER A INSTAURAÇÃO DO INCIDENTE

A legitimidade para instauração do incidente de resolução de demandas repetitivas está prevista no art. 977 do Novo CPC.

No inciso I vem prevista a legitimidade do juiz ou relator, quando a instauração se dará mediante ofício. Ainda que assim não esteja expressamente prevista no texto legal, a legitimidade do relator só existirá concretamente quando o processo repetitivo tiver chegado ao tribunal em grau recursal, reexame necessário ou, excepcionalmente, em ações de competência originária que estejam em trâmite perante o tribunal.

Como parto da premissa de que o processo no qual seja instaurado o IRDR deve estar necessariamente em trâmite no tribunal, surge natural dificuldade de compreender como se dá a legitimidade do juiz na instauração do incidente nos termos do art. 977, I, do Novo CPC.

Se o processo precisa estar em trâmite no tribunal, de duas uma: ou ele já teve um juiz (processo que começou em primeiro grau e está em fase recursal ou aguardando julgamento de reexame necessário), ou nunca teve nem terá juiz (processo de competência originária do Tribunal).

Há corrente doutrinária que defende como solução do problema a legitimidade não estar atrelada ao processo no qual será instaurado o IRDR. Assim, poderia qualquer juiz que esteja conduzindo um processo repetitivo requerer por ofício ao presidente do tribunal a instauração do IRDR em outro processo repetitivo que esteja em trâmite no tribunal[12]. E o mesmo com relação aos demais legitimados[13]. A solução, deve se admitir, é inteligente e garante no caso concreto a legitimidade abstrata do juiz prevista pelo inciso I do art. 977 do Novo CPC. Não entendo, entretanto, que tenha sido esse o objetivo do legislador ao prever a legitimidade no art. 977 do Novo CPC, ainda que não haja expressa previsão de que o juiz legitimado deva ser o da causa, o mesmo ocorrendo com o relator e as partes. Ocorre, entretanto, que a legitimidade para suscitar qualquer incidente processual é limitada aos sujeitos processuais que formam a relação jurídica processual no processo no qual o incidente será instaurado. Particularmente não vejo motivos para se deixar de aplicar tal regra ao IRDR.

---

12 Câmara, *A nova*, p. 480.

13 Contra: Dantas, *Breves*, p. 2.184.

Poder-se-ia alegar que a regra deve ser afastada porque nos incidentes a legitimidade das partes se justifica nos limites subjetivos de sua decisão, ou seja, se o incidente só vincula os sujeitos do processo, somente eles poderão alegá-lo. Já no IRDR a fixação da tese jurídica, com a consequente criação de um precedente vinculante, interessa também aos sujeitos processuais que participam de outros processos repetitivos que não aquele em que será instaurado o IRDR.

Não há como negar a correção do raciocínio, mas deve-se lembrar que a instauração do incidente não gera apenas a fixação da tese, mas também o julgamento do recurso, reexame necessário ou processo de competência originária. E, nesse caso, haverá uma mudança de competência, já que o julgamento não ocorrerá mais pelo órgão fracionário do tribunal, mas sim pelo seu órgão pleno. Tenho uma dificuldade insuperável em admitir que terceiros possam modificar a competência absoluta (toda competência de tribunal, inclusive a interna, é absoluta de caráter funcional) do julgamento de recurso, reexame necessário e processo de competência originária do tribunal.

Em meu entendimento, portanto, a legitimidade do juiz só existe no caso concreto após a interposição da apelação contra sua sentença. Nesse caso, o processo ainda ficará por certo tempo no primeiro grau, para que o cartório intime o apelado e aguarde o transcurso do prazo de 15 dias das contrarrazões. Como o primeiro grau não tem mais competência para o juízo de admissibilidade da apelação, sua mera interposição é garantia de que o processo chegará ao tribunal de segundo grau. Aqui, embora os autos ainda não estejam no segundo grau, esse é o seu destino certo, sendo assim possível ao juiz do processo requisitar a instauração do IRDR.

Além das partes dos processos repetitivos, o Ministério Público e a Defensoria Pública têm legitimidade para instauração do incidente, nos termos do inciso III do dispositivo ora analisado, quando o incidente será instaurado por meio de petição.

No projeto de lei aprovado na Câmara havia a previsão de legitimidade ativa de pessoa jurídica de direito público ou da associação civil, cuja finalidade institucional incluísse a defesa do interesse ou direito objeto do incidente. A legitimidade, portanto, exigia a pertinência temática, a exemplo do que ocorre na propositura da ação civil pública, e, embora omisso o texto legal, também a necessidade de existência jurídica da associação civil por ao menos um ano.

Conforme observado pela melhor doutrina, essa legitimidade era inspirada na legitimidade para a propositura da ação civil pública[14], que a exemplo do incidente tem como objetivo a economia processual e a harmonização dos julgados. A redação final do art. 977 do Novo CPC, entretanto, não conta com tal legitimidade, o que, apesar de limitar o rol de legitimados, não elimina a conclusão que justifica a legitimação para o Ministério Público e para a Defensoria Pública.

Dessa forma, a legitimidade do Ministério Público para suscitar o incidente é ampla e irrestrita quando a questão envolver direitos difusos ou coletivos, mas, no caso de direitos individuais homogêneos, só terá legitimidade se o direito for indisponível ou disponível com repercussão social[15]. É nesse sentido o entendimento do Superior Tribunal de Justiça quanto à legitimidade do Ministério Público na tutela coletiva[16]. Há, entretanto, corrente doutrinária que defende uma legitimação ampla e irrestrita, decorrente da função institucional do Ministério Público de defesa da ordem jurídica[17].

Nos termos do art. 976, § 2.º, do Novo CPC, se não for o requerente, o Ministério Público intervirá obrigatoriamente no incidente e deverá assumir sua titularidade em caso de desistência ou de abandono. Diferente do que ocorre com a ação coletiva, caso haja abandono ou desistência, o Ministério Público tem o dever institucional de assumir a titularidade do incidente de resolução de demandas repetitivas[18].

Para a Defensoria Pública a legitimidade deve seguir o que for estabelecido quanto à sua atuação no polo ativo da ação civil pública. Caso se entenda que a propositura da ação civil pública é função atípica da Defensoria Pública, na defesa dos hipossuficientes organizacionais, também será essa sua atuação na instauração do incidente ora analisado[19].

---

14 Cunha, "Incidente", p. 335-336.

15 Wambier-Conceição-Ribeiro-Mello, *Primeiras*, p. 1.400; Cambi-Fogaça, *Incidente*, p. 282.

16 STF, 2.ª Turma, RE. 514.023/AgRg/RJ, rel. Min. Ellen Gracie, j. 04.12.2009, *DJe* 05.02.2010; STF, 2.ª Turma, RE 472.489/AgRg/RS, rel. Min. Celso de Mello, j. 29.04.2008, *DJe* 29.08.2008; STJ, 2.ª Turma, AgRg no REsp 938.951/DF, rel. Min. Humberto Martins, j. 23.02.2010, *DJe* 10.03.2010; STJ, 4.ª Turma, AgRg no REsp 800.657/SP, rel. Min. João Otávio de Noronha, j. 05.11.2009, *DJe* 16.11.2009.

17 Marinoni-Arenhart-Mitidiero, *Novo*, p. 914.

18 Contra: Cabral, *Comentários*, p. 1.424.

19 STJ, 2.ª Turma, REsp 1.264.116/RS, rel. Min. Herman Benjamin, j. 18.10.2011, *DJe* 13.04.2012. Com o mesmo entendimento amplo: STJ, 1.ª Turma, REsp 912.849/

Por outro lado, caso se entenda que a propositura da ação civil pública faz parte da função típica da Defensoria, na defesa dos hipossuficientes econômicos, nesse sentido estará limitada a sua atuação na instauração do incidente de resolução de demandas repetitivas[20].

57.3 COMPETÊNCIA

No projeto de lei aprovado na Câmara havia regra expressa no sentido de o incidente ora analisado poder ser suscitado perante tribunal de justiça ou tribunal regional federal, deixando claro que a competência para o julgamento do incidente é dos tribunais de segundo grau de jurisdição.

A regra foi suprimida no texto final do Novo Código de Processo Civil aprovado pelo Senado, o que, entretanto, não é o suficiente para mudar a competência dos tribunais de segundo grau. A essa conclusão pode-se chegar pela previsão de cabimento de recurso especial e extraordinário contra a decisão que resolve o incidente (art. 987, *caput*, do Novo CPC) e pela previsão de que a suspensão dos processos pendentes se dará nos limites de estado ou na região (art. 982, I, do Novo CPC).

Correto quanto ao tema o Enunciado 343 do Fórum Permanente de Processualistas Civis (FPPC): "O incidente de resolução de demandas repetitivas compete a tribunal de justiça ou tribunal regional".

Também havia no projeto de lei aprovado pela Câmara expressa previsão de que o incidente somente poderia ser suscitado na pendência de qualquer processo de competência do tribunal. Novamente, a retirada de regra expressa do texto final do Novo CPC não seria apta a mudar tal realidade, o que se pode concluir da previsão contida no art. 978, parágrafo único, do Novo CPC, que estgabelece a competência do órgão julgador do incidente para o julgamento do recurso, remessa necessária ou o processo de competência originária de onde se originou o incidente.

No projeto aprovado originariamente no Senado havia indicação da competência interna dos tribunais para julgar o incidente (plenário ou órgão especial), previsão que não foi repetida no projeto aprovado. Evitou-se assim uma inconstitucionalidade, pois cabe ao regimento interno dos tribunais a definição da competência interna de seus órgãos para o julgamento do incidente ora analisado, como acertadamente previsto no art. 978, *caput*, do Novo CPC.

RS, rel. Min. José Delgado, j. 26.02.2008, *DJe* 28.04.2008.

[20] *Informativo* 541/STJ, 4.ª Turma, REsp 1.192.577/RS, rel. Min. Luis Felipe Salomão, j. 15.05.2014.

Ainda que o Novo Código de Processo Civil tenha se abstido de prever a competência interna dos tribunais para julgamento do incidente, criou uma regra que condiciona a escolha a ser feita pelos regimentos internos. Nesse sentido, o *caput* do art. 978 prevê que o órgão indicado deve ser escolhido pelo regimento dentre aqueles responsáveis pela uniformização de jurisprudência do tribunal.

Quanto à competência interna do tribunal para o julgamento do incidente ora analisado, o projeto de lei aprovado pela Câmara ainda previa que a competência seria do plenário ou do órgão especial do tribunal quando, no julgamento do incidente, a questão a ser resolvida envolvesse a inconstitucionalidade de norma. A norma foi suprimida do texto final do Novo Código de Processo Civil pelo Senado porque, diante da exigência constitucional de reserva de plenário para a declaração de inconstitucionalidade pelo tribunal (art. 97, CF), era mesmo desnecessária.

Os tribunais de superposição não têm competência para julgar originariamente o incidente de resolução de demandas repetitivas, mas poderão participar do julgamento em grau recursal e proferir decisão determinando a suspensão de todos os processos em trâmite no território nacional, como será analisado no momento adequado.

57.4 DIVULGAÇÃO

Segundo o art. 979, *caput*, do Novo CPC, a instauração e o julgamento do incidente serão sucedidos da mais ampla e específica divulgação e publicidade, por meio de registro eletrônico no Conselho Nacional de Justiça. Para alimentar o cadastro mantido pelo Conselho Nacional de Justiça, o art. 979, § 1.º, do Novo CPC impõe aos tribunais a manutenção de banco eletrônico de dados atualizados com informações específicas sobre questões de direito submetidas ao incidente, comunicando-o imediatamente ao Conselho Nacional de Justiça para inclusão no cadastro.

A ampla divulgação tanto da instauração como do julgamento dos incidentes de resolução de demandas repetitivas tem várias funções.

Como o incidente, desde que admitido, tem como efeito a suspensão dos processos submetidos à competência do tribunal que versem sobre a mesma matéria jurídica, a manutenção do cadastro se prestará a auxiliar as partes e o juízo na identificação dos processos a serem suspensos. Para tanto, é preciso ter acesso não só à informação de existência do incidente, mas também ao seu conteúdo.

Com essa exigência em mente, o § 2.º do artigo ora analisado prevê que o registro eletrônico das teses jurídicas constantes do cadastro conterá, no mínimo, os fundamentos determinantes da decisão e os dispositivos normativos a ela relacionados.

Por outro lado, a divulgação da existência do incidente permite que interessados em sua solução tomem conhecimento de sua existência e intervenham nos limites fixados pelo art. 983 do Novo CPC.

E a publicidade do julgamento é importante para que a sua eficácia vinculante seja a mais ampla e completa possível. Ainda que seja possível o juiz, de ofício, seguir o decidido no incidente ora analisado, com a popularização do instituto tudo leva a crer que a tarefa de levar ao juízo o julgamento será da parte interessada, que para defender seus interesses em juízo deve ter acesso pleno ao banco de incidentes de resolução de demandas repetitivas já julgadas.

57.5 SUJEITOS COM LEGITIMIDADE PARA PARTICIPAR DO INCIDENTE

Além dos legitimados à instauração do incidente de resolução de demandas repetitivas, há sujeitos que podem ou devem participar do procedimento do incidente.

Como já afirmado, o Ministério Público tem participação obrigatória, mesmo que não tenha sido ele a suscitar o incidente, quando participará como fiscal da ordem jurídica.

Nos termos do art. 982, II, do Novo CPC, o relator poderá requisitar informações a órgãos em cujo juízo tramita processo no qual se discute o objeto do incidente, que as prestarão no prazo de quinze dias. Pelo teor do dispositivo, tanto o juízo em que tramita o processo que ensejou a instauração do incidente processual como outros em que tramitam processos com a mesma matéria jurídica, poderão se manifestar, desde que instados nesse sentido pelo relator.

Segundo o art. 983, *caput*, do Novo CPC, o relator ouvirá as partes e os demais interessados, inclusive pessoas, órgãos e entidades com interesse na controvérsia, que, no prazo comum de 15 dias, poderão requerer a juntada de documentos, bem como as diligências necessárias para a elucidação da questão de direito controvertida.

Entendo que as partes mencionadas no dispositivo legal sejam as partes do processo que ensejou a instauração do incidente, enquanto os interessados são as partes em outros processos que versem sobre a mesma matéria jurídica e o *amicus curiae*. No primeiro caso, os sujeitos atuariam como assistentes litisconsorciais e no segundo como auxiliares eventuais do juízo.

As partes dos processos vinculados ao incidente ora analisado têm interesse jurídico em sua solução, considerando que serão diretamente atingidas pela eficácia *inter partes* do julgamento, já que, após a fixação da tese, o tribunal passa a julgar o recurso, ação de competência originária ou reexame necessário de onde surgiu o incidente, nos termos do art. 978, parágrafo único, do Novo CPC.

Quanto aos terceiros, que são partes em processos suspensos em razão da admissão do incidente de resolução de demandas repetitivas, entendo que a intervenção se dará por meio da assistência litisconsorcial porque, apesar de os terceiros não serem titulares do direito discutido no processo no qual foi suscitado o incidente, são titulares de relação jurídica que estará sendo decidida no tribunal[21]. Afinal, no incidente ora analisado o tribunal fixa a tese jurídica a ser aplicada de forma vinculante a todos os processos suspensos.

Ainda que me pareça adequado o entendimento ora defendido, reconheço que há pouca chance de ele ser admitido pelo Superior Tribunal de Justiça. A razão de minha descrença decorre de posicionamento daquele tribunal em inadmitir a participação de partes de processos sobrestados em julgamento por amostragem de recursos especiais repetitivos[22]. O receio demonstrado no julgamento de ingresso de número excessivo de sujeitos a ponto de inviabilizar a técnica de julgamento dos recursos repetitivos deverá ser também utilizada no incidente ora analisado. De qualquer forma, a doutrina que já se manifestou sobre o tema é tranquila na admissão de intervenção das partes de processos repetitivos[23].

Registre-se, por outro lado, que o interesse na controvérsia exigido de pessoas, órgãos e entidades não significa que esses sujeitos tenham necessariamente um interesse próprio na fixação da tese jurídica, bastando existir um interesse institucional na melhor solução da questão. É o que justifica a intervenção do *amicus curiae*.

---

[21] Cambi-Fogaça, *Incidente*, p. 287. Dantas, *Breves*, p. 2.193, entende tratar-se de assistência simples.

[22] *Informativo* 540/STJ, 2.ª Seção, REsp 1.418.593-MS, Rel. Min. Luis Felipe Salomão, j. 14.05.2014.

[23] Câmara, *O Novo*, 482; Wambier-Conceição-Ribeiro-Mello, *Primeiras*, p. 1.408

O interesse institucional é voltado à melhor solução possível do processo por meio do maior conhecimento da matéria e dos reflexos no plano prático da decisão[24].

Há doutrina que fala em "legítimo interesse no resultado da ação", outra parcela que trata como "interesse público de controle" e outra que se refere a "interesse objetivo relativamente à questão jurídico-constitucional em discussão".

Esse verdadeiro interesse jurídico, diferente do interesse jurídico do assistente, porque não diz respeito a qualquer interesse subjetivo, é justamente o que legitima a participação do *amicus curiae* no incidente de resolução de demandas repetitivas, considerando a eficácia vinculante de seu julgamento.

Havendo a intervenção de *amicus curiae*, o art. 983, § 1.º, do Novo CPC prevê que o relator poderá designar data para, em audiência pública, ouvir depoimentos de pessoas com experiência e conhecimento na matéria, o que reforça a intervenção de *amicus curiae* no incidente ora analisado.

57.6 INSTAURAÇÃO

Conforme já analisado, os legitimados previstos nos três incisos do art. 977 do Novo CPC instaurarão o incidente de resolução de demandas repetitivas perante o tribunal de segundo grau – Tribunal de Justiça ou Tribunal Regional Federal – competente para o julgamento do recurso (atual ou potencial, quando o processo ainda estiver em primeiro grau), da ação de competência originária e do reexame necessário.

Nos termos do art. 977, parágrafo único, do Novo CPC, o ofício ou a petição de instauração do incidente será instruído com os documentos necessários à demonstração do preenchimento dos pressupostos para a instauração do incidente. O pedido de instauração será dirigido ao Presidente do Tribunal (art. 977, *caput*, do Novo CPC).

57.7 ADMISSÃO DO INCIDENTE

Após a distribuição, o art. 981, *caput*, do Novo CPC prevê que o órgão colegiado competente para julgar o incidente procederá ao seu juízo de

---

[24] Bueno, *Amicus curiae*, p. 500-511; Barroso, *O controle*, p. 177, fala em "legítimo interesse no resultado da ação". Del Prá, "Breves", p. 64, chama de "interesse público de controle". Cunha Jr., "A intervenção", p. 157, refere-se a "interesse objetivo relativamente à questão jurídico-constitucional em discussão".

admissibilidade, considerando a presença dos pressupostos já analisados. A decisão, portanto, não pode ser unipessoal do relator[25].

Num primeiro momento entendi que a eventual inadmissibilidade do incidente ora analisado depende de julgamento colegiado que poderá ser objeto de recurso para o Superior Tribunal de Justiça. Nesse caso, o recurso especial seria fundamentado no art. 105, III, "a", da Constituição Federal. contudo, refletindo sobre o tema mudei meu entendimento.

O cabimento de recurso especial ou extraordinário nesse caso contraria a previsão do art. 987, *caput*, do Novo CPC, que prevê o cabimento de tais recursos apenas contra a decisão que julga o mérito do incidente. Por outro lado, não haverá qualquer causa decidida por essa decisão, nem mesmo reflexamente, porque, se o IRDR for inadmitido, o recurso, o reexame necessário ou o processo de competência originário do qual o incidente se originou não será julgado pelo órgão que decidiu pela inadmissibilidade, retornando para o órgão fracionário originariamente competente para seu julgamento para que ali seja decidido.

Segundo o art. 976, § 3.º, do Novo CPC, a inadmissão do incidente de resolução de demandas repetitivas por ausência de qualquer de seus pressupostos de admissibilidade não impede que, uma vez satisfeito o requisito, seja o incidente novamente suscitado e admitido, passando o tribunal competente ao julgamento de seu mérito.

É natural que a inadmissão não obste um novo pedido de instauração do IRDR quando se demonstrar que os requisitos, não preenchidos na primeira oportunidade, agora estão. O tribunal, por exemplo, pode inadmitir o IRDR por entender que não há multiplicidade de processos que justifique a instauração, mas com a propositura de outros processos após esse momento é possível que mude sua opinião diante do novo quadro fático apresentado pelo suscitante do incidente.

No projeto de lei aprovado na Câmara havia dispositivo no sentido de ser suspensa a prescrição das pretensões nos casos em que se repetia a questão de direito. A medida era salutar para evitar a propositura de ações enquanto não se definisse a tese jurídica aplicável somente pelo receio do vencimento do prazo prescricional. No texto final do Novo CPC aprovado pelo Senado, entretanto, a norma foi suprimida.

Consta da Emenda do tópico 2.3.2.231 do Parecer Final 956 do Senado a justificativa: "Convém a sua rejeição, visto que tal matéria é afeta ao Direito Civil e em razão de a suspensão da prescrição perdurar

---

25 Cabral, *Comentários*, p. 1.430; Scarpinella Bueno, *Manual*, p. 581.

durante a tramitação do processo nos termos do parágrafo único do art. 202 do Código Civil. Não é oportuno inserir, na norma processual, um dispositivo que poderá conflitar com esse dispositivo do Código Civil".

Apesar da supressão da regra do texto final, acredito que esta continua a ser aplicável, sendo nesse sentido o Enunciado 206 do Fórum Permanente de Processualistas Civis (FPPC) que, inclusive, consagra o texto do dispositivo presente no Projeto de Novo CPC e não convertido em lei: "A prescrição ficará suspensa até o trânsito em julgado do incidente de resolução de demandas repetitivas"[26].

A admissão do incidente ora versado leva o relator a determinar a suspensão dos processos em primeiro grau dentro dos limites de competência territorial do tribunal de segundo grau. Entendo que a suspensão é obrigatória, independendo do estágio procedimental do processo ou mesmo da convicção do relator[27], havendo, inclusive, doutrina que considera a dispensa de decisão expressa nesse sentido, sendo a suspensão dos processos um efeito natural da admissão do IRDR[28]. Não chego a tanto, mas entendo que a decisão de suspensão é um ato vinculado, e por essa razão contra ele não caberá recurso, afastando-se nesse caso, de forma excepcional, a aplicação do art. 1.021, *caput*, do Novo CPC[29].

Na eventualidade de o processo suspenso ter outras matérias além da repetitiva, sujeita à solução do IRDR, a suspensão do processo será imprópria, já que, com relação à parcela do processo não afetada pelo IRDR, não tem sentido a suspensão[30]. Há doutrina que entende que nesse caso a instrução probatória dessa parcela do processo deverá ser realizada normalmente, dando a entender, entretanto, que o julgamento deve esperar o julgamento do IRDR. Entendo que nesse caso a suspensão gerada pelo IRDR não impede inclusive o julgamento da parcela do processo afetada por ele, devendo o juiz se valer da técnica do julgamento antecipado parcial do mérito consagrada no art. 356 do Novo CPC[31].

---

[26] Scarpinella Bueno, *Manual*, p. 583.

[27] Marinoni-Arenhart-Mitidiero, *Novo*, p. 916; Wambier-Conceição-Ribeiro-Mello, *Primeiras*, p. 982. Contra: Medina, *Novo*, p. 1.327.

[28] Cabral, *Comentários*, p. 1.433.

[29] Dantas, *Breves*, p. 2.189.

[30] Enunciado 205 do FPPC: "Havendo cumulação de pedidos simples, a aplicação do art. 982, I e § 3.º, poderá provocar apenas a suspensão parcial do processo, não impedindo o prosseguimento em relação ao pedido não abrangido pela tese a ser firmada no incidente de resolução de demandas repetitivas".

[31] Castro Mendes-Temer, *O incidente*, pp. 253-254.

Processos em trâmite perante outro Estado ou Região não são alcançados pela suspensão determinada pelo relator do IRDR no tribunal de segundo grau, que não tem competência além do território de seu tribunal.

Pensando nesses processos que não são atingidos pela suspensão determinada pelo relator, o art. 982, § 3.º, do Novo CPC cria uma possibilidade de suspensão além dos limites territoriais do tribunal competente para o julgamento do incidente de resolução de demandas repetitivas.

Nos termos do art. 982, § 3.º, do Novo CPC, visando à garantia da segurança jurídica, qualquer legitimado mencionado no art. 977, II e III, do mesmo diploma legal, poderá requerer ao tribunal competente para conhecer de recurso extraordinário ou recurso especial a suspensão de todos os processos individuais ou coletivos em curso no território nacional que versem sobre a questão objeto do incidente já instaurado. Interessante notar que a legitimidade nesse caso é somente das partes, Ministério Público e Defensoria Pública, o que impede o pedido de ofício pelo tribunal de segundo grau.

Apesar da clara previsão legal atribuindo legitimidade para tal pedido para as partes do incidente e do processo no qual ele foi instaurado, há corrente doutrinária que entende que nesse caso não há interesse desses sujeitos na formulação do pedido ora analisado porque o seu processo já está suspenso[32]. A seguir tal linha de raciocínio também não teriam legitimidade as partes dos processos já suspensos pela decisão do relator. Como o Ministério Público e a Defensoria Pública visam tutelar a ordem jurídica teriam legitimidade mesmo que presentes no IRDR.

Entendo que essa limitação não deve ser prestigiada, e não somente porque contraria norma expressa e clara de lei, mas porque dá a entender que o interesse público gerado pela suspensão nacional não pertence às partes que já estão com seus processos suspensos, contrariando a regra fundamental de que o interesse público pode ser tutelado por todos, porque nesse caso não se busca um benefício pessoal.

Como se pode notar da regra legal, é cabível pedido junto ao Superior Tribunal de Justiça e ao Supremo Tribunal Federal para que todos os processos repetitivos em trâmite no território nacional sejam suspensos ainda que o incidente tenha sido suscitado em apenas um Estado (Justiça Estadual) ou em uma Região (Justiça Federal).

---

32 Dantas, *Breves*, p. 2.192. Contra: Marinoni-Arenhart-Mitidiero, *Novo*, p. 917.

Os legitimados previstos pelo art. 977, II e III, do Novo CPC (partes, Ministério Público ou Defensoria Pública) são legitimados para o pedido ora analisado, nos termos do § 3.º do art. 982 do Novo CPC. Essa previsão legal, ao menos teoricamente, afasta a atividade oficiosa do tribunal superior. Entendo, entretanto, que, em razão do poder geral de tutela de urgência (não mais só cautelar), o relator do recurso especial ou extraordinário poderá conceder o efeito suspensivo independentemente de pedido expresso.

No § 4.º do art. 982 do Novo CPC, há previsão de legitimidade das partes em processos em curso nos quais se discuta a mesma questão do objeto do incidente, independentemente dos limites da competência territorial. Interpreto a norma legal como permissão para que qualquer parte, mesmo que figurando em processo em trâmite em Estado ou Região distinta daquela em que tramita o processo que deu causa à instauração do incidente processual, possa pedir a suspensão dos processos em todo o território nacional diante da interposição de recurso especial ou extraordinário.

Nos termos do § 5.º do artigo ora analisado, cessa a suspensão a que se refere o *caput* se não for interposto recurso especial ou recurso extraordinário contra a decisão proferida no incidente.

Caso não haja qualquer recurso contra tal decisão, existirá o trânsito em julgado e a questão não chegará aos tribunais superiores, não havendo sentido na manutenção determinada por eles de suspensão dos processos. No entanto, é possível que haja interposição de recurso excepcional para tribunal distinto daquele que determinou a suspensão, quando esta cessará, mas o incidente continuará seu trâmite procedimental para julgamento em via recursal pelo tribunal superior competente. Nesse caso, será cabível um novo pedido de suspensão dos processos para o tribunal que julgará o recurso interposto.

O pedido dirigido aos tribunais superiores quando já interposto recurso especial e/ou extraordinário está previsto no art. 1.029, § 4.º, do Novo CPC, ao estabelecer que, por ocasião de incidente de resolução de demandas repetitivas, o presidente do Supremo Tribunal Federal ou do Superior Tribunal de Justiça, quando receber requerimento de suspensão de processos em que se discuta questão federal constitucional ou infraconstitucional, poderá, considerando razões de segurança jurídica ou de excepcional interesse social, estender a eficácia da medida a todo o território nacional, até ulterior decisão do recurso extraordinário ou do recurso especial interposto.

57.8 PODERES DO RELATOR

Uma vez admitido o incidente de resolução de demandas repetitivas pelo órgão colegiado, há diligências que deverão ser adotadas pelo relator na condução do incidente ora analisado.

Segundo o art. 982, I, do Novo CPC, o relator suspenderá os processos pendentes, individuais ou coletivos, que tramitam no Estado ou na região, conforme o caso.

Nos termos do art. 982, § 1.º, do Novo CPC, a medida será adotada por meio de expedição de ofício para os juízes diretores dos fóruns de cada comarca ou seção judiciária. Ainda que não haja previsão expressa nesse sentido, entendo que o ofício deve conter o inteiro teor do incidente para que os juízos de primeiro grau possam analisar no caso concreto quais os processos estão vinculados ao incidente e por isso devem ser suspensos.

Além do ofício a ser expedido, é possível que as partes tomem conhecimento do incidente em razão da divulgação prevista no art. 979 do Novo CPC já devidamente analisada.

No projeto de lei aprovado na Câmara havia regras que disciplinavam a atuação das partes dos processos suspensos em razão da admissão do incidente de resolução de demandas repetitivas, todas elas retiradas pelo Senado do texto final do Novo CPC.

A parte que tomasse conhecimento do incidente poderia pedir a suspensão de seu processo demonstrando que a questão jurídica a ser decidida estaria abrangida pelo incidente a ser julgado pelo tribunal. Acredito que, mesmo sem previsão expressa nesse sentido, tal pedido continua a ser plenamente possível.

Mais importante era a regra expressa a respeito da conduta a ser adotada pela parte que não concordasse com a suspensão de seu processo determinada pelo juízo de primeiro grau. O interessado poderia requerer o prosseguimento do seu processo, demonstrando a distinção do seu caso, ou seja, que a matéria jurídica a ser decidida no incidente era diferente da presente em seu processo. Mesmo com a supressão da norma do texto final do Novo CPC, entendo que também esse pedido continua a ser possível, até porque, se o juiz se convencer da distinção, a suspensão prevista no art. 982, I, do Novo CPC será inaplicável no caso concreto.

Nesse sentido o Enunciado 348 do Fórum Permanente de Processualistas Civis (FPPC): "Os interessados serão intimados da suspensão de seus processos individuais, podendo requerer o prosseguimento ao juiz ou tribunal onde tramitarem, demonstrando a distinção entre a questão a ser decidida e aquela a ser julgada no incidente de resolução de demandas repetitivas, ou nos recursos repetitivos".

Em qualquer hipótese havia previsão expressa no projeto de lei aprovado pela Câmara de cabimento de agravo de instrumento da decisão que resolvesse o pedido da parte.

O problema prático da supressão não se refere aos pedidos das partes, mas à impossibilidade de recurso da decisão que os resolver. Não havendo regra específica e não estando tais decisões no rol do art. 1.015 do Novo CPC, não caberá o recurso de agravo de instrumento, sendo tal realidade nefasta, porque a questão terá sido superada no momento de interposição de apelação ou contrarrazões nesse processo. Trata-se, portanto, de irrecorribilidade, e não simplesmente do não cabimento de agravo de instrumento[33].

No mesmo sentido, o texto da Emenda constante do tópico 2.3.2.231 do Parecer Final 956 do Senado afirma que os pedidos da parte dos processos suspensos podem ser realizados independentemente de expressa previsão legal, mas que a previsão de cabimento de agravo de instrumento não era recomendável porque poderia ensejar indesejável multiplicação de recursos em demandas repetitivas. De qualquer forma, a própria Emenda deixa em aberto a possibilidade de interposição de mandado de segurança contra a decisão que rejeitar a alegação de distinção feita pela parte.

É possível que durante o período de suspensão seja necessária a prática de algum ato urgente. Nesse caso, nos termos do § 2.º do art. 982 do Novo CPC, o pedido de tutela de urgência deverá ser dirigido ao juízo onde tramita o processo suspenso. Não haveria de fato outro juízo mais adequado para decidir tal pedido, deixando claro o dispositivo que a competência do órgão colegiado no tribunal é apenas para julgar o recurso, reexame necessário ou processo de competência originária, não para decidir sobre a tutela de urgência nesses processos.

Segundo o art. 982, II, do Novo CPC, o relator poderá requisitar informações a órgãos em cujo juízo tramita processo no qual se discute o objeto do incidente, que as prestarão no prazo de 15 dias. Trata-se de mera faculdade do relator, que poderá dispensar o pedido de informações se entender que estas não contribuirão significativamente para a qualidade da decisão do IRDR. E, segundo o inciso III do mesmo dispositivo legal, o relator intimará o Ministério Público para, querendo, manifestar-se no prazo de 15 dias.

---

[33] Pelo cabimento do agravo de instrumento: Castro Mendes-Temer, *O incidente*, pp. 250-251.

O dispositivo deixa claro que a exigência é de intimação obrigatória do Ministério Público, e não de efetiva manifestação, de forma que o procedimento deve seguir seu curso no caso de inércia do Ministério Público. O contraditório, mesmo o institucional gerado pela manifestação do Ministério Público como fiscal da lei, se satisfaz com a mera possibilidade de reação. O prazo de 15 dias, entretanto, é impróprio, de modo que a manifestação do *Parquet* será admitida mesmo depois de vencido o prazo, desde que seja feita antes do julgamento do incidente.

O art. 983, *caput*, do Novo CPC prevê a participação das partes e demais interessados, inclusive com a possibilidade de designação de audiência pública pelo relator, já tendo sido devidamente analisado.

Após a conclusão das diligências ora analisadas, o art. 983, § 2.º, do Novo CPC determina que o relator solicite dia para o julgamento do incidente.

57.9 JULGAMENTO E SEUS EFEITOS

Nos termos do art. 980, *caput*, do Novo CPC, o incidente será julgado no prazo de um ano e terá preferência sobre os demais feitos, ressalvados os que envolvam réu preso e os pedidos de *habeas corpus*. Sendo superado esse prazo, o parágrafo único do artigo ora analisado prevê que cessa a suspensão dos processos prevista no art. 982, salvo decisão fundamentada do relator em sentido contrário. É muito provável que o fundamento dessa decisão seja o excesso de trabalho, atualmente notório nos tribunais. Cabe, entretanto, ao tribunal compreender o espírito do IRDR, de forma a não exceder o prazo de um ano para seu julgamento, salvo em situações excepcionais.

Tratando-se de decisão monocrática do relator, é cabível o recurso de agravo interno para o órgão colegiado competente para o julgamento do IRDR, nos termos do art. 1.021, *caput*, do Novo CPC. Essa recorribilidade, entretanto, pode se mostrar inútil no caso concreto, bastando ao relator segurar o julgamento desse recurso até o julgamento do IRDR, quando então não admitirá o agravo interno por perda superveniente de objeto.

O procedimento do julgamento do incidente de resolução de demandas repetitivas é tratado pelo art. 984 do Novo CPC.

Segundo o dispositivo, feita a exposição do objeto do incidente pelo relator, o presidente dará a palavra, sucessivamente, ao autor e ao réu do processo originário, e ao Ministério Público, pelo prazo de 30 minutos, para sustentar suas razões. Em seguida, os demais interessados poderão manifestar-se no prazo de 30 minutos, divididos entre todos, sendo exigida inscrição com dois dias de antecedência. Considerando o número de inscritos, o órgão julgador poderá aumentar o prazo para sustentação oral.

Nos termos do § 2.º do artigo ora analisado, o conteúdo do acórdão abrangerá a análise de todos os fundamentos suscitados concernentes à tese jurídica discutida, sejam favoráveis ou contrários. A norma acertadamente exige uma fundamentação exauriente de todos os fundamentos suscitados no incidente em razão da eficácia vinculante do julgamento, mas erra ao condicionar o julgamento a eles.

Ainda que o art. 489, § 1.º, do Novo CPC já crie uma obrigatoriedade de fundamentação real e exauriente, a previsão ora analisada reforça essa ideia, como forma de conscientizar o tribunal de que seu julgamento formará um precedente vinculante, daí a extrema preocupação com a fundamentação do acórdão.

Como o tribunal não está julgando ação ou recurso, mas incidente processual com o objetivo de fixar tese jurídica, não parece exigível a observância do princípio da adstrição, de forma que, mesmo fundamentos não suscitados podem ser considerados pelo tribunal, ainda que para isso seja respeitado o contraditório com a intimação das partes e interessados para se manifestarem sobre tal fundamento.

O julgamento do incidente deve ocorrer mesmo que o autor do processo em primeiro grau desista de seu processo ou o abandone (art. 976, § 1.º, do Novo CPC), o que impede que partes interessadas em evitar a fixação de tese jurídica contrária a seus interesses se organizem para convencer o autor do processo que deu causa à instauração do incidente a desistir ou abandonar (desistência tácita) seu processo visando por consequência a extinção do incidente processual ora analisado.

O incidente de resolução de demandas repetitivas é voltado para conflitos de massa, nos quais se tem uma mesma parte no polo passivo ou partes diferentes que atuam no mesmo ramo econômico. Dessa forma, e a experiência dos recursos especiais e extraordinários repetitivos assim já demonstrou, é plenamente possível que os interessados pretendam evitar a fixação da tese jurídica com a desistência do processo que deu causa à instauração do incidente. A tática de perder os anéis para manter os dedos é vedada expressamente pelo art. 976, § 1.º, do Novo CPC. O tema será analisado em separado.

Segundo o art. 985, I, do Novo CPC, julgado o incidente, a tese jurídica será aplicada a todos os processos individuais ou coletivos que versem sobre idêntica questão de direito e que tramitem na área de jurisdição do respectivo tribunal, inclusive àqueles que transitem nos juizados especiais do respectivo Estado ou região. Trata-se da eficácia vinculante, obrigatória, do precedente criado no julgamento do IRDR.

Além de aplicação nos processos em trâmite, a tese jurídica fixada no incidente também será aplicada aos casos futuros que versem idêntica questão de direito e que venham a transitar no território de competência do respectivo tribunal, até que esse mesmo tribunal a revise (inciso II). Realmente não teria sentido que o precedente só fosse vinculante para os processos pendentes, já que a *ratio* da vinculação naturalmente também alcança processos propostos após o julgamento do IRDR. Nesse caso, inclusive, caberá a concessão de tutela da evidência (art. 311, II, do Novo CPC) e o julgamento liminar de improcedência (art. 332, III, do Novo CPC).

Essa revisão da tese jurídica fixada deve ser provocada pelo tribunal, de ofício, ou pelos legitimados à instauração do incidente, devendo ser regulamentada pelo regimento interno dos tribunais. É importante a previsão legal de que a revisão da tese só pode ser feita pelo próprio tribunal que julgou o IRDR, já que, caso qualquer juiz pudesse entender o precedente como superado e deixar de aplicá-lo, a eficácia vinculante seria seriamente comprometida.

O art. 986 do Novo CPC retira a legitimidade para pedir a revisão da tese dos legitimados no inciso II do art. 977 do Novo CPC, ou seja, as partes. Ocorre, entretanto, que a supressão feita na calada da noite, após a aprovação do texto legal, não gera qualquer resultado prático. Se a revisão pode ser determinada de ofício, é natural que as partes poderão pedi-la, já que tudo o que pode ser realizado ou conhecido de ofício pode ser objeto de provocação das partes[34].

Além da eficácia vinculante para processos judiciais, a criação do precedente no julgamento do IRDR gera outra importante consequência. Nos termos do § 2.º do art. 985 do Novo CPC, tendo o incidente como objeto questão relativa a prestação de serviço concedido, permitido ou autorizado, o resultado do julgamento será comunicado ao órgão, ao ente ou à agência reguladora competente para fiscalização da efetiva aplicação, por parte dos entes sujeitos a regulação, da tese adotada. Trata-se de importante norma porque o respeito aos precedentes vinculantes pelos prestadores de serviços pode servir como importante fator de diminuição no número de processos[35].

---

[34] Câmara, *O novo*, p. 485. Contra: Dantas, *Breves*, p. 2.196.

[35] Câmara, *O novo*, p. 484; Scarpinella Bueno, *Manual*, p. 590; Cabral, *Comentários*, p. 1.447.

A inobservância pelo juízo de primeiro grau e do próprio tribunal competente para o julgamento do IRDR da eficácia vinculante do julgamento do incidente de resolução de demandas repetitivas permite a propositura de reclamação constitucional, nos termos do § 1.º do art. 985 do Novo CPC. Trata-se do remédio processual contra o desrespeito à eficácia vinculante do precedente criado no julgamento do IRDR.

57.10 JULGAMENTO DO IRDR E DO RECURSO, REEXAME NECESSÁRIO E AÇÃO DE COMPETÊNCIA ORIGINÁRIA DO TRIBUNAL

Antes de se fazer a análise do parágrafo único do art. 978 do Novo CPC, é importante dizer que o dispositivo é inconstitucional, e, se assim fosse declarado, muitos problemas práticos do IRDR seriam resolvidos. Conforme apontado pela melhor doutrina, a norma é formalmente inconstitucional porque não constava da versão originária aprovada no Senado tampouco na versão da Câmara dos Deputados[36]. A opção, além de inconstitucional, foi extremamente infeliz.

No direito estrangeiro há duas espécies de tratamento procedimental para a solução de processos repetitivos. O primeiro se vale de causas-piloto (processos-teste), por meio do qual o próprio processo é julgado no caso concreto e a tese fixada nesse julgamento é aplicada aos demais processos com a mesma matéria jurídica. O sistema é adotado na Inglaterra, por meio do *Group Litigation Order*, e na Áustria, por meio do *Pilotverfahren*, tendo seu espírito sido incorporado nos julgamentos dos recursos especial e extraordinário repetitivos em nosso sistema. No segundo sistema tem-se o chamado procedimento-modelo, como o *Musterverfahren* alemão, pelo qual há uma cisão cognitiva e decisória, de forma a ser criado um incidente pelo qual se fixa a tese jurídica a ser aplicada em todos os processos repetitivos, inclusive naquele em relação ao qual o incidente foi suscitado.

Entendo que o IRDR é um sistema inovador, já que não adotou plenamente nenhum dos sistemas conhecidos no direito estrangeiro. Julgará o recurso ou ação e fixará a tese jurídica. Parece ser o sistema de causas-piloto, mas não o é, porque exige a formação de um incidente processual, não sendo, portanto, a tese estabelecida na "causa-piloto". E não é um procedimento-modelo porque o processo ou recurso do qual

---

36 Cabral, *Comentários*, p. 1.428; Scarpinella Bueno, *Novo*, p. 618; Castro Mendes-Temer, *O incidente*, p. 241.

foi instaurado o IRDR é julgado pelo próprio órgão competente para o julgamento do incidente. Um sistema, portanto, brasileiríssimo.

Nos termos do parágrafo único do art. 978 do Novo CPC, o órgão colegiado incumbido de julgar o incidente e de fixar a tese jurídica julgará igualmente o recurso, a remessa necessária ou o processo de competência originária de onde se originou o incidente.

Para parcela da doutrina, trata-se de regra de prevenção do órgão colegiado, de forma que seria possível o julgamento do incidente num primeiro momento somente quando o processo chegasse ao tribunal em grau recursal ou em razão do reexame necessário[37]. Naturalmente, tratando-se de processo de competência originária, o julgamento do incidente e do processo se daria no mesmo momento. O entendimento teria o mérito de permitir a instauração do incidente em processo de primeiro grau, porque o órgão colegiado poderia fracionar sua competência, julgando primeiro o IRDR e somente depois o processo, quando chegasse ao tribunal.

Apesar desse inegável mérito, o entendimento não pode ser adotado. Há, na verdade, variados impedimentos para sua admissão.

Primeiro, não se pode garantir no caso concreto que exista a apelação, para tanto bastando que a parte sucumbente, diante da apelação, deixe de apelar. Aliás, parece ser exatamente esse o desejo do legislador com a eficácia vinculante do precedente criado no julgamento do IRDR: o desestímulo na interposição de recursos contra decisões que apliquem tese já pacificada e com eficácia vinculante fixada pelos tribunais.

Segundo, nesse caso não existirá reexame necessário, já que a sentença fundada em precedente criado no julgamento do IRDR não está sujeita ao reexame necessário, nos termos do art. 496, § 4.º, III, do Novo CPC.

Por fim, o entendimento contraria o próprio espírito do IRDR, de forma que, ao julgar o incidente, o órgão colegiado deverá também julgar, ao mesmo tempo, o recurso, o reexame necessário e o processo de competência originária[38].

57.11 JUIZADOS ESPECIAIS

A regra criada no art. 978, parágrafo único, do Novo CPC, cria um enorme problema nos Juizados Especiais, porque, embora pareça legítimo entender-se pela possibilidade de instauração no IRDR em seu âmbito, o dispositivo cria um impedimento legal para que isso possa ocorrer.

---

37 Marinoni-Arenhart-Mitidiero, *Novo*, p. 915; Medina, *Novo*, p. 1.325.

38 Câmara, *O novo*, p. 481; Dantas, *Breves*, p. 2.185.

Nos Juizados Especiais não cabe reexame necessário e não existem ações de competência originária do tribunal pela simples razão de não existir tribunal em tal microssistema. O problema, portanto, é centrado no recurso, e até mesmo no processo antes da prolação da sentença, para aqueles que admitem esse momento procedimental como apto para a suscitação do IRDR. Por não ser esse meu entendimento, foco o problema no recurso inominado de competência do Colégio Recursal.

O tribunal de segundo grau nesse caso será o competente para o julgamento do IRDR, mas não terá competência para julgar o recurso inominado. Como então respeitar o art. 978, parágrafo único, do Novo CPC?

Uma forma de resolver o impasse seria atribuir uma competência não prevista em lei ao próprio colégio recursal para julgar tanto o IRDR como o recurso inominado. Essa solução está expressa no Enunciado 44 da ENFAM[39]. É solução, entretanto, que, além de criar uma competência inexistente e *contra legem*, cria um sério problema prático. Basta imaginar um IRDR sendo julgado por órgão colegiado do Colégio Recursal e outro pelo Tribunal de Justiça do mesmo Estado. Numa situação dessa é possível que existam decisões conflitantes ou contraditórias, prestando-se o IRDR a violar justamente os princípios que fundamentam sua existência. Não parece, portanto, uma boa solução.

Outra solução será permitir que o tribunal de justiça excepcionalmente ganhe competência para julgar o recurso inominado. Essa solução, entretanto, não deve ser prestigiada, já que os tribunais de segundo grau não têm ingerência jurisdicional nos Juizados Especiais. Ademais, tratando-se de competência absoluta do tribunal, é necessária a existência de expressa previsão legal.

Outra saída seria, nesse caso, excepcionalmente, fracionar o julgamento, de forma que ao tribunal caberá a fixação da tese jurídica com o julgamento do IRDR e ao Colégio Recursal o julgamento do recurso inominado. Trata-se da solução menos traumática, mas que não escapa de crítica, porque afasta, ainda que parcialmente, a aplicação do art. 978, parágrafo único, do Novo CPC.

O problema apresentado não existiria se o órgão colegiado definido pelo regimento interno do tribunal de segundo grau tivesse competência limitada ao julgamento do IRDR, deixando para o órgão fracionário – do

---

39 Enunciado 44: "Admite-se o IRDR nos juizados especiais, que deverá ser julgado por órgão colegiado de uniformização do próprio sistema".

próprio tribunal ou do colégio recursal – o julgamento do recurso com a obrigatória aplicação do precedente fixado no julgamento do IRDR. A opção do legislador, entretanto, como fica claro da leitura do art. 978, parágrafo único, do Novo CPC, não foi essa.

57.12 DESISTÊNCIA OU ABANDONO DO PROCESSO

A previsão do art. 976, § 1.º, do Novo CPC sugere que a desistência ou o abandono do processo de onde se originou o IRDR será homologado pelo juízo, de forma que aquele processo será extinto sem a resolução do mérito. Como parto da premissa de que o incidente só pode ser instaurado em processo que tramite perante o segundo grau de jurisdição, entendo que o dispositivo tenha alcance consideravelmente limitado, aplicando-se tão somente aos processos de competência originária dos tribunais.

Isso em razão do disposto no art. 485, § 5.º, do Novo CPC, que admite a desistência do processo – e por consequência também o abandono, que é uma desistência tácita – até a prolação da sentença. Ou seja, se o IRDR for instaurado em processo em grau recursal ou a espera do julgamento do reexame necessário, não será cabível a desistência ou abandono do processo. Uma forma de otimizar a aplicação do dispositivo é interpretá-lo extensivamente, de modo que onde se lê desistência do processo possa se entender desistência do recurso[40].

É claro que, para aqueles que entendem que é possível a instauração do IRDR em processo em trâmite no primeiro grau de jurisdição, o disposto no art. 976, § 1.º, do Novo CPC faz mais sentido. E nesse caso aplicar-se-ão as regras consagradas nos §§ 4.º e 6.º do art. 485 do Novo CPC, de forma que, depois de apresentada a contestação, a homologação da desistência ou abandono dependerá de anuência do réu.

Independentemente de todos esses problemas de interpretação, e dos esforços hermenêuticos para otimizar sua aplicação no caso concreto, a *ratio* da norma é clara: a desistência ou o abandono, do processo ou do recurso, não pode ser capaz de evitar que o tribunal fixe a tese jurídica. E, mesmo sendo omisso o dispositivo legal, o mesmo ocorre com a transação, que será homologada resolvendo-se o processo no caso concreto, mas não impedirá o julgamento do IRDR[41]. Afirma-se que o interesse público no bom funcionamento do instituto, capaz de gerar segurança jurídica,

---

[40] Cabral, *Comentários*, p. 1.423.

[41] Cabral, *Comentários*, p. 1.423.

previsibilidade e isonomia, justifica o julgamento do incidente, com a fixação da tese, mesmo com o processo do qual se originou tal incidente já tendo sido extinto[42].

Trata-se, entretanto, de situação bastante singular, que contraria a regra básica e secular de que o acessório segue o principal. A sobrevivência de um incidente com o processo de onde ele se originou extinto lembra a figura da alma sem corpo. Ainda que a regra se preste para evitar manobra de partes interessadas em evitar a fixação de tese jurídica contrária a seus interesses, com a consequente criação de um precedente com eficácia vinculante, não deixa de causar estranheza.

57.13 RECURSOS

O relator na condução do incidente proferirá decisões monocráticas interlocutórias, recorríveis por agravo interno, salvo na hipótese da decisão que determina a suspensão dos processos individuais e coletivos que versam sobre a mesma matéria, porque nesse caso não resta alternativa ao relator que não a determinação da suspensão.

Da decisão que inadmite o incidente não cabe recurso especial, seja pela expressa previsão legal do art. 987, *caput*, do Novo CPC, seja porque não haverá o julgamento da "causa" exigida pelo art. 105, III, da CF. Do acórdão que julga o incidente no mérito cabe recurso especial e extraordinário.

E de todas essas decisões, interlocutórias ou finais, monocráticas ou colegiadas, cabe o recurso de embargos de declaração.

Segundo o art. 987, *caput*, do Novo CPC, contra a decisão que julgar o incidente caberá recurso especial ou recurso extraordinário, conforme o caso, que excepcionalmente terão efeito suspensivo, presumindo-se a repercussão geral de questão constitucional discutida (art. 987, § 1.º, do Novo CPC). Trata-se, à evidência, de presunção absoluta de repercussão geral.

Esse cabimento recursal, ainda que de duvidosa constitucionalidade, é plenamente justificável, já que sem a possibilidade de julgamento do IRDR pelos tribunais superiores a eficácia vinculante do precedente nele firmado ficaria limitada a somente o Estado (Justiça Estadual) ou Região (Justiça Federal), o que poderia levar a uma multiplicidade de incidentes com eficácia territorial reduzida e eventual desarmonia dos julgados.

---

42 Wambier-Conceição-Ribeiro-Mello, *Primeiras*, p. 1.398.

Por outro lado, com eficácia vinculante limitada territorialmente e sem uma decisão com eficácia vinculante proferida pelos tribunais superiores, as partes dos processos julgados em segundo grau com aplicação da tese fixada no IRDR estariam livres para a interposição de recurso especial e/ou recurso extraordinário, o que conspira contra o propósito claro do legislador de diminuir a quantidade desses recursos.

Apesar da justificativa pragmática, deve-se questionar a constitucionalidade do art. 987, *caput,* do Novo CPC, considerando-se que tanto o art. 102, III, *caput*, como o art. 105, III, *caput*, da CF exigem para o cabimento do recurso extraordinário e especial que o acórdão impugnado tenha decidido "causa" em única ou última instância.

De nada adianta, como parcela da doutrina sustenta, que com o recurso especial ou extraordinário, além do IRDR, também siga para o tribunal superior o recurso, reexame necessário ou processo de competência originária de onde se originou o incidente processual, pois dessa forma o tribunal superior estaria julgando em grau recursal "causa" já decidida pelo tribunal de segundo grau[43].

No caso, estar-se-á diante de dois julgamentos, ainda que formalmente possa ser elaborado somente um acórdão, o que, inclusive, nem é recomendável que aconteça. No entanto, mesmo que exista somente um acórdão, fica claro que ele terá dois capítulos: um que julgará o IRDR e fixará a tese jurídica, e outro que julgará o recurso, reexame necessário ou processo de competência originária de onde se originou o incidente. Quanto a este é indiscutível a decisão da causa, mas, quanto àquele, terá havido realmente julgamento de uma causa? Ao se responder que não, o recurso especial ou extraordinário seria admitido apenas parcialmente, o que não chega a ser anormal diante de nosso sistema processual.

Contudo, o art. 987, *caput,* do Novo CPC prevê o cabimento de recurso especial e extraordinário contra a decisão do IRDR, omitindo-se quanto ao cabimento de tais recursos contra o julgamento do recurso, reexame necessário ou processo de competência originária de onde se originou o incidente. E tal omissão não gera qualquer problema, porque nesse caso o julgamento atende ao requisito de "causa decidida" previsto no texto constitucional.

---

43 Dantas, *Breves*, p. 2.197.

Há, entretanto, outra razão, ainda mais significativa, para se afastar a pretensão de decisão reflexa da causa no julgamento concomitante do IRDR e do recurso, reexame necessário ou processo de competência originária de onde se originou o incidente. Nos termos do art. 976, § 1.º, do Novo CPC, a desistência ou abandono do processo não impede o exame de mérito do incidente, sendo claro nesse sentido que o único julgamento a ser realizado pelo tribunal de segundo grau será do IRDR. Nessa hipótese, a "causa" da qual se originou o incidente não será impugnável por recurso especial ou extraordinário...[44]

A realidade é que não se podem buscar subterfúgios para tentar explicar a constitucionalidade do dispositivo ora comentado. Ou o julgamento do IRDR representa decisão de "causa" e o art. 987, *caput*, do Novo CPC é constitucional, ou não há causa decidida nesse caso e o dispositivo é inconstitucional.

Compreendo que, se se entendesse pela inconstitucionalidade do dispositivo, seria trágico para a realidade forense e para os objetivos traçados pelo legislador para o IRDR. A solução, ainda que tecnicamente discutível, será alargar o conceito de "causa" para fazer nele caber o julgamento do IRDR. O histórico desse entendimento, entretanto, não é favorável, como denuncia o enunciado da Súmula 513 do STF: "A decisão que enseja a interposição de recurso ordinário ou extraordinário não é do plenário, que resolve o incidente de inconstitucionalidade, mas a do órgão (Câmaras, Grupos ou Turmas) que completa o julgamento do feito".

Ademais, como bem colocado pela melhor doutrina, um problema colateral de entender-se que o IRDR é uma "causa" é a constitucionalidade do próprio IRDR, que passaria a ser uma causa de competência originária do tribunal de segundo grau sem previsão expressa na Constituição Federal (art. 108 da CF) nem nas Constituições Estaduais (art. 125, § 1.º, da CF)[45].

Será uma disputa épica entre o técnico e o pragmático, com provável vitória do pragmático.

A legitimidade ativa para a interposição desses recursos é bastante ampla. São legitimados todos os sujeitos que têm legitimidade para a suscitação do incidente, salvo o juiz ou relator, já que não existe recurso de ofício no sistema processual brasileiro. Também são legitimadas as partes dos processos individuais e coletivos que, por versarem sobre a mesma

---

[44] Scarpinella, *Novo*, p. 632.

[45] Scarpinella, *Novo*, p. 631.

matéria jurídica do IRDR, serão obrigatoriamente afetados em razão da eficácia vinculante do precedente formado em seu julgamento. A legitimidade, nesse caso, será de terceiro prejudicado[46]. Também o *amicus curiae* tem legitimidade recursal, nos termos do art. 138, § 3.º, do Novo CPC.

Caberá ao relator ou ao órgão colegiado competente a análise da admissibilidade do recurso especial ou extraordinário, não havendo nesse ponto qualquer excepcionalidade. Caso não tenha havido a suspensão dos processos em todo o território nacional prevista no art. 982, § 3.º, do Novo CPC, o órgão colegiado do tribunal superior poderá determiná-la, inclusive de ofício.

Sendo julgado o recurso especial ou extraordinário no mérito, o art. 987, § 2.º, do Novo CPC, prevê que a tese jurídica adotada pelo tribunal superior será aplicada no território nacional a todos os processos individuais ou coletivos que versem sobre idêntica questão de direito. Embora não exista expressa menção nesse sentido, no julgamento do recurso especial ou extraordinário o tribunal superior também decidirá, em grau recursal, o recurso, a ação de competência originária ou o reexame necessário de onde surgiu o incidente de resolução de demandas repetitivas.

Apesar de sua duvidosa constitucionalidade, do ponto de vista pragmático a recorribilidade da decisão do incidente de resolução de demandas repetitivas por meio de recurso especial e/ou recurso extraordinário deve ser saudada. Afinal, com a decisão dos tribunais superiores em grau recursal, a tese jurídica estará resolvida em julgamento com eficácia vinculante em todo o território nacional. Sendo a principal preocupação do legislador na criação do incidente ora analisado o respeito ao princípio da isonomia, é compreensível que a tese jurídica fixada venha a ser aplicada em todos os processos, independentemente do local em que tramitem.

E é justamente por isso que o legislador, ao condicionar a chegada do incidente ao Supremo Tribunal Federal e ao Superior Tribunal de Justiça à interposição de recurso, correu um risco sério e desnecessário. E se não for interposto recurso contra a decisão do tribunal de segundo grau, com o consequente trânsito em julgado e formação de coisa julgada material em segundo grau? Ainda que se possa alegar que com tantos participantes no incidente (partes, Ministério Público, *amicus curiae* e Defensoria Pública) a chance de não haver a interposição de recurso é mínima, ela existe e deve ser considerada.

---

[46] Medina, *Novo*, pp. 1.330-1.331.

Vou exemplificar minha preocupação. Um incidente de resolução de demandas repetitivas é julgado pelo Tribunal de Justiça de São Paulo e, em razão da não interposição de recurso, tem sua decisão transitada em julgado. A eficácia vinculante obrigará todos os juízos paulistas a aplicar a tese jurídica fixada pelo tribunal, mas em outro incidente proposto perante o Tribunal de Justiça da Paraíba há prolação de decisão em sentido diametralmente oposto, e que também transita em julgado pela ausência de interposição de recurso. Processos em trâmite em São Paulo e na Paraíba terão obrigatoriamente decisões divergentes, e a grande pretensão com a criação do incidente ora analisado, a preservação da isonomia, será ferida de morte.

Cenário também pouco confortável é o trânsito em julgado de um incidente em tribunal estadual ou federal e posteriormente trânsito em julgado em incidente que em grau recursal chegou ao tribunal superior. Teríamos a aplicação da tese jurídica fixada pelo Supremo Tribunal Federal ou pelo Superior Tribunal de Justiça em todos os estados e regiões, salvo naquela em que já havia trânsito em julgado de incidente previamente julgado. Novamente, não é preciso muito esforço para se notar uma violação clara e inaceitável do princípio da isonomia.

Os riscos apresentados, ainda que reconhecidamente pequenos, poderiam ter sido resolvidos de duas formas. O legislador poderia ter previsto para o tribunal de segundo grau apenas a análise da admissibilidade do incidente, sendo o julgamento de seu mérito de competência privativa dos tribunais superiores. É a solução mais radical porque envolveria uma mudança significativa do procedimento. A outra forma teria sido criar uma nova hipótese de reexame necessário, prevendo-se que a decisão do incidente em segundo grau seria necessariamente revista pelos tribunais superiores. Seria uma solução inovadora, porque o reexame necessário atualmente é de sentença e não de acórdão, mas menos dramática do que modificar todo o procedimento do incidente.

No projeto de lei aprovado na Câmara, havia dispositivo prevendo que, no tribunal superior, o relator que recebesse recurso especial ou extraordinário originário de incidente de resolução de demandas repetitivas ficaria prevento para julgar outros recursos que versassem sobre a mesma questão. A regra não foi mantida pelo Senado no texto final do Novo Código de Processo Civil, mas a conclusão pode ser mantida nos termos do parágrafo único do art. 930 do Novo CPC.

58

RECLAMAÇÃO

Originariamente, o Novo Código de Processo Civil regulamenta a reclamação constitucional, matéria já prevista na Constituição Federal e nas Leis 8.038/1990 e 11.417/2006. Ainda que já regulada anteriormente, a opção do legislador em tratar da reclamação constitucional também no CPC traz algumas novidades a respeito do instituto jurídico.

A Constituição Federal prevê duas hipóteses de cabimento de reclamação constitucional: como forma de preservação da competência dos tribunais superiores e de garantia da autoridade de suas decisões. A Lei 11.417/2006, que disciplina a edição, a revisão e o cancelamento de enunciado de súmula vinculante pelo Supremo Tribunal Federal, prevê em seu art. 7.º, *caput*, uma terceira hipótese de cabimento da reclamação constitucional: decisão judicial ou ato administrativo que contrariar, negar vigência ou aplicar indevidamente entendimento consagrado em súmula vinculante.

Constava da redação originária do art. 988, IV, do Novo CPC o cabimento de reclamação constitucional para garantir a observância de precedente proferido em julgamento de recursos repetitivos, mas esse cabimento foi suprimido do dispositivo legal pela Lei 13.256, de 04.02.2016, que alterou o Novo Código de Processo Civil durante seu período de vacância.

Numa primeira leitura dos incisos do art. 988 do Novo CPC, portanto, não consta mais cabimento de reclamação constitucional na hipótese ora analisada. Demonstrando uma técnica legislativa no mínimo duvidosa, entretanto, o § 5.º, II, do art. 988 do Novo CPC garante o cabimento de reclamação constitucional nesse caso, ainda que sob a condição de serem esgotadas as instâncias ordinárias. Se o objetivo do legislador era criar uma condição de admissibilidade da reclamação constitucional nesse caso, deveria ter mantido a hipótese no inciso IV do art. 988 e previsto tal condição no § 5.º do mesmo dispositivo. Estranhamente, entretanto, retirou a hipótese do inciso IV do *caput*, mas a ressuscitou no § 5.º do art. 988 do Novo CPC.

Por "esgotamento das instâncias ordinárias" o legislador aparentemente pretendeu afastar o cabimento de reclamação constitucional contra sentença que desrespeita precedente fixado em julgamento de recurso especial e extraordinário repetitivo.

Um dado curioso, que demonstra que as revisões finais de textos legais após sua aprovação não se limitam a aprimorá-lo em termos redacionais, chegando à inconstitucional alteração de seu conteúdo. No texto aprovado pelo Senado Federal do Projeto de Lei 168/2015, não havia no dispositivo legal previsão expressa a respeito do recurso extraordinário repetitivo no art. 988, § 5.º, II, do Novo CPC, que se limitava a prever a repercussão geral e o recurso especial repetitivo. É lamentável que o legislador confunda repercussão geral com recurso extraordinário repetitivo, desconsiderando a óbvia possibilidade de um recurso extraordinário não ser repetitivo, mas ter repercussão geral. Certamente pensando na bobagem aprovada na Câmara e no Senado, na revisão "redacional" final do texto foi incluído o recurso extraordinário repetitivo.

Dessa forma, se um acórdão desrespeitar o precedente criado em julgamento de recurso especial e extraordinário repetitivo, e em julgamento de recurso extraordinário com repercussão geral, ainda que não repetitivo, caberá reclamação constitucional para o tribunal de superposição. No entanto, no caso de sentença proferida em tais moldes caberá a apelação. O mesmo se diga no caso de decisão monocrática proferida em segundo grau, que, sendo recorrível por agravo interno (art. 1.021, *caput*, do Novo CPC), não poderá ser objeto de reclamação constitucional.

Não considero a previsão do inciso III do artigo ora comentado propriamente uma novidade. Segundo o dispositivo, permite-se reclamação constitucional para garantir a observância de decisão ou precedente do Supremo Tribunal Federal em controle concentrado de constitucionalidade. Entendo que essa hipótese apenas especifica para o processo objetivo a hipótese prevista no inciso II e já existente no sistema processual.

Interessante debate trava-se atualmente quanto ao cabimento de reclamação constitucional à luz da teoria dos efeitos transcendentes dos motivos determinantes.

Durante certo período de tempo, o Supremo Tribunal Federal entendeu que, havendo a declaração concentrada de inconstitucionalidade, os motivos determinantes da decisão geravam efeitos vinculantes *erga omnes*, o que significa que outras normas, que não tinham sido objeto de apreciação no processo objetivo, desde que tivessem o mesmo conteúdo daquela analisada, sofreriam os efeitos do controle concentrado. Uma vez declarada inconstitucional uma norma municipal que determina a criação de um tributo, em todos os processos em que se discutia incidentalmente a constitucionalidade de uma norma de outro município, que cria por lei municipal o mesmo tributo, haveria vinculação dos juízes à decisão do Supremo Tribunal Federal. Não sendo respeitada a decisão, caberia reclamação constitucional[1].

Mais recentemente, entretanto, o Supremo Tribunal Federal tornou-se refratário à adoção da teoria[2], inclusive rejeitando reclamações constitucionais que têm como objeto lei municipal ainda não declarada inconstitucional pelo tribunal em controle concentrado[3].

Aparentemente visando legislar sobre a polêmica, o art. 988 do Novo CPC em seu § 4.º prevê que as hipóteses dos incisos III e IV compreendem a aplicação indevida da tese jurídica e sua não aplicação aos casos que a ela correspondam. Entendo que o Novo Código de Processo Civil adotou a teoria dos efeitos transcendentes dos motivos determinantes ao se referir a "tese jurídica", e não a norma jurídica decidida concretamente pelo Supremo Tribunal Federal.

Tanto a parte interessada como o Ministério Público têm legitimidade para apresentar reclamação constitucional (art. 988, *caput*, do Novo CPC), mas devem se atentar ao trânsito em julgado da decisão, porque, consagrando entendimento jurisprudencial consolidado, o art. 988, § 5.º, prevê ser vedada a propositura de reclamação após o trânsito em julgado da decisão.

---

1 STF, Rcl 2.986 MC/SE, decisão monocrática, Min. Celso de Mello, j. 11.03.2005, *DJ* 18.03.2005, p. 87; Rcl 2.363/PA, Tribunal Pleno, rel. Min. Gilmar Mendes, j. 23.10.2003.

2 STF, Tribunal Pleno, Rcl 3.294 AgR/RN, rel. Min. Dias Toffoli, j. 03.11.2011, *DJe* 29.11.2011; STF, Tribunal Pleno, Rcl 9.778 AgR/RJ, rel. Min. Ricardo Lewandowski, j. 26.10.2011, *DJe* 11.11.2011; STF, Tribunal Pleno, Rcl 3.014/SP, rel. Min. Ayres Britto, j. 10.03.2010, *DJe* 21.05.2010.

3 STF, 1.ª Turma, Rcl 11.478 AgR/CE, rel. Min. Marco Aurélio, j. 05.06.2012, *DJe* 21.06.2012.

O § 1.º do artigo ora comentado prevê que a reclamação pode ser proposta perante qualquer tribunal, e seu julgamento compete ao órgão jurisdicional cuja competência se busca preservar ou autoridade se pretenda garantir. A previsão tem alcance prático significativo, em especial quanto aos tribunais de segundo grau. Para os tribunais de justiça, já não será mais necessária a previsão de cabimento nas Constituições Estaduais, e para os tribunais regionais federais dispensa-se uma previsão expressa nesse sentido na Constituição Federal.

Em termos de procedimento, o Novo Código de Processo Civil substancialmente copia as regras procedimentais já previstas na Lei 8.038/1990. E, seguindo as lições doutrinárias sobre o tema, no projeto de lei aprovado pela Câmara havia regra expressa de aplicação subsidiária das regras procedimentais do mandado de segurança[4]. Apesar da regra não constar do texto final do Novo CPC aprovado pelo Senado, a aplicação subsidiária mencionada tende a continuar a existir.

Em razão do afirmado, não concordo com o teor da Emenda constante do tópico 2.3.2.245 do Parecer Final 956 do Senado, responsável pela supressão da regra ora analisada: "A reclamação está suficientemente disciplinada no SCD. As demais questões podem ficar para o regimento interno, como acontece hoje. Indicar o procedimento do mandado de segurança trará dificuldades na autoexecutoriedade das decisões nas hipóteses, inúmeras, em que não se admitem liminares". Ainda que os Regimentos Internos dos tribunais possam complementar o procedimento da ação rescisória, não há qualquer impedimento para a aplicação, no que couber, das regras procedimentais do mandado de segurança.

O art. 988, §§ 2.º e 3.º, do Novo CPC copia o art. 13, parágrafo único, da Lei 8.038/1990 ao prever que reclamação deverá ser instruída com prova documental e dirigida ao presidente do tribunal, e, assim que for recebida, será autuada e distribuída ao relator do processo principal, sempre que possível.

O art. 989 do Novo CPC inova apenas no inciso III ao tratar das medidas a serem adotadas pelo relator ao despachar a reclamação. O inciso I, que prevê a requisição de informações da autoridade a quem for imputada a prática do ato impugnado, que as prestará no prazo de dez dias, e o inciso II, que prevê a ordem de suspensão do processo ou do ato impugnado para evitar dano irreparável, repetem os incisos do art. 14 da Lei 8.038/1990.

---

[4] Neves, *Ações*, n. 8.3.1., p. 328.

A novidade fica por conta do inciso III ao prever que o relator determinará a citação do beneficiário da decisão impugnada, que terá prazo de quinze dias para apresentar a sua contestação. A norma deve ser elogiada porque a eventual procedência da reclamação constitucional pode prejudicar o beneficiário da decisão impugnada, que passa a ter a oportunidade de se manifestar na reclamação constitucional na defesa de tal decisão e por consequência na manutenção de sua situação de vantagem.

A possibilidade de qualquer interessado impugnar o pedido do reclamante prevista no art. 990 do Novo CPC já vinha consagrada no art. 15 da Lei 8.038/1990, e a regra de intervenção obrigatória do Ministério Público, que terá vista do processo por cinco dias, após o decurso do prazo para informações, consagrada no art. 991 do Novo CPC, é cópia parcial do art. 16 da Lei 8.030/1990.

A repetição é apenas parcial porque o art. 991 do Novo CPC traz como novidade o oferecimento da contestação pelo beneficiário do ato impugnado.

O art. 992 do Novo CPC, ao prever que, julgando procedente a reclamação, o tribunal cassará a decisão exorbitante de seu julgado ou determinará medida adequada à solução da controvérsia, é cópia do art. 17 da Lei 8.038/1990, e o art. 993, ao prever que o presidente do tribunal determinará o imediato cumprimento da decisão, lavrando-se o acórdão posteriormente, é cópia do art. 18 da Lei 8.038/1990.

Como novidade procedimental, registre-se o art. 988, § 6.º, ao prever que a inadmissibilidade ou o julgamento do recurso interposto contra a decisão proferida pelo órgão reclamado não prejudica a reclamação.

59

TEORIA GERAL DOS RECURSOS

59.1 SUCEDÂNEOS RECURSAIS

59.1.1 Reexame necessário

O reexame necessário está previsto no art. 493 do Novo CPC. Em seu *caput* é mantida a equivocada previsão de que o duplo grau de jurisdição obrigatório é condição impeditiva dos efeitos da sentença, perdendo-se uma excelente oportunidade de correção do equívoco. As sentenças sujeitas ao reexame necessário não tiveram alteração, apenas modificando-se "a execução de dívida ativa da Fazenda Pública" (art. 475, II, do CPC/1973) por "execução fiscal" (art. 496, II, do Novo CPC).

O § 1.º do art. 496 do Novo CPC comete um erro primário, em alteração equivocada do § 1.º do art. 475 do CPC/1973. Segundo o texto vigente, havendo ou não apelação, o juiz remeterá os autos do processo ao tribunal em segundo grau, enquanto no texto projetado essa remessa só ocorrerá se for ultrapassado o prazo de apelação sem sua interposição. Pelo dispositivo legal, portanto, se houver apelação, não haverá necessidade de reexame necessário. Há duas críticas ao dispositivo legal.

Como o art. 496, § 1.º, do Novo CPC afirma apenas que a não interposição de apelação dentro do prazo leva à remessa necessária, sem especificar de qual das partes é a apelação não interposta, é possível concluir que, havendo sucumbência recíproca e sendo interposta apelação pela parte contrária à Fazenda Pública, não haverá reexame necessário. E se a parcela de sucumbência da Fazenda Pública puder ser tipificada numa das hipóteses dos incisos do art. 496?

Com considerável boa vontade pode-se interpretar que a apelação mencionada no dispositivo legal é da Fazenda Pública, só havendo reexame necessário na hipótese de ela não interpor o recurso. Contudo, ainda assim o dispositivo é problemático porque historicamente a apelação da Fazenda Pública nunca impediu o reexame necessário por duas razões: o recurso pode ser parcial, enquanto o reexame necessário é sempre total, e o recurso pode não ser admitido por vício formal, enquanto o reexame necessário não corre esse risco, sendo sempre julgado pelo tribunal de segundo grau.

No tocante às exceções ao reexame necessário, encontram-se as mais importantes e elogiáveis modificações.

Segundo o § 3.º do dispositivo ora analisado, não haverá duplo grau obrigatório quando a condenação ou o proveito econômico obtido na causa for de valor certo e líquido inferior a mil salários mínimos para União, e as respectivas autarquias e fundações de direito público, quinhentos salários mínimos para os Estados, o Distrito Federal, as respectivas autarquias e fundações de direito público, e os Municípios que constituam capitais dos Estados, cem salários mínimos para todos os demais municípios e respectivas autarquias e fundações de direito público.

Como se pode notar, o valor mínimo de sucumbência da Fazenda Pública para que a sentença esteja sujeita ao reexame necessário foi alterado substancialmente, passando dos sessenta salários mínimos previstos no art. 475, § 2.º, do CPC/1973 para até mil salários mínimos a depender do caso concreto.

E buscou-se uma gradação de valores a depender da pessoa jurídica de direito público sucumbente. A ideia é boa, mas sua execução deve gerar incongruências lógicas relevantes porque não foi levado em consideração o *status* econômico do ente público, o que deve mais importar quando se trata de rever obrigatoriamente a sentença que lhe gera uma sucumbência econômica. Há municípios no Brasil mais ricos que Estados, e nesse caso há evidente incongruência lógica em dispensar o reexame necessário para o ente mais rico até cem salários mínimos e em até quinhentos para o mais pobre. Essa situação se intensifica quando comparados municípios que são capitais de Estado e outros que, apesar de não serem capitais, são mais ricos que aqueles. As gradações são sempre difíceis, embora muito mais justas que um valor fixo para toda e qualquer pessoa jurídica de direito público. O problema é fazer gradações que não levam em consideração o elemento essencial que a justifica.

O § 4.º do art. 496 também amplia a dispensa do reexame necessário em razão de sentença fundamentada em jurisprudência consolidada dos tribunais superiores. Segundo o dispositivo, não há reexame necessário se a sentença estiver fundada em súmula de tribunal superior (I), acórdão proferido pelo Supremo Tribunal Federal ou pelo Superior Tribunal de Justiça em julgamento de recursos repetitivos (II), entendimento firmado em incidente de resolução de demandas repetitivas ou de assunção de competência (III).

Outra significativa novidade do § 4.º é a inclusão, como causa de afastamento do duplo grau obrigatório, de entendimento coincidente com orientação vinculante firmada no âmbito administrativo do próprio ente público, consolidada em manifestação, parecer ou súmula administrativa (IV).

59.1.2 Correição parcial

A correição parcial é medida judicial cabível diante da inversão da ordem na prática dos atos procedimentais, gerando como consequência uma confusão procedimental. A amplitude do cabimento do recurso de *agravo* contra decisões interlocutórias no sistema do CPC/1973 levava a autorizada doutrina a concluir pela inutilidade da correição parcial no sistema processual civil atual[1]. O Superior Tribunal de Justiça reconhecia no sistema anterior o cabimento da correição parcial na hipótese de omissão do juízo ou de despacho[2].

Com a opção adotada pelo Novo Código de Processo Civil de criar um rol exaustivo de decisões interlocutórias recorríveis por agravo de instrumento, a exemplo do que ocorre no processo penal com o recurso em sentido estrito, é possível que a utilização da correição parcial passe a ser mais comum, ainda que não se anteveja grande popularização de tal meio de impugnação. Além da omissão e do despacho, também as decisões interlocutórias não recorríveis por agravo de instrumento poderão ser impugnadas por correição parcial, desde que responsáveis por alteração da ordem procedimental com geração de confusão processual.

---

1 Jorge, *Teoria*, p. 187.

2 AgRg no AgRg no REsp 1038446/RJ, AgRg no AgRg no REsp 2008/0052725-6, rel. Min. Luiz Fux, 1.ª Turma, j. 20.05.2010, *DJe* 14.06.2010.

59.1.3 Pedido de reconsideração contra a decisão interlocutória não impugnável por agravo

Com a opção do Novo CPC de limitar o cabimento do agravo de instrumento a decisões interlocutórias expressamente previstas em lei, é natural que algumas dessas decisões deixarão de ser recorridas imediatamente por via de tal recurso. No entanto, é incorreto imaginar que elas se tornarão irrecorríveis, já que o art. 1.009, § 1.º, do Novo CPC prevê a recorribilidade de tais decisões na apelação ou contrarrazões, exatamente como já ocorre atualmente no processo trabalhista e nos Juizados Especiais (cumprindo o recurso inominado o papel da apelação).

No projeto de lei aprovado na Câmara, para que a decisão interlocutória não recorrível por agravo de instrumento pudesse ser impugnada na apelação ou contrarrazões, a parte deveria, no primeiro momento em que se manifestasse nos autos, apresentar um protesto específico contra ela, "sob pena de preclusão". A natureza jurídica desse protesto prometia gerar polêmica.

Enquanto se previa que a decisão interlocutória seria impugnada na apelação e nas contrarrazões, dando a entender que eram esses os recursos cabíveis e que o protesto seria tão somente um ato procedimental para evitar a preclusão da decisão, havia previsão no projeto de lei aprovado pela Câmara de que as razões do protesto teriam que ser apresentadas na apelação ou contrarrazões, dando a entender que a decisão seria impugnada pelo protesto, postergando-se a apresentação de razões para um momento superveniente. Como já ocorre no processo penal, teríamos inovação no processo civil no sentido da interposição e da apresentação das razões recursais ocorrerem em momentos distintos. E o novo sistema iria além, já que as razões seriam apresentadas junto à outra espécie de recurso ou às suas contrarrazões, o que condicionaria a análise do mérito da pretensão recursal às condições de admissibilidade da apelação, e não do protesto.

A solução realmente não era simples. A primeira opção impediria o juiz de primeiro grau de se retratar de sua decisão, fazendo incidir sobre a decisão interlocutória proferida a preclusão *pro iudicato*. Nenhuma lei, entretanto, evitaria que a parte fizesse um pedido de reconsideração e que pedisse subsidiariamente que o pedido fosse recebido como protesto caso o juízo não reconsiderasse sua decisão. E nesse caso, além de duas oportunidades para apresentar suas razões (no pedido de reconsideração/protesto e na apelação ou contrarrazões), em respeito ao princípio do contraditório a parte contrária deveria ser ouvida antes da decisão de retratação.

Ainda que certamente não tivesse sido esse o objetivo do projeto de lei aprovado na Câmara, a praxe forense ressuscitaria o agravo retido, apenas obtendo a parte a vantagem de poder formular novas e mais completas razões no momento da apelação ou contrarrazões. Foi justamente essa a principal justificativa presente na Emenda do tópico 2.3.2.234 para afastar a necessidade de protesto para evitar a preclusão da decisão interlocutória não recorrível por agravo de instrumento.

Admitindo-se uma natureza recursal ao protesto, com duas fases distintas – interposição e apresentação de razões –, a reconsideração seria admitida. O problema é que o protesto, sob qualquer ângulo de análise, não seria fundamentado, e nesse caso a lógica determinava que não haveria qualquer razão para a retratação do juiz. Por outro lado, facultar à parte a apresentação das razões no momento da apresentação do protesto praticamente ressuscitaria o agravo retido, o que não parecia ser o objetivo do projeto de lei aprovado na Câmara, não obstante essa prática pudesse ser decorrência da admissão em nosso sistema, a par da ausência de previsão legal, do pedido de reconsideração.

Independentemente da definição da natureza jurídica do protesto, era de esperar que as partes continuassem a pedir a reconsideração de decisões interlocutórias, formulando pedidos subsidiários para que a manifestação fosse recebida como o protesto exigido por lei para evitar a preclusão. E os que não pretendessem a reconsideração, mas apenas evitar a preclusão, apresentariam petição com uma frase simples e direta: "venho pela presente protestar contra a decisão de fls.".

Esses possíveis problemas práticos desaparecem no texto final do Novo CPC aprovado pelo Senado porque o protesto contra decisão interlocutória não recorrível por agravo de instrumento como forma de evitar sua preclusão deixa de existir. Dessa forma, independentemente de qualquer manifestação da parte sucumbente, manterá o interesse recursal em impugnar tal decisão em sede de apelação ou contrarrazões. Preferiu-se a técnica procedimental já presente no procedimento sumaríssimo dos Juizados Especiais ao procedimento presente na Justiça Trabalhista.

O pedido de reconsideração, entretanto, apesar de continuar a não ser previsto em lei, deve aumentar significativamente em razão de a recorribilidade de decisão interlocutória por meio de agravo de instrumento ter passado a ser limitada às hipóteses legais. Também o mandado de segurança passará a ser utilizado como sucedâneo do agravo de instrumento incabível, cabendo aos tribunais dosar sua admissão, que deverá ser reservada às situações excepcionais de evidente violação de direito líquido e certo.

59.2 RECURSO ADESIVO

A única novidade do Novo CPC no tocante ao recurso adesivo é a modificação de suas hipóteses de cabimento, antes previstas no art. 500, II, do CPC/1973. Como no Novo CPC não há previsão de embargos infringentes, coerentemente esse recurso não é mais considerado nas hipóteses de cabimento do recurso adesivo, que, segundo o art. 997, § 2.º, II, do Novo CPC, fica limitado a apelação, recurso especial e extraordinário.

Há uma interessante consequência na manutenção da regra prevista no art. 500, I, do CPC/1973 pelo art. 997, § 2.º, I, do Novo CPC. Segundo os dispositivos legais, o recurso adesivo deve ser apresentado no prazo que a parte dispõe para responder, o que atualmente é inaplicável quando o recorrente adesivo for a Fazenda Pública em razão do disposto no art. 188 do CPC/1973. Afinal, se a Fazenda Pública tem prazo em dobro para recorrer, tem prazo simples para contrarrazões, como já devidamente demonstrado. Ocorre, entretanto, que o art. 183, *caput*, do Novo CPC prevê que a Fazenda Pública tem prazo em dobro para qualquer manifestação processual, de forma que seu prazo para contra-arrazoar também passa a ser contado em dobro, o que torna a regra consagrada no art. 997, § 2.º, I, correta, inclusive quando o recorrente adesivo for a Fazenda Pública.

59.3 EFEITOS DOS RECURSOS

59.3.1 Efeito devolutivo

A dimensão horizontal da devolução é entendida pela melhor doutrina como a extensão da devolução, estabelecida pela matéria em relação à qual uma nova decisão é pedida, ou seja, pela extensão o recorrente determina o que pretende devolver ao tribunal, com a fixação derivando da concreta impugnação à matéria que é devolvida. Na dimensão vertical, entendida como sendo a profundidade da devolução, estabelece-se a devolução automática ao tribunal, dentro dos limites fixados pela extensão, de todas as alegações, fundamentos e questões referentes à matéria devolvida. Trata-se do material com o qual o órgão competente para o julgamento do recurso irá trabalhar para decidi-lo[3].

---

[3] Barbosa Moreira, *Código*, n. 237, p. 429; Marinoni-Arenhart, *Manual*, p. 531; STJ, 3.ª Turma, REsp 714.068, rel. Min. Nancy Andrighi, j. 1.º.04.2008.

No tocante à extensão da devolução, análise que deve ser feita em primeiro lugar, é determinada a devolução a partir da matéria impugnada pelo recorrente, podendo o recurso ser total ou parcial. É correto mencionar nesse momento os capítulos da decisão que geram sucumbência à parte, sendo dela a escolha de impugnar todos eles, devolvendo-os ao tribunal, ou impugnar somente alguns, limitando assim tal devolução[4]. Trata-se de aplicação do art. 515, *caput*, do CPC, dispositivo legal que consagra a máxima do direito romano *tantum devolutum quantum appellatum*[5].

As previsões do art. 515, *caput* e §§ 1.º e 2.º, do CPC/1973, que tratam da profundidade do efeito devolutivo, são substancialmente mantidas pelo art. 1.013, *caput* e §§ 1.º e 2.º, do Novo CPC. Apenas especifica-se no § 1.º que a profundidade da devolução quanto a todas as questões suscitadas e discutidas, ainda que não tenham sido solucionadas, está limitada ao capítulo impugnado, ou seja, à extensão da devolução. Trata-se de antiga lição de que a extensão do efeito devolutivo está condicionada à sua dimensão[6].

Entendo que, em razão da regra geral prevista no art. 1.013, § 2.º, do Novo CPC, a previsão específica contida no § 4.º do mesmo dispositivo legal é inútil. Afinal, o tribunal passar a analisar as demais questões quando afasta prescrição ou decadência que fundamentou a sentença recorrida é consequência da profundidade do efeito devolutivo. A prova maior do alegado é que atualmente, mesmo sem qualquer norma expressa nesse sentido, os tribunais já vêm atuando dessa maneira com fundamento nos §§ 1.º e 2.º do art. 515 do CPC/1973.

Enquanto o § 1.º do art. 1.013 do Novo CPC trata de questões vinculadas ao capítulo impugnado, e o § 2.º dos fundamentos do pedido ou de defesa, não há menção expressa quanto a devolução, pela profundidade, de pedido não enfrentado pelo juízo inferior. A questão é interessante porque o juízo pode deixar de enfrentar pedido que tenha restado prejudicado em razão do acolhimento ou rejeição de outro pedido. Havendo recurso e reforma dessa decisão, o pedido não enfrentado pelo juízo inferior terá que ser decidido, mas qual órgão será competente para tanto?

Não resta dúvida que a *ratio* da profundidade da devolução leva à conclusão de que esse pedido deve ser decidido originariamente pelo tribunal, desde que maduro para imediato julgamento. Por outro lado,

---

4 Dinamarco, *A nova era*, n. 65, p. 129.

5 Fux, *Curso*, p. 955.

6 STJ, 3ª Turma, AgRg no REsp 1.318.479/SP, rel. Min. Paulo de Tarso Sanseverino, j. 09.09.2014, *DJe* 25/09/2014.

realmente a hipótese não é consagrada no art. 1.013 do Novo CPC. O Enunciado 103 do Fórum Permanente de Processualistas Civis (FPPC) consagra corretamente o primeiro entendimento: "*A decisão parcial proferida no curso do processo com fundamento no art. 497, I [atual art. 485], sujeita-se a recurso de agravo de instrumento*".

Realmente parece ser a melhor solução, ainda mais se for levado em conta o art. 1.013, § 3.º, III, do Novo CPC, que prevê a possibilidade de decisão originária pelo tribunal na apelação na hipótese de ser constatada omissão no exame de um dos pedidos. São situações diferentes, porque, no pedido não julgado por estar prejudicado, não há qualquer vício na sentença (o pedido não deveria mesmo ter sido julgado), enquanto a omissão gera sentença viciada (pedido que deveria ser decidido e não o foi). A analogia, entretanto, é inevitável.

Especificamente quanto aos recursos extraordinário e especial, vale a menção ao art. 1.034 do Novo CPC. O *caput* do dispositivo prevê que, sendo admitidos tais recursos, o tribunal julgará a causa, aplicando o direito, enquanto o parágrafo único, que mais interessa ao tema ora versado, prevê que, tendo sido admitido o recurso extraordinário ou especial por um fundamento, devolve-se ao tribunal superior o conhecimento dos demais fundamentos para a solução do capítulo impugnado. Apesar de o dispositivo não fazer expressa menção à necessidade de tais fundamentos já terem sido objeto de decisão prévia, ainda que não expressamente impugnadas pelo recurso, é possível concluir que o dispositivo consagra expressamente a profundidade do efeito devolutivo ao recurso extraordinário e especial, excepcionando-se nesse caso a exigência de prequestionamento[7].

59.3.2 Efeito suspensivo

Nem todo recurso tem efeito suspensivo previsto em lei, mas em todos eles é possível a sua obtenção no caso concreto, desde que preenchidos determinados requisitos. O efeito suspensivo previsto em lei, que de nada depende para ser gerado, é chamado de efeito suspensivo próprio, enquanto o efeito suspensivo obtido no caso concreto, a depender do preenchimento de determinados requisitos, porque em regra o recurso não o tem, é chamado de efeito suspensivo impróprio.

---

[7] *Informativo* 490/STJ: 2.ª Seção, EREsp 595.742-SC, rel. originário Min. Massami Uyeda, rel. p/ acórdão Min. Maria Isabel Gallotti, j. 14.12.2011.

Dessa forma, existem dois critérios para a concessão do efeito suspensivo: 1.º critério: *ope legis*, no qual a própria lei se encarrega da previsão de tal efeito como regra; e 2.º critério: *ope judicis*, no qual caberá ao juiz no caso concreto, desde que preenchidos os requisitos legais, a concessão do efeito suspensivo.

A distinção é interessante porque no primeiro critério – efeito suspensivo próprio – a decisão que recebe o recurso no efeito suspensivo, além de não depender de provocação da parte, tem uma natureza declaratória, com efeitos *ex tunc*, considerando-se que reafirma e prorroga a situação de ineficácia natural da decisão recorrida. Já no segundo critério – efeito suspensivo impróprio –, a decisão, que depende de expresso pedido do recorrente, é a responsável pela concessão do efeito suspensivo, que somente existirá a partir dela, sendo, portanto, um pronunciamento de natureza constitutiva, com efeitos *ex nunc*.

O art. 995, *caput*, do Novo CPC prevê que, salvo quando houver disposição legal ou decisão judicial em sentido contrário, o recurso não impede a geração de efeitos da decisão impugnada, ou seja, no primeiro caso tem-se o efeito suspensivo próprio e no segundo o impróprio. O parágrafo único prevê os requisitos para a concessão do efeito suspensivo pelo relator no caso concreto: (i) risco de dano grave, de difícil ou impossível reparação, causado pela geração imediata de efeitos da decisão; e (ii) ficar demonstrada a probabilidade de provimento do recurso. Trata-se de requisitos típicos de tutela de urgência. Ainda que o dispositivo não o preveja explicitamente, o pedido expresso do recorrente continua a ser requisito para a concessão de efeito suspensivo pelo relator.

Registre-se nesse tocante o disposto no art. 1.012, § 4.º, do Novo CPC, que prevê os requisitos para a concessão de efeito suspensivo a apelação que não o tenha por previsão legal. Segundo o dispositivo legal, a eficácia da sentença poderá ser suspensa pelo relator se o apelante demonstrar a probabilidade de provimento do recurso ou se, sendo relevante a fundamentação, houver risco de dano grave ou de difícil reparação.

Como se pode notar da leitura do dispositivo legal, a concessão de efeito suspensivo não está exclusivamente condicionada aos requisitos da tutela de urgência, como ocorre no art. 995, parágrafo único, do Novo CPC, mas também aos requisitos da tutela de evidência, já que basta ao apelante provar a probabilidade de provimento do recurso para que o efeito suspensivo seja concedido[8].

---

[8] Câmara, *O novo*, p. 516; Mello, *Breves*, p. 2.243. Contra: Wambier-Conceição--Ribeiro-Mello, *Primeiras*, p. 1.446.

O dispositivo capta de forma mais adequada a nova realidade inaugurada pelo Novo Código de Processo Civil quanto às diferentes espécies de tutela provisória, e bem por isso não deve ter sua aplicação limitada ao recurso de apelação. Entendo que, mesmo que haja previsão genérica de efeito suspensivo *ope iudicis* no art. 995, *caput*, do Novo CPC, o art. 1.012, § 4.º, do Novo CPC deve ser considerado norma da teoria geral dos recursos[9], o que não chegaria a ser uma novidade considerada a natureza de recurso-padrão da apelação, que tem vários dispositivos aplicáveis a todas as espécies recursais.

Como o parágrafo único do art. 995 do Novo CPC atribui ao relator o poder de conceder efeito suspensivo ao recurso, não surgem maiores complicações para recursos que, interpostos no tribunal, já têm sua distribuição feita *in continenti*, com a determinação do relator. Prevendo dificuldades na aplicação da regra aos recursos que têm procedimento binário, com interposição perante o órgão julgador (*a quo*) e o julgamento perante o órgão competente para tanto (*ad quem*), o legislador prevê regras expressas para a instrumentalização do pedido de efeito suspensivo perante o juízo *ad quem* mesmo que os autos ainda estejam no juízo *a quo*.

Para a apelação, o art. 1.012, § 3.º, do Novo CPC prevê que o pedido de efeito suspensivo deve ser formulado por simples requerimento dirigido ao relator, quando a apelação já tiver sido distribuída (II) ou dirigida ao tribunal no período compreendido entre a interposição e distribuição do recurso, hipótese em que será o requerimento livremente distribuído, ficando o relator que o receber prevento para o exame e julgamento da apelação (I).

Quanto aos recursos extraordinário e especial, o art. 1.029, § 5.º, também prevê que o pedido de efeito suspensivo seja formulado por meio de simples requerimento, dependendo do estágio procedimental o destinatário de tal peça: (I) ao tribunal superior respectivo, no período compreendido entre a publicação da decisão de admissão do recurso e sua distribuição, ficando o relator designado para seu exame prevento para julgá-lo; (II) relator, se já distribuída o recurso; (III) ao presidente ou ao vice-presidente do tribunal recorrido, no período compreendido entre a interposição do recurso e a publicação da decisão de admissão do recurso, assim como no caso de o recurso ter sido sobrestado, nos termos do art. 1.037.

---

9 Scarpinella Bueno, *Manual*, p. 609; Medina, *Novo*, p. 1.352.

Registre-se que o dispositivo foi substancialmente alterado pela Lei 13.256, de 04.02.2016, que modificou o Novo Código de Processo Civil em seu período de vacância. No texto originário a competência dos tribunais superiores deriva simplesmente da interposição do recurso especial ou extraordinário, sendo o presidente ou vice-presidente do tribunal de segundo grau competente apenas no caso de recurso sobrestado em razão de julgamento repetitivo. Era uma inovação diante do entendimento sumulado do Supremo Tribunal Federal a respeito do tema (Súmulas 634 e 635).

A novidade legislativa daria mais trabalho aos tribunais superiores, que teriam que decidir o pedido de efeito suspensivo em todo e qualquer recurso especial e extraordinário até sua distribuição no tribunal superior, o que essencialmente vinha sendo desenvolvido em segundo grau de jurisdição na vigência do CPC/1973. Como a Lei 13.256, de 04.02.2016, foi uma lei nitidamente de interesse não só da Magistratura, mas em especial dos tribunais superiores, é fácil compreender as razões da mudança legal.

De qualquer forma, tais regras devem ser saudadas em razão da notável dificuldade prática no pedido de efeito suspensivo impróprio perante o tribunal, enquanto os autos do processo, contendo o recurso, estão no primeiro grau. A exigência tácita de ingresso de uma ação cautelar inominada, em flagrante ofensa ao sincretismo processual, para se pedir qualquer tutela de urgência nessas circunstâncias, inclusive o efeito suspensivo impróprio, desafia a lógica e os princípios da economia processual e celeridade. A previsão expressa de que não é necessário ingressar com mais uma ação, mas incidentalmente com um mero requerimento, descomplica o processo e por isso deve ser bastante elogiada. Só lamento que a lei tenha precisado dizer algo tão óbvio, que poderia já ter sido implementado apenas com alguma boa vontade dos tribunais.

Especificamente quanto aos embargos de declaração, é preciso muito cuidado na interpretação do art. 1.026, *caput*, do Novo CPC, que prevê que tal recurso não tem efeito suspensivo. Uma interpretação simplista levaria à conclusão de que qualquer decisão, mesmo impugnada por embargos de declaração, geraria efeitos imediatos, mas tal conclusão é equivocada. A decisão só pode gerar efeitos na pendência dos embargos de declaração se já era capaz de provocá-los antes de sua interposição, até porque não ter efeito suspensivo é diferente de ter efeito ativo, na falta de melhor nome. Significa que, se a decisão impugnada pelos embargos de declaração já é ineficaz, assim continuará até o julgamento do recurso[10]. Conforme analisado anteriormente, é o que ocorre com as decisões impugnáveis por recurso com efeito suspensivo próprio.

Sendo a decisão eficaz, porque impugnável por recurso sem efeito suspensivo próprio, a interposição dos embargos de declaração não interrompe sua eficácia, o que, entretanto, poderá ocorrer excepcionalmente nos termos do art. 1.026, § 1.º, do Novo CPC. Para tanto, o recorrente deve demonstrar a probabilidade de provimento do recurso, ou, sendo relevante a fundamentação, existência de risco de dano grave ou de difícil reparação.

É aparentemente no sentido do texto o Enunciado 218 do Fórum Permanente de Processualistas Civis (FPPC): "A inexistência de efeito suspensivo dos embargos de declaração não autoriza o cumprimento provisório da sentença nos casos em que a apelação tenha efeito suspensivo".

A apelação merece especial atenção no tocante ao efeito suspensivo. O art. 1.012, *caput*, do Novo CPC prevê como regra o efeito suspensivo *ope legis*, de forma que a mera prolação da sentença já é o suficiente para retirar-lhe os efeitos, sendo a suspensão da eficácia prorrogada até o julgamento da apelação. Há, entretanto, exceções a essa regra, nas quais o efeito suspensivo será *ope iudicis*, dependendo, portanto, do preenchimento de requisitos legais no caso concreto.

Ainda que a apelação seja tradicionalmente lembrada como recurso com efeito suspensivo é importante lembrar que, além das exceções previstas no próprio art. 1.012 do Novo CPC, existem várias e importantes legislações extravagantes que retiram o efeito suspensivo da apelação: art. 14 da Lei 7.347/1985, na ação civil pública (na ação popular o Superior Tribunal de Justiça prefere a aplicação do art. 19 da Lei 4.717/1965, de apelação no duplo efeito)[11], art. 14, § 3.º, da Lei 12.016/2009, no mandado de segurança, art. 58, V, da Lei 8.245/1991, nas ações regidas pela Lei de Locações e art. 14 da Lei 5.478/1968 (ação de alimentos, também aplicável à ação exoneratória)[12].

---

10 Scarpinella Bueno, *Novo*, p. 663; Mazzei, *Breves*, pp. 2.286-2.287; Enunciado 218 do FPPC: "A inexistência de efeito suspensivo dos embargos de declaração não autoriza o cumprimento provisório da sentença nos casos em que a apelação tenha efeito suspensivo".

11 STJ, 2.ª Turma, REsp 1.188.564/SP, rel. Min. Mauro Campbell Marques, j. 10.08.2010, *DJe* 10.9.2010.

12 *Informativo* 501/STJ, 3.ª Turma, REsp 1.280.171-SP, rel. Min. Massami Uyeda, j. 02.08.2012.

Além disso, a previsão do art. 1.012, § 1.º, V do Novo CPC tem um potencial de aumentar consideravelmente a quantidade de apelações sem efeito suspensivo. E isso porque a sentença que confirma ou concede a tutela de evidência passa a ser recorrível por apelação sem efeito suspensivo. Caso vingue a aposta do legislador em aumentar significativamente a eficácia vinculante de precedentes criados com essa exata finalidade pelos tribunais, será extremamente comum a concessão de tutela da evidência nos termos do art. 311, II, do Novo CPC, com o que as sentenças que a venham a confirmar serão impugnadas por apelação sem efeito suspensivo[13].

Por fim, cabe uma observação quanto à apelação que impugna decisão interlocutória, nos termos do art. 1.009, § 1.º, do Novo CPC. Nesse caso, apesar da omissão legal, parece correto concluir que, quanto às decisões interlocutórias impugnadas por sentença, a apelação não terá efeito suspensivo. Realmente não teria qualquer sentido suspender os efeitos de uma decisão que já vem gerando normalmente seus efeitos desde sua prolação em razão da apelação. Ademais, mesmo que recorrida em apelação, o tratamento procedimental destinado a essa situação deve ser o do agravo de instrumento, que não tem efeito suspensivo legal.

59.3.3 Efeito translativo

Partindo-se da premissa de que o chamado efeito translativo pode ser explicado pela profundidade do efeito devolutivo, a conclusão de que haveria uma limitação do conhecimento de matérias de ordem pública e outras cognoscíveis de ofício por expressa previsão legal é consagrada pelo art. 1.013, § 1.º, do Novo CPC.

Era nesse sentido o Enunciado 101 do Fórum Permanente de Processualistas Civis (FPPC) aprovado no Encontro de Salvador: "*Não é dado ao tribunal conhecer de matérias vinculadas ao pedido transitado em julgado pela ausência de impugnação*". Infelizmente o Enunciado foi cancelado no Encontro seguinte, ocorrido no Rio de Janeiro.

Por outro lado, o art. 1.034, parágrafo único, do Novo CPC passaria a permitir o conhecimento de ofício de matérias da mesma natureza pelos órgãos de superposição no julgamento de recurso extraordinário e especial.

---

13 Câmara, *O novo*, p. 515.

59.3.4 Efeito expansivo

Será gerado o efeito expansivo sempre que o julgamento do recurso ensejar decisão mais abrangente do que a matéria impugnada – ou ainda quando atingir sujeitos que não participaram como partes no recurso, apesar de serem partes na demanda. Na primeira hipótese, haverá efeito expansivo objetivo, que ainda poderá ser interno ou externo, a depender de a matéria atingida pelo julgamento do recurso estar localizada dentro ou fora da decisão impugnada. Na segunda hipótese, tem-se o efeito expansivo subjetivo.

Como o art. 1.005 do Novo CPC mantém a regra do art. 509 do CPC/1973, apenas com mudanças pontuais de redação, o efeito expansivo subjetivo quanto ao litisconsorte simples deve continuar da mesma forma como é gerado atualmente.

No projeto de lei aprovado na Câmara, havia previsão legal no sentido de serem julgados conjuntamente os recursos de litisconsortes sobre a mesma questão de fato ou de direito e, não sendo possível a reunião para julgamento conjunto, a primeira decisão favorável relativa a um dos litisconsortes, desde que de matéria comum aos demais, estender-se-ia a todos, ou seja, uma eficácia expansiva subjetiva não a todos os litisconsortes simples do processo, mas apenas aos que recorreram da mesma questão de fato ou de direito.

Tratava-se, na realidade, de uma antecipação dos efeitos do julgamento de seus próprios recursos, o que preservaria a harmonização dos julgados. A norma não consta do texto final do Novo CPC aprovado pelo Senado.

Em mais uma norma constante do projeto de lei aprovado na Câmara e retirada do texto final do Novo CPC pelo Senado, havia expressa menção ao aproveitamento do litisconsorte que não havia recorrido diante do provimento de recurso de litisconsorte unitário. A ausência de norma expressa nesse sentido se justifica pela própria natureza do litisconsórcio necessário, sendo suficiente para se chegar a tal conclusão a previsão contida no art. 117 do Novo CPC, devidamente analisado no Capítulo 8.8.

A justificativa dessas supressões, a meu ver incabível, é que tais regras deveriam ser previstas nos Regimentos Internos dos tribunais e não no Código de Processo Civil, como consta da Emenda do tópico 2.3.2.211 do Parecer Final 956 do Senado.

59.3.5 Efeito substitutivo

A previsão do art. 1.008 do Novo CPC repete o art. 512 do CPC/1973 ao determinar que o julgamento do recurso substituirá a decisão impugnada, nos limites da impugnação. A interpretação literal do dispositivo legal, entretanto, não se mostra a mais correta, considerando-se ser uníssono na doutrina o entendimento de que a substituição da decisão recorrida pelo julgamento do recurso somente ocorre na hipótese de julgamento do mérito recursal, e ainda assim a depender do resultado de tal julgamento.

Não sendo recebido ou conhecido o recurso, não há que falar em efeito substitutivo, porque nesse caso o julgamento do recurso não toma o lugar da decisão recorrida, que se mantém íntegra para todos os fins jurídicos, à exceção da contagem inicial da ação rescisória, que somente ocorrerá, por razões pragmáticas, a partir da data do último julgamento realizado no processo, ainda que seja de não admissão do recurso interposto.

Por outro lado, sendo o recurso conhecido e julgado em seu mérito, cabe a análise do resultado de tal julgamento para aferir a existência ou não do efeito substitutivo. Sendo a causa de pedir do recurso fundada em *error in judicando* e o pedido em reforma da decisão, qualquer que seja a decisão de mérito do recurso substituirá a decisão recorrida. Seja para manter seu entendimento – não provimento do recurso – e com ainda mais razão para modificá-lo – provimento do recurso. O que não se admite é a existência de duas decisões na mesma demanda resolvendo as mesmas questões.

Sendo a causa de pedir composta por *error in procedendo* e sendo o pedido de anulação de decisão, o efeito substitutivo somente será gerado na hipótese de não "provimento, porque o provimento do recurso, ao anular a decisão impugnada, naturalmente não a substitui, tanto assim que nova decisão deverá ser proferida em seu lugar"[14].

A manutenção da regra no Novo CPC demonstra a despreocupação do legislador com a causa de pedir recursal e a espécie de julgamento do recurso para se determinar suas consequências sobre a decisão impugnada.

---

14 Nery Jr., *Teoria*, n. 3.5.5, p. 489; Theodoro Jr., *Curso*, n. 537-b, p. 646; Scarpinella Bueno, *Curso*, v. 5, p. 88.

59.3.6 Efeito regressivo

Para aqueles que o entendem como efeito autônomo – para muitos é simples reflexo do princípio devolutivo –, o efeito regressivo permite que por via do recurso a causa volte ao conhecimento do juízo prolator da decisão[15]. Não que ele seja o competente para o julgamento do recurso, mas em razão de expressa previsão legal poderia rever a sua própria decisão.

Quanto ao princípio regressivo, o Novo Código de Processo Civil traz significativa inovação quanto à possibilidade de retratação de sentença diante de interposição de apelação. No CPC/1973, essa possibilidade só existe nas sentenças liminares, ou seja, nas sentenças proferidas antes da citação do réu, enquanto o art. 485, § 7.º, do Novo CPC prevê que basta a sentença apelada ser terminativa para que o juiz tenha o prazo de cinco dias para retratação.

59.4 PRINCÍPIOS RECURSAIS

59.4.1 Voluntariedade

Por tal princípio, condiciona-se a existência de um recurso exclusivamente à vontade da parte, que demonstra a vontade de recorrer com o ato de interposição do recurso[16]. Decorre dessa realidade tradicional lição de que de nada adiantará à parte noticiar que pretende recorrer se dentro do prazo legal deixar de interpor o recurso cabível, como por vezes ocorre na audiência, com o aviso da parte que pretende agravar de instrumento no prazo legal.

O projeto de lei aprovado na Câmara trazia importante novidade quanto ao princípio da voluntariedade em razão da exigência de protesto contra decisão interlocutória não recorrível por agravo de instrumento como forma de permitir a impugnação de tal decisão na apelação ou contrarrazões. Essa exigência modificava o princípio da voluntariedade porque nesse caso a vontade de recorrer não seria demonstrada pelo mero ato de interpor o recurso, sendo necessária uma exposição prévia da vontade de recorrer em momento posterior.

Conforme detidamente analisado no Capítulo 58.1.3, a exigência de protesto foi retirada do texto final do Novo CPC pelo Senado, de forma

---

15 Scarpinella Bueno, *Curso*, v. 5, p. 77-78.

16 Araken de Assis, *Manual*, n. 10, p. 96.

que o princípio da voluntariedade mantém-se inalterado: a vontade de recorrer se demonstra concretamente pela interposição do recurso.

59.4.2 Fungibilidade

Como o próprio nome sugere, *fungibilidade* significa troca, substituição, e no âmbito recursal significa receber um recurso pelo outro, mais precisamente receber o recurso que não se entende como cabível para o caso concreto por aquele que teria cabimento. Trata-se notoriamente de flexibilização do pressuposto de admissibilidade recursal do cabimento, considerando-se que, em regra, recurso que não é cabível não é recebido/conhecido. A fungibilidade se funda no *princípio da instrumentalidade das formas*, amparando-se na ideia de que o desvio da forma legal sem a geração do prejuízo não deve gerar a nulidade do ato processual.

O Novo Código de Processo Civil adotou a técnica do CPC/1973 de não prever como regra ou princípio a fungibilidade recursal, ainda que contenha duas previsões específicas nesse sentido: embargos de declaração e agravo interno e recurso especial e extraordinário. O princípio, entretanto, continua em plena vigência, sendo nesse sentido o Enunciado 104 do Fórum Permanente de Processualistas Civis (FPPC): "*O princípio da fungibilidade recursal é compatível com o NCPC e alcança todos os recursos, sendo aplicável de ofício*".

Quanto às previsões específicas de aplicação do princípio da fungibilidade, o aspecto mais relevante é a consagração da regra da adaptabilidade. Os arts. 1.024, § 3.º, e 1.032 do Novo CPC deixam claro que a aplicação da fungibilidade faz nascer para o recorrente o direito de adaptar o recurso interposto.

O art. 1.024, § 3.º, do Novo CPC trata de tradicional aplicação de fungibilidade recursal, o recebimento de embargos de declaração contra decisão monocrática em tribunal como agravo interno, exigindo do juízo a intimação prévia do recorrente para que, no prazo de cinco dias, complemente as razões recursais, de modo a ajustá-las às exigências do art. 1.021, § 1.º. O dispositivo deve ser saudado porque a causa de pedir recursal dos embargos de declaração, voltada a vícios formais previamente determinados em lei, não se confunde com a causa de pedir do agravo interno, que se presta a impugnar os fundamentos da decisão monocrática. Sem a adaptação, como ocorre atualmente, o recorrente tem o agravo interno julgado sem ter tido a oportunidade de arrazoá-lo.

Os arts. 1.032 e 1.033 do Novo CPC consagram a fungibilidade entre o recurso especial e o recurso extraordinário. Segundo o art. 1.033, se o Supremo Tribunal Federal considerar como reflexa a ofensa à Constituição afirmada no recurso extraordinário, por pressupor a revisão da interpretação da lei federal ou de tratado, remetê-lo-á ao Superior Tribunal de Justiça para julgamento como recurso especial. E, nos termos do art. 1.032, se o relator, no Superior Tribunal de Justiça, entender que o recurso especial versa sobre questão constitucional, deverá conceder prazo de quinze dias para que o recorrente demonstre a existência de repercussão geral e se manifeste sobre a questão constitucional. Cumprida a diligência, remeterá o recurso ao Supremo Tribunal Federal, que, em juízo de admissibilidade, poderá devolvê-lo ao Superior Tribunal de Justiça (art. 1.032, parágrafo único).

Como se nota do dispositivo no art. 1.032 do Novo CPC, não basta receber o recurso especial como recurso extraordinário. Primeiro, porque há o requisito formal da repercussão geral, que deve ser obrigatoriamente alegada e comprovada sob pena de sua inadmissão. Converter o recurso especial em extraordinário e não dar oportunidade ao recorrente de elaborar tal preliminar seria sacrificar a própria razão de ser do princípio da fungibilidade.

Por outro lado, se o Superior Tribunal de Justiça entender que o recurso especial versa sobre questão constitucional, deve ser concedida oportunidade para o recorrente se manifestar sobre tal matéria, sob pena de seu recurso extraordinário ser julgado sem razões recursais quanto a matéria constitucional.

Para a aplicação do princípio da fungibilidade recursal, além dos tradicionais requisitos da dúvida fundada e da inexistência de erro grosseiro, os tribunais superiores vinham impondo um terceiro e lamentável requisito: o prazo menor. Dessa forma, vinha sendo aplicado apenas o princípio da fungibilidade quando o recorrente, ao escolher o recurso a ser interposto, o fazia no menor prazo sempre que entre os recursos que gerassem a dúvida existissem prazos diferentes.

Esse requisito tende a desaparecer com a unificação do prazo recursal em quinze dias prevista no art. 1.003, § 5.º, do Novo CPC. Como o único recurso com prazo menor serão os embargos de declaração, que terão cinco dias de prazo, ainda que seja mantida a teoria do prazo menor, ele será irrelevante quanto à inviabilização de aplicação do princípio da fungibilidade ao caso concreto.

59.4.3 Complementaridade

No direito processual civil, as razões recursais devem ser apresentadas no ato de interposição do recurso, não se admitindo que o recurso seja interposto num momento procedimental e as razões apresentadas posteriormente, como ocorre no processo penal. Aplica-se a *preclusão consumativa* no momento da interposição de recurso, de forma que, após esse momento, é vedado ao recorrente complementar seu recurso já interposto com novas razões[17]. Nem mesmo o falecimento do recorrente permite a complementação, por seu sucessor, do recurso já interposto[18]. Caso nenhuma fundamentação tenha sido feita, o recurso é inadmissível, e, sendo incompleta ou falha a fundamentação, somente esta será apreciada pelo órgão julgador competente para o julgamento do recurso.

Pelo princípio da complementaridade, a parte recorrente poderá complementar as razões de recurso já interposto sempre que no julgamento dos embargos de declaração interpostos pela parte contrária for criada uma nova sucumbência. Essa complementação, entretanto, será limitada à nova sucumbência, de forma que, sendo parcial o recurso já interposto, não poderá o recorrente aproveitar-se do princípio para impugnar parcela da decisão que já deveria ter impugnado originariamente[19].

O princípio da complementaridade, aceito pela doutrina e jurisprudência, mas não presente explicitamente no CPC/1973, vem expressamente consagrado no art. 1.024, § 3.º, do Novo CPC ao prever que, caso o acolhimento dos embargos de declaração implique modificação da decisão embargada, o embargado que já tiver interposto outro recurso contra a decisão originária tem o direito de complementar ou alterar suas razões, nos exatos limites da modificação, no prazo de quinze dias, contados da intimação da decisão dos embargos de declaração.

59.5 JUÍZO DE ADMISSIBILIDADE

59.5.1 Legitimidade recursal

O art. 996, *caput*, do Novo CPC conserva os três legitimados recursais previstos no art. 499 do CPC/1973 (partes, terceiro prejudicado e Ministério Público), apenas passando a tratar o Ministério Público como fiscal

---

17 Nery Jr., *Teoria*, n. 2.9, p. 181.

18 *Informativo* 505/STJ, 3.ª Turma, REsp 1.114.519-PR, Sidnei Beneti, 02.10.2012.

19 Nery Jr., *Teoria*, n. 2.9, p. 182; Araken de Assis, *Manual*, n. 12, p. 100.

da ordem jurídica, e não mais como fiscal da lei. E mantém o equívoco de confundir legitimidade com interesse recursal ao sustentar a previsão da "parte vencida" como legitimada recursal.

No parágrafo único melhora-se a definição do interesse a ser demonstrado pelo terceiro que pretenda recorrer como terceiro prejudicado. Segundo o dispositivo legal, cumpre ao terceiro demonstrar a possibilidade de a decisão sobre a relação jurídica submetida à apreciação judicial atingir direito de que se afirme titular ou que possa discutir em juízo como substituto processual.

Apesar de superior ao atual conceito legal, o texto sugerido deixa uma dúvida: o único recurso cabível do terceiro prejudicado é o que ataca decisão que resolve a relação jurídica de direito material que compõe o objeto do processo? Parece ser essa a sugestão do novo conceito, o que impedirá o ingresso de agravo de instrumento quando a decisão interlocutória versar sobre questões incidentais.

Observe-se que, sendo preservada a legitimidade do terceiro prejudicado para agravar de instrumento de decisão que verse sobre tutela de urgência ou da evidência, que tem como objeto a relação jurídica de direito material, e de decisão interlocutória definitiva que verse sobre o mérito do processo, proferida em cognição exauriente e mediante juízo de certeza, a aparente vedação de cabimento do agravo de instrumento ao terceiro prejudicado perderá muito de seu significado prático, mas ainda assim não se justifica. Apesar da dificuldade em conceituar a legitimidade do terceiro prejudicado, o conceito sugerido poderia ser modificado para deixar claro que também se aplica a decisões interlocutórias recorríveis por agravo de instrumento mesmo que resolvendo questões incidentais.

59.5.2 Desistência

No art. 998, *caput*, do Novo CPC é mantida a redação do art. 501 do CPC/1973, no sentido de que o recorrente poderá, a qualquer momento, desistir do recurso sem a anuência de litisconsorte e da parte contrária.

No projeto de lei aprovado pela Câmara, havia uma importante alteração que foi suprimida do texto final do Novo CPC pelo Senado. E a supressão nesse caso deve ser lamentada, ainda mais porque a Emenda constante do tópico 2.3.2.248 do Parecer Final 956 do Senado se limita a justificar o texto legal com base no texto do art. 501 do CPC/1973.

Havia no texto aprovado na Câmara a substituição da expressão "qualquer tempo" por "até a data de publicação em pauta", terminando dessa forma com a polêmica doutrinária e jurisprudencial em torno do termo final do pedido de desistência do recurso.

Com a manutenção da regra de que o recorrente pode desistir de seu recurso a qualquer momento, continuaremos a ter a divergência. Enquanto parcela da doutrina continuará a defender que a desistência deve ser admitida até o início do julgamento do recurso[20], o Superior Tribunal de Justiça continuará a decidir que o momento final para a admissão da desistência recursal é o final do julgamento[21].

No parágrafo único do artigo ora analisado, há novidade substancial: no julgamento de recurso extraordinário cuja repercussão geral já tenha sido reconhecida e nos de recursos especiais e extraordinários repetitivos, mesmo havendo a desistência do recurso, seu mérito será enfrentado pelos tribunais superiores. O Superior Tribunal de Justiça já não admitia, mesmo sem previsão expressa nesse sentido, a desistência de recurso escolhido no julgamento por amostragem[22], mas a novidade legislativa ora analisada parece tratar do tema de forma um pouco diversa.

Segundo se compreende do dispositivo legal, o pedido de desistência será deferido, mas a controvérsia contida no recurso será julgada normalmente pelos tribunais superiores. Trata-se de previsão curiosa, que busca preservar o direito de o recorrente desistir de seu recurso e a importância de julgar o tema versado no recurso, considerando-se que a decisão servirá a muitos outros recursos que tratem da mesma matéria jurídica. O objetivo é nobre, mas a que custo?

Se o pedido de desistência do recorrente for deferido, a decisão impugnada transita em julgado, e a decisão sobre a questão jurídica objeto do recurso representativo será julgada fora desse recurso, o que deixa no ar a inevitável pergunta: onde ocorrerá tal julgamento? Criar-se-á uma espécie de incidente processual no tribunal? Impossível, porque não haverá mais processo em trâmite para que exista incidente processual. O tribunal se limitará a dar sua opinião sobre o tema, já que não julgará especificamente um pedido da parte? Tal postura contraria a fundamental

---

20 Barbosa Moreira, *Comentários*, n. 181, p. 332; Nery Jr., *Teoria*, n. 3.4.1.6, p. 422; Scarpinella Bueno, *Curso*, v. 5, p. 67.

21 STJ, 3.ª Turma, REsp 890.529/RJ, rel. Min. Humberto Gomes de Barros, j. 01.10.2009, *DJe* 21.10.2009; STJ, 1.ª Turma, RMS 20.582/GO, Rel. Min. Francisco Falcão, Rel. p/ acórdão Min. Luiz Fux, j. 18.09.2007, *DJ* 18.10.2007, p. 263.

22 *Informativo* 381/STJ, Corte Especial, QO no REsp 1.063.343-RS, rel. Nancy Andrighi, j. 15.12.2008.

regra de que o Poder Judiciário não serve como órgão consultivo, exceção feita à Justiça Eleitoral.

Confirmando a impressão de que estaremos diante de uma alma sem corpo, o Enunciado 213 do Fórum Permanente de Processualistas Civis (FPPC) corretamente indica que o julgamento nesse caso não se aplicará ao recurso de que se desistiu.

Acredito que o melhor a fazer é interpretar o dispositivo legal ora comentado à luz do entendimento consagrado no Superior Tribunal de Justiça, entendendo-se que a decisão pelo tribunal superior se dá justamente porque o pedido de desistência não será admitido.

59.5.3 Tempestividade

O Novo Código de Processo Civil torna o prazo recursal mais homogêneo, prevendo em seu art. 1.003, § 5.º, que todos os recursos passam a ter prazo de 15 dias (úteis), salvo os embargos de declaração, que mantêm o prazo atual de cinco dias. Interessante notar que a contagem do prazo só levará em consideração os dias úteis (art. 219, *caput*, do Novo CPC), o que agrada os advogados, que poderão finalmente encarar os finais de semana, feriados e férias como momentos efetivos de descanso. Não acredito que a regra vá gerar prejuízo à celeridade processual, considerando-se que, no mais das vezes, os dias sem expediente forense aumentarão o prazo recursal de forma insignificante para o cômputo total de duração do processo.

Os advogados, teoricamente agraciados com a nova forma de contagem dos prazos processuais, devem ter muito cuidado com a questão dos feriados locais. Como o prazo não terá andamento nessas datas, é importante o advogado atentar para o entendimento dos tribunais superiores que exigem a prova do feriado no momento da prática do ato processual.

O art. 1.003, *caput* e §§ 1.º e 2.º, do Novo CPC trata do termo inicial da contagem de prazo. Segundo o *caput*, o prazo para interposição de recurso conta-se da data em que os advogados, a sociedade de advogados, a Advocacia Pública, a Defensoria Pública ou o Ministério Público são intimados da decisão. Caso a decisão recorrível tenha sido proferida em audiência, todos os sujeitos previstos no *caput* considerar-se-ão intimados (§ 1.º), inclusive aqueles que têm a prerrogativa de intimação pessoal. Na hipótese de recurso a ser interposto por réu contra decisão proferida antes de sua citação, aplicam-se as regras do art. 231, incisos I a VI (§ 2.º). Portanto, o prazo recursal será contado da juntada do AR se a intimação for pelo correio; da juntada do mandado, se a intimação for por oficial de justiça; da data da intimação por ato do escrivão ou do chefe de secretaria e do dia útil seguinte ao fim da dilação assinada pelo juiz, quando realizada por edital.

Nos termos do § 4.º do artigo ora analisado, para aferição da tempestividade do recurso remetido pelo correio, será considerada como data da interposição a data da postagem. Fica superado o entendimento consolidado na Súmula 216/STJ, nos termos do Enunciado 96 do Fórum Permanente de Processualistas Civis (FPPC).

Novidade significativa é encontrada no art. 218, § 4.º, do Novo CPC, que prevê serem tempestivos os atos praticados antes da ocorrência do termo inicial do prazo, o suficiente para afastar a absurda tese do recurso prematuro. Nesses termos, o Enunciado 22 do Fórum Permanente de Processualistas Civis (FPPC): "*O Tribunal não poderá julgar extemporâneo ou intempestivo recurso, na instância ordinária ou na extraordinária, interposto antes da abertura do prazo*".

Nos termos do art. 220, *caput*, do Novo CPC, o curso do prazo processual será suspenso entre 20 de dezembro e 20 de janeiro, inclusive, enquanto o art. 221, parágrafo único, do Novo CPC prevê a suspensão dos prazos durante a execução de programa instituído pelo Poder Judiciário para promover a autocomposição, incumbindo aos tribunais especificar, com antecedência, a duração dos trabalhos. Tais regras, naturalmente, aplicam-se na contagem dos prazos recursais.

Não se critica a exigência de prova de feriado local para demonstrar a tempestividade de recurso especial e extraordinário interposto além dos quinze dias, pois amparada em lei (art. 337 do CPC/1973 e art. 376 do Novo CPC), mas a aplicação de preclusão consumativa a exigir do recorrente que essa prova seja produzida necessariamente no ato de interposição do recurso, sob pena de inadmissão. Após um "longo inverno", o Superior Tribunal de Justiça modificou seu entendimento a respeito do tema, afastando a preclusão consumativa e permitindo ao recorrente a prova do feriado local após a interposição do recurso especial e extraordinário, até mesmo por meio do agravo interno contra decisão monocrática de inadmissão de tais recursos por intempestividade. Daí por que é ainda mais inexplicável que o § 6.º do art. 1.003 do Novo CPC preveja que o recorrente comprovará a ocorrência de feriado local no ato de interposição do recurso. Tendo sido a tônica do Novo CPC a extirpação de inúmeras hipóteses de jurisprudência defensiva, é incompreensível que consagre essa preclusão consumativa, ainda mais por contrariar entendimento atual do Superior Tribunal de Justiça.

59.5.4 Preparo

O preparo recursal diz respeito ao custo financeiro da interposição do recurso. Entendo que, no momento de interposição do recurso, o Estado pode cobrar do recorrente por diferentes atividades que praticará; assim, para o julgamento do recurso cobra-se o preparo; para o transporte dos autos para outro órgão jurisdicional, o porte de remessa e de retorno. No meu entendimento, são diferentes espécies de despesas processuais, cada qual voltada a uma diferente espécie de atividade desempenhada pelo Poder Judiciário[23].

O art. 1.007, *caput*, do Novo CPC, entretanto, consagra o entendimento do Superior Tribunal de Justiça a respeito do art. 511 do CPC/1973[24], ao prever que cabe ao recorrente comprovar, no ato de interposição do recurso, o recolhimento do preparo, inclusive o porte de remessa e de retorno. É incrível que por vezes dependamos de expressa previsão legal para dizer o óbvio ululante, que poderia ser concluído por qualquer pessoa racional e de boa-fé. Essa crítica me vem à mente quando leio o § 3.º do art. 1.007 do Novo CPC. Nos termos do dispositivo é dispensado o recolhimento do porte de remessa e de retorno na hipótese de processo com autos eletrônicos. Evidentemente, pois com autos eletrônicos os autos não vão nem voltam...

Nos termos do § 1.º do artigo ora analisado, são dispensados de preparo e do porte de remessa e de retorno os recursos interpostos pelo Ministério Público, pela União, pelo Distrito Federal, pelos Estados, pelos Municípios, e respectivas autarquias, e pelos que gozam de isenção legal. O final do dispositivo demonstra que o rol legal é meramente exemplificativo, continuando a se aplicar a legislação extravagante a respeito do tema.

No § 2.º do artigo ora comentado é mantida a regra que dá ao recorrente o direito de complementação de preparo em caso de recolhimento a menor. O dispositivo indica expressamente a insuficiência de preparo ou do porte de remessa e de retorno, mantendo o prazo de cinco dias para a complementação. Entendo que para fins de aplicação do dispositivo o valor do preparo e do porte de remessa e de retorno deve ser considerado

---

23 Cheim Jorge, *Teoria*, 9.3.3, p. 149; Scarpinella Bueno, *Curso*, v. 5, p. 64.

24 *Informativo* 517/STJ, 2.ª Turma, EDcl no REsp 1.221.314-SP, rel. Min. Castro Meira, j. 21.02.2013; STJ, 6.ª Turma, AgRg no Ag 732.419/RS, rel. Min. Maria Thereza de Assis Moura, j. 18.11.2008; REsp 1.022.584/SC, 2.ª Turma, rel. Min. Eliana Calmon, j. 28.10.2008.

como um valor único, de forma que o recolhimento integral do preparo e o não recolhimento do porte de remessa e de retorno são suficientes para o recorrente ter o direito à complementação do valor.

O Enunciado 98 do Fórum Permanente de Processualistas Civis (FPPC) afirma que as regras de complementação e de recolhimento do preparo em dobro são aplicáveis aos Juizados Especiais. Concordo integralmente com a conclusão, mas deve-se lembrar de que já existe regra de complementação de preparo no CPC/1973, que é simplesmente ignorada pelos Juizados Especiais.

O art. 1.007, *caput*, do Novo CPC mantém a regra da comprovação imediata do recolhimento do preparo, mas o § 4.º traz relevante inovação quanto ao tema. Nos termos do dispositivo, o recorrente que não comprovar o recolhimento do preparo e do porte de remessa e de retorno no ato de interposição do recurso será intimado, na pessoa de seu advogado, para realizar o recolhimento em dobro, sob pena de deserção. Significa dizer que, para pagar o exato valor do preparo, o recorrente deve provar seu recolhimento no ato de interposição do recurso, mas que a ausência de tal comprovação não tornará irremediavelmente deserto o recurso, desde que seja recolhido o preparo em dobro de seu valor.

Apesar da omissão legal quanto ao prazo para tal recolhimento, seja pela aplicação da regra geral consagrada no art. 218, § 3.º, do Novo CPC, seja pela aplicação por analogia do art. 1.007, § 2.º, do Novo CPC, o prazo para o recolhimento em dobro do preparo é de cinco dias. Nesse sentido, o Enunciado 97 do Fórum Permanente de Processualistas Civis (FPPC).

Como já devidamente analisada, a regra da complementação do preparo, prevista no art. 511, § 2.º, do CPC/1973 é mantida pelo art. 1.007, § 2.º, do Novo CPC, só não sendo aplicável na hipótese do recolhimento do preparo em dobro em razão de sua não comprovação no ato de interposição do recurso (§ 5.º).

59.5.5 Regularidade formal

Com a extinção do agravo retido no Novo Código de Processo Civil, todo recurso previsto no CPC será escrito, mantendo-se a exceção da forma oral somente nos embargos de declaração nos Juizados Especiais.

Segundo o Enunciado 83 do Fórum Permanente de Processualistas Civis (FPPC), o entendimento sumulado quanto à exigência de procuração não é compatível com o Novo Código de Processo Civil: "Fica superado o Enunciado 115 da Súmula do STJ após a entrada em vigor do NCPC".

A conclusão deriva da combinação de quatro dispositivos legais previstos no Novo Código de Processo Civil.

O art. 76, § 2.º, prevê que o não conhecimento do recurso depende de ausência de providência do recorrente, o que naturalmente exige que a ele seja dada uma oportunidade de sanar sua irregularidade de representação. O art. 104, § 2.º, prevê que o ato praticado por advogado sem procuração é ineficaz caso não seja ratificado. O dispositivo afasta a possibilidade de se concluir pela inexistência jurídica do recurso em razão de ausência de procuração e ao mesmo tempo permite a ratificação do ato. O art. 932, parágrafo único, prevê que, antes de considerar inadmissível o recurso, o relator concederá o prazo de cinco dias ao recorrente para que seja sanado vício ou complementada a documentação exigível. E finalmente o art. 1.029, § 3.º, específico para recursos excepcionais, prevê que o Supremo Tribunal Federal ou o Superior Tribunal de Justiça poderá desconsiderar vício formal de recurso tempestivo ou determinar sua correção, desde que não o repute grave.

A regra consagrada no art. 1.029, § 3.º, do Novo CPC é aparentemente inútil diante da previsão do art. 932, parágrafo único. A notória resistência a aplicar-se nos recursos excepcionais regras e princípios de teoria geral dos recursos, entretanto, justifica a existência da regra expressa que permite o saneamento de vícios no recurso especial e extraordinário.

Segundo o Enunciado 219 do Fórum Permanente de Processualistas Civis (FPPC), tanto o relator como o órgão colegiado podem "*desconsiderar o vício formal de recurso tempestivo ou determinar sua correção, desde que não o repute grave*". Com relação à determinação de correção do vício, não há maiores dificuldades na interpretação de que a competência seja tanto do relator como do órgão colegiado. No tocante à desconsideração do vício pelo relator, havendo julgamento monocrático será possível a alegação de que o vício desconsiderado era grave em sede de agravo interno. E sendo o julgamento colegiado, naturalmente os demais julgadores não estarão vinculados à desconsideração do vício decidida pelo relator.

Sendo determinada a correção do vício e mantendo-se a parte interessada inerte, o recurso será inadmitido, conforme corretamente indica o Enunciado 220 do Fórum Permanente de Processualistas Civis (FPPC).

60

RECURSOS EM ESPÉCIE

60.1 APELAÇÃO

60.1.1 Cabimento

No Novo Código de Processo Civil, mais precisamente em seu art. 1.009, *caput*, a apelação continua expressamente sendo o recurso cabível contra a sentença, mas, com o fortalecimento do princípio da irrecorribilidade em separado das decisões interlocutórias, o objeto da apelação será ampliado. O detalhe não passou despercebido pelos responsáveis pela elaboração do novo diploma legal, conforme se depreende do art. 1.009, § 1.º.

Segundo o dispositivo legal, as questões resolvidas na fase cognitiva e não impugnáveis pelo agravo de instrumento não ficam cobertas pela preclusão e devem ser suscitadas em preliminar de apelação ou nas contrarrazões de tal recurso. No caso de alegação em preliminar de apelação o apelado já será intimado para contrarrazoar a impugnação da decisão interlocutória e da sentença. Sendo caso de alegação em contrarrazões, o apelante deve ser intimado para responder no prazo de 15 dias.

Entendo que, pela nova estrutura sugerida pelo Novo Código de Processo Civil, o momento adequado para o ingresso de apelação será quando a sentença for proferida, no prazo de 15 dias úteis, mas entender que esse recurso é cabível somente contra a sentença será apequenar o recurso. Na realidade, salvo as decisões interlocutórias impugnáveis por agravo de instrumento, a apelação passa a ser o recurso cabível da sentença e das decisões interlocutórias proferidas durante o procedimento.

A manutenção da clássica regra de cabimento da apelação contra a sentença, apesar de dizer menos do que deveria, deixa claro que, diante da sentença, não poderá a parte se valer de qualquer outro recurso, ainda que pretenda limitar sua impugnação a uma decisão interlocutória proferida antes da prolação da sentença. Nesse caso, mesmo continuando a ser o recurso cabível contra sentença, a apelação se prestará à impugnação de uma decisão interlocutória.

Tanto no CPC/1973 como no Novo CPC é possível uma sentença ser anulada em razão de impugnação de decisão interlocutória por meio de agravo de instrumento por causa do efeito expansivo objetivo externo do recurso. Tome-se como exemplo a rejeição da alegação de convenção de arbitragem, recorrida por agravo de instrumento sem efeito suspensivo. O processo segue em primeiro grau e é sentenciado, com interposição de apelação pela parte sucumbente. Caso o agravo de instrumento seja provido, a demanda deverá ser extinta por decisão terminativa e a sentença, naturalmente, será anulada.

Como o novo sistema recursal de recorribilidade das decisões interlocutórias trazido pelo Novo CPC, esse mesmo efeito expansivo continua a ser possível, mas não será mais externo, porque a sentença terá sido o meio recursal impugnativo da decisão interlocutória e da sentença. Será uma inovação interessante, porque ao julgar um capítulo da apelação, que diz respeito à decisão interlocutória proferida antes da sentença, o tribunal poderá anulá-la em razão da eficácia expansiva das nulidades.

A curiosidade é sutil, porque sempre se estudou o efeito expansivo objetivo interno como aquele capaz de atingir um capítulo não impugnado da decisão recorrida. Com o novo sistema, o efeito expansivo objetivo continuará a ser externo, porque o acolhimento de impugnação recursal contra uma decisão será capaz de anular outra. Contudo, a situação será peculiar porque ambas as decisões terão sido impugnadas pelo mesmo recurso.

Em qualquer hipótese a análise da impugnação da decisão interlocutória elaborada como preliminar de apelação depende da admissão de tal recurso. Se a apelação não for admitida a impugnação da decisão interlocutória resta prejudicada porque não é possível que o tribunal decida parte de recurso inadmissível.

Solução diversa deve ser dada quando a parte se valer das contrarrazões de apelação para impugnar a decisão interlocutória não recorrível por agravo de instrumento. Nesse caso as contrarrazões têm natureza híbrida, já que ao mesmo tempo serve de resposta à apelação e de meio de impugnação de decisão interlocutória. Eventual vicio formal que impeça a admissão da apelação não pode prejudicar o apelado, que em nada terá contribuído para tal inadmissão, devendo as contrarrazões serem julgadas na parte em que assumem natureza recursal[1].

Registre-se, por fim, que a impugnação das decisões interlocutória nos termos do art. 1.009, *caput*, do Novo CPC, só será admitida se tal decisão não tiver sido objeto de mandado de segurança julgado em seu mérito. Nesse caso, não é correto falar-se em preclusão, porque esse fenômeno é endoprocessual e o mandado de segurança tem natureza de ação. Haverá, entretanto, coisa julgada material a respeito da questão que impedirá a reabertura de sua discussão em sede preliminar de apelação ou contrarrazões. Justamente por isso somente o julgamento do mérito do mandado de segurança impedirá a impugnação conforme previsto no *caput* do art. 1.009 do Novo CPC.

60.1.2 Procedimento

Segundo o art. 1.010 do Novo CPC, a apelação continua a ser interposta e processada em primeiro grau de jurisdição, e, decorrido o prazo para a resposta pelo apelado, os autos serão remetidos ao tribunal, onde será realizado o juízo de admissibilidade.

Pelo que se pode notar da nova estrutura imaginada pelos responsáveis pelo projeto, não caberiam mais ao juízo de primeiro grau ao menos duas atividades anteriormente desenvolvidas por ele em razão do art. 518 do CPC/1973. Antes, o juízo de primeiro grau declarava os efeitos em que recebia a apelação e fazia, por até duas vezes, um juízo de admissibilidade recursal. Resta dúvida a respeito de como será realizado o procedimento da apelação em primeiro grau no Novo Código de Processo Civil. Não há qualquer menção à decisão que receba a apelação tampouco que diga respeito a seus efeitos.

O art. 1.010, *caput*, do Novo CPC, prevê apenas que a interposição ocorrerá em primeiro grau, e os incisos do dispositivo preveem os elementos da peça recursal: simplesmente regulamenta a forma e o conteúdo da peça recursal, os nomes e a qualificação das partes (que continuará a ser dispensada, salvo no caso do terceiro prejudicado), a exposição do fato e do direito, as razões do pedido de reforma ou de decretação de nulidade e o pedido de nova decisão (que continuará a ser de anulação, e não de

---

1 Mello, *Breves*, p. 2.236.

reforma). O § 1.º prevê a intimação do apelado para contra-arrazoar em quinze dias e o § 2.º, o contraditório na hipótese de ingresso de recurso adesivo. E é só o que se tem no Novo Código de Processo Civil quanto ao procedimento da apelação em primeiro grau, considerando que o art. 1.008 já trata do trâmite do recurso perante o tribunal, prevendo a possibilidade de julgamento monocrático em seu inciso I e a conduta do relator no julgamento colegiado em seu inciso II.

O juiz de primeiro grau não faz mais um juízo de admissibilidade da apelação, limitando-se a determinar a intimação do apelado quando interposto o recurso e após o transcurso do prazo de quinze dias, com ou sem contrarrazões, encaminhar o processo ao tribunal de segundo grau.

Se não tem mais competência para a admissão da apelação, é natural que o juízo de primeiro grau não tenha mais competência para declarar os efeitos de seu recebimento. Parece lógico que o órgão que não tem competência para receber a apelação não pode declarar os efeitos desse recebimento...

Ainda que as hipóteses de afastamento excepcional do efeito suspensivo estejam previstas em lei, não se deve descartar dúvida em determinados casos dos efeitos da apelação. E nesse caso, durante todo o trâmite do recurso em primeiro grau haverá a indefinição a respeito de seus efeitos, que só será sanada por meio de questionamento a ser protocolado no tribunal de segundo grau, com distribuição livre e geração de prevenção do juiz, solução fundada na aplicação por analogia do art. 1.012, § 3.º, I, do Novo CPC).

No Projeto originariamente aprovado no Senado, a apelação deixava de ter efeito suspensivo, que seria concedido apenas no caso concreto mediante o pedido e preenchimento de requisitos, de forma que a sentença geraria efeitos imediatos até decisão do tribunal em sentido contrário. Já a redação final manteve basicamente a regra e as exceções do art. 520 do CPC/1973, e somente em situações excepcionais a sentença gerará efeitos imediatos, e sua suspensão ficará na dependência de decisão nesse sentido do tribunal. Seja como for, o juiz de primeiro grau não se pronunciará sobre os efeitos do recebimento da apelação, até porque tecnicamente não a receberá.

O objetivo parece ser impedir a prolação de uma decisão interlocutória que possa vir a ser impugnada, se não pelo recurso de agravo de instrumento, cujo cabimento para essas hipóteses não está previsto em lei, pelo mandado de segurança. Sem pronunciamento judicial em primeiro grau, todas as questões a respeito dos efeitos e da admissibilidade serão transferidas para o segundo grau.

Essa relevante novidade procedimental, entretanto, fará surgir um problema prático que não foi resolvido pelo Novo CPC. O juízo de retratação na apelação continua a ser excepcional, mas tem seu cabimento significativamente ampliado no Novo CPC. Enquanto no CPC/1973 era cabível somente em apelação interposta contra sentença liminar, no Novo CPC será cabível nessas circunstâncias e na hipótese de recurso contra sentença terminativa, ainda que proferida após a citação do réu, nos termos do art. 485, § 7.º.

Naturalmente, o juízo de retratação só pode ser realizado após o juízo de admissibilidade, porque não pode o juiz se retratar de sua sentença sem antes receber a apelação. Afinal, apelação inadmissível não gera efeitos, inclusive a possibilidade de retratação do juiz que proferiu a sentença impugnada.

Nesse ponto o Novo CPC cria um paradoxo: o primeiro juízo, de admissibilidade, é de competência exclusiva do tribunal de segundo grau, enquanto o segundo e consequencial juízo, de retratação, é de competência exclusiva do juízo de primeiro grau.

O Enunciado 293 do Fórum Permanente de Processualistas Civis (FPPC) afirma que "*se considerar intempestiva a apelação contra sentença que indefere a petição inicial ou julga liminarmente improcedente o pedido, não pode o juízo* a quo *retratar-se*", dando a entender que excepcionalmente o juízo de primeiro grau poderá analisar a tempestividade recursal como condição da retratação.

Tenho extrema dificuldade em colocar a tempestividade recursal num pedestal entre os pressupostos de admissibilidade, como se ela fosse mais relevante do que os demais. Pelo que se pode compreender pelo teor do Enunciado criticado, a retratação seria cabível diante de uma apelação manifestamente deserta, mas não de uma apelação intempestiva... O que justificaria a quebra da isonomia no tratamento dos requisitos de admissibilidade recursal?

Nas situações em que a própria lei confere competência para o juízo de primeiro grau se retratar de sua sentença diante da interposição de apelação, entendo que haja competência implícita para o juízo de admissibilidade. A competência implícita, entretanto, é parcial, limitada a um juízo positivo de admissibilidade para permitir a retratação. Não pode, portanto, deixar de receber a apelação, mesmo nos casos em que poderia se retratar de sua sentença.

No segundo grau de jurisdição a modificação procedimental mais significativa foi a extinção da figura do revisor na apelação, de modo que somente o relator terá ciência prévia do recurso antes da sessão de julgamento. Cada vez mais os julgamentos colegiados são na realidade o julgamento de um julgador só, com o restante do "órgão colegiado" simplesmente seguindo o relator, sem qualquer preocupação de seu acerto ou erro na decisão. A retirada do revisor da apelação apenas reforça essa impressão de que temos julgamentos substancialmente monocráticos e apenas formalmente colegiados.

60.1.3 Extinção da "súmula impeditiva de recursos"

Estabelece o art. 518, § 1.º, do CPC/1973 que é causa de não recebimento da apelação pelo juízo de primeiro grau a circunstância de o recurso ser interposto contra a sentença que estiver em conformidade com súmula do Superior Tribunal de Justiça ou do Supremo Tribunal Federal. O legislador infraconstitucional consagra por meio desse dispositivo legal a súmula impeditiva de recursos, que não chega a vincular o julgador como pretende fazer a súmula vinculante, mas não admite a interposição de recurso no caso de o julgador se filiar aos entendimentos consagrados em súmulas simples dos tribunais superiores, fundamentando sua decisão numa ou em algumas delas.

O Novo Código de Processo Civil não prevê a súmula impeditiva de recursos como requisito específico de admissibilidade da apelação, até porque o juízo de primeiro grau não faz mais juízo de admissibilidade da apelação. E, uma vez no tribunal de segundo grau, aquilo que cinicamente era tido pelo art. 518, § 1.º, do CPC/1973 como pressuposto de admissibilidade recursal será enfrentado e decidido por aquilo que realmente é, ou seja, o mérito recursal.

Afinal, se uma apelação não é recebida porque por meio dela se impugnou uma sentença que está em conformidade com determinada súmula dos tribunais superiores, será exigido do órgão julgador uma *análise do conteúdo do recurso à luz do teor da sentença*, o que parece ser julgamento de mérito[2]. Sem juízo de admissibilidade da apelação no juízo de primeiro grau, a aberração criada pela súmula impeditiva de recursos é suprimida do sistema sem deixar saudade.

---

2 Araken de Assis, *Manual*, n. 41.2, p. 445; Greco Filho, *Direito*, n. 68, p. 333.

60.1.4 Novas questões de fato

O art. 1.014 do Novo CPC repete a regra consagrada no art. 517 do CPC/1973. No tocante aos fatos supervenientes, deve-se aplicar o art. 933 do Novo CPC. Segundo o dispositivo, se o relator constatar a ocorrência de fato superveniente à decisão recorrida, ou a existência de questão apreciável de ofício ainda não examinada, que devam ser considerados no julgamento do recurso, intimará as partes para que se manifestem no prazo de cinco dias. Os §§ 1.º e 2.º do art. 933 do Novo CPC preveem momentos da constatação do fato superveniente ou matéria apreciável ainda não decidida quando já iniciado o julgamento.

A primeira hipótese prevista é de a constatação ocorrer durante a sessão de julgamento, quando esta será imediatamente suspensa a fim de que as partes se manifestem especificamente sobre a ocorrência de fato superveniente ou questão apreciável de ofício ainda não examinada.

A segunda hipótese prevista é se a constatação se der em vista dos autos, quando deverá o juiz que a solicitou encaminhá-los ao relator, que tomará as providências previstas no *caput* e, em seguida, solicitará a inclusão do feito em pauta para prosseguimento do julgamento, com submissão integral da nova questão aos julgadores.

60.1.5 "Teoria da causa madura"

O art. 1.013, § 3.º, do Novo CPC, prevê hipóteses em que o tribunal, após anular a sentença, julga imediatamente – novamente ou de forma originária, a depender do caso – o mérito da ação. Nos quatro incisos do dispositivo legal, portanto, sendo anulada a sentença impugnada por apelação, o processo não retornará ao primeiro grau de jurisdição, sendo a decisão de mérito que substituirá a sentença impugnada proferida pelo próprio tribunal.

Nos termos do *caput* do § 3.º do art. 1.013 do Novo CPC, o tribunal decidirá desde logo o mérito quando o processo estiver em condições de imediato julgamento, consagrando a chamada "teoria da causa madura", consagrada no revogado art. 515, § 3.º, do CPC/1973. Essa exigência, entretanto, só tem razão de ser na hipótese prevista no inciso I do dispositivo legal, porque somente na hipótese de anulação – e não reforma conforme incorretamente previsto – da sentença terminativa, deve se analisar no caso concreto se o processo já pode ser julgado ou se deve ser devolvido ao primeiro grau para a tomada de alguma providencia antes da prolação da decisão de mérito. Nos demais incisos essa questão não se coloca, porque não há nesses casos sentença prematuramente proferida, mas sim sentença viciada proferida no momento adequado.

Anulada a sentença terminativa porque o tribunal entendeu que o processo não deveria ter sido extinto sem a resolução do mérito deve se analisar se o processo está pronto para o imediato julgamento de mérito. É possível que não, como na hipótese de apelação contra sentença que indefere a petição inicial. Como é possível que esteja, como na hipótese de sentença terminativa proferida após o encerramento da fase probatória.

Essa análise, entretanto, não é necessária na hipótese de anulação de sentença de mérito viciada nos termos dos incisos II, III e IV do § 3.º do art. 1.013, do Novo CPC. Nesses casos, o processo estará sempre pronto para imediato julgamento, tanto assim que já foi julgado em seu mérito, ainda que por sentença formalmente viciada. Para essas hipóteses, portanto, a exigência prevista no *caput* do § 3.º do art. 1.103 do Novo CPC é inócua, não sendo adequado tratar essas três hipóteses de julgamento imediato do mérito da ação pelo tribunal no julgamento da apelação de teoria da causa madura.

Para que seja aplicada a teoria da causa madura nos termos do art. 1.013, § 3.º, I, do Novo CPC, o processo deve estar em condições de imediato julgamento. Nesse caso, sendo anulada a sentença terminativa, poderá o tribunal passar ao julgamento originário do mérito da ação. Nesse caso, a sentença é anulada e não reformada como previsto no dispositivo legal ora comentando, cabendo ao tribunal, após julgar o mérito recursal, passar a julgar, de forma originária, o mérito da ação. Segundo entendimento do Superior Tribunal de Justiça, a regra não afronta o princípio da ampla defesa, nem mesmo impede a parte de obter o prequestionamento, o que poderá ser conseguido com a interposição de embargos de declaração[3].

É possível nesse caso se fazer uma analogia com o art. 355 do Novo CPC, ou seja, sendo hipótese de julgamento antecipado do mérito, o tribunal poderá aplicar o art. 1.013, § 3.º, I, do Novo CPC, sendo irrelevante se a demanda versa sobre questões apenas de direito ou também de fato.

---

3 *Informativo* 477/STJ, REsp 874.507/SC, rel. Min. Luis Felipe Salomão, j. 14.06.2011.

Não havendo provas a serem produzidas – porque são desnecessárias ou já foram produzidas –, a causa estará "madura" para julgamento, cabendo ao tribunal julgar imediatamente o mérito da demanda[4].

A aplicação da regra ora comentada se mostra dependente exclusivamente de uma circunstância: sendo anulada a sentença de primeiro grau em razão do equívoco do juiz em extinguir o processo sem a resolução do mérito, o tribunal passará ao julgamento imediato do mérito sempre que o único ato a ser praticado for a prolação de uma nova decisão a respeito do mérito da demanda. Havendo qualquer outro ato a ser praticado antes da prolação da nova decisão, o tribunal deverá devolver o processo ao primeiro grau de jurisdição. Em razão disso, é inaplicável o art. 1.013, § 3.º, I, do Novo CPC, na hipótese de indeferimento da petição inicial (art. 330 do Novo CPC).

Nas hipóteses previstas pelos incisos II, III e IV do § 3.º do art. 1.013 do Novo CPC tem-se uma sentença de mérito viciada anulada pelo julgamento da apelação com a permissão ao tribunal de, ao invés de encaminhar o processo novamente ao primeiro grau para a prolação de uma nova sentença de mérito, julgar imediatamente o mérito da ação. Trata-se de novidade sem correspondência no revogado CPC/1973.

A incongruência da sentença com os limites do pedido ou da causa de pedir é motivo de anulação da sentença pelo recurso de apelação e julgamento imediato de mérito pelo tribunal. Dessa forma, reconhecendo o tribunal ser a sentença *extra petita* ou *extra causa petendi*, o processo não deve retornar ao primeiro grau, cabendo ao tribunal, após a anulação da sentença, julgar novamente o mérito da ação. A previsão legal contraria a jurisprudência do Superior Tribunal de Justiça formada na vigência do CPC/1973[5].

---

4 Barbosa Moreira, *Comentários*, n. 238, p. 432; Marinoni-Arenhart, *Manual*, n. 3.5.3, p. 542; Dinamarco, *O efeito*, n. 89, p. 174; Greco Filho, *Direito*, n. 66, p. 328; *Informativo* 528/STJ, Corte Especial, EREsp 874.507-SC, rel. Min. Arnaldo Esteves Lima, j. 19.06.2013; *Informativo* 520/STJ, 4.ª Turma, REsp 1.082.964-SE, rel. Min. Luis Felipe Salomão, j. 05.03.2013; STJ, 2.ª Turma, REsp 797.989/SC, rel. Min. Humberto Martins, j. 22.04.2008, *DJ* 15.05.2008.

5 *Informativo* 504/STJ, 4.ª Turma, REsp 1.294.166-GO, Rel. Min. Luis Felipe Salomão, j. 18.09.2012; STJ, 2.ª Turma, REsp 988.870/SP, Rel. Min. Castro Meira, j. 27.11.2007, *DJ* 10.12.2007.

Na hipótese de sentença *ultra petita* (não existe sentença *ultra causa petendi*) também haverá uma incongruência entre os limites do pedido e a sentença, mas nesse caso não há como se aplicar o dispositivo legal em razão da previsão de seu *caput*. Não haverá nesse caso necessidade de novo julgamento pelo tribunal porque, constando tratar-se de sentença *ultra petita* anula-se apenas a parte excedente da decisão[6].

A segunda hipótese de julgamento imediato do mérito da ação pelo tribunal no julgamento da apelação é a sentença *citra petita*, quando o juízo de primeiro grau deixa de decidir um ou mais dos pedidos formulados pelas partes. Nesse caso, a previsão do art. 1.013, § 3.º, III, do Novo CPC, permite ao tribunal a complementação do julgamento, passando a enfrentar de forma originária os pedidos que deixaram de ser decididos em primeiro grau em razão da omissão do juiz singular. Mais uma vez a novidade legislativa contraria a jurisprudência do Superior Tribunal de Justiça a respeito do tema na vigência do CPC/1973[7].

Por fim, o inciso IV, do § 3.º, do art. 1.013, do Novo CPC, permite o julgamento imediato do mérito da ação pelo tribunal no julgamento de apelação que anula a sentença em razão da falta de fundamentação. Nesse caso, ao invés de devolver o processo ao juízo que prolatou a sentença viciada para lhe dar uma segunda chance de prolatar sentença devidamente fundamentada, o próprio tribunal anula a sentença e passa a decidir de forma fundamentada o mérito da ação.

60.2 AGRAVO DE INSTRUMENTO

60.2.1 Cabimento

No novo sistema recursal criado pelo Novo Código de Processo Civil é excluído o agravo retido e o cabimento do agravo de instrumento está limitado às situações previstas em lei. O art. 1.015, *caput*, do Novo CPC admite o cabimento do recurso contra determinadas decisões interlocutórias, além das hipóteses previstas em lei, significando que o rol legal de decisões interlocutórias recorríveis por agravo de instrumento é restritivo,

---

6 STJ, 5.ª Turma, AgRg nos EDcl no REsp 1.004.687/DF, rel. Min. Napoleão Nunes Maia Filho, j. 02.12.2010, *DJe* 13.12.2010; STJ, 1.ª Turma, REsp 721.741/PR, rel. Min. Teori Albino Zavascki, j. 03.11.2009, *DJe* 13.11.2009.

7 STJ, 4.ª Turma, EDcl no REsp 1.120.322/RS, rel. Min. Antonio Carlos Ferreira, j. 04.06.2013, *DJe* 17.06.2013; STJ, 2.ª Turma, AgRg no AREsp 166.848/PB, rel. Min. Castro Meira, j. 26.02.2013, *DJe* 05.03.2013.

mas não o rol legal, considerando a possibilidade de o próprio Código de Processo Civil, bem como leis extravagantes, previrem outras decisões interlocutórias impugnáveis pelo agravo de instrumento que não estejam estabelecidas pelo disposto legal.

O Novo Código de Processo Civil prevê o cabimento do agravo de instrumento em hipóteses não consagradas no art. 1.015 do Novo CPC, o que é plenamente admissível nos termos do inciso XIII do dispositivo, que prevê o cabimento de tal recurso em outros casos expressamente referidos em lei além daqueles consagrados de forma específica no dispositivo legal.

No art. 354, parágrafo único, do Novo CPC, há previsão de cabimento de agravo de instrumento contra decisão terminativa que diminui objetivamente a demanda; no art. 1.027, § 1.º, há previsão de cabimento de agravo de instrumento contra qualquer decisão interlocutória proferida nas chamadas causas internacionais (art. 109, II, da CF); no art. 1.037, § 13, I, do Novo CPC, há previsão de cabimento de agravo de instrumento contra decisão interlocutória que indeferir pedido de afastamento da suspensão do processo determinada em razão do julgamento repetitivo de recurso especial ou extraordinário. Da legislação extravagante pode ser mencionado o art. 100 da Lei 11.101/2005 (Lei de Recuperação Judicial e Falência), que prevê o cabimento do agravo de instrumento da decisão que decreta a falência da sociedade empresarial e o art. 17, § 10, da Lei 8.429/1992, que prevê o cabimento de agravo de instrumento contra a decisão que recebe a petição inicial em ação de improbidade administrativa.

As decisões interlocutórias que não puderem ser impugnadas pelo recurso de agravo de instrumento não se tornam irrecorríveis, o que representaria nítida ofensa ao devido processo legal. Essas decisões não precluem, devendo ser impugnadas em preliminar de apelação ou nas contrarrazões desse recurso, nos termos do art. 1.009, § 1º, do Novo CPC.

O tema foi um dos que despertaram diferenças mais sensíveis entre a Câmara e o Senado. Enquanto o projeto de lei aprovado na câmara previa o cabimento de agravo de instrumento em 16 artigos no rol do art. 1.015, além de outras hipóteses específicas espalhadas pelo Código, o Senado consagrou no texto final um rol de 13 hipóteses, além de suprimir algumas previsões específicas constantes em outros dispositivos legais do Código.

O inciso I admite o cabimento do recurso contra as decisões sobre a tutela provisória, ou seja, qualquer decisão que conceder, negar, modificar ou revogar a tutela dessa espécie (antecipada, cautelar e da evidência). Nessa hipótese de cabimento não bastará a natureza interlocutória da decisão, importando também sua autonomia, pois, se se decidir a tutela antecipada na sentença, o recurso cabível será a apelação, nos termos do art. 1.013, § 5.º do Novo CPC.

No inciso II está a confirmação expressa e indiscutível da admissão pelo sistema da decisão interlocutória de mérito, recorrível por agravo de instrumento. Tradicionalmente, a revisão da decisão de mérito era feita pelo recurso de apelação. No Novo Código de Processo Civil caberá também agravo de instrumento na hipótese de decisão interlocutória de mérito e de julgamento antecipado parcial de mérito.

A concomitância de duas diferentes espécies de recurso para o segundo grau cabíveis contra decisões de mérito proferidas em primeiro grau gera problemas práticos incontornáveis. A apelação tem garantias procedimentais em favor do recorrente que não existem no agravo de instrumento, justamente porque a primeira espécie recursal foi projetada para impugnar julgamento de mérito e a segunda, questões incidentais.

O Novo Código de Processo Civil modificou essa tradicional distinção, mas não se preocupou em adequar o agravo de instrumento quando esse recurso for utilizado como meio de impugnação de decisão de mérito. É verdade que as diferenças diminuíram, seja pela exclusão do revisor do recurso de apelação, seja pela previsão do art. 942, § 3.º, II, que expressamente admite a técnica de julgamento que substituirá os embargos infringentes para o agravo de instrumento, quando houver reforma da decisão que julgar parcialmente o mérito.

Entretanto, o trabalho foi incompleto, porque a apelação continua tendo em regra efeito suspensivo e o agravo de instrumento, não, bem como porque o art. 937 do Novo CPC não prevê o cabimento de sustentação oral no julgamento de agravo de instrumento, salvo nas hipóteses de decisões sobre tutela provisória de urgência ou da evidência. Essa disparidade de tratamento procedimental é inadmissível, pois a garantia de efeito suspensivo e o direito amplo à sustentação oral não deveriam depender da espécie de recurso, mas da matéria objeto da decisão recorrida.

A maioria dos incisos do art. 1.015 do Novo CPC trata de hipóteses em que não teria sentido e/ou utilidade a decisão ser revista em grau recursal somente no momento de julgamento da apelação. Nesse sentido, os incisos III (rejeição da alegação de convenção de arbitragem); IV (incidente de desconsideração da personalidade jurídica); V (rejeição do pedido de gratuidade da justiça ou acolher o pedido de sua revogação); VI (exibição ou posse de documento ou coisa); VII (exclusão de litisconsorte); VIII (rejeição do pedido de limitação do litisconsórcio); IX (admissão ou inadmissão de intervenção de terceiros); X (concessão, modificação ou revogação do efeito suspensivo aos embargos à execução); XI (redistribuição do ônus da prova).

Conforme já adiantado, foram suprimidos do texto final do Novo CPC aprovado pelo Senado algumas hipóteses de cabimento constantes do projeto de lei aprovado na Câmara: decisão interlocutória que: versar sobre competência; determinar a abertura de procedimento de avaria grossa converter a ação individual em ação coletiva; alterar o valor da causa antes da sentença; decidir o requerimento de distinção nos recursos especial e extraordinário repetitivos; resolver o pedido de distinção no incidente de resolução de demandas repetitivas; indeferir prova pericial; e não homologar ou recusar aplicação a negócio processual celebrado pelas partes.

No parágrafo único do dispositivo ora comentado, há previsão de cabimento de agravo de instrumento contra decisão interlocutória proferida na liquidação de sentença, cumprimento de sentença, processo de execução e inventário. A previsão deve ser saudada porque parte da correta premissa de que nas circunstâncias descritas dificilmente há interesse recursal contra a sentença, o que acabaria tornando a decisão interlocutória irrecorrível na prática.

O que causa certa estranheza é a inclusão no dispositivo das decisões proferidas na fase de liquidação de sentença, que por ter natureza cognitiva e gerar sentença plenamente passível de gerar interesse recursal destoa das demais situações previstas no comentado inciso. Seja como for, ainda que com certa incongruência, a previsão não deixa margem de dúvida a respeito do cabimento do agravo de instrumento de toda decisão interlocutória proferida na execução, liquidação e inventário.

Essa radical modificação do sistema, apesar de manter o cabimento do agravo de instrumento em situações essenciais, não deve ser aplaudida. O agravo de instrumento vem há muito tempo sendo apontado como o grande vilão da morosidade dos tribunais de segundo grau, que, abarrotados de agravos de instrumento, não conseguem julgá-los em tempo razoável, prejudicando também o julgamento das apelações, que, sem a preferência de julgamento que têm os agravos de instrumento, demoram cada vez mais para ser julgados.

Diante desse quadro, mais agudo em determinados tribunais do que em outros, resolve-se pela limitação do agravo de instrumento e fim do agravo retido.

Lamenta-se que o projeto procure acabar com um problema pontual de alguns tribunais com a limitação de um relevante recurso, expondo a parte a ilegalidades e injustiças praticadas pelo juízo de primeiro grau. A recorribilidade somente no final do processo será um convite aos tribunais de segundo grau a fazer vista grossa a eventuais irregularidades, nulidades e injustiças ocorridas durante o procedimento. Na realidade, os tribunais serão colocados diante de um dilema: se acolherem a preliminar de contestação ou contrarrazões, dão um tiro de morte no princípio da economia processual; se fizerem vista grossa e deixarem de acolher a preliminar pensando em preservar tal princípio, cometerão grave injustiça, porque tornarão, na prática, a decisão interlocutória irrecorrível.

Há decisões interlocutórias de suma importância no procedimento que não serão recorríveis por agravo de instrumento: decisão que determina a emenda da petição inicial; decisão sobre a competência absoluta ou relativa; decisões sobre prova, salvo na hipótese de exibição de coisa ou documento (art. 1.015, VI, do Novo CPC) e na redistribuição do ônus probatório (art. 1.015, XI, do Novo CPC); decisão que indefere o negócio jurídico processual proposta pelas partes; decisão que quebra o sigilo bancário da parte etc.

Seja como for, aguarda-se a popularização do mandado de segurança, que passará a ser adotado onde atualmente se utiliza do agravo quando este tornar-se incabível. Corre-se um sério risco de se trocar seis por meia dúzia, e, o que é ainda pior, desvirtuar a nobre função do mandado de segurança. E uma eventual reação dos tribunais não admitindo mandado de segurança, nesse caso, será uma aberrante ofensa ao previsto no art. 5.º, II, da Lei 12.016/2009.

Para evitar que a impugnação de decisão interlocutória por mandado de segurança se popularize em demasia, a melhor doutrina vem defendendo uma interpretação ampliativa das hipóteses de cabimento do agravo de instrumento, com utilização de raciocínio analógico para tornar recorrível por agravo de instrumento decisões interlocutórias que não estão expressamente previstas no rol legal. Desde que se mantenham a razão de ser das previsões legais, sem generalizações indevidas, parece ser uma boa solução.

Uma forma segura de interpretação analógica é exigir que as hipóteses de cabimento respeitem o princípio da isonomia, não sendo viável se defender a recorribilidade a depender do conteúdo positivo ou negativo da decisão. O que deve interessar é a questão decidida, e não seu acolhimento ou rejeição, seu deferimento ou indeferimento ou sua concessão ou negação.

O legislador em alguns incisos tomou esse cuidado, como se verifica no inciso IX do art. 1.015, do Novo CPC, que prevê como recorrível por agravo de instrumento a decisão que admite ou que inadmite a intervenção e terceiros. O mesmo não pode ser dito dos incisos VIII e XI do dispositivo legal. Sendo a decisão que rejeita o pedido de limitação do litisconsórcio recorrível por agravo de instrumento, tal recorribilidade deve ser estendida para a decisão que acolhe tal pedido. O mesmo ocorre com a decisão de redistribuição do ônus da prova, devendo também ser recorrível por agravo de instrumento a decisão que indefere tal pedido.

Ainda que se admita as sugeridas interpretações analógicas, aguarda-se a popularização do mandado de segurança, que passará a ser adotado onde atualmente se utiliza do agravo quando este tornar-se incabível. Corre-se um sério risco de se trocar seis por meia dúzia, e, o que é ainda pior, desvirtuar a nobre função do mandado de segurança. E uma eventual reação dos tribunais não admitindo mandado de segurança nesse caso será uma aberrante ofensa ao previsto no art. 5.º, II, da Lei 12.016/2009.

60.2.2 Instrução do agravo de instrumento – peças processuais

O Novo Código de Processo Civil que, além de manter a previsão das peças que instruem o agravo de instrumento, inovou ao prever expressamente os requisitos a serem preenchidos na peça recursal. Nesse sentido, os quatro incisos do art. 1.016 do Novo CPC: os nomes das partes, a exposição do fato e do direito, as razões do pedido de reforma ou de invalidação da decisão e o próprio pedido, o nome e o endereço completo dos advogados constantes do processo.

O art. 1.017 trata da instrução do recurso. No inciso I estão previstas as peças que devem obrigatoriamente instruir o agravo de instrumento, havendo ampliação do rol atualmente existente no art. 525, I, do CPC/1973. No inciso III estão dispostas as peças facultativas, mantendo-se a regra prevista no art. 525, II, do CPC/1973.

Quanto às peças obrigatórias, além da cópia da decisão, da certidão de intimação e das procurações outorgadas aos advogados do agravante e agravado, passam a ser peças necessárias a petição inicial, a contestação e a petição que ensejou a decisão agravada.

Como já ocorre atualmente, as peças previstas em lei só podem ser consideradas de juntada obrigatória se existirem no caso concreto. Em razão disso, o art. 1.017, II, do Novo CPC exige a juntada ao recurso de declaração de inexistência de qualquer dos documentos referidos no inciso I, a ser feita pelo advogado do agravante, sob pena de sua responsabilidade pessoal.

Tudo leva a crer que a declaração ora analisada passa a ser mais uma peça obrigatória na instrução do agravo de instrumento, de forma que a ausência de sua juntada no ato de interposição do recurso levará à inadmissão recursal, desde que observado o previsto no § 3.º, do art. 1.017, do Novo CPC.

Ainda que ampliado o rol de peças obrigatórias, continuarão a existir as chamadas peças essenciais à compreensão da controvérsia, que mesmo abstratamente facultativas se tornam necessárias no caso concreto. O Novo CPC trata do tema no § 3.º de seu art. 1.017 ao prever que, na falta de cópia de qualquer peça ou no caso de algum outro vício que comprometa a admissibilidade do agravo de instrumento, deve o relator aplicar o disposto no art. 932, parágrafo único, ou seja, antes de considerar inadmissível o recurso, o relator concederá o prazo de cinco dias ao recorrente para que seja sanado vício ou complementada a documentação exigível.

O dispositivo é interessante porque, além de consagrar entendimento do Superior Tribunal de Justiça a respeito do dever do relator em intimar o agravante para a juntada de peça essencial ao agravo de instrumento[8], contraria a jurisprudência do tribunal no tocante à juntada de peça obrigatória, já que o Superior Tribunal de Justiça, nesse caso, vem aplicando a preclusão consumativa, e não conhecendo de agravos de instrumento sem antes intimar o agravante para o saneamento do vício[9].

A respeito do tema, o Enunciado 82 do Fórum Permanente de Processualistas Civis (FPPC): "*É dever do relator, e não faculdade, conceder o prazo ao recorrente para sanar o vício ou complementar a documentação exigível, antes de inadmitir qualquer recurso, inclusive os excepcionais*".

---

8 STJ, Corte Especial, REsp 1.102.467/RJ, rel. Min. Massami Uyeda, j. 02.05.2012, *DJe* 29.08.2012.

9 STJ, 2.ª Turma, AgRg no AREsp 145.711/SC, rel. Min. Assusete Magalhães, j. 07.08.2014, *DJe* 19.08.2014; STJ, 4.ª Turma, AgRg no Ag 1.380.804/MS, rel. Min. Antonio Carlos Ferreira, j. 05.06.2014, *DJe* 11.06.2014.

Segundo o § 4.º do art. 1.017 do Novo CPC, sendo o recurso interposto por sistema de transmissão de dados tipo fac-símile ou similar, as peças devem ser juntadas no momento de protocolo da petição original, consagrando-se expressamente o entendimento do Superior Tribunal de Justiça a respeito do tema.

Atento para o contrassenso de exigir a juntada de cópia de peças dos autos principais quando os autos do processo forem eletrônicos (nesse caso até mesmo o nome "agravo de instrumento" perde seu sentido), o § 5.º do dispositivo legal ora analisado prevê a dispensa das peças obrigatórias e da declaração de inexistência de documentos, admitindo que o agravante anexe outros documentos que entender úteis para a compreensão da controvérsia. Há duas observações a respeito do dispositivo.

Primeiro, a dispensa prevista quanto à instrução do recurso não se limita aos dois primeiros incisos do art. 1.017, como equivocadamente disposto, alcançando também as peças facultativas estabelecidas no inciso III. Na realidade, dispensa-se a juntada de qualquer peça no agravo de instrumento que seja cópia de peça já existente no processo, bem como da declaração de ausência, considerando-se que, sendo eletrônicos os autos, essa consulta poderá ser feita pelo tribunal no momento de julgamento do recurso.

Segundo, a possibilidade de juntada de documentos de forma originária no processo por meio da instrução do agravo de instrumento não se limita aos autos eletrônicos, podendo haver tal juntada em qualquer circunstância, como, inclusive, já ocorre atualmente.

60.2.3 Informação da interposição do agravo perante o primeiro grau

O tema da informação da interposição do agravo de instrumento em primeiro grau é tratado pelo art. 1.018 do Novo CPC. No projeto aprovado originariamente no Senado, ainda que em termos procedimentais a regra anteriormente consagrada no art. 526, *caput*, do CPC/1973 tenha sido mantida, a consequência pelo desatendimento da imposição legal era significativamente modificada. Antes, nos termos do art. 526, parágrafo único, do CPC, o agravo de instrumento não seria conhecido se o agravado alegasse e provasse o desatendimento da imposição legal, o que tornaria a informação em primeiro grau um ônus imperfeito para o agravante. No Projeto aprovado originariamente pelo Senado, não só a regra consagrada no parágrafo único do art. 526 do CPC/1973 desapareceria, como constava expressamente do art. 972 que a informação teria como único objetivo a provocação do juiz de primeiro grau a fim de exercer o juízo de retratação.

Sendo a finalidade da informação em primeiro grau limitada ao exercício do juízo de retratação, a imposição legal passaria a ser uma mera faculdade do agravante, considerando-se que, se a prática do ato só pode beneficiá-lo, sua omissão não pode em nenhum grau lhe causar prejuízo. Já havia me manifestado contra a modificação por entender que a informação prestada em primeiro grau também serve para facilitar o acesso do agravado ao teor do agravo, sem precisar se locomover ao tribunal do Estado (Justiça Estadual) ou da Região (Justiça Federal) para obter cópias do recurso e preparar suas contrarrazões. Daí por que o acerto em condicionar a inadmissão do recurso à alegação e prova do agravado, que, se não se sentir prejudicado pela ausência de informação, não reclamará nesse sentido e o recurso será normalmente julgado.

Na redação final há um paradoxo. Enquanto o art. 1.018, § 1.º, prevê que a informação em primeiro grau tem como objetivo a retratação, o § 2.º mantém a regra atual de que o descumprimento da exigência, desde que alegado e provado pelo agravado, importa inadmissibilidade do recurso. Se o único objetivo é a retratação, que naturalmente só pode beneficiar o agravante, o descumprimento da exigência legal não lhe deveria gerar qualquer situação de desvantagem, ainda que condicionada à alegação do agravado.

O disposto no § 2.º do art. 1.018 do Novo CPC é intrigante. Segundo o dispositivo legal não sendo eletrônicos os autos, o agravante tomará a providencia ora analisada no prazo de 3 dias a contar da interposição do agravo de instrumento. A sofrível redação não permite uma conclusão segura: nos autos eletrônicos é dispensada a informação em primeiro grau ou ela continua a existir, mas não é necessário se respeitar o prazo previsto no dispositivo?

Numa intepretação literal dá-se a entender que a dispensa é apenas quanto ao prazo legal, mas nesse caso questiona-se qual seria o prazo no caso concreto? E que lógica teria se tratar de forma distinta, em termos de prazo, autos físicos e eletrônicos. Parece mais adequada a conclusão no sentido de dispensa da informação em primeiro grau da interposição do agravo de instrumento em primeiro grau nos autos eletrônicos porque nesse caso não haverá qualquer dificuldade do agravado em acessar a peça recursal para elaborar suas contrarrazões.

A informação continua a exigir do agravante a juntada aos autos principais de cópia da petição do agravo de instrumento, do comprovante de sua interposição e da relação dos documentos que instruíram o recurso.

60.2.4 Procedimento

Atualmente, o agravo de instrumento deve ser interposto no prazo de dez dias diretamente no tribunal de segundo grau. Nos termos do art. 1.003, § 5.º, do Novo CPC, o agravo de instrumento deve ser interposto no prazo de quinze dias, sendo possível o ingresso por meio de protocolo realizado diretamente no tribunal competente para julgá-lo, de protocolo efetuado na própria comarca, seção ou subseção judiciárias, de postagem, sob registro com aviso de recebimento, de transmissão de dados tipo fac-símile nos termos da lei ou por outra forma prevista na lei.

O dado mais interessante é a possibilidade de o agravante se valer do protocolo de primeiro grau onde tramita o processo, o que certamente facilitará o trabalho dos advogados que militam distantes da sede dos tribunais de segundo grau. Cria-se, portanto, um protocolo integrado entre primeiro e segundo grau para fins de interposição de agravo de instrumento. Naturalmente que, se houver pedido de tutela de urgência, tal protocolo não será a forma mais eficaz de interposição do recurso, pois, por mais diligente que seja o primeiro grau na remessa dos autos do recurso, o tempo de remessa pode ser incompatível com a urgência da pretensão. Nesse caso, o ideal é a parte se valer das outras formas de interposição.

A negativa de seguimento do agravo de instrumento por meio de decisão monocrática liminar prevista pelo art. 527, I, do CPC/1973 é mantida pelo art. 1.019, *caput*, do Novo CPC. O relator poderá não conhecer agravo de instrumento inadmissível, prejudicado ou que não tenha impugnado especificamente os fundamentos da decisão recorrida (art. 932, III), e negar provimento a recurso contrário à súmula do Supremo Tribunal Federal, do Superior Tribunal de Justiça ou do próprio tribunal, acórdão proferido pelo Supremo Tribunal Federal ou pelo Superior Tribunal de Justiça em julgamento de recursos repetitivos e entendimento firmado em incidente de resolução de demandas repetitivas ou de assunção de competência (art. 932, IV).

No Projeto originariamente aprovado no Senado, no art. 973, parágrafo único, previa-se que a decisão monocrática do relator que trata da tutela de urgência no agravo de instrumento era irrecorrível, sem qualquer menção à possibilidade de retratação por parte do relator. A novidade consagrava a preclusão judicial após a prolação da decisão, não se admitindo ao relator, de ofício ou provocado, modificar sua decisão. Na redação final, entretanto, não há qualquer previsão de irrecorribilidade de tal decisão, devendo a ela ser aplicada a regra geral consagrada no art. 1.021 do Novo CPC, sendo, portanto, recorrível por agravo interno.

A inutilidade das informações requisitadas pelo relator do agravo de instrumento notadas na praxe forense leva o Novo Código de Processo Civil a suprimir essa tarefa do juiz de primeiro grau.

Nos termos do art. 1.019, II, do Novo CPC, o agravado será intimado por carta com aviso de recebimento quando não tiver procurador constituído, ou pelo *Diário da Justiça* ou por carta com aviso de recebimento dirigida a seu advogado, para que responda no prazo de quinze dias, facultando-lhe juntar a documentação que entender necessária ao julgamento do recurso. A novidade fica por conta da intimação pessoal do agravado sem procurador constituído, circunstância que só pode ocorrer quando o agravado for o réu do processo, uma vez que a ausência de advogado do autor levaria à extinção do processo sem resolução de mérito. Imagino duas situações possíveis para o réu/agravado não ter advogado constituído nos autos: revelia e recurso interposto contra decisão proferida liminarmente, antes, portanto, da citação do réu e sua consequente integração ao processo.

Na primeira hipótese, apesar de não existir no Novo Código de Processo Civil regra expressa sobre a dispensa de intimação, a interpretação do art. 346 do Novo CPC é nesse sentido. Resta então a segunda hipótese, devendo ser intimado para contra-arrazoar o agravo de instrumento o réu/agravado que ainda não foi citado em primeiro grau, criando-se situação contrária à jurisprudência atual do Superior Tribunal de Justiça[10]. A intimação em segundo grau naturalmente não dispensa que a citação ocorra regularmente em primeiro grau.

A intimação em segundo grau para um agravado que ainda não foi integrado ao polo passivo do processo pela citação cria um interessante questionamento. Essa intimação dispensa a citação em primeiro grau? Ou ainda que intimado a citação continua a ser indispensável a validade do processo, nos termos do art. 239, *caput*, do Novo CPC. A intimação

10 STJ, 4.ª Turma, AgRg no Ag 729.292/SP, rel. Min. Massami Uyeda, j. 19.02.2008, *DJ* 17.03.2008.

não integra coercitivamente o réu ao processo, o que só pode ser feito pela citação.

Ainda que a intimação não se confunda com a citação, a verdade é que se o agravado, devidamente intimado, apresentar contrarrazões ao agravo de instrumento, terá se integrado ao processo voluntariamente, sendo a partir desse momento dispensável a citação. Trata-se de uma situação em que resta escancarada a inaplicabilidade da regra consagrada no art. 239, § 1.º, do Novo CPC.

Nos termos do dispositivo legal, o réu que comparece espontaneamente dispensa a citação, fluindo a partir dessa data seu prazo para contestação. Ocorre, entretanto, que o réu, ao menos em regra, não é mais citado para contestar, mas para comparecer à audiência de conciliação e mediação, não tendo qualquer sentido que as contrarrazões do réu em agravo interpostas contra decisão liminarmente proferida deem início a contagem de prazo para a contestação, o que representaria uma indesejável inversão na prática dos atos processuais do procedimento comum.

Conclusivamente, o réu ainda não citado será intimado e, comparecendo ao processo para apresentar contrarrazões ao agravo de instrumento, dispensará a citação em primeiro grau, mas continuará a ser necessária à sua intimação para comparecer à audiência de conciliação e mediação.

Quanto à participação do Ministério Público no agravo de instrumento, a única novidade do Novo Código de Processo Civil é que, segundo o art. 1.019, III, a intimação deve ser realizada preferencialmente por meio eletrônico e o prazo para manifestação do Ministério Público será de quinze dias.

60.3 AGRAVO INTERNO

O Novo Código de Processo Civil busca simplificar significativamente a atual confusão entre agravo interno e agravo regimental. Numa só previsão, o art. 1.021 prevê que da decisão monocrática do relator cabe agravo interno para o respectivo órgão colegiado. No Projeto originariamente aprovado pelo Senado ainda existia uma ressalva de que não seria cabível o agravo interno quando houvesse previsão legal específica de irrecorribilidade, mas tal ressalva não consta do texto final aprovado, de forma que toda e qualquer decisão monocrática do relator passa a ser impugnável por agravo interno.

Nos termos do § 1.º do artigo comentado, na petição de agravo interno o recorrente impugnará especificadamente os fundamentos da decisão agravada, não bastando, portanto, apenas repetir a fundamentação do recurso ou do pedido julgado monocraticamente.

O agravo será dirigido ao relator, que intimará o agravado para manifestar-se sobre o recurso no prazo de quinze dias, ao final do qual, não havendo retratação, o relator o levará a julgamento pelo órgão colegiado, com inclusão em pauta.

É possível que o agravo interno seja interposto contra decisão que nega seguimento ao agravo de instrumento interposto contra decisão interlocutória proferida liminarmente. Nesse caso, o agravado ainda não terá sido citado, surgindo a questão da aplicação por analogia do art. 1.019, II, Novo CPC, que exige a intimação pessoal do agravado sem procurador constituído para contrarrazoar o agravo de instrumento. Como já exposto, não me agrada essa exigência legal, mas não se podendo simplesmente fingir que ela não existe, é razoável que seja aplicada por analogia ao agravo interno na situação descrita. Afinal, o agravo de instrumento jamais será julgado de forma colegiada, sendo as questões nele versadas decididas no julgamento colegiado do agravo interno.

O § 2.º do art. 1.021 do Novo CPC traz duas importantes novidades quanto ao procedimento do agravo interno: intimação do agravado para contrarrazões e inclusão em pauta. São previsões que valorizam o princípio do contraditório, mas que vêm sendo sistematicamente afastadas pelos tribunais, em especial os superiores, sob o frágil argumento de incompatibilidade com a informalidade esperada do agravo interno e outros ainda mais indefensáveis.

O § 3.º do artigo ora analisado, ao prever ser vedado ao relator limitar-se à reprodução dos fundamentos da decisão agravada para julgar improcedente (negar provimento) o agravo interno, promete mexer num vespeiro. Qualquer pessoa com mínima experiência na praxe forense sabe que as decisões de agravo interno (ou regimental) são em sua grande maioria um "recorta e cola" explícito da decisão monocrática. De novo apenas o primeiro parágrafo, que afirma mecanicamente que o recurso não abalou os fundamentos da decisão monocrática e que por tal razão o relator se valerá deles para decidir o agravo. Trata-se da fundamentação *per relationem*, inclusive admitida pelo Superior Tribunal de Justiça. Com a previsão ora analisada, ao menos no julgamento do agravo interno, o "recorta e cola" será vetado.

A maior polêmica do dispositivo deriva da previsão contida em seu § 4.º. Segundo o dispositivo, quando o agravo interno for declarado manifestamente inadmissível ou improcedente em votação unânime, o órgão colegiado, em decisão fundamentada, condenará o agravante a pagar ao agravado multa fixada entre um e cinco por cento do valor atualizado da causa. Como se pode notar, na hipótese de improcedência, para a aplicação da sanção, não se exige mais qualquer abuso no direito de recorrer, bastando que o julgamento seja unânime. Algo como ocorre com a caução prévia na ação rescisória. Acontece, entretanto, que a utilização da técnica para evitar a propositura da ação rescisória tem justificativa na relevância da segurança jurídica gerada pela coisa julgada material, enquanto sua utilização para obstar a interposição de agravo interno serve apenas para diminuir o número de recursos e por consequência de trabalho dos tribunais. Sancionar um legítimo exercício de direito processual apenas porque a pretensão foi unanimemente rejeitada é uma inconstitucionalidade evidente.

A norma é um manifesto equívoco, e nesse sentido já há manifestações para estender o substantivo "manifesta" também à hipótese de julgamento de improcedência (na realidade de negação de provimento), sendo nesse sentido o Enunciado 358 do Fórum Permanente de Processualistas Civis (FPPC): "A aplicação da multa prevista no art. 1.021, § 4.º, exige manifesta inadmissibilidade ou manifesta improcedência". Não é nesse sentido o texto legal e a interpretação, ainda que melhore e até justifique a sanção prevista, contraria de forma clara o sentido, ainda que inadequado, da norma. Resta saber qual será a interpretação jurisprudencial a respeito do tema.

O § 5.º prevê que a interposição de qualquer outro recurso está condicionada ao depósito prévio do valor da multa prevista no § 4.º, à exceção da Fazenda Pública e do beneficiário de gratuidade da justiça, que farão o pagamento ao final. A regra contraria a jurisprudência dos tribunais superiores, que vinha na vigência do CPC/1973 e sem regra expressa a respeito entendendo pela aplicação da regra a qualquer sujeito processual, inclusive a Fazenda Pública e o beneficiário da assistência judiciária[11].

Registre-se a ausência do Ministério Público do dispositivo legal, mas que, por uma questão de coerência sistêmica, também deve ser isento do depósito da multa. Afinal, o Ministério Público não tem personalidade jurídica própria, sendo um órgão do Estado ou da União[12], e sendo isento do depósito a Fazenda Pública também isento estará o Ministério Público.

---

11 STF, Tribunal Pleno, AI 775.934-AgR-ED-ED/AL, rel. Min. Cezar Peluso, j. 10.11.2011, *DJe* 13.12.2011; *Informativo* 551/STJ, 2.ª Turma, AgRg no AREsp 553.788/DF, rel. Min. Assusete Magalhães, j. 16.10.2014; STJ, Corte Especial, AgRg nos EAREsp 22.230/PA, rel. Min. Sidnei Beneti, j. 21.05.2014, *DJe* 1.º.07.2014.

12 STJ, Corte Especial, AgRg nos EDcl nos EREsp 1.245.830/AM, rel. Min. Herman Benjamin, j. 21.05.2014, *DJe* 20.08.2014.

60.4 AGRAVO EM RECURSO ESPECIAL E EXTRAORDINÁRIO

No texto originário do Novo Código de Processo Civil o agravo previsto no art. 544 do CPC/1973 deixava de existir porque o tribunal de segundo grau não teria mais, ao menos em regra, competência para fazer o juízo de admissibilidade dos recursos especial e extraordinário, limitando-se a intimar o recorrido para apresentação de contrarrazões e imediatamente enviar os autos ao tribunal superior. Havia apenas duas hipóteses em que o próprio tribunal de segundo grau teria competência para o juízo de admissibilidade dos recursos excepcionais, quando então a inadmissão do recurso desafiaria um agravo para o tribunal superior competente.

A Lei 13.256, de 04.02.2016, que alterou o Novo Código de Processo Civil durante sua vacância, não permitiu a mudança do sistema, mantendo a competência dos tribunais de segundo grau para o juízo de admissibilidade dos recursos especial e extraordinário. Sendo positivo tal juízo, com o consequente recebimento do recurso, ele será encaminhado para o tribunal competente. Sendo o juízo negativo, o presidente ou vice-presidente profere decisão monocrática que nega seguimento ao recurso especial ou extraordinário, sendo cabível o recurso de agravo interno, para o próprio tribunal, ou agravo em recurso especial e extraordinário, para os tribunais de superposição.

Quem define o cabimento do agravo previsto no art. 1.042 do Novo CPC são os §§ 1.º e 2.º do art. 1.030 do mesmo diploma legal. A inadmissão prevista no inciso I do art. 1.030 do Novo CPC é recorrível por meio de agravo interno, enquanto a inadmissão nos demais casos, consagrada no inciso V do mesmo dispositivo, é recorrível por meio do agravo ora estudado.

Conforme prevê o art. 1.042, § 2.º, do Novo CPC, a petição de agravo será dirigida ao presidente ou ao vice-presidente do tribunal de origem e independe do pagamento de custas e despesas postais. Embora não haja previsão expressa nesse sentido, o recurso ora analisado será interposto e processado nos próprios autos principais[13], o que, naturalmente, dispensa o recorrente de instruir o recurso com cópias de peças processuais.

O dispositivo legal foi modificado pela Lei 13.256, de 04.02.2016, que alterou o Novo Código de Processo Civil em sua vacância, passando a prever que ao agravo ora analisado aplica-se o regime de repercussão

---

[13] Enunciado 225 do Fórum Permanente de Processualistas Civis (FPPC).

geral e dos recursos repetitivos, inclusive quanto à possibilidade de sobrestamento e do juízo de retratação. Significa que a suspensão prevista no § 5.º do art. 1.035 e no inciso II do art. 1.037 do Novo CPC se aplica ao agravo do art. 1.042 e que o órgão julgador poderá se retratar do acórdão que foi recorrido pelo recurso excepcional não admitido por meio da decisão objeto do agravo ora analisado.

Como o julgamento por amostragem e a interposição de recurso extraordinário, com a consequente análise de repercussao geral, também são cabíveis nos Juizados Especiais, é possível que a petição recursal seja dirigida ao presidente ou ao vice-presidente do Colégio Recursal ou da Turma de Uniformização.

O agravado será intimado, de imediato, para oferecer resposta no prazo de quinze dias e, após o prazo de resposta, não havendo retratação, o agravo será remetido ao tribunal superior competente. Apesar de não existir uma previsão expressa como a do art. 1.030 do Novo CPC, o procedimento previsto deixa claro que o Colégio Recursal ou Turma de Uniformização não tem competência para fazer juízo de admissibilidade do recurso, devendo sempre enviá-lo ao tribunal superior competente. Desrespeitar essa realidade e inadmitir o recurso na origem gera decisão impugnável por reclamação constitucional (art. 988, I, do Novo CPC).

Nos termos do § 5.º do art. 1.042 do Novo CPC, o agravo poderá ser julgado, conforme o caso, com o recurso especial ou extraordinário, assegurada, nesse caso, sustentação oral, observando-se, quanto ao mais, o disposto no regimento interno do tribunal respectivo.

Na hipótese de interposição conjunta de recursos extraordinário e especial, o art. 1.042, § 6.º, do Novo CPC prevê que o agravante deverá interpor um agravo para cada recurso não admitido, sendo nesse caso os autos encaminhados para o Superior Tribunal de Justiça. Após a conclusão do julgamento do agravo pelo Superior Tribunal de Justiça e, se for o caso, do recurso especial, independentemente de pedido, os autos serão remetidos ao Supremo Tribunal Federal para apreciação do agravo a ele dirigido, salvo se estiver prejudicado.

60.5 TÉCNICA DE JULGAMENTO SUBSTITUTIVA DOS EMBARGOS INFRINGENTES

O Novo Código de Processo Civil retira o recurso de embargos infringentes do rol recursal, como se pode notar da mera leitura do art. 994, que prevê o rol das espécies de recursos.

Entretanto, em seu art. 942 cria uma inovadora técnica de julgamento com propósitos muito semelhantes aos do recurso de embargos infringentes, mas com natureza de incidente processual e não de recurso[14].

Nos termos do *caput* do art. 942 do Novo CPC, não sendo unânime o julgamento da apelação, o julgamento terá prosseguimento em sessão a ser designada com a presença de outros julgadores, a serem convocados nos termos previamente definidos no regimento interno, em número suficiente para garantir a possibilidade de inversão do resultado inicial, sendo assegurado às partes e a eventuais terceiros o direito de sustentar oralmente suas razões perante os novos julgadores.

Como se pode notar, criou-se uma técnica de julgamento que será implementada de ofício, sem qualquer iniciativa da parte. Nesse ponto, o Novo CPC fez uma aposta, provavelmente sem os necessários dados estatísticos para agir com segurança. Ainda que a novidade ora analisada seja mais simples do que os embargos infringentes e, portanto, tende a ser mais célere o julgamento. O recurso, entretanto, depende da vontade da parte, enquanto a nova técnica de julgamento é cogente, sendo aplicável de ofício.

O § 3.º do dispositivo amplia o cabimento da técnica de julgamento para a ação rescisória, quando o resultado for a rescisão da sentença (nesse caso, deve o seu prosseguimento ocorrer em órgão de maior composição previsto no Regimento Interno) e para o agravo de instrumento, quando houver reforma da decisão que julgar parcialmente o mérito.

Como se pode notar das próprias hipóteses de cabimento, a técnica de julgamento prevista no dispositivo ora comentado busca dar ao julgamento uma segurança maior com o aumento do número de julgadores, exatamente como ocorre no CPC/1973 com os embargos infringentes. E seu cabimento em julgamentos por maioria de votos na apelação, ação rescisória e agravo de instrumento que julga o mérito deixa claro que tal técnica veio para substituir os embargos infringentes.

Há, entretanto, uma séria incongruência quanto ao cabimento da diferenciada técnica de julgamento. Enquanto o § 3.º, I, manteve a exigência de que a decisão por maioria de votos na ação rescisória só está sujeita à ampliação do colegiado no julgamento de procedência (rescisão da decisão), e o inciso II exige que o julgamento do agravo de instrumento

---

14 Lucon, Técnica. Disponível em: <http://www.conjur.com.br/2015-fev-04/paulo-lucon-cpc-permite-decisoes-qualidade>. Acesso em: 13 fev. 2015.

reforme decisão interlocutória que julgar parcialmente o mérito, *o caput* impõe tão somente o julgamento não unânime da apelação, distanciando-se da previsão mais restritiva presente no art. 530 do CPC/1973.

Nesse caso, há duas possíveis interpretações. O legislador, por ter criado uma técnica de julgamento bem mais simples e informal que a gerada pelos embargos infringentes, teria decidido conscientemente alargar seu cabimento para qualquer julgamento por maioria de votos na apelação. Ou teria sido uma omissão involuntária do legislador. Acredito mais na segunda hipótese, porque, se a pretensão era ampliar o cabimento, não teria sentido continuar a limitá-lo à espécie de resultado na ação rescisória e no agravo de instrumento. Ainda assim, é tema que gerará debates, porque numa interpretação literal qualquer julgamento por maioria de votos na apelação leva à aplicação do art. 942 do Novo CPC, enquanto numa interpretação sistêmica, somente na hipótese de o julgamento reformar sentença de mérito.

Ainda que presentes os requisitos previstos pelo art. 942, *caput* e § 3.º, do Novo CPC, não se adotará a técnica de julgamento ora analisada em quatro situações de julgamento (§ 4.º): (i) do incidente de assunção de competência e ao de resolução de demandas repetitivas; (ii) da remessa necessária; e (iii) não unânime proferido, nos tribunais, do plenário ou a corte especial.

Apesar de o *caput* do art. 942 do Novo CPC prever que a continuação do julgamento com a vinda de novos julgadores acontecerá em outra sessão de julgamento, o § 1.º excepciona essa regra, estabelecendo que, sempre que possível, o prosseguimento do julgamento se dê na mesma sessão, colhendo-se os votos de outros julgadores que porventura componham o órgão colegiado. A agilidade buscada por tal previsão legal não deve ser saudada, porque, a partir do momento em que o *caput* do dispositivo garante aos advogados das partes o direito à sustentação oral, a continuação do julgamento deveria ser realizada em outra sessão, salvo na hipótese de os advogados de ambas as partes estarem presentes.

Infelizmente, e nesse caso não sei se era esse o objetivo do legislador (e, se foi, lamento duplamente), a interpretação mais provável desse § 1.º é de que nesse caso de continuação imediata de julgamento não há direito de sustentação oral, considerando-se que ou ela já ocorreu antes do início do julgamento, aproveitando todos os componentes do órgão colegiado, ou o advogado da parte renunciou a seu direito ao deixar de fazer a sustentação oral nesse momento. Lamento se for mesmo essa a interpretação a se consolidar, porque para mim é bastante claro que o interesse de sustentar oralmente pode surgir justamente diante de um inesperado julgamento por maioria de votos. E nesse caso o advogado não só não terá sustentado, como também provavelmente não terá comparecido à sessão de julgamento.

No CPC/1973, o efeito devolutivo dos embargos infringentes permite que todos os julgadores que compõem o órgão colegiado votem livremente quando decidirem o recurso, mesmo que em sentido contrário ao voto proferido no julgamento por maioria dos votos. Como não há mais recurso, não tem sentido falar em efeito devolutivo, mas a mudança de opinião de magistrado que tiver participado do julgamento não unânime é garantida pelo § 2.º do art. 942 do Novo CPC. Segundo o dispositivo legal, os julgadores que já tiverem votado poderão rever seus votos por ocasião do prosseguimento do julgamento final.

Há duas grandes inovações na substituição dos embargos infringentes pela diferenciada técnica de julgamento criada pelo art. 942 do Novo CPC. Primeiro, não haverá mais razões e contrarrazões após o julgamento por maioria de votos, devendo os julgadores se valerem das razões e contrarrazões do recurso de apelação ou agravo de instrumento e dos fundamentos do autor (petição inicial) e do réu na ação rescisória (contestação). Segundo, serão revogadas as previsões regimentais que renovam totalmente o órgão julgador dos embargos infringentes, de forma que os julgadores que estiverem envolvidos no julgamento não unânime terão participação obrigatória no julgamento que amplia o número de julgadores.

A referida técnica de julgamento não constou do Parecer Final 956 do Senado e assim restou justificada sua exclusão na Emenda constante do tópico 2.3.2.219: "*Apesar de louvável preocupação do dispositivo com o grau de justiça do julgamento colegiado em sede de apelação, ele incorre em um excesso que merece ser podado. É que a parte derrotada nessa instância poderá, ainda, reivindicar reanálise do pleito na via dos recursos excepcionais, respeitadas as limitações objetivas das instâncias extraordinárias. E mais. Problemas de alocação de desembargadores em órgãos fracionários dos tribunais surgiriam, dada a necessidade de convocação de novos julgadores para complementação de votos. Na prática, 'poderia haver estímulo à alteração da organização interna dos tribunais, a fim de que os órgãos fracionários passassem a contar com pelo menos cinco julgadores, o que, sem ampliação do número total de membros da Corte, implicaria redução do número de órgãos fracionários e, por extensão, da capacidade de julgamento do tribunal' (excerto da Nota Técnica 06, de 2014, da AJUFE)*".

A diferenciada técnica procedimental de julgamento, entretanto, foi reincorporada ao texto final do Novo CPC em razão da aprovação de destaque apresentado pelo Senador Aloysio Nunes Ferreira.

60.6 EMBARGOS DE DECLARAÇÃO

60.6.1 Natureza jurídica

O art. 994, IV, do Novo CPC mantém no rol dos recursos os embargos de declaração, como atualmente ocorre com o art. 496, IV, do CPC/1973. A mais importante consequência da definição da natureza recursal dos embargos de declaração desaparece no Novo Código de Processo Civil, porque o prazo em dobro para a Fazenda Pública e para o Ministério Público (e também para a Defensoria Pública) passa a ser contado para os atos em geral, e não só para recorrer. Dessa forma, sendo recurso ou não, esses sujeitos têm o prazo em dobro para interpor embargos de declaração (dez dias) no sistema adotado pelo Novo Código de Processo Civil.

Por tal razão fiquei curioso com a previsão do art. 1.023, § 1.º, do Novo CPC ao prever a contagem do prazo em dobro no caso de litisconsortes com patronos de diferentes sociedades de advogados. Não que o dispositivo esteja incorreto, mas incompleto, afinal, a prerrogativa do prazo em dobro para embargar é bem mais ampla do que sugere o dispositivo.

60.6.2 Cabimento

No art. 1.022, *caput*, do Novo CPC há previsão de cabimento de embargos de declaração contra qualquer decisão judicial. Apesar de afastar a indevida limitação prevista no art. 535, I, do CPC/1973, acredito que o dispositivo perdeu a oportunidade de ampliar, ao menos de forma expressa, o cabimento dos embargos de declaração também contra os despachos. De qualquer forma, continuo, mesmo diante do novo texto legal, a acreditar e a defender o cabimento do recurso ora analisado contra qualquer pronunciamento judicial, inclusive o despacho.

O Novo Código de Processo Civil manteve os tradicionais vícios passíveis de correção por meio dos embargos de declaração, passando, entretanto, a criar determinadas especificações quanto à omissão, inexistentes no art. 535 do CPC/1973. No art. 1.022, II, é consagrado o entendimento de que a omissão de ponto ou questão sobre o qual o órgão deveria ter se pronunciado abarca também as matérias conhecíveis de ofício. Já o parágrafo único prevê ser omissa a decisão que deixar de se manifestar sobre tese firmada em julgamento de casos repetitivos ou em incidente de assunção de competência aplicável ao caso sob julgamento ou que incorra em qualquer das condutas descritas no art. 489, § 1.º, do Novo CPC, dispositivo responsável por inovadoras exigências quanto à fundamentação da decisão.

Além das especificações já mencionadas, é ampliado o rol de vícios passíveis de correção por meio dos embargos de declaração, com a inclusão do erro material no art. 1.022, III, do Novo CPC. Acredito que tal inclusão não condicione a alegação de erro material aos embargos de declaração, sendo que tal alegação continua a ser admitida por meio de mera petição, a qualquer momento, inclusive após o trânsito em julgado da decisão. A inclusão é importante porque não deixa dúvida de que, alegado o erro material sob a forma de embargos de declaração, assim será tratada procedimentalmente a alegação, em especial quanto à interrupção do prazo recursal.

Apesar da inclusão do erro material entre os vícios alegáveis em sede de embargos de declaração, concordo com o Enunciado 360 do Fórum Permanente de Processualistas Civis (FPPC) no sentido de que a não oposição do recurso não impede a correção do erro material a qualquer tempo.

60.6.3 Aspectos procedimentais

O prazo de cinco dias previsto pelo art. 536 do CPC/1973 é mantido pelo art. 1.023, *caput*, do Novo CPC, tornando os embargos de declaração os únicos recursos cujo prazo não é de quinze dias. Também é assegurada pelo dispositivo a isenção no recolhimento de preparo recursal.

Nos termos do art. 1.024, *caput*, o juiz julgará os embargos em cinco dias; nos tribunais, o relator apresentará os embargos em mesa na sessão subsequente, proferindo voto. Não havendo julgamento nessa sessão, será o recurso incluído em pauta automaticamente. A novidade fica por conta da inclusão automática em pauta na hipótese de o recurso não ser julgado na sessão subsequente à sua interposição.

O § 1.º do artigo ora analisado regulamenta a competência para o julgamento dos embargos de declaração interpostos contra decisão monocrática proferida pelo tribunal, prevendo que o recurso deve ser julgado monocraticamente pelo órgão prolator da decisão impugnada. A previsão, contudo, não deve ser suficiente para impedir a consagrada conversão dos embargos de declaração em agravo interno, que naturalmente demandam um julgamento colegiado.

O art. 1.026, *caput*, do Novo CPC mantém tradicional regra no sentido da interrupção do prazo para a interposição de outros recursos em razão da interposição dos embargos de declaração.

Segundo o art. 1.024, § 5.º, do Novo CPC, na hipótese de o julgamento dos embargos de declaração ser rejeitado ou não alterar a conclusão do julgamento anterior, o recurso interposto pela outra parte, antes da publicação do julgamento dos embargos de declaração, será processado e julgado independentemente de ratificação. A previsão legal consagra entendimento doutrinário contrário ao posicionamento majoritariamente adotado pelos tribunais[15], inclusive consagrado na Súmula 418/STJ. Nesse sentido, o Enunciado 22 do Fórum Permanente de Processualistas Civis (FPPC).

Conforme o art. 1.026, § 2.º, do Novo CPC, quando forem manifestamente protelatórios os embargos de declaração, o juiz ou o tribunal, em decisão fundamentada, condenará o embargante a pagar ao embargado multa não excedente a dois por cento sobre o valor atualizado da causa. Comparando o dispositivo com o art. 538, parágrafo único, do CPC/1973, o novo dispositivo deixa claro que o valor gerado pela aplicação da multa tem como credor a parte contrária e aumenta seu valor, que pode chegar a 2% do valor da causa.

O § 3.º do dispositivo comentado trata da reiteração de embargos de declaração manifestamente protelatórios, mantendo a regra de dupla sanção presente no art. 538, parágrafo único, do CPC/1973: majorar a multa até dez por cento sobre o valor atualizado da causa e condicionar admissão de outros recursos ao depósito do valor da multa em juízo. Apesar de sofrerem a multa, segundo o dispositivo comentado, a Fazenda Pública e o beneficiário de gratuidade da justiça só a recolherão ao final, podendo interpor qualquer recurso independentemente de seu depósito prévio. Apesar da omissão legal, entendo que numa interpretação sistêmica do dispositivo deva ser incluído o Ministério Público entre aqueles que não estão sujeitos ao depósito prévio do valor da multa.

Fica resolvido no § 4.º do art. 1.026 do Novo CPC o problema gerado pela interposição sucessiva de embargos de declaração meramente protelatórios. A primeira interposição gera multa, a reiteração, a dupla sanção já analisada, mas a partir desse momento o CPC/1973 não regulamentava a consequência, quem sabe por ter o legislador imaginado que ninguém em sã consciência chegaria a tal ponto. Infelizmente, a praxe forense pro-

---

15 STJ, 2.ª Turma, AgRg no REsp 1.253.756/SC, j. 21.06.2012; STJ, 2.ª Turma, EDcl no AgRg no AREsp 48.105/RR, j. 27.03.2012; STJ, 4.ª Turma, AgRg nos EDcl no AgRg no Ag 1.398.897/SC, j. 13.09.2011. Contra: *Informativo* 665/STF, 1.ª Turma, HC 101.132 ED/MA, rel. Min. Luiz Fux, j. 24.04.2012.

vou que o legislador errou em acreditar na mínima boa-fé dos litigantes, tendo sido resolvido tal problema pelo art. 1.026, § 4.º, do Novo CPC ao prever que não serão admitidos novos embargos de declaração, se os dois anteriores houverem sido considerados protelatórios.

Concordo com a conclusão do Enunciado 361 do Fórum Permanente de Processualistas Civis (FPPC) no sentido de que o não cabimento dos embargos de declaração previsto no art. 1.026, § 4.º, do Novo CPC acarreta a ineficácia do recurso interposto, inclusive quanto ao efeito de interrupção do prazo de outros recursos.

A função típica dos embargos de declaração é melhorar formalmente a decisão impugnada, sem alterações substanciais quanto ao seu conteúdo. Ocorre, entretanto, que por vezes os embargos de declaração extrapolam essa função, gerando a reforma ou a anulação da decisão impugnada. Nesses casos, os embargos de declaração assumem uma função distinta daquela para a qual foram originariamente programados, sendo correto apontá-los como embargos de declaração atípicos, situação que, segundo a doutrina, passa a exigir o *contraditório*, com a intimação do embargado para apresentação de contrarrazões no prazo de cinco dias[16]. O Superior Tribunal de Justiça, inclusive, entende cabível ação rescisória se o contraditório não for observado conforme exposto[17].

Nesse sentido, o art. 1.023, § 2.º, ao prever que o juiz intimará o embargado para, querendo, manifestar-se, no prazo de cinco dias, sobre os embargos opostos, caso seu eventual acolhimento implique a modificação da decisão embargada.

60.7 RECURSO ORDINÁRIO CONSTITUCIONAL

A aproximação do recurso ordinário com a apelação, já constatada pela doutrina diante do CPC/1973, ficou ainda mais evidente no Novo CPC quando o art. 1.028, *caput*, passou a prever expressamente, quanto aos requisitos de admissibilidade e ao procedimento, a aplicação ao recurso ordinário constitucional das disposições relativas à apelação e o regimento interno do Superior Tribunal de Justiça. E por expressa previsão também passou a ser admitida a aplicação da teoria da causa madura (art. 1.027, § 2.º).

---

16 Barbosa Moreira, *Comentários*, 303, nota 26, p. 553; Didier Jr.-Oliveira-Cunha, *Curso*, v. 3, p. 149.

17 *Informativo* 483/STJ: 1.ª Seção, AR 2.702/MG, rel. originário Min. Mauro Campbell, rel. para acórdão Min. Teori Albino Zavascki, j. 14.09.2011.

Na hipótese de cabimento contra sentença (demandas internacionais) o recurso ordinário constitucional será interposto perante o próprio juízo sentenciante, que após a intimação do recorrido para apresentar contrarrazões em quinze dias encaminhará imediatamente o recurso para o Superior Tribunal de Justiça. Como ocorre na apelação, o juízo de primeiro grau não tem competência para fazer juízo de admissibilidade do recurso ordinário constitucional.

Tratando-se de cabimento contra acórdão, o § 2.º do art. 1.027 prevê que o recurso ordinário constitucional deve ser interposto perante o tribunal de origem, cabendo ao seu presidente ou vice-presidente determinar a intimação do recorrido para, em quinze dias, apresentar as contrarrazões. De acordo com o § 3.º do art. 1.027, findo esse prazo, os autos serão remetidos ao respectivo tribunal superior, independentemente de juízo de admissibilidade.

Nesse sentido dois corretos Enunciados do Fórum Permanente de Processualistas Civis (FPPC): n.º 209: "*Cabe reclamação, por usurpação da competência do Superior Tribunal de Justiça, contra a decisão de presidente ou vice-presidente do tribunal de 2.º grau que inadmitir recurso ordinário interposto com fundamento no art. 1.040 [atual art. 1.027], II, 'a'*"; n.º 210: "*Cabe reclamação, por usurpação da competência do Supremo Tribunal Federal, contra a decisão de presidente ou vice-presidente de tribunal superior que inadmitir recurso ordinário interposto com fundamento no art. 1.040, I [atual art. 1.027]*".

O art. 995 do Novo CPC prevê que os recursos não impedem a eficácia da decisão, salvo disposição legal (efeito suspensivo próprio/*ope legis*) ou decisão judicial em sentido contrário (efeito suspensivo impróprio/*ope iudicis*). Como nos arts. 1.027 e 1.028 do Novo CPC não há qualquer previsão a respeito de efeito suspensivo, é correto concluir que esse efeito não é gerado diante da interposição do recurso ordinário constitucional. Naturalmente, o recorrente poderá no caso concreto obter tal efeito ao preencher os requisitos legais. A forma procedimental para a elaboração do efeito suspensivo é a mesma existente para o recurso especial e extraordinário (art. 1.029, § 5.º, do Novo CPC) e para a apelação (art. 1.012, § 3.º).

O art. 1.027, § 1.º, do Novo CPC deixa claro que o agravo interposto nas demandas internacionais é o de instrumento, e só tem cabimento dentro das hipóteses legais previstas pelo art. 1.015. E o art. 1.028, § 1º, do Novo CPC prevê que, quanto aos requisitos de admissibilidade e procedimento, a esse recurso serão aplicadas as regras do agravo de instrumento e do Regimento Interno do Superior Tribunal de Justiça.

60.8 RECURSOS ESPECIAL E EXTRAORDINÁRIO

60.8.1 Cabimento

A hipótese de cabimento do recurso especial prevista na alínea *c* do art. 105, III, da CF é a mais complexa, exigindo do recorrente um grande esforço para que o recurso seja admitido. Certamente por essa razão, é comum na praxe forense cumular o art. 105, III, *a*, e o art. 105, III, *c*, da CF, até porque, se houve divergência na interpretação de lei federal entre diferentes tribunais, será alegado pelo recorrente que no acórdão impugnado houve contrariedade ou negativa de ofensa à lei federal[18].

Sendo mais fácil, por exigir menos requisitos, a admissibilidade pelo art. 105, III, *a*, da CF, se mostra, no mínimo, previdente a conduta do recorrente que, ao interpor o recurso especial com base no art. 105, III, *c*, da CF, o faz também pelo art. 105, III, *a*, da CF. O art. 1.029, § 1.º, do Novo CPC mantém as formas de prova do recurso paradigma previstas no art. 541, parágrafo único, do CPC/1973. A novidade fica por conta da previsão do § 2.º, em mais uma imposição ao Poder Judiciário em sua tarefa essencial de julgar. Segundo o dispositivo, sendo o recurso especial cabível em razão de dissídio jurisprudencial, é vedado ao órgão jurisdicional inadmiti-lo com base em fundamento genérico de que as circunstâncias fáticas são diferentes, sem demonstrar a existência da distinção.

Quanto ao cabimento do recurso extraordinário não há, mesmo que indiretamente, qualquer novidade no Novo CPC.

60.8.2 Procedimento

O Novo Código de Processo Civil em sua redação originária modificava substancialmente o procedimento da admissibilidade dos recursos especial e extraordinário ao retirar do órgão *a quo* a competência, ao menos em regra, para fazer o juízo de admissibilidade. Pela previsão expressa da redação originária do parágrafo único do art. 1.030 do Novo CPC, a admissibilidade de tais recursos seria feita somente nos tribunais superiores. O recurso especial e o recurso extraordinário continuariam a ser interpostos perante o juízo prolator do acórdão impugnado, mas tal órgão teria um trabalho meramente cartorial: após a interposição intimaria o recorrido para apresentação de contrarrazões no prazo de 15 dias,

---

18 Assis, *Manual*, 92.2.4, p. 790.

e decorrido esse prazo, com ou sem resposta do recorrido, remeteria os autos ao tribunal superior competente.

O sistema adotado pelo Novo Código de Processo Civil prometia revolucionar o procedimento do recurso especial e extraordinário ao retirar do presidente ou vice-presidente do tribunal de segundo grau a competência para fazer juízo de admissibilidade. Essa nova competência para o juízo de admissibilidade dos recursos excepcionais a ser realizado privativamente nos tribunais superiores levou os membros desses tribunais a prever o caos em razão de um aumento substancial de trabalho. E foi a principal razão, pelo menos declarada, da Lei 13.256, de 04.02.2016, que alterou o Novo Código de Processo Civil durante seu período de vacância.

A projeção do caos e a forte pressão coorporativa dos tribunais superiores exercida no Congresso Nacional resultaram em modificação completa do art. 1.030 do Novo CPC, que fundamentalmente fez o sistema retornar ao sistema já em vigência no CPC/1973. Ou seja, a admissibilidade continua a ser feita em segundo grau de jurisdição, em todo e qualquer recurso especial e extraordinário, só chegando tais recursos aos tribunais superiores se superado positivamente tal juízo.

A ordem legal prevista no art. 543 do CPC/1973 na hipótese de interposição de recurso especial e extraordinário contra o mesmo acórdão é mantida no art. 1.031 do Novo CPC.

Outra modificação procedimental, referente ao julgamento de mérito, mais precisamente a extensão do efeito devolutivo, é prevista pelo art. 1.034, parágrafo único, do Novo CPC. Segundo o dispositivo, admitido o recurso extraordinário ou o recurso especial por um fundamento, devolver-se ao tribunal superior o conhecimento dos demais fundamentos para a solução do capítulo impugnado.

Ao que parece, transporta-se a regra de extensão do efeito devolutivo da apelação aos recursos excepcionais, permitindo-se aos tribunais superiores conhecer de matéria originária que não tenha sido objeto de apreciação em graus inferiores de jurisdição. O prequestionamento é mantido para a causa de pedir ou fundamento de defesa que compõe o objeto do recurso, mas, pela profundidade do efeito devolutivo, os tribunais superiores podem conhecer de matérias que não tenham sido prequestionadas.

Fica, dessa forma, superado o entendimento consagrado na Súmula 528/STF, conforme corretamente indicado no Enunciado 223 do Fórum Permanente de Processualistas Civis (FPPC).

A profundidade do efeito devolutivo depende de o processo estar maduro para imediato julgamento, porque, sendo necessária a produção de provas no tocante aos fundamentos e questões ainda não decididas, o efeito não será gerado. Sendo regra geral de recursos, também se aplica aos recursos excepcionais.

As questões referentes à forma e competência para o pedido de concessão de efeito suspensivo aos recursos especial e extraordinário são resolvidas no Novo CPC pelo art. 1.029, § 5.º, sendo elogiável o afastamento da ação cautelar incidental.

60.8.3 Prequestionamento

Há divergência nos tribunais superiores quanto à configuração do prequestionamento para a admissão do recurso especial e extraordinário. Enquanto o Superior Tribunal de Justiça exige o prequestionamento expresso (Súmula 211/STJ), o Supremo Tribunal Federal admite o prequestionamento tácito (Súmula 356/STF), ainda que em decisões recentes tenha entendido que tal forma de prequestionamento não seria suficiente para a admissão do recurso extraordinário[19].

O entendimento consagrado no Superior Tribunal de Justiça foi rejeitado pelo Novo Código de Processo Civil, que preferiu a solução mais pragmática adotada pelo entendimento sumulado do Supremo Tribunal Federal sobre o tema. No art. 1.025 está previsto que a mera interposição de embargos de declaração é o suficiente para prequestionar a matéria. Dessa forma, mesmo diante da rejeição dos embargos, caberá recurso especial contra o acórdão originário, e, mesmo que o tribunal superior entenda que realmente houve o vício apontado nos embargos de declaração e não saneado pelo tribunal de segundo grau, considerará a matéria prequestionada.

Com a possível mudança de entendimento do Supremo Tribunal Federal a respeito do prequestionamento tácito, a norma legal é ainda mais bem-vinda.

---

19 STF, 1.ª Turma, ARE 707.221 AgR/BA, rel. Min. Rosa Weber, j. 20.08.2013, *DJe* 04.09.2013; STF, 1.ª Turma, AI 764.757 AgR/SP, rel. Min. Dias Toffoli, j. 28.05.2013, *DJe* 19.12.2013.

60.8.4 Julgamento por amostragem de recursos extraordinários e especiais repetitivos

Em razão da exagerada quantidade de recursos endereçados aos tribunais superiores, entendeu por bem o legislador prever a possibilidade de julgamento por amostragem quando diversos recursos excepcionais versarem sobre a mesma matéria. O julgamento dos recursos extraordinários e especiais repetitivos vem previsto nos arts. 1.036 a 1.041 do Novo CPC.

Segundo o art. 1.036, *caput*, do Novo CPC, sempre que houver multiplicidade de recursos extraordinários e especiais com fundamento em idêntica questão de direito, haverá afetação para julgamento de acordo com as disposições desta Subseção, observado o disposto no Regimento Interno do Supremo Tribunal Federal e no do Superior Tribunal de Justiça.

Como se pode notar da literalidade do dispositivo ora comentado, a técnica de julgamento dos recursos extraordinários e especiais repetitivos é cogente, de forma que os tribunais são obrigados a aplicar tal técnica de julgamento sempre que houver multiplicidade de recursos com idêntica questão de direito. É nesse sentido que deve ser interpretado o termo "sempre" utilizado pelo legislador para iniciar a previsão legal. O tribunal superior, portanto, só pode deixar de aplicar tal técnica se por decisão fundamentada entender que não há a multiplicidade prevista no artigo legal, ficando, naturalmente, a seu juízo de conveniência a definição do volume de recursos representativos da multiplicidade exigida pelo dispositivo.

Seguindo regra já existente no CPC/1973, tanto o presidente ou vice-presidente de tribunal de justiça ou de tribunal regional federal como qualquer ministro dos tribunais superiores, funcionando como relator, poderão selecionar recursos extraordinários ou especiais para dar início ao julgamento por amostragem dos recursos repetitivos.

Nos termos do § 1.º do art. 1.036 do Novo CPC, o presidente ou vice-presidente do Tribunal de Justiça ou do Tribunal Regional Federal selecionará dois ou mais recursos representativos da controvérsia, que serão encaminhados ao Supremo Tribunal Federal ou ao Superior Tribunal de Justiça para fins de afetação (causas-piloto).

Apesar de ser possível a instauração da técnica de julgamentos repetitivos com a seleção de apenas dois recursos paradigmas, a experiência demonstra que a quantidade de recursos selecionados tende a ser maior. Afinal, um número maior de recursos excepcionais permite uma análise mais ampla da matéria jurídica, sendo importante tal amplitude em razão da eficácia *ultra partes* do julgamento dos recursos paradigmas.

Embora não conste expressamente do art. 1.036 do Novo CPC, é possível que, havendo divergência entre o tribunal de segundo grau e o tribunal superior a respeito da extensividade da multiplicidade de recursos extraordinários e especiais repetitivos, o relator desses recursos no tribunal superior entenda que não é hipótese de aplicação da técnica de julgamento ora analisado, frustrando, dessa forma, a expectativa do segundo grau. Por uma questão de hierarquia é natural que o tribunal superior diga a última palavra a respeito do tema, sendo impensável que esteja obrigado a adotar uma técnica de julgamento se entender pelo seu não cabimento.

Essa realidade pode ser confirmada pelo § 1.º do art. 1.037 do Novo CPC que expressamente prevê a possibilidade de o relator não proceder à afetação após receber os recursos selecionados pelo presidente ou pelo vice-presidente de tribunal de justiça ou de tribunal regional federal. Nesse caso, o relator comunicará o tribunal de segundo grau para que seja revogada a decisão de suspensão dos processos em trâmite perante os órgãos jurisdicionais sujeitos ao tribunal de segundo grau.

Entendendo não ser cabível o julgamento dos recursos excepcionais pela técnica de julgamento ora analisado, caberá ao relator, por decisão monocrática, afastar sua aplicação. Dessa decisão caberá recurso de agravo interno, nos termos do art. 1.021 do Novo CPC. Nesse caso, mesmo que os recursos venham a ser julgados isoladamente, sem a adoção da técnica de julgamento ora estudada, a competência continua a ser do mesmo órgão jurisdicional, em razão do previsto no art. 930, parágrafo único, do Novo CPC (prevenção recursal).

Há total autonomia entre os tribunais de segundo grau e tribunais superiores na seleção dos recursos extraordinários e especiais selecionados como paradigmas na técnica de julgamento ora analisada. Nos termos do § 4.º do art. 1.036 do Novo CPC, a escolha feita pelo presidente ou vice-presidente do tribunal de justiça ou do tribunal regional federal não vinculará o relator no tribunal superior, que poderá selecionar outros recursos representativos da controvérsia[20].

A previsão é importante porque os tribunais superiores têm uma dimensão nacional que falta aos tribunais de segundo grau. Significa que a multiplicidade pode não existir em tais tribunais, mas exclusivamente nos tribunais superiores, que recebem recursos extraordinários e especiais de todos os tribunais de segundo grau do País.

---

20 Câmara, *O novo*, p. 549.

Como o tribunal superior não pode depender da iniciativa dos tribunais superiores de justiça e dos tribunais regionais federais, o § 5.º do art. 1.036 do Novo CPC prevê que, mesmo que não haja iniciativa desses tribunais no sentido de instaurar a técnica de julgamento dos recursos excepcionais repetitivos, o relator no Superior Tribunal de Justiça ou no Supremo Tribunal Federal poderá selecionar dois ou mais recursos representativos da controvérsia para julgamento da questão de direito com eficácia *ultra partes*.

Independentemente do tribunal em que se faça a seleção dos recursos representativos da controvérsia (recursos paradigmas), essa seleção deve recair sobre recursos extraordinários ou especiais admissíveis e que tenham a maior abrangência possível a respeito da questão a ser decidida (art. 1.036, § 6.º, do Novo CPC). Ainda que não esteja previsto expressamente no dispositivo legal, além da maior abrangência possível, é interessante que as peças processuais dos processos selecionados sejam de qualidade, o que obviamente qualifica a discussão jurídica sobre a matéria[21].

A exigência de seleção de recursos admissíveis é bastante coerente, não tendo qualquer sentido lógico ou jurídico o tribunal superior se valer de recurso inadmissível para aplicar a técnica de julgamento ora analisada. Entretanto, essa previsão legal, absolutamente lógica, compreensível e positiva, levanta duas questões interessantes quando a seleção dos recursos paradigmas ocorrer no segundo grau de jurisdição.

Primeiro, afasta-se a regra de que o tribunal de segundo grau não tem mais competência para o juízo de admissibilidade dos recursos extraordinários e dos recursos especiais. Afinal, se a seleção dos recursos paradigmas pode ser feita pelo presidente ou vice-presidente de tribunal de justiça e de tribunal regional federal (art. 1.036, § 1.º, do Novo CPC) e essa seleção deve recair sobre recursos admissíveis (art. 1.036, § 6.º, do Novo CPC), será inevitável o recebimento (juízo de admissibilidade) dos recursos paradigmas pelo tribunal de segundo grau.

Segundo, mesmo tendo sido os recursos paradigmas recebidos pelo tribunal de segundo grau, passarão por um novo juízo de admissibilidade no tribunal superior, de forma que a inadmissão de tais recursos pode ser causa para o afastamento da técnica de julgamento ora analisada. É claro que tal afastamento, por esse motivo, só se justifica se todos os recursos selecionados no segundo grau forem inadmissíveis, o que tende a não se

---

21 Wambier-Conceição-Ribeiro-Mello, *Primeiros*, p. 1.512; Medina, *Novo*, p. 1.452.

verificar na prática. Sendo alguns recursos entendidos pelo tribunal superior como inadmissíveis, poderá o tribunal superior selecionar outros recursos que já estejam no tribunal e versem sobre a mesma controvérsia jurídica para ampliar com o objetivo de aumentar o número de recursos paradigmas.

Uma vez instaurada a técnica de julgamento dos recursos excepcionais no tribunal de segundo grau de jurisdição, o presidente ou vice-presidente determinará a suspensão do trâmite de todos os processos pendentes, individuais ou coletivos, que tramitem no Estado, na hipótese de a instauração acontecer em tribunal de justiça, ou na Região, caso a instauração ocorra em tribunal regional federal.

Nos termos do art. 1.036, § 1.º, do Novo CPC, o presidente ou vice-presidente do tribunal de segundo grau, ao selecionar os recursos representativos da controvérsia que serão encaminhados aos tribunais superiores, determinará a suspensão do processamento de todos os processos pendentes, individuais ou coletivos, que tramitem no Estado ou na região, conforme o caso.

A suspensão é obrigatória[22], de forma que a decisão unipessoal do relator é, excepcionalmente, irrecorrível, já que não teria sentido permitir o agravo interno contra uma decisão cujo teor é vinculante pela lei.

A suspensão dos processos independe de sua fase procedimental, atingindo processos em primeiro grau, em grau de apelação e com recurso especial ou extraordinário já interpostos. Registre-se que na vigência do CPC/1973 os arts. 543-B, § 1.º, e 543-C, § 1.º, previam que diante da instauração da técnica de julgamento dos recursos excepcionais repetitivos os demais recursos que versassem sobre a mesma matéria jurídica ficariam sobrestados em segundo grau, dando a entender que processos em estágios procedimentais anteriores ao da pendência de recursos extraordinário e especial continuariam a tramitar normalmente. O Superior Tribunal de Justiça, entretanto, entendeu que numa interpretação literal ou mesmo teleológico-sistêmica de referidas normas, bem como na ponderação dos

---

22 Enunciado 23 da ENFAM: "É obrigatória a determinação de suspensão dos processos pendentes, individuais e coletivos, em trâmite nos Estados ou regiões, nos termos do § 1.º do art. 1.036 do CPC/2015, bem como nos termos do art. 1.037 do mesmo código".

interesses em jogo, cabia a suspensão inclusive de apelações pendentes de julgamento nos tribunais de segundo grau de jurisdição[23].

É importante observar que a suspensão determinada pelo tribunal de segundo grau é provisória, porque dependerá de sua confirmação – e eventual ampliação – ou revogação pelo relator no tribunal superior. Nesse sentido, o art. 1.037, II, do Novo CPC, ao dispor que, sendo proferida decisão de afetação pelo relator do tribunal superior, será definida a suspensão do processamento de todos os processos pendentes, individuais ou coletivos, que versem sobre a questão e tramitem no território nacional. Já o art. 1.037, § 1.º, Novo CPC prevê que, se, após receber os recursos selecionados pelo presidente ou vice-presidente de tribunal de justiça ou de tribunal regional federal, não se proceder à afetação, o relator, no tribunal superior, comunicará o fato ao presidente ou ao vice-presidente que os houver enviado, para que seja revogada a decisão de suspensão.

O Superior Tribunal de Justiça já entendeu possível, ainda que indesejável, que a suspensão determinada pelo tribunal de segundo grau não seja estendida a todo o território nacional, de forma que em outros tribunais de justiça e tribunais regionais superiores os processos, ainda que versando sobre a mesma controvérsia jurídica, poderiam manter seu regular andamento[24]. O próprio julgado reconhece a estranheza da solução, a tratar de forma díspar os jurisdicionados, mas insiste em sua legalidade.

É interessante a expressa menção de que a suspensão atinge tanto os processos individuais como coletivos que versem sobre a mesma controvérsia jurídica. Afinal, a eficácia *ultra partes* do julgamento de recursos extraordinários e de recursos especiais repetitivos independe de o processo ser individual ou coletivo. Assim, mesmo sendo os recursos paradigmas interpostos em processos individuais, os processos coletivos que versem sobre a mesma matéria jurídica também serão atingidos, sendo lógica, portanto, sua suspensão.

Essa suspensão tinha um prazo máximo, considerando que o § 5.º do art. 1.037 do Novo CPC previa que, não ocorrendo o julgamento no prazo de um ano a contar da decisão do relator de afetação dos recursos excepcionais com a identificação com precisão da questão a ser submeti-

---

23 *Informativo* 424/STJ, REsp 1.111.743-DF, rel. originária Min. Nancy Andrighi, rel. p/ acórdão Min. Luiz Fux, j. 25.02.2010.

24 STJ, 2.ª Seção, Rcl 3.652/DF, rel. Min. Nancy Andrighi, j. 14.10.2009, DJe 04.12.2009.

da a julgamento, cessaria, em todo o território nacional, a suspensão dos processos, que retomariam seu curso normal. Essa regra foi revogada pela Lei 13.256, de 04.02.2016, responsável pela alteração do Novo Código de Processo Civil durante sua vacância, de forma que a suspensão durará até o julgamento dos recursos repetitivos, ainda que isso leve anos para ocorrer. É sempre preocupante que uma lei nitidamente voltada aos interesses da Magistratura em geral, e dos tribunais superiores em específico, afaste consequências para o não cumprimento de prazo para julgamento.

O prazo de um ano para o julgamento de recurso afetado (paradigma) é previsto pelo art. 1.037, § 4.º, do Novo CPC, que também estabelece a preferência sobre os demais feitos (recursos e ações de competência originária), salvo aqueles que envolvam réu preso e *o habeas corpus*.

Na vigência do CPC/1973, o Superior Tribunal de Justiça consolidou entendimento de que a decisão que determinava o sobrestamento dos recursos extraordinários e recursos especiais repetitivos não selecionados como paradigmas era irrecorrível[25], também não admitindo contra ela o ingresso de sucedâneos recursais[26]. Essa realidade é substancialmente modificada pelo Novo Código de Processo Civil.

Nos termos do § 8.º do art. 1.037 do Novo CPC, as partes deverão ser intimadas da decisão de suspensão de seu processo, a ser proferida pelo respectivo juiz ou relator, quando informado da decisão proferida pelo relator dos recursos representativos da controvérsia. A suspensão não depende da vontade das partes, sendo-lhes impositiva, mas é possível a qualquer delas requerer o prosseguimento do processo desde que demonstre distinção entre a questão a ser decidida no processo e aquela a ser julgada no recurso especial ou extraordinário afetado (art. 1.037, § 9.º, do Novo CPC).

Tal requerimento, nos termos do § 10 do art. 1.037, do Novo CPC, deve ser dirigido ao juiz, se o processo sobrestado estiver em primeiro grau (I); ao relator, se o processo sobrestado estiver no tribunal de origem (II); ao relator do acórdão recorrido, se for sobrestado, recurso especial ou recurso extraordinário, no tribunal de origem (III); e ao relator, no tribu-

---

25 *Informativo* 515/STJ, 2.ª Seção, AgRg na Rcl 6.537-RJ, rel. Min. Maria Isabel Gallotti, j. 27.02.2013; *Informativo* 514/STJ, 4.ª Turma, AREsp 214.152-SP, rel. Min. Luis Felipe Salomão, j. 05.02.2013.

26 *Informativo* 450/STJ, 3.ª Turma, MC 17.226-RJ, rel. Min. Massami Uyeda, j. 05.10.2010.

nal superior, do recurso especial ou extraordinário cujo processamento houver sido sobrestado (IV).

Em respeito ao princípio do contraditório, o § 11 do art. 1.037 do Novo CPC prevê que, sendo feito o requerimento de prosseguimento do processo com fundamento na distinção de questões, a outra parte será intimada para se manifestar no prazo de cinco dias. Sendo indeferida a postulação, o processo continuará suspenso, e, sendo reconhecida a distinção e acolhido o requerimento, o juiz ou relator dará prosseguimento ao feito (art. 1.037, § 12, I, do Novo CPC).

No caso de recurso sobrestado, o órgão jurisdicional comunicará a decisão ao presidente ou ao vice-presidente que houver determinado o sobrestamento, para que o recurso especial ou o recurso extraordinário sejam encaminhados ao respectivo tribunal superior. Nos termos do § 13 do art. 1.037 do Novo CPC, da decisão que resolver o requerimento (positiva ou negativamente) caberá agravo de instrumento, se o processo estiver em primeiro grau (I), ou agravo interno, se a decisão for de relator (II).

Sendo suspenso o processo em primeiro grau e sobrevindo durante o prazo de suspensão a decisão do tribunal superior sobre os recursos representativos da controvérsia, o art. 1.040, III, do Novo CPC prevê que o juiz proferirá sentença e aplicará a tese firmada, dando claramente a entender que a eficácia do julgamento é vinculante, estando o juiz de primeiro grau obrigado a aplicar a tese firmada pelo tribunal superior em sua sentença.

Segundo o § 1.º do art. 1.040 do Novo CPC, a parte (imagino que seja o autor) poderá desistir da ação em curso no primeiro grau de jurisdição, antes de proferida a sentença, se a questão nela discutida for idêntica à resolvida pelo recurso representativo da controvérsia. O momento da desistência é relevante para fins de condenação ao pagamento das verbas sucumbenciais, considerando que, se ocorrer antes de oferecida a contestação, a parte ficará isenta do pagamento de custas e de honorários de sucumbência (art. 1.040, § 2.º, do Novo CPC). Ainda que o autor que desista depois de apresentada a contestação seja condenado ao pagamento das verbas sucumbenciais, seu pedido de desistência excepcionalmente não dependerá do consentimento do réu para ser homologado (art. 1.040, § 3.º, do Novo CPC).

Na hipótese específica de a suspensão atingir recursos excepcionais já interpostos perante o tribunal de segundo grau, o § 2.º do art. 1.036 do Novo CPC prevê que o interessado poderá requerer, ao presidente ou ao vice-presidente do tribunal de origem, a exclusão da decisão de sobrestamento e a inadmissão do recurso especial ou do recurso extraordinário que tenha sido interposto intempestivamente. A regra tem como fundamento a incapacidade de o julgamento dos recursos paradigmas afetar um recurso sobrestado intempestivo, sendo assim injustificáveis o sobrestamento e o consequente impedimento ao trânsito em julgado da decisão recorrida.

Na redação originária do art. 1.036, § 3.º, do Novo CPC, a decisão que indeferisse o requerimento previsto no parágrafo antecedente era recorrível por agravo para os tribunais superiores. Dentro do espírito de diminuir o trabalho dos tribunais superiores, que foi o norte da Lei 13.256, de 04.02.2016, responsável por alterar o Novo Código de Processo Civil em sua vacância, a redação do dispositivo foi alterada, passando a ser cabível contra tal decisão o agravo interno para o próprio tribunal de segundo grau.

Segundo o art. 1.037, *caput*, do Novo CPC, ao constatar a multiplicidade de recursos com fundamento em idêntica questão de direito, o relator proferirá decisão de afetação.

Havendo mais de uma afetação, o § 3.º do art. 1.037 do Novo CPC prevê que será prevento o relator que primeiro tiver proferido a decisão de afetação, prestando-se tal fenômeno processual a hipóteses de diversos recursos repetitivos serem encaminhados para o tribunal superior por diferentes tribunais de segundo grau.

Dessa decisão de afetação proferida pelo relator será identificada, com precisão, a questão a ser submetida a julgamento. A definição da questão repetitiva é de suma importância em razão do efeito suspensivo a processos com a mesma matéria jurídica e da eficácia vinculante do precedente que será criado, e ainda mais relevante quando se lembra que os recursos paradigmas podem ter outras matérias, não repetitivas, mas que terão de ser decididas da mesma forma, só não gerando a eficácia vinculante[27].

Constará ainda da decisão de afetação a suspensão do processamento de todos os processos pendentes, individuais ou coletivos, que versem sobre a questão e tramitem no território nacional, tendo sido esse tema já devidamente analisado.

Por fim, é possível que conste de tal decisão a requisição (trata-se de mera faculdade) dirigida aos presidentes ou vice-presidentes de todos os Tribunais de Justiça ou Tribunais Regionais Federais de remessa de um

---

27 Câmara, *O novo*, p. 550.

recurso representativo da controvérsia, sendo possível que nesse recurso haja questões além daquela que é objeto da afetação, cabendo, nesse caso, ser esta decidida em primeiro lugar e depois as demais, em acórdão específico para cada processo (art. 1.037, § 7.º, do Novo CPC).

Nos termos do art. 1.038, I, do Novo CPC, o relator, depois de ter proferido a decisão de afetação, poderá solicitar ou admitir manifestação de pessoas, órgãos ou entidades com interesse na controvérsia, considerando a relevância da matéria e consoante dispuser o regimento interno. Para que a decisão esteja o mais próximo possível da correção, a lei corretamente permite a intervenção no processo do *amicus curiae*, como forma de levar aos julgadores todos os conhecimentos técnico-jurídicos necessários para a prolação de uma decisão de qualidade, o que só será admitido até a data da remessa dos autos à mesa para julgamento[28].

Conforme já teve oportunidade de decidir o Superior Tribunal de Justiça, o terceiro que é parte em recurso sobrestado em razão da adoção da técnica de julgamento ora analisada não deve ser admitido como assistente simples nos recursos escolhidos como paradigmas. Afirmou-se que o terceiro teria um interesse, quando muito, reflexo e de natureza meramente econômica, com o que não se pode concordar em razão do inegável interesse jurídico desse terceiro, que poderá ter recurso do qual faz parte afetado pelo julgamento por amostragem. Ao menos o julgamento é sincero ao reconhecer que a inadmissão nesse caso se justifica porque entendimento em sentido contrário abriria a oportunidade de todos os recorrentes e recorridos dos recursos sobrestados ingressarem como assistentes nos recursos paradigmas, o que resultaria na inviabilização prática do julgamento dos recursos repetitivos[29].

O relator poderá ainda, dentro do mesmo espírito que admite a intervenção do *amicus curiae*, fixar data para, em audiência pública, ouvir depoimentos de pessoas com experiência e conhecimento na matéria, com a finalidade de instruir o procedimento (art. 1.038, II, do Novo CPC).

Também poderá ser determinada pelo relator, nos termos do inciso III do art. 1.038 do Novo CPC, a requisição de informações dos tribunais de segundo grau a respeito da controvérsia, que terão prazo de 15 dias

---

28 *Informativo* 543/STF, Plenário, ADI 4071, rel. Min. Menezes Direito, 22.04.2009; *Informativo* 376/STJ, 1.ª Seção, REsp 1.003.955-RS, rel. Eliana Calmon, j. 12.11.2008.

29 *Informativo* 540/STJ, 2.ª Seção, REsp 1.418.593/MS, rel. Min. Luis Felipe Salomão, j. 14.05.2014.

para prestá-las e deverão fazê-lo, sempre que possível, por meio eletrônico. Apesar de se tratar de uma mera faculdade do relator[30], é interessante ouvir os tribunais de segundo grau para aumentar os elementos de convencimento para a fixação do posicionamento definitivo do Superior Tribunal de Justiça.

O Ministério Público tem intervenção obrigatória no julgamento dos recursos extraordinários e recursos especiais repetitivos, sendo sua intimação para manifestação em 15 dias a última providência a ser adotada pelo relator antes do julgamento. Sempre que possível, a manifestação será feita por meio eletrônico, e, mesmo que não haja tal manifestação no prazo legal o, procedimento deve seguir. Afinal, o § 2.º do art. 1.038 do Novo CPC prevê que, transcorrido o prazo, o procedimento seguirá, sendo interpretação segura a de que tal seguimento depende da intimação e abertura de prazo ao Ministério Público, mas não de sua efetiva manifestação.

Realizadas as providências previstas pelos incisos do art. 1.038 do Novo CPC, ao relator cabe remeter cópia do relatório aos demais ministros, sendo incluído o julgamento em pauta.

O § 3.º do art. 1.038 do Novo CPC foi mais um dispositivo alterado pela Lei 13.256, de 04.02.2016, que modificou o Novo Código de Processo durante sua vacância. Na redação originária, estava previsto que o conteúdo do acórdão abrangeria a análise de todos os fundamentos da tese jurídica discutida, favoráveis ou contrários. Essa amplitude legitimava o julgamento e tentava fazer com que todos os argumentos possíveis referentes à tese jurídica fossem devidamente enfrentados. Preocupação mais do que legítima diante da eficácia *ultra partes* de referido julgamento.

A exigência, entretanto, não poderia exigir do tribunal a inserção de soluções episódicas ou exceções que porventura pudessem surgir em outros indetermináveis casos, sob pena de se ter que redigir verdadeiros tratados sobre todos os temas conexos ao objeto do recurso[31], bem como o enfrentamento de fundamentos irrelevantes ou impertinentes.

Deve ser nesse sentido compreendida a nova redação do dispositivo legal, que passou a prever que o conteúdo do acórdão abrangerá a análise dos fundamentos relevantes da tese jurídica discutida.

---

30 Araken de Assis, *Manual*, n. 94.2.2, p. 824.

31 Informativo 562/STJ, Corte Especial, EDcl no REsp 1.124.552-RS, rel. Min. Luis Felipe Salomão, j. 6/5/2015, DJe 25/5/2015.

Os arts. 1.039 a 1.041 do Novo CPC tratam da eficácia *ultra partes* do julgamento dos recursos representativos da controvérsia, sendo o primeiro dirigido aos tribunais superiores e o segundo aos tribunais de segundo grau e ao primeiro grau de jurisdição. Registre-se que, conforme entendimento do Superior Tribunal de Justiça, na vigência do CPC/1973, a geração de efeitos do julgamento paradigma sobre os recursos sobrestados não dependia do trânsito em julgado da decisão que fixava a tese no tribunal superior[32]. Não há por que acreditar em mudança de posicionamento na vigência do Novo Código de Processo Civil.

Nos termos do art. 1.039, *caput*, do Novo CPC, decididos os recursos afetados, os órgãos colegiados do próprio tribunal superior declararão prejudicados os demais recursos versando sobre idêntica controvérsia ou os decidirão aplicando a tese firmada. É importante registrar que o dispositivo apenas indicou a competência do órgão colegiado para tal julgamento, não exigindo, entretanto, uma decisão colegiada. A hipótese é claramente de decisão monocrática do relator, recorrível por agravo interno, nos termos do art. 1.021, *caput*, do Novo CPC. Não concordo, portanto, com a teoria doutrinária de que o julgamento colegiado é exigido para os recursos suspensos e a decisão monocrática admitida para os recursos que cheguem ao tribunal após o julgamento repetitivo[33].

Os efeitos vinculantes e *ultra partes* do julgamento dos recursos extraordinários ou especiais paradigmas dependerão da fase procedimental dos processos individuais e coletivos suspensos.

Independentemente do resultado do julgamento de mérito dos recursos paradigmas, caso o processo tenha sido suspenso antes da interposição de recurso extraordinário e/ou de recurso especial, o art. 1.040, III, do Novo CPC prevê a retomada do curso procedimental com a aplicação da tese firmada pelo tribunal superior, em mais uma previsão que deixa indubitável a eficácia vinculante do julgamento dos recursos paradigmas.

Acredito arriscada a adoção do entendimento da técnica decisória da *ressalva do entendimento*, por meio da qual o juízo inferior pode se afastar da eficácia vinculante se perceber que o tribunal deixou de levar em consideração fundamento relevante[34]. O sistema criado pela técnica

---

32 *Informativo* 507/STJ, 2.ª Turma, EDcl no AgRg no Ag 1.067.829-PR, rel. Min. Herman Benjamin, j. 09.10.2012.

33 Nunes, *Breves*, p. 2.335; Wambier-Conceição-Ribeiro-Melo, *Primeiros*, p. 1.519.

34 Nunes, *Breves*, pp. 2.337-2.339.

de julgamento ora analisado depende da confiança – quem sabe ingênua – nos tribunais superiores, sendo justamente essa a premissa da eficácia vinculante consagrada no Novo Código de Processo Civil.

É natural que essa eficácia vinculante e *ultra partes* pode ser afastada no caso concreto se o órgão jurisdicional fizer a devida distinção entre o processo e os recursos paradigmas, justificando que no processo existem particularidades não enfrentadas pelo tribunal superior no julgamento dos recursos paradigmas.

Pode-se objetar a tal consideração afirmando-se que essa distinção deveria ter sido feita no momento de suspensão do processo, mas tal objeção deve ser afastada por duas razões. Primeiro, porque não existe preclusão temporal para a análise da distinção, e, ainda que preferível que a análise seja feita no momento da suspensão, nada impede que seja realizada no momento do julgamento do processo. É inadmissível vincular o juízo originário à tese jurídica que não se aplica de forma perfeita ao caso *sub judice*, não se podendo falar nesse caso de preclusão temporal ou consumativa. Segundo, porque a particularidade pode surgir justamente diante do julgamento dos recursos paradigmas, que podem não enfrentar a peculiaridade presente no processo suspenso, ainda que tal enfrentamento fosse, ao menos abstratamente, possível.

Importante lembrar que, se o julgamento repetitivo não for observado pelo juízo inferior no momento de julgamento do processo ou recurso de apelação, será cabível contra tal decisão reclamação constitucional, nos termos do art. 988, IV, do Novo CPC. Mesmo que o juízo fundamente sua decisão na distinção do caso julgado com o julgamento repetitivo, única hipótese legal de afastamento de sua eficácia vinculante, a parte sucumbente poderá impugnar a decisão por reclamação constitucional, quando poderá discutir o acerto da distinção.

Quando a suspensão atingir processos em que já tenha sido interposto o recurso extraordinário e/ou o recurso especial, tendo permanecido tais recursos sobrestados no tribunal de segundo grau à espera do julgamento dos recursos paradigmas pelo tribunal superior, a eficácia vinculante se opera de diferentes formas a depender do resultado de tal julgamento.

Nos termos do art. 1.040, I, do Novo CPC, o presidente ou o vice-presidente do tribunal de origem negará seguimento aos recursos especiais ou extraordinários sobrestados na origem, se o acórdão recorrido coincidir com a orientação do tribunal superior. Conforme apontado pela melhor doutrina, trata-se de verdadeira delegação de competência dos tribunais superiores para os tribunais de segundo grau, porque, apesar de o dispositivo prever a negativa de seguimento, trata-se na verdade de julgamento do mérito recursal[35]. Apesar de compreensível à luz do sistema de julgamento repetitivo dos recursos excepcionais, tal delegação é flagrantemente inconstitucional.

Nesse caso, o art. 1.030, § 2.º do Novo CPC prevê o cabimento do recurso de agravo interno para o próprio tribunal de segundo grau. A norma, derivada da Lei 13.256, de 04.02.2016, que alterou o Novo Código de Processo Civil durante sua vacância, consagra entendimento que já vinha sendo adotado na vigência do CPC/1973. Ainda que no diploma legal revogado existisse previsão expressa de cabimento de agravo para o tribunal superior em qualquer hipótese de inadmissão de recurso especial ou extraordinário, os tribunais superiores pacificaram o entendimento de que na hipótese específica de inadmissão em razão do julgamento de recursos repetitivos não seria cabível tal recurso, mas sim agravo regimental para órgão colegiado do próprio tribunal de segundo grau[36].

O art. 1.040, II, do Novo CPC prevê que o órgão que proferiu o acórdão recorrido, na origem, reexaminará o processo de competência originária, a remessa necessária ou o recurso anteriormente julgado, na hipótese de o acórdão recorrido contrariar a orientação do tribunal superior, sendo importante notar que o dispositivo ora comentado se limita a prever um reexame pelo tribunal de segundo grau, não o obrigando, de forma expressa, a adotar a tese firmada pelos tribunais superiores, com a consequente retratação do acórdão.

Na vigência do CPC/1973, o Superior Tribunal de Justiça entendia que nesse caso não havia eficácia vinculante, podendo ser mantido o acórdão recorrido pelo recurso especial sobrestado pela simples discordância do órgão julgador de tal recurso com o resultado do julgamento dos recursos paradigmas. Nesse caso, exigia do tribunal de segundo grau, por meio do órgão competente, um novo acórdão fundamentado, rechaçando todos os

---

35 Scarpinella Bueno, *Manual*, p. 658.

36 *Informativo* 568/STF, Plenário, AI 760.358 QO/SE, rel. Min. Gilmar Mendes, j. 19.11.2009; STF, Rcl 7.569/SP, Tribunal Pleno, rel. Min. Ellen Gracie, j. 19.11.2009, DJe 11.12.2009; *Informativo* 512/STJ, 2.ª Turma, RMS 35.441-RJ, rel. Min. Herman Benjamin, j. 06.12.2012; *Informativo* 463/STJ, Corte Especial, QO no Ag 1.154.599/SP, rel. Min. Cesar Asfor Rocha, j. 16.02.2011.

fundamentos utilizados pelo tribunal superior no julgamento dos recursos por amostragem, sob pena de violação ao princípio da fundamentação[37].

Apesar de aparentemente não existir no Novo Código de Processo o efeito vinculante na situação analisada, em razão da omissão do art. 1.040, II, do Novo CPC, nesse sentido[38], é preciso lembrar que, com a consagração do respeito aos precedentes, o órgão colegiado do tribunal de segundo grau não poderá manter seu acórdão simplesmente por não concordar com os fundamentos utilizados pelo tribunal superior para fixar a tese jurídica no julgamento dos recursos representativos da controvérsia.

Dessa forma, deve-se entender pela eficácia vinculante do julgamento de provimento dos recursos paradigmas no julgamento de recursos extraordinários e recursos especiais repetitivos sobrestados, admitindo-se a manutenção da decisão recorrida com o fundamento da distinção entre o recurso sobrestado e os recursos paradigmas julgados por amostragem.

Como o tribunal de segundo grau, ao menos em regra, não tem mais competência para o juízo de admissibilidade do recurso extraordinário e especial, a retratação do órgão fracionário responsável pela prolação do acórdão impugnado pelo recurso sobrestado poderá manter seu acórdão, desde que devidamente fundamentado na distinção, independentemente da admissão do recurso sobrestado.

Sendo mantido o acórdão divergente pelo tribunal de origem, com fundamento na distinção ou na superação, o recurso especial ou extraordinário será remetido ao respectivo tribunal (art. 1.041, *caput,* do Novo CPC). Sendo realizado o juízo de retratação, com alteração do acórdão divergente, o tribunal de origem, se for o caso, decidirá as demais questões ainda não estabelecidas, cujo enfrentamento se tornou necessário em decorrência da alteração (art. 1.041, § 1.º, do Novo CPC), e, versando o recurso sobre outras questões, caberá ao presidente do tribunal local, depois do reexame pelo órgão de origem e independentemente de ratificação do recurso, sendo positivo o juízo de admissibilidade, determinar a remessa do recurso ao tribunal superior para julgamento das demais questões (art. 1.041, § 2.º, do Novo CPC).

---

37 *Informativo* 419/STJ, Corte Especial, QO no REsp 1.148.726-RS, rel. Min. Aldir Passarinho Junior, j. 10.12.2009.

38 Contra: Scarpinella Bueno, *Novo*, p. 681, para quem o termo "reexaminará" deve ser interpretado como "obrigatoriamente se retratará".

Em clara demonstração de que a eficácia vinculante *ultra partes* do julgamento de recursos extraordinários e especiais repetitivos não se limita a processos judiciais que tratem sobre a mesma matéria jurídica, o art. 1.040, IV, do Novo CPC prevê que, se os recursos versarem sobre questão relativa à prestação de serviço público objeto de concessão, permissão ou autorização, o resultado do julgamento será comunicado ao órgão, ao ente ou à agência reguladora competente para fiscalização da efetiva aplicação, por parte dos entes sujeitos à regulação, da tese adotada.

60.8.5 Repercussão geral no recurso extraordinário

Com a Emenda Constitucional 45/2004, foi acrescentado ao art. 102 da CF um terceiro parágrafo, que criou a repercussão geral como um pressuposto genérico de admissibilidade do recurso extraordinário. Percebendo-se com clareza que o Supremo Tribunal Federal tinha se desvirtuado da função para a qual foi projetado, atuando em demandas de menor significância, e sendo exorbitante a quantidade de recursos extraordinários que chegam àquele tribunal, o legislador resolveu criar um pressuposto de admissibilidade para que o tribunal passe a julgar somente causas de extrema relevância ou de significativa transcendência.

Trata-se de singular pressuposto de admissibilidade, já que não pode ser analisado pelo órgão prolator da decisão impugnada, ainda que o recurso extraordinário passe por um juízo de admissibilidade perante esse órgão. A competência para a sua análise é exclusiva do Supremo Tribunal Federal[39], nos termos do § 2.º do art. 1.035, do Novo CPC. E também contém outra interessante particularidade: é sempre o último requisito de admissibilidade a ser verificado, de forma que só se passa à análise da repercussão geral tendo o recurso extraordinário preenchido todos os demais requisitos genéricos e específicos de admissibilidade (art. 323, *caput*, do RISTF).

A novidade trazida ao ordenamento constitucional pela Emenda Constitucional 45/2004 não teve aplicação imediata, havendo entendimento pacífico de que seria necessária uma lei infraconstitucional para regulamentar o novo pressuposto intrínseco de admissibilidade do recurso extraordinário. Essa exigência foi cumprida dois anos mais tarde, por meio da Lei 11.418/2006, que criou os arts. 543-A e 543-B do

---

[39] Barbosa Moreira, *Comentários*, n. 332, p. 617-618; Marinoni-Mitidiero, *Repercussão*, p. 43; Araken de Assis, *Manual*, n. 84.1.4.3, p. 698.

CPC/1973. No entanto, ainda existiam resistências à vigência imediata da repercussão geral, apesar de a *vacatio legis* vir prevista expressamente no art. 4.º de referida lei, que determinava a sua aplicação a partir do primeiro dia de vigência da lei. O Supremo Tribunal Federal, por meio da Emenda Regimental 21/2007, especificou ainda mais o procedimento a ser observado, e em julgamento do Tribunal Pleno restou decidido que a repercussão geral só passou efetivamente a ser considerada a partir de 3 de maio de 2007, data de publicação da referida emenda regimental. Restou também decidido que esse novo requisito de admissibilidade se aplica às demandas civis e criminais[40]. Atualmente a repercussão geral é tratada pelo art. 1.035 do Novo CPC.

Segundo o art. 543-A, § 2.º, do CPC/1973, o recorrente deveria arguir obrigatoriamente em preliminar de recurso extraordinário a existência da repercussão geral das questões constitucionais nele versadas[41], demonstrando a relevância dessa questão do ponto de vista econômico, político, social ou jurídico, ou ainda a circunstância de essas questões ultrapassarem os interesses subjetivos da causa; elementos alternativos para configurar a repercussão geral.

No § 2.º do art. 1.035 do Novo CPC, ainda que seja mantida a exigência de demonstração da existência de repercussão geral pelo recorrente, é suprimida a previsão de que tal demonstração seja elaborada como preliminar do recurso. Pode-se argumentar que a mudança tem pouca repercussão prática porque o recorrente continua obrigado a demonstrar a repercussão geral, podendo fazê-lo em parte final do recurso extraordinário – o que sempre pareceu mais lógico, considerando-se que a repercussão geral é demonstrada pelas razões recursais – e não mais em sede preliminar[42]. O que poderia parecer uma modificação sem maior significado pode esconder uma novidade importante quanto à repercussão geral.

Havendo previsão expressa a exigir que a repercussão geral fosse demonstrada em preliminar do recurso extraordinário, ficava claro que o recorrente devia expressamente demonstrar sua existência. A mera ausência de preliminar, inclusive, vinha levando o Supremo Tribunal Federal a inadmitir o recurso, independentemente de qualquer outra análise,

---

40 STF, Tribunal Pleno, AI-QO 664.567/RS, rel. Min. Sepúlveda Pertence, j. 18.06.2007, *DJ* 06.09.2007.

41 Nery-Nery, *Comentários*, nota 9 ao art. 543-A, p. 940.

42 Oliveira, *Breves*, p. 2.314.

mesmo nos casos de presunção absoluta de repercussão geral[43]. A partir do momento em que a exigência se limita à demonstração de existência da repercussão geral, é possível concluir que o recorrente está dispensado de criar um tópico específico de sua peça recursal nesse sentido, sendo admitido que as próprias razões recursais demonstrem a existência de repercussão geral[44].

A novidade, por outro lado, pode resolver na prática uma divergência doutrinária a respeito da possibilidade de o Supremo Tribunal Federal reconhecer a repercussão geral de ofício, mesmo que não esteja devidamente demonstrada pelo recorrente[45]. Como cabe ao Supremo Tribunal Federal decidir pela existência de repercussão geral, mesmo que ela não tenha sido devidamente manifestada pelo recorrente, bastará o tribunal dizer que ela foi demonstrada caso se interesse em julgar o recurso extraordinário. É claro que, quando era exigida uma preliminar nesse sentido do recorrente, essa "manobra" não seria possível, mas, como já afirmado, essa exigência não faz parte do art. 1.035 do Novo CPC. Há, portanto, espaço para mudança do entendimento do Supremo Tribunal Federal pela inadmissão da repercussão geral implícita[46].

Ainda que a repercussão geral seja prevista por meio de um conceito jurídico indeterminado, cabendo ao Supremo Tribunal Federal traçar seus contornos, a doutrina entende que a transcendência pode ser *qualitativa*, referindo-se à importância para a sistematização e desenvolvimento do Direito, ou *quantitativa*, fazendo alusão ao número de pessoas atingidas pela decisão[47]. No art. 322, parágrafo único, do RISTF, aparentemente os requisitos são cumulativos, devendo a questão ser relevante do ponto de vista econômico, político, social ou jurídico e ultrapassar os interesses subjetivos das partes.

---

43 STF, 2.ª Turma, AI 703.374 AgRg/Pr, rel. Min. Ellen Gracie, j. 14.8.2008, *DJe* 7.11.2008.

44 Enunciado 224 do Fórum Permanente de Processualistas Civis (FPPC): "A existência de repercussão geral terá de ser demonstrada de forma fundamentada, sendo dispensável sua alegação em preliminar ou em tópico específico".

45 A favor: Medina, *Novo*, pp. 1.449-1450. Contra: Wambier-Conceição-Ribeiro--Mello, *Primeiras*, p. 1.506.

46 STF, 2ª Turma, AgIn 703.374 AgRg/PR, rel. Min. Ellen Gracie, j. 14.10.2008, *DJe* 7.11.2008.

47 Marinoni-Mitidiero, *Repercussão*, p. 37; Araken de Assis, *Manual*, n. 84. 1.4.4, p. 700.

Existem hipóteses de presunção absoluta de existência da repercussão geral, previstas pelos incisos do § 3.º do art. 1.035 do Novo CPC[48], tendo todas essas hipóteses um ponto em comum: a valorização dos entendimentos consolidados pelo Supremo Tribunal Federal. Há presunção absoluta de repercussão geral sempre que o recurso extraordinário impugnar acórdão que: contrarie súmula ou jurisprudência dominante do Supremo Tribunal Federal e que tenha reconhecido a inconstitucionalidade de tratado ou lei federal, nos termos do art. 97 da Constituição Federal. Na redação originária do dispositivo havia mais uma hipótese de presunção absoluta de repercussão geral – impugnação de acórdão que tivesse sido proferido em julgamento de casos repetitivos –, revogada pela Lei 13.256, de 04.02.2016, que alterou o Novo Código de Processo Civil durante sua vacância.

Registre-se corrente doutrinária que defende também a existência de hipóteses de presunção relativas de repercussão geral, não expressamente previstas em lei, em três casos: (a) divergência entre tribunais a respeito da questão constitucional; (b) existência de ação de controle concentrado de constitucionalidade; (c) ações coletivas[49]. Aparentemente trata-se de hipóteses em que se justifica a existência de repercussão geral, mas não parece apropriado falar nesses casos de presunção relativa. São, na realidade, adequados exemplos de situações em que a transcendência e a relevância exigidas no art. 1.035, § 1.º, do Novo CPC estarão presentes.

A deliberação a respeito da existência ou não da repercussão geral, se realizada em sessão presencial, poderia inviabilizar o trabalho do Supremo Tribunal Federal. Diante dessa realidade, os arts. 323 e 324 do Regimento Interno daquele tribunal prevê que essa deliberação ocorra de forma eletrônica. Cabe ao relator submeter por meio eletrônico a questão aos demais ministros, que terão um prazo de 20 dias para se manifestar a respeito do tema. Caso não haja, após o transcurso do prazo, manifestações em número suficiente para a rejeição da repercussão geral, ela será considerada como presente. Trata-se de singular hipótese na qual o silêncio do julgador significará uma decisão tácita a favor do recorrente, já que tal omissão é computada como voto a favor da existência da repercussão geral.

---

48 Theodoro Jr., *Curso*, 572-b, p. 716; Didier-Carneiro, *Curso*, p. 315. Contra, entendendo tratar-se de presunção relativa: Nery-Nery, *Comentários*, nota 11 ao art. 543-A, p. 939.

49 Miranda, *Breves*, pp. 2.315-2.316.

Registre-se que o Supremo Tribunal Federal já teve oportunidade de decidir que, mesmo tendo sido admitida a repercussão geral por deliberação eletrônica, o Tribunal Pleno, em sessão presencial, pode decidir pelo não conhecimento do recurso extraordinário com fundamento na exigência de interpretação da legislação infraconstitucional e do direito local[50].

Entendo que na realidade não só esses motivos, mas qualquer outro que leve à inadmissão, o recurso extraordinário deve ser reconhecido mesmo que já tenha havido deliberação do plenário virtual no sentido de existência de repercussão geral. Inclusive, esta pode ser afastada nesse caso em sessão presencial. Afinal, não há dúvida de que a repercussão geral seja um pressuposto de admissibilidade específico do recurso extraordinário[51], e o juízo de admissibilidade recursal não preclui por tratar-se de matéria de ordem pública.

Apesar do cabimento dos embargos de declaração contra qualquer decisão, inclusive aquelas que são previstas como irrecorríveis, o Supremo Tribunal Federal não admite a interposição de tal recurso contra decisão que reconhece a repercussão geral em deliberação virtual do plenário[52].

Reconhecendo que a decisão que nega a existência de repercussão geral extrapola o interesse das partes no recurso, até porque possibilita a aplicação desse entendimento a outros recursos extraordinários (art. 1.035, § 8.º, do Novo CPC), permite-se a admissão pelo Supremo Tribunal Federal de manifestação de terceiros, subscrita por procurador habilitado (art. 1.035, § 4.º, do Novo CPC). Para que a decisão esteja o mais próximo possível da correção, a lei corretamente permite a intervenção no processo do *amicus curiae*, como forma de levar aos julgadores todos os conhecimentos técnico-jurídicos necessários para a prolação de uma decisão de qualidade, o que só será admitido até a data da remessa dos autos à mesa para julgamento[53].

Nos tribunais, turmas de uniformização de jurisprudência e turmas recursais será selecionado um ou mais recursos extraordinários fundados

---

50 STF, Tribunal Pleno, RE 607.607 ED/RS, rel. Min. Luiz Fux, j. 2.10.2013, *DJe* 12.5.2014.

51 Wambier-Conceição-Ribeiro-Mello, *Primeiros*, p. 1.505.

52 STF, Tribunal Pleno, ARE 694.294 ED/MG, rel. Min. Luiz Fux, j. 8.9.2014, *DJe* 17.10.2014.

53 *Informativo* 543/STF, Plenário; *Informativo* 376/STJ, 1.ª Seção, REsp 1.003.955-RS, rel. Eliana Calmon, j. 12.11.2008; ADI 4071, Menezes Direito, 22.4.2009.

em *idêntica controvérsia jurídica* e encaminhados ao Supremo Tribunal Federal, enquanto os demais – já existentes e que venham a ser interpostos antes da análise da repercussão geral dos recursos encaminhados – ficarão sobrestados (art. 1.036, § 1.º, do Novo CPC). A escolha dos recursos extraordinários que se seguirão ao Supremo Tribunal Federal é atividade privativa dos órgãos referidos, que determinarão quais os recursos irão ao julgamento do tribunal supremo em decisão irrecorrível a ser proferida pelo presidente ou vice-presidente do tribunal de justiça ou do tribunal regional federal[54]. A razão da previsão legal é evidente, buscando evitar que inúmeros recursos fundados em mesma controvérsia sejam encaminhados ao Supremo Tribunal Federal antes de se conhecer a posição desse tribunal a respeito da existência ou não da repercussão geral.

Nos termos do art. 1.036, § 4.º, do Novo CPC, a escolha feita pelo presidente ou vice-presidente do tribunal de segundo grau não vinculará o relator no Supremo Tribunal Federal, que poderá selecionar outros recursos representativos da controvérsia. Também poderão ser escolhidos recursos extraordinários paradigmas no próprio Supremo Tribunal Federal, ainda que não tenha havido qualquer atividade nesse sentido pelos tribunais de segundo grau (art. 1.036, § 5.º, do Novo CPC).

Sendo negada a existência da repercussão geral, todos os recursos extraordinários que ficaram sobrestados serão inadmitidos pelo presidente ou vice-presidente do tribunal de origem (art. 1.035, § 8.º, do Novo CPC). É interessante hipótese na qual a ausência de repercussão geral admitirá ao juízo *a quo* não receber o recurso extraordinário, considerando-se que a análise desse *pressuposto de admissibilidade* é de privativa competência do Supremo Tribunal Federal. Na realidade, como já existe decisão do tribunal superior a respeito, o juízo de admissibilidade será condicionado a esse posicionamento, de forma que, levando em consideração o efeito *ultra partes* da repercussão geral, continuará a ser sua análise atividade privativa do Supremo Tribunal Federal. Como o juízo de admissibilidade no juízo *a quo* é exercido pelo presidente ou vice-presidente, será ele o responsável pelo não conhecimento dos recursos extraordinários sobrestados.

O parágrafo único do art. 1.039 do Novo CPC prevê que, negada a existência de repercussão geral no recurso extraordinário afetado, considerar-se-ão automaticamente inadmitidos os recursos extraordinários cujo processamento tenha sido sobrestado. A previsão de uma inadmissão

---

54 Marinoni-Mitidiero, *Repercussão*, p. 60.

automática parece sugerir que não haverá uma decisão de inadmissão, sendo simplesmente atestado o trânsito em julgado, independentemente de qualquer decisão. Acredito ser inviável uma inadmissão automática de recurso, sendo o dispositivo fruto de indevida confusão entre eficácia vinculante e desnecessidade de prolação de decisão para sua geração. Caso contrário, ao se aceitar uma inadmissão automática, contra o que exatamente a parte poderá se insurgir se entender equivocada tal providência? Contra o carimbo do trânsito em julgado?

Registre-se que o art. 328, parágrafo único, do RISTF prevê que, já havendo chegado ao Supremo Tribunal Federal múltiplos recursos com fundamento em idêntica controvérsia, caberá ao presidente, antes da distribuição, e ao relator, após esse momento procedimental, selecionar um ou mais recursos extraordinários e devolver os demais ao tribunal ou turma recursal de origem. Nos termos da Portaria 138/2009 do STF, não haverá nem mesmo uma decisão de devolução dos recursos aos tribunais de origem, bastando um ato administrativo, que não poderá ser impugnado por recurso (não é decisão judicial), nem por mandado de segurança, cabendo ao tribunal de segundo grau analisar a adequação das matérias versadas no recurso extraordinário devolvido e nos paradigmas. Caso, entretanto, o tribunal de segundo grau entenda existir distinção e devolva o recurso extraordinário para o Supremo Tribunal Federal, este poderá devolvê-lo novamente se discordar da distinção, determinando ao tribunal de segundo grau um novo julgamento[55].

Segundo a previsão constitucional do art. 102, § 3.º, da CF, a inadmissibilidade do recurso extraordinário só será admitida pela manifestação de dois terços dos membros do Supremo Tribunal Federal no sentido de que não há no caso concreto a repercussão geral.

O art. 1.035, *caput*, do Novo CPC determina expressamente que a decisão do Supremo Tribunal Federal que não conhece o recurso extraordinário por ausência de repercussão geral é irrecorrível. Parece, entretanto, que tal irrecorribilidade não se aplica à decisão monocrática do relator ou do presidente (art. 327, § 1.º, do RISTF), considerando-se que esses ministros atuam com competência delegada pelo órgão colegiado qualificado para o julgamento do recurso – no caso, a Turma –, sendo cabível o recurso de

---

55 *Informativo* 744/STF, Tribunal Pleno, RE 593.995-QO/MG, rel. Min. Joaquim Barbosa, 30.4.2014.

agravo interno no prazo de 15 dias[56]. Aparentemente esse entendimento foi consagrado pelo art. 327, § 2.º, do RISTF, que prevê expressamente o cabimento de agravo contra decisão monocrática do presidente ou do relator que não conhecer o recurso extraordinário por ausência de repercussão geral.

Em aplicação do art. 1.035, § 8.º, do Novo CPC, da decisão colegiada da Turma não caberá recurso, o mesmo ocorrendo em relação à decisão do Plenário, mas nesse caso nem precisaria existir previsão legal nesse sentido, considerando-se que não haveria a quem recorrer. A irrecorribilidade, entretanto, em qualquer dessas decisões, não atinge os *embargos de declaração*, que poderão ser oferecidos no prazo de cinco dias apontando omissão, contradição ou obscuridade da decisão[57].

Nos termos do § 5.º do art. 1.035 do Novo CPC, reconhecida a repercussão geral, o relator no Supremo Tribunal Federal determinará a suspensão do processamento de todos os processos pendentes, individuais ou coletivos, que versem sobre a questão e tramitem no território nacional. Note-se que só há a mencionada suspensão após o reconhecimento de repercussão geral, porque somente nesse caso o Supremo Tribunal Federal passará a julgar o mérito da matéria. Antes disso, não teria mesmo qualquer sentido suspender os processos em trâmite, porque no tempo em que se decide haver ou não a repercussão geral o mérito deve continuar a ser decidido normalmente nos processos que têm como objeto a matéria constitucional, independentemente de sua fase procedimental.

Essa suspensão, entretanto, tinha um prazo máximo, considerando que o § 10 do mesmo dispositivo legal previa que, não ocorrendo o julgamento no prazo de um ano a contar do reconhecimento da repercussão geral, cessaria, em todo o território nacional, a suspensão dos processos, que retomariam seu curso normal. O dispositivo legal foi revogado pela Lei 13.256, de 04.02.2016, que alterou o Novo Código de Processo Civil no período de sua vacância, o que é extremamente preocupante porque demonstra de forma clara que o Supremo Tribunal Federal não quer ter prazo para o julgamento da repercussão geral, o que poderá levar a uma suspensão consideravelmente longa dos processos à espera de uma decisão da corte superior.

---

56 Nery-Nery, *Comentários*, nota 10 ao art. 543-A, p. 940; Pimentel Souza, *Introdução*, n. 17.2.4, p. 457; Miranda, *Breves*, p. 2.313.

57 Marinoni-Mitidiero, *Repercussão*, p. 53; Nery-Nery, *Comentários*, nota 2 ao art. 543-A, p. 939; Pimentel Souza, *Dos recursos*, p. 114-115; Miranda, *Breves*, p. 2.313.

O prazo de um ano para o julgamento de recurso que tiver a repercussão geral reconhecida é previsto pelo art. 1.035, § 9.º, do Novo CPC, que também estabelece a preferência sobre os demais feitos (recursos e ações de competência originária), salvo aqueles que envolvam réu preso e o *habeas corpus*.

Com a previsão de suspensão de todos os processos, independentemente de sua fase procedimental, é natural que recursos extraordinários já interpostos no tribunal de segundo grau sejam também afetados, permanecendo sobrestados. Quanto a tais recursos, o § 6.º do art. 1.035 do Novo CPC, dispõe que o interessado (que certamente não será o recorrente) pode requerer, ao presidente ou vice-presidente do tribunal de origem, que exclua da decisão de sobrestamento e inadmita o recurso extraordinário que tenha sido interposto intempestivamente. A regra tem como fundamento a incapacidade de o julgamento do recurso que teve a repercussão geral admitida afetar um recurso extraordinário intempestivo, sendo, dessa forma, injustificáveis o sobrestamento e o consequente impedimento do trânsito em julgado da decisão recorrida.

Sendo elaborado o pedido nos termos do art. 1.036, § 2.º, do Novo CPC, o próprio dispositivo garante o princípio do contraditório, ao exigir que o recorrente seja intimado para se manifestar no prazo de cinco dias sobre o requerimento. Sendo o pedido deferido, o recurso extraordinário será inadmitido (hipótese excepcional em que o tribunal de segundo grau mantém competência para fazer juízo de admissibilidade nos recursos excepcionais).

Na redação originária do § 7.º do art. 1.035 do Novo CPC, contra essa decisão era cabível agravo para os tribunais superiores, mas a redação do dispositivo foi modificado pela Lei 13.256, de 04.02.2016, responsável pela alteração do novo diploma legal antes mesmo de ele entrar em vigência. Na nova redação vem expresso que o recurso cabível contra tal decisão é o agravo interno, de forma que a parte recorrente não terá acesso aos tribunais superiores, primeiro porque tal recurso é de competência do tribunal de segundo grau e, em segundo, porque da decisão desse agravo interno não cabe qualquer recurso para o Superior Tribunal de Justiça ou Supremo Tribunal Federal.

Na hipótese de recurso extraordinário sobrestado e reconhecimento pelo Supremo Tribunal Federal de inexistência de repercussão geral, teremos automática inadmissão, nos termos do art. 1.039, parágrafo único, do Novo CPC. A expressa menção a uma automática inadmissão sugere que o legislador referendou o comportamento de alguns tribunais que não mais decidem pela inadmissão, mas simplesmente certificam por certidão de escrivão ou chefe da secretaria tal fato. A situação é dramática quando ocorre um erro porque não existirá decisão para ser impugnada, o que, obviamente, viola de forma clara o devido processo legal.

Reconhecendo o Supremo Tribunal Federal a existência de repercussão geral, os recursos extraordinários enviados por amostragem a esse tribunal serão julgados em seu mérito. O Supremo Tribunal Federal já decidiu pela possibilidade de se analisarem em sessão presencial os pressupostos de admissibilidade dos recursos extraordinários, mesmo que em sessão virtual já se tenha reconhecido a existência de repercussão geral. Dessa forma, antes de julgar o mérito, o Plenário poderá inadmitir os recursos extraordinários pela falta de outros pressupostos de admissibilidade que não a repercussão geral[58].

A partir do momento em que o Supremo Tribunal Federal reconhecer a existência de repercussão geral, sendo caso de aplicação da técnica de julgamento de recursos extraordinários repetitivos, o procedimento será aquele previsto pelo art. 1.038 do Novo CPC e a eficácia *ultra partes* desse julgamento será gerada nos termos dos arts. 1.039 a 1.041 do Novo CPC.

60.9 EMBARGOS DE DIVERGÊNCIA

Tratando-se de recurso voltado à uniformização da jurisprudência interna do Supremo Tribunal Federal e do Superior Tribunal de Justiça, é indispensável que exista nos embargos de divergência uma comparação entre o *acórdão recorrido* e o *acórdão paradigma*, considerando-se que dessa análise comparativa será verificada a efetiva existência da divergência a permitir o cabimento do recurso ora analisado[59]. Já decidiu o Superior Tribunal de Justiça que não se admitem embargos de divergência na ausência de similitude fática entre os arestos paradigma e embargado[60]. Nesse sentido, o art. 1.043, § 4.º, do Novo CPC exige do recorrente a menção em seu recurso das circunstâncias que identificam ou assemelham os casos confrontados.

---

[58] *Informativo* 722/STF, Tribunal Pleno, RE 607.607-ED/RS, rel. Min. Luiz Fux, 02.10.2013.

[59] STF, Tribunal Pleno, ARE 710.030 AgR-segundo-ED-EDv-AgR/PI, rel. Min. Ricardo Lewandowski, j. 21.08.2014, *DJe* 12.09.2014.

[60] *Informativo* 494/STJ, 2.ª Seção, EREsp 419.059-SP, rel. Min. Luis Felipe Salomão, j. 11.04.2012; *Informativo* 421/STJ, Corte Especial, AgRg nos EREsp 997.056-RS, rel. Min. Luiz Fux, j. 03.02.2010.

Como o objetivo é a uniformização jurisprudencial, é natural que se exija entre o acórdão recorrido e o acórdão paradigma uma similitude fática, porque, sem o preenchimento desse requisito, se buscará a uniformização de situações fático-jurídicas distintas[61]. Em outra forma procedimental, pela qual se busca a uniformização jurisprudencial, o recurso especial fundado no art. 105, III, "c", da CF, essa mesma realidade se repete, sendo exigida a similitude fática entre o acórdão recorrido e o acórdão paradigma[62].

Nesse sentido, julgamento do Superior Tribunal de Justiça entendeu pelo não cabimento de embargos de divergência, porque, apesar de ambos os acórdãos – recorrido e paradigma – tratarem de dano moral, em um deles o dano foi gerado por acidente do trabalho e no outro por exoneração de servidor público[63]. O mesmo Tribunal sumulou o entendimento de que não cabe o recurso ora analisado para discutir valor de indenização por danos morais, justamente em razão das diferenças entre as situações fáticas[64].

Nos termos do art. 1.043, § 2.º, do Novo CPC, a divergência que autoriza a interposição de embargos de divergência pode verificar-se na aplicação do direito material ou do direito processual. Conforme já corretamente decidido pelo Superior Tribunal de Justiça[65], que deve ser conhecido o recurso quando a divergência recair sobre questão de direito processual civil, mesmo que não haja similitude fática entre os pressupostos de fato do processo. A decisão, na realidade, não afasta o entendimento consagrado pela exigência da similitude fática nos embargos de divergência, mas lembra com propriedade que, nas questões processuais, essa similitude é dispensável. Naturalmente, deve-se tratar da mesma questão processual, que deverá ser aplicada de forma distinta, independentemente de diferenças fáticas existentes entre as demandas decididas pelo acórdão recorrido e o paradigma. Por exemplo, se numa hipótese é admitida uma

---

61 STJ, 3.ª Seção, AgRg nos EREsp 975.111/RS, rel. Min. Vasco Della Giustina, 26.10.2011, *DJe* 30.11.2011.

62 STJ, 2.ª Turma, AgRg no Ag 1.417.809/PR, rel. Min. Herman Benjamin, 25.10.2011, *DJe* 28.10.2011.

63 STJ, 1.ª Turma, AgRg nos EREsp 997.056/RS, rel. Min. Luiz Fux, j. 03.02.2010.

64 Súmula 420/STJ.

65 *Informativo* 523/STJ, 2.ª Seção, EAREsp 25.641-RJ, rel. Min. Luis Felipe Salomão, j. 12.06.2013; *Informativo* 490/STJ, 2.ª Seção, EREsp 595.742-SC, rel. originário Min. Massami Uyeda, rel. para o acórdão Min. Maria Isabel Gallotti, j. 14.12.2011.

complementação de preparo em apelação e noutra não, é irrelevante que o primeiro processo tenha como objeto uma rescisão contratual e o segundo, um divórcio.

Ainda no tocante à indispensável confrontação entre o acórdão embargado e o acórdão paradigma, salutar a previsão do art. 1.043, § 1.º, do Novo CPC, no sentido de ser possível a confrontação de teses jurídicas contidas em julgamentos de recursos e de ações – faltou na revisão modificar o termo para *processos* – de competência originária.

Sendo condição indispensável à admissibilidade do recurso a similitude fática, o art. 1.043, § 5.º, do Novo CPC vedava ao órgão jurisdicional a inadmissão do recurso com base em fundamento genérico de que as circunstâncias fáticas são diferentes, sem demonstrar a existência da distinção. A exigência, portanto, era dupla: cabe ao recorrente indicar a similitude fática e ao órgão julgador a distinção dos acórdãos comparados pelo recorrente.

Essa isonomia, entretanto, foi quebrada pela Lei 13.256, de 04.02.2016, que alterou o Novo Código de Processo Civil durante sua vacância, que ao revogar o § 5.º do art. 1.043 do Novo CPC retirou o dever judicial de devidamente fundamentar a inadmissão do recurso por ausência de similitude fática entre o julgamento recorrido e o paradigma. É natural que qualquer pessoa de bom senso possa concluir que o dispositivo era desnecessário, porque obviamente tal forma de fundamentar a decisão já está consagrada no art. 489, § 1.º, do Novo CPC. No entanto, a verdade é que a revogação é preocupante, porque sinaliza que a fundamentação poderia ser baseada em fundamento genérico, o que, obviamente, não atende às exigências mínimas de verdadeira fundamentação.

No mérito, caberá ao tribunal determinar qual o melhor entendimento. Tomando-se por base a análise do julgamento embargado e do julgamento paradigma, enfrentar-se-ão as hipóteses de cabimento previstas pelos incisos do art. 1.043 do Novo CPC.

Diz o art. 1.043, I, do Novo CPC que é embargável o acórdão de órgão fracionário que em julgamento de recurso extraordinário ou em recurso especial divergir do julgamento de qualquer outro órgão do mesmo tribunal (outra turma, seção ou órgão especial), sendo os acórdãos, embargado e paradigma, de mérito.

Já o inciso II do mesmo dispositivo tinha o mesmo regramento, apenas substituindo a decisão de mérito dos acórdãos comparados para uma decisão sobre a admissibilidade recursal. O dispositivo foi revogado pela Lei 13.256, de 04.02.2016, que alterou o Novo Código de Processo Civil em sua vacância.

Já considerando a indevida confusão entre juízo de admissibilidade e de mérito nos recursos excepcionais, o inciso III do art. 1.043 do Novo CPC prevê a possibilidade de comparação entre acórdão que julga o mérito e acórdão de não admissão, mas no qual tenha sido apreciada a controvérsia.

Os incisos I e III do art. 1.043 do Novo CPC seguem a tradição do CPC/1973 ao preverem como embargáveis os acórdãos de recurso especial e de recurso extraordinário. Fugindo dessa tradição, o inciso IV do dispositivo ora comentado consagrava o cabimento de embargos de divergência de acórdão proferido em processo de competência originária do tribunal, que pudesse ser comparado com o julgamento de qualquer outro órgão do mesmo tribunal, tendo sido tal dispositivo revogado pela Lei 13.256, de 04.02.2016.

Registre-se que, além dos requisitos exigidos por lei quanto ao acórdão recorrido e ao acórdão paradigma, a divergência, que será objeto do recurso de embargos de divergência, deve necessariamente ser atual[66]. Havendo acórdão com entendimento que já foi superado pela jurisprudência do tribunal, não é cabível o recurso de embargos de divergência. Além de a divergência ser atual, deverá ser demonstrada de forma analítica pelo recorrente, exigindo-se no recurso a comparação pontual entre os trechos do acórdão recorrido e do acórdão paradigma[67], admitindo-se a dispensa da comparação diante de dissídio notório[68].

Por fim, cumpre ressaltar a inviabilidade da aplicação do art. 493 do Novo CPC ao recurso de embargos de divergência, não se admitindo, portanto, a alegação de fatos novos nesse recurso[69].

Ainda que o art. 1.044, *caput*, do Novo CPC preveja que o procedimento do recurso seguirá o disposto no regimento interno do tribunal, há previsão de pontuais regras procedimentais nos §§ 4.º e 5.º do art. 1.043 e nos §§ 1.º e 2.º do próprio art. 1.044.

---

66 Súmulas 168/STJ e 247/STF.

67 Nery-Nery, *Comentários*, nota 6 ao art. 546, p. 949; Theodoro Jr., *Curso*, 576-e, p. 730; Didier-Cunha, *Curso*, p. 337-338; STJ, 1.ª Seção, AgRg no EREsp 507.120/CE, rel. Min. Luiz Fux, j. 27.04.2005, *DJ* 30.05.2005.

68 *Informativo* 419/STJ, Corte Especial, EREsp 961.407/SP, rel. Min. Eliana Calmon, j. 10.12.2009.

69 *Informativo* 453/STJ, 2.ª Seção, EREsp 722.501-SP, rel. Min. Luis Felipe Salomão, j. 27.10.2010.

O § 4.º do art. 1.043 tem duas funções. Primeiro, regulamenta o modo de provar a existência do acórdão paradigma, valendo-se das mesmas formas de provar o recurso especial paradigma quando há divergência de interpretação de lei federal em diferentes tribunais. Segundo, consagra a necessidade de comparação analítica entre os dois acórdãos ao exigir do recorrente que mencione as circunstâncias que identificam ou assemelham os casos confrontados.

Sendo condição indispensável à admissibilidade do recurso a similitude fática, o § 5.º do mesmo dispositivo veda ao órgão jurisdicional inadmitir o recurso com base em fundamento genérico de que as circunstâncias fáticas são diferentes, sem demonstrar a existência da distinção. A exigência, portanto, é dupla: cabe ao recorrente demonstrar a similitude fática e ao órgão julgador a distinção dos acórdãos comparados pelo recorrente.

Nos termos do art. 1.044, § 1.º, do Novo CPC, a interposição de embargos de divergência no Superior Tribunal de Justiça interrompe o prazo para interposição de recurso extraordinário por qualquer das partes. Diante de tal regra, o prazo para interposição do recurso extraordinário só começará a ser contado da intimação do resultado dos embargos de divergência. Naturalmente, a parte que embargou não interporá o recurso extraordinário, e, mesmo a parte contrária, se tiver ciência da interposição, também tende a aguardar o julgamento. De qualquer forma, e sendo possível que uma das partes ingresse com recurso extraordinário mesmo tendo sido interpostos pela outra parte os embargos de divergência, o § 2.º do dispositivo afasta expressamente a intempestividade *ante tempus* (recurso prematuro) ao prever que, se os embargos de divergência forem desprovidos ou não alterarem a conclusão do julgamento anterior, o recurso extraordinário interposto pela outra parte antes da publicação do julgamento dos embargos de divergência será processado e julgado independentemente de ratificação.

61

LIVRO COMPLEMENTAR DAS DISPOSIÇÕES FINAIS E TRANSITÓRIAS

A *vacatio legis* do Novo CPC é de um ano da data de sua publicação oficial, nos termos do art. 1.045. Significa que, após a publicação oficial, ainda teremos um ano de vigência do CPC/1973, sendo esse o período para que todos se familiarizem com o Novo Código de Processo Civil.

Seguindo a tradição de que normas processuais têm aplicação imediata, o art. 1.046 do Novo CPC prevê que, ao entrarem em vigor suas disposições, aplicar-se-ão desde logo aos processos pendentes, ficando revogado o CPC/1973. No mesmo sentido, o art. 14 do Novo CPC ao prever que a norma processual não retroagirá e será aplicável imediatamente aos processos em curso, respeitados os atos processuais praticados e as situações jurídicas consolidadas sob a vigência da norma revogada.

No sentido do texto há três Enunciados do Fórum Permanente de Processualistas Civis (FPPC): n.º 267: "*Os prazos processuais iniciados antes da vigência do CPC serão integralmente regulados pelo regime revogado*"; n.º 268: "*A regra de contagem de prazos em dias úteis só se aplica aos prazos iniciados após a vigência do Novo Código*"; n.º 275: "*Nos processos que tramitam eletronicamente, a regra do art. 229, § 1.º, não se aplica aos prazos já iniciados no regime anterior*".

Naturalmente, essa regra trará – como historicamente traz – algumas dificuldades práticas, sendo algumas delas reguladas pelo livro complementar das disposições finais e transitórias.

O Novo Código de Processo Civil revogou o procedimento sumário, de modo que o único procedimento comum previsto é o ordinário, que, por ser o único, passa a ser chamado de forma correta de procedimento comum. Também foram vários os procedimentos especiais previstos no CPC/1973 que não estão consagrados no Novo Código de Processo Civil, conforme já analisado.

Para esses procedimentos que deixam de existir no Novo Código de Processo Civil, o § 1.º do art. 1.046 do Novo CPC prevê que as disposições do CPC/1973 se aplicarão às ações propostas e não sentenciadas até o início da vigência do Novo CPC. Como os procedimentos especiais exaurem sua especialidade com a prolação da sentença, foi bem o dispositivo ao manter os procedimentos revogados até esse momento procedimental.

Nesses casos, portanto, o CPC/1973 continuará em vigência além de um ano de *vacatio legis*, desde que o processo tenha se iniciado sob a vigência do Código de Processo Civil anterior.

Quanto aos procedimentos especiais previstos na legislação extravagante, ou seja, fora do Código de Processo Civil, o § 2.º do art. 1.046 do Novo CPC estabelece que permanecem em vigor as disposições que os regulam, sendo a tais procedimentos especiais aplicado supletivamente o Novo Código de Processo Civil.

O art. 1.218 do CPC/1973 elencava uma série de procedimentos especiais regulados pelo CPC/1939 que continuariam em vigor até serem incorporados em leis especiais. Alguns foram regulamentados por lei própria, como o loteamento (inciso I), o despejo (inciso II), a renovação de contrato de locação de imóveis destinados a fins comerciais (inciso III) e o registro Torrens (inciso IV). E outros foram incorporados pelo Novo Código de Processo Civil, como é o caso da dissolução e liquidação de sociedade (inciso VII) e da avaria grossa (inciso XIV).

Ocorre que até a presente data há procedimentos que não tiveram tal regulamentação. Diante de tal circunstância, o art. 1.046, § 3.º, do Novo CPC prevê que tais procedimentos submetem-se ao procedimento comum. Ou seja, os procedimentos que ainda não foram previstos como especiais pelo Código de Processo Civil ou por legislação extravagante deixam de sê-los.

O Código de Processo Civil é o principal diploma legal de regulamentação do processo, mas obviamente não é o único. Existem diversas leis extravagantes que contêm normas processuais, fazendo invariavelmente remissão a algum dispositivo do Código de Processo Civil. Como seria materialmente inviável adequar todas essas normas ao novo Código, o art. 1.046, § 4.º, do Novo CPC passa a prever que remissões a disposições do Código de Processo Civil revogado, existentes em outras leis, passam a referir-se às que lhes são correspondentes no Novo Código de Processo Civil.

Ainda tratando da questão dos procedimentos, o art. 1.050, *caput*, do Novo CPC dispõe que, sempre que a lei remeter a procedimento previsto na lei processual sem especificá-lo, será observado o procedimento comum estabelecido no Novo Código de Processo Civil. E o parágrafo único prevê que, na hipótese de a lei remeter ao procedimento sumário, será observado o procedimento comum, com as modificações contidas na própria lei especial, se houver.

Em mais um exemplo de vigência do CPC/1973, além da *vacatio legis*, havia no projeto de lei aprovado na Câmara dispositivo que previa que, nos tribunais que ainda não tivessem instituído o *Diário da Justiça Eletrônico*, a publicação de editais observaria as normas anteriores ao início da vigência do Novo CPC. Essa norma foi suprimida do texto final, sendo justificada na Emenda constante do tópico 2.3.2.275 do Parecer Final 956 do Senado com a explicação de que a publicação de editais deixou de ser feita em *Diário Oficial*, passando a ser realizada em espaços virtuais no sítio do Tribunal e em plataforma de editais do Conselho Nacional de Justiça, com emprego da rede mundial de computadores. Dessa forma, tratava-se de regra de transição inexistente e, por essa razão, foi suprimida do texto final.

O art. 1.047 do Novo CPC tem interessante norma que excepciona a regra geral estabelecida no art. 1.046, *caput*, de que a norma processual superveniente tem aplicação imediata nos processos em trâmite. Segundo o dispositivo legal, as disposições de direito probatório adotadas no Novo Código de Processo Civil aplicam-se apenas às provas que tenham sido requeridas ou determinadas de ofício a partir da data de início da sua vigência.

Portanto, mesmo que o processo já esteja em trâmite quando do início de vigência do Novo CPC, o que determinará sua aplicação quanto às disposições probatórias é a prova já ter sido requerida ou determinada de ofício pelo juiz. Quando isso já tiver ocorrido, a regra procedimental a ser aplicada será a do CPC/1973.

Por exemplo, tendo sido requerida a produção de prova testemunhal na vigência do CPC/1973, mesmo que a audiência de instrução seja realizada sob a vigência do Novo CPC, as regras procedimentais a regularem referido ato processual serão aquelas previstas no CPC/1973. Assim, mesmo estando em vigência o Novo Código de Processo Civil, as partes não poderão perguntar diretamente para as testemunhas, continuando a ser essa tarefa exclusiva do juiz, que repassará a elas as perguntas feitas pelos patronos das partes.

Segundo o Enunciado 366 do Fórum Permanente de Processualistas Civis (FPPC), "*o protesto genérico por provas, realizado na petição inicial ou na contestação ofertada antes da vigência do CPC, não implica requerimento de prova para fins do art. 1.044 [atual art. 1.047]*".

O art. 1.048 do Novo CPC trata das prioridades de tramitação em qualquer juízo ou tribunal. A norma não afeta outras prioridades previstas em lei específica, como ocorre com o mandado de segurança, *habeas data* e *habeas corpus* (prisão civil).

Segundo o inciso I do dispositivo ora analisado, haverá preferência do processo em que figure como parte ou interessado pessoa com idade igual ou superior a sessenta anos ou portadora de doença grave, assim compreendida qualquer das enumeradas no art. 6.º, inciso XIV, da Lei 7.713/1988.

Quando o dispositivo indica que os sujeitos nele elencados podem figurar como parte ou como interessado, é preciso compreender qual a espécie de interesse que enseja a preferência. Parece não haver dúvida de que se trata de interesse jurídico, de forma que os sujeitos devem participar do processo como terceiros intervenientes ou ser substituídos processuais.

A primeira parte do dispositivo repete a preferência para processos em que figure como parte ou interessado o idoso, já consagrada no art. 71 do Estatuto do Idoso. A segunda parte garante a preferência aos portadores de moléstia profissional, tuberculose ativa, alienação mental, esclerose múltipla, neoplasia maligna, cegueira, hanseníase, paralisia irreversível e incapacitante, cardiopatia grave, doença de Parkinson, espondiloartrose anquilosante, nefropatia grave, hepatopatia grave, estados avançados da doença de Paget (osteíte deformante), contaminação por radiação, síndrome da imunodeficiência adquirida, com base em conclusão da medicina especializada.

O inciso II do art. 1.048 do Novo CPC prevê a preferência a processos regulados pelo Estatuto da Criança e do Adolescente.

Os parágrafos do artigo ora analisado tratam do procedimento para estabelecimento da prioridade no andamento dos processos.

Segundo o § 1.º, a pessoa interessada na obtenção do benefício, juntando prova de sua condição, deverá requerê-lo à autoridade judiciária competente para decidir o feito, que determinará ao cartório do juízo as providências a serem cumpridas. Sendo deferida a prioridade, os autos receberão identificação própria que evidencie o regime de tramitação prioritária (§ 2.º).

O § 4.º do art. 1.048 do Novo CPC é de difícil compreensão. Nos termos do artigo a tramitação prioritária independe de deferimento pelo órgão jurisdicional e deverá ser imediatamente concedida diante da prova da condição de beneficiário.

Não há como existir tramitação prioritária sem decisão judicial nesse sentido, até porque sem essa determinação o cartório judicial não terá autonomia para estabelecer a prioridade. Por outro lado, a previsão de que a prioridade deve ser concedida imediatamente diante da prova da condição de beneficiário esvazia de utilidade prática a confusa e inexequível regra da prioridade sem pronunciamento judicial nesse sentido.

O que faltou a norma dizer é que o deferimento, diante da prova da situação prevista em lei, pode ocorrer de ofício, independentemente de requerimento nesse sentido pela parte. Da forma como vem previsto o art. 1.048 do Novo CPC, resta uma aparência de que o deferimento depende de tal provocação, o que não parece ser o mais adequado na consecução dos objetivos traçados pela prioridade de andamento do processo.

O direito à prioridade no andamento do processo é objeto de sucessão, conforme garante o art. 1.048, § 3.º, do Novo CPC. Nos termos do dispositivo, sendo concedida a prioridade, esta não cessará com a morte do beneficiado, estendendo-se em favor do cônjuge supérstite ou companheiro em união estável.

A execução contra devedor insolvente, devidamente regulamentada no CPC/1973, não é prevista no Novo Código de Processo Civil. Atento a essa novidade omissiva, o art. 1.052 do Novo CPC prevê que, até a edição de lei específica, as execuções contra devedor insolvente, em curso ou que venham a ser propostas, permanecem reguladas pelo Livro II, Título IV, do CPC/1973.

Segundo o art. 1.055 do Novo CPC, o devedor ou arrendatário não se exime da obrigação de pagamento dos tributos, multas e taxas incidentes sobre os bens vinculados e de outros encargos previstos em contrato, exceto se a obrigação de pagar não for de sua responsabilidade, conforme contrato, ou for objeto de suspensão em tutela provisória.

Acolhendo sugestão do Ministério da Justiça e do Ministério da Fazenda, o dispositivo foi objeto de veto presidencial com as seguintes razões: "Ao converter em artigo autônomo o § 2º do art. 285-B do Código de Processo Civil de 1973, as hipóteses de sua aplicação, hoje restritas, ficariam imprecisas e ensejariam interpretações equivocadas, tais como possibilitar a transferência de responsabilidade tributária por meio de contrato".

O art. 924, V, do Novo CPC prevê originariamente a prescrição intercorrente como causa de extinção da execução, e o art. 1.056 do Novo

CPC estabelece como termo inicial de tal prescrição a data de vigência do Novo CPC para os processos em trâmite.

O dispositivo, entretanto, só resolve o problema do termo inicial para os processos em trâmite, já que se trata de regra de direito intertemporal. Para os processos a serem propostos e aos cumprimentos de sentença iniciados na vigência do Novo CPC existe outra regulamentação que, além de inadequada, é insuficiente.

Nos termos do art. 921, III, do Novo CPC, suspende-se a execução quando o executado não possuir bens penhoráveis. Nesse caso, o § 1.º do dispositivo legal prevê que o juiz suspenderá a execução pelo prazo de um ano, durante o qual se suspenderá a prescrição, enquanto o § 4.º prevê que, decorrido esse prazo sem manifestação do exequente, começará a correr o prazo de prescrição intercorrente.

A inadequação e a insuficiência da norma são claras porque condicionam a extinção da execução por prescrição intercorrente à inexistência de bens do executado, quando o mero abandono do exequente, independentemente da condição patrimonial do executado, já deveria ser o suficiente. Por outro lado, exige uma manifestação inócua e inútil do exequente apenas para evitar a prescrição na hipótese prevista pelo dispositivo legal, quando tal manifestação só tem sentido se houver perspectiva real de satisfação de seu direito.

Entendo que nesse caso o termo inicial deveria ser simplesmente a data do efetivo abandono do processo pelo exequente, que deixa de tomar medidas voltadas à satisfação de seu direito quando elas ainda seriam possíveis.

Os arts. 525, § 14, e 535, § 7.º, do Novo CPC tratam da alegação da coisa julgada inconstitucional alegada em sede de defesa executiva, determinando que a decisão do Supremo Tribunal Federal que declara inconstitucional a norma que fundamenta a decisão exequenda deve ter sido proferida antes do trânsito em julgado da decisão exequenda; se proferida após o trânsito em julgado, caberá ação rescisória, cujo prazo será contado do trânsito em julgado da decisão proferida pelo Supremo Tribunal Federal.

Segundo o art. 1.057 do Novo CPC, o disposto no art. 525, §§ 14 e 15, e no art. 535, §§ 7.º e 8.º, aplica-se às decisões transitadas em julgado após a entrada em vigor do Novo CPC, e às decisões transitadas em julgado anteriormente aplica-se o disposto no art. 475-L, § 1.º, e no art. 741, parágrafo único, do CPC/1973.

Nos termos do art. 1.058 do Novo CPC, em todos os casos em que houver recolhimento de importância em dinheiro, esta será depositada em nome da parte ou do interessado, em conta especial movimentada por ordem do juiz, nos termos do art. 840, I, ou seja, no Banco do Brasil, na Caixa Econômica Federal ou em banco do qual o Estado ou o Distrito Federal possua mais da metade do capital social integralizado ou, na falta desses estabelecimentos, em qualquer instituição de crédito designada pelo juiz.

Nos termos do art. 1.059 do Novo CPC, à tutela provisória requerida contra a Fazenda Pública aplica-se o disposto nos arts. 1.º a 4.º da Lei 8.437, de 30 de junho de 1992, e no art. 7.º, § 2.º, da Lei 12.016, de 7 de agosto de 2009.

O art. 1.060 do Novo CPC reforma o art. 14, II, da Lei 9.289/1996, que passa a prever que "aquele que recorrer da sentença adiantará a outra metade das custas, comprovando o adiantamento no ato de interposição do recurso, sob pena de deserção, observado o disposto nos §§ 1.º a 7.º do art. 1.004 do Código de Processo Civil".

Para não deixar qualquer dúvida a respeito da competência dos Juizados Especiais em razão da matéria diante da revogação do procedimento sumário, o art. 1.063 do Novo CPC prevê que até a edição de lei específica os juizados especiais cíveis dispostos na Lei 9.099/1995 continuam competentes para o processamento e julgamento dos processos estabelecidos no art. 275, II, do CPC/1973.

O art. 1.061 do Novo CPC reforma o art. 33, § 3.º, da Lei 9.307/1996, que passa a prever que a decretação da nulidade da sentença arbitral também poderá ser requerida na impugnação ao cumprimento da sentença, nos termos dos arts. 525 e seguintes do Código de Processo Civil, se houver execução judicial.

Segundo o art. 1.062 do Novo CPC, o incidente de desconsideração da personalidade jurídica aplica-se ao processo de competência dos juizados especiais.

O Novo Código de Processo Civil se preocupa em adequar o recurso de embargos de declaração na Lei 9.099/1995, que regulamenta os Juizados Especiais, e na Lei 4.737/1965, que regula o Código Eleitoral. Há, portanto, modificações em dispositivos de tais leis concernentes ao tema.

O art. 48, *caput*, da Lei 9.099/1995 passa a dispor que caberão embargos de declaração contra sentença ou acórdão, nos casos previstos no Código de Processo Civil (art. 1.064 do Novo CPC). O art. 50 passa a estabelecer que os embargos de declaração interrompem o prazo para a interposição de recurso, acabando assim com a regra de suspensão do prazo dos embargos de declaração opostos contra sentença (art. 1.065 do Novo CPC). E o art. 83, *caput* e § 2.º passam a determinar que cabem embargos de declaração quando, em sentença ou acórdão, houver obscuridade, contradição ou omissão, afastando assim a dúvida, e que os embargos de declaração interrompem o prazo para a interposição de recurso (art. 1.066 do Novo CPC), confirmando a regra do art. 50, já modificado.

O art. 1.067 do Novo CPC modifica significativamente o art. 275 da Lei 4.737/1965. O *caput* passa a prever admissíveis embargos de declaração nas hipóteses estabelecidas no Código de Processo Civil. No § 1.º há previsão do prazo de três dias, contado da data de publicação da decisão embargada, em petição dirigida ao juiz ou relator, com a indicação do ponto que lhes deu causa. O § 2.º consagra a regra da gratuidade dos embargos, isentando tal recurso do recolhimento de preparo. Os §§ 3.º e 4º repetem a regra consagrada no art. 1.024, *caput*, do Novo CPC quanto ao prazo para julgamento do recurso. A interrupção do prazo para a interposição de recurso, disposta no art. 1.026, *caput*, do Novo CPC, é repetida no § 5.º. Registre-se que não há previsão de efeito suspensivo aos embargos de declaração, como ocorre no Novo Código de Processo Civil. O § 6.º cuida do recurso manifestamente protelatório e prevê a condenação do embargante por decisão fundamentada a multa não excedente a dois salários mínimos. E o § 7.º determina que, no caso de reiteração de embargos de declaração manifestamente protelatórios, a multa será elevada a até dez salários mínimos.

Também há alterações de regras do Código Civil, nos termos do art. 1.068 do Novo CPC. O art. 274 passa a prever que o julgamento contrário a um dos credores solidários não atinge os demais; o julgamento favorável aproveita-lhes, sem prejuízo de exceção pessoal, que o devedor tenha direito de invocar em relação a qualquer deles. E o *caput* do art. 2.027 passa a prever que a partilha é anulável pelos vícios e defeitos que invalidam, em geral, os negócios jurídicos.

Segundo o art. 1.069 do Novo CPC, o Conselho Nacional de Justiça promoverá, periodicamente, pesquisas estatísticas para avaliação da efetividade das normas previstas nesse Código. A norma é interessante porque a ausência de estatísticas é um grande mal que sempre acompanhou a ciência jurídica. No entanto, naturalmente dependerá de vontade política do Conselho Nacional de Justiça para virar realidade.

Acredito ser inútil a previsão consagrada no art. 1.070 do Novo CPC. Segundo o dispositivo, é de quinze dias o prazo para a interposição de qualquer agravo, previsto em lei ou em regimento interno de tribunal, contra decisão de relator ou outra decisão unipessoal proferida em tribunal. Para se chegar a tal conclusão, bastaria a conjugação dos arts. 1.003, § 5.º, e 1.021, *caput*, do Novo CPC. O primeiro dispositivo prevê o prazo de quinze dias para todos os recursos, salvo os embargos de declaração; enquanto o segundo prevê que toda decisão monocrática proferida no tribunal é recorrível por agravo interno.

Há uma interessante inclusão na Lei 6.015/1973, que regula os registros públicos. O art. 1.071 do Novo CPC prevê e regulamenta o pedido de reconhecimento extrajudicial de usucapião, incluindo dessa forma o art. 216-A na Lei dos Registros Públicos.

Nos termos do art. 216-A da Lei 6.015/1973, sem prejuízo da via jurisdicional, é admitido o pedido de reconhecimento extrajudicial de usucapião, que será processado diretamente perante o cartório do registro de imóveis da comarca em que situado o imóvel usucapiendo, a requerimento do interessado, representado por advogado.

Os requisitos formais de tal pedido estão consagrados nos incisos do dispositivo legal: (I) ata notarial lavrada pelo tabelião, atestando o tempo de posse do requerente e seus antecessores, conforme o caso, e suas circunstâncias; (II) planta e memorial descritivo assinado por profissional legalmente habilitado, com prova de notação de responsabilidade técnica no respectivo conselho de fiscalização profissional, e pelos titulares de direitos reais e de outros direitos registrados ou averbados na matrícula do imóvel usucapiendo e na matrícula dos imóveis confinantes; (III) certidões negativas dos distribuidores da comarca da situação do imóvel e do domicílio do requerente; (IV) justo título ou quaisquer outros documentos que demonstrem a origem, a continuidade, a natureza e o tempo da posse, tais como o pagamento dos impostos e das taxas que incidirem sobre o imóvel.

Formulado o pedido, haverá nos termos do art. 216-A, § 1.º, a autuação pelo registrador. O prazo da prenotação será prorrogado até o acolhimento ou rejeição do pedido.

Nos termos do § 2.º do artigo ora comentado, se a planta não contiver a assinatura de qualquer um dos titulares de direitos reais e de outros direitos registrados ou averbados na matrícula do imóvel usucapiendo e na matrícula dos imóveis confinantes, este será notificado pelo registrador competente, para manifestar seu consentimento expresso em quinze dias, interpretado o seu silêncio como discordância; a notificação pode ser feita pelo registrador pessoalmente ou pelo correio, com aviso de recebimento.

Cabe ao oficial de registro de imóveis dar ciência à União, ao Estado, ao Distrito Federal e ao Município para que se manifestem, em quinze dias, sobre o pedido. A comunicação será feita pessoalmente, por intermédio do oficial de registro de títulos e documentos, ou, ainda, pelo correio, com aviso de recebimento (§ 3.º).

Também é incumbência do oficial de registro de imóveis promover a publicação de edital em jornal de grande circulação, onde houver, para a ciência de terceiros eventualmente interessados, que poderão manifestar-se em quinze dias (§ 4.º).

Segundo o § 5.º do art. 216-A da Lei de Registros Públicos, para a elucidação de qualquer ponto de dúvida, poderão ser solicitadas ou realizadas diligências pelo oficial de registro de imóveis. Uma vez transcorrido o prazo previsto no § 4.º sem pendência de diligências, na forma do § 5.º, e achando-se em ordem a documentação, com inclusão da concordância expressa dos titulares de direitos reais e de outros direitos registrados ou averbados na matrícula do imóvel usucapiendo e na matrícula dos imóveis confinantes, o oficial de registro de imóveis registrará a aquisição do imóvel com as descrições apresentadas, sendo permitida a abertura de matrícula, se for o caso (§ 6.º). Se ao final das diligências a documentação não estiver em ordem, o oficial de registro de imóveis rejeitará o pedido (§ 8.º). Em qualquer circunstância, é lícito ao interessado suscitar o procedimento de dúvida (§ 7.º).

O § 9.º do dispositivo ora comentado prevê que rejeição do pedido extrajudicial não impede o ajuizamento de ação de usucapião. Trata-se da consagração do princípio constitucional da inafastabilidade da jurisdição, consagrado no art. 5.º, XXXV, da Constituição Federal.

Nos termos do § 10, em caso de impugnação do pedido de reconhecimento extrajudicial de usucapião, apresentada por qualquer um dos titulares de direitos reais e de outros direitos registrados ou averbados na matrícula do imóvel usucapiendo e na matrícula dos imóveis confinantes, por algum dos entes públicos ou por algum terceiro interessado, o oficial de registro de imóveis remeterá os autos ao juízo competente da comarca da situação do imóvel, cabendo ao requerente emendar a petição inicial para adequá-la ao procedimento comum.

O art. 1.072 traz uma série de revogações: (I) art. 22 do Decreto-lei 25/1937; (II) arts. 227, *caput,* 229, 230, 456, 1.482, 1.483 e 1.768 a 1.773 da Lei 10.406/2002 (Código Civil); (III) arts. 2.º, 3.º, 4.º, 6.º, 7.º, 11, 12 e 17 da Lei 1.060/1950; (IV) arts. 13 a 18, 26 a 29 e 38 da Lei 8.038/1990; (V) arts. 16 a 18 da Lei 5.478/ 1968; (VI) art. 98, § 4.º, da Lei 12.529/2011.

REFERÊNCIAS BIBLIOGRÁFICAS

ALMEIDA, Diogo Assumpção Rezende de. *Das convenções processuais no processo civil*. 2014. Tese de (Doutorado em Direito) – Rio de Janeiro: Faculdade de Direito da Universidade do Estado do Rio de Janeiro.

AMARAL SANTOS, Moacyr. *Primeiras linhas de direito processual civil*. 21. ed. São Paulo: Saraiva, 2000. v. 2.

———. ———. 23. ed. São Paulo: Saraiva, 2004. v. 1.

———. ———. 25. ed. São Paulo: Saraiva, 2007. v. 1.

———. *Prova judiciária no cível e comercial*. 4. ed. São Paulo: Max Limonad, 1970. v. 1.

ARENHART, Sérgio Cruz. Ônus da prova e sua modificação no processo civil brasileiro. In: NEVES, Daniel Amorim Assumpção (Coord.). *Aspectos atuais do direito probatório*. São Paulo: Método, 2009. p. 350-351.

ARRUDA ALVIM, José Manoel. A *perpetuatio jurisdictionis* no Código de Processo Civil. *Revista de Processo*, São Paulo, n. 4, 1976.

———. *Manual de direito processual civil*. 8. ed. São Paulo: RT, 2003. v. 1.

———. ———. 9. ed. São Paulo: RT, 2005. v. 2.

ASSAGRA DE ALMEIDA, Gregório. *Direito processual coletivo brasileiro*. São Paulo: Saraiva, 2003.

ASSIS, Araken de. *Comentários ao Código de Processo Civil*. São Paulo: RT, 2000. v. 9.

———. *Manual dos recursos*. 2. ed. São Paulo, RT, n. 110.2, 2008.

BARBI, Celso Agrícola. *Comentários ao Código de Processo Civil.* 11. ed. Rio de Janeiro: Forense, 2002. v. 1.

BARBOSA MOREIRA José Carlos. A Constituição e as provas ilicitamente obtidas. *Temas de direito processual.* 6.ª série. São Paulo: Saraiva, 1996.

——. A eficácia preclusiva da coisa julgada material no sistema do processo civil brasileiro. *Temas de direito processual.* 1.ª série. São Paulo: Saraiva, 1988.

——. A garantia do contraditório na atividade de instrução. *Temas de direito processual.* 3.ª série. São Paulo: Saraiva, 1984.

——. *Comentários ao Código de Processo Civil.* 11. ed. Rio de Janeiro: Forense, 2003. v. 5.

——. Notas sobre a inversão do ônus da prova em benefício do consumidor. *Doutrina*, Rio de Janeiro, v. 1, p. 309, 1996.

——. Notas sobre o problema da efetividade do processo. *Temas de direito processual civil.* 3.ª série. São Paulo: Saraiva, 1984.

——. *O novo processo civil brasileiro.* 22. ed. Rio de Janeiro: Forense, 2004.

——. Os limites objetivos da coisa julgada no sistema do novo Código de Processo Civil. *Temas de direito processual.* São Paulo: Saraiva, 1977.

BARROSO, Luís Roberto. *O controle de constitucionalidade no direito brasileiro.* 3. ed. São Paulo: Saraiva, 2008.

BEDAQUE, José Roberto dos Santos. *Código de Processo Civil interpretado.* Coordenação de Antonio Carlos Marcato. São Paulo: Atlas, 2004.

——. *Poderes instrutórios do juiz.* 3. ed. São Paulo: RT, 2001.

——. *Tutela cautelar e tutela antecipada*: tutelas de urgência (tentativa de sistematização). 2. ed. São Paulo: Malheiros, 2001.

BRUSCHI, Gilberto Gomes. *Aspectos processuais da desconsideração da personalidade jurídica.* São Paulo: Juarez de Oliveira, 2004.

BUENO, Cassio Scarpinella. *Amicus curiae no processo civil brasileiro:* um terceiro enigmático. São Paulo: Saraiva, 2006.

——. *Código de Processo Civil anotado.* Coordenação de Antonio Carlos Marcato. São Paulo: Atlas, 2006.

——. *Curso sistematizado de direito processual civil.* São Paulo: Saraiva, 2007. v. 1.

——. *Tutela antecipada.* São Paulo: Saraiva, 2004.

——. Variações sobre a multa do *caput* do art. 475-J do CPC. In: WAMBIER, Teresa Arruda Alvim (Coord.). *Aspectos polêmicos da nova execução.* São Paulo: RT, 2006.

CABRAL, Antonio do Passo. Pelas asas de Hermes: a intervenção do *amicus curiae*, um terceiro especial. *Revista de Processo*, São Paulo, n. 117, p. 16-17, set.-out. 2004.

CALAMANDREI, Piero. *Eles, os juízes, vistos por um advogado*. São Paulo: Martins Fontes, 1998.

CALMON DE PASSOS, José Joaquim. *Comentários ao Código de Processo Civil*. 8. ed. Rio de Janeiro: Forense, 2000. v. 3.

——. ——. 9. ed. Rio de Janeiro: Forense, 2005. v. 3.

CÂMARA, Alexandre Freitas. *A nova execução de sentença*. Rio de Janeiro: Lumen Juris, 2006.

——. *Lições de direito processual civil*. 7. ed. Rio de Janeiro: Lumen Juris, 2003. v. 2.

——. ——. 9. ed. Rio de Janeiro: Lumen Juris, 2003. v. 3.

——. ——. 17. ed. Rio de Janeiro, Lumen Juris, 2008. v. 1.

——. Tutela jurisdicional dos consumidores. In: FARIAS, Cristiano Chaves de; DIDIER JR., Fredie (Coord.). *Procedimentos especiais cíveis:* legislação extravagante. São Paulo: Saraiva, 2003. p. 1.093.

CAMIÑA MOREIRA, Alberto. Ato atentatório à dignidade da justiça. Não nomeação de bens à penhora. In: SHIMURA, Sergio; WAMBIER, Teresa Arruda Alvim. (Org.). *Processo de execução*. São Paulo: RT, 2001.

CARMONA, Carlos Alberto. *Código de Processo Civil interpretado*. Coordenação de Antonio Carlos Marcato. São Paulo: Atlas, 2004.

CARNEIRO, Athos Gusmão. *Cumprimento da sentença civil*. Rio de Janeiro: Forense, 2006.

——. *Da antecipação de tutela*. 6. ed. Rio de Janeiro: Forense, 2006.

CASTRO, Amílcar de. *Comentários ao Código de Processo Civil*. São Paulo: RT, 1974. v. VIII.

CAVALIERI FILHO, Sérgio. *Programa de direito do consumidor*. São Paulo: Atlas, 2008.

COSTA MACHADO, Antônio Cláudio da. *Código de Processo Civil interpretado*. 5. ed. São Paulo: Manole, 2006.

——. *Código de Processo Civil interpretado e anotado*. São Paulo: Manole, 2006.

CRUZ E TUCCI, José Rogério. *Lineamentos da nova reforma do CPC:* Lei 10.352, de 26.12.2001, Lei 10.358, de 27.12.2001, Lei 10.444, de 07.05.2002. 2. ed. São Paulo: RT, 2002.

CUNHA, Leonardo José Carneiro da. Incidente de resolução de causas repetitivas no novo CPC. In: ROSSI, Fernando; RAMOS, Glauco Gumerato; GUEDES, Jefferson Carús; DELFINO, Lúcio; MOURÃO, Luiz Eduardo Ribeiro (Coord.). *O futuro do processo civil no Brasil.* Belo Horizonte: Forum, 2011. p. 335-336.

——. O 6.º do art. 273 do CPC: tutela antecipada parcial ou julgamento antecipado parcial da lide?. *Gênesis – Revista de Direito Processual Civil*, Curitiba, v. 32, p. 291-311, 2004.

CUNHA JR., Dirley da. A intervenção de terceiros no processo de controle abstrato de constitucionalidade – a intervenção do particular, do colegitimado e do *amicus curiae* na ADIN, ADC e ADPF. *Aspectos polêmicos e atuais sobre os terceiros no processo civil e assuntos afins.* DIDIER JR., Fredie; WAMBIER, Teresa Arruda Alvim (coord.). São Paulo: RT, 2004.

DEL PRÁ, Carlos Gustavo Rodrigues. Breves considerações sobre o *amicus curiae* na ADIn e sua legitimidade recursal. *Aspectos polêmicos e atuais sobre os terceiros no processo civil e assuntos afins.* DIDIER JR., Fredie; WAMBIER, Teresa Arruda Alvim (coord.). São Paulo: RT, 2004.

DIAS, Ronaldo Bretâs C. *Fraude no processo civil.* 3. ed. Belo Horizonte: Del Rey, 2001.

DIDIER JR., Fredie. *Curso de direito processual civil.* 5. ed. Salvador: JusPodivm, 2005.

——. ——. 7. ed. Salvador: JusPodivm, 2007. v. 1.

——. Nova hipótese de legitimidade para a propositura de ação rescisória. Novo CPC. Art. 979, IV, versão da Câmara dos Deputados. Disponível em: <http://www.frediedidier.com.br/editorial/editorial-183/>. Acesso em: 13 fev. 2015, às 13:14.

——. Novo CPC. Litisconsórcio necessário por força do negócio jurídico. Disponível em: <http://www.frediedidier.com.br/editorial/editorial-184/>. Acesso em: 13 fev. 2015, às 12:59

——. *Recurso de terceiro: juízo de admissibilidade.* 2. ed. São Paulo: RT, 2005.

——; BRAGA, Paula Sarno; OLIVEIRA, Rafael. *Curso de direito processual civil.* Salvador, JusPodivm, 2007. v. 2.

——; ——; ——; CUNHA, Leonardo José Carneiro da. *Curso de direito processual civil.* Salvador: JusPodivm, 2009. v. 5.

——; CUNHA, Leonardo José Carneiro da. *Curso de direito processual civil.* Salvador: JusPodivm, 2006. v. 3.

DINAMARCO, Cândido Rangel. *A reforma da reforma*. 2. ed. São Paulo: Malheiros, 2002.

———. *A reforma do Código de Processo Civil*. 4. ed. São Paulo: Malheiros, 1998.

———. *A nova era do processo civil*. 2. ed. São Paulo: Malheiros, 2007.

———. *Capítulos de sentença*. São Paulo: Malheiros, 2002.

———. Desconsideração da personalidade jurídica, fraude e ônus da prova. *Fundamentos do processo civil moderno*. 3. ed. São Paulo: Malheiros, 2000. t. II.

———. *Execução civil*. 8. ed. São Paulo: Malheiros, 2002.

———. *Instituições de direito processual civil*. São Paulo: Malheiros, 2001. v. 1.

———. ———. São Paulo: Malheiros, 2003. v. 3.

———. ———. São Paulo: Malheiros, 2004. v. 4.

———. *Litisconsórcio*. 7. ed. São Paulo: Malheiros, 2002.

DINIZ, Maria Helena. *Curso de direito civil brasileiro*. São Paulo: Saraiva, 2003. v. 2.

FABRÍCIO, Adroaldo Furtado. *Ensaios de direito processual*. Rio de Janeiro: Forense, 2003.

FUX, Luiz. *A reforma do processo civil*. Niterói: Impetus, 2006.

———. *Curso de direito processual civil*. 2. ed. Rio de Janeiro: Forense, 2004.

GAJARDONI, Fernando da Fonseca. *Direitos difusos e coletivos*. São Paulo: Saraiva, 2012.

———. Novo CPC trabalha com utopia de ser capaz de resolver problemas da Justiça, Disponível em: <http://www.migalhas.com.br/Quentes/17,MI214627,61044-Fernando+Gajardoni+Novo+CPC+trabalha+com+utopia+de+ser+capaz+de>. Acesso em: 13 fev. 2015, às 15:14.

———. *Técnicas de aceleração do processo*. São Paulo: Lemos e Cruz, 2003.

GRECO, Leonardo. *Jurisdição voluntária moderna*. São Paulo: Dialética, 2003.

———. *O processo de execução*. Rio de Janeiro: Renovar, 1999. v. 1 e 2.

GRECO FILHO, Vicente. *Direito processual civil brasileiro*. 15. ed. São Paulo: Saraiva, v. 2.

———. ———. 20. ed. São Paulo: Saraiva, 2007. v. 1.

GRINOVER, Ada Pellegrini. Cumprimento da sentença. In: CIANCI, Mirna; QUARTIERI, Rita (Coord.). *Temas atuais da execução civil: estudos em homenagem ao professor Donaldo Armelin*. São Paulo: Saraiva, 2007.

———. Prova emprestada. In ALVES, Olavo A. V.; LENZA, Pedro (Coord.). *Constituição Federal*: 15 anos, mutação e evolução. São Paulo: Método, 2003.

JORGE, Flávio Cheim. *Teoria geral dos recursos cíveis*. 3. ed. São Paulo: RT, 2007.

LIEBMAN, Enrico Tullio. *Processo de execução*. 2. ed. São Paulo: Saraiva, 1963.

LUCON, Paulo Henrique dos Santos. Técnica criada no novo CPC permite decisões com mais qualidade. Disponível em: <http://www.conjur.com.br/2015-fev-04/paulo-lucon-cpc-permite-decisoes-qualidade>. Acesso em: 13 fev. 2015, às 12:49.

MARCATO, Antonio Carlos. *Procedimentos especiais*. 28. ed. São Paulo: Atlas, 2007.

MARINONI, Luiz Guilherme. *Antecipação de tutela*. 10. ed. São Paulo: RT, 2008.

———. *Teoria geral do processo*. São Paulo: RT, 2006

———. *Tutela antecipatória, julgamento antecipado e execução imediata da sentença*. 4. ed. São Paulo: RT, 2000.

———. *Tutela inibitória:* individual e coletiva. 4. ed. São Paulo: RT, 2006.

———; ARENHART, Sérgio Cruz. *Curso de direito processual civil*. São Paulo: RT, 2009, v. 5.

———; ——— *Manual do processo de conhecimento*. 5. ed. São Paulo: RT, 2006.

———; MITIDIERO, Daniel Francisco. *Código de Processo Civil comentado*. São Paulo: RT, 2008.

MAZZILLI, Hugo Nigro. *A defesa dos interesses difusos em juízo*. 15. ed. São Paulo: Saraiva, 2002.

MEDINA, José Miguel Garcia. No novo CPC, a ordem cronológica de julgamento não é inflexível. Disponível em: <http://www.conjur.com.br/2015-fev-09/processo-cpc-ordem-cronologica-julgamentos-nao-inflexivel>. Acesso em: 12 dez. 2015, às 07:50.

MENDES, Aluísio Gonçalves de Castro. *Competência cível da Justiça Federal*. São Paulo: Saraiva, 1998.

MONIZ DE ARAGÃO, Egas Dirceu. *Comentários ao Código de Processo Civil*. 9. ed. Rio de Janeiro: Forense, 2000. v. 2.

MORAES, Guilherme Peña de. *Curso de direito constitucional*. 2.ed. Niterói: Impetus, 2008.

MOUTA ARAÚJO, José Henrique. Tutela antecipada do pedido incontroverso: estamos preparados para a nova sistemática processual? *Revista de Processo*, v. 116, p. 207-230, 2004.

NEGRÃO, Theotonio. *Código de Processo Civil e legislação processual em vigor*. 46. ed. São Paulo, Saraiva, 2014.

NERY JR., Nelson. *Atualidades sobre o processo civil*. 2. ed. São Paulo: RT, 1996.

———. *Princípios do processo civil na Constituição Federal*. 8. ed. São Paulo: RT, 2004.

———; NERY, Rosa Maria de Andrade. *Código de Processo Civil comentado*. 10. ed. São Paulo: RT, 2008.

———; ———. ———. 11. ed. São Paulo: RT, 2010.

NEVES, Daniel Amorim Assumpção. *Ações probatórias autônomas*. São Paulo: Saraiva, 2008.

———. *Competência no processo civil*. São Paulo: Método, 2005.

———. ———. 2. ed. São Paulo, Método, 2011.

———. *Manual de direito processual civil*. 5. ed. São Paulo: Método, 2013.

———. *Manual de processo coletivo*. São Paulo: Método, 2012.

———. *Preclusões para o juiz*: preclusão judicial e preclusão *pro iudicato* no processo civil. São Paulo: Método, 2004.

———; FREIRE, Rodrigo da Cunha Lima *Código de Processo Civil para concursos*. 5. ed. Salvador: JusPodivm, 2014.

———; MAZZEI, Rodrigo; RAMOS, Glauco Gumerato; FREIRE, Rodrigo da Cunha Lima. *Reforma do CPC*. São Paulo: RT, 2006.

NOGUEIRA, Gustavo Santana. *Curso básico de processo civil*. 2. ed. Rio de Janeiro: Lumen Juris, 2004.

NOLASCO, Rita Dias. Responsabilidade patrimonial. In: NEVES, Daniel Amorim Assumpção; SHIMURA, Sérgio (Coord.). *Execução no processo civil*: novidades & tendências. São Paulo: Método, 2005.

NOVELINO, Marcelo. *Direito constitucional*. São Paulo: Método, 2011.

NUNES, Marcelo Guedes; ARAÚJO, Rodrigo Mendes de. *A ação de dissolução parcial de sociedade no Projeto de Código de Processo Civil*. Novas tendências do processo civil. Salvador: JusPodivm, 2014. v. 3.

OLIVEIRA, Carlos Alberto Alvaro de. *Comentários ao Código de Processo Civil*. 5. ed. Rio de Janeiro: Forense, v. 3, t. II.

———. *Do formalismo no processo civil*. São Paulo: Saraiva, 1997.

OMMATI, José Emilio Medauar. A fundamentação das decisões jurisdicionais no projeto do Novo Código de Processo Civil. *Novas tendências do processo civil*: estudos sobre o projeto do Novo Código de Processo Civil. Salvador: JusPodivm, 2014. v. 3.

PINHEIRO CARNEIRO, Paulo Cezar. *Comentários ao Código de Processo Civil*. 3. ed. Rio de Janeiro: Forense, 2006. v. IX, t. I, Inventário e Partilha.

PIZZOL, Patrícia Miranda. *A competência no processo civil*. São Paulo: RT, 2003.

RIZZATTO NUNES, Luiz Antonio. *Comentários ao Código de Defesa do Consumidor*. São Paulo: Saraiva, 2000.

RODRIGUES, Marcelo Abelha. *Manual de execução civil*. Rio de Janeiro: Forense Universitária, 2006.

SANTOS, Ernane Fidélis dos. *As reformas de 2005 do Código de Processo Civil*. São Paulo: Saraiva, 2006.

———. *As reformas de 2006 do Código de Processo Civil*: execução dos títulos extrajudiciais. São Paulo: Saraiva, 2007.

———. *Manual de direito processual civil*. 9. ed. São Paulo: Saraiva, 2003. v. 2.

———. ———. 10. ed. São Paulo: Saraiva, 2003. v. 1.

SHIMURA, Sérgio Seiji. A execução da sentença na reforma de 2005. In: WAMBIER, Teresa Arruda Alvim (Coord.). *Aspectos polêmicos da nova execução 3*. São Paulo: RT, 2006.

———. *Título executivo*. 2. ed. São Paulo: Método, 2005.

SILVA, Ovídio Baptista da. *Curso de processo civil*. 4. ed. São Paulo: RT, 2000. v. 2.

———. ———. 5. ed. São Paulo: RT, 2000. v. 1.

TABOSA, Fábio. *Código de Processo Civil anotado*. Coordenação de Antonio Carlos Marcato. São Paulo: Atlas, 2006.

TALAMINI, Eduardo. Prova emprestada no processo civil e penal. *Revista de Processo*, São Paulo, v. 91, p. 92-114, 1998.

———. *Tutela relativa aos deveres de fazer e não fazer*. 2. ed. São Paulo: RT, 2003.

TARTUCE, Flávio; SIMÃO, José Fernando. *Direito civil*. 3. ed. São Paulo: Método, 2008.

THEODORO JR., Humberto. *A reforma da execução do título extrajudicial*. Rio de Janeiro: Forense, 2007.

———. *As novas reformas do Código de Processo Civil*. 2. ed. Rio de Janeiro: Forense, 2007.

———. *Curso de direito processual civil*. 47. ed. Rio de Janeiro: Forense, 2007. v. 1, 2, 3.

———. *Direitos do consumidor*. 2. ed. Rio de Janeiro: Forense, 2001.

———. *Fraude contra credores:* a natureza da sentença da ação pauliana. 2. ed. Belo Horizonte: Del Rey, 2001.

———. *Processo de execução e cumprimento de sentença*. 25. ed. São Paulo: Leud, 2008.

———; NUNES, Dierle; BAHIA, Alexandre Melo Franco; PEDRON, Flávio Quinaud. *Novo CPC*: fundamentos e sistematização. Rio de Janeiro: Forense, 2015.

WAMBIER, Luiz Rodrigues; WAMBIER, Teresa Arruda Alvim. *Breves comentários à 2.ª fase da reforma do Código de Processo Civil*. 2. ed. São Paulo: RT, 2002.

———; ———; MEDINA, José Miguel Garcia. *Breves comentários à nova sistemática processual civil 3*. São Paulo: RT, 2007.

WAMBIER, Teresa Arruda Alvim. *Nulidades do processo e da sentença*. 6. ed. São Paulo: RT, 2007.

———. Ordem cronológica no julgamento deve aumentar transparência no Judiciário. Disponível em: <http://www.migalhas.com.br/Quentes/17,MI183181,11049-Ordem+cronologica+de+julgamento+deve+aumentar+transparencia+no>. Acesso em: 12 dez. 2015, às 08:10.

WATANABE, Kazuo. *Código Brasileiro de Defesa do Consumidor: comentado pelos autores do anteprojeto*. 10. ed. Rio de Janeiro: Forense, 2011. v. II.

———. Relação entre demanda coletiva e demandas individuais. *Revista de Processo, São Paulo*, n. 139, p. 34, set. 2006.

YARSHELL, Luiz Flávio. Disponível em: <http://www.cartaforense.com.br/conteudo/colunas/coisa-julgada-abrangente-de-capitulo-que-nao-foi-embora-devesse-ter-sido-decidido/5223>. Acesso em: 5 ago. 2014.

———; SANTOS, Felipe do Amaral. O procedimento especial de dissolução (parcial) de sociedade no Projeto de CPC. *Processo societário*. São Paulo: Quartier Latin, 2012.

ZAVASCKI, Teori Albino. *Antecipação da tutela*. 4. ed. São Paulo: Saraiva, 2005.

———. *Processo de execução:* parte geral. 3. ed. São Paulo: RT, 2004.

EDITORA MÉTODO
www.grupogen.com.br

10 1 2 3 4 5 6 7 8 9
2016

Impressão e Acabamento:
Geográfica editora

Cód.: 615601